유비무환
퍼·펙·트
자소서

유비무환 퍼·펙·트 자소서

류광열 지음

신아출판사

머리말

책을 쓴 이유

올해로 폴리텍대학에서 6년 째 작문을 가르치고 있다. 처음 강의를 맡고 수업설계를 어떻게 할까 고민을 많이 했다. 가장 크게 신경 쓰이고 고민하게 된 이유는 공업전문대학인 폴리텍대학에서 교양과목인 작문이 학생들에게 실질적으로 도움이 되는 강의가 되기를 원했기 때문이다. 그래서 작문이란 과목의 실용적 가치를 높이고자 하였고, 그에 따라 가장 중점을 삼은 내용이 학생들의 '미래설계'와 '자기소개서(이하 자소서)', 그리고 '자서전'이었다. 특히 자소서는 실용적 가치를 높일 수 있는 가장 중심적인 위치에 있었다.

강의가 대부분 1학년생들에게 개설되었기 때문에 대학 생활을 설계하는 과정에서 작문과목이 자신이 원하는 기업을 심사숙고하여 선택하게 하고, 그 기업에 들어가기 위해 필요한 실력과 경험을 쌓아서 졸업하면 바로 취업할 수 있도록 도와주고 싶었다. 그래서 학생들이 지금까지 자신의 삶을 되돌아보게 하면서, 동시에 자신의 직업이 될 목표 기업을 미리 정하게 하였다. 그래서 취업을 하기 2년 정도 전인 1학년 초에, 자신의 목표 기업의 자소서 양식에 따라 미리 자소서를 쓰게 하고, 나머지 학교에서의 시간들을 그 기업에 들어가기 위한 준비기간이 되게 하였다. 그리고 종강 이후에도, 학생들이 입사하기 위해 자소서를 써야할 때, 도와주면서 취업을 서포트했다. 그러니까 필자의 강의를 듣는 학생들은 학기가 끝난 뒤에도 에프터 서비스를 최소한 2-3년 이상 해준 셈이 되었다.

그러면서 학생들의 자소서를 보아주고 피드백을 해준 자료들이 쌓여갔다. 필자가 가르친 학생수만 따져도 6년 동안 1500명이 넘고, 피드백을 해준 횟수로 따지자면 2000회가 넘었다. 그러면서 합격하는 학생수가 늘어났다. 합격자소서가 늘어나면서 이런 경험과 자료를 좀 더 폭 넓게 공유해서 취업을 준비하는 학생들을 돕고 싶은 생각이 들었다. 그래서 이 책을 쓰게 되었다.

유비무환 퍼펙트 자소서란?

'퍼펙트(perfect)'는 '완벽하다'는 뜻이다. 하지만 과연 어떤 준비도 없이 완벽하게 자소서를 쓸 수 있을까? 그것은 전혀 불가능한 일이다. 필자가 '퍼펙트'라고 얘기하는 것은 '어떤 기업에 들어가기 위해 필요한 능력과 경험을 준비한 상태에서 기업이 원하는 자소서를 쓴다면 완벽한 합격자소서를 만들 수 있게 된다는 뜻'이다. 필자는 이 책을 통해 학생들이 자신의 목표를 정하고, 그 목표를 이룰 수 있는 능력과 경험을 쌓게 한 뒤, 합격자소서를 쓰는 일까지 돕고자 한다.

이 책은 다음과 같은 순서로 구성되어 있다.

1. 먼저, 독자들(주로 대학 초년생들)로 하여금 자신이 원하는 기업을 선정하게 하는데 도움을 주고자 한다. 그에 대한 상세한 설명은 주로 1장에서 다루고 있다.
2. 자신의 목표 기업을 정한 상태에서 그 목표 달성을 위한 확고한 마음을 갖게 하기 위한 목표설정 방법인 〈징검다리〉를 제시한다.
3. 목표를 향해 달려갈 시간들을 미리 달려가 보고 점검해보는 〈미래미리보기〉를 쓰게 할 것이다. 여기까지가 1장의 주요 내용이다.
4. 2장~3장까지는 자소서 쓰는 법을 상론하고 있다.

* 2장은 자소서를 잘 쓰기 위한 전제들을 담은 자소서 쓰기 워밍업 단계이고,
* 3장은 다양한 자소서 양식들을 실제로 섭렵할 수 있는 방법들을 담았다.
5. 4장에서는 공기업과 사기업에 합격한 다양한 합격자소서들을 각개 격파 형식으로 분석하고 있다. 이 4장을 읽으면 각 기업이 요구하는 인재가 되기 위해 무엇을 준비해야 하는지를 알 수 있을 것이다.

이 책의 독자들에게

원칙적으로 이 책은 자소서를 필요로 하는 취준생 모두가 독자가 될 수 있다. 특히 기업을 대상으로 취업을 준비하는 사람이라면 모두가 독자다. 이 책은 설명 중심이 아니라 그 설명을 뒷받침할 사례중심으로 써졌고, 실제로 필자의 수업과 자소서 피드백을 통해 합격한 학생들의 합격자소서가 100% 예문으로 실려 있다. '하나의 설명에 하나의 예문'이라는 원칙을 갖고 만들고자 했으며, 모든 취준생들이 쉽게 읽을 수 있도록 썼다. 또한 필자의 작문 수업 중 작성한 예문과 필자와 함께 이뤄낸 합격자소서들을 통해 독자들이 자신의 자소서를 어떻게 설계하고 각 항목들을 어떻게 채워야 할지 정확하게 알 수 있도록 만들고자 하였다.

취업 준비를 일찍 시작하고자 하는 대학 저학년 생들은 반드시 1장부터 꼼꼼히 읽을 것을 권한다. 하지만 취업 준비를 늦게 시작한 취준생은 2장부터 읽어도 무방할 것이다. 청년실업이 심화되면서, 졸업 즈음까지 취업을 하지 못해 졸업을 뒤로 미루는 학생들도 대단히 많아졌다. 그런 딱한 상황에 처하기 싫다면 적어도 2년 이상, 그것도 대학 저학년 때부터 취업준비를 본격

적으로 시작해야 졸업과 동시에 취업에 성공할 수 있을 것이라 믿는다. 그런 목적을 위한 필자의 〈미리 쓰는 자소서〉가 기업과 취준생의 미스 매칭을 줄이고, 취준생들이 일찍부터 기업이 원하는 능력과 경험을 쌓음으로써 기업은 자신이 원하는 인재를 뽑고, 취준생들은 자신의 목표 기업에 취업하는 선순환을 이뤄 청년실업 해소에 일조할 수 있게 되길 바란다.

이러한 필자의 집필 의도를 흔쾌히 받아주시고, 출판을 허락해주신 신아출판사 서정환 사장님께 깊은 감사와 존경의 말씀을 드리고, 이 책이 나오는데 끝까지 수고해주신 박순정 부장님과 직원분들께 지면을 빌어 심심한 감사의 마음을 전합니다.

끝으로, 이 책을 읽은 취준생들이 자신의 자소서에 대한 피드백을 원한다면, 특정 기업 자소서 양식으로 열심히 쓴 자소서를 다음 이메일 주소로 보낼 수 있다.

필자의 이메일 주소는 nebut@naver.com(네벗@네이버닷컴)이다.

저자 류광열 씀.

차례

머리말 • 4

1장 | 목표기업 정하고 능력과 경험 쌓기

01 평생 직장 조기 결정의 중요성	12
02 자소서 미리 쓰기의 중요성	13
03 블라인드 채용과 자소서	14
04 최근 합격자 컨택의 중요성	15
05 목표 기업이 원하는 능력과 경험을 만들어라	16
06 목표 설정 방법	18
07 목표를 유지하는 방법	38

2장 | 자소서 몸 풀기

01 잘 쓴 자소서란?	56
(1) 기업 요구 사항을 잘 표현한 자소서	57
(2) 차별성이 돋보이는 자소서	65
02 가독성 좋은 글을 쓰자	76
(1) 물 흐르듯 자연스럽게	76
(2) 소제목을 쓰자	77
(3) 두괄식으로 문장을 구성하자	82
(4) 제시된 순서에 따라 글을 쓰자.	83

03 재해석의 힘	85
(1) 자소서가 요구하는 바를 명확히 할 필요가 있을 때	85
(2) 답변을 좀 더 잘 이해시키기 위한 재해석이 필요할 때	87
04 자소서 미리쓰기 및 취업 준비 프로세스	88
05 스토리텔링의 힘	90
(1) 스토리텔링이란?	90
(2) 스토리텔링의 힘	92
(3) 자소서 스토리텔링의 강조점	95
06 스토리 모으기	98
(1) 자소서에서 스토리는 필수다	98
(2) 스토리 모으는 방식	99
(3) 기업에서 좋아할 스토리를 모으자	102
(4) 자기 주도적 스토리	106

3장 | 자소서 쓰기

01 성장과정	108
02 성격의 장·단점	116
03 지원 동기	124
04 입사 후 포부	135
05 지원동기 및 입사 후 포부	145
06 경험을 요구하는 유형들	156
07 1분 자기 PR	171

4장 | 합격자소서 분석하기

01 NCS형 자소서와 일반형 자소서의 차이	185
02 NCS형 자소서로 작성된 합격자소서 분석	191

(1) 한국전력공사(KEPCO)	191
(2) 한국전력공사KPS(KPS)	195
(3) 한국가스공사(KOGAS)	209
(4) 대한송유관공사(DOPCO)	214
(5) 한국전기안전공사(KESCO)	218
(6) 국도화학	224
(7) 한국가스기술공사(Kogas-Tech)	232
(8) 한국수자원공사(K-Water)	237
03 일반형 자소서로 작성된 합격자소서 분석	244
(1) 포스코(POSCO)	244
(2) OB맥주	263
(3) LG디스플레이	273
(4) SK이노베이션	286
(5) 현대제철	303
(6) 앰코테크놀로지코리아	310
04 기타 기업 합격자소서 분석	320
(1) 삼성전자	321
(2) GS칼텍스	323
(3) S-Oil	325
(4) 현대중공업	328
(5) 현대오일뱅크	332
(6) 동우화인켐	335
05 다수 기업 동시 합격 자소서의 비밀	339
(1) A학생(8개 기업 합격)	339
(2) B학생(5개 기업 합격)	347
(3) C학생(4개 기업 합격)	353

■ 글을 마치며 • 359

목표기업 정하고
능력과 경험 쌓기

1장

# 목표기업 정하고 능력과 경험 쌓기

목차

1. 평생 직장 조기 결정의 중요성
2. 자소서 미리 쓰기
3. 블라인드 채용과 자소서
4. 최근 합격자 컨택의 중요성
5. 목표 기업이 원하는 능력과 경험을 만들어라
6. 목표 설정 방법
7. 목표를 유지하는 방법

01 평생 직장 조기 결정의 중요성

    취업준비생(이하 취준생)들이 공채에 지원하는 횟수와 기간을 조사한 결과, 평균적으로 13.3개월의 시간이 소요된 것으로 나왔다. 하지만 그들이 취업 후 현 직장에 만족하는 응답자는 35.1%에 그쳤다. 85.0%는 이직을 고민하고 있고, 60.9%는 연봉에 불만을 갖고 있었다. 그리고 실제로 입사 후 1년 안에 3명의 신입사원 중 1명이 퇴사한다고 한다. 주로 조직과 직무 적응이 어려워 나오는 경우가 대다수였다[1]. 취업 자체도 중요하지만, 이 회사가 얼마나 나와 잘 맞는지, 내가 얼마나 오래 다닐 수 있는지를 진지하게 생각해보는 것도 중요한 일이라는 것을 웅변하고 있다. 이런 사실을 볼 때, 대부분의 취준생들이 취업 자체를 중요시하지, 자신이 진정으로 원하는 회사와 희망 직무를 목표로 하지 않는다는 것도 알 수 있다. 그래서 자신이 들어가고자

---

[1] 아시아경제 2017. 07. 08일자 기사 참조.

하는 회사를 정하는데, 대단히 신중해야 하고, 상당 시간 동안 그 회사에서 자신이 담당할 업무가 구체적으로 무엇인지, 그리고 그것이 자신과 맞는지를 상세히 조사하고, 그 회사에 들어가서 어떤 비전을 갖고 생활할 것인지에 대한 진지한 검토까지 마친 뒤 목표 기업을 확정해야 한다는 것이다. 그래야 그 직장을 평생 직장으로 알고 열심히 근무해서 인정받을 수 있고 성공적인 삶을 살 수 있을 것이다.

02 자소서 미리 쓰기의 중요성

〈자소서 미리쓰기〉란 목표 기업에 합격하기 위한 준비로서 자신이 취업하기 몇 년 전에 미리 자소서를 쓰는 것을 말한다.

일단 목표로 하는 직장과 희망업무를 정하면, 그 직장에 들어가기 위한 방법을 모색해야 한다. 그러한 방법 중 가장 효율적인 방법이 〈자소서 미리쓰기〉이다. 먼저, 자소서의 중요성을 말해야겠다. 공·사기업체에 입사하고자 할 때 자소서를 요구하지 않는 좋은 회사는 거의 없기 때문에, 기업에 들어가기 위한 조건을 따질 때, 가장 먼저 자소서를 생각해야한다. 그런데 자소서가 중요한 가장 큰 이유는 자소서가 1차서류심사에서 당락에 가장 큰 영향을 끼치는 취업의 1차 관문이기 때문이다. 하지만 취업을 하기 직전에 자소서를 쓰는 것은 취업성공률이 대단히 낮다. 그래서 적어도 취업을 2~3년 앞 둔 상태에서 〈자소서 미리쓰기〉가 필수적이다. 어떤 기업을 목표로 하고 있을 때 취준생들 대부분은 단편적으로만 그 기업에 대해 아는 정도이다. 그러다가 그 기업에 관해 구체적으로 알게 되는 기회가 바로 자소서이다. 자소서를 쓰는 과정에서 그 기업에 들어가기 위해 필요한 조건들을 구체적으로 알게 되는 것이다. 따라서 어떤 기업을 목표로 하고 있다면, 바로 취업해야 하지 않는 상황이라도 하루라도 빨리 그 기업의 자소서를 미리 접해보고 해당 기업의 자소서에서 기업이 원하는 사항들을 캐취해야 한다. 그런 까닭에 어떤 기업에 들어갈 의향이 있다면, 구체적인 취업 시도 몇 년 전에 그 기업의 자소서를 미리 써봐야 하는 것이다. 그래야만 남은 기간 동안 자신의 부족한 부분을 채워서 그 회사에 입사할 수 있는 것이다. 기업은 자소서를 그 기업이 원하는 유형의 사원을 뽑는 첫 단계로 삼는다. 그리고 상당수 회사에서는 지원자 선발에 대한 기업의 의도를 자소서 양식에 반영해놓고

유비무환 퍼펙트 자소서

있다. 설령 그렇지 않다고 하드래도 자소서를 쓰기 위해 알아보는 과정에서 그 회사에 들어가기 위한 조건들을 알게 된다. 자소서를 통해 기업이 입사 지원자에게 알고 싶어하는 것은, '그 사람이 그 기업에서 원하는 인성이나 가치관을 갖고 있는가', 그 기업의 '어떤 직무를 수행하는데 필요한 기술적 전문성을 갖고 있는가', 그 '기업이 요구하는 직무 경험을 갖고 있는가', 그리고 그 '기업에 입사하게 되면 어떤 비전을 갖고 살아갈 것인가' 등이다. 따라서 그 기업의 자소서를 쓰게 되면 자신이 그 기업에 들어가기 위해 필요한 요소들이 무엇인지를 알게 된다. 그리고 자신이 채워야할 능력과 경험과 자격이 무엇인지도 알게 되기 때문에 〈자소서 미리쓰기〉는 여러분의 취업 성공을 적어도 몇 년 앞당겨 줄 수 있다.

03 블라인드 채용과 자소서

블라인드 채용이 요즘 취업시장에서 제일 큰 화두다. 2017년도 8월 10일 산자부장관은 '블라인드 채용을 의무화 하겠다'고 공표했다. 물론 공무원과 공기업에 해당되는 얘기지만, 이러한 블라인드 채용 바람은 개인 기업에도 영향을 끼치고 있다. 블라인드 채용의 취지는 학연·지연을 탈피해서 일 잘하는 사람을 뽑겠다는 것이니, 사기업들도 적극 호응하게 될 것이다. 아니, 이미 블라인드 면접을 하는 기업도 있다. LG그룹이 대표적인 예인데, LG그룹은 몇 년 전부터 사진, 외국어 점수, 자격증, 가족관계 입력란을 없앴고, 자기소개서의 비중을 강화해서 사원을 뽑고 있다. 그래서 다른 기업에 들어갈 취준생들도 이런 트렌드에 미리 대비해야 할 것이다. 그런데 블라인드채용을 아주 쉽게 생각하는 사람도 있다. 그래서 면접 한번만 잘 치르면 대박을 칠 수 있다고 생각하는 이들도 있다. 하지만 블라인드 채용을 통해 입사한 이들은 '직무 면접의 내용이 실무에 대한 준비가 돼 있지 않은 사람은 명함도 못 내밀 정도라, 운만 믿고 합격을 바랄 수는 없다'고 입을 모은다. 즉 회사가 채용하려는 일자리를 먼저 파악하고 내가 여기에 적합한 인물인지를 스스로 고민하고 대비하는 것이 블라인드 채용에 대비하는 방법이다. 결국 블라인드 채용이 기존의 채용방식과 가장 차별적인 것은 직무 중심 전형이라는 것이다. 그런 만큼 회사가 뽑으려는 일자리가 어떤 직무인지 정확히 파악하는 것이 우선이다. 그렇지 않고서는 자기소개서와 실무 면접에서 자신의 장점을 제대로 표현할 수 없다[2].

블라인드채용은 직무와 무관한 내용들은 모두 배제하고 오로지 일 잘하는 사람을 뽑겠다는 것이다. 그러니 자신이 그 직무에 얼마나 적합한지를 아주 구체적으로 설득해야만 한다. 그래서 그 회사와 해당 직무에서 요구되는 역량이 어느 정도인지를 정확히 파악하지 못하면 합격하기가 그만큼 어렵다는 것이다. 그래서 최근에 그 회사의 자신이 들어가서 일하고자 하는 해당 직무에 합격한 사람과의 컨택이 합격의 지름길이 된다.

04 최근 합격자 컨택의 중요성

　자소서 양식만 보고 그 회사가 원하는 수준을 알아내기는 힘들다. 그리고 언론을 통해서도 고급 정보를 알지는 못한다. 그 회사의 합격수준을 잘 아는 사람은 최근에 그 회사에 합격한 사람이다. 그래서 최근 합격자를 컨택하는 것은 합격을 위해 대단히 중요한 키 포인트이다. 자신의 모든 네트워크를 동원해서 자신이 들어가고자 하는 회사의 최근 합격자를 찾아야한다. 학과 선배, 지인 등을 총동원해라. 그래도 없다면, 각종 카페를 찾아보아라. 유명한 회사라면 찾기가 그리 어렵지 않을 수도 있다. 몇 년 전, 필자의 제자도 필자에게 '어떤 회사에 들어가고 싶은데 어찌하면 좋은지' 물어온 적이 있었다. 그 때 필자는 그 학생에게 카페를 뒤지라고 했고, 그래서 당시 최근 합격자를 찾았고, 자소서는 물론이고 면접에 대한 사항까지 세세하게 안내받아서 그 학생을 합격 시킨 적이 있다. 그렇게 최근 합격자가 컨택이 되면 그로부터 회사가 진짜로 원하는 인재, 합격할 수 있는 방법, 직무에서 요구되는 기술수준, 직무에서의 목표 등까지 알 수 있다. 그리고 이렇게 상세하게 알아야만 자신이 앞으로 자소서에서 채워야할 내용들을 정확히 알게 된다. 그래도 찾을 수가 없을 때는 그 회사에 직접 전화를 걸어서 자신이 들어가고 싶은 부서의 직원으로부터 들을 수도 있다. 진지하게 얘기하면 대부분 알려줄 것이다. 그리고 중소기업의 경우에는 그 회사에 직접 찾아가서 인사담당자를 만나서 자신을 소개하고, 자신이 그 회사에 꼭 들어가고 싶은데, 앞으로 자신이 어떤 공부와 어떤 경험을 더 쌓으면 입사가 가능한지 물어보라. 지나치게 큰 회사가 아니라면 기특하게 생각해서 친절하게 안내해 줄 것이다. 용기가 필요하다. 그러한 용기가 자신의 앞날에 결정적인 디딤돌이 될 수 있음을 명심해라.

---

2) 한국일보, 2017. 08. 13일자 기사 참조

05 목표 기업이 원하는 능력과 경험을 만들어라

자신의 취업 목표 회사에 대한 객관적 정보를 알 수 있는 방법이 몇 개 더 있다. 먼저, 그 회사의 홈피에 들어가서 그 회사의 인재상을 살피고, 사보와 웹진을 찾는 것이다. 사보는 그 회사의 최근 동향을 알 수 있게 해준다. 그리고 웹진은 대개 분기별로 1년에 4개 만들어져서, 지난 분기를 결산하는 의미를 갖고 있다. 그래서 웹진을 읽으면 최근 회사가 어떤 사업을 중요시하는지, 그리고 직원들에게 강조하는 것이 무엇인지를 보다 구체적으로 알 수 있게 해준다. 이러한 정보는 지원동기와 입사 후 포부를 쓸 때 큰 도움이 된다.

또 하나의 기업에 대한 객관적인 정보를 알 수 있는 방법이 전자공시시스템 (dart.fss.or.kr)을 이용하는 것이다. 상장된 기업은 분기별, 연도별로 기업의 회계사항을 주주들에게 상세히 보고할 의무를 갖는다. 그리고 주식의 지분변동사항이나, 회사가 어떤 제품을 생산해서 돈을 버는지 등에 대해 상세하게 보고해야 한다. 만일 거짓으로 보고하면 이른바 분식회계가 된다. 그것은 화장으로 떡칠을 해서 본래의 얼굴을 가리려는 것이고 그렇게 될 경우, 불법으로 법적 제재를 받게 된다. 이처럼 한 기업의 가장 정확한 현재의 모습과 사업내용을 알 수 있는 길은 전자공시스템이 가장 믿을만한 자료이다. 자신이 들어가고자 하는 기업이 무엇을 하는 기업인지 상세하게 알지 못하고 좋은 자소서를 쓰는 것은 불가능에 가깝다.

그리고 자신이 일하고자 하는 희망업무와 관련된, 즉 자신의 전공과 관련된 책을 적어도 2권은 읽어야 한다. 하나는 그 전공의 역사에 관한 책이다. 그리고 그 다음으로 그 전공의 최근 트렌드에 관한 책이다. 한 개인을 아는데도 그의 과거와 현재 하고 있는 일과 생각을 알아야 하듯이 전공서적 또한 마찬가지로 두 가지 측면을 알아야 무언가 얘기가 가능하고, 이것은 자소서를 쓰는데 큰 도움이 된다. 예를 들어 자신의 전공이 금형이라면, 금형의 역사와 금형의 트랜드에 대한 책을 반드시 읽어야 한다.

이제 자신이 원하는 기업에 입사하기 위해 무엇이 필요한지 알았을 것이다. 그렇다면 이제 그 회사가 원하는 능력과 경험을 모두 획득했다고 가정하고, 자소서를 쓴다. 그리고 그 자소서에 쓰여진 내용대로 경험과 능력을 쌓기 위해 일정 기간 노력하면 된다. 물론 기간을 정하고 철저히 시간계획표를 짜서 생활해야 한다. 요즘 기업에서 사람 뽑을 때 가장 중요시하는 요소는 학벌도 아니고, 스펙도 아니다. 해당업무를 수행하기 위한 실질적인 능력과 경험을 원한다. 특히 직무와 관련된 경험을 가장 중요시한다. 그래서 신입사원보다 경력직 사원을 더 뽑고 싶어하고 신입사원을 뽑을 때도 경력과 경험을 중시하게 된다. 이러한 사실은 고용통계에서도 명백히 입증된다.

"지난해보다 취업하기 어려운 상황 속에서 기업들은 경력직을 신입사원보다 7배 많이 뽑은 것으로 나타났다. 고용노동부가 9일 공개한 '고용행정 통계로 본 2017년 6월 노동시장 동향'에 따르면 취업자를 뜻하는 고용보험 피보험 자격 취득자는 52만9000명으로 전년 동월 대비 1000명 줄었다. 이 가운데 경력취득자가 46만2000명으로 전체 취득자의 87.4%로 6만6000명에 불과한 신입취득자보다 7배 많았다. 신입 1명을 채용할 때 경력직은 7명이나 채용한 셈이다. 기업들의 경력직 선호 현상은 2013년 6월 5.1배에서 2014년 5.4배, 2015년 5.7배, 지난해 6.4배 등으로 꾸준히 확대되는 추세다"[3].

이러한 경향을 취준생들도 잘 알고 있었다. 취업포털 인크루트(www.incruit.com)가 자사 개인 회원 424명을 대상으로 설문조사를 실시한 결과, 가장 많은 수의 취업 준비생들이 취업 준비 기간 동안 '직무와 관련된 경험 쌓기'(39.39%)에 나서겠다고 답했다. 국내 주요 기업들이 신입 채용 기준에 '직무 역량'을 중요한 판단 기준으로 내세우면서, 취준생들도 이런 트렌드에 민감하게 반응하고 있는 것으로 보인다. 이어서 두 번째로 많은 응답자가 취업 준비 기간 동안 '자격증을 따겠다'(25.94%)고 답했다. 실무에 투입됐을 때, 바로 능력을 발휘할 수 있다는 것을 드러내기 위해 자격증을 택한 것으로 보인다[4]. 기업에서 가장 중요하게 생각하는 요소가 입사 후 OJT(On The Job Training, 직무연수교육) 기간없이 바로 현장에 투입할 수 있게 하기 위해 직무 역량과 자격증을 요구하고 있다는 점을 취준생들도 잘 알고 있는 것이다.

이러한 경향은 한국의 IMF(국제통화기금, International Monetary Fund) 경제위기 극복 후, 끊임없이 강화되어왔다. 주지하다시피 IMF사태를 극복하는 과정에서 IMF는 한국시장의 개방

---

[3] 뉴시스 2017. 07. 09 일자 참조.
[4] 경향신문 2016. 01. 17 일자 참조.

을 요구했고 한국은 거기에 응할 수밖에 없었다. 그 후 세계화의 물결이 한국경제를 휩쓸고 지나갔다. 세계화란 시장이 국내에서까지 확대될 것을 요구하는 것이다. 결국 기업들이 세계화 추세에 살아남기 위해서는 생산 단가를 내리고 혁신적 제품을 개발해야만 했다. 그리고 생산단가에서 가장 많이 차지하는 부분이 인건비이기 때문에 신입사원을 키워서 현업에 투입하려면 교육비는 바로 단가 상승요인으로 작용했기 때문에 OJT가 없어지거나 기간이 축소되는 것이 일반적 추세가 될 수밖에 없었고, 그래서 경력직이 선호된 것이다.

06 목표 설정 방법

(1) <징검다리쓰기>의 의의

이 단원에서 여러분들은 졸업 후 어떤 기업에 들어갈 것인지 목표를 정해야한다.

목표를 정하기 위해서는 가장 먼저 목표를 정하기 위한 마인드가 중요하다. 목표를 정해야겠다는 절박감이 없이, 이런저런 정보만 가지고 목표가 정해진다면 그것은 사상누각에 불과하기 때문이다. 자, 이제 여러분들은 지금까지의 자신의 삶을 돌아볼 시간이다. 지금 이 순간 새로운 삶으로의 전환을 위해 여러분의 과거를 돌이켜보고 그것을 반성적으로 성찰해보고, 자신이 과거 중요한 순간에 내린 결정들을 복기해보는 것이다. 그래서 지금 이 순간부터 새로운 각오로 삶을 재설계하는 것이다.

여러분들은 지금까지 짧지 않은 생애 동안 무언가 결정을 내렸을 것이고, 그 결정은 여러분 운명의 방향을 결정지어왔을 것이다. 그러한 순간 중, 가장 중요했던 순간들을 10개만 끄집어내보는 것이다. 마치 인생이란 강을 건너오면서 하나하나 놓았던 징검다리들을 바라다보듯이 과거를 헤쳐 나가기 위해 여러분들이 겪었던 중요한 순간들을 돌이켜보는 것이다. 이제 여러분 앞에 새로운 강의 물결이 흐르고 있고, 그래서 이제 또 다시 새로운 징검다리를 놓아야 할 시간이 되었다. 지금 이 순간 여러 분 앞에 놓인 시간을 어떻게 보내느냐에 따라 여러분의 인생이 지금까지 그 어느 순간보다 더욱 결정적으로 여러분의 삶에 새로운 방향성을 부여할 것이다. 여러분은 지금까지 부모의 슬하에서 부모의 도움으로 성장해왔다. 이제 여러분은 홀로

서야 할 시간이 왔고, 홀로서기의 마지막 순간에 어떤 식으로 여러분의 삶을 설계하고 동기유발 시키는가에 따라서 여러분의 삶이 결정될 것이다.

징검다리(Stepping-Stones)[5]쓰기, 이것은 유명한 심리학자인 프로고프(Ira Progoff, 1921-1998, 미국)박사가 고안한 글쓰기를 통한 심리치유 방식의 하나이다. 인생을 강물이라 여기고 그 강물을 건널 때마다 하나하나 놓았던 삶의 가장 중요한 모멘텀들이 바로 징검다리인 것이다. 그래서 징검다리쓰기는 하나하나 인생에서 중요한 사건이나 행동이 있었던 시점을 기록하는 것이다. 징검다리들은 자신이 가장 힘들었던 순간들을 극복한 역사이며, 자신의 가장 찬란한 삶의 기록이며, 자신의 삶의 중요한 터닝포인트들의 기록인 것이다.

이러한 징검다리를 쓰는 목적은 현재의 시점에서 지나간 중요 시간들을 재해석하기 위함이다. 재해석을 위해서는 재해석을 위한 가이드라인, 즉 현재의 시각이 필요하다. 지금 여러분은 취업이라는 새로운 삶의 이정표를 놓기 위해 지나간 시간들 중 가장 중요한 사건들을 10개 골라서 늘어놓고 그것들을 현재의 시각으로 다시 해석해보는 것이다. 한 나라의 역사가 그 민족이 겪었던 수많은 사건들 중에서 중요한 사건들을 선별하고 선별된 사실(史實)들에 대한 현재 시각에서의 해석이듯이, 개인의 역사 또한 마찬가지이다. 자, 이제 여러분은 부모의 슬하에서 벗어나서 독립해야 할 시기이다. 이것이 바로 현재의 시각이다. 여러분은 좀 더 나은 미래를 위해 과거 자신의 주요 사건들을 선별해내고 그것을 재해석하는 것이다. 괴테(Johann Wolfgang von Goethe, 1749~1832, 독일)의 〈젊은 베르테르의 슬픔(Die Leiden des jungen Werthers)〉을 10대에 읽었을 때, 그리고 30대에 읽었을 때, 그리고 50대에 읽었을 때 얼마나 다른 느낌으로 읽혀질까를 생각해보라!

---

[5] Kathleen Adams: 저널치료(2006), 강은주·이봉희 공역, 학지사, 193-203쪽 참조. Adams의 징검다리는 "원래 사람에게 그의 삶의 움직임을 찾으려고 노력하는, 의식수준보다 더 깊은 목적을 인식하게 해주는 표지다."(같은 책, 193쪽) 즉 자신의 진정한 의미를 재발견하게 하여 자신의 상처를 치유하는 방법으로 사용되고 있다. 그런데 필자는 이러한 징검다리를 자신의 정한 목표의 정당성을 확보하고, 그러한 목표를 유지시키기 위해 현재의 관점에서 자신의 과거를 성찰하기 위한 수단으로 활용하고 있다. 그래서 필자가 사용하는 징검다리 개념은 Adams의 방법보다 역사가의 역사해석 방법에 더 가깝다고 말할 수 있다. Adams의 징검다리가 진정한 자신을 찾아가는 보다 불확실한 과정인데 비해, 필자가 사용하는 〈징검다리쓰기〉는 미리 목표를 정해 놓고 그 목표의 입장에서 과거를 재해석하는 역사해석 방법에 더 가까운 것이다. 결국 필자의 징검다리쓰기는 Adams에게서 '징검다리'라는 용어만 차용한 것에 불과하다고 할 수 있다.

(2) <징검다리> 쓰는 방법

1) 목표가 현재의 관점이다.

취업을 하려고 결심한 순간, 여러분의 목표를 정하라. 그 목표는 들어가고 싶은 회사이기도 하고, 여러분이 앞으로 살아가고 싶은 꿈 자체이기도 하다. 그 목표가 정해진 뒤, 여러분의 과거를 돌아보아라. 그 과거들을 이 목표를 중심으로 다시 해석하는 것이다. 지금의 여러분을 형성한 가장 중요한 사건들, 그것이 긍정적이든 부정적이든, 그 사건들을 지금의 관점에서 쓰는 것이다. 삶은 계속해서 현재의 관점에서 과거를 보고 미래를 향해가는 과정이다. 그래서 과거는 계속해서 다시 해석되는 것이다. 자 이제 너희들의 좀 더 나은 미래를 위해 과거의 사건들을 10개를 골라 그것을 다시 해석하는 시간을 갖자.

2) 각 징검다리 마다 제목이 있어야 한다.

그 제목에는 그 시대에 대한 현재의 해석이 들어가야 할 것이다.

그리고 마지막 10번째 징검다리에는 종합적으로 총평이 있어야 할 것이다.

하나하나 제목을 쓰고, 제목에 맞는 상황을 쓰고, 그 상황을 현재의 시각으로 해석하라. 그래서 그 시기들은 현재의 입장에서 "지금 생각하면, 그 때는 ~~~한 시기였다." 이런 식으로 해석될 수 있다.

(3) '징검다리' 쓰기 실제

다음 글은 2013년도 작문 수업시간에 써진 학생의 글이다. 이 학생은 자신의 과거를 아주 윗트있게 기술하고 있다. 글을 다루는 솜씨 또한 훌륭하다. 특히 현재 입장에서의 해석이 너무 재밌다. 이 학생이 쓴 10개의 징검다리의 제목들은 현재 입장에서의 재해석을 응축하고 있다. 그리고 각 징검다리가 끝나는 하단에는 현재의 시각이 드러나 있다. 그리고 10번 징검다리는 현재의 입장이 드러나 있다. 여러분들도 현재의 입장에서 자신의 지나간 삶 중 가장 중요했던 사건들을 선정해보아라. 무수한 사건들 중에서 뽑힌 사건 하나하나가 이미 자신의 현재에서 보면 의미가 있는 사건들이 된다. 그리고 현재의 입장에서 과거 중요한 사건의 순간, 여러분이 내렸던 결정들이 과연 최선의 결정이었는지 자문해보아라. 그리고 그 중요한 모멘텀들을 통해서 그 어떤 공통점들을 찾아보아라. 만일 찾았다면 그것은 바로 여러분들의 정체성이라고 부를 만하다. 누군가가 "당신은 어떤 사람입니까?" 라고 물었을 때, 당신은 자신을 정확하게 소개할 수 있었는가? 그럴 때, 이 징검다리를 말해주면서 '나는 내 삶의 중요한 순간에 이런 결정을 했고 그래서 오늘날의 나를 만든 것 같다'고 얘기할 수 있을 것이다. 이런 이유 때문에 징검다리들은 결국 현재의 입장에서 여러분의 정체성이라고 부를 수 있는 것이다.

예문 1)

1. 1986년 4월 20일

일요일 오전 9시 크나큰 축복을 받으며 한 아이가 태어났다. 그게 나다. 이름은 ***. 나는 부모님의 각별한 애정 덕분에 아무 탈 없이 자라기 시작했다. 무럭무럭 자라던 6살 때 나에게 한 사건이 있었다. 내 어릴 적 첫 기억이기도 하다. 유치원을 갔다가 할머니 집으로 갔다. 할머니 집에 갔더니 할머니가 안계셨다. 늘 할머니 집으로 갔던 나는 불안함과 당혹감을 가지고 이러지도 저러지도 못하고 있었다. 그때 길 건너편에서 강아지 한 마리를 보았다. 나는 그 강아지를 쫓아 이곳저곳 휘젓고 다녔고, 얼마 지나지 않아 길을 잃어 버렸다. 길가에 혼자 앉아서 훌쩍 대고 있던 나를 한 아주머니께서 발견하시고 경찰서로 인도 해 주셨다. 경찰서에서 경찰관님이 저를 어르고 달래서 겨우 울음을 그치게 하시고 제 가방에 있던 연락처로 부모님께 연락을 해드렸다. 시간이 지나 부모님이 오셔서 나를 찾으셨다. 나는 아무렇지도 않게 경찰서에 만화영화를 보고 있었다. 얼마나 걱정을 하셨는지 어머니께서는 나를 꼭 껴안아 주셨다.

내가 우리가족에게 정말 소중한 존재라는 것을 깨닫게 되는 좋은 순간이었다.

2. 첫 수술

때는 초등학교 3학년 겨울방학. 눈은 쌓여있고, 길바닥은 꽁꽁 얼어붙어서 나가지도 못하는 그런 날씨인데. 아버지께서 갑자기 고기를 잡으러 가자고 하셨다. 나는 아버지께 갑자기 웬 고기를 잡으러 가냐고 물으면서 한편으론 무엇을 잡으러 가냐고 물어봤다. 아버지께서는 고래를 잡으러 간다고 하셨다. 난 정말 신기했고 실제로 고래를 보러 간다는 생각에 나도 데려가 달라고 했다. 아버지께서 얼른 준비 하라고 하시기에 재빨리 옷을 챙겨 입고 따라 나갔다. 아버지는 근처 한 병원으로 나를 데려가셨다. 나는 영문도 모르고 아버지께 고래는 언제 잡으러 가냐고 물었다. 아버지께서는 여기서 잡을 수 있다고 하셨고, 나는 아버지 말을 믿고 병원 안으로 들어갔다. 병원에 들어가서 진찰을 받는데 의사 선생님께서 바지를 벗으라고 하셨다. 그러시고는 내 고추에 볼펜으로 점을 찍기 시작했다. 그러고는 바지를 벗은 채로 수술대 위로 올라가라고 하셨다. 의사 선생님께서 갑자기 '학교종이 땡땡땡~♫' 노래를 부르라고 하셨고 그 순간 고추에 바늘을 꽂아서 마취를 하셨다.

> 이 때 알았다 아버지께 속았다는 것을. 나는 펑펑 울었고, 수술이 끝난 뒤에 나는 게걸음으로 집에 왔다. 훗날 포경선이 고래를 잡으러 간다는 것을 알았고, 포경수술이 고래 잡는다고 하는 것을 알게 되었다. 어린 애들은 참 순진 하다. 어른들은 이런 아이들을 잘 이용한다는 것을 느꼈다.

3. 22연승의 끝

초등학교 6학년 때 일이다. 그때 당시는 한창 오락실이 유행할 때였고, 내 또래나 그 이상 나이가 있는 사람들은 오락실을 많이 왔다. 집근처 오락실을 자주 갔던 나는 그날 역시 오락실에 가서 오락을 했다. 한창 오락을 하고 있는데 옆에 . 그때 당시 나의 실력은 동네에서 한창 날리고 있을 때였는데, 날 잘 알지 못하는 중학생이 내게 대결을 신청하였다. 나는 가소롭다는 듯이 받아 주었고, 그 중학생은 나의 실력을 인정할 수 없다는 듯이 계속 동전을 넣고 대결을 신청하였다. 중학생이 계속 지자, 옆에 있던 다른 분들도 내게 도전을 시작하였고, 나는 연전연승을 거듭했다. 하지만 동네에는 내 적수가 없었고 모두 내 앞에 무릎을 꿇었다. 연승이 21승째 한 고등학생이 대결을 신청하였고, 그 고등학생을 꺾고 22연승을 하였다. 그런데 갑자기 고등학생이 내가 하고 있는 오락기 전원을 꺼버리고 나를 오락실 뒤편으로 끌고 가서 죽도록 때렸다. 분이 풀렸는지 고등학생은 갔지만 나는 눈이 퍼렇게 멍이 들었고, 엉엉 울면서 집에 갔다.

> 오락을 잘하는 것도 중요하지만 상대방을 봐가면서 해야 된다는 것을 느끼게 되었고, 자만해서도 안 된다는 것을 알았다.

4. Computer Sensation

중학교 2학년 때. pc방이 생기기 시작했다. 처음에는 관심이 전혀 없었다. 친구들이 하나 둘씩 pc방을 가기 시작했고, 학교 안에서 게임한 이야기를 떠드는데 무슨 말인지 전혀 못 알아먹는 내가 너무 답답해지기 시작했다. 외톨이가 되는 것이 싫어서 어머니를 졸라 동생과 같이 pc방을 가게 되었다. 그때 당시 한 시간에 2,000원이라는 거금이었다.(현재 한 시간에 1000원 안팎) 스타크래프트라는 게임을 동생과 한 시간 동안 즐기고 왔는데, 오락실에서 하는 게임과는 차원이 다른 무언가가 있는 것이 아닌가.

> 그때부터 나는 뭔가에 홀린 것처럼 미친 듯이 pc방을 갔었고, 아직도 컴퓨터 게임을 즐겨 한다. 내가 이때 컴퓨터 게임을 하지 않았다면 지금도 하지 않고 있었을까 싶기도 한다.

5. 유명 인사

고등학교 2학년 때 일이다. 학교를 통학할 때 스쿨버스를 타고 다녔는데 스쿨버스를 타려면 확인증이 필요했다. 나는 친구와 함께 버스요금을 빼돌리기 위해 확인증을 위조하기로 마음먹었다. 우선 원본 확인증이 하나 필요했기에 돈을 내서 확인증을 가지고 있는 친구를 포섭한 뒤 명함가게를 찾아 다녔다. 명함가게에 가서 문의 해보니 기본 천장을 해야 된다고 했다. 그때 당시 2학년 통 털어도 400명이 채 안되어서 그렇게 많이는 필요 없었고 우리는 여러 군데를 찾은 끝에 10장을 해준다는 명함가게를 갔다. 만원도 채 안 되는 돈으로 10장을 위조한 뒤 2장은 우리가 쓰고 8장은 친구들에게 팔았다. 며칠 뒤, 등교 하자마자 담임선생님이 나를 교무실로 불렀다. 교무실에 갔더니 위조를 같이했던 친구 하나는 엎드려있었고, 선생님께서는 내게 엉덩이 찜질을 시전 하셨다. 알고 보니 스쿨버스 확인증을 위조했다고, 학교 홈페이지 게시판에 나와 내 친구 이름이 올라와 있는 게 아닌가. 너무 열이 받아서 올린 사람 IP를 추적해서 패주고 싶었지만 그럴만한 능력을 가진 자가 내 주변엔 없었다. 선생님께서는 경찰서 안가는 게 다행이라 말씀하셨다.

그때 나는 함부로 나쁜 짓을 하면 안 된다는 것을 느꼈고, 완전 범죄란 없다는 것도 깨달았다.

6. 나만의 푸른 거탑

군대를 갔다. 길지도 짧지만도 않은 2년이란 시간이었다. 훈련병 때는 가족과 친구들의 소중함을 느꼈고, 이등병 때는 선임들과의 인간관계를 터득하였고, 일병 때는 무언가를 하면 열심히 해야 하고 그 안에서 보람을 느낄 수 있다는 것을 알게 되었다. 상병 때는 후임들에게 대하는 방법을 터득하였고, 병장 때는 사회로 돌아가서 해야 할 일들을 다시 되새길 수 있는 소중한 시간이 되었었다.

처음 막 입영 했을 때는 정말 시간이 아까울 거라 생각했지만 돌이켜 보니 인생에 정말 중요한 터닝포인트 라고 느꼈다.

7. 대탐대실(大貪大失)

군대를 막 전역하고 한창 겁도 없고 뭐든지 다 할 수 있을 거라 생각 하던 시기였다. 전역 하고 한 달 뒤에 여자 친구가 생겼다. 여자 친구가 있었음에도 불구하고 나는 새로운 여자를 만나고 다녔었다. 그리고 새로운 여자 친구가 하나 더 생겼다. 한마디로 나는 양다리를 걸친 것이다. 하루는 A라는 여자를 만나고 다음 날은 B라는 여자를 만났지만, 내 주변에는 오전에 A만나고 오후에 B만나는 친구가 있었기에 나는 별 생각 없이 걸리지만 않으면 된다는 생각을 가지고 있었다. 어느 날 A라는 여자와 길을 가는데 B라는 여자를 만나게 되었다. 드라마에서나 나올 법한 상황이 내게 펼쳐지니 정말 믿기지가 않았다. 나는 두 여자 사이에서 온갖 욕을 먹었고 나는 결국 둘 다 헤어지게 되었다.

지금 생각해보니 내가 한 행동은 잘못되었고, 정말 쓰레기였다는 생각밖에 들지 않는다. 앞으로는 이런 일이 두 번 다시 없을 것이라고 다짐했다.

8. 너는 내 운명

내가 스물여섯 살을 맞이하게 된 설날이었다. 그날은 친구들과 동네에서 술을 마시기로 한날이었다. 친구들과 술을 먹고 있는데. 한 친구가 친척 동생이 근처에 있다고 같이 들어간다고 잠깐 있다가 가겠다는 것이 아닌가. 나는 여자면 앉혀서 같이 놀자고 제안 했고, 친구가 수락하여서 같이 술을 마시게 되었다. 나의 남성적인 매력에 그 여자는 빠지게 되었고, 우리는 연락처를 교환한 뒤에 친구 몰래 둘이서 따로 만나게 되었다. 그 여자는 어렸지만, 생활력이 있고 검소하며 올바른 정신을 가진 착한 여자였다. 비록 친구의 친척 이였지만 나는 그 여자가 마음에 들었고 고민 끝에 서로 사귀게 되었다.

유비무환 퍼펙트 자소서

> 지금까지도 만남을 지속하고 있는 그 여자는 내게는 너무 소중한 사람이고 고마운 사람이다. 만약 2년 전에 그 여자를 만나지 못했다면 지금의 나와 그녀를 만나지 못한 지금의 나는 다른 길을 걷고 있을 거라고 생각 한다.

9. 기술 교육

스물일곱 살에 나는 자격증에 목을 매달고 있었다. 자격증이 있으면 취직이 잘되고 길이 더 잘 열린다는 것을 알았기 때문이었다. 고민 끝에 나는 직업 훈련 학교를 찾아갔다. 거긴 나보다 나이 적은 사람이 많을 거란 생각에 걱정이 앞섰지만, 막상 들어 가보니 나보다 많은 사람이 절반 정도 되는 것이 아닌가. 나는 거기서 중간층에 역할을 맡아서 앞에 가는 형님들을 따라가고 뒤에 있는 동생들을 잘 이끌어 가려고 노력했다. 하지만 6개월 과정에 너무 많은 것을 하려고 했는지 자격증은 2개밖에 취득하지 못하였고, 정작 주로 배운 과목은 실기에서 떨어지는 쓴맛을 맛보았다.

> 내가 나이가 조금 더 어렸다면 길게 과정을 잡아서 천천히 밟아가는 거였는데 너무 서둘렀다는 생각이 들었고 일찍 시작하지 못한 게 후회되기 시작했다.

10. 새로운 시작

나이 스물여덟 살에 대학을 다시 다녔다. 참으로 걱정이 됐다. 대학은 보통 20대 초반 애들이 가기 때문에 입학을 하면 분명히 내가 나이가 많을 것이고 그것은 곧 내가 어린 동생들을 이끌어 가야 한다는 것이기 때문이다. 하지만 나는 지금 내 앞가림도 제대로 하지 못하기 때문에 이 나이에 대학교를 새로 온 건데 내가 뒤처지지는 않는 게 먼저지 애들을 챙기면서 내가 잘할 자신이 없었다. 첫 강의 시간에 강의실을 훑어 보니, 예비군이 꽤 많이 있었다. 여타 학교와는 다른 게 예비군이 많다는 것이었다. 그러다보니 군필자와 미필자의 비율이 어느 정도 맞았고 내가 크게 이끌어야간다는 부담감도 줄어들었다. 그러다 보니 자연스레 공부가 잘되었고 지금도 진행 중이다. 별일 없이 지금처럼만 한다면 좋은 결과가 있을 꺼라 생각한다.

> 현재까지 내 삶은 나만이 알고 있는 즐거운 인생이다. 나 혼자만이 알고, 나 혼자만이 느끼고, 나 혼자만이 생각할 수 있는 그런 인생. 남들과는 다른 나라는 자존감이 강하고 자기 중심적인 성격이 강한 사람. 앞으로의 내 길은 나도 모르지만 제일 먼저 알 수 있는 사람은 나이기에 내 인생은 내가 잘 개척해서 해피엔딩으로 마무리 짓고 싶다.

다음 글 또한 2013년도 작문시간에 쓴 학생의 글이다. 이 학생의 글을 책에 넣고 싶어서 연락을 했더니 흔쾌히 승낙해주었다. 좋은 직장에 입사해서 열심히 근무하고 있었다. 그러면서 이 학생이 썼던 글을 읽었을 때의 감동이 먼 곳에서 다시 살아나왔다. 이 학생은 쉽지 않은 어린 시절을 보내면서 남들보다 혹독한 사춘기를 보냈고, 어려움을 극복해가는 과정을 참으로 진솔하게 그렸기 때문에 아직도 필자의 기억 속에 남아있었던 것이다. 이 학생이 쓴 마지막

1장 목표기업 정하고 능력과 경험 쌓기

총평을 읽어보면 이 학생이 이 글을 썼던 당시의 시각이 잘 드러나 있다.

예문 2)

1. 내가 태어났다.

　어머니께서 나를 임신하셨을 당시에 서른 중반의 노산이셨다. 그래서 임신 기간 동안은 산모에 대한 배려 차원으로 우리가족은 어머니가 나고 자란 고향 대구에서 생활 했다고 한다. 드디어 1993년 5월 1일 닭띠해(계유생) 밤 9시 43분 대구 성심병원에서 내가 태어났다.

　그리고 며칠 뒤 어머니로부터 생명을 얻었고, 맑고 밝게 자라라는 뜻을 담은 이름을 받았다. 그것은 어머니께서 내게 주신 생애 첫 선물이었다.

2. 어릴 적(7~9세) 나는 연기자였다.

　그 때는 나의 단점과 약점을 들키고 싶지 않은 아주 어린 때였다. 아버지의 연이은 사업실패 실직 등으로 우리 집은 너무 가난했고 여러 가지로 불행하기 만한 시기였다. 솔직히 지금생각해보면 나의 부모님이 가난하고 부모님이 실패 했던 것이지 그 현실은 나의 탓도 아니었고 나의 가난도 나의 약점 또한 아니었다. 하지만 그 당시 여리고 자존심은 되게 강했던 나는 불행한 현실이 너무 부끄러웠다. 다른 사람에게 나를 드러내서는 안됐고 혹시 들통이라도 나지 않을까 매사에 노심초사, 부잣집 아들인 것 마냥 거짓 행동들을 하고 다녔고 그런 행동을 뒷받침하기 위해 친한 친구들에게도 말도 안 되는 거짓말만 했었다. 예를 들면 없는 형편에 반 친구들에게 좋은 인상을 주기위해 비싼 간식을 넣어달라고 철없는 부탁은 밥 먹듯이 했었고, 돈이라든지 뭐가됐든 당시 내가 가진 것이 전부임에도 더 가진 것 마냥 남에게 아낌없이 주었다. 또 친한 친구에게도 집이 엄청 잘산다는 거짓말을 늘 달고 살아왔기 때문에 우리 집에 데려 올수 있는 그런 친구는 한명도 없었다. 그때만 해도 나는 친구들에게 뭐든지 부족함 없이 살고 아낌없이 베푸는 부자였다.

　지금 생각해보면 늘 가난했기 때문에 다른 사람들에게 놀림거리가 될까 두렵기도 했고 현실과는 다르게 부유한 삶을 살고 싶다는 욕망이 지나쳐 그런 거짓된 행동들을 하지 않았나 싶다.

3. 초등학교 1학년 부모님이 떠났다.

　초등학교 1학년 때 우리가족은 무너졌다. 아버지의 끝도 없는 가정폭력에 견디다 못한 엄마는 가족을 떠났고 가난한 아버지 또한 돈을 벌어오겠다는 핑계를 남기고 우리 형제를 떠나 버리셨다. 부모님은 본인들이 만들어놓은 실패하고 가난한 인생에 해결책을 찾지 못하자 우리 형제만 남겨놓고 비겁하게 도망친 것이었다. 그렇게 부모로부터 버려진 나와 동생 우리 형제는 현재까지 13년간 할머니 품에서 살게 됐다.

　그 당시 부모님의 이혼과 가족의 붕괴, 그리고 부모로부터 버림받은 현실은 어린 나로서는 감당 할 수

유비무환 퍼펙트 자소서

없는 아픔이었다. 매일을 잠 못 이루고 처한 현실과 부모를 원망하며 울며 보낼 정도로... 그때는 나의 삶에서 정신적으로도 가장 가난했고 삶의 이유마저 상실한 절망의 시간이었다.

4. 나는 소년 가장이었다.

사람은 적응하는 동물이라고 했다. 그 큰 아픔과 슬픔도 잠시 나는 현실을 받아들이고 미래를 준비해야겠다는 생각을 했다. 물론 그럴 수 있었던 건 우리 형제를 위해 고생하시는 할머니가 계셨기 때문에 가능했다. 그렇게 정신을 차리고 난 이후부터 나는 뭐든지 정말 뭐든지 열심히 했었다. 당시 초등학생이었음에도 공부는 물론 모든 생활면에서 악착같이 살았다.

한 살 어린 동생에게는 형인만큼 부모 노릇을 대신해주기 위해 정말 뭐든지 열심히 하고 배웠고 부담이 크실 할머니의 짐을 조금이라도 덜어드리기 위해서 열심히 했고, 무엇보다 내가 처한 현실을 바꾸기 위해선 뭐든지 열심히 하지 않으면 안됐다.

그렇게 초등학교부터 중학교 1학년까지 나는 성적은 최상위권 우등생이었고, 선생님과 친구들에게 여러모로 인정받는 성실한 학생이었으며 집에서는 예의바른 손자이자 든든한 형으로서 어린 동생과 편찮으신 할머니를 보살피고 이끄는 소년 가장이었다.

5. 사춘기를 겪으며 방황을 했다.

중학교 2학년... 지금 돌이켜보면 이시기가 내인생길에 첫 번째 갈림길인 것 같다.

신체적인 변화, 정신적인 변화를 겪는 사춘기가 찾아오고 나는 내면적으로 많은 흔들림을 겪었다. 특히나는 사춘기 때 그동안 불행한 현실 속에서 억눌러 왔던 슬픔과 아픔들이 한꺼번에 터져 오르면서 또래에 비해 정말 많은 방황을 했던 것 같다.

그런 시기 소위 말하는 불량한 친구들과 어울리면서 성적은 순식간에 바닥으로 떨어졌고 학교폭력, 금품갈취 등 불량하고 잘못된 행동들을 일삼았으며 어느 순간 학교에서든 집에서든 어디를 가나 문제만 일으키는 트러블메이커가 되어 있었다. 그렇게 살다보니 원래 친했던 친구들은 하나둘 곁을 떠났고 나와 어울리는 소위 불량한 친구들을 제외하고는 어디에서도 나를 반기지 않았다.
모두가 말했다. "어떻게 한순간에 전혀 다른 사람이 됐지?"

그 당시 나는 이렇게 생각했다. '나는 언제든 변할 수 있는 이유가 충분했고, 원래 이 모습이 진짜 내 모습일수도 있는데 그동안 참아왔기 때문에 몰랐던 것일 뿐' 이라고. 정말 그때의 나는 불행한 현실을 벗어나겠다는 각오와 학생으로서 그리고 가장으로서의 본분마저 잊고 또 무엇보다 나에겐 시간이 지나도 후회란 없다는 크나큰 착각을 하며 정말 생각없이 마음대로 살았던 것 같다.

6. 사랑 그리고 방황이 끝났다.

중학교 2학년부터 고등학교 2학년 까지 나는 나에게 주어졌던 긴 시간과 많은 기회들을 스스로 버리며 살았다. 그러던 중 지금의 여자 친구를 만났다. 내 인생에 첫 번째 갈림길이 중학교 2학년 때였다면 여자 친구를 만나게 된 것은 그렇게 도착지와 멀어지는 잘못된 길을 걷던 중 정상으로 가는 지도를 발견한 것과도 같았다. 나는 그런 여자 친구와 오랜 만남을 통해 단순한 육체적인 사랑이 아닌 더욱더 진실한 사랑을 하게 됐다. 여자 친구는 나보다 똑똑했고 나보다 착했고 나보다 몇 천배 성숙한 어른이었다. 나는 그런 여자 친구를 진심으로 사랑했기 때문에 여자 친구를 위해서라도 과거의 내 모습이 아닌 그녀와 어울리는 모습으로 변하고 싶었다. 다른 이유는 없었다. 단지 내가 사랑하는 사람을 위해서였다.

어떠한 충고에도 변하지 않던 내가 아니 너무 늦어 버린 것은 아닌지 하고 두려워하며 포기해버렸던 내가 여자 친구의 영향으로 방황을 스스로 완전 종료 시켜버렸다.

7. 직업전문학교에 입학했다.

고 3때 진로를 고민 하던 중 많은 고민 끝에 대학진학을 포기하고 직업전문학교를 선택했다. 여러 가지 이유가 있었지만 밥벌이를 할 수 있는 고급 기술력을 갖추기 위해서였다. 전기회사를 운영하시는 고모부의 영향으로 전기 전공을 선택했고 1년 동안 이론과 실습을 병행하며 열심히 정말 열심히 갈고 닦아 학교 자체의 4번의 평가에서는 모두 과 수석을 했고 전기기능사 자격증포함 4개의 자격증을 취득하는 좋은 결과를 이루었다.

그때 직업학교를 선택한 것은 정말 최고의 선택이었고 앞으로 나의 미래를 설계하는데 가장 중요한 밑바탕이 되었다.

8. 사회생활을 시작했다.

직업 전문학교 1년 과정을 이수하고 그해 11월말 나는 교수님의 추천으로 전기 공사업체에 의무취업 3개월을 나가게 되었다. 첫 사회생활이 시작된 것이다.

그때 그 3개월의 취업 경험은 두 번 다시는 겪고 싶지 않을 정도로 고생만 했지만 첫 단추를 잘 채운 것 같아 굉장히 의미를 두고 있다. 그리고 두 번째 아르바이트!! 70평 정도의 규모의 마트에서 4개월간의 캐셔 및 매장관리 알바였다. 아직까지 정말 기억에 남는 일중에 하나다. 아침 8시 오픈부터 밤 12시 마감까지 휴일 없이 4개월 동안을 정말 열심히 일했다. 처음에는 직원으로서 사장님께 인정받기 위해서 열심히 일했지만 시간이 지나면서 궁극적으로 우리 마트 내 가게라는 마인드를 갖고 우리 손님에게 인정받기 위해 열심히 일했다. 그때는 정말 태어나 처음으로 남의 일을 내일처럼 느끼며 순수하고 열정적으로 일을 했던 것 같다. 그리고 마지막.. 친구 아버지가 운영하시는 전라도 권에서는 알아주는 냉동회사에서 5개월 정도 직장생활을 했다. 이때는 정말 진짜 직장생활을 하는 것 같았다. 계급 체계가 있었고 나한테도 사원이라는 직함이 있었으며 또 상조회가 있었고 명절이면 명절 보너스도 받을 수 있었다. 나는 장비 설비팀에 속해있었는데 5개월 동안 정말 때론 죽고 싶을 만큼 힘든 순간들도 많았지만 이정도도 견디지 못하면 앞으로 험난한 세상과 험난한 직장사회를 어떻게 견디랴 하는 마인드 컨트롤을 하며 정말 열심히 일했다.

이곳에서의 5개월은 정말 열심히 일한만큼 기술은 물론 직장생활에 대해서도 많이 배웠고 무엇보다 대인

관계에서 많은 부분을 보고 느끼는 다시는 오지 못할 아주 소중한 경험이었다고 생각한다.

9. 할머니가 쓰러지셨다.

올해 2월초 한참 여수에서 일을 하고 있던 도중 후배의 전화가 걸려왔다.
전화를 받자마자 다급한 음성이 들렸다. "형 할머니가 쓰러 지셨어요" 나는 순간 세상이 무너진 것 같았다. 정말 미쳐 버릴 것만 같았다. 그렇지 않아도 근래 들어 치매도 심해지시고 당뇨 증세도 더 악화 되는 것 같아서 걱정이 많았는데 결국 쓰러지셨다는 연락을 받고는 더 이상 일이 손에 잡히지 않았다. 나중에 알게 된 정확한 상황은 할머니께서 혈당이 떨어져 저혈당으로 쓰러지신 거였다고 한다. 물론 건강상의 큰문제가 되고 아주 위급한 상황은 아니었지만 그 상황에서 큰손주인 내가 지켜드리지 못하고 후배한테 상황보고만 들어야 했던 것이 아직도 죄송스럽고 가슴 아프다.

그 일 이후 그동안 할머니께 나 살기 바쁘다고 가까이 모시고도 더 많이 신경써드리지 못했던 점에 대해 많은 반성하는 계기가 됐고 계실 때 잘해야 한다고 다시 한 번 새삼 깨닫게 됐다.

10. 부정적인 현실에 지지 않는 긍정적인 나로 다시 태어났다.

여러 가지 아르바이트와 직장생활로 20살 1년을 보냈다. 내가 21년을 살면서 가장 많은 것을 보고 가장 많은 것을 반성하고 가장 많은 것을 배운 시간이 20살 1년이란 시간 인 것 같다. 다양한 성격, 다양한 유형의 사람들을 만나면서 사람에 대해 느꼈고, 동료들과 힘든 일을 하면서 협동심을 배웠고, 사회생활의 막내로서 조심성과 대인관계에 있어 기본적인 매너와 배려를 배웠고, 다른 사람을 칭찬해주는 것을 많이 했고, 항상 겸손하려 했고 공격적인 말투에서 부드러운 말투를 쓰려했다. 또 나의 화를 무분별하게 표출하지 않고 절제하는 것 등 정말 많은 부분을 배웠다. 의미 있는 경험을 통해 배우고 느낀 현재의 나와 과거의 나를 비교했을 때 지금의 나는 대인관계에 있어 항상 배려하고 조심하고 또 내가 조금 손해를 보더라도 더 많은 것을 주는 자세로 임할 것이다. 과거의 폭력적인 나는 아직까지도 남아 있을 수는 있다. 하지만 과거의 나는 절제 할 줄 몰랐다면 지금의 나는 절제력이 생겼다. 과거의 나는 어딜 가나 기피하는 트러블 메이커였다면 지금의 나는 어딜 가나 긍정적인 영향을 끼치고 어떤 부분에서든 인정받는 사람이 되었다. 또 과거의 나는 부정적인 현실 탓만 했다면 지금의 나는 부정적인 현실도 극복할 수 있다는 긍정적인 생각만 가지고 있다. 그렇기에 지금의 나는 과거의 내가 아니다.!!

총평:

중학교, 고등학교 때 했던 실수들과 잘못된 행동들 그리고 긴 방황 허무하게 날려버린 내 기회와 시간들을 생각한다면 과거의 나의 모습과 같아서는 절대로 안 된다.
그리고 지금 나는 폴리텍 대학에 입학했다. 새로운 환경을 만난 만큼 새로운 인간관계도 형성될 것이다. 그리고 분명히 새로운 기회들이 주어질 것이다. 많은 후회와 1년의 배움이 헛되지 않게 대인관계와 학업 더 나아가 나 자신의 무궁한 발전을 위해 많은 노력을 할 것이다. 지금의 나는 불행한 현실에 지지 않는 긍정적인 내가 되었다.

1장 목표기업 정하고 능력과 경험 쌓기

다음 글은 2015년도 작문시간에 제출된 글이다. 이 학생 또한 자신의 어린 시절의 방황과 그 극복과정을 대단히 진솔하게 그리고 있다. 학생들의 징검다리를 읽으면 공통적으로 느끼는 것은 사춘기를 잘 넘기는 것의 중요성, 세상이 험하다고 말하지만, 대부분의 우리 아이들은 결국 자신의 길을 잘 찾아간다는 것이다. 하지만 인간의 변화에는 반드시 계기가 필요하다. 징검다리쓰기를 통해 우리는 과거를 새로운 시각으로 바라보고 미래를 향해 새롭게 출발할 수 있는 모멘텀을 맞을 수 있다.

1. 아들

이제 갓 6살 애교 많고 때 묻지 않은 나는 유치원에서 배운 동요를 앙증맞게 부르고 있다. 그리고 그 주위는 가족들과 친척들이 나를 원으로 둘러싸고 앉아 해 맑게 웃으며 내 동요에 손뼉을 쳐가며 박자를 맞춰준다. 내 어린 시절 남아선호사상이 강했던 친가는 아들이 없었고 장남으로 태어난 나를 매우 애지중지 키워왔다. 내가 짜증을 낼 때도, 슬퍼서 소리 내어 울고 있을 때도, 내 가족과 친척들은 마냥 귀엽고 즐거워했다. 내가 친척집을 가는 날이었으면 밤새 집에서 웃음꽃이 떠나지 않을 정도였으니까.

어렸을 때부터 그렇게 많은 사랑을 받으며 자라왔으니 내 인생에 있어 관심이란 단어가 중요할 수밖에 없었다. 어린 시절 내관심이란 순수하고 때 묻지 않은 어린나이, 오로지 우리가족과 친척들의 사랑으로만 채워졌었다.

2. 리더

초등학교에 입학한 나는 더 많은 친구들과 사람들을 만나게 된다. 좀 더 많은 사람들을 알게 될수록 그 많은 사람들의 관심이 필요했다. 하지만 어린 나에게 이런 각양각색의 친구들과 주변사람들에게 관심을 받는다는 건 쉬운 일이 아니었다. 그래서 내가 선택한 방법은 바로 내가 내 반의 임원이 되는 것이었다. 임원이 되기 위해 나는 친구들에게 나의 좋은 점을 아낌없이 보여줬고 결국 초등학교 6학년까지 쭉 임원을 도맡아 해왔던 것 같다. 학교에서 어떤 일을 하든 내가 우리 반 친구들을 이끌었고 친구들은 나에게 많은 관심을 주었다 그러면서 사랑으로만 느껴졌던 관심도 점차 인정이란 관심으로 변해갔다. 선생님께서 누가 해볼래? 라고 말하면 나는 팔이 천장에 닿을 듯이 높이 손을 들고 손가락 5개를 폈다 힘든 일도 마다하지 않았다. 내가 이일을 남들 대신 함으로 인해 주위사람들은 날 인정해주고 어떤 일을 하든 나를 믿고 따라와 줄테니까.

그렇게 나는 학교에 있는 모두에게 인정받으며 초등학교를 졸업했다.

3. 방황

학교 뒷길 나는 누가 올까 조마조마하며 친구들과 좁게 원을 그려 머리를 맞대고 한 친구의 손만 아무

유비무환 퍼펙트 자소서

말 하지 않고 바라보고 있다. 친구 한 놈이 아버지 주머니에서 가져온 건 담배. 평소 같았으면 입에다 풀을 발라놔도 열심히 떠들 애들이었지만 그날은 모 두 못 볼 걸 본 애들처럼 조용했다. 모두들 침 넘어가는 소리만 들렸다. 그중에 담배를 가져온 친구한 놈이 말문을 열었다. "야 난 이거 필거야 왜 겁나? 한번 펴보는 거지 뭐 내가 일단 펴볼게 한 모금씩 해보자.." 말은 당당하게 하는 거 같지만 사실 그 친구도 손을 떨고 있었다. 그 고사리 같은 손으로 라이터 불을 켜고 담배에 갖다 대자 친구는 인상을 쓰며 담배를 한 모금 들이켰다. 그놈은 이미 한 두 번 해본솜씨가 아니었다. 담배연기를 후~하고 뱉자 구경하고 있던 우리들은 마술이라도 본 냥 신기해했다. 하지만 그때 내 친구들은 나와 똑같은 생각을 가지고 있었을 것이다. 두려움만 호기심 반이었다. 친구가 나에게 건넨 고사리 같은 손 사이엔 아직 피다만 담배연기가 모락모락 피어나고 있었다. 나는 거기서 계속 고민하면서 시간을 끌면 친구들이 나를 겁쟁이로 볼 거 같아 한 치의 고민도 없이 담배연기를 들이켰다. 목은 매운 연기를 먹은 것처럼 매우 따가워 절로 기침이 나왔고 한 개피를 다 필 때쯤이면 머리가 어질어질했다. 그때가 나의 첫 방황이었다. 담배를 피면 안 된다는 판단을 하기에 너무 철없던 어린나이였고 학교뒷길에 서 처음 접한 그 담배는 내방황의 첫 시작이었다.

그러면서 내가 바라는 관심이 순식간에 달라졌다 남들이 해보지 못한 것을 함으로 인해 그게 좋은 시선이건 나쁜 시선이건 나에게 많은 친구들의 관심이 생겼다. 그렇게 나의 관심이란 단어는 안 좋은 쪽으로 변질 되어갔다.

4. 사랑

더 이상 초등학교 때처럼 타의 모범이 되고 성실했었던 그 모습의 나는 눈꼽 만큼도 찾아 볼 수 없었다. 방황은 더해져만 갔고 그게 멋있는 줄로만 알았다. 그렇게 하루하루 질 나쁜 삶을 보낸 어느 날 문득 다른 반이었던 여자아이가 눈에 들어왔다. 웃는 모습이 정말 예뻤고 공부도 매우 잘하는 아이였다. 그 어렸던 중학생의 나이에 느끼기 힘든 감정이었다. 그렇게 몇 주 동안 창문사이 고개만 쭈뼛쭈뼛 내밀고 주위만 서성이다 안 되겠다 싶어 빨리 끝난 4교시 날 그 아이가 집에 가는 길에 불러 세워 내솔직한 감정을 고백했다. 당연히 그 아이도 내가 그렇게 고백하면 좋다고 할 거 같았다. 근데 결과가 어땠냐고? 그 여자아이는 날보고 인상을 쓰며 날 위아래로 훑더니 너 같은 애는 싫다고 뒤도 안돌아보고 집에 들어가 버렸다. 그 날난 매우충격을 받았다. 모두 날 좋게만 볼 거 같았고, "너 같은 애"란 말이 무엇을 뜻하는지 조차 몰랐다. 그러나 문득 멍하니 집에 돌아오는 길 맞은편 상가에 비추는 내 모습을 보고 너 같은 애란 뜻이 무슨 뜻인지 알게 되었다. 그 뜻을 알고 거울에 비춰진 내 모습은 정말 추해 보였다. 하지만 난 포기하지 않았다. 그리고 그 날 밤 그 여자에게 줄 편지를 적었다. 지금부터 바뀌어가는 내 모습을 보여줄 테니까 지켜봐달라고...

그러면서 더 이상 많은 사람들의 관심은 중요하지 않았다. 오로지 그 여자 아이의 관심만을 바라고 노력했다. 결과는 졸업할 때까지 날 싫어했지만. 내 행동에 많은 변화를 주게 한 친구였다.

5. 판단

이제는 관심이란 단어에 있어서도 판단이라는 게 섰고 옳고 그름이 분명해졌다. 나는 바뀐 내 모습을 친구들에게 보여주기 위해 중학교 3학년이 되자 선도부에 들어갔다. 더 이상 질 안 좋은 친구가 아닌 타의 모범이 되는 친구로 남고 싶어서였다. 하지만 주위 시선은 쉽사리 바뀌지 않았다. 친구들도 내가 선도부를 하자 의아해하는 친구들이 많았고 내가 선도부를 한다니 반대하는 선생님도 있었다. 하지만난 사람들이 나를 바라볼 때의 색을 과감히 바꿔보고 싶었다.

그럴려면 말로만 해서는 안 된다 생각했고 봉사활동에 적극참여하고 남들이 보든 안보든 내 자신과의 싸움이라 생각하며 묵묵히 남들을 위해 봉사했다. 그렇게 내 관심도 점점 좋은 쪽으로 고개를 돌리는 듯 했다.

6. 뒷걸음질

아버지가 운영하시는 공장에는 개를 한 마리 키운다. 겨울이 되자 이 녀석이 털갈이를 하였고 몸에 있는 털들이 수북이 빠지고 새털이 나기 시작했다. 바닥에 나뒹구는 털들을 보며 생각했다. 나도 이 바닥에 떨어진 털들처럼 여태까지 해왔던 질 나쁜 행동들과 생각들을 털어버리고 새로 시작하자. 내 주위 친구들은 남들이 볼 땐 흔히 말하는 질 나쁜 아이들이었기 때문에 물고 싶지 않아 더 이상 만나지 않았다. 그렇게 중학교를 친구들이 아닌 혼자 쓸쓸하게 졸업을 하고 공업고등학교에 입학을 했다. 내 자신이 점점 바르게 변해 간다는 것에 나름 뿌듯했지만 항상 마음 속 한구석이 허전했다. 나는 더 이상 방황하지 않고 바르게 살고 있음에도 불구하고 주위에 친구들은 옛날 내 모습만 보며 나와 어울리지 않으려했다. 내 자신에게 스스로 이제 됐다 말하면서도 이렇게 친구 없는 외로운 하루하루를 보낸다는 건 정말 견딜 수 없었다. 다시 옛날 내 친구들에게 다가갔다. 물론 질이 안 좋은 친구들이었지만 내가 다시 다가가자 언제 그랬냐는 듯 나를 반겨주었다. 그렇게 나는 중학교 방황하던 시절로 다시 돌아갔다. 더 이상 내가 정직하게 살고 안 살고는 중요하지 않았다. 그냥 나에게 다시 손을 내밀어준 친구들이 너무 고마웠다. 그렇게 나도 모르게 다짐했던 나에게 뒷걸음질 치며 더 이상 관심이란 단어에 옳고 그름은 중요하지 않았 웃는다. 근데 웃어도 행복하지가 않다. 친구들과 웃으면서하는 대화는 남의 험담과 비난으로 가득 찼고 입에서는 욕설로 말이 시작하지 않으면 이상할 정도로 욕을 자주했다. 그런 안 좋은 행동들을 하면 할수록 이상하게도 주위 친구들은 많아졌다. 다시 말해 많은 관심이 이어졌다. 더 이상 주위 친구들이나 선생님의 칭찬과 격려 같은 말은 들으면 내 자신마저 너무 어색해질 정도로 내자체가 안 좋게 물들어갔다. 이상하게 많은 관심을 받고 있는데도 불구하고 그 기분은 좋지 않았다. 주위사람들의 대부분 나에 관한 관심은 걱정이었다. 나는 지금 이 제일 행복한데 주위사람들은 나를 걱정의 눈으로 쳐다본다. 이해가 가지 않았고 화가 났고 화가 더욱 지속될수록 방황이 극에 달했다 아버지는 파출소에서 전화를 받으시고 나 때문에 항상 사과를 하셔야했고 어머니는 학교에서 선생님에게 사과를 하셨다

하지만 나는 지금 이대로가 좋았다. 더 이상 주위사람들의 그런 쓸데없는 관심이 더 이상 없었으면 좋겠다고 생각했다.

8. 부끄러움

집에 적막한 고요가 감돈다. 예전처럼 누군가가 노래를 부르며 재롱을 피우고 학교에서 상장을 받았다며 자랑을 하는 모습 따윈 보이지 않았다. 어머니께서 소파 한쪽 가장자리에서 날쳐다보시더니 이내 고개를

유비무환 퍼펙트 자소서

떨구시고 눈물을 흘리셨다. 나는 그게 보기 싫어 집을 나갔다. 아무생각도 나지 않았다 그냥 이제 아무한테도 관심받고 싶지 않았다. 그렇게 하루 종일 밖에서 시간을 보내다 아버지가 퇴근하시고 부모님 둘 다 잠들 시간이 되면 마치 이집에 들어와선 안 될 사람처럼 아무도 모르는 사이에 들어온다. 문 열고 닫는 소리조차 조심스럽다 그렇게 나는 새벽 3시가 되서야 항상 잠을 잤다. 이제 여기서부터 내가 첫 문장을 이어갔던 이야기로 돌아간다. 오후2시 나는 아직도 학교엘 안 갔다. 그날은 웬 일로 내방은 쳐다보지도 않으시던 어머니가 노크를 하셨다. "xx아 자니? 어머니랑 잠깐 얘기좀 할래?" 나는 얘기하기 싫었다. 그래서 눈을 감고 자는척했다. 그러자 방문을 여는 소리가 들렸다. 어머니는 내가 자는 모습을 보고 이내 돌아가는가 싶더니 나를 흔들어 깨우고 이내 말을 이어가셨다. "너 곧 있으면 이번 중간고사 시험이라며?" "네" "그럼 어머니가 이번 중간고사 성적 잘 나오면 40만원 줄게 한번 공부해볼래? 부탁이다." 어머니는 이야기가 끝나고 내 대답은 듣지도 않고 방을 나가셨다 어머니께서는 말하는 내내 내 눈을 한 번도 쳐다보지 않고 바닥만 쳐다보셨다. 어머니는 나에게 분명 부탁한다고 하셨다. 그때 나는 어머니께서 나가자마자 울었다.

내가 그동안 얼마나 쓰레기처럼 살아왔으면 부모가 자식의 눈도 못 쳐다보며 남들 부모가 자식에게 평범하게 하는 소리를 '부탁이다' 라는 말까지 하셨을까?

9. 다급

그런 일이 있고나선 더 이상 이렇게 살 수 없었다. 다른 사람의 관심 따윈 더 이상 중요하지 않았다 그냥 닥치는 대로 시작했다. 목표 따위도 없고 그냥 빨리 내가 이태까지 부모님께 해왔던 쓰레기 같은 짓을 만회하고 싶었다. 무작정 학교를 찾아갔다. 그리고 나선 내가 제일 싫어했던 선생님께 가서 무례할 정도로 당당하게 말했다. "뭐든 열심히 할테니까 뭘 어떻게 해야할 지 알려 주십시오" 선생님은 몇 초 동안 나를 지그시 바라보시더니 따라오라고 했다. 앞에도 말했듯이 내가 다니던 고등학교는 공업고등학교라 선생님은 나를 용접실로 데려갔다. 그리고선 퇴근하셔야 될 시간을 넘겨가면서 나에게 많은 걸 알려주셨다. 나는 학교에 아무도 남지 않을 때까지 혼자 용접을 했다. 나중에는 선생님에게 세콤카드까지 달라했고 학교에서 학생 선생님 통 틀어 제일 늦게 집에 갔고 제일 빨리 등교하여 세콤카드로 문을 열어 놨다. 그렇게 미친 듯이 하다 보니 어느새 한 개도 없었던 자격증이 5개가 되었다. 반에서도 1등을 했고, 담배도 더 이상 피지 않았다 학교 집 외엔 아무 데도 가지 않았다. 내가 해왔던 실수를 만회하기 위해선 이게 옳다고 생각했다. 하지만 점점 역효과가 나기 시작했다. 난 분명 이렇게 미친 듯이 노력하고 있는 데도 불구하고 시간이 없는 거 같아 항상 불안해했다. 여유조차생기지 않았다.

불안해함은 곧 자괴감으로 이어졌다 난 분명 자격증에 합격했고 시험성적도 좋게 나왔는데도 너무 늦은 거 아닐까? 이미 늦었다면 더 이상 어떻게 해야 되지? 라는 불안감만 늘어났다.

10. 결정

그렇게 미친 놈처럼 고3 2학기를 보냈다. 짧은 시간이었지만 지금 생각하면 다시는 그렇게 살 수 있었을까 라는 생각도 든다. 열정적으로 하지만 항상 마음 한 구석엔 자괴감을 가지고 살던 어느 날 그날도 일찍 학교를 갈려고 새벽에 일어나 짐을 챙기고 혼자 몰래 집을 나오려했다. 방문을 열고 나오자 거실에 부모님

두 분께서 앉아계시다가 날 바라 보셨다. 이상했다. 원래는 두 분 다 주무시고 계셔야하는데 그날은 누구를 기다리고 있는 것처럼 소파에 앉아 계셨다. 눈이 마주쳤지만 창피했다. 난 그 자리가 너무 어색하고 부끄러워 인사도 안하고 집을 나가려던 찰나 아버지께서 말하셨다 "xx 아, 자랑스럽다. 학교 잘 다녀와라" 그 말 한마디에 나는 현관문 밖에 나가던 길에 잠시 몸이 돌처럼 굳었다. 온몸에 소름이 돋았다. 이내 눈물이 날 것 같아 대꾸도 안 하고 집 밖을 나와 학교 가는 내내 울었던 기억이 난다. 그 날 이후로 다급해하지 않았다. 꿈도 생겼다. 그리고 그 꿈을 이루기 위해 이곳 폴리텍대학에 왔다. 아직도 우리부모님께서는 나를 자랑스럽다고 하시고 어딜 가나 아들자랑을 그렇게 많이 하신다. 생각해보면 22년을 살아오면서 내가 바라는 관심의 행복기준은 주위 친구나 아는 지인들에게만 있었다. 하지만 그에 비해 내가 가족에게 주었던 관심은 손에 꼽을 만큼 적었다.

아직 우리 부모님이 나에게 주신 관심을 갚기에는 너무 어마어마하지만 아직 우리부모님과 내가 살아갈 날은 많다. 그러기에 나는 차근차근 그 관심을 갚아 나가기 위해 지금 이 글을 쓰는 지금도 어떻게 갚아 나가야할지 고민 중이다. 다시 한 번 내가 어떻게 살아왔고 이제 어떤 방향으로 나아가야 되는지 되짚어준 것 같아 교수님께 감사하단 생각이 든다.

다음 글은 2016년 작문시간에 제출된 글이다. 이 학생의 삶이 다른 사람들에 비해 크게 다른 점은 별로 없다. 누구나 살면서 겪게 되는 그런 정도의 빛과 그림자를 겪은 삶이다. 하지만 살아가면서 중요한 순간이나 어려움에 처했을 때 그것을 추스르고 일어서는 자세와 그 자세에 대한 나름대로의 통찰이 돋보인다. 특히 총평에서 보여준, 지나온 시간들에 대한 진지한 질문들은 징검다리를 써야하는 이유를 잘 설명해준다. 자신의 삶 전체를 놓고 그 삶 중 가장 핵심적인 사건들을 불러놓고 질문을 하는 것은 '과거의 선택이 옳았는가'에 대한 자문이다. 그리고 이러한 자문을 함으로써 우리는 앞으로 다가올 미래의 삶에서 과거의 잘못된 선택이나 대응을 거울삼아 좀 더 나은 선택과 대응을 할 수 있는 가능성을 높일 수 있을 것이다. 달리 말하면, 과거 자신의 결정들을 냉정한 관찰자적 입장에서 따져보고 과거를 객체화하고 대상화함으로써 자신을 냉철히 바라볼 수 있는 눈을 기르게 되는 것이다.

1. 어머니의 몸에 칼자국이 생기다

3남3녀 중 막내로 태어나신 아빠와 6남1녀 중 장녀로 태어나신 엄마 사이에서 내가 태어났다. 당시 내 몸무게는 5.8kg. 머리도 큰 편이라 자연 분만 시 위험할 수도 있다는 의사의 말에 엄마는 제왕절개를 선택하셨다. 많은 친족과 외척들의 환영 속에 나는 그렇게 태어났다. 내 아래로는 2살 어린 남동생과 8살 어린 여동생이 있다. 여동생이 태어나기 전, 그러니까 내가 쓸 만한 사고라는 걸 하기 전에 매일 동생과 싸웠다. 나는 이기적이었다. 장남인지라 엄마 아빠가 더 이뻐해 주셨고, 그 다음 이모들이, 그 다음은 할머니 할아버

> 유비무환 퍼펙트 자소서

지, 날 예뻐해줄 사람은 얼마든지 있었다. 모든 사랑과 칭찬은 내 것 이어야만 했고, 무엇을 사든 무엇을 먹든 동생보다는 내가 먼저 만족을 해야 성이 찼다. 그렇다고 이쁨을 받는 만큼 잘 하는 것도 아니었다. 갖고 싶은 것이 생기면 사줄 때까지 징징거리고 여러 사람들을 피곤하게 하였다. 철딱서니 없었다.

엄마와 목욕탕을 같이 다닐 적만 해도 제왕절개 자국은 분홍색이었다. 하지만 시간이 지난 지금의 그 흉터는 검은색에 가까워져있다. 내가 거기서 나 올 때는 분홍빛 흉터 였을 것이다. 흉터색이 바랜 만큼 나도 바래지진 않았을까. 온 세상이 엄마 뿐인 그 때와는 다르게 집에 늦게 들어간다는 문자조차 귀찮아서 하지 않는 나는 검은색이다.

2. 이사 가자

태어나서부터 쭉 살아온 중흥동에 있는 은색 대문의 2층 주택인 우리집. 어릴 때 벽지마다 크레파스로 떡칠을 해놓은 우리 집. 혼이 날 때면 옥상에 올라가서 손들고 있었던 우리 집. 매일매일 골목에서 친구들과 비석치기를 했던 우리 집을 떠난다고 한다. 그 당시 나는 너무 어렸기에 왜 이사를 가는지가 궁금하지가 않았다. 그냥 가는구나. 엄마 아빠가 가야한다니까 가야하는구나 이런 생각만 들었다. 파란 포터에 짐을 싣고 그렇게 운암동으로 갔다. 초등학교1학년 때이다.

나중에서야 엄마에게서 들었다. 아버지가 친구 보증을 섰다가 친구가 잠적해서 돈을 갚기 위해선 집을 빼야만 했다고. 미안하다고. 아버지가 잘 웃지 않으신 것이 그 때부터였다. 아빠와 어릴 적부터 알고 지내던 친한 친구라고 하셨다.

지금 나는 생각해본다. 어제 밤에 같이 고기먹은 친한 친구들 중 한명이 내게 그런다면 어떤 기분일까. 돈보다는 배신감에 무너질 것 같다. 생각만 해도 가슴이 아픈데, 그 때의 아버지는 얼마나 눈물이 나셨을까.

3. 정말 죄송합니다

그 때는 지금과는 다르게 말이 많았다. 붙임성도 좋아서 이사간 지 얼마 되지도 않아 친구를 정말 많이 사귀었다. 아침에 학교를 갈 때 친구와 같이 가고 학교에서 친구와 같이 있고 방과 후에 친구와 놀고. 부모님과 있는 시간보다 친구와 보내는 시간이 많아졌다. 학년이 올라갈수록 노는 법도 달라졌다. 하루하루가 재미있었고 걱정거리가 없었다. 친구 한 명이 최신형 자전거를 들고 나왔다. 생일선물로 받았다고 한다. 친구가 선물 받았지만 내가 받은 것처럼 같이 기분이 좋았다. 그러던 어느 날 그 친구가 아침에 울면서 학교를 왔다. 누가 밤에 자전거 줄을 잘라서 훔쳐갔다고 했다. 같이 기분이 좋았던 만큼 같이 화가 치밀어 올랐다. 그 화는 바람직하지 못한 방법으로 표출이 되었다. 처음엔 학교가 끝나고 나서 함께 아파트를 돌아다니며 찾아다녔다. 그렇게 1주일을 찾고 다니니 찾을 거란 희망은 줄어들고 화만 더 솟구쳤다. 그러다가 나온 생각이 "우리도 훔치자"였다. 함께 돈을 모아서 철물점에서 절단기를 산 뒤에 괜찮은 자전거를 물색하였다. 작업을 시작한지 얼마 되지 않아 뒤를 보니 어떤 아저씨가 우리를 유심히 살펴보셨다. 우리는 할 말을 잃고 그대로 벌벌 떨었다. 그 아저씨는 우리의 집주소와 부모님 연락처를 물어보신 뒤 바로 부모님과 통화를 하셨다. 얼마 시간이 지나지 않아 친구의 부모님과 나의 부모님이 오셨다. 엄마의 얼굴을 보니 모든 것이 흐려지면서 눈물이 뚝뚝 떨어졌다. 나는 무릎을 꿇고 아저씨에게 싹싹 빌었다. 과장을 하는 것이 아니라 정말 손을 파리처럼 비볐었다.

그 때부터 남의 물건이 내겐 돌이었다. 내게 필요한 게 있더라도 남의 물건은 나와 아무 상관없는 것이었다. 더불어 친구를 위해 나쁜 일을 하는 건 친구를 위하는 게 아니라는 것도 알게 되었다.

4. 또 이사 가자!

초등학교 5학년 때 이다. 아빠가 이사를 가자고 하신다. 이번엔 이유를 물어봤다. 아파트가 오래되면 재건축을 하게 되는데 그것 때문이라고 하셨다. 또 다시 다른 환경에서 적응하고, 친구를 사귄다는 것이 조금은 부담이 되었지만, 그런 것은 이사하는데 에 아무런 영향을 끼치지 못하였고 그렇게 정들은 친구들을 두고 양산동으로 이사 왔다.

그때 거기서 계속 살았다면 지금의 나와는 얼마나 달라져 있을까. 어떤 친구가 내 옆에 있을까. 그때 같이 놀았던 친구는 뭘 하고 있을까. 그리움이라는 감정을 너무 빨리 알아버렸다. 그 친구들을 생각하면 벅차고 기분이 좋았다. 하지만 그뿐이다. 벅찬 감정 다음에 오는 허무함은 어린 내겐 너무 버거웠다.

5. 아시나요, 다른 사람은 못 알아보는데 나만 알아본다는 게 어떤 느낌인지 아시나요

여동생이 태어나기 전 나와 남동생은 방학 때면 외가에 가서 방학을 보냈다. 할아버지를 따라다니며 논에서 벌레를 잡으며 놀고, 기르시는 개들과 놀았고, 배 밭에서 잡기놀이를 하였다. 항상 할머니는 검정콩이 들어간 따뜻한 밥과 시금치나물과 조기구이와 미역국을 해주셨다. 거기에 김장한지 얼마 안 된 김치를 먹으면 피자, 치킨보다도 맛있었다. 우리의 건강을 생각해서 몸에 좋은 것만 먹여주셨다. 개학하기 1주일 전이면 집으로 내려와 밀린 숙제를 하였다. 그러던 어느 날 집에 가니 아무도 없었다. 엄마에게 전화를 해보니 할머니가 가벼운 뇌졸중으로 쓰러지셔서 병원이라고 하셨다. 그 때까지만 해도 큰 일은 없을 거라 생각하였다. 그런데 그 생각은 오산이었다. 주말에 병원에 가니 할머니는 혼수상태였고 깨어나셨을 땐 몇 사람 빼고는 기억을 못 하셨고, 발음을 제대로 하시지 못하셨으며 정신수준이 초등학생 정도까지 떨어 지셨다고 했다. 그런데 그 할머니께서 나를 보시더니 혀..ㅈ 라고 하셨다. 이모가 놀라며 할머니께 다시 말해 보라고 권하자 현..ㅈ라고 하셨다. 이모가 "현주?"라고 말하니까 할머니가 웃으면서 고개를 끄덕이셨다.

할머니는 엄마와 아빠, 삼촌은 물론 할아버지도 기억 못하신다. 그런데 그분이 나를 기억해주신다는 게 어떤 감정인지 말로 표현하기가 어렵다. 나를 얼마나 아껴 주셨으면 아프고 나서도 기억해주시는지. 나는 할머니를 그렇게 깊게 생각했을까. 내가 상대방을 기억하거나 생각하는 대로 상대방이 똑같이 않다는 것을 알았다.

6. 그 흔한 사춘기 나한테도 오다

초등학교 6학년 때부터 급격히 살이 찌기 시작하였다. 중1때는 비만으로 분류되었다. 몸은 늘어났지만 자신감은 줄어들었다. 말수가 적어졌고 혼자 있는 게 편했다. 누군가 말을 걸어주는 게 불편했고 나만의 공간에서 혼자만의 시간을 보내는 것이 좋았다. 그 당시 먹는다는 것은 내 낙이었다. 부모님은 나의 늘어가는 몸무게에 걱정을 하시며 매일 잔소리를 하셨다. 듣다보니 귀찮고 짜증이 났다. 집에서 사소한 것으로도

유비무환 퍼펙트 자소서

날카로운 말들이 오고갔다. 집 분위기는 점점 안 좋아졌다. 내가 집 분위기를 이렇게 만든다는 게 너무 죄송스럽고 미안하고 숨고 싶었다. 그래서 여러 번 가출도 했었다. 남들 다하는 방황이라는 걸 나도 똑같이 겪고 있었다. 후에 살이 빠져 다시 정상체중이 됐지만 자신감은 정상이 되지 못했다.

돌아보면 그땐 내가 가장 자신감이 없었던 1순위 시기였으며 목표도 의지도 열정도 아무것도 없는 '무'의 시기였다. 내가 살고 있는 환경, 내 몸, 내 성격 마음에 드는 게 하나 없었다. 그래서 이렇게 되게 한 나를 포함해 모든 것을 원망했다.

7. 조**씨 고맙습니다

고등학교에 처음 들어가 사귄 친구의 이름은 조**. 볼에 있는 흉터 때문에 처음엔 다가가기 어려웠지만 점점 용기를 내서 친해지려고 노력하였다. 나의 우상은 **이었다. 다른 사람들이 위대한 위인이나, 유명한 사람을 롤모델로 찝을 때 나는 **이를 찝었다. **이는 모든 것에서 배울 점이 많은 친구였다. 운동, 사교성, 말투, 억양, 제스쳐, 웃음소리, 스타일, 행동 모든 것이 다 멋져 보였다. 나는 저렇게 되고 싶었고 친구들에게 인기 있고 싶었다. 조금씩 **이의 말투와 행동을 따라 하기 시작했다. 나만의 방식으로. 1학년이 끝날 때쯤에는 **이 다음으로 인기 많은 사람이 되어 있었다. 더 이상 따라 하지 않아도 자연스럽게 말이 나오고 행동이 나왔다. 발표하거나 누가 나설 일이 있으면 먼저 나섰고 남이 하지 않으려는 것도 먼저 했다. 선생님들에게 칭찬도 받으며 인지도 있는 학생이 되었다

그 때 다른 고등학교를 갔더라면 지금의 나는 없을 것이다. **이의 영향이 컸지만 내가 부단히 노력했다. 나는 성격은 바뀔 수 있다고 당당히 말 할 수 있다. 자신의 문제점을 알고 그에 대한 노력을 한다면 그 문제를 해결할 수 있다는 것을 깨달았다. 이것은 성격 뿐만아니라 모든 것에도 해당된다. 지금도 뭔가 잘 안 풀리는 게 있거나 주위에서 힘들어하는 친구가 있으면 자신 있게 나의 일화를 말해주며 조언해 준다.

8. 내 기준에서의 첫 도전은 군대다

고등학교 때 헬스를 무리하게 하다가 허리를 다쳤다. 처음엔 조금만 아팠지만 시간이 지날수록 통증이 심해졌다. 결국 병원에 가게 되었고 MRI를 찍어보니 추간판탈출(허리디스크)로 판정을 받았다. 병원에서는 나이가 어리니 약물치료와 꾸준한 운동으로 대처 할 수 있다고 해주었고 그 말대로 많이 호전되어갔다. 하지만 허리디스크는 완치가 없는 증상으로 꾸준히 조금씩 아팠다. 고3이 되고 20살이 되고 21살이 되었고 군대 갈 시기가 되었다. 군 신체검사를 받아보니 1급이 나왔다. 말도 안 된다며 허리디스크라고 말했지만 병무청에서는 허리디스크 판정 자료를 가져와야 급수를 낮춰 줄 수 있다고 하였다. 허리를 빼면 1급이라는 게 은근히 기분도 좋았다. 집에 가서 아빠께 말씀드렸더니 급수를 낮추고 편한 곳으로 빠지라고 하셨다. 그 때 은근히 오기가 생겼다. 난 부모님과 한마디 상의 없이 해병대 지원을 하였다. 하지만 면접을 잘 못 봐서 떨어졌다. 그리고 바로 육군신청을 하였다. 한 달 뒤 영장이 날라 왔고 그때서야 부모님께 말씀드렸다. 그리고 당당히 말했다. 가서 자기관리 잘해서 무사히 전역하겠다고 호언장담을 하였다. 그리고 그 장담은 실현되었다.

사실 입대에서 고생 꽤나 했다. 특히 훈련이 가장 많은 시기인 훈련병 때 많이 힘들었다. 군장을 메거나

각개전투를 할 때는 다리아래까지 저리는 느낌이 심했지만 꾹 참았고 수료를 해서 부대에 배정을 받는데 공병으로 갔다. 무거운 것을 많이 들며 진짜 힘들었지만 꾸준히 운동을 병행해 별 탈 없이 전역을 하였다.

9. '재수없다' 할 때 그 '재수'가 아니라 '두 재, 닦을 수'의 재수

대학 입시 기간에 다들 4년제 대학에 가길래 나도 가야 될 것만 같아서 수능 성적에 맞춰서 목포대학교에 들어갔다. 하지만 군대에서 여러 사람들을 만나고 여러 이야기를 들어보니 하고 싶은 게 생겼었다. 경영학과 경제학 그리고 세무학을 공부해서 공인회계사가 되고 싶었다. 그러려면 전과를 해야 했는데 1학점이 모자라서 전과는 안 됐다. 1년을 더하고 전과를 하자니 그건 시간이 아까웠다. 그래서 결국 재수를 결심하게 되었다. 재수 결심을 하기 까지 시간이 오래 걸렸다.

그래도 전역하기 전에 결심을 해서 부대에서 조금이나마 공부할 수 있었다. 전역하고 나서는 본격적으로 공부하기 시작했다. 부모님께 부담을 안겨드리고 싶지는 않아서 독학으로 하기로 했다. 휴대폰도 정지하고 매일같이 집 앞 독서실로 출·퇴근을 했다. 매일 매일이 똑같은 일상이었다. 공부하다가 교재가 필요할 때면 잠깐 서점에 나간다는 게 설렐 정도로 고립된 생활을 했다. 매일 밥도 혼자 먹고 어떤 날은 말을 한마디도 안한 날도 부지기수였다. 그러다보니 어떤 날은 너무 우울해서 엎드려 있는 날도 있었지만 금방 정신 차리고 다시 돌아왔다. 수능보기 1달 전에는 모의고사를 계속 풀면서 감을 안 잃으려고 부단히 노력했다. 그렇게 11월 달이 오고 수능을 보았다. 1교시 언어시간에 문제를 푸는데 너무 떨리고 긴장되어 집중이 되지 않았다. 문제에 대한 해석보다는 수능을 망치는 것과 같은 불안한 생각들만 떠올랐다. 얼마 되지 않아 종이 쳤다. 나는 멍하니 앉아 있었다. 자신 있던 2교시 수리마저도 잘 보지 못하였다. 점심시간이 되어 점심으로 싸온 김밥을 학교 운동장 끝에서 먹었는데 아무런 맛이 느껴지지 않고 자꾸 조마조마하고 계실 엄마, 아빠의 얼굴만 자꾸 떠올랐다. 눈물이 터져 나 올 것 같았는데 꾹 참았다. 마지막 시험까지 보고 나와서 그냥 막걸었다. 아무 생각이 들지 않았다. 그냥 허무했다. 집에 가니 엄마가 수고했다고 안아주셨다. 거기서 까진 눈물을 참았지만 아버지의 전화통화목소리에 무너졌다.

열심히 했다고 다 잘된다면 누구나 다 열심히 할 것이다. 허나, 열심히 해도 여러 가지의 변수로 인해 좋은 결과를 보기 힘들기 때문에 열심히 하게 되기 어려운 것 같다. 비록 두 번이나 패했지만 100번 중에 아니, 1000번 중에 2번 패한 것이라고 생각한다면 별거 아니다.

10. 시작들 중 하나

수능 결과는 참패였다. 일찌감치 길을 바꾸기로 하였다. 빠른 취업과 경력 쌓기로 목표를 설정하니 최선의 선택은 폴리텍 이었다 그렇게 폴리텍에 입학하였다. 처음엔 전문대라 좀 무시한감도 없지 않아 있었다. 학교를 1주일 다녀보니 잘못된 생각이었다. 전부는 아니더라도 대다수가 수업에 열정으로 임하고 자신의 길을 찾기 위해 부단히 노력하는 모습을 보고 충격을 받았다. 남들에게 뒤처지지 않기 위해서가 아니라 자신을 위해 열심히 하는 것 이다. 여기는 그런 곳이다. 내가 목표를 설정하고 내가 선택한 만큼 그에 대한 책임도 마땅히 내가 지는 거지만 목표달성에 대한 그 과실은 내가 먹을 것이다. 이것은 수많은 시작중 하나 일 뿐이다.

유비무환 퍼펙트 자소서

> **총평:**
> 내가 살아오면서 좋은 일도 있었지만 나쁜 일도 많았다. 여태껏 살아오면서 여기에 담지 못한 수많은 일들 중 하나라도 없었다면? 혹은 내가 동생으로 태어났다면? 아버지가 보증을 서지 않았더라면? 친구의 자전거대신 다른 사람의 자전거를 가져갔더라면? 양산동이 아닌 다른 곳으로 이사 갔다면? 할머니가 쓰러지지 않으셨다면? 살이 찌지 않았더라면? 고등학교를 다른 곳으로 갔다면? 군대를 편한 곳으로 갔더라면? 재수에 성공했더라면? 이 모든 일들이 유기적으로 얽물려서 지금의 나를 만들었다. 나는 지금의 내가 좋다. 과거는 과거로 묻어두고 미래 지향적인 삶을 살도록 노력할 것이다. 내 신조는 "사람은 후회를 안 할 수는 없지만 후회를 줄 일 수는 있다"이다. 오늘도 나는 노력한다. 남들이 알아주지는 않지만 무언가를 한다. 이런 게 쌓여서 나중에 빛을 발휘 할 거라 굳게 믿는다.

위 네 개의 예문을 읽어보고 여러분의 과거에서 여러분을 형성한 10개의 사건들을 써보라. 그럼으로써 과거의 사건들은 현재의 시각에 수렴되어 현재를 뒷받침하고 미래로 나아가게 하는 든든한 동력이 된다. 자신의 과거 중에서 10개의 사건을 끄집어낸다는 것, 자체가 이미 그 시간들에 의미를 부여하는 행위이다. 그리고 그것을 현재의 시각에서 다시 해석하게 되면, 미래에 대한 생각이 좀 더 확고해진다. 그러면서 여러분은 이제 미래 여러분의 직업을 결정하고 그 직업을 얻기 위한 계기를 마련할 수 있을 것이다. 그리고 한 걸음 더 나아가서 여러 분이 평생을 일하고 싶은 직장을 구체적으로 정하고, 그 직장에 들어가기 위한 노력을 지금부터 시작해보자. 그리고 그 목표를 정했다면 그 목표를 달성할 수 있는 방법을 구체화시켜보자. 누구나 꿈을 꿀 수는 있다. 하지만 더 중요한 것은 꿈의 실현이다. 그리고 꿈을 실현하기 위해서는 보다 구체적인 노력을 하는 것이다. 발전한다는 것은 무언가 다른 목표를 갖고 변화한다는 것이고, 그럴 때 과거는 항상 재해석되는 것이다. 그래서 징검다리쓰기는 여러분이 새로운 변화를 모색할 때 반드시 거쳐야 하는 중요한 계기로 작용할 수 있다.

07 목표를 유지하는 방법

(1) <미래미리보기>의 의의와 쓰는 방법

이제 목표는 정해졌으니, 지금부터는 자신이 정한 기업에 들어가기까지 여러분 앞에는 능력과 경험을 쌓는 과정이 놓여있다. 이러한 과정은 인내와 실행력, 그리고 심리적으로 흔들리지

1장 목표기업 정하고 능력과 경험 쌓기

않는 일관성, 시행착오를 통한 새로운 방향설정 등이 필요하다. 무엇보다도 중요한 것은 작심삼일이 아니라 초지일관이다. 그러기 위해서는 최종 골인지점까지 목표를 일관성 있게 끌고나가는 것이 중요하다. 그래서 이 단원에서는 목표를 지속하는 방법으로 〈미래미리보기[6]〉라는 방법을 제안한다. 그것은 목표를 확실히 정하고, 그 목표기간을 미리 시뮬레이션해보는 것이다. 그러기 위해서는 목표 기간 동안 자신이 성취해야 할 목표의 목록을 작성하고 그것을 실행하는데 발생할 수 있는 모든 장해물들의 경우의 수를 상정한 다음, 그것을 극복하는 과정을 미리 마음속으로 떠올려보고 그것을 상세히 기록하는 것이다. 그런 과정에서 여러분은 자신이 생각지 못했던 난관과 그 난관을 이겨낼 수 있는 지혜까지도 끌어낼 수 있다.

그러기 위해서 먼저 해야 할 일이 있다. 목표에 대한 전의를 불태우기 위해 목표를 정하고 그러한 목표를 글로 쓰는 것이 목표달성력을 얼마나 높여주는지를 먼저 깨달아야 한다.

치료심리학의 대가 데니스 웨이틀리 박사(Dr. Denis E. Waitly)는 R=VD란 공식으로 유명하다.

Realization = Vivid Dream(R=VD)

이것을 우리말로 번역하면 "생생하게 꿈꾸면 이루어진다"는 것이다. 그런데 위 단어 중 가장 핵심어는 바로 "생생하게(vivid)"이다. 우리가 무언가 목표를 정하고 그것을 생생하게 지속적으로 꿈꾸면 그 목표의 달성력이 증가하게 된다는 주장이다. 이렇게 생생하게 꿈꾸는 방법으로 상상하기, 크게 소리 내어 말하기, 사진, 동영상기법, 장소기법, 글로 쓰기기법 등이 있다. 이것들은 심리를 조절하고 통제하여 마음을 다스리는 방법이다. 사진기법은 타고 싶은 차, 사고 싶은 집, 결혼하고 싶은 여자의 사진을 붙여놓고 계속해서 보게 되면 그것이 자기암시와 자기

---

[6] Kathleen Adams: 저널치료(2006), 강은주·이봉희 공역, 학지사, 233-242 참조.
위 책에서 번역해서 사용되는 '미래흘끗보기'를 필자는 〈미래미리보기〉로 바꿔서 사용하고 있음. 이 책에서 '미래흘끗보기'는 갈등적 요소들 중 하나를 최종적으로 선택하기 위한 방법으로 갈등 요소를 하나씩 상상적으로 미리 체험함으로써 자신에게 맞는 요소를 결정하기 위한 방법으로 사용되고 있음. 필자는 이러한 〈미래흘끗보기〉를 그 책과는 달리, '자신의 목표를 담은 미래를 미리 상상적으로 체험한다'는 점만을 활용하고 있음. 즉, 위 방법을 필자는 자신이 목표로 하는 기업에 합격하기 위한 방법으로 원용하고 있음. 결국 필자의 미래미리보기는 위 책의 '미래흘끗보기'와 데니스 웨이틀리 박사의 R=VD라는 개념을 합한 개념이라고 볼 수 있음. 자세한 사항은 본문을 통해 확인바람.

유비무환 퍼펙트 자소서

최면으로 작용하여 무의식으로 내려가게 되어, 그것이 확신으로 변해서 목표 성취력을 높여준다는 것이다. 실제로 나사(NASA, 미항공우주국)에서는 달에 사람을 보낼 때 엄청나게 훈련장을 큰 달 사진으로 도배를 한 상태에서 훈련을 했고, 그래서 우주인들이 달나라에 갔을 때도 당황하지 않고 침착하게 임무를 수행하는데 도움을 주었다고 한다. 그리고 장소기법은 자신의 꿈과 관련된 장소에 가서 강력하게 목표달성을 상상하는 것을 말한다. 그리고 상상기법이란 운동선수가 많이 활용하는 방법으로 한국 역도 금메달리스트인 장미란 선수가 경기장에 들어가서 실제 행하는 것을 미리 그려보면서 훈련해서 좋은 성과를 얻었다고 한다. 그리고 동영상기법은 성공한 화면을 미리 보여줌으로써 실제 경기에서 좋은 결과를 이끌어내는 방법으로 한국양궁을 위해 서울대스포츠심리센터에서 7분짜리 동영상으로 반복해서 보여줌으로써 좋은 경기결과를 유도해냈다고 한다.

그리고 글로쓰기기법은 목표로 삼은 내용을 글로 써서 간직하며 수시로 꺼내봄으로써 목표를 내면화하는 방법인데, 어느 해 미국의 예일대 졸업생을 대상으로 미래의 목표나 계획을 적은 종이를 가지고 있는지 물었을 때, 오직 3%의 학생들만 '그렇다'고 답변했는데, 20년 뒤 졸업생들의 연봉을 조사해보니, '그렇다'고 대답했던 3% 학생들의 연봉 합계가 나머지 97% 학생들의 연봉합계를 상회했다고 한다. 이것은 동기유발된 이후 목표를 이루기 위해 노력하고 노력을 지속시키는 것은 인지심리학적인 분야와 밀접한 관련이 있고, 개인이 의식적으로 구체적인 목표를 지속시킬 수 있는 것은 자신의 의지와 행동을 통해 조절이 가능하다고 한다.

이런 경우는 유명한 영화배우인 짐 캐리(Jim Carrey, 1962~, 캐나다)가 실제로 실행해서 입증해보인 바 있다. 캐나다에서 미국으로 건너간 짐 캐리는 몇 년 동안 햄버거하나로 때우는 생활을 하다가 어느 날 할리우드가 보이는 산 위에 올라가서 결심을 한다. 그는 가짜 수표책을 갖고 가서 1천만원에 사인을 하고, 자신의 목표를 1천만원짜리 배우로 정하고, 그 가짜 수표책을 5년 동안 항상 몸에 지니고 다녔다고 한다. 그로부터 5년 뒤 짐 캐리는 〈에이스벤츄라〉로 첫 번째 주연이 되었고, 그 다음 마스크에 출연하여 대스타가 된다. 만일 짐캐리에게 목표가 없었다면 어떻게 되었을까?

그리고 유명한 축구선수인 카카(Kaka Ricardo Izecson dos Santos Leite, 1982~, 브라질)의

경우도 이러한 예에 해당한다. 그는 18세 때 부상을 당했고, 주치의로부터 '평생 축구선수로 뛸 수 없다'는 판정을 받았다고 한다. 하지만 그는 이런 어려움에 굴하지 않고 병상에서 10가지 목표를 설정했다고 한다. 그 목표 목록은 아래와 같다.

① 축구선수의 길을 계속 걷는다.
② 쌍파울로 클럽의 프로 1군에 든다.
③ 클럽의 엔트리 25명 안에 든다.
④ 주전 멤버로 뛸 수 있는 엔트리 18명 안에 든다.
⑤ 스타팅 멤버가 된다.
⑥ 20세 이하 브라질 청소년 대표팀에 발탁된다.
⑦ 브라질 대표팀에 발탁된다.
⑧ 브라질 대표팀의 주전으로 뛴다.
⑨ 월드컵에 참가한다.
⑩ 유럽 빅리그의 명문 클럽으로 진출한다.

그리고 그가 병상에서 세운 이러한 목표는 그로부터 3년 뒤인 21세에 모두 달성하게 된다. 만일 그가 주치의의 말에 그대로 자신의 꿈을 포기했다면 어떻게 되었을까?

자, 이제 목표에 대한 동기부여가 충분히 되었다면, 그렇게 동기부여된 목표를 향해 가는 과정에서 발생할 문제들을 미리 발견해내고, 그것을 극복하기 위한 구체적인 방법을 모색할 때다. 그러한 방법이 바로 〈미래미리보기〉를 써보는 것이다.

〈미래미리보기〉란 자신의 목표를 정하고, 자신의 목표 달성기간 동안 그 목표에 대한 생각을 지속적으로 마음 속에 간직하기 위해 자신이 이루고자 하는 목표를 미리 시뮬레이션 한 뒤, 그 내용을 미리 써보는 것이다. 누구나 목표를 갖고 그 목표를 이루기 위해 노력하지만, 실제로 목표달성기간 동안 자신이 할 일과 자신에게 일어날 일을 미리 예측하고 그것을 미리 써보는 것은 목표를 달성하기 까지 자신이 극복해야 할 일들의 경우의 수를 면밀히 따져보는 작업이다. 게다가 그것을 이미 이룬 것처럼 회상 형식으로 써보기 때문에 그 목표를 향해서 나아가는

> 유비무환 퍼펙트 자소서

동안 조금 더 확신을 갖고 그 목표를 향해 나아갈 수 있게 하는 이점(利點)이 있다. 목표를 이루기까지 길게는 몇 년 동안 여러 난관이 닥칠 것이다. 목표를 향해 나아가는 동안 우리는 불안감, 좌절감, 흥분, 분노, 절망감 등 다양한 어려움을 겪을 것이다. 이러한 어려움들까지도 미리 생각해보고 얘기해보고 써보게 되면 자신의 어려움이 객관화될 수 있고, 스스로 조절가능하게 될 수도 있다. 그리고 그러한 어려움이 닥칠 때, 이미 써놓은 글을 읽으면서 자신의 마음을 추스릴 수 있게 된다. 그러면서 자기최면을 걸면서 마음을 가다듬고 목표에 대한 집중력을 기르는데 도움이 될 수 있다.

자, 이제 여러분이 목표로 하는 회사에 들어가려고, 자신이 설정한 몇 년 동안 노력한 뒤, 그 회사에 들어갔다고 가정하고, 그 회사에 들어가기까지 여러분들이 얼마나 어려운 시간들을 보냈는지, 회상 형식으로 한번 써보자. 회상 형식은 미래를 이미 지났다고 가정하고, 이미 목표를 이뤘다고 보고, 미래 몇 년 뒤의 시점에서 지나간 시간들을 되돌아보는 것이다. 그렇게 함으로써 목표와 목표를 이루기 위해 노력해야 하는 것들을 내면화하고 잠재의식화하는 것이다. 필자의 제자들이 자신의 목표를 정하고 그러한 〈미래미리보기〉를 기술한 내용들을 보면, 여러분들이 그러한 〈미래미리보기〉 글을 쓰는데 도움이 될 것이다.

(2) 〈미래미리보기〉 예문들

아래 글은 2015년까지 이미 보냈다고 가정하고 2013년에 작문시간에 써졌다. 이 학생은 늦은 나이에 대학에 들어왔고, 그 대학에 들어오기 전 유통업체 정직원으로 근무하고 있었는데, 더 늦기 전에 자신이 정말 들어가고 싶은 평생 직장을 찾기 위해 대학에 다시 들어왔고, 그 때의 다짐과 구체적인 목표를 다음과 같이 펼치고 있다.

> **예문 1)**
>
> xx년 xx월 xx일.
> 오늘따라 유난히 긴장이 많이 되는 아침이다.
> 이유는 얼마 전에 시험 본 소방설비 산업기사(기계분야) 실기시험 합격 발표 날이기 때문이다. 만약 이

자격증까지 취득한다면 나의 공식적인 국가기술자격증은 총 15개가 되는 뜻 깊은 순간이 될 것이다. 야간근무를 한 뒤라 그런지 눈꺼풀은 내려오고 천근만근 무거워지고 나의 몸뚱이는 휴식을 달라고 아우성이지만, 나는 지친 몸을 일으켜 세운 뒤 의자에 털썩 걸쳐 앉는다.

긴장의 순간… 발표시간 am9:00.
8시 59분을 가리키는 시계바늘을 난 흘겨본 뒤 곧바로 합격발표 사이트인 큐넷에 접속을 한다.
'아 진짜 이거만 따면 이번 년도 목표 달성인데.. 신이시여 제발..'
그리고 곧 바로 합격자발표를 클릭하고 지긋이 눈을 감았다가 조심스럽게 천천히 컴퓨터를 응시한다.
'합격'
"와와오아와오아와오아왕!!!!!! 이걸 따다니 역시 난 똑똑해" 라고 말하면서
나의 머리를 스스로 토닥거리면서 뿌듯해 한다.
이로써 국가기술자격증 15개.
(금속재료산업기사, 재료조직평가산업기사, 위험물산업기사, 공조냉동기계산업기사, 기계정비산업기사, 산업안전산업기사, 가스산업기사, 제강기능사, 제선기능사, 열처리기능사, 침투비파괴기능사, 방사선비파괴기능사, 자분비파괴기능사, 전기기능사)에 이어서 소방설비산업기사(기계)가 추가되었다.

처음에 현장직. 다른 말로 생산직, 기능직 이라고 불리는데 솔직히 말하자면 이것이 내 적성에 맞아서 진로를 이쪽으로 바꾸게 된 것은 아니다. 순전히 영어가 싫었기 때문에 영향을 덜 받으며 일할 수 있는 것을 찾았고, 돈을 다른 직종보다 많이 벌 수 있었기 때문에 시작하게 되었다. 그리고 책상에 앉아서 엉덩이에 종기가 생길 때까지 따분하게 일하는 것도 정말 정말 싫었고…

그래서 27살이라는 늦은 나이에 2년 전인 20xx년에 이 대학에 입학하여 1년 전에 운이 좋게도 내가 목표로 하던 기업 중 하나인 'LS-Nikko동제련' 에 입사하였다. 매일 뜨거운 용해로 근처에서 근무하는 터라 여름과 겨울 구분없이 땀을 한 바가지씩 흘리지만 정말 내가 가고 싶은 기업이고 하고 싶었던 일이었기 때문에 내가 흘린 땀은 아마도 맛을 본다면 달달하지 않을까 하고 생각이 든다.

아무튼 그렇게 시작한 2년 전부터의 나의 기술자격 취득은 1년 단위로 꾸준히 진행하였고, 2013년에는 7개 2014년에는 5개 2015년에는 3개를 취득하며 나의 1년 단위 목표를 완벽히 성취하였다. 이제는 자격증 취득하고 싶어도 무리수가 많은 자격증뿐이고, 경력이 부족하여 응시 못하는 자격증뿐이다.
"자~ 이제 목표도 이뤘고 2년 뒤부터 생기는 기능장 때까지 조금 쉬도록 할까?
그리고 일단 잠을 자야겠군, 음..."
그리고는 침대에 누워 눈을 감고, 이 대학 입학 때부터 지금까지의 순간순간들을 떠올려 본다. 주마등처럼 스쳐 지나가는 2년 동안의 기억들이 짬뽕이 되어 생각나지만, 하나같이 모두 좋은 기억과 추억이기에 나의 입가에는 작은 미소가 번진다.

이 대학에 입학했던 순간... 27살이라서 나이를 너무 많이 먹은 것은 아닌가 하고 걱정했지만, 평균나이대가 높아서 놀랐고, 학과동기들의 엄청난 열정과 목표에 놀랐지. 1학년 1학기에는, 솔직히 학과 수석을 노렸지만 ***라는 복병으로 인해 차석으로 밀려나야만 했던 기억. 그리고 시작된 기술자격증 취득에서 오는 성공과 실패.

1학년 2학기에는. ***가 기아자동차, ***가 포스코에 입사를 하며 과대만 되면 대기업에 입사한다' 라는

유비무환 퍼펙트 자소서

소문이 나돌아서 함께 동기들과 웃었던 순간들! 그리고 처음 접하게 된 감성주점이라는 곳과 뜻 깊은 자격증인 '재료조직평가 산업기사' 취득. 2학년 1학기에는. 하나 둘 대기업 취업에 성공하여 떠나는 동기들을 축하해 주면서 나 또한 간절히 원하던 LS-Nikko동제련에 취직한 내 인생 최고의 순간!!!!!!!!!!!!!
  그리고 아버지 어머니의 눈물. 낳아주셔서 감사합니다!
  그리고 울산이라는 타지에 위치한 회사 덕분에 나의 보금자리를 울산으로 옮기고, 입사 초기에 정말 고난하고 힘들었던 훈련생과정. 그리고 적응과 기술습득! 그리고 내 부서가 된 제련2팀! 회사에서 마련해준 사택에 지내면서 알게 된 사무직 형들과의 만남과 좋은 조언. 부모님께 이때까지 못했던 효도까지...
  이렇게 나의 보람차고 뜻 깊었던 2015년 11월 17일의 하루를 마치며 잠에 든다.
  지금까지 적어왔던 2년 미리보기.
  지금 적었던 나의 이 글들이 꼭 헛되지 않게 1년 단위로 계획한 자격증들을 모두 취득할 것이며, 피나는 노력과 열정으로 꼭 나의 꿈을 실현되도록 만들겠다!

  이 학생의 글을 읽어보면, 황당한 느낌이 들 수 있다. 이 학생이 2013년도에 세운 목표가 너무 컸기 때문이다. 하지만 이 학생은 자신이 정한 목표를 그 뒤로 몇 년 안에 이뤘다. 목표를 세우고 그것을 시뮬레이션해본 뒤, 하나하나 점검해보고 미래를 미리 본 듯이 글쓰기 하는 것이 얼마나 효과가 있는지 이 학생이 너무도 잘 보여주기 때문에 필자는 작문시간에 이 학생의 글을 학생들과 함께 읽는다. 그러면서 필자는 이 학생을 롤모델로 삼아 공부하라고 얘기하곤 한다. 이 학생은 홈플러스에서 아르바이트를 하다가 정직원으로 승격된 전설의 사나이다. 아르바이트생 주제에 정직원들도 포기한, 고장 난 냉동창고를 고쳐놓았는데, 마침 홈플러스 지역총괄책임자의 눈에 띄어 투철한 책임감을 인정받아 정직원으로 승격된 것이다. 그런 경우는 유통업계 역사상 없던 일이었고, 최연소 정직원이었다고 한다. 연봉도 3500만원 정도 되었다고 한다. 그런데 그렇게 힘들여 얻은 직장을 '유통업은 자신의 적성에 맞지 않는다'고, 과감히 벗어던지고 다시 전문대학에 입학해서, 쉽지 않은 미래의 꿈을 이뤄냈다. 필자는 수업을 할 때 학생들이 함께 읽을 가치가 있는 글들을 보아 학생들과 함께 읽었다. 이 글도 이 학생의 작문시간에 읽혀졌으며, 그것은 함께 이 글을 본 급우들에 대한 약속으로 작용하기도 한다. 그래서 그랬는지는 모르지만, 이 학생은 이렇게 확실히 목표를 세운 뒤, 1년도 되지 않아 자신이 원하는 일을 할 수 있고, 적정한 보수를 받는 회사에 취직하게 되었다. 그리고 몇 년 뒤, 이 학생의 소식이 궁금해서 전화를 해서 이 학생과 통화를 했었다. 필자는 이 학생이 〈미래미리보기〉에서 자신이 약속한 목표를 어느 정도 이뤘는지 궁금했다. 그런데 이 학생은 그 약속을 대부분 지켰고, 새로운 회사에서의 연봉도 이전 홈플러스에서 보다 더 많이 받는다고 했다. 그 이유는 물론 1년 동안 매일같이 4시간 이상을 자지 않고 공부에 매진한 결과였다. 그리고 이 책을 쓰면서 얼마

전에 이 학생과 다시 통화하게 되었다. 그랬더니 그 뒤 다시 자신이 진짜로 원했던 포스코에 입사해서 그 이전까지보다 더 좋은 조건에서 근무하고 있다는 소식을 들었다.

다음 글은 2015년도 작문시간에 써진 글이다. 이 학생의 목표가 얼마나 구체적인가를 잘 느낄 수 있을 것이다. 이 학생은 자신이 이루고 싶은 목표를 구체적으로 적고 그것을 실천하기 위한 목표를 적어놓고 이 글을 쓰기 시작했다.

예문 2)

2017년 1월 28일 아침부터 맛있는 냄새가 진동한다. 이제 갓 걸음마를 뗀 조카가 아장아장 걸어와 내 잠을 깨운다. 꿀맛 같은 설날 연휴가 온 것이다. 할머니, 할아버지에게 세배를 드리고 내 생에 처음 흰 봉투에 용돈을 드렸다. 여러 가지 생각이 들었다. 작년 그리고 재작년 '취업준비생' 이라는 타이틀 때문에 명절 때 마다 친척들의 눈치를 보았고 부모님은 내눈치보랴 친척들 눈치 보랴 편치는 않으셨다. 하지만 이번 설날은 사뭇 달라 보인다. 우리 아버지, 어머니도 목소리를 높이시며 "우리 xx 이번에 기아자동차에 취업했어 !!!" 모두에게 자랑을 하신다. 내 입은 귀에 걸린 듯 자동으로 올라가 웃음 지었다. 뿌듯한 표정으로 내 방으로가 책상에 앉으니 2년 전 책상에 붙여 놨었던 B4 용지가 보인다. 갑자기 여러 가지 생각이 든다. 15년 27살 이라는 나이에 폴리텍에 신입생으로 입학하여 난 정말 목숨을 걸고 열심히 달려왔고 목표를 이룰 수 있었다. 광주에서 최고의 직장이라는 기아자동차에 들어가기 위해 나는 입학하자마자 목표를 세우고 내 방 책상유리에 붙여 놓았다. 하나하나 다시 보니 예전 기억이 새록새록 떠오른다. 내가 뿌듯하기도 하고 웃기기도 한다.

"① 학점 4.0점 이상 맞아 학과에서 3등 안에 들기"
1학년 1학기 열심히 하면 다 될 줄 알았었다. 하지만 CAD/NX 를 난 처음 해보았고 이미 다른 동기들은 배운 사람도 많아 좋은 학점을 맞는 건 나에게 무리였다. 하지만 난 부족함을 받아들이고 학교에 남아 따로 연습을 하고 여름방학에 개인적으로 CAD/NX 학원을 다니며 실력을 쌓아 2학기엔 과 수석을 할 수 있었다.

"② 자격증 5개 이상 취득하기"
난 폴리텍에 입학하기 전에 가지고 있는 자격증이라고는 운전면허 밖에 없는 소위말해 아무것도 할 줄 모르는 인간 이었다. 하지만 지금 난 "기계설계산업기사, CNC선반기능사, 기계정비기능사, 지게차운전기능사, 설비보존기능사"을 취득했다. 하지만 학교 수업과 따로 자격증을 따는 건 쉽지 않았다. 매일 오후 까지 수업이 있었지만 자격증 시험이 있는 달이면 하루에 1-2시간 씩 이라도 투자하여 공부를 했다. 그 결과 난 2학년 1학기 끝난 후 5개의 자격증을 가질 수 있었다.

"③ 토익700점 만들기"
난 다른 사람들과 차별성을 가지고 싶었다. 그래서 생각 한 게 '토익점수를 올려보자'였다. 영어는 평소에

> 유비무환 퍼펙트 자소서

관심이 있었기 때문에 700은 쉬울 거라 생각했다. 하지만 영어는 그렇게 호락호락 하지 않았다. 문제는 Listening 이었다. 듣고 푸는 문제가 100문제 인데 반타작도 하지 못했다. 그래서 난 교양영어 교수님이 운영하시는 '굿모닝팝스' 라는 카페에서 매일 올려주시는 영어회화 동영상, 외국영화영상, 팝송영상 등을 매일 듣고 반복하며 점수를 차근차근 올렸다. 그래서 난 2학년 때 토익에서 730점을 맞을 수 있었다.

"④ 사회봉사활동 200시간 채우기"
 그때 내가 봉사활동을 하게 된 계기는 우리학과 과대표가 봉사동아리를 만들면서 난 자연스레 가입하였고 그래서 플러스 된 목표였다. 처음엔 봉사활동을 하면 취업 할 때도 도움이 많이 된다고 해서 시작했지만 하면 할수록 뿌듯하고 새로운 경험이었다. 회사 면접 때도 봉사활동에 대한 질문을 많이 받았는데 봉사활동이 그만큼 나에게 도움을 많이 준 것 같다.

 그렇게 혼자 책상을 보며 예전 나를 회상하고 있을 때 우리 아버지의 목소리가 다시 들린다. "xx 연봉이 4000이나 ~중얼중얼~ 아이구 나보다 더 많이 벌어" 우리 아버지 참 주책이시지만 귀여우시다. 하긴 이제까지 내가 자식으로서 부모의 자랑이 된 적이 없었지. 늦은 나이에 학교에 입학해 다른 친구들은 이미 취직해 부모님 용돈을 드리고 다니는데 나는 금전적으로 도움을 받으며 생활했었다. 하지만 우리 부모님은 항상 날 응원해 주었고 아들 뒷바라지를 묵묵히 해주셨다. 그러기에 오늘의 내가 있고 2년간 열심히 살 수 있었던 밑천이 되었다. 이번 설에 부모님 용돈을 두둑이 챙겨 드려야겠다!!

 이 학생처럼 아직 일어나지 않은 미래 일정 기간의 계획을 마치 실제 일어난 것처럼 생생하고 구체적으로 쓰고, 결과 중심적이 아니라 과정 중심적으로 쓰는 것이 중요하다. 그리고 취업 전까지 겪게 될 심리적 갈등이나 어려움 등도 함께 쓰는 것이 좋다. 그러한 어려움들은 목표를 이뤄가는 과정에서 반드시 겪게 될 난관이기 때문이다. 그래서 구체적인 난관 목록을 적는다는 기분으로 적는 게 좋다.

 아래 글은 2016년도 작문시간에 써진 글이다. 그 때 이 학생은 2학년이었는데 이 글을 쓰고 난 지 얼마 되지 않아 두 군데 기업에 동시 합격했다.

> **예문 3)**
>
> 〈우리의 2년 뒤 미래 미리보기〉
> 2018년 4월 1일
> 2년이라는 시간이 정말 야속하게도 빨리 지나갔다. 입학부터 졸업까지 각종 레포트에 학교시험 그리고 자격증 시험까지 참 고달픈 2년 이였는데 돌이켜 보면 남들 다하는 아무것도 아닌 당연히 해야 하는 것

들이였다. 2년이란 시간동안 A반이라는 한 배 안에서 함께 노력했던 동료들도 모두가 잘되어가고 있는 것 같다. 사람들과 술을 좋아하던 홍주형은 정말로 LG화학에 들어가 사귀던 여자친구분과 결혼 준비 중이고, 그걸 본 짹짹 나를 잘 놀리던 민우형은 홍주형 아내 보다 이쁜 아내를 얻을 것이라고 그러기 위해서는 기술이 필요하다며 세계 최고의 기술을 배우고 오겠다고 외국으로 떠났고, 원리원칙에 충직하던 장문이형은 그에 맞는 공기업에 취직했고, 여러 친구들과 동생들도 모두 잘 먹고, 잘 살고 있다고 들었다.

나 역시 목표로 한 회사에 기어코 들어왔지만 여전히 나는 나 자신의 계발에 있어 앞으로 나아가는 중이다. 조금 더 시간이 지나면 설비보전 기사 시험을 합격 하는 것도 문제없을 듯하다. 경력을 쌓고, 조금씩 한 분야에 대한 지식을 더 습득해서 나도 무엇인가 우리사회의 공이 되는 일을 해볼 생각이다. 그러기 위해서는 지금에 내 계획과 목표는 그지없이 부족하고 낮지만, 처음부터 너무 높은 목표를 잡고 일어나려 하면 부러지기 마련이니 천천히 낮은 목표부터 하나하나 달성해 나갈 생각이다.

아 그리고 이제 올 봄 나도 사랑하는 사람과 결혼식을 올리게 되었다. 처음 그 여자아이를 만났을 때부터 지금까지 나도 설마, 설마 했지만 설마가 정말 됐다. 그렇지만 후회는 눈꼽만큼도 없다. 어머니와 누나들을 제외하고 이 세상에서 나를 그만큼 사랑해주고 양보해주던 여자는 없었다. 그러니 '당연히 내가 안고 가는 게 맞다'고 생각한다. 또 더 중요한 것은 지금 곧 나에 아내가 되어줄 내 여자 친구에 뱃속에는 우리 아이도 자라고 있다. 취직하고 방심을 해서인지 아니면 내 팔자인지는 몰라도 아이가 생겨버렸다. 여자 친구도 너무 늦기 전에 아이를 낳고 싶어 했고, 나도 그랬으니 어떻게 보면 잘된 일인지도 모르겠다. 장인어른은 믿었는데 어떻게 너마저 그러냐 하신다. 장인어른은 자기처럼 속도만 위반하지 않으면 다 좋다 하셨는데 어쩔 수 없이 이제는 3대째 속도위반 가족이 되어버렸다며 씁쓸해 하셨다. 나는 그래도 지금이 상황마저 너무 행복하다. 사랑하는 나의 사람들을 챙기고 보듬는 데 있어 전혀 부족하지 않다. 이제 내 가정사에 있어서는 항상 행복만 있을 것만 같아, 너무 좋다. 이제는 이 행복을 꾸준히 가꿔 나가는 일만 남은 것 같고, 그러기 위해서는 내가 잘하고 내가 노력해야 한다고 생각한다. 그러기위해 전에 말한 것처럼 내 자신의 계발에 있어서는 멈추지 않을 것이다. 산업안전과 설비보전기사를 기점으로 하여 다음은 전기산업기사에 도전할 것이다. 아직은 신입이라 서툴지만 좀 더 시간이 지나면 전기관련 지식도 예전보다는 좋아지고 많아질 것이고, 그것을 바탕으로 조금씩 천천히 진행해볼 참이다. 그리고 나서 더 먼 미래에 있는 나이 50에 나는, 꼭 교탁 앞이 아닐지라도 꿈을 찾아 절실히 움직이는 청년들에게 있어 힘을 줄 수 있는 사람이 되어있을 것이다.

*글을 쓰며 느낀 점

2년이면 내 바로 앞의 미래지만, 이렇게 실제로 그리며 글로 표현해보니 뭔가 행복하다는 느낌을 받을 수 있었다. 정말 저렇게만 된다면 더 이상 바랄 것 도 없을 것 같다는 생각마저 들어버렸다. 하지만 한편으로 드는 생각에는 두려움도 섞여 있었던 것 같다. 저렇게 되지 못했을 때에 대한 두려움. 그래도 그 두려운 보다는 진짜 저렇게 할 수 있을 것 같다는 자신이 더 생겨 버렸기에 상관없다. 앞으로 일을 진행함에 있어 좀 더 적극적으로 그리고 좀 더 목표 의식을 지니고 살아 갈수 있을 것 같다.

이 학생의 경우, '취업 준비가 얼마나 힘들었나'를 잘 표현하고 있다. 그리고 기숙사 룸메이트와 서로 위로해가면서 공부를 하는 모습이 인상적이다. 이 학생의 경우, '먼 길을 가는데 혼자보다는 함께 가는 것이 서로에게 도움이 된다'는 사실을 잘 알고 있다. 그리고 공부뿐만 아니라 공부하는 과정에서 떠오를 수 있는 여러 상념들도 재밌게 표현하고 있다. 이렇게 글을 쓰며 느낀 점을 글의 끝에 쓰는 것도 자신의 당시의 느낌을 남긴다는 점에서, 목표로 가는 과정에서 힘이 들 때마다 다시 한번 보며 전의를 불태울 수 있기 때문에, 자신의 목표를 지속하게 하고 목표를 향한 가속 패달을 밟게 하는 계기가 될 수 있다.

아래 글 또한 2016년도 작문시간에 써진 글인데, 이 글을 쓴지 얼마 되지 않아, 이 학생은 세 군데 기업에 동시 합격했다.

예문 4)

〈들리는가, 들린다면 응답하라, 2016!〉

2018년 4월 웹서핑 중 한국폴리텍대학 광주캠퍼스 홈페이지를 방문했는데, 내 청춘과 내 동기들의 청춘이 아직까지 뇌리에 깊숙이 남아있다. ***식 기계정비 메뉴얼을 만들겠다는 일념하나로 학교를 입학했었다. 2016년 4월을 떠올려보니 한참 기계정비 산업기사 실기 시험이랑 제2회 검정 생산자동화 산업기사를 준비하느라 거의 뜬눈으로 밤을 샌 기억 밖에 안 남는다. 그때는 자격증이 목표였으니까 버텼던 것 같다. 4월 17일 떨리는 첫 산업기사시험을 볼 때 나는 '노력했던 만큼 결과가 나오겠지' 하며 시험에 응했으나 의외로 유압 실습에서 애를 좀 먹었는데 차분히 회로도를 읽고 천천히 하니까 동작이 되어서 살 떨리게 합격했다.

그리고 5월8일 내가 제일 취득하고 싶었던 생산자동화 산업기사 필기시험을 봤다. 나는 실업계를 나와서 기초공학 쪽은 취약했다. 그래서 과락만 당하지 말자하고 다른 과목들을 더 많이 봤다. 2016년 5월8일 1과목 85점, 2과목 50점, 3과목 70점, 4과목 65점, 평균 67점으로 합격을 했다. 난 점수를 높게 받기보다 합격이 우선이었다. 일단 합격 그 다음에는 실기 준비 인벤터 PLC 2과목 밖에 없다. 1학년 때 배운 내용들이라 조금만 노력하면 되었다. A+맞은 과목들이 모두 실기였기 때문이다. 그래서 조금 수월하게 실기 준비를 해서 합격을 했다. 그때 자격증에 눈이 멀어 학창시절 추억을 조금 밖에 못 만든 게 약간 후회된다.

2016년 7월 롯데칠성 광주공장 생산관리팀에 합격했다. 자격증 준비 하랴 자격증 준비하랴 시간 가는 줄 몰랐던 나의 26살 청춘, 시리도록 그리운 마지막 학창시절이었다. 롯데에 합격했을 때 여자 친구 부모님이 너무나 기뻐해주셨다. 조촐하게 파티를 열고 부모님께 인사를 하고 결혼 허락까지 받았다. 그날은 내 생애 최고의 날인 것 같았다. 2학기 취업계를 내고 7월12날 첫 출근, 나는 꼭 미팅을 나가는 것처럼 설레어서 전날에 잠을 설쳤다. 선배님들에게 자기소개를 했다. ***식 기계정비 메뉴얼을 만들어서 대한민국에 한 획을 그을 사람이 된다 했더니 다들 엄청 웃으면서 박수를 쳐주었다. 생산관리 라인은 단순하지만 굉장히 바쁘게 돌아갔다. 불량이 나오면 안 되고 기계가 잘 동작하는지 틈틈이 확인을 해야 했다. 하지만 내가 해야 되는 일이기에 최선을 다했다. 항상 최선을 다하자는 나의 마인드는 변함이 없었다. 그러면서 산업안전산업기사와 전기산업기사를 준비하기 시작했는데 산업안전산업기사는 외우는 형식이어서 전기산업기사 보단 수월했다.

2017년 5월 산업안전산업기사를 합격했다. 자격증을 합격하니 회사에서 우대를 해줬다. 안전관리 팀으로 재배속이 됐다. 생산관리 라인보단 편했다. 오늘은 xx랑 만나는 날인데 xx가 임신을 한 것 같다 했다. 나는 미칠 듯이 기뻤다. 아빠가 된다는 것은 두렵기도 하고 설레기도 하기 때문이다. 양가부모님께 말씀을 드리고 결혼식을 했다. 내 아내가 너무 이쁘다. 사랑스러웠다. 그렇게 결혼생활이 시작되면서 나는 더 열심히 공부에 매진했다. 그러면서 대리로 진급을 하면서 3500받았던 연봉이 4000만원으로 올랐다. 결혼하면서 조금 빠듯했는데 한결 편해지는 기분이 든다.

2017년 8월 제3회 정기기사 시험
전기산업기사를 시험을 봤다 일단 부인에겐 알리지 않았다 떨어지면 부끄럽기 때문이다 조용히 시험을 보고 회사를 다니고 있었다. 8월21일 필기 합격자 발표하던 날 정각9시에 확인을 했는데 이게 웬일인가. 합격을 해버린 것이다. 직장상사들에게 합격소식을 알렸다. 다들 축하를 해주었다. 기분이 좋아서 퇴근 후 아내에게 꽃선물을 했더니 웬 꽃이냐고 해서, 솔직히 말했더니 엄청 좋아하는 거였다. 진작 말할 껄 괜시리 미안해진다. 나의 목표인 산업기사 4개자격증을 갖는 것이 조금씩 이루어지기 시작했다.

9월 실기시험은 당당히 합격했다 내 목표가 드디어 이루어지는 날이 됐다 참 그때를 생각해보니 내가 진짜 독하게 공부했구나 하고 새삼 느꼈다 2018 2월에 득녀를 했다 난 딸을 낳고 싶었는데 내 소원이 이루어졌다. 시간가는 줄 모르고 육아를 했던 것 같다. 지금도 내 딸은 사랑스럽게 내 옆에서 자고 있다. 딸 자는 걸 보다가 웹서핑 중에 학교홈페이지를 보다보니 너무나 많은 추억을 회상했다. 참 시리도록 그립고 다시는 못가는 나의 대학시절 나는 누구보다 열심히 했다. 지금은 한 가장의 기둥이 돼서 가족을 부양하고 있다. 들리는가, 들린다면 응답하라, 2016년!

아래 글은 2015년 작문시간에 써진 글이다. 이 학생처럼 자신의 미래 스케줄이 확실히 잡혀있는 날짜를 잡고, 마치 일기처럼 쓰는 것도 좋은 방식이다. 이 학생이 느낀 점에 대해서 쓰고 있듯이, 미래를 시뮬레이션 한다는 것은 미래에 닥칠 여러 가지 경우의 수들을 모두 점검해보고 거기에 맞는 대응을 일찍부터 할 수 있다는 것을 의미한다. 그래서 이런 과정은 반드시 필요하고 이런 과정을 통해 평소 막연히 생각했던 자신의 계획과 목표가 얼마나 허술했는지 깨닫고 더욱 내실있게 준비할 수 있게 된다.

예문 5)

2017.04.02
현재 내가 있기까지의 약 2년의 나를 되돌아본다. 다시 한 번 나의 도약을 다짐한다. 지금까지의 노력이 헛되지 않게, 그리고 취업 된 것이 내 인생의 끝이 아니라 나는 더 발전하고 성장해야 되기 때문에 나는 노력할 것이다. 앞서 해왔던 것보다 훨씬 더 !
 이 글을 쓰는 취지는 앞으로의 노력과 계획에 더 도움이 되지 않을까 글을 시작한다.
 2015.04.04. 운전면허 이외의 자격증을 난생 처음 도전해보았던 날이다. 아직도 난 그날을 잊지 못하고 있다. 학교를 입학 한지 얼마 되지 않았지만 다른 사람들은 자격증 준비를 한다고 들어서 나도 그냥 따라했었던 걸로 기억한다. 전혀 목적이나 의미는 없었지만 첫 시험인 만큼 많은 노력을 했었다. 시험 종목의 이름은 전산응용기계제도기능사. 학교 공부와 밀접한 연관이 있어서 선택한 것이었다. 2주 간 필기시험을 공부했었는데 순탄하게 필기시험을 합격 했다. 이 당시만 해도 나는 아무런 계획 없이 자격증 공부를 시도 해보았기 때문에 합격 했지만 내가 생각했던 미래와 가까워 졌다고 느끼진 않았다.
 필기시험이 끝난 후 학점관리를 위해 4월 달은 중간고사에 헌납하였고 중간고사가 끝난 후 2주간 컴활2급을 공부한 후 바로 필기를 보았다. 컴퓨터에 관심이 있다고 자부했지만 역시나 공부는 전혀 다른 방향이 었고 나 또한 컴맹이 된 기분이 들었다. 어려운 용어나 이해하지 못한 것들이 너무도 많았기에 1급 도전까지 는 다소 시간이 오래 걸렸다. 필기 합격 후 기말고사를 보기 전 실기를 빨리 처리하고 싶어서 핸드폰으로 인강을 끼고 살았던 걸로 기억한다. 버스, 화장실, 쉬는 시간까지 쪼개며 정말 열심히 했던 기억이 난다. 실기시험 합격 후 첫 컴퓨터관련 자격증을 땄다는 기쁨은 나에게 큰 성취감과 도약의 발판을 주었기에 의미 가 있었다.

 2015.06.13. 전산응용기계제도 실기를 보는 날이었다. 기말시험을 앞 둔 상황이었고 학점관리를 소홀히 하지 않기 위해 나름 열심히 애를 쓰는 한편 실기시험 준비에 시간을 더 썼었다. 학교에선 수업시간에, 집에서는 노트북으로 나는 정말 열심히 했었다. 학원을 다니지 않아 다소 어려운 점이 있었으나 이미 취득 한 사람들에게 찾아가 물어보고 인강을 이용해 모르는 부분을 채워 갔었다. 자격증 공부를 어떻게 해야 하는지 그때야 비로소 알게 되었던 것 같다.

 2015.07.19. 자격증 공부에 도가 텄는지 나는 필기시험이 거의 비슷한 내용인 2개의 시험을 한 번에 보기 로 결심했다. 컴퓨터응용선반기능사와 밀링기능사를 같이 시험 보았다. 앞서 전산응용기계제도의 시험공부 를 했었기에 이 3과목은 모두 밀접하고 시험내용도 비슷하기에 쉽게 통과했다. 그리고 바로 얼마 되지 않아 실기시험을 보았는데 방학동안 학원을 다녔었고 부족한 부분은 기계 공작실에서 연습을 해서 시험을 보았 다. 당황하면 머리가 하얗게 되는 내가 그 날은 유난히 차분히 했었던 것 같다.

 2016년이 되기 전 전산응용기계제도기능사, 컴활2급, 컴퓨터선반응용 기능사, 밀링기능사 총 4개를 획득 했지만 학기 초 계획을 세울 당시 나는 2015.10.10.일에 있는 위험물기능사까지 따야야 했으나 토익시험에 매진하였던 것으로 기억한다. 기능사일정엔 모두 다 시험을 보려고 했지만 토익시험 준비에 시간이 매우 오래 걸렸기에 도전하지 못하였다.

1장 목표기업 정하고 능력과 경험 쌓기

    2016년이 되기 전 첫 토익시험을 보기 위해 3개월가량 미친 듯이 영어만 공부하였었다. 평소 영어에 취약했기에 그만큼 기반을 닦는데 오래 걸렸었다. 기존의 자격증 공부보다 훨씬 더 어려웠던 것으로 기억한다. 하지만 목표점수는 500점이었지만 650점을 맞고 첫 토익시험 치고는 정말 괜찮게 본 것이었다. 2016년이 되고 학교에 입학하기 까지 나는 알바도 안한 채 산업기사 공부만 했었다. 이유는 2과목을 봐야 했기 때문이다. 품질관리산업기사와 기계설계산업기사. 기능사와는 차원이 달랐고 범위도 많고 내용도 더욱 어려웠다. 하지만 나는 금호타이어 생산관리/설비/품질 파트로 취업하려면 반드시 필요한 자격증이기에 목숨을 걸고 독서실에서 살다시피 했고 결국 시험을 통과했었다. 금호타이어 상반기 신입 공채가 목표였기에 서류면접이 통과하면 바로 한자 시험을 본다. 서류면접은 통과했지만 한자 시험에서 낙방했다. 한자 3급 이상의 실력을 갖추고 시험을 봐야 했었다. 면접에 떨어진 이후 바로 나는 한자 능력 검정 시험 3급을 바로 준비했고 한자는 영어보다 더 생소하고 어려웠기에 정말 힘들게 공부했었다. 5월 23일 3급 시험을 획득 후 나는 토익 점수 올리기에 매진하였고 그리하여 나는 토익 850점 이상, 한자 3급, 기계설계산업기사, 품질관리산업기사, 전산응용기계제도기능사, 선반기능사, 밀링기능사를 가지고 인턴 사원으로 들어갔다.
    현재 나는 인턴사원이다. 원했던 연봉은 3000~3500이지만 지금은 인턴이라 월급이 작다. 하지만 더 도약할 것이다. 배워야 할 것들은 산더미처럼 많고 할 줄 아는 것은 별로 없다. 그렇기에 남들 모르게 나는 뒤에서 더 열심히 살아 갈 것이다.
    요즘 시대에 걸맞은 인재상이 되도록 나는 더 파이팅 하겠다!

느낀 점

    이 글을 쓰기 전 준비 작업이 정말 오래 걸렸다. 정말 그 만큼 나는 미래의 대한 아무런 준비성이나 목표, 계획이 없었다는 것을 느꼈다. 지금 이 글은 글로 끝나는 것이 아니라 지금의 나에겐 정말 계획이 되었고 무엇을 준비하고 해야 할 것들이 얼마나 많은지, 머릿속으로 정리가 되고 다짐도 되었다. 이 회사가 뭘 하는지 어떤 사람을 어떻게 뽑는지 자격요건은 무엇인지 제대로 파악해 본 것이 오늘이 처음이다. 대기업인지 중기업인지 이제야 하나씩 눌러보고 찾아보고, 자격증은 언제보고 무엇이 필요할지에 대해 알게 되면서 취업이 정말 만만치 않다는 것을 느꼈다. 개인적으로 이번 리포트는 나에게 정말 도움이 된 듯싶다.

    아래 글은 2016년도 작문시간에 써진 글이다. 이 학생의 글을 보면 〈미래미리보기〉가 마치 설계도처럼 느껴진다. 집을 짓는데 설계도 없이 불가능하듯이, 여러분의 미래도 시간의 그물망이 촘촘한 설계도를 만들고 시작하게 되면 여러분 자신들이 어떤 노력을 하고 있을 때, 완성까지 얼마나 남았는지를 추측하는 바로메터가 될 수 있을 것이다.

예문 6)

    2017년 4월 2일 목요일 저녁 퇴근길 현재시간 20시30분, 비는 보슬보슬 내려오고 내 마음도 적셔온다. 하... 한숨만 나오는구나... 직장생활이란 너무나도 힘들고 지쳐가는구나... 하지만 내가 하고 싶은 일을 할

유비무환 퍼펙트 자소서

수 있어서 너무나도 기쁘고 하루하루 내 자신에게 성취감과 보람을 느낄 수 있어서 너무나도 행복하다. 지난 2년간 나의 꿈을 위해 달려온 발자취를 회상해보면 정말 많은 일이 있었던 것 같다. 2015년 3월 2일 광주폴리텍대학에 입학을 하여 나는 목표를 세웠다.

26살 늦은 나이에 폴리텍에 입학을 하는 만큼 성적4.0 이상과 매년마다 취득 자격증 목록을 작성하였다. 2015년 첫 목표는 산업안전 산업기사, 기계정비 산업기사를 동시에 취득하는 게 목표였다. 산업안전 산업기사는 작년 8월에 필기를 합격 해놓은 상태이기 기계정비 산업기사 필기만 합격을 하게 되면 1회 차에 실기를 동시에 응시할 수 있는 기회가 생긴다. 그래서 나는 무작정 공부하기 보다는 순차적으로 플랜을 수립하고 접근하기로 하였다. 09:00 ~ 17:50분 까지 수업을 하기 때문에 수업에 열중하기로 마음을 먹었고 쉬는 시간 10분과 점심시간 1시간을 통해서 과년도 매회 1년분씩만 끝내기로 계획을 세웠다. 처음에는 습관이 되지 않아서 쉬고도 싶고 놀고도 싶었지만 하루하루가 지나가면서 내 자신이 바뀌고 있다는 모습을 볼 수 있었다. 나도 내 자신에게 놀랐다. 평소대로라면 자고 있거나 놀고 있을 내가 공부를 하고 있다는 자체가 그저 놀라웠다. 하교를 하여서도 기숙사에 입실 후 소홀히 하지 않고 꾸준히 2~3시간씩 정독 및 기출문제를 숙지를 하였다. 그리고 약 2주 후 필기시험장에 들어서는 내 자신을 보니 너무나도 자신감 있어보였다. 그 직감은 딱 맞아 떨어졌다. 저녁18:00시 가답안 채점을 하였다. 산업기사는 각 과목당 평균40점 이상, 총 과목수의 평균 60점 이상 나와야 합격이다. 가채점결과 1과목:8개, 2과목:9개, 3과목:15개, 4과목:16개 80문제중 딱 48개(평균60점)을 맞았다. 턱걸이로 합격을 하니 더욱 더 기뻤다.

하지만 기뻐하는 것도 잠시 실기 시험이 약 한달 정도 밖에 남지 않았고, 또한 산업기사 실기를 2개를 준비를 해야 하기 때문에 시간은 너무나도 빠듯했다. 하지만 이왕 시작 하였으니 도전이라도 해보고 떨어지자는 생각을 하였다. 매일 새벽 3~4시까지 자는 건 기본이며 주말에는 10시간씩 공부를 하였다. 공부를 하면서 도중에 자격증 한 개를 포기를 하려고 큐넷에 접속하여 취소를 누르려고도 많이 했지만 꿈을 위해서 취소를 할 수가 없었다. 그렇게 한 달이란 시간이 지나고 2015년 4월18일 광주폴리텍대학 7층 710호 08:30분 기계정비 산업기사 실기 시험이 시작이 되었다. 떨림과 긴장의 속에 시작된 시험. 공유압을 다 완성시키고 작동을 시켰는데 긴장을 너무 한 탓일까. 기계가 작동이 되지 않는다. 남은시간은 약 20분 정도 밖에 남지 않았으며, 나는 슬슬 똥줄이 타기 시작 하였다. 하지만 '이제부터 시험 시작이다'라는 마음을 가지고 차분하게 선을 하나하나 접촉을 시켰다. 시험 종료 5분전 공유압 기계장치를 다시 작동시켰다. 공유압 장치는 작동을 하였고 나는 그제야 안도의 한숨을 쉴 수 있었다.

시험이 끝난 후 다음날 산업안전산업기사 실기가 있기 때문에 기숙사로 입실 후 짐을 챙겨 순천으로 향하였다. 산업안전산업기사는 필답형과 작업형이기 때문에 그렇게 부담이 되지 않았다. 2015년 4월19일 순천제일대 12:30분 시험이 시작이 되었다. 시험지를 받자마자 나는 환호의 웃음이 나왔다. 왜냐하면 내가 공부했던 것들이 그대로 나왔기 때문이다. 필답형, 작업형 시험이 끝이 나고 가답안 채점을 하였는데 합격 점수가 나온 것이다. 나는 그동안의 공부했던 시간을 생각해보니 태어나서 이렇게 열심히 해본적은 처음인 것 같았다. 그리고 느낀 점이 한 가지가 있었다. 뭐든지 자기가 세운 계획과 꿈만 있으면 그 꿈을 이루기 위해 반복적인 학습을 한다는 것이다. 이로써 현재 보유 자격증은 제강기능사, 압연기능사, 위험물기능사만 취득 상태였는데 처음으로 쌍 산업기사를 보유하게 되었다. 너무나도 뿌듯했다. 내가 과연 할 수 있을까? 라는 의문이 많이 들었지만 이렇게까지 노력을 할 줄이야 생각도 못했다. 이제는 산업기사 자격도 갖춰졌으니 한국사와 학교 성적만 갖춰지면 되겠다는 생각을 하였다. 하지만 뜻대로 되지는 않았다. 자격증에만 매진했던 나는 1학년 1학기 성적 3.65라는 보통의 성적을 받게 되었다. 이정도 성적으로는 대기업 서류도 못 붙겠다는 현실적인 생각이 들었다.

그렇게 3개월의 여름방학이 끝이 나고 1학년 2학기의 시작. 1학년 1학기 동고동락 했던 20살 동생들은 군대를 가게 되고 복학생들과 학교생활을 하게 되었다. 2학기 때는 1학기보다 시험문제도 어렵고 학점도 취득하기가 어렵다는 말이 많이 있었다. 또한 당시 추천서를 받기 위해서는 성적보다는 자격증을 많이 취득하면 대기업을 갈수 있다는 말도 많이 있었으며, 교수님들에게 잘 보이고 얼굴을 많이 알려야 된다는 소문도 있었다. 하지만 뭐든지 노력하기에 달라지는 것 같다. 왜냐하면 내가 내 스스로 가치를 높이고 값어치를 올렸기 때문에 2학년 1학기에 제일먼저 광양포스코라는 대기업에 취업을 할 수 있었다.

당시 나는 교수님들에게 찾아가서 내 얼굴을 알리기보다는 내 자신을 높이기 위해 노력을 많이 하였으며, 그 노력이 가상 했는지 교수님들께서 내 이름을 알게 된 경우가 많았다. 그로 인해 지원ID라는 추천서도 자연스럽게 나에게 권유를 하였고 나는 그 기회를 놓치지 않고 연봉 4500만원 정도되는 광양포스코에 당당하게 입사를 하게 되었다. 그 순간은 죽을 때까지 잊을 수 없을 것 같다. 또한 취업이 되지 않아 늘 걱정하시고, 마음 졸이시고, 뒤에서 응원해주신 부모님에게도 너무나도 감사했다. 이제 나의 역할은 부모님의 신입사원으로서 못 다했던 효도를 하는 게 나의 마지막 할 일 이다.

퇴근길 빗길 운전을 하면서 잠시 2년간의 회상을 하면서 이러한 위치까지 올라가기 위해 내 자신에게 얼마나 피땀을 흘리고 노력을 했는지.. 참으로 뿌듯하고 기쁘다.

2년 후 이러한 글들을 보면서 나는 참 많이 웃고 있을 것이다. 이렇게 웃고 꿈을 실현 하기 위해서는 포기하지 않고 열정과 끈기를 가지고 정주행을 하면서 달려가도록 하겠다!

여러 학생들의 〈미래미리보기〉를 살펴보았다. 그런데 공교롭게도 이 미래보기를 잘 쓴 학생들이 자신이 원하는 기업에 대부분 들어갔고, 그것도 여러 기업에 동시 합격하는 현상을 보이고 있었다. 여러 분들도 이런 〈미래미리보기〉 글을 한번 진지하게 써보라. 그러면 쓰는 과정에서 목표가 점점 저 확고해지고, 그 목표를 실현하기 위해 어떤 노력을 기울여야 할 것인지 구체적으로 계량이 가능하기 때문에 희망과 자신감이 생길 것이다. 또한 여러분이 목표를 향해 달려가는 과정에서 자신이 위축되어 힘들 때, 다시 꺼내보고, 그 동안 자신이 이룬 성취를 확인하고, 자신을 위로하며 남은 과제가 무엇인지 알게 되면 목표가 그리 멀지 않았음을 느끼게 될 것이다. 그래서 〈미래미리보기〉는 초지일관 목표를 향해 나아가는 과정에서 여러분이 가는 길의 방향을 알려줄 이정표가 되고, 그 길이 어두워져 잘 보이지 않을 때 여러 분이 가는 길의 어둠을 밝혀주는 등대가 되어줄 것이다.

2장

자소서 몸 풀기

02장 자소서 몸 풀기

목차

1. 잘 쓴 자소서란?
   (1) 기업 요구 사항을 잘 표현한 자소서
   (2) 차별성이 돋보이는 자소서
2. 가독성이 좋은 글을 쓰자
   (1) 물 흐르듯 자연스럽게
   (2) 소제목을 쓰자
   (3) 두괄식으로 문장을 구성하자
   (4) 제시된 순서에 따라 글을 쓰자.
3. 재해석의 힘
4. 자소서 미리쓰기 및 취업 준비 프로세스
5. 스토리텔링의 힘
   (1) 스토리텔링이란?
   (2) 스토리텔링의 힘
   (3) 자소서 스토리텔링의 강조점
6. 스토리 모으기
   (1) 자소서에서 스토리는 필수다.
   (2) 스토리 모으는 방식
   (3) 기업에서 좋아할 스토리를 모으자
   (4) 자기 주도적 스토리

01 잘 쓴 자소서란?

수십 년간 채용관련 업무에 종사했고, 취업관련 유명 강사이기도 한, SK해운의 임호근 고문은 합격자소서의 조건을 다음과 같이 7가지로 설명한다. 그의 지적에는 자소서의 여러 측면들이 섞여있지만, 잘 쓴 자소서의 특징을 나름 잘 잡아내고 있다고 생각한다.

"맞춤형 자기소개서, 차별화된 자기소개서, 출제 의도에 맞는 자기소개서, 설득력 있는 자기소개서, 간결한 자기소개서, 솔직한 자기소개서, 재미있는 자기소개서가 합쳐져 합격 자기소개

서를 만듭니다." 7)

학생들과 함께 많은 합격자소서를 만들어 온 필자가 보기에 위의 7가지 합격자소서의 조건을 2개로 압축해서 말 할 수 있다고 본다. 먼저 위 기준을 쉽게 풀어서 얘기해보면, '맞춤형자소서'란 회사의 요구에 맞게 커스터마이징(customizing)된 자소서를 의미하고, '출제 의도에 맞는 자소서'란 그 자소서를 통해 회사가 진짜 알고 싶어 하는 내용을 쓰는 자소서를 의미하며, '설득력 있는 자소서'란 주장만 있는 게 아니라, 그 주장을 입증할 수 있는 에피소드가 반드시 있는 자소서를 말하며, '간결한 자소서'란 미사여구의 남발이 아니라 자신의 콘텐츠를 정확하게 표현한 자소서를 말하고, '솔직한 자소서'란 진정성이 묻어나오는 자소서를 말하며, '재미있는 자소서'란 평범하지 않은 자신만의 컨셉을 갖춘 자소서를 말하고, '차별화된 자소서'는 자소서의 가장 중요한 총체적 특징을 표현한 것이라 본다.

결국 '맞춤형자소서'와 '출제의도에 맞는 자소서'는 자소서에 대한 그 회사 특유의 가이드라인을 만족한 콘텐츠 관련 부분일 것이다. 이것들은 기업에서 요구하는 내용을 잘 포괄한 자소서로, '기업 요구 사항을 잘 표현한 자소서'로 요약할 수 있을 것이다.

그리고 '설득력있는 자소서', '간결한 자소서', '솔직한 자소서', '재미있는 자소서', '차별화된 자소서' 등은 다른 자소서와 표현 형식적 측면에서 차별성을 드러내는 자소서를 일컫는 말이라 본다. 필자는 이 5개를 한 마디로 줄여서 '차별성이 돋보이는 자소서'로 묶고자 한다.

(1) 기업 요구 사항을 잘 표현한 자소서

기업에서 요구하는 사항은 기업마다 다르다. 하지만 기업에서 요구하는 공통적인 속성들도 있다. 그러니까 어떤 회사든 한결같이 원하는 공통적 인재상이라는 게 있다. 과연 기업들은 일반적으로 어떤 사람을 원할까?

---

7) 2016.10.27. 네이버뉴스 http://reporter.korea.kr/newsView.do?nid=148823715

> 유비무환 퍼펙트 자소서

① 첫째, 조직을 이해하고 조직에 잘 스며들어 협업을 잘하는 사람이다.

분업은 산업화시대의 제1 화두였다. 산업혁명이 자본주의의 시작이었고, 자본주의의 '시장의 자유'와 분업을 가장 먼저, 그리고 가장 잘 표현한 사람이 바로 아담 스미스(Adam Smith, 1723-1790, 영국)였다. 그는 '자본주의의 바이블'이라 불리는 "〈국부론(國富論, The Wealth of Nations)〉"이란 책에서 핀을 만드는 공장에서 분업을 통해 핀의 생산성을 높일 수 있음을 실제로 입증해보였다. 산업혁명기에 자본주의가 성장하는 과정에서 시장이 확대됨에 따라 대량생산이 필요했고, 대량생산을 통해 단가를 낮추고 품질을 높일 수 있는 방법을 모색하는 것이 가장 중요한 숙제였다. 그리고 이러한 숙제를 가장 잘 풀어낼 수 있는 방식이 바로 분업이었다. 그래서 그 당시에는 누가 뭐래도 자기 맡은 바 업무를 잘 수행하는 사람이 각광을 받게 되었다.

하지만 산업시대에 이어 도래한 디지털시대 사람들의 욕구는 대단히 다양한 양상을 띠었고, 그래서 대량생산은 의미를 잃었다. 게다가 기술의 진화속도가 대단히 빨라져서 기술이나 제품의 생명주기가 대단히 짧아졌다. 그래서 이런 환경에서 기업이 살아남으려면 다품종소량생산을 잘하고, 다른 회사보다 혁신제품 출시를 앞당길 수 있어야했다. 그럴려면 회사 내 다양한 사람들의 생각이 중요해졌고, 또한 의사결정의 속도가 대단히 빨라야만 했다. 그래서 부서간의 벽을 깨고 상호 협업을 잘하는 회사가 경쟁력을 얻게 되었다. 이런 현상은 단지 IT분야에만 국한된 것은 아니고, 이제 보편화된 현상이 되었다. 그래서 굴뚝기업까지도 협업을 이뤄내지 못하면 시장지배력이 현저하게 약화될 수밖에 없었다. 그 결과 이제 모든 기업에서 직원들은 자기 분야의 전문성은 물론이고, 인접 분야에 대한 이해가 필수적이 되었고, 직원 상호간의 활발한 의사소통과 협업이 필수적이 되었다. 세계적으로 유명한 GE의 잭웰치 회장(John Frances Welch Jr, 1935~, 미국)의 자서전인 〈끝없는 도전과 용기〉를 읽어보면 그가 이러한 부서간의 벽을 허물기 위해 얼마나 대대적인 노력을 하는지 잘 나타나있다. 그는 1년에 한번 전 세계 GE 지도자들로 하여금 자신들이 1년 동안 쌓은 노하우를 풀어놓고 상호토론을 벌이게 했다. 물론 여기서 자신만의 기술적·경영적 노하우를 풀어내고 토론에 참여해서 좋은 성과를 올린 사람만 GE에서의 지속적인 성장이 보증되었다. 이러한 부서간의 벽허물기는 학문 간의 벽허물기현상과도 맞물려있다. 기술발전과 학문발전은 밀접히 관련되어있고, 그만큼 기술과 학문발전 속도가 빠르고 그 폭도 넓어졌기 때문이다.

협업을 강조하는 이러한 현상은 각 기업의 자소서 양식에도 그대로 반영되고 있다. 일반적인 자소서 양식은 크게 4가지 항목이다. 〈성장배경〉,〈성격의 장·단점〉,〈지원동기〉,〈입사 후 포부〉가 그것들이다. 그런데 이런 기본 형식에서 벗어나서 새로운 자소서 항목들을 만들어서 취준생들에게 답변을 요구하는 회사들이 많아졌고, 그런 새로운 시도들에서 거의 대부분 협업 경험이나 협업 능력을 입증하라고 요구하고 있다. 물론 일반적인 자소서 양식을 쓸 때, 특별한 요구가 없더라도 모든 항목에서 협업능력이 있음을 입증해야한다.

이런 상황에서 기업이 가장 싫어하는 인간형이 어떤 인간형일까? 그것은 바로 내성적이면서 동시에 독불장군격인 인간형이다. 이런 사람은 회사의 상호 협력 분위기를 해치고, 상호 협동적인 상황을 좌절시키는 요인이 되기 때문에 회사에서 쓸모없는 사람으로 간주된다. 그래서 자신의 자소서에 이런 두 가지 특징이 표현되어서는 안 될 것이다. 그래서 필자의 자소서 강의에서 가장 중요한 주제도 언제나 협업이다.

다음 학생의 글은 2015년도 수업 시간에 써진 학생의 글이다. 바로 그러한 경험과 능력을 입증하려고 노력하고 있다. 그리고 앞으로 여러분들이 필자의 책에서 보게 될 수많은 합격자소서들에서 자신의 협업능력과 경험을 강조하지 않은 자소서는 한 개도 없을 것이다.

창의설계입문이라는 수업을 들었다. 6명의 학생이 한 팀을 이루어서 다양한 아이디어를 내고 그 것을 구체화시켜 발표하는 것이 목표였다. 나는 팀원들과 빠르게 친해지고 훌륭한 아이디어를 내기 위해 매주 1회 2시간씩 모이기로 제안을 했다. 제안은 통과됐고 매주 아이디어 회의를 하며 의견을 모아 좋은 아이디어를 선택해서 구체화 하고 발표 자료까지 만들어서 '기초창의설계' 경진 대회에 출전을 했다. 우리 팀의 훌륭한 협업 능력과 아이디어를 모두 합한 결과 '물이 떨어지지 않는 도시락' 이라는 작품을 만들어서 경진 대회 참가한 결과 동상이라는 쾌거를 이뤄냈다. 여러 사람의 생각을 합하고 서로 합심하며 도우면 훌륭한 결과가 탄생한다는 것을 배웠다.

협업의 중요성은 워낙 중요한 주제이기 때문에 예문을 하나 더 싣는다. 이 글은 2015년도 필자의 작문강의시간에 제출된 글이다. 이 학생은 공장에서의 실제 작업 경험을 통해서 협업이 능률을 올리는데도 도움이 된다는 사실을 체험하고 협업을 통해 동료애를 느끼는 과정을 진술하고 있다.

> 휴학기간동안에 '금호타이어' 공장에서 아르바이트를 했다. 많은 타이어를 나르고 쌓고 옮겨야 했는데, 하루 할당량을 채워야 끝나는 일이었다. 처음 한 달간은 몸이 성하지 않았는데 열심히 배우고 일하니 익숙해졌다. 그러나 할당량을 채우는 것은 쉬운 일은 아니었다. 내가 빨리 끝내면 못 끝낸 동료를 도와주고 또 동료도 나를 도와주었다. 신기하게도 혼자서 할당량을 끝내는 것보다 같이 도와주면서 하는 것이 훨씬 일이 빨리 끝난다는 것이었다. 아르바이트를 하면서도 동료애와 세상에 하면 안 되는 일은 없다는 것을 느꼈다. 또 열심히 하면 세상은 그만큼의 보상이 따른다는 것을 느끼게 해준 기회였다.

이러한 협업의 중요성에 대해서는 앞으로 소개될 거의 대부분의 합격 자소서들에서 줄기차게 소개될 것이다.

② **둘째, 진취적인 사람:**

이 조건도 첫 번째와 유사한 시대적 맥락에서 이해할 수 있다. 이제 한정된 인기 제품만으로 한 기업이 오랫동안 생명을 이어가기 힘든 시대, 그래서 끊임없이 혁신해서 새로운 제품을 선보여야 하는, 이른바 상시 혁신시대를 맞고 있다. 이제 시대의 변화와 기술의 진화속도가 너무 빨라지기 때문에 경쟁사보다 앞선 제품을 경쟁사보다 먼저 출시해야 살아남을 수 있는 것이다. 그래서 기업은 더욱 진취적인 사람, 더욱 창의적인 사람이 필요해졌다. 그리고 이런 점 또한 대부분의 기업이 당면한 현실이다.

다음의 글은 2014년도 LG화학에 합격한 학생의 글이다. 이 학생은 자신의 강점을 '무모해 보일 정도로 현실에 안주하는 것을 거부하는 특성'이라 설명하고, 소제목을 인상적으로 씀으로써 주의를 끌고 있으며, 그러한 진취적인 특성에 잘 맞는 적절한 에피소드를 제시하였고, 그 내용을 아주 구체적으로 명시함으로써 진정성을 높였다.

> **자신의 강점**
> 〈자신의 능력보다 큰 목표를 세우는 것보다 더 위험한 것은 작은 목표를 세우고 그것에 안주하는 것〉 많은 경험과 그것을 바탕으로 얻은 배움이 지금의 제가 있게 성장을 했다면 그 원동력은 위 말이었습니다. 이것이 저의 신념이자 강점입니다. 때론 남들이 보기에 무모한 결정을 하기도 하는데 과정은 고되었지만, 그 결과 많은 느낀 점과 저의 강점이 잘 나타나는 경험을 말씀드리고자 합니다.
> 대학 개인 프로젝트의 주제를 선정하기 위해 공단 고물상을 찾아다니던 중 중고 오토바이가 눈에 띄었습

니다. "대학 때 오토바이 한 대를 분해하고 설계를 해보는 것이 남들과 다른 경험이 될 수 있겠다."라는 생각으로 사장님께 사정을 말씀드린 후 고철 가격으로 오토바이를 구했습니다. 하지만 처음부터 순탄하지 않았습니다. 분해순서와 공구 사용법을 알기 위해 공업소에 방문을 하였고 도면설계에 난관에 부딪힐 때면 교수님의 조언이 있었습니다. 주변의 도움과 해내야겠다는 생각으로 큰 성취감을 맛보았고 엔진, 동력장치의 기초적인 이해를 쌓는 경험이었습니다.

항상 위를 보고 문제의 방법을 찾는 자세가 LG화학에 맞다고 생각합니다.

(2014년도 LG화학에 합격한 제자의 자소서 중)

③ 셋째, 충성도가 강한 사람:

어떤 기업이 세계적 경쟁력을 갖추고 있다 하더라도, 동종업계 후발주자보다 기술력에 있어서 기껏해야 1-2년 앞선 정도다. 그런 상황에서 기업의 핵심기술이 유출되거나, 인재유출이 일어날 경우, 회사의 경쟁력은 현저하게 약화될 수밖에 없고, 무한경쟁 속에서 기업은 도태될 가능성이 높아진다. 그래서 충성도 강한 사람이 필요하다. 특히 중소기업의 경우, 기술유출이나 인재유출의 피해는 더욱 심하다. 대부분의 중소기업의 경우, 인적 자원이나 기술 아이템이 다양하지도 않고, 심오하지도 않기 때문이다. 그래서 중소기업에서 충성도는 회사의 존폐와 직결되는 문제가 된다. 실제로 필자의 학생 하나가 자신이 원하는 중소기업에 들어가기 위해서 그 회사에 들어가기 한 참 전에, 그 회사를 직접 찾아가서 '자신이 졸업하면 이 회사에 들어오고 싶은데, 어떤 능력과 경험을 갖추면 되겠느냐고 했다' 한다. 그랬더니 그 회사에서 그 학생에게 대단히 친절하고 호의적으로 대해주었다고 한다. 그 회사 입장에서 생각하면 충성심있는 인재가 필요한 중소기업의 입장에서 그 학생이 자기 회사에 대해 그만큼 애정을 보여줬으니 사실 얼마나 기특하게 보였겠는가!

다음은 2016년도에 8개 기업에 서류를 제출하여 모두 합격한 학생의 자소서의 일부이다. 이 학생이 지원서를 넣는 회사마다 합격하는 요인에는 여러 가지가 있겠지만 충성심 모티브도 한 몫을 했다는 생각이 든다. 아래 자소서는 이 학생이 국도화학에 지원했을 때 합격한 자소서의 일부이다. 여러 분이 회사의 CEO라면 다음과 같은 자소서를 보고 어찌 이런 학생을 뽑지 않을 수 있겠는가!

> 유비무환 퍼펙트 자소서

〈올바른 가치관을 지닌 사람〉

전 직장인 윙쉽중공업에 재직 당시 회사 사정이 어려워져 급여를 1년 여간 지급받지 못하였습니다. 100여 명이었던 직원들은 1~3달 급여가 지급되지 않았을 때, 다 퇴직하였고, 저를 포함하여 단 8명만이 남아 회사를 이끌어 나갔습니다. 또한, 당직근무를 서야 하는 상황에서도 자처하여 제 사비를 이용해 당직근무를 하였습니다. 비록 회사는 어쩔 수 없이 폐업했지만 이러한 경험이 저 개인보다는 회사를 먼저 생각하고 참고 견디며, 끊임없이 노력하는 사고를 보여주는 사례라고 생각합니다. 국도화학에 입사하여서도 저 자신보다는 회사를 먼저 생각하는 건전한 사고를 가진 인재가 될 것을 장담합니다.

(2016년 국도화학에 합격한 제자의 자소서 중)

④ 넷째, 리더십 있는 사람:

어떤 조직에서 리더가 있는 경우와 없는 경우 조직의 성과는 하늘과 땅만큼이나 크게 벌어질 수 있다. 열정과 신념을 갖고 조직원들과 비전을 공유하고 비전을 실천할 수 있는 리더의 역할은 그래서 아무리 강조해도 지나치지 않는다. 다음 글은 2017년도 학생의 글이다.

2016년 3월 폴리텍대학 김제캠퍼스에 들어왔다. 첫 만남 강의실에서 모여 지도교수님과 간단한 OT를 마치고 과대표를 뽑는 시간이었다. 나는 그 순간 무언가에 홀리듯 손을 들고 과대표를 하겠다고 지원했다. 그리고 과대표가 되었다. 과대표가 된 후 첫 행사인 MT를 가게 되었다. 사전답사와 시장조사를 통해 8만원이라는 돈을 걷게 되었다. 이 8만원은 누군가에겐 큰돈이 될 수 있고 누군가에게는 적은 돈이 될 수 있다고 생각했다. 어떻게 하면 학생들의 의견들을 조율하고 합의점을 찾을 수 있을까 생각을 하였다. 돈을 걷기 전 1학년 2학년들을 한 곳에 모아 강단에 서서 예산에 대한 구체적인 자료를 보여주고 확인 시켜주었다. 강단에서 학생들에게 말하기 전 혼자 수 십번은 말하는 연습을 했고 내용들을 요약하고 정리했다. 그 노력 끝에 돈에 예민한 그 학생들의 의견들을 한방에 조율할 수 있게 되었고 무탈하게 MT를 다녀올 수 있게 되었다.

리더십을 구분하는 방법에는 여러 가지가 있으나 일반적으로 리더 개인의 특성에 따라 카리스마형, 민주형, 방임형으로 나뉜다. 그런데 현대 경영현장에서는 수평적이고 다원적 소통이 필요한 민주적 리더십이 생산성 향상에 가장 알맞은 리더십으로 간주된다[8]. 그것은 지금의 시대가 빠른 기술진화 속도와 그에 따른 제품생명주기가 짧아, 신속한 신제품 출시를 위해서는 협업이 필수적이기 때문이다. 그래서 리더십을 강조할 때는 협업에 유리한 민주적 리더십을

---

[8] 레빈(Kurt Lewin) 등은 리더십을 (1)전제적, (2) 민주적, (3) 자유방임적의 3종류로 설정하고 리더와 구성원, 집단으로의 효과의 관계를 살펴보았다. 또한 카츠(Daniel Katz) 등은 과제를 중시하는 리더보다 구성원간의 개성이나 욕구를 존중하는 리더 쪽이 집단의 생산성이 높아진다는 것을 지적하고 있다. (21세기 정치학대사전 참고)

강조하는 것이 유리하다. 위 학생은 학생들의 입장을 조율하기 위해 학생들 입장에서 얼마나 노력하고 있는지를 눈물겹도록 진정성 있게 보여주고 있다.

다음 글은 2015년도 작문시간에 제출된 학생의 글이다. 이 학생은 이 글에서 협업을 이끌어 내어 성과를 올린 자신의 리더십 경험을 설명하고 있다.

전역 후 서영대 자동차과를 다닐 때 조별로 '캡스톤디자인'이라는 과목의 졸업 작품을 만들었습니다. 청각장애인도 주차나 후진 시 거리파악, 안전성을 위해 시트에 진동모터를 장착하여 신호를 주는 시트를 제작하였습니다. 그러나 예상과는 다르게 배터리와 초음파센서와 진동모터와의 연결이 잘 되지 않았고 조원들도 어떻게 하여야 하는지 모르고 참여도 잘 하지 않으려고 했습니다. 저는 군시절 차량수리병을 했고 자동차정비 자격증도 가지고 있었기에 조에서 조장을 맡아 전체적인 작품의 틀을 구성하고 직접 배선연결을 하고 역할분담을 하여 작품을 이해시키고 이야기를 많이 나누고 모든 인원들이 참여할 수 있게 하였습니다. 결국 모두가 열심히 참여하고 작품을 만들어 교내 동상과 더불어 소정의 상금을 받을 수 있게 되었습니다. 어떠한 조직에서의 리더가 왜 필요한지 알게 되었고 가장 열심히, 그리고 가장 먼저 적극적으로 그리고 열정적인 사람만이 리더가 될 수 있다는 생각을 갖게 되었습니다.

⑤ 다섯 째, 스포츠, 특히 구기 종목을 좋아하여, 팀웍에 도움이 되는 사람:

2002년 한·일 월드컵 때, 온 국민을 열광케 했던 '오, 필승 코리아!'에 대한 기억은 아직도 한국인들의 기억에 생생하다. 평소 한국 정부에 비판적이었던 사람까지도 모두 하나가 되어 목이 터져라 외쳤던 순간이 바로 엊그제처럼만 여겨진다. 왜 그랬을까? 아마 우리가 모두 미쳤었나? 아마 그럴지도 모른다. 우릴 그렇게 함께 미치게 하고, 하나로 결속시키는 가장 좋은 방법이 무엇일까? 그것은 바로 스포츠이다. 스포츠는 서로를 결속시키고, 협동의 효율을 최적화하고, 팀웍을 다질 수 있는 강력한 힘을 갖고 있다. 하지만 같은 스포츠라 해도 격투기를 잘하는 사람이 있다면 어떻게 될까? 아마 맘에 들지 않으면 폭행을 당할 수도 있을 것이라는 위협을 더 느낄지도 모른다. 하지만 팀웍과 관련된 구기 종목을 잘하는 사람이 들어와서 조직에 스포츠 바람을 불어넣으면 직원들의 유대관계가 돈독해지고, 다른 부서의 직원들과도 스스럼없는 사이가 되어 결국 협업적 분위기를 만드는 데 큰 도움이 된다.

예전에 고등학교 3년 담임을 하고 있던 필자의 친구가 있었는데, 재밌는 얘기를 해준 적이 있었다. 자기 반에 축구광인 학생이 하나 있었는데, 그 애가 가는 곳마다 체육대회에서 축구

우승을 도맡아 한다는 것이었다. 그 학생이 1학년 때, 그리고 2학년 때도 그 애의 반이 축구 우승을 했던, 그 애가 자기반에 들어왔으니 이번에도 우승을 할 것이라고 여러 선생님들이 말했고, 정말 결과가 그렇게 나타났다는 것이다. 그런데 그러한 우승은 우연이 아니었다고 한다. 학년 초, 그 학생은 반 아이들 중에서 축구에 관심있는 아이들을 모아놓고 포지션까지 짜주더니 시간 날 때마다 연습을 시키더라는 것이다. 그러더니 아니나 다를까 자기 반이 다시 축구 우승을 했다는 것이다. 체육대회 때 우승을 경험하고 난 뒤, 그 반의 학생들은 자신의 반에 대해 더 깊은 애정과 정체성을 확고히 가지게 되었고, 문제가 발생할 때, 그 학생의 카리스마적(?) 리더십은 빛을 발했다고 한다. 그런데 더 재미있는 것은 그 학생이 대입자소서를 쓸 때, 그 축구 얘기를 자세히 썼고, 그래서 그랬는지는 몰라도 SKY대학 중 하나에 들어갔다는 것이다. 아마 그 대학 교수님들도 축구를 통해 학생들을 하나로 만드는 그 학생의 리더십을 높게 평가한 것 같다고 했다. 그래서 필자는 이러한 학생은 아마 기업입사 할 때도 축구얘기를 자소서에 잘 전달하면 취업하는데 어렵지 않을 것이라는 생각을 했었다. 이처럼 스포츠, 특히 공을 갖고 하는 스포츠는 직원들끼리의 친밀감 향상은 물론 타부서 사람들과의 벽을 허물고, 스스럼없이 회사발전을 위해 토론할 수 있는 인간적 유대감을 향상시키고 조직의 정체성을 공고히 하고 그 조직에 대한 긍지를 심어주는 가장 훌륭한 매개체가 된다.

2014년도 수업시간에 제출된 아래 글에서 아래 학생은 농구를 우승하기까지 이들이 보낸 시간들이 이들을 얼마나 견고하게 뭉치게 했는가를 잘 보여준다. 그래서 이들이 창조한 것은 단지 우승이 아니라 강력한 유대감이라는 생각이 든다. 이처럼 팀을 이뤄 함께 하는 스포츠를 통한 유대감과 이러한 유대감을 이끌어낸 사람은 한 조직을 견고하게 뭉치는 힘을 이끌어낸다.

〈무에서 유를 창조하다.〉

특기와 취미가 무엇이냐는 질문에 항상 농구와 축구라고 했습니다. ****년도 **월 폴리텍에 입학하니 농구 동아리는 이름만 존재하는 유령 동아리였습니다. 관심 있는 학우는 많았지만 나서는 사람이 없어서 담당 교수님과 상의 후 '농구의 신'이라는 동아리를 창설했습니다. 기계과 학생 14명밖에 안 됐지만 1대 회장으로서 책임을 다하기 위해 기본 드리블과 슛 동작들을 알려줬고, 다른 학교 팀들을 섭외하여 친선 경기도 하며 다가올 5월의 체육대회를 다짐했습니다. 반신반의했지만 예선전부터 모든 경기를 더블 스코어 이상으로 완승을 하였고, 결승전조차 가볍게 승리하고 우승이라는 타이틀을 거머쥐게 되었습니다. 혼자 이루어낸 성과물이 아니었기에 경기가 끝난 후 모두 함께 기뻐하는 모습에 뿌듯함을 감추지 못했습니다. 농구를 통해

> 우린 한 몸이 되었고, 서로의 눈빛만 보아도 상대의 마음을 읽어 내릴 정도로 깊은 유대감이 생겼고, 이런 유대감을 우리는 서로 평생 간직할 수 있을 것이라 생각하며 행복한 시간들과 그 시간의 값진 결과물을 만끽하고 있었다.

지금까지 대부분의 기업들이 좋아하는 공통적 인재상을 얘기했다. 자신이 원하는 회사의 자소서를 쓸 때 이러한 점을 적절히 표현하고 그것을 뒷받침할 수 있는 구체적 사례를 보여주면 좋은 결과를 얻을 것이라 생각한다.

하지만 인재상에 대한 생각은 회사마다 다를 수 있다. 인재상은 기업 자체의 문화이기도 하고, 전통이기도 하고, 그 기업마다 중요하다고 생각하는 자기들만의 경쟁력의 원천일 수도 있다. 그래서 가장 먼저 회사의 인재상을 파악하고 자신은 그러한 인재상에 걸 맞는 사람이라는 것을 강조할 때 그만큼 합격의 가능성이 높아질 것이다.

(2) 차별성이 돋보이는 자소서

차별성이란 무엇일까? '남과 다르게 보여서 경쟁력이 있다고 간주하게 만드는 요소'가 차별성이다. 그래서 남과 다른 자소서가 필요하다. 하지만 자소서를 지도하다 보면, 대부분의 학생들, 그러니까 80% 이상의 학생들은 거의 비슷한 자소서를 쓴다. 그러면서 자신들은 좋은 자소서를 쓰고 있다고 생각한다.

아래 글은 현대제철에 합격한 학생이 합격의 감격에 겨워, 필자에게 보냈던 카톡 내용을 캡취한 것이다. 충격적인 점은 서류심사에 합격하기 위해서는 37000명의 학생 중 400명 안에 들어야 한다는 이야기이다. 그 1차 서류심사에서 가장 중요한 역할을 하는 것이 바로 자소서이다. 그런데 37000개의 자소서를 읽는다고 가정해보라. 아마 인사과 직원이 10명 정도 된다고 치고, 이들만으로 자소서를 읽는다면 한 명이 3700개의 자소서를 읽어야 한다. 지원자가 워낙 많아 자소서 읽기가 이처럼 힘이 드니 요즘은 자소서만 읽고 평가 결과까지 알려주는 회사까지 있다고 한다. 하지만 현대제철은 자기회사 사원들 뽑는 것에 대단히 신중하기 때문에 자체 직원들로만 평가를 한다고 한다.

유비무환 퍼펙트 자소서

> 이번에 서류접수만
> 37000명에서 400명정도
> 합격해서 서류가
> 100대1정도 였고
> 면접은 7대1정도 였습니다.
>
> ━━━━━━━━━━━━━
>
> 전공면접을 잘본것도 컸지만
> 서류합격이 우선되서
> 현대제철에
> 합격할수있었습니다.
> 감사합니다!

필자는 한 학기에 보통 200명쯤 되는 학생들을 대상으로 작문 수업을 한다. 그런데 작문 수업은 글을 쓰게 하고 읽고, 피드백을 주는 것이 수업내용과 평가의 전부다. 필자가 1주일에 200명의 글을 읽고 피드백을 주는 데만 거의 20시간 이상이 걸렸기 때문에, 평일에는 강의를 다니느라 시간이 없어서, 토요일과 일요일은 꼬빡 앉아서 학생들의 글을 읽고 토를 다는 것으로 소일한다. 그런데 3700개의 글을 읽으려면 어떻게 될까? 모르긴 몰라도 처음에는 열심히 읽어가다가 나중에는 대부분 졸음이 오기 마련일 것이다. 군대 입대해서 훈련소시절, 졸면서 열심히 군가를 부르며 대열을 따라갔던 체험을 해본 사람들, 많을 것이다. 남의 글을 읽는 것도 마찬가지다. 눈으로는 보고 있지만 졸고 있기 십상인 것이다. 그런데 평범한 글을 읽는다면 얼마나 지겨울까?

우스개 소리 하나 하겠다. 물론 농담이다. 전국노래자랑에서 송해선생님과 스탭들이 방송 나오기 전, 예비심사를 할 때, 가장 싫어하는 노래가 바로 '내 나이가 어때서' 라고 한다. 출연자들이 나이 많으신 분들이 많고, 그래서 어떤 때는 출연자들의 거의 절반이 그 노래를 부를 때도 있다고 한다. 아무리 듣기 좋은 소리도 여러 번 들으면 질리기 마련이다. 자소서도 마찬가지다. 계속해서 비슷한 자소서를 읽고 있으면 비슷한 자소서들이 하나하나 눈에 띄겠는가! 그래서

2장 자소서 몸 풀기

필자는 가장 나쁜 자소서의 특징을 하나만 얘기해보라고 한다면, 그것은 단호히 '평범한 자소서'라고 말한다. 하지만 대부분의 자소서는 평범한 자소서이다. 이런 예를 얼마든지 들 수 있지만 제자들의 글을 부정적인 예로 들을 수는 없다. 이 점을 이해 바란다. 평범한 자소서가 되지 않기 위해 해서는 안 될 점들과 그에 대한 대안을 중심으로 얘기해보겠다.

① 상투적이거나, 식상한 표현보다 정확한 표현을 쓰자.

학생들이 자소서를 쓸 때, 가장 먼저 하는 일은 인터넷 검색이다. 그래서 남들이 많이 사용하고 그럴 듯한 표현이 나오면 거기에 함몰되어 그 표현만 집착하고 자신도 시대에 뒤지지 않는 트렌디한 사람이라고 우쭐해지고 그렇게 써진 자소서에 만족한다는 것이다.

몇 년 전에 S대 김 모교수가 쓴 〈아프니까 청춘이다〉라는 책이 선풍적인 인기를 끌며 유행한 적이 있다. 그 즈음, 수 많은 학생들의 자소서에서도 이 말이 들불처럼 번졌다. 실제로 자소서라는 말만 쳐도 그 책이름이 줄지어 나오기도 했다. 그래서 그 때, 필자의 수업시간에도 이 말이 너무 많이 나타났었다. 그리고 또 하나의 표현인 '노력은 배신하지 않는다.'는 말도 얼마나 많이 써졌던가! 필자는 이런 표현을 쓴 학생들의 글은 무조건 점수를 깎았다.

또 하나 학생들이 좋아하는 표현 방식은 유명한 사람의 말을 인용하는 것이다. 어떤 학생은 어떤 유명인의 표현을 쓰고 설명하느라, 자소서 한 항목의 거의 절반을 할애한 적도 있었다. 그렇게 하면 그 회사가 유식하다고 인정해줄 것이란 기대 때문에 그런 노력을 하는 것 같다. 하지만 기업은 그런 데 별 관심이 없다. 만일 유명인의 글귀를 쓰고 싶다면 어떤 항목의 소제목에 쓰는 것을 고려해볼 수 있을 것이다. 여러 사람들이 많이 알고 있기 때문에 내용 전달에 유리하기 때문이다. 하지만 지나치게 많이 사용되는 표현을 써서는 안 된다. 식상하기 때문이다.

그리고 또 하나, 별로 바람직하지 않은 방식이 있는데, 자신도 모르는 사자성어의 한자를 사용하는 경우가 그것이다. 조금 유식한 척 하려는 현학적 발상이 작용해서 그랬겠지만, 그것이 무슨 의미가 있을까? 그것은 한자교사를 뽑는 자소서에서만 가능한 방식일 것이다. 정 쓰고 싶다면 풀어서 한글로, 그것도 소제목에서 쓰는 것은 고려해봄직하다.

> 유비무환 퍼펙트 자소서

　그렇다면 좀 더 멋지게 쓰려는 노력은 불필요한 것인가? 표현을 멋지게 쓰려고 하기 보다는 내용이 잘 드러나는, 자신의 생각이 가장 정확히 드러나는 표현을 찾아야 할 것이다. 자신이 그런 값싼 유행에 오염되어 유사한 표현을 하는 사이, 자신의 자소서는 평범한 자소서로 전락해버리기 때문이다. 그에 비해 가장 좋은 자소서는 남이 흉내 낼 수 없는 자신만의 자소서를 쓰려고 노력하는 것이고, 그러기 위해서는 여러 표현들을 대입해봐서 가장 적절한 언어를 찾아내야 할 것이다. 릴케(Rainer Maria Rilke, 1875~1926, 독일)는 '어떤 문장에 적절한 표현은 오직 하나'라는 식의 말을 한 적이 있다. 그리고 중국 당나라 때 가도(賈島, 779년~843년, 중국 당나라)라는 시인도 시를 쓰면서 사립문을 "민다"라고 할 지 "두드린다"라고 할 지 고민하며 길을 걷다가, 거기에 너무 열중한 나머지 앞에 오는, 당송팔대가의 한사람인 한유(韓愈, 768년~824년, 중국 당나라)의 행차를 보지 못해 부딪치고 말았다는 이야기가 있고, 그 이야기에서 자구(字句)를 여러 번 고친다는 뜻의 '퇴고(推敲)'라는 말이 유래했다고 한다. 퇴고의 퇴는 '밀 퇴(推)'이고 고는 '두드릴 고(敲)'이다.

　이처럼 적절하고 정확한 표현은 글의 전문가인 시인에게도 대단히 어려운 것이고, 그래서 표현이 적절할 때 비로소, 자신만이 전하고자 하는 의미와 분위기가 명확히 전달되는 것이다. 그리고 이렇게 정확하게 자신만의 표현을 획득할 때 비로소 평범의 범위를 벗어나 눈에 띄는 군계일학 자소서가 되는 것이다.

　② 주장은 적고 짧게, 그것의 입증은 스토리텔링을 활용하라.
　이를테면 〈성격의 장·단점〉을 쓰라고 하면, 제일 많이 범하는 오류가 장점을 엄청나게 많이 늘어놓는 경우가 대단히 많다는 점이다. 하지만 그렇게 많은 장점을 가진 인간은 어디에도 없으며, 그런 말을 믿을 자소서 평가자도 어디에도 없다[9]. 또한 장점을 적게 썼을 때도 그 장점에 대한 설명을 길게 늘어놓는 경우가 많다. 그러니까 만일 자신이 성실한 사람이라는 점을 강조한다고 할 때, 성실한 사람이 갖는 특성, 장점, 성실한 사람이 의미하는 바, 등등을 상세하게 설명한 다음, '그러니까 나 같은 사람을 뽑아라'라고 결론짓는 경우가 많다. 하지만 이렇게 설명조로 자기 주장을 나열하는 식의 자소서는 누구나 쓸 수 있고, 누구나 베껴 쓸 수 있다. 하지만 누구

---

9) 자소서 한 항목에서 주장은 1~2개로 국한해야 그 주장에 대한 집중력과 응집력이 생긴다.

나 쓸 수 있는 자소서는 단순히 주장으로 받아들여질 뿐, 그런 내용을 신뢰할 사람은 거의 없다.

자소서는 자신이 어떤 주장을 하고, 자신이 정말 그런 사람이라는 점을 입증해야 한다. 그렇지 않으면 그런 주장은 공허해져버리고 현실성을 상실해버린다. 그런 주장이 살아나기 위해서는 실제로 그런 주장을 뒷받침할 수 있는 경험을 써서 보여줘야 하는 것이다. 경험을 속인다는 것은 쉽지 않다. 그 경험은 반드시 일정 기간 동안 어떤 일에 몰두하는 동안 발생하며, 경력과도 관련이 되기 때문이다. 그래서 가장 중요한 요소는 주장이 아니라, 에피소드이다. 그 에피소드를 통해 비로소 추상성이 구체성으로 전환되어, 글이 살아나고, 그럴 때만 그 내용은 생동감이 살아난다. 에피소드는 사실성과 동시에 진정성을 전달하는 거의 유일한 수단이다.

아래의 자소서를 보자. 이 자소서는 자신의 경험 중 가장 도전적인 시도에 대해 답하라는 항목이다. 그런데 여기에는 주장은 거의 나타나지 않고, 주장을 드러내는 부분은 도전을 통해 거듭난다는 소제목이 유일하다. 그리고 나머지는 에피소드만으로 이뤄져있다. 그런데도 에피소드 내용이 어려운 상황에서 자신의 신체적 문제를 극복하기 위해 얼마나 노력했는지가 잘 드러난다. 이 학생은 이 부분이 크게 어필하여 여러 회사에 합격할 수 있었다. 이처럼 에피소드는 자신의 장점을 가장 잘 드러낼 수 있는 강력한 수단이 된다.

〈도전을 통해 거듭나다〉

저에게는 '부정교합'이라는 컴플렉스가 있었습니다. 오직 남들과 다르다는 이유로 사람들의 의아해 하는 시선에 대인기피증 까지 있어서 어려운 시간들을 보냈습니다. 하지만 저는 군 제대 후 정신을 차리고 부모님 힘을 빌리지 않고 스스로 돈을 벌어서 수술을 하고 몸과 마음을 바로잡으려 했습니다. 다른 한편으로는 제가 원하는 CJ제일제당 공무팀에 입사했을 때의 대인기피증을 없애기 위함이었습니다. 치아교정, 양악수술, 양악 후 2차 핀 제거수술비용은 총 3000만원 이었고 저는 이 돈을 벌기위해 평일에는 공장에서 지게차를 운전하여 돈을 벌었고 주말에는 편의점 아르바이트를 하였습니다. 2년간 많이 지쳤지만 목표를 달성하기 위해 포기하지 않았습니다. 저의 수술비 마련의 2년간 도전은 성공적이었고 진심으로 제 자신이 대견스러웠습니다. 수술은 성공적으로 끝났고 그 이후 저에겐 큰 변화가 나타났습니다. 사람들의 시선을 좋아하게 되었고 자신감이 붙어서 사람에게 먼저 다가가게 되었습니다. 하지만 가장 기분이 좋은 것은 2년간의 노력이 헛되이 되지 않았다는 점이 좋습니다. 저의 이런 도전으로 인하여 노력의 시간은 결과에 비례한다는 점을 배웠습니다. 저는 이 도전을 평생 잊지 못할 것입니다.

(2016년도 CJ제일제당에 합격한 제자의 자소서 중)

③ 장점을 짜깁기한 조립 로보트가 아닌, 자기만의 캐릭터를 가진 인간을 느끼게 하자.

자소서 전체를 개괄했을 때, 상호 충돌되지 않는 일관성을 보여줘야 한다. 어떤 항목에서는 자신을 이렇게 소개했다가 다른 항목에서는 전혀 다른 인간으로 만들게 되면, 지구상에 존재하지 않는 인조인간이 되고 만다. 모든 항목에서 장점만 보여주려는 욕심이 그런 괴상한 인간을 만들게 되는 것이다. 그러지 말고, 조금 단점이 드러나더라도 자신만의 캐릭터를 가진 모습을 보여줘야 한다. 그럴려면 컨셉을 잡아야만 한다. 그리고 컨셉을 잡을 때 가장 중요한 척도는 해당 기업에서 요구하는 인재상과 괴리감이 있어서는 안 된다는 것이다. 그래서 자소서 쓸 때 가장 먼저 살펴야 하는 점이 바로 그 회사의 인재상이다. 다음 글은 2014년 강의시간에 제출된 자소서의 일부이다. 이 학생은 자신의 삶을 봉사활동이라는 컨셉으로 일관되게 설명하고 있다. 그리고 이 학생이 쓴 자소서의 다른 항목에서도 이와 같은 자신의 컨셉이 유지되고 있다.

* 내가 걸어온 길

– 성장과정, 가정환경, 학교생활 등(500자 이내)
– 성실하고 봉사하며 살아야한다–
어려서부터 부모님께선 성실함을 굉장히 중요시 교육하셨고 저는 그 말씀을 가슴깊이 새기며 자라났습니다. 또 한 달에 1번 주말마다 저를 데리고 봉사활동을 다녀오셨고 그 영향을 많이 받아서 봉사와 성실함은 언제나 제 가치관의 1순위였습니다. 중학생 때는 스스로 소록도 국립병원에 지원하여 봉사를 다녀올 수 있었고 불우한 이웃들을 앞으로도 꾸준히 도와줘야겠다고 느끼게 되었습니다. 고등학생 시절에는 평소와 유달리 학교 주변에 쓰레기가 많아 혼자서 쓰레기를 다 치운 적이 있었고 그 모습을 교장선생님께서 보시게 되어 봉사 상도 수여받았습니다. 그 후 봉사동아리에 가입하여 동아리 회장도 해보았고 더 많은 봉사경험도 쌓았으며 3년 개근으로 고등학교를 졸업 하였습니다. 20살에는 해병대에 입대하여 강한 체력과 정신력을 함양 하게 되었고 전역 후인 지금도 학창시절부터 해왔던 데로 평일에는 자격증공부를 하고 2주에 한번 주말에 봉사활동을 다니며 성실한 삶을 살고 있습니다.(499자)

④ 감성의 범람이나 미사여구의 남발 보다 구체적이고 수치로 제시될 수 있는 자소서를 쓰자.

자소서를 쓸 때, 열정이 중요하다는 말을 참 많이 하고 자소서를 쓰는 학생들도 대부분 자신이 얼마나 열정이 있는지를 강조하려고 애를 쓴다. 그래서 표현이 강해지고, 과격해진다.

"저는 20대 열혈남아로서 피 끓는 청춘의 힘을 모든 일에 적극적으로 쏟기 때문에 주변 사람들의 사랑과 인정을 한 몸에 받고 있습니다. 그래서 귀사의 미래 발전을 보증할 인재로 성장할 것입니다. 만일 이런 저를 뽑지 않는다면 대단히 후회할 것입니다."

수업 시간 중에 이런 식으로 쓰지 말라고 얘기하고 바로 이어서 '어떤 회사도 저런 학생을 뽑지 못해서 후회하지 않는다'고 얘기하면 대부분의 학생들은 웃는다. 하지만 웃는 학생들 상당수가 자신도 그런 식의 글을 쓴다는 점을 잘 인지하지 못한다. 자신이 사실성을 전달하려하기 보다 멋지게 꾸미려고 노력하는지를 인식하지 못하기에, 그런 글을 쓴 뒤, 멋진 자소서를 썼다고 스스로 만족해하기 일쑤다.

하지만 감성이 넘치고 미사여구를 동원한 글을 읽을 때는 순간적으로 멋지게도 보이고, 무난한 느낌을 주는데 글을 읽고 나면 아무 것도 남지 않는다. 그리고 그런 잔꾀에 넘어갈 자소서 평가자는 없다. 요즘 많은 회사에서는 자소서에서도 블라인드테스트를 하는 곳이 많으며, 블라인드테스트를 하기 위해서는 자소서 각 항목별로 어떤 요소가 들어가야 하는지, 나름 가이드라인을 정해놓고, 그런 요소가 없으면 마이너스를 주는 형식으로 채점하기 때문에, 그런 얄팍한 미사여구에 현혹되는 회사는 없는 것이다. 그리고 그렇게 멋지게 포장하려는 자소서를 쓰는 취준생들은 치명적 약점을 갖고 있는 경우가 많다. 그 회사에 자신이 도움이 될 만한 구체적 콘텐츠나 경력 및 경험을 갖고 있지 않기 때문에 자신의 빈약함을 호도하기 위해 그렇게 오버하는 것이다. 좋은 자소서는 감성 오버적 미사여구가 많은 자소서가 아니라, 표현이 좀 서툴러도 자신이 무언가를 위해 얼마나 일관된 노력을 기울여왔고, 그런 노력들을 통해 자신이 속한 조직에서 어떤 평가를 받아왔는가를 보여주는 자소서인 것이다. 이렇게 구체적인 자소서 원칙을 알려주고 쓰게 하면 준비되지 않은 학생들은 아무런 쓸 말이 없어진다. 그래서 자신이 얼마나 부족한 존재인가를 뼈져리게 깨닫게 된다. 그래서 〈미리쓰는 자소서〉를 쓰다보면 내가 어떤 능력을 쌓아야하고 어떤 경험을 쌓아야 하는지를 느끼게 된다. 그래서 미리 자소서를 쓰고 나서, 그 후 자신이 부족한 점들을 메워나가야 자신의 취업이 진짜 현실이 될 것이라는 희망이 생기는 것이다.

특히 구체적이라는 점을 강조하기 위해 수치를 제시한다는 점은 신뢰를 줄 수 있는 훌륭한 방법이다. 남녀가 사랑해서 결혼을 하기 위해 프로포즈를 할 때, '나는 너를 너무 사랑하니 네가 원하는 것은 무엇이든 다 들어 주겠다' 라고 말하는 것이 신뢰가 가는가? 아니면 아주 구체적으

> 유비무환 퍼펙트 자소서

로 '가사분담은 서로 맞벌이를 하니까 50:50으로 하되, 아무래도 여자가 더 신경도 많이 써야하고 힘드는 일이 많을테니까, 빨래는 90%를 내가 하고, 청소는 80%를 내가 하며, 설것이는 60% 정도를 내가 하고 싶은데, 어떻게 생각해? 그 이유는 빨래와 청소는 아무래도 육체적인 힘이 많이 소요되기 때문에 내가 대부분 하되, 그대는 그대만이 해야 하는 부분만을 담당해. 그리고 음식은 아무래도 그대가 잘하니까 60% 정도는 맡아줬으면 좋겠어. 그리고 설거지는 그대가 따로 손 볼 것을 제외하고 내가 할게. 그리고 육아분담은 원칙적으로 50:50으로 하되, 내게 도움이 필요하면 그때그때 상황에 따라 도와줄게. 어뗘, 더 생각해야 할 부분이 있으면 얘기해! 이렇게 구체적인 제안이 설득력이 있지 않을까? 자, 이런 식으로 구체적인 수치를 들어가며 상대를 설득하는 것이 훨씬 더 신뢰가 있어 보이지 않는가? 무조건 정성적(定性的)으로 감성만 자극하는 식이나 모든 것을 해준다는 식의 총론만 있고, 각론이 없는 약속이 얼마나 지켜지지 않는 것인가를 우리는 정치에서, 그리고 삶에서 대하는 수많은 사람들로부터 무수히 겪어오지 않았던가! 그러니 자소서도 이처럼 정량적(定量的)이고, 구체적으로 수치로 접근해야 신뢰도를 높일 수 있는 것이다.

* 정성적(定性的, qualitative) 표현의 예:
"항상 고객만족을 생각하고 고객을 가족같이 모시며, 조금도 소홀함이 없이, 고객이 원하는 곳이라면 어디든지 발로 뛰는 모습을 보여주겠습니다."

* 정량적(定量的, quantitative) 표현의 예:
"제가 입사한다면, 현재 xx회사의 반도체 부품인 xxx의 수율이 60%여서 매출과 순이익 면에서 많이 떨어지니, 수율을 70%로 끌어올리기 위한 계획서를 제출해서 1년 안에 목표를 달성하겠습니다."

다음 글은 2016년도 작문 수업시간에 제출된 글이다.

〈나만을 위해 아닌 우리를 위해〉
장성에서 복무할 때 신제품을 개발하던 때였습니다. 계속된 불량과 오차 수치로 인해서 며칠간 진전이 없던 상황에 사수 분과 함께 매일 밤늦게까지 작업을 하다가 새벽에 퇴근하는 게 일상이었고 세탁기에 들어가는 정역모터를 용량을 키우고 크기는 소형화 시키는 작업을 해야 했고 수백수천 개의 시제품들을 계측실에서 마이크로 미터기로 0.001까지 오차를 기록해가고 토크 측정 및 마침내 최상의 품질로 양산할 수 있는 설비 세팅과 부속 부품들의 가공 상태가 완성되었고 신제품의 첫 생산라인을 본격적으로 가동할 때 중간 중간 예상하지 못한 오류와 생산 공정에 문제가 있었지만 약간의 오차였을 뿐이었고 이후에 몇 주간 신제품을 142개 제품이 포장되는 12개의 팔레트의 일일 생산량으로 3주 동안을 생산하여서 회사의 순이익과 거래처의 확장을 얻게 되는 기염을 보여 주었습니다. 첫 흑자 기록을 세우던 날 사무실의 그 떠들썩했던 기분은 아직까지도 여운이 남습니다. 자리가 사람을 만든다는 말이 틀린 말만은 아닌 것 같습니다. 비록 한 명의 사원이었지만 신제품의 개발에 참여하는 구성원이 됨으로써 그 역할에 충실해지기 위해 부족했던 노력과 끈기를 얻게 되었고 나 혼자만의 이익이 아닌 회사의 비전을 생각하는 가치관의 변화를 주었습니다.

위 글은 이 학생이 신제품을 개발할 때의 상황을 대단히 구체적이고 상세하게 수치까지 명확히 들어서 설명하고 있다. 이렇게 써야만 진술된 내용의 사실성이 높아질 것이다. 이렇게 구체적인 상황을 누가 지어낼 수 있겠는가? 자소서를 읽는 평가자가 가장 신경을 쓰는 부분은 이 자소서가 과연 '자소설(自小說)'이 아닐까 하는 의심이다. 그런데 추상적이고 듣기 좋은 말로 대충 포장해 놓는 글은 누구든 베낄 수 있으며, 그렇기에 신뢰성이 생기질 않는다. 하지만 이렇게 구체적으로 수치까지 들어서 설명하면 사실성은 현격히 높아진다. 그리고 자소서는 나중에 면접을 볼 때 면접관 질문의 가장 기본적인 자료가 되기 때문에, 대충 얼버무린 얘기는 조금만 날카로운 질문을 하면 자신의 얘기가 아닌 것이 금방 드러나기 마련이다.

⑤ 결과만 장황하게 나열하지 말고 과정 중심적으로 쓰자.

'자신이 지금까지 한 일 중에서 성취감을 느끼거나 보람을 느끼는 것에 대해 쓰라'는 식의 자소서가 상당히 많다. 이럴 때 대부분의 학생들은 자신이 얼마나 대단한 사람인가를 보여주기 위해 다양한 성과들을 나열하고 설명한다. 하지만 이렇게 쓸 때 가장 문제가 되는 점은 그런 말은 누구나 할 수 있지만, 그렇게 쓰면 현실성이 떨어진다는 것이다. 그래서 가장 핵심적인 사건이나 내용을 1-2개만 고르고 그런 결과가 나온 과정에 대해 아주 상세히 과정 중심적으로 쓰라는 것이다. 아래 글은 2016년도 수업시간에 제출된 자소서의 일부이다.

〈맡은 바 책임을 200% 다하자〉

여느 때와 같이 월초 재고조사를 하고 있었습니다. 저희 공장은 제2공장으로서 평택에 본사가 있었고 회장님께서 연초라 내려오셔서 쭉 감사를 하신다는 소식을 듣게 되었고 생산동과 가공동의 모든 재고 및 자재들을 사내 앞마당에 꺼내어 현품표와 모델명을 정리하는 작업을 했고 그 시절 저는 산업기능요원으로써 거의 복무가 끝날 때쯤이라 조금은 해이해질 수 있었지만 제품의 현품표 검사 및 수량 재검사 등을 맡는 역할을 대리님께서는 저에게 주셨고 비록 산업기능요원이었지만 정직원으로서 책임감을 맡고 업무에 임했습니다.

유비무환 퍼펙트 자소서

> 처음 경험해보는 엄청난 양의 물량을 전수 검사하게 되어 처음엔 막막했습니다. 그러나 멈춰있지 않고 행동하는 것이 능사이기에 사무실에 올라가 부품코드와 모델명 재고량 기입돼있는 인쇄하여서 가장 수량이 많은 것부터 시작했습니다. 금형가공품이기에 한 팔레트에 적게는 800개부터 많게는 4000개까지 있는 팔레트들을 박스 당 수량이 적혀있는 현품표를 일일이 들춰 보고 총수량과 적혀있는 수량이 맞는지 비교해보고 부품 코드를 하나하나 검사했습니다. 그렇게 모든 검사를 마치고 혹여나 나의 실수로 인하여 우리 공장이 피해를 입지 않게 될까 두려웠고 퇴근시간이 가까웠지만 마음이 놓일 때 까지 검사에 검사를 반복하여 늦게 퇴근하기는 했고 다음 날 회상님이 동행하신 검사원분들이 제가 정리한 것들을 검사하셨고 단 한 개의 오차도 발견되지 않았습니다. 꼼꼼한 성격이 아니었지만 이러한 경험들로부터 꼼꼼함을 갖게 되었습니다.

위의 글을 만일 다음과 같이 쓴다면 신뢰성이 생길까?

저는 매사에 책임을 다하는 사람입니다. 월초 재고조사를 하는데 저는 산업기능요원이었지만 책임감을 갖고 검사에 응하기 위해 갖은 노력을 다했습니다. 저로서는 처음 해보는 일인지라 평소보다 더욱 큰 책임감이 생겼고, 결과가 나쁘게 나올까봐 걱정한 나머지, 그 전 날에 잠을 제대로 이루지 못했고 새벽녘에야 겨우 눈을 붙일 수 있었습니다. 하지만 다음 날, 어느 직원보다 더 열심히 재고조사에 응했기 때문에 많은 좋은 평가를 받게 되었습니다. 그 후 저는 더욱 책임감이 강한 사람으로 거듭날 수 있었고 더욱 꼼꼼히 매사를 살피는 습관이 몸에 배게 되었습니다.

위의 글에 비해 구체적인 내용은 전혀 드러나지 않는다. 그저 자신이 책임감이 있다는 것을 주장할 뿐, 거기에 대한 믿음은 발생하지 않는다. 따라서 대충 뭉뚱그려서 상황을 개괄적으로 설명하지 말고, 대단히 구체적으로 어떤 결론에 이르는 과정을 상술하는 노력을 기울여야 한다.

⑥ 직무적합성에서 자신만의 특화된 영역을 보여줘라.

희망직무가 같은 지원자들의 자소서들에서 직무적합성에 대해서 쓰는 항목을 보면, 대부분 비슷한 내용으로 써지는 경우가 많다. 이를테면 어떤 자동차 회사에서 생산직 사원을 뽑는다고 할 때, 대부분의 자소서들이 대동소이하게 써진다. 하지만 생산직 내에서도, 아니면 사무직 내에서도 자신만의 특화된 영역을 가질 때 비로소 경쟁력이 생기며, 그러한 자신만의 특화된 영역이 있고 그 영역에 대해 지속적인 관심을 가져왔고 전문성까지 입증한다면 그것은 대단히 차별성 있는 자소서가 될 것이다. 따라서 자소서를 쓸 때 자신만의 특화된 영역을 제시하고 거기에 대해 전문성까지 갖췄음을 설득하는 것이 자소서의 내용적 측면에서 가장 중요한 요소가 된다. 이점에 대해서는 4장 2절 "NCS형 자소서로 작성된 합격자소서 분석"의 (2) 한전 KPS 자소서에서 상론되고 있다. 그리고 이 책 4장에서는 2016년도에 폴리텍대학 같은 과(자동화시스템과)의 학생들이 OB맥주에 합격한 6개의 자소서를 다루고 있는데, 이 때 각자 내세운 직무적합성과 포부에서는 '설비보전', '설비관리', '안전관리', '품질관리', '설비유지보수 전문가' 등 각각 다른 자신들만의 특화된 영역에서 상대적 차별성을 강조하고 있다.[10)]

⑦ 자소서의 각 항목에서 제한된 글자수를 최대한 활용하자

1차 서류 전형에서 자신을 소개할 수 있는 기회는 이력서도 있지만, 서술체로 자신의 특성을 세세하게 소개할 수 있는 것은 자소서가 유일하다. 그래서 그 사람의 진짜 모습을 알아내는데 기여하는 자소서의 등락 결정력이 큰 것이다. 자소서는 자신을 맘껏 드러낼 수 있는 공간이다. 하지만 글자수가 제한되어있다. 그리고 제한 글자수는 회사마다 각기 다르다. 그래서 이 제한된 글자수를 충분히 활용하지 않는 것은 자신을 맘껏 드러낼 기회를 포기하는 것이다. 또한 회사 입장에서도 자소서 내용이 요구된 글자수보다 현저히 작으면, '이 친구는 참 쓸 내용이 없구만', 또는 '이 친구는 참 성의가 없구나' 이렇게 여길 것이다. 그래서 글자수가 넘치면 대부분 온라인 전형인 자소서가 올라가지 않기 때문에 500자를 요구했다면 499자까지, 700자까지라면 699자까지 쓰는 습관을 들이자. 보통 띄어쓰기 포함해서 500자에서 700자까지 요구하는 자소서가 가장 많다. 바이트(Byte)로 계산하면 글자 1개가 2Byte이므로 1000 Byte라면 500자를 뜻한다. 그런데 500자 정도면 그래도 자기 주장을 하고 그 주장을 뒷받침할 수 있는 스토리텔링적 에피소드도 쓸 수 있지만, 200-300자를 요구하는 자소서는 쓰기 참으로 힘들다. 하지만 여기에도 에피소드를 쓸 수 있는 방법은 있다. 자기 주장을 하고 자신의 경험을 아주 줄여서 얘기하면 된다.

글자수를 맞추는 방법은 물론 글자수 맞추는 어플리케이션(응용프로그램)도 있기는 하지만, 아래한글을 이용하면 편리하다. 아래한글을 실행했을 때 파일➔문서정보➔문서통계 순으로 누르면 그 파일에 기록된 글자수가 표시된다. 그러면 다음과 같은 문서정보 창이 뜨며 문서통계가 제시된다.

---

10) 이 책 4장 3절 일반형 자소서로 작성된 합격자소서 분석 중 (2) OB맥주 참조

유비무환 퍼펙트 자소서

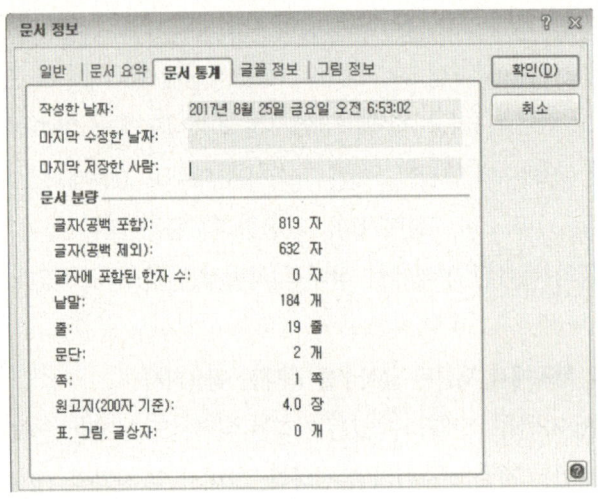

02 가독성 좋은 글을 쓰자

(1) 물 흐르듯 자연스럽게

자소서는 빨리 읽혀야 하는 글이다. 그래서 가독성이 중요하다. 가독성(可讀性)은 '인쇄물이 얼마나 쉽게 읽히는가 하는 능률의 정도'를 말한다. 글은 자신의 생각을 상대에게 정확히 전달하는 커뮤니케이션 기능이 가장 중요하다. 자소서는 심오한 사상을 담은 글이 아니다. 빠른 시간에 자신이 원하는 바를 정확히 전달하여 자신이 해당 기업의 해당 직무에 맞는 사람임을 상대에게 설득하는 글이다. 그런데 글을 지나치게 난해하거나 여러 의미로 해석가능하게 쓰면 가독성이 나빠지고, 가독성이 좋지 않으면 글을 읽는 집중력이 떨어진다. 그래서 처음에는 열심히 읽다가 글이 잘 안 읽히면 나중에는 대충 읽게 된다. 그러면 지원자 자신의 생각이 정확히 전달되기 어렵다. 그런데 가독성이 좋으려면 자신이 쓴 글이 누가 들어도 동일한 뜻으로 읽힐 수 있게 된다. 이렇게 가독성을 신경 쓰는 이유는 바로 자소서를 읽는 사람들이 막대한 양의 자소서를 읽어야 하는 구조 때문이다. 읽는 사람은 쓰는 사람의 사정을 알지 못하고 알 수도 없다. 이런 상황에서 글을 쓰는 사람은 제한된 지면 속에 담긴 자신의 생각이 어떻게 하면 읽는 이에게 잘 전달될까를 고민하면서 글을 써야한다.

그래서 일단 글에 담길 내용을 모두 모아놓고 글의 요소들을 어떻게 가독성 좋은 방식으로 헤쳐 모이게 할 것인가를 고민해야 한다. 그러니까 만일 성장배경을 쓴다고 한다면, 어떤 주장을 하고 그 주장에 맞는 에피소드를 넣을 것인가를 생각해야 한다. 그리고 그 주장을 펼칠 때 그것이 인성에 관련된 내용이라면 회사의 인재상과 견주어보아야 한다. 그런 다음, 글을 일단 써 놓고, 글을 수없이 읽어봐야 한다. 그러다가 글이 잘 읽히다가도 글 흐름이 깨지는 느낌이 들면 그것이 문맥 때문인지, 단어사용이 적절치 못해서 그런 것인지 파악하여 글을 고친 뒤, 다시 읽어봐야 한다. 그렇게 해서 글이 물 흐르듯 잘 흘러가도록 수없이 물꼬를 자연스럽게 튼다면 가독성이 좋아졌다고 판단할 수 있다.

(2) 소제목을 쓰자

소제목을 쓰는 이유도 가독성을 좋게 하기 위해서이다. 읽어야 할 글들이 산더미처럼 쌓여있을 때, 글을 읽는 사람은 자신을 마치 정글 속을 헤치고 지나가야 하는 피곤한 탐험가처럼 느끼게 된다. 하나의 글을 읽고 나면 또 다른 정글이 기다리고 있다. 어떤 글을 읽다보면 처음에만 어렵지 조금 지나가면 그 글의 흐름에 익숙해져서 속도가 붙기 마련이다. 그런데 또 다시 읽어야 하는 새로운 글을 마주치면, 이전 글과 글의 패턴이 다르기 때문에 쉽게 정글을 헤쳐가기 위한 실마리를 찾고 싶어진다. 이럴 때 소제목은 글정글을 헤쳐 가는 실마리 정도가 아니라, 대단히 고마운 길 안내자가 된다. 그래서 소제목이 나타나면 '그래, 이 친구는 이것을 쓰려고 하고 있군, 그래 어떤 내용을 글 읽는 이를 설득하려고 하지?' 라고 여기면서 내심 준비된 상태에서 편하게 글을 읽어간다. 하지만 때로는 이런 안내자가 글 정글을 더욱 힘들게 할 때도 있다. 그럴려면 아예 소제목을 쓰지 말아라. 엉터리 안내자는 읽는 이에게 더욱 피곤한 탐험을 강요하게 되기 때문이다. 읽어야 할, 수많은 글을 읽고, 그것을 평가까지 해야 할 때의 글 읽는 이를 생각하면서 글을 써야 한다. 그럴 때 잘 쓴 소제목은 글 읽는 이에게 처음 가는 길을 쉽게 안내해주는 대단히 반가운 네비게이터가 된다.

소제목이 실제로 긴 자소서를 읽는데 얼마나 효과적으로 활용되는지, 실제 합격자소서를 통해 살펴보기로 한다. 다음 글은 2017년도에 한전KPS에 합격한 제자의 합격자소서 전문이다. 이 글은 각 항목별로 요구한 기업 자소서의 요구에 소제목이 글을 읽는데, 그리고 그 내용을

유비무환 퍼펙트 자소서

전달하는데 얼마나 효과적이고 인상적으로 전달하고 있는지를 잘 드러낸다. 한전 KPS의 자소서는 총 6개의 항목으로 이뤄져 있다. 각 항목별로 매겨진 소제목이 그 항목의 내용을 어떻게 전달하고 있는지 필자가 요약해 놓았다. 독자들도 한번 느껴 보시기 바란다.

1. 어떤 어려운 상황에서도 주어진 업무에 대해 끝까지 수행한 경험을 쓰라.

〈위기는 위대한 기회의 줄임말〉
자신의 진취적 특성을 설명하면서 붙여진 소제목이다. 학과 팀 프로젝트 중 발생한 위기를 헤쳐 나가는 것을 함축적으로 표현해서 가독성을 높여주고 있다.

2. 스터디 그룹, 학과, 동아리, 회사부서와 같은 조직 내에서 팀원과 공동의 목표를 달성하기 위해 협력했던 경험을 쓰라

〈같이의 가치〉
협업능력을 표현하기에 얼마나 적절한 소제목인가! 요즘 많이 유행하는 말이지만, 협업을 강조하는데 이처럼 적절한 표현도 없을 것이다. 학교 프로젝트 도중 협업한 경험을 쓰고 있다. 소제목을 보면 이 학생이 협업하는 경험을 전달하고자 하는 바를 즉시 느낄 수 있다.

3. 약속과 원칙을 지켜 신뢰를 형성하거나 지킨 경험을 쓰라.

〈대충이란 말은 내 인생의 해충〉
자신의 아르바이트 경험 시, 청결유지에 신경을 썼던 일화를 소개하면서 강력한 책임감이 있음을 소제목을 통해 표현하고 있다.

직무엣세이

1. 한전 KPS에 지원한 동기를 쓰라

〈잠들어있던 DNA를 깨우다〉
직무역량 강조 — 팀 프로젝트 도중, 설비보전의 가치와 중요성을 깨닫게 되었음을 은유적으로 표현하고 있다. 어떤 것이 잠들어 있었을까에 대한 호기심을 불러일으킨다. 하지만 은유적 표현은 가시성이 떨어져서 좀 더 가치적 표현을 쓰는 것이 가독성을 더 높일 수 있다. 중요한 것은 이해용이성을 통해 자신의 생각을 정확히 전달하는 것이다.

2. 1번의 사항을 바탕으로 한전 KPS에서 수행하고 싶은 직무는?

〈한 걸음씩 밟아온 설비보전 전문가의 길〉
　　설비보전이라는 것이 이 학생에게 지금까지 얼마나 중요한 일이었으며, 앞으로 입사 후에도 거기에 모든 힘을 기울인다는 것을 강조할 수 있는 분명한 영역을 보여주어서 한전KPS에서 자신이 개척할 주요 미션이라는 점을 잘 드러낸 소제목이다.

3. 한전KPS의 중장기 전략경영계획(비전2025)를 참고하여 본인의 향후 역량개발계획을 기술하라.

〈원료는 수입이지만, 기술은 국산입니다〉
　　아주 유명한 문구를 통해 자신이 기술개발의 역군이 되겠다는 점을 미리 구체적으로 보여주고 있다. 이 학생이 소제목을 쓰는 방식은 하나의 모델이 될만하다. 소제목이란 그 항목에서 말하고자 하는 바를 간단히 뭉뚱그려 표현하면서도, 읽고 나면 참 잘 붙였다는 느낌이 들어야 한다. 그래서 이 학생은 우리에게 친근하면서도 가시적으로 착 달라붙는 표현을 쓰고 있다. 유명한 문구를 사용하는데 있어서 그 문구에 집착하고 그것을 말한 사람을 알고 있다는 사실을 자랑하고 싶은 의도에서 써진 유명 문구형 소제목은 초점이 가독성에 있지 않기 때문에 오히려 글을 읽는 것을 방해할 수 있다. 자신의 뜻을 미리 정확하게 그리고 인상적으로 전달하는 것이 소제목의 중요한 기능이고 묘미이다.
(2017년도에 한전KPS에 합격한 제자의 자소서 중 소제목만 옮겨놓음)

　아래는 이 학생이 쓴 자소서의 전부이다. 소제목이 각 항목의 내용을 얼마나 적절히 표현하고 있는지 필자의 해석을 참고삼아 살펴보아라.

1. 어떤 어려운 상황에서도 주어진 업무에 대해 끝까지 수행한 경험에 대해 구체적으로 기술해 주시기 바랍니다.
　- 본인이 수행한 업무가 무엇이며 왜 그러한 업무를 맡게 되었습니까?
　- 포기하지 않고 업무를 수행한 이유와 그 결과에 대해 기술에 주시기 바랍니다.

〈위기는 위대한 기회의 줄임말〉
　　저희 학과는 2년 동안 작품을 만드는 "팀 프로젝트"라는 과정이 있습니다. 저는 프로젝트 팀의 팀장이었습니다. 저희 팀원 중 기능대회 수상자가 있었기 때문에, 저희 팀은 능력 있는 팀원을 중심으로 프로젝트를 추진했습니다. 하지만 그 팀원의 군 입대로 결원이 발생하였고, 또 다른 팀원은 사고로 입원을 하게 되었습니다. 결국 손이 모자라 팀원들은 많은 부담을 느끼고 뭘 해야 할지 모르는 혼란스러운 상황이 되었습니다. 저는 팀장으로써 위기를 극복해야 했습니다. 먼저 추진계획서를 만들어 구체적으로 계획을 세우고, 각 팀원별로 가장 잘할 수 있는 분야를 파악하고 분업하여 업무가 원활하게 수행하도록 하였습니다. 그리고 다른 팀보다 늦은 진행도를 극복하기 위해 수업 이후에도 학교에 남아 작품을 제작하였습니다. 노력하는 저의 모습을 보고 결국 팀원들 모두 열심히 참여하게 되었습니다. 위기상황에도 프로젝트를 끝까지 추진한 결과 기간 내에 완성도 높은 작품을 만들 수 있었고, 중간평가 때 좋은 평가를 얻게 되었습니다. 이 계기를 통해 저는 위기의 시간을 근성의 힘으로 이겨냈기 때문에 할 수 있다는 긍정적 정신과 포기하지 않는 근성이 생겼습니다.

2. 스터디 그룹, 학과, 동아리, 회사부서와 같은 조직내에서 팀원과 공동의 목표를 달성하기 위해 협력했던 경험에 대해 기술해 주시기 바랍니다.
   - 본인이 수행한 업무가 무엇이며 왜 그러한 업무를 맡게 되었습니까?
   - 사람들과 함께 일을 처리해나가면서 그 사람들과의 긍정적 관계 구축을 위해 추가적으로 기울인 노력과 결과에 대해 기술해 주시기 바랍니다.

〈같이의 가치〉
협력과 소통은 좋은 결과뿐만 아니라 좋은 과정도 만들어준다고 생각합니다. 학과 과정 중 "CAD 실습"이라는 과목이 있었습니다. 그 과목은 처음 배우는 사람에게는 다소 어려운 과목이었기 때문에 많이 뒤떨어져 버리거나 포기해버리는 경우가 많았습니다. 그래서 교수님께서는 포기하는 사람이 생기지 않도록 서로 선생님이 되어 가르치고, 책임감을 느껴 쉽게 포기하지 않도록 매시간 조별평가를 하셨습니다. 하지만 조별평가를 하는 과목이라 팀원들이 같은 팀원에게 피해를 끼칠까 염려하여 많은 부담을 느꼈고, 그 두려움에 심리적으로 위축되어 평소에 잘 하던 것도 실수로 이어져 평가를 망치게 되었습니다. 그래서 저는 리더가 되어 조별평가 전 미리 많은 연습을 통해 노하우를 만들었습니다. 그리고 먼저 빠르게 평가과제를 끝낸 후 팀원들에게 노하우를 가르쳐주었고, 틀린 부분을 체크해주었습니다. 그리고 조금 부족한 팀원도 다그치지 않고 알아듣기 쉽게 알려주어 부담 없이 마음 편하게 웃으며 실습 할 수 있는 좋은 분위기를 만들었습니다. 저희 조 모두가 열심히 참여하여 노력한 결과 목표로 했던 좋은 성적을 거둘 수 있었습니다.

3. 약속과 원칙을 지켜 신뢰를 형성하거나 지킨 경험에 대해 구체적으로 기술해 주시기 바랍니다.
   - 당시 상황에 대해 구체적으로 기술하여 주시기 바랍니다.
   - 약속과 원칙을 지키기 위해 어떤 노력을 하였으며 그 이유는 무엇입니까?
   - 그 일을 계기로 본인에게 생긴 변화 또는 느낀점은 무엇입니까? 600

〈대충이란 말은 내 인생의 해충〉
저는 커피전문점에서 아르바이트를 한 경험이 있습니다. 커피전문점은 식품을 파는 매장이기 때문에 청결이 아주 중요합니다. 청결을 유지하기 위하여 매장 내 모든 식기도구들은 쓰지 않더라도 원칙적으로 1일 1회 이상 깨끗하게 세척을 해야 했습니다. 그러나 매장내의 식기도구의 양이 너무 많아 세척하기가 힘들었고, 아무도 보지 않고 아무도 하지 않기 때문에 대부분의 직원들이 그냥 넘어가거나 대충 세척하는 일이 많았습니다. 하지만 저는 제가 먹는다는 생각으로 아무도 열심히 하지 않았지만 매일 식기류를 깨끗하게 닦고 소독하여 청결한 상태를 유지 했습니다. 그 이후 어느 날 보건소에서 불시검사를 실시했습니다. 검사관은 식기류의 청결상태를 확인하였습니다. 그러나 검사결과는 거의 만점에 가까웠고, 저는 직원들에게 그동안의 노력을 인정받게 되어 신뢰를 쌓아 막내에서 매니저라는 직책도 맡게 되었습니다. 무엇보다 검사 이후 모든 직원들이 모두 원칙을 지키게 되어 청결한 매장을 유지할 수 있었습니다. 원칙과 약속을 묵묵히 지키기만 한다면 신뢰는 자연스럽게 저를 따라온다는 것을 느낄 수 있었습니다.

1. 한전 KPS에 지원한 동기(관심을 가지게 된 계기, 시기 등)와 본인이 가지고 있는 직무관련 역량 또는 경험을 상세하게 기술해주시기 바랍니다(500자)

〈잠들어있던 DNA를 깨우다〉

　실습 중 플랜트 정비에 대해서 배우고 설비를 직접 제작했던 경험이 있습니다. 하지만 고장없이 움직이는 기계는 없듯이 작은 부분에서 발생한 고장으로 설비전체가 이상을 일으키게 되었고, 한참동안 이상 원인을 찾을 수 없어 많은 시행착오를 거쳐야만 했습니다. 수차례 시도 후, 결국 원인을 찾아 수정하게 되었는데, 그 과정에서 작은 요소의 고장이 설비 전체에 영향을 준다는 것을 체감하고 설비보전의 중요성을 알게 되어 많은 매력을 느끼게 되었습니다. 또 제가 직접 정비하여 정상적으로 작동하는 설비를 보고 큰 흥미를 느끼게 되어, 저의 적성이라고 생각하였습니다. 그렇게 저는 기계정비분야의 전문가가 되고 싶다는 꿈을 갖게 되었습니다. 그리고 많은 기업 중 높은 기술력을 통해 인류사회에 공헌하는 KPS의 비전이 저의 꿈을 가장 크게 키워줄 수 있을 것 이라고 확신하게 되었고, 제가 가진 장점들을 통해 한전KPS에 많은 기여를 하고 싶어 지원하게 되었습니다.

2. 1번의 사항을 바탕으로 한전 KPS에서 수행하고 싶은 직무에 대하여 기술해주시기 바랍니다(500자)

〈한 걸음씩 밟아온 설비보전 전문가의 길〉

　저는 한전KPS의 기계분야 설비보전 전문가가 되는 꿈을 이루고 싶어서 지원하게 되었습니다. 발전설비의 이상발생은 모든 산업의 핵심요소인 전력의 원활하지 못한 공급으로 이어져 국가경제의 심각한 타격을 준다고 생각합니다. 그렇기 때문에 최적의 설비상태를 유지해야 하고 철저한 점검관리 능력과 이에 따른 기계, 전기, 전자 분야의 종합적이고 전문적인 기술이 요구되고 있습니다. 그래서 저는 광주폴리텍대학에서 관련 기술을 공부하였고, 많은 실습으로 실무에 적극적인 대비를 하였습니다. 그리고 공유압기능사, 기계정비산업기사 등의 자격증을 취득하여 직무능력을 키우기 위해 많은 노력을 기울였습니다. 제가 한전KPS에 입사하게 된다면 한전KPS의 미래를 짊어질 인재가 되어 철저한 설비점검과 진단으로 설비 가동시간을 극대화하고, 계획적인 저비용고효율의 설비관리 뿐만 아니라, 설비상태를 최적화하여 발전설비의 안정적 가동에 기여하여 고품질 책임정비를 수행하겠습니다.

3. 한전KPS의 중장기 전략경영계획(비전2025)를 참고하여 본인의 향후 역량개발계획을 상세하게 기술해 주시기 바랍니다.(1000자)

〈원료는 수입이지만, 기술은 국산입니다〉

　얼마 전 인터넷 기사를 읽던 중, 한국전력이 60년간 운영되는 54조 규모의 아랍에미리트(UAE) 원자력발전소의 운영권을 따냈고, 한전KPS가 공동으로 해외진출에 참여한다는 기사를 접한 적이 있습니다. 게다가 한전KPS는 향후 10년간 아랍에미리트에 수많은 정비인력을 파견한다는 내용이었습니다. 대학에서의 설비보전 관련 수업 중, 교수님께서는 불과 몇 십년 전만 하더라도 발전소의 발전설비에 고장이 발생하면 정비할 수 있는 기술이 없어서 설비를 수입한 국가의 기업에서 직접 정비를 하였고, 그에 따른 엄청난 비용과 많은 시간이 소요되었다는 말씀을 해 주신 적이 있습니다. 저는 그 기사를 읽고, 기술을 수입하던 나라에서 기술을 수출하는 나라가 되었다는 생각에 한전KPS의 높은 기술력이 자랑스러웠고, 감탄하게 되었습니다. 이러한 한전KPS에 입사하여 발전에 기여하게 된다면 첫 번째, 해외진출에 포커스를 맞추고 역량개발에 힘쓰겠습니다. 한전KPS의 해외 진출과 국가위상의 격상을 위해서는 '수출할 수 있는 기술자'가 되어야 한다고 생각합니다. 저는 향후 5년 이내 발전설비정비에 관한 지식과 기술들을 종합적으로 공부하여 관련 자격

유비무환 퍼펙트 자소서

> 증을 다수 취득하고 내세울 수 있는 발전설비정비분야의 기술자로 거듭나겠습니다. 그리고 해외진출 전략에는 반드시 필요한 능력이 외국어 능력이라고 생각합니다. 저는 언제나 글로벌 시장에 바로 뛰어 들어갈 수 있는 외국어 능력을 갖추기 위해 토익, 회화 등을 공부하고 해외진출에 대비할 것입니다. 두 번째는 실무에 대한 노하우를 만들어 앞에서 이끄는 견인차 역할을 하겠습니다. 그리고 더욱 진보하고 안정적인 기술을 적용하여 한전KPS의 정비기술의 발전을 위해 노력하겠습니다. 이처럼 저는 한전KPS의 해외진출과 기업발전에 기여하는데 앞장설 것입니다.
>
> (2017년도 한전KPS에 합격한 제자의 자소서 전문)

(3) 두괄식으로 문장을 구성하자

두괄식 문장은 가독성을 좋게 하는 구조적 특성을 가진다. 문장에서 말하고자 하는 핵심 주장이 어디에 있느냐에 따라, 그것이 앞에 있으면 두괄식, 마지막에 나오면 미괄식 이렇게 부르는데, 문장의 처음에 결론이 나오면, 그 다음에는 그 결론 내용의 타당성만 따지면 된다. 그런데 결론이 뒤에 나온다면 읽는 사람은 그 결론이 무엇인지 어두운 길을 헤매며 찾아야만 한다. 그래서 읽는 에너지가 더 들게 마련이다. 그러다가 집중력을 잃게 되고, 그러다보면 짜증이 나고 평정심을 잃게 되어 글쓴이의 의도가 뭔가를 알아차리기 힘들게 된다. 이를테면 〈지원동기〉를 쓴다고 할 때 문장 맨 처음에, "~~~한 이유 때문에 지원하게 되었습니다" 라고 쓴다면, 읽는 사람은 '그렇군, 그런데 그런 지원동기를 뒷받침하기 위해 어떻게 설득하는지 봐야겠군' 하면서 편하게 준비된 상태에서 글을 읽어가기 때문에 글쓴이의 생각에 자연스럽고 따라가서 그의 생각을 이해하려는 적극성을 가지게 될 수 있는 것이다. 이처럼 두괄식 문장은 가독성을 좋게 하는데 큰 기여를 하게 된다. 따라서 가급적 두괄식문장으로 결론부터 내리고 그 근거를 설명하는 방식이 자신의 생각을 읽는 사람이 쉽게 알아차리게 하는 방법이라는 것이다.

아래 글은 2016년도에 LG서브원에 합격한 학생의 자소서 일부이다. 이 글은 이 회사의 지원동기를 묻는 항목이다. 이 학생은 제목에서 지원동기가 3개 있다는 것을 암시하고 있으며, 글을 시작하자마자, 자신은 남들보다 차별화된 역량을 3가지 갖추고 있기 때문에 지원하게 되었다고 얘기하면서, 그 3가지를 차분하게 설명하고 있다. 하지만 처음부터 〈지원동기〉를 밝히지 않고 한참을 얘기하다가 글의 문맥을 잃어갈 때쯤 〈지원동기〉가 나온다면, 가독성은 큰 상처를 입을 것이다.

> 해당 직무를 지원한 동기와 그 직무를 수행하기 위한 본인만의 차별화된 역량을 기술해 주시기 바랍니다.(500자 ~ 1000자)

> 〈LG서브원을 뛰게 할 세 가지 역량〉
> 제가 LG서브원 FM사업부 전기운영에 지원한 동기는 남들보다 차별화된 역량으로 그 누구보다도 직무를 잘 수행할 수 있기에 지원하였습니다. 제 차별화된 역량은 다음과 같습니다.
> 첫째, 그 누구보다도 맡은 일에 대해 책임감이 강합니다. 전 직장인 위그선 제작업체에서 국내최초로 50인승 위그선 제작에 성공하여 시험비행을 하기 전 최종점검을 하였습니다. 점검업무 수행 중 같이 일하던 동료의 퇴근 유혹에도 불구하고 책임감 있게 점검업무를 끝마쳤고 위그선 시험비행에 실패할 수 있었던 결함요소를 발견하여 교체하였습니다. 그 결과 위그선이 성공적으로 바다에서 비행할 수 있게 기여하였습니다.
> 둘째, 끈기와 열정입니다. 해병대를 전역 후 회사의 비전과 성장성을 보고 위그선 제작업체에 취업을 하였지만 2년 8개월의 근무기간 중 마지막 1년 동안은 급여가 지급되지 못하였습니다. 이러한 상황에서 100여명이 넘던 직원들은 다 퇴직하였고 저를 포함하여 단 8명만이 남아 회사를 이끌어 나갔습니다. 단순히 돈만 보고 들어왔다면 남들처럼 1~3달 급여가 지급되지 않을 때 퇴직할 수 있었지만 아직 젊고 배워야할 기술과 경력을 쌓기 위해 또한, 회사를 위해 남는 것을 택하여 끝까지 함께 하였습니다.
> 세 번째, 꾸준한 자기계발입니다. 점검 업무를 하면서 이론적으로 부족하다는 것을 많이 느꼈습니다. 그래서 폴리텍대학 김제캠퍼스 스마트전기과에 진학하여 점검업무를 함에 있어서 필수역량이라고 생각되는 전기기사를 취득하기 위해 꾸준히 공부하였습니다. 그 결과 전기기사를 취득할 수 있었고 더욱 자신감이 생겨 전기기사 외에도 전기공사기사, 소방설비기사(전기분야)까지 취득하는 성과를 이뤄냈습니다. 이러한 역량들을 가지고 LG서브원을 뛰게 할 인재가 될 것을 약속드립니다.
> (2016년 LG서브원에 합격한 제자의 자소서 중)

두괄식으로 쓰는 방식은 두 가지가 있다. 하나는 소제목이 결론을 포괄하는 경우이고, 두 번째는 소제목은 다른 주제를 택하고 문장 처음을 두괄식으로 시작하는 경우이다. 위 학생은 첫 번째 경우인데, 소제목이 결론을 포괄하지 못한다면 문장 처음은 두괄식으로 시작하는 것이 가독성을 높일 수 있다.

(4) 제시된 순서에 따라 글을 쓰자.

자소서를 읽는 사람은 자소서 항목이 요구하는 순서대로 읽을 마음의 준비를 하고 글을 읽기 마련이다. 하지만 지원자가 그것을 무시하고 자기 맘대로 쓴 글을 읽게 되면, 읽는 사람은 짜증이 나고, 그러다가 길을 잃기 쉽다. 그러면 글을 읽어갈수록 상대의 주장을 알아차리지 못하고 생각이 뒤죽박죽이 된다. 읽는 사람을 이런 상태에 빠지게 할 때, 지원자인 글쓴이의 생각이 제대로 전달될 수는 없을 것이다.

다음의 글은 2016년도 OB맥주에 합격한 자소서 중 일부이다. 이 글에서 지원자는 자소서 항목에서 요구한 순서에 따라 하나도 빠짐없이 자신의 생각을 펼쳐가고 있다. 먼저 본인이 지원한 직무분야에 필요한 것을 두 가지로 정의하고 있다. 그래서 읽는 사람은 이 사람이 정의한 방식대로 글을 읽을 수 있다. 현장경험과 기계지식이 필요하다는 것이다. 그런 다음 자신이 지정한 순서에 따라 먼저 현장경험을 설명하고, 그런 다음 기계분야 지식을 높이기 위해 학교에서 배운 관련 지식들을 상세히 설명하고 있다. 그리고 글이 시작되기 이전에 소제목부터 순서를 제시하고 있다. 소제목에는 〈기술은 경험과 지식의 합〉이라고 쓰고 있는데, 그 순서에 따라 경험을 먼저 그 다음에 지식을 설명하고 있는 것이다.

그런 다음, 두 번 째 단락에서는 입사 후 포부를 밝히고 있다. 10년 동안 1년, 5년, 10년으로 나누어서 무엇에 주력하며 회사 생활을 할 것인지를 차분하게 설득하듯이 밝히고 있다. 읽는 사람은 자소서 항목에 따라, 그리고 지원자가 정해준 순서에 따라 차분히 읽어나가면 이 사람의 뜻을 정확히 간파할 수가 있게 된다. 이처럼 뒤죽박죽 이야기하지 말고, 읽는 사람의 입장에서 잘 읽힐 수 있도록 하나하나 진술해나간다면 좋은 평가를 받을 수 있을 것이다.

본인이 지원한 직무분야에 입사하기 위해 노력한 점과 입사 후의 포부를 구체적으로 서술하십시오.

〈기술은 경험과 지식의 합〉
생산기술 분야는 기계장치를 이용하여 최적의 생산시스템을 구축해야 합니다. 때문에 현장경험과 전반적 기계지식이 필요하다고 생각합니다.
1년간 생산라인에서 근무하며 현장경험을 키웠습니다. 제품을 생산하면서 불량률을 줄이려는 노력을 많이 하였고 고장로스를 해결하기 위해 자주보전을 끊임없이 하였습니다. 사소한 것 하나를 점검함으로써 설비가 중간에 멈추는 일이 적어져 생산율을 높이는데 큰 기여를 하였습니다.
2년 동안 폴리텍대학에서 자동화시스템을 전공하며 기계정비와 관련된 지식들을 쌓았습니다. 모터, 제어기, 동력전달장치 등 하드웨어적인 것부터 C언어, PLC프로그램을 이용하여 자동화설비를 제어하는 소프트웨어의 지식을 쌓았습니다. 이 결과 프로젝트 작품을 출품하여 저희 조가 과 1등으로 뽑힌 성과를 이뤘습니다.

> 〈입사 후의 포부〉
>
> 오비맥주 기술팀에서 주기적인 정비와 기술지원으로 생산업무효율을 극대화 시키는데 기여하고 싶습니다. 1년, 5년, 10년 동안의 각각 목표를 설정하고 이루어 낼 것을 약속합니다.
>
> 1년 동안 기술지원 분야의 업무파악과 적극적인 자세로 임하겠습니다. 이를 바탕으로 선배들에게 먼저 다가가고, 먼저 물어보는 적극적인 행동으로 기술력을 키우겠습니다.
>
> 5년 후, 실질적인 엔지니어로서 생산성을 극대화 시키겠습니다. 공정 진행 중 발생할 수 있는 불량을 최소화하고, 선행관리를 통해 사고를 예방하겠습니다. 이를 위해 현장에 있는 직원들에게 매일 안전교육과 주인의식을 강조 하겠습니다.
>
> 10년 후, 현재에 만족하지 않고 계속해서 발전하는 생산기술 관리자가 되겠습니다. 설비보전기사, 산업안전기사를 취득하여 보다 전문적인 생산기술력을 키워나가 후배들의 롤모델이 되겠습니다.
>
> (2016년도 OB맥주에 합격한 제자의 자소서 중)

03 재해석의 힘

(1) 자소서가 요구하는 바를 명확히 할 필요가 있을 때

자소서를 쓰다보면, 자소서의 항목 자체가 무엇을 알고 싶어서 하는 질문인지 알기 힘들 때가 많다. 그럴 때 질문의 진짜 뜻도 모르는 채, 바로 본론으로 들어가서 자신이 하고 싶은 말을 한다면, 자소서 평가자는 그 글을 읽으면서 동문서답 한다는 느낌을 갖게 되어, 좋은 평가를 할 수 없을 것이다. 그럴 때 사용할 수 있는 방법이 자소서 항목 자체를 자신이 다시 해석해서 저는 이 항목이 요구하는 바를 이렇게 이해하고 글을 쓴다는 점을 명시한 뒤, 글을 작성하면 평가자가 시비를 걸 수 없을 것이고, 평가자 자신도 생각지 못한 새로운 점을 읽게 되어 신선한 느낌마저 받게 될 것이다. 물론 이런 재해석을 할 때 주관적으로 이끌어서는 안 된다. 이게 무슨 뜻인지를 회사의 홈피에 들어가서 회사가 지향하는 목표나 인재상 등을 확인해 본 뒤 써야 할 것이다. 하지만 그럴 경우에도 질문 내용을 다시 확인한다는 차원에서 재해석을 한 뒤 글을 쓰면 평가자는 자신의 회사에 대한 이해가 깊은 것으로 간주하기 때문에 재해석은 필요하다고 본다.

다음은 포스코 자소서를 쓴 학생의 글 중 일부이다. 포스코의 인재상은 3가지로 정의되어있다. 세계인, 창조인, 실행인이 그것이다. 그런데 우리가 언뜻 보기에 이 3가지를 포스코에서는

유비무환 퍼펙트 자소서

정확히 무슨 뜻으로 사용하는지 알기가 쉽지 않다. 그래서 이런 상황에서 재해석이 필요한 것이다. 그런데 포스코에 들어가 보면 〈'실행인'은 자기 분야에 대한 전문적인 기술 및 식견과 건전한 직업의식을 가지고 맡겨진 임무를 끝까지 완수하는 인재〉라고 표현되어 있다. 전문성과 직업의식을 강조하는 것이 실행인이다. 이 학생은 실행인이 의미하는 바를 잘 알고 있지만 자신의 방식으로 재해석한 다음, 거기에 부합되는 자신의 에피소드를 얘기하고 있다. 그는 실행인의 특성을 전문성, 책임의식, 실패를 딛고 일어서는 정신이라고 정의하고 있다. 자신은 전문성을 향상시키기 위해 자격증을 따려고 노력했고, 실패에도 굴하지 않고 노력해서 원하는 자격증을 땄다는 점을 강조하고 있다. 그런데 자세히 보면 실패에 굴하지 않는 특성이 더 강조되고 있다. 하지만 자신이 실행인을 회사가 원하는 방식과 유사하게 정의했기 때문에 읽는 사람은 별로 거부감없이 글을 읽을 수 있게 된다.

아래 글은 항목이 요구하는 것 중, 자신이 실행인을 택했는데, '자신이 생각하는 실행인은 이런 뜻이다' 라고 정의한 뒤 글을 이어가고 있다. 그래서 이 글을 읽는 사람은 글쓴이가 지시한 뜻으로 실행인을 읽게 되기 때문에 글 내용 파악이 훨씬 쉬워진다.

---

* 자신이 가진 역량 중에서 우리 회사의 인재 상 (세계인, 창조인, 실행인) 중 가장 부합하는 것은 무엇이며 그 이유를 서술하여 주십시오.

저는 세 가지 인재상 중 실행인에 속한 사람이라고 생각합니다. 제가 생각하는 실행인의 자세는 노력으로 인해 자기 분야에서 어느 정도의 전문지식과 기술 노하우 등을 터득한 사람을 말하고 자신의 일에 대하여 어느 정도 긍지와 자부심을 가지며 자신에게 실패나 어려운 일이 다가와도 포기하지 않고 그 과업을 끝까지 해서 완수해내는 사람을 실행인 이라고 생각합니다. 군대 전역 후 저는 군 경력으로 인해 산업기사 시험 응시 할 수 있다는 것을 알았고 몇 일 안남은 기간 동안에 열심히 공부하여 시험을 봤습니다. 그러나 결과는 1~2개 차이로 떨어졌고 그날 하루 동안은 좌절에 빠져 있었습니다. 하지만 '이대로 포기하면 안 되지, 다른 자격증이라도 따야겠다' 라고 마음을 다진 다음, 비파괴 기능사 시험에 응시 했습니다. 그렇게 다가오는 시험에 합격 하게 되었습니다. 그런 과정에서 자격증 공부하는 법을 어느 정도 알게 되었고 쉴 틈 없이 1월에 과 관련 자격증인 제강 압연 기능사를 더 취득 하였습니다. 그리고 한번 떨어 진적이 있던 산업기사 시험에 다시 응시 하였고 이번에는 내가 저번에 부족했던 과목에 대해 더 철저히 공부하고 여러 번 문제를 풀어서 두 번 다시 실패 하는 일 없게 철저히 준비해서 시험을 봤고 결과는 합격이라는 뿌듯한 결과를 얻어내는 데에 성공 했습니다. 비록 한번 실패를 겪어 봤지만 그로 인해 다시 한번 일어 설수 있는 용기를 얻었고 다른 공부를 해가면서 저 자신 만에 합격 노하우 등을 터득 할 수 있었습니다. 포스코의 일인이 되어서도 실패를 딛고 일어섰던 경험 등을 바탕으로 우수한 사원이 되겠습니다.

그리고 기업의 자소서 내용 자체가 무엇을 말하는지 질문이 포괄적일 때는 그 자소서 질문을 자기 방식으로 다시 재해석하고 그런 사실을 글 머리에 밝힌 다음 글을 써야한다.

다음은 2014년도에 유도그룹(www.yudo.com)에 합격한 학생의 자소서의 일부이다. 이 자소서에서의 질문은 언뜻 보기에 직무수행능력을 묻고 있는 듯하다. 그런데 아래 학생은 회사지원동기와 직무지원동기를 함께 쓰고 있다. 사실 어떤 직장에 공헌하기 위해서는 그 직장을 좋아해야 하고 그 직장에서 자신의 맡은 업무를 충실히 수행할 수 있어야만 한다. 그래서 글머리에서 자소서 항목에 대해 재해석을 하면서 시작하면 가독성이 훨씬 좋아진다. 그러니까 저는 직장에 공헌하기 위해서는 마인드와 능력을 모두 갖춰야 한다고 생각합니다. 이렇게 재해석 해놓고, 회사를 좋아하게 된 동기를 쓰고 이어서 자신의 직무능력을 입증하는 글을 쓰면 된다. 그렇게 되면 글을 읽는 사람은 지원자의 그러한 지시에 따라 글을 읽기 때문에 지원자 자신의 의사가 거부감 없이 정확하게 전달될 수 있을 것이다. 아래 글을 이렇게 썼더라면 가독성이 더 좋아졌을 것이다.

유도그룹에 공헌할 수 있는 귀하의 능력이 있다면?

유도그룹은 기술을 배우는 저에게 세계최고라는 일등회사의 타이틀로 매 순간 꿈꾸며 공부하는 즐거움, 꼭 이루고 싶은 꿈을 가지게 해준 회사입니다.
그동안 유도그룹이 원하는 인재가 되기 위해 수많은 날을 실습하며 성장하였고, 지방대회에 나가기위해 최선을 다해 공부하여 입상을 하는 경험을 쌓았으며, 사출금형 설계, 사출금형 가공, 모델링, CNC 등 다양한 분야를 공부하여 자격증을 획득하기도 하였습니다. 유도에 들어가기 위한 목표가 있었기에 가능한 일이었고 저와 잘 맞는 일이었기에 그 누구보다 즐기며 이 생활을 했다고 생각합니다. 저의 지식과 열정이 귀사에서 일하는데 있어 큰 원동력이 될 것이며, 저는 유도그룹의 준비된 인재라고 자신합니다. 회사에 대한 강한 자부심과 애사심, 성실함과 전문성, 그리고 무엇보다 큰 책임감을 바탕으로 긍정적인 사고와 능동적인 모습으로 주위 동료들과 힘을 합쳐, 회사의 성장에 이바지 할 수 있는 능력을 보이고 싶습니다.
(2014년에 유도그룹에 합격한 제자의 자소서 중)

---

(2) 답변을 좀 더 잘 이해시키기 위한 재해석이 필요할 때

재해석은 다른 방식으로도 효과를 발휘한다. 이를테면 자소서 항목이 요구하는 바를 좀 더

> 유비무환 퍼펙트 자소서

명확히 할 필요가 있을 때 가독성을 높이는 수단으로 재해석라는 방식이 대단히 효율적으로 사용될 수 있다. 예를 들어 자소서 항목이 지원자가 직무수행에 얼마나 잘 준비되어있는가를 진술하라고 했을 때, 직무수행에 필요한 능력을 정의하고 풀어간다면 진술되는 내용이 훨씬 명확하게 읽힐 수 있을 것이다. 다음 글은 OB맥주에 2016년도 합격한 자소서로 OB맥주에서의 희망 직무 수행에 얼마나 잘 준비된 사람인지를 보여주라는 요구에 대한 진술이다. 이 진술에서 이 학생은 자신의 지원 분야의 직무수행을 위해서는 물류제어능력과 관련 지식들이 필요함을 정의한 다음, 자신이 그러한 능력이 있음을 하나하나 입증해보이고 있다.

> 저는 OB맥주 기술 지원 분야에 입사를 원하고 *이 직무를 수행하기 위해서는 물류제어능력과 관련 지식들이 필요할 것입니다.* 폴리텍대학 자동화시스템과의 과정을 밟아온 저는 PLC와 시퀀스제어, 공유압, PC제어 등 전기전자를 이용해 논리적인 회로설계 실습과 이론들을 배워왔습니다. 단순히 공식적인 회로로만 구성하지 않고 똑같은 동작이더라도 어떻게 하면 더 간단해지고 효율적으로 동작할 수 있는지 한 가지 틀에 박히지 않고 창의적인 여러 생각들을 하면서 해결할 수 있도록 노력해 왔습니다. 전공이 물류제어(메카트로닉스) 다보니 기계, 전기, 전자의 이론들과 실습 등으로 많은 것들을 한 번에 익히는데 시간이 걸리고 어려움이 있었지만 같은 과 학생끼리 물어가면서 어려운 실습과제도 하나하나 이해해가며 해결할 수 있었습니다. 이를 계기로 OB맥주에 입사 시 스마트 팩토리 트랜드에 맞춰 설비관리와 기술로 공정 효율화를 극대화하기 위해 노력할 것이고 기계, 전기, 전자 등 융합적 유지보수 능력을 갖출 것입니다. 또한 자격이 된다면 기술사 시험을 응시하여 자기계발에도 소홀하지 않을 것입니다. 10여년 후 모든 공정을 관리 감독을 할 수 있는 OB맥주 공장장이 되어 단 1%의 손해 없는 물류공정과 생산라인을 구축해 나갈 것입니다.
> (2016년도 OB맥주에 합격한 제자의 자소서 중)

그리고 또 다른 예로 도전의식, 열정 등을 묻는 자소서 항목이 많다. 이럴 때 도전이 자신에게 어떤 의미를 갖는지를 재해석한 다음 글을 써내려 간다면 자신이 예로 들고 있는 에피소드가 읽는 이에게 훨씬 쉽게 이해될 것이다.

04 자소서 미리쓰기 및 취업 준비 프로세스

필자가 이 책을 통해서 일관되게 주장하고자 하는 바는 다음과 같이 자소서를 미리 쓰고, 그럼으로써 자신이 목표로 하는 회사의 해당 직무를 수행하는데 필요한 역량과 경험을 파악하고 그것들을 준비한 뒤 도전해서 해당 회사의 취업 성공률을 높이라는 것이다.

2장 자소서 몸 풀기

먼저 지원하고자 하는 회사의 홈페이지에 들어가서 그 회사의 인재상과 요구역량을 파악한 뒤, 자신의 삶의 스토리들을 살펴보아 그러한 요소들이 있으면 모아놓고 없으면 그러한 경험을 쌓았다는 것을 전제로 하고 일단 자소서를 작성한 뒤, 다른 사람들에게, 특히 자소서 전문가의 도움을 받은 받아 자소서를 평가받아보라는 것이다. 그런 다음, 자신이 자소서를 쓰는 동안 부족하다고 느꼈던 능력이나 경험을 보강한 뒤, 나중에 다시 그 회사에 입사하려는 노력을 기울이라는 것이다. 그래서 이렇게 자소서를 쓰는 과정에서 발견되고 계량된 자신의 능력과 경험을 높인 뒤, 그 회사에 입사지원서를 다시 내라는 것이다.

① 지원 회사의 인재상과 그 인재상을 충족시키는 요구 역량 파악	홈페이지를 통해 지원회사의 인재상을 살피고, 거기에서 자신에게 가장 맞는 부분을 택하고, 그에 따른 요구 역량들을 살펴서 그런 역량이 있음을 밝히면 된다. 모든 것을 다 갖춘 인간은 불가능하기 때문이다.
	예를 들면 기아차의 경우 KIA의 이니셜을 따서 3개의 인재상이 나온다. 즉 Kreative창의성-creative와 관련, Interactive쌍방향소통성, Adventure도전정신이 그것들이다. 이런 3가지 요소 중 자신에 맞는 인재상을 하나 택하고 그 인재상에 따른 요구역량을 갖춘 사람임을 자소서 전체를 통해 입증해야 한다.
	KIA는 KIA의 이니셜을 통해 인재상과 요구역량을 다음과 같이 정의하고 있다.
	Kreative(K형 인재), 그리고 요구되는 역량들은
	  -타인과 차별화된 방법으로 문제에 접근하길 좋아하나요?
	  -체계적인 아이디어와 사고를 통해 문제를 해결할 수 있나요?
	  -나와는 다른 생각도 적극적으로 받아들일 수 있나요?
	Interactive(I형 인재), 그리고 요구되는 역량들은
	  -책임을 다하기 위해 본인을 희생해 본 적이 있나요?
	  -타인의 입장에 대한 이해 및 공감할 수 있는 배려심이 있나요?
	  -타인과 적극적이고 효과적으로 커뮤니케이션 할 수 있나요?
	Adventure(A형 인재) 그리고 요구되는 역량들은
	  -열정적으로 Initiative를 갖고 업무를 추진해 본 적이 있나요?
	  -항상 활기가 있으며 남을 기쁘게 해 주길 좋아하시나요?
	  -어려움을 두려워하거나 어려움에 좌절하지 않을 자신이 있나요?

② 지원한 직무에서 요구되는 역량	회사 홈피에는 대부분 홍보라는 란이 있고, 그 란에는 회사의 최신 동향이나 회사의 목표, 비전 등이 나타나있다. 또는 해당 기업의 최근 합격자 컨택, 또는 그 기업 관련 뉴스 기사나 취업관련 블로그, 카페 등을 활용해서 지원직무에서 요구되는 기술적 역량의 종류와 정도를 파악한다.
③ 내 삶의 주요 스토리를 에피소드별로 정리	고등학교, 대학교, 군복무 시절 및 각종 연수나 인턴 경험, 아르바이트(가급적 지원 직무 관련) 등 자신이 속했던 조직에서의 인간관계, 소통능력, 포용성, 책임감, 리더십, 협업능력, 직업적 전문성과 관심의 일관성 등과 관련된 스토리를 에피소드(1회적 사

	건)별로 정리. 스토리는 조직 속에서 그 조직을 위해 열심히 노력한 내용 중심으로 모아야한다. 그리고 성취경험이라 할지라도 그것이 자신보다 자신이 속한 조직을 위한 기여의 즐거움으로 돌리는 것이 좋다.
④ 인재상, 요구 역량과 에피소드를 결부시켜 자소서 작성	인재상이나 요구역량을 관련 에피소드와 연결시켜 해당 기업이 요구하는 인재상과 요구역량에 맞도록 글을 재편집 및 마사지하여 자소서 항목에 맞도록 고친 뒤, 해당 기업의 자소서를 작성해봄
⑤ 자소서의 객관적 평가 및 수정	자소서를 많이 다뤄본 전문가에게 보여서 내용을 첨삭 받거나, 스터디그룹 학생들과 자소서 항목별로 토론 후 수정
⑥ 자소서 내용 실행	자소서에 나온 내용을 중심으로 미래보기 작성 및 자소서에서 요구된 능력이나 경험을 얻기 위해 전력투구함
⑦ 대상기업 취업 노력	대상기업의 구인공고를 미리 파악하여, 취업노력을 기울이고, 이미 작성한 자소서를 다시 수정함. 하나의 기업을 대상으로 2-3차례 취업 노력을 해서, 미비점을 다시 파악한 뒤, 취업 성공을 위해 전력 투구함.

05 스토리텔링의 힘

(1) 스토리텔링이란?

스토리텔링의 뜻을 찾아보면 대부분 아래와 같이 나온다.

"'스토리(story) + 텔링(telling)'의 합성어로서 말 그대로 '이야기하다'라는 의미를 지닌다. 즉 상대방에게 알리고자 하는 바를 재미있고 생생한 이야기로 설득력 있게 전달하는 행위이다"[11]
하지만 스토리텔링의 원래의 의미는 스토리를 말하는 방식, 즉 소설에서 서술자(또는 화자)의 이야기 전개방식을 의미한다. 그러니까 서술자의 시각을 말하는 것으로, 서술자가 어떤 시각을 갖고 이야기를 서술해나가는가를 말하는 것이다. 소설은 이미 일어났던 일을 과거 시제로 기술하는 형식의 글쓰기이고 이야기하는 서술자가 누구냐에 따라 피서술되는 세계가 전혀 달리 보일 수 있기 때문에 소설에서 서술자의 시각은 대단히 중요하다. 이렇듯 서술자가 스토리를 전개하는 방식인 스토리텔링은 소설에서 가장 중요한 요소의 하나이다. 예를 들면 주요섭(1902-1972) 작가의 〈사랑손님과 어머니(1935년 발표)〉에서 서술자가 1인칭서술자인 옥희가 아

---

11) 네이버 문학비평용어사전

니고, 3인칭이나 어머니와 사랑방 손님의 사랑에 대해 비우호적인 성격의 서술자가 등장했다면 그 소설은 불륜소설로 비춰질 가능성도 있었을 것이다. 하지만 아버지에 대한 그리움을 갖고, 사랑방손님에게서 아버지를 찾고 싶은 옥희라는 6살짜리 서술자가 등장했기에 어머니의 사랑 이야기는 아름답고 안타까운 러브 스토리가 될 수 있었을 것이다. 당시만 해도 죽은 남편의 친구와 연애를 한다는 것은 사회적으로 받아들여지기 힘든 상황이었는데, 바로 옥희라는 장치를 통해 미망인의 사랑도 아름답게 표현될 수 있었다. 이처럼 이야기를 누가 어떤 식으로 서술하느냐에 따라 받는 느낌은 완전히 달라질 수 있다. 소설에서의 이러한 이야기 전개 기법을 의미하는 스토리텔링이 요즘에는 마케팅용어로 훨씬 더 많이 사용되고 있다. 그래서 위의 사전적 의미도 소설에서의 의미보다는 마케팅적 의미로 설명되어있는 것이다. 문학에서 스토리의 처리방식인 스토리텔링이 마케팅적 기능을 수행하기 위해 소비자가 좋아하는 방식의 스토리를 처리하는 방식으로 변모하게 된 것이다.

그래서 스토리텔링에서 스토리라는 말 자체도 소설에서보다 더욱 폭넓은 의미로 쓰이게 되었다. 일반적 의미로 스토리는 플롯, 등장인물, 갈등, 해결로 구성된, 줄거리를 가진 이야기를 의미했는데, 마케팅에서는 '사실을 감정이란 포장지로 싸서 감성화시키는 기법'으로 사용되고 있다. 이런 식의 스토리개념을 갖고 활용되는 스토리텔링은 그 활용 범위가 대단히 넓어지고 있고, 이제 마케팅 분야에서 뿐만 아니라 도시개발측면에서도 대단히 각광받는 분야가 되었다. 하지만 스토리텔링의 기본 특징이 스토리텔러가 자신만의 의도를 실현시키기 위해 듣는 이에게 자신의 의도를 자신이 원하는 방식으로(여기까지가 소설적 의미) 재미있고 생생하게 전달한다(여기가 마케팅적 요소)는 기본 취지에는 크게 차이가 나지 않는다. 도시개발적 측면에서 스토리텔링을 잘 활용한 곳으로 가장 성공한 스토리텔링으로 간주되는 곳이 바로 순천만의 접근성을 높여 사람들을 갯벌사이로 끌어들이는 "생태수도 순천"이란 스토리텔링이다. 여기서 스토리텔링은 도시개발 방향을 정하여 브랜드화하는 수단임을 알 수 있다.

(사진자료: 순천만 생태공원 홈페이지에서 캡쳐)

(2) 스토리텔링의 힘

자소서는 설명이 아니라 설득이다. 설명이란 자신의 주장을 논리적으로 나열하는 것이고, 설득이란 주장에 대한 근거를 제시해서 상대방이 고개를 끄덕이게 만드는 것이다. 그래서 자소서를 쓸 때 자신의 장점이나 경쟁력을 주장만 해서는 상대가 설득되지 않고, 그럴만한 근거를 대야 상대를 설득할 수 있다. 그래서 상대를 설득하기 위한 수단으로 자신의 주장이 자신의 경험에서 우러나왔음을 밝혀야 하는 것이다. 이 때 이러한 경험을 상대가 호의적으로 받아들이도록 효과적으로 전달하는 것이 스토리텔링이기 때문에 스토리텔링은 자소서를 읽는 상대를 설득하는 가장 중요한 무기가 되는 것이다. 이러한 스토리텔링이 힘을 발휘하기 위해서는 스토리텔링을 통해 자신을 브랜드화하는 것이고, 그럼으로써 다른 사람과 차별되는 강력하고도 지속적인 인상을 남기게 된다.

① 브랜드화의 가장 중요한 수단

마케팅은 제품을 시장에 가장 잘 접근시키기 위해 제품 자체, 가격, 유통, 판촉 등 4가지 요소들을 시장에 최적화하는 방법(Marketing mix)[12]이고, 마케팅에는 반드시 팔고자 하는 고객이 있다. 그렇다면 상품을 팔기 위해 마케터는 고객지향적이 되어야 할 것이고, 이러한 고객지향적 마케팅 방법의 하나가 바로 스토리텔링이라고 말할 수 있다. 바꿔 말하면 스토리텔링이란 스토리로 표현하는 고객만족이라고 할 수 있으며, 이것의 궁극적 수단은 바로 브랜드화인 것이다.

브랜드란 특정 상품에 대해 고객이 믿는 가치를 말한다. 상품 자체가 문제가 아니라 그 상품에 대해 고객이 몰입하는 가치를 말하는 것이다. 예를 들어 코카콜라와 팹시콜라를 블라인드 테스트를 하면 팹시콜라가 더 맛있다는 평가가 나온다고 한다. 그런데 사람들은 코카콜라를 더욱 많이 찾는다. 객관적 가치와 무관하게 소비자가 그렇다고 믿는 가치가 브랜드 가치인 것이다. 따라서 스토리텔링을 통해 브랜드화에 성공하면 고객이 그 상품에 대해 훨씬 지속적으로 충성도를 보이게 된다. 순천만갈대밭은 이제 브랜드화에 완전히 성공해서 다른 어떤 갈대밭이 있어도 순천만갈대밭보다 더 높은 평가를 받기란 쉽지 않다. 또 하나의 도시개발의 예를 우리는 전주한옥마을에서도 찾아볼 수 있다. 무분별하고 성급하게 진행된 박정희식 한국의 근대화는 전통을 파괴한 자리에 모두가 비슷비슷한, 특색없는 도시들만 양산했다. 그래서 70년대 이후 한국의 모든 도시들은 서로 차이가 없이 거의 똑 같은 도시가 되어버렸다. 전주는 다른 곳에 비해 개발이 늦어져서 박정희식 근대화의 폭탄을 덜 맞았고, 아이러니컬하게도 그런 연유로 살아남은 게 전주의 한옥마을이었다. 하지만 브랜드화 되기 이전 전주한옥마을일대는 거의 슬램가나 다름없었다. 그런데 현대화되어가는 회색도시, 어딜 가나 똑 같은 한국의 도시들 속에서 살아가는 한국인들은 자신의 고향을 찾고 싶어 했고, 패스트푸드가 아니라 슬로우 푸드에 대한 향수가 일어나기 시작했다. 이러한 고객의 욕구를 알아차리고 새로이 해석되고 브랜드화된 한옥마을은 근대화로 인해 잃어버린 우리 마음의 고향, 전통의 수도로 탈바꿈하기 시작했다. 그리고 그 때 때마침 전 세계적으로도 슬로우시티(Slow City) 운동[13]이 펼쳐지고 있었고 이에 편승하여 전주 한옥마을은 2010년에 슬로우시티로 지정되었다. 이러한 브랜드화를 위한 노력을 통해 조용하던 지방 중소도시인 전주는 관광객들로 북적대기 시작했다. 관광객들이 전국에서 가장 많이 찾는다는 용인자연농원관람객이 한 해 700만명이라고 하는데, 전주한옥마을을

---

12) 마케팅 믹스(Marketing Mix)란 일정한 환경적 조건과 일정한 시점 내에서 여러 가지 형태의 마케팅 수단들을 경영자가 적절하게 결합 내지 조화해서 사용하는 전략을 의미한다. 마케팅 믹스라는 용어를 처음 사용한 E.제롬 맥카시 교수는 회사가 그들의 타깃 고객층을 만족시키기 위해서 제품(Product), 가격(Pricing), 장소(Place), 촉진(Promotion)의 크게 4가지로 나뉘는 마케팅 전략을 적절하게 섞어서 사용한다고 주장하였다.(위키백과 참조)

13) 1986년 패스트푸드에 반대해 시작된 여유식(슬로푸드) 운동의 정신을 확대하면서 만들어진 개념이다. 2002년 7월 이탈리아의 작은 도시 그레베의 시장으로 재직 중이던 파울로 사투르니니씨가 마을 사람들과 세계를 향해 '느리게 살자'고 호소하면서부터 유럽 곳곳에 확산되기 시작했다(한경 경제용어사전 참조)

보기 위해 찾아오는 관광객도 그와 비슷한 숫자라고 한다. 이것이 바로 스토리텔링의 힘이다.

이처럼 스토리텔링은 고객이 원하는 가치를 찾아내고 그것에 스토리를 입히거나 감성적 가치를 부가함으로써 브랜드화 하는데 최종 목적이 있다고 말할 수 있다. 그래서 상품은 그것이 무엇이 되었든 브랜드화 되었을 때 강력한 가치를 발생시키고 브랜드화 할 수 있는 가장 좋은 수단이 바로 스토리텔링이다. 자소서에서의 스토리텔링 또한 마찬가지로 자신의 고객인 기업이 원하는 상품성을 갖췄음을 알리기 위해서 자신을 대단히 특징화된 브랜드로 만들어야 한다.14)

(전주 한옥마을 사진: 한국관광공사 자료)

② 스토리는 소통, 공감, 기억의 가장 훌륭한 수단이다.

그런데 왜 하필 스토리15)일까? 왜 스토리로 팔아야 하는가? 그것은 스토리가 지식 전달, 인지능력 개발, 공감의 가장 중요한 수단이기 때문이다. 인간은 말을 배울 때 엄마로부터 숱한 이야기를 듣고 그러면서 자연스레 말을 배우고, 이야기를 통해 소통하고 공감하기도 한다. 이야기가 인간에게 가장 먼저 말을 익히는 수단이고, 그러기에 익숙한 소통방법이고, 동시에 공감

---

14) 이점에 대해서는 이 책의 4장 5절 "다수 기업 동시 합격 자소서의 비밀"에서 상론되고 있다.
15) 이 책에서 스토리(story)는 '이야기'와 유사한 뜻으로 혼용·사용되고 있다. 하지만 문맥에 따라 '스토리'와 '이야기'는 약간 뉘앙스가 다르다. 일반적 어의로 볼 때 '스토리'는 문학에서의 의미에 더 많은 제한을 받기 때문에 '이야기'라는 말이 스토리보다 더 포괄적으로 사용되고 있다.

의 수단이기도 한 것이다. 그래서 이야기를 통해 공감의 거울이 작동하기 시작해서 함께 기뻐하고 함께 슬퍼하고, 따라하고 싶은 욕구가 생기기도 한다. 누군가에게 자신을 소개할 때 지극히 개인적인 이야기를 하고, 대단히 감동적인 자신의 체험을 이야기하면 자신에 대해 쉽게 마음을 열고 호감을 보이게 되는 것이 바로 공감의 거울을 작동시키는 이야기의 힘이다. 그리고 그런 이야기를 통해 그 사람에 대한 호감은 대단히 인상적으로 우리 뇌리에 남게 마련이다.

이야기는 또한 장기적인 기억의 가장 좋은 수단이 되기도 한다. 인지심리학자들의 주장에 따르면 인간은 이야기를 통해 기억이나 정보를 가장 쉽게 이해하며 자신이 이해한 내용을 이야기 형태로 저장하기 때문에 단어나 개념은 잊혀져도 이야기는 가장 오래 남게 된다고 한다. 그래서 요즘은 수학이나 물리 등 과학 과목을 가르치는데도 스토리텔링을 활용하는 것이 대세가 된 것 같다.

필자에게는 이야기가 얼마나 오랫동안 지속되는 기억의 방식인지를 알게 된 개인적인 체험이 있다. 필자의 외할머니는 대단히 장수하셨다. 70대 초반에 작고하신 우리 어머니보다 훨씬 더 오래 사셨으니까. 그런데 외할머니가 돌아가시기 전, 치매에 걸리셔서 당신의 아들인 외삼촌 외에는 누구도 몰라 보셨었다. 지금으로부터 10여 년 전 추석 날, 외가댁에 가서 할머니에게 말을 붙이니 할머니가 날 알아보지 못하셔서 참 서운했었다. 그런데 나와 할머니만 아는 어렸을 적 얘기를 꺼냈더니 신기하게도 할머니께서 날 알아보시는 것이 아닌가! 그 경험을 통해 필자는 이야기의 중요성을 더욱 깊이 새기게 되었다.

자소서에서도 자기 자신의 인성이나 업무적합성을 적절히 알릴 수 있는 스토리를 통해 아주 이해하기 쉽도록 만들고, 인상적으로 자신을 포장할 수 있고 기억하게 만들 수도 있는 것이다. 그래서 이렇게 스토리텔링을 잘해서 만든 자소서는 서류심사에서 합격해서 면접을 볼 때도 다른 후보자들보다 더 많은 관심을 받을 수 있고, 차별성 있는 자신만의 특징을 많은 사람들에게 전달하게 하고, 자신에 대한 좋은 인상을 오래 기억하게 해줄 수 있다.

(3) 자소서 스토리텔링의 강조점

자소서가 이처럼 브랜드화 될 수 있고 읽는 이에게 인상적으로 이해되고 기억되며, 강력한

유비무환 퍼펙트 자소서

차별성을 안겨주기 위해서 자소서에서 무엇을 강조해야 할까? 이런 점을 알기 위해서는 성공한 스토리텔링의 공통점이 무엇인지 살필 필요가 있다.

① 갈등(어려움)과 그것의 긍정적인 해결

먼저 생수의 대명사라고 할 수 있는 에비앙의 경우를 보자.

에비앙은 세계 최초로 물을 상품화한 기업이자 고급 생수 시장에서 1등을 고수해오고 있는 세계 최고의 생수 브랜드다. 에비앙을 유명하게 만든 스토리텔링을 들어보자. 1789년 신장 결석을 앓던 레세르라는 후작이 프랑스 동남쪽 알프스 자락의 작은 마을 에비앙에서 요양하면서 샘물을 마시고 병을 고친 뒤 물의 성분을 분석해보니, 미네랄 등 인체에 유익한 성분이 다량 함유돼 있었다. 후작이 그 물을 마신 뒤 병을 치유했다는 스토리가 퍼진 뒤, 사람들은 에비앙 생수를 물이 아니라 약으로 인식하게 된 것이다. 다시 말해 생수가 약물로 브랜드화된 것이다. 여기에는 후작의 결석이라는 병이 있고, 그것의 긍정적인 해결 스토리가 있다.

또한 지포라이터에도 이와 유사한 방식의 스토리가 있다. 세계 2차 대전 당시 미 육군 안드레스 중사는 베트남 병사에게 총알을 맞았지만 다행히 윗옷 주머니에 넣어둔 지포라이터가 총알을 막아주어 목숨을 건졌다는 스토리가 전해지고 있다. 그래서 병사들이 군대에 갈 때 지포라이터는 목숨을 지켜주는 수호신쯤으로 여겨져서 사랑하는 사람을 군대에 보낼 때 필수적으로 사주는 선물이 되었다. 이 스토리도 에비앙과 마찬가지로 어려움이 있고 그것을 긍정적으로 해결한 스토리가 있는 것이다.

② 꿈을 소비하고 모방심리를 자극하는 역할

스토리텔링의 또 다른 기능은 꿈을 소비하게 하여 모방심리를 자극하는 촉매로 작용한다는 것이다. 이러한 모방심리를 자극하는 대표적인 스토리텔링은 말보로(Marlboro)[16]가 마케팅을 위해 만든 스토리를 들 수 있다. 연인과 헤어지면서 연인에게 담배 한 개비를 피우는 시간 동안만 마지막 이별의 순간을 허락받은 한 남성이 필터없는 담배가 빨리 타들어 가는 것이 안타까워 가슴이 미어졌고, 그녀와 이별한 뒤 그는 그 시간을 생각하며 담배를 더 오래 타도록 하는 장치인 필터 담배를 개발했다. 그 필터 담배로 그는 결국 백만장자가 되었는데, 첫사랑 그녀가

---

16) 말보로 담배는 처음에는 잘 팔리지 않는 제품이었는데, Marlboro라는 스토리텔링을 입힌 후 엄청난 매출을 올리기 시작해서 담배 부문 세계 1위의 브랜드로 성장하였음.

남편도 죽고 병든 몸으로 혼자 살고 있다는 소식을 들었다. 그래서 그녀와 끊어진 사랑을 다시 잇기 위해 그녀에게 찾아가 청혼을 하였으나, 다음 날 그녀는 싸늘한 시신으로 발견되었다고 한다. 그 후 그 남자는 자신이 팔고 있는 담배이름을 Marlboro라고 지었는데 그것은 "Man Always Remember Love Because Of Romance Over(남자는 언제나 지나간 로맨스 때문에 사랑을 기억한다)"의 이니셜을 딴 것이라고 한다. 이처럼 아름답고 슬픈 사랑의 스토리를 담고 있는 말보로의 스토리는 물론 지어낸 것이고, 그 이전에는 팔리지 않던 담배에 말보로라는 스토리텔링을 입힌 이후, 그로 인해 세계에서 가장 많이 팔리는 담배가 되었다. 말보로를 피는 사람은 자신이 회사가 만든 그러한 스토리의 주인공이 되는 양, 꿈을 소비하는 것이다. 애연가들은 말보로 CF의 이미지처럼 '대단히 야성적인 매력이 있으면서 동시에 첫사랑을 잊지 못하는 감성적인 남자'의 이미지를 소비하며 따라하고 있는 것이다.

이와 유사한 사례가 샤또 마고(Chateau Margaux)라고 하는 일본 와인의 경우이다. 이 술은 일본에서 유명한 드라마 때문에 유명해졌다고 한다. 그 드라마에서 주인공은 유부남 유부녀인데, 그래서 그들은 이루어질 수 없는 사랑을 슬퍼하며 모텔에 들어가서 자살하는데, 독약을 샤또마고라는 와인과 함께 먹었다고 한다. 이 드라마 장면이 방영되고 난 뒤, 샤또 마고가 불티나게 팔렸다고 한다. 샤또 마고라는 와인의 소비자들에게도 비극적이지만 멋진 사랑을 하는 연인처럼 되고픈 심리가 작용한 것이라 본다. 몇 년 전 대단히 인기가 있었던 김수현과 전지현이 나오는 〈별에서 온 그대〉라는 드라마 장면 중 주인공들이 먹었던 치맥이 한국 뿐만 아니라, 그 드라마를 본 중국에서도 선풍적인 인기를 끌었던 것 또한 드라마 주인공을 따라 하고픈 스토리텔링의 효과를 단적으로 보여준 예라고 할 수 있다.

이러한 스토리를 통해 많은 사람들은 대상과 지금까지와는 전혀 다른 새로운 관계를 만들어 간다. 그것은 그러한 관계를 통해 상품이나 서비스가 이전과는 전혀 다르게 보이기 시작하는 브랜드 효과 때문이다.

하지만 자소서의 스토리텔링에서 자주 활용될만한 스토리는 강조점이 조금 다른 방식일 것이다. 갈등이 있고 그것을 잘 해결한 스토리는 바로 회사가 원하는 가치나 인재상과 관련된 스토리여야 할 것이다. 결국 그 스토리를 통해 책임감, 성실성, 소통능력, 진취성 등을 담은 스토리여야 할 것이다.

그리고 모방심리를 자극하는 스토리는 어떤 기업이 귀감을 삼고 자기 회사사람들에게 전파하고 싶은 스타일의 스토리여야 할 것이다. 그런 스토리는 개인의 이기심에 지배되는 모티브를 담은 내용이 아니라, 자신보다 조직을 더 생각하는 희생적 인간형을 뿜어내는, 기업이 좋아하는 조직 친화형 스타일의 스토리일 것이다.

06 스토리 모으기

(1) 자소서에서 스토리는 필수다

자소서의 항목들에 대한 답을 쓰려면 먼저 자기 주장을 해야 한다. 하지만 그 주장이 길어서는 안 된다. 이를테면 자신은 대단히 열정적인 사람이라는 것을 강조한다고 치자. 그런데 자신이 대단히 열정적이라는 점을 여러 번, 여러 가지 방식으로 강조한다고 해서 읽는 사람이 그런 주장을 그대로 믿겠는가? 그런 주장은 누구나 할 수 있다. 하지만 그렇게 주장하고 자신의 체험을 이야기하면 그의 주장에 신뢰가 생긴다. 그래서 그 어떤 주장을 입증하려면 반드시 그와 관련된 스토리가 필수적이다. 하나의 스토리가 자소서 전체의 어떤 스펙보다도 설득력 있게 작용하는 경우가 많다.

아래는 2014년도에 현대제철에 합격한 제자의 글이다. 현대제철의 자소서 항목들은 요구하는 글자수가 짧아서 긴 스토리를 쓸 수 없다. 그래서 아주 짧은 스토리지만 대단히 임팩트 있는 스토리를 써야한다. 아래 글은 이 학생의 아르바이트 체험이다. 뜨거운 여름 3달 내내 하루 10시간씩 만두를 찐다는 것은 보통 어려운 일이 아닐 것이다. 필자는 이 학생이 아래 스토리 때문에 현대제철에 합격했다고 믿는다. 그래서 자소서 강의 때마다 학생들에게 자신의 숨어있는 스토리를 찾으라고 닦달한다. 그러면서 '감동적인 스토리 하나가 너희가 따고자 하는 자격증 하나 보다 더 나을 수 있다'고 말하곤 한다.

> 군대 전역 직후, 냉면집에서 하루 10시간씩 만두를 가마솥에서 쪄 본 적이 있습니다. 마지막 월급날 사장님이 "여름 3달을 버텨낸 놈은 네가 처음이고 너는 어딜 가도 뭐든 잘할 수 있겠다." 라고 하시면서 보너스로 20만원을 더 주셨던 경험이 있습니다.
>
> (2014년도 현대제철에 합격한 제자의 자소서 중)

다음의 에피소드는 또 어떤가? 아래 스토리는 2016년도 자소서 시간에 제출된 글이다. 여기서 이 학생은 핸드폰 가게에 근무했던 체험을 쓰고 있다. 이 글을 학생들과 함께 읽으며 필자는 내가 회사 사장이라면 다른 것 하나 안보고 바로 이 에피소드만 보고도 이 학생을 뽑을 것이라 말했다. 이 에피소드에는 주인정신, 책임감, 창의성, 조직 친화적 헌신성, 고객지향적 사고 등이 오롯이 드러나기 때문이다.

> 〈웹툰을 그리다〉
> 광주시내에 무등대리점 이라는 곳이 있습니다. 그 대리점에 발령받고 매장 실적을 보니 시내 중심가에 위치한 매장치고는 너무 저조한 실적 40-50개의 무선 개수가 나오고 있는 형편이었습니다. 저랑 같이 그쪽 매장으로 발령받은 동생과 함께, 이곳에서 둘 다 살아나갈 수 있는 방법을 찾아보자, 개수가 이렇게 안 나오는 이유가 무엇인가 생각해본 결과 매장이 작기도 작았지만, 전체적으로 도로에서 지나가는 고객들의 눈을 끌 수 있는, 여기 SK텔레콤 매장 있어요!!! 라고, 할 수 있는 무엇인가가 부족했습니다. 그 결과 동생과 생각지도 못한 것을 시도해 보자! 눈에 띌 수 있는! 그건 바로 웹툰 이었습니다. 매장점장과의 상의를 통해 허락을 받고, 무작정 밖으로 나갔습니다. 눈에 띄게 그림실력이 좋은 것도 아니었지만, 한손엔 핸드폰 한손엔 보드 마카를 들고 웹툰 주인공들(노블레스, 정열맨)을 매장 유리창에 그리기 시작했습니다. 무언가를 하는 모습을 보여준다는 것은 아주 커다란, 그렇지만 고객들에게는 가볍게 다가갈 수 있는 그런 방법이었습니다. 저희는 그림을 주기적으로 지우고 다시 새로운 웹툰을 그리면서, 고객들을 맞이했습니다. 저희가 생각한 만큼 아주 많은 개수는 아니지만 1.5배 정도의 매출 성장률을 보였고, 처음엔 반신반의 했던 매장 직원들도 긍정적으로 받아들였던 경험이 있습니다.

(2) 스토리 모으는 방식

① 스토리가 만들어졌던 기간을 명시한다.

자소서를 쓰는 기업들은 대부분 최근 3년 간의 체험을 요구한다. 인간은 나이를 먹어감에 따라 변화될 가능성이 많기 때문이다. 그리고 기간을 명시하는 또 다른 이유는 자소서를 쓸 때 그 기간이 가지는 의미를 강조해야 할 상황도 존재하기 때문이다. 부언하면, 그 기간이 본인의 오늘을 만들어준 결정적 모멘텀을 부여한 시간이었음을 표현해야 할 때가 있기 때문이다. 또한 기간을 명시해야 자신이 다른 항목을 쓸 때 자신이 쓴 내용들 사이의 일관성이 깨지지 않을 수 있다.

② 부정적 상황을 긍정적 상황으로 바꾼 예를 찾아야만 한다.

감동은 굴곡없는 평면적 상황에서 발생하기 힘들다. 특히 부정적 상황을 자신의 의지와 노력을 통해 극복하여 성과를 내거나 주위로부터 인정받은 체험이 감동을 주는 경우가 많다. 그래서 자신의 의지나 일관성 있는 노력을 통해 조직이 어려움에 빠졌는데, 그것을 극복한 스토리가 좋다.

③ 스토리를 위기적 상황(위기적), 액션(의도적 개선 과정), 교훈(조직친화적 결론) 이렇게 3가지 요소로 정리하자.

즉 스토리텔링의 기본 구조를 가미하여, 자신의 노력을 통해 위기적 상황을 극복하여 조직에 도움이 되는 유형의 인간으로 변모하는 것을 보여주자. 대부분의 자소서는 글자제한을 두고 있다. 그리고 글자 제한이 없다고 하드래도 글의 뼈대를 보여주지 않으면 산만해서 읽기가 힘들어진다. 그래서 스토리를 정리할 때, 스토리 전체를 개괄할 수 있는 3가지 부분으로 나누어 스토리를 정리하자.

---

* **상황(위기적):**
부정적 상황을 간략히 개괄한다. 여기서 상황이 액션으로 자연스럽게 넘어가서 스토리의 동력을 만들어 내기 위해서는 상황이 해결해야 할 난관으로 묘사되고 그 난관을 극복하려는 의지가 모티베이션 과정으로 설정되어야 한다. 그래야만 그 다음 단계인 액션이 정당화되고 스토리를 읽어나가는 몰입도가 높아질 수 있다.

* **액션(의도적 개선과정):**
그 상황 속에서 난관을 돌파하기 위해 자신이 의지를 갖고 그 위기를 극복하기 위한 노력의 과정을 구체적으로 상세히 보여주고(이 액션 부분의 상세한 묘사가 스토리 사실성의 성패를 좌우한다)

* **교훈(조직 친화적 결론):**
그 경험을 통해 자신이 얻은 교훈을 쓴다. 그 교훈은 자신의 노력을 통해 조직이 위기에서 벗어났기 때문에 자신의 시도를 통해서 자신이 조직 친화적인 인간으로 변모되었음을 강조해야 한다.

자신의 스토리에서 조직 친화적 결론을 잘 이끌어내야 한다. 즉 꿈보다 해몽이 더 좋아야 한다. 스토리를 열심히 써놓고 끝 부분에서 자기 자랑만 하면 그 스토리를 쓴 의미를 상실하니, 그야 말고 '죽 쒀서 개주는 꼴'이다. 어떤 스토리를 말하고 결론에서 그 스토리를 통해 회사가 요구하는 인재상을 강조하거나, 조직 친화적으로 결론을 내려야, 회사입장에서 믿음이 가기 때문이다. 이를테면 어떤 성과를 올렸는데, 그 결과 1등상을 받았다던가 하는 식으로 끝이 났을 때, '남들보다 자신의 우수성이 입증되어서 좋았다' 라고 하기보다, '1등한 사실보다 자신의 노력이 여러 사람들에게 도움이 된다고 생각하니 더욱 기뻤다' 또는 '그 이후로 나 자신보다는 조직의 단결과 구성원의 원원을 생각하는 사람으로 변모했다' 이런 식으로 쓰는 것이 훨씬 조직 친화적인 사람이라는 평가를 받을 것이다.

다음의 글은 2015년 수업시간에 제출된 학생의 글이다.

기간 : 2013년 6-7월

술집에서 아르바이트를 하게 되었는데 위치가 좋지 않은지 손님이 정말 없었고, 가게에 모든 것을 쏟아 부으신 사장님께서도 정말 힘든 상황이었다. 다른 아르바이트생, 주방 이모의 월급도 주기 힘든 상황 이었고, 결국 일하는 사람도 나 혼자였다. 월급도 제때에 들어올 수 없었다. ➡➡상황

단순히 내가 그만두면 상관없는 일이지만 그렇게 하고 싶지 않았다. 바꾸어야 했다. 반바지 슬리퍼로 옷을 갈아입고 구석구석 청소부터 하나하나 깨끗이 다하고, 주방이모가 되어 안주도 만들었다. 사장님께서 가게를 지키시고 부끄럽지만 소위 말하는 호객행위도 하러 나가 뛰어다녔다. 나의 가게인 듯 포기하지 않고 열심히 노력했다. ➡➡액션

출근을 했는데 사장님이 부르셨다. 사장님 앞에 앉아 많은 얘기를 나누었다. 그날 사장님은 비록 많은 것을 잃었지만 사람을 얻었다고 하시며 나의 손을 잡고 우셨다. 사장님께서는 보너스 50만원을 주시고, 결국 가게 문을 닫게 되었고 나는 그만두게 되었다. 노력만 한다고 항상 성공할 수는 없다. 하지만 진정으로 노력했기에 마음을 얻을 수 있었다. 여담으로 사장님은 다시 가게를 잘 하고 계시고, 놀러 오라고 연락을 하신다. 가장 어려운 것이 사람의 마음을 얻는 일이라고 했다. 나는 마음을 얻을 수 있는 진정성을 배우게 되었다. ➡➡교훈

이 학생의 스토리를 좀 더 간략히 개괄해보자.

상황: 이 학생은 자신이 일하는 가게가 어려워진 상황 속에서 월급도 받지 못할 정도로 위기

에 처해 있었다. 위기적 상황
액션: 아르바이트생임에도 적극적으로 난관을 타개하려는 노력을 기울인다. 의도적 액션
교훈: 가게는 문을 닫았지만 사장의 마음을 얻었다. 조직을 살리려는 진정성이 얼마나 중요한 지 깨닫게 되었다. 조직 친화적 결론

어찌 보면 단순해 보이는 스토리다. 어떤 가게에 알바를 갔는데 가게 장사가 되지 않아 얼마지 않아서 그만 두게 되었다는 스토리다. 이런 스토리가 위의 3가지 방식의 스토리텔링적 처리를 통해서 훨씬 울림있는 스토리로 변모하고 있음을 깨닫게 되었을 것이다.

(3) 기업에서 좋아할 스토리를 모으자

우리는 살면서 많은 체험을 한다. 그런 체험들 모두다 자소서에서 쓰일 수는 없다. 자신의 자소서를 읽을 독자는 자신이 아니라 자신을 뽑아줘야 하는 사람들이다. 따라서 자신의 주장을 뒷받침하는 스토리도 자신보다는 회사사람들이 좋아할만한 내용들 위주로 모아야 할 것이다. 그래서 이 책의 2장 (1)절 "회사에서 요구하는 사항을 잘 표현한 자소서"를 다시 한 번 읽어보기 바란다. 그리고 그런 경험과 관련된 스토리 위주로 모으자. 다시 한 번 정리해 보면, 협업을 잘하는 사람, 진취적인 사람, 충성도가 강한 사람, 리더십 있는 사람, 운동을 좋아하고 팀웍을 중시하는 사람, 그리고 자신의 목표 기업이 원하는 인재상과 관련되는 에피소드, 그리고 실무경험과 관련된 에피소드 등과 관련된 스토리 위주로 에피소드를 모아라.

하나의 예를 들어보자. 이 학생은 공동생활을 하는 과정에 불미스런 상황으로 위기가 닥쳤을 때 자신을 희생하고 적극적으로 대처해서 공동생활을 원만하게 이끌어간 경험을 쓰고 있다. 이 학생의 글 또한 3가지 단계로 정리하니까 글의 뼈대가 분명해지고 이해하기 쉽게 다가온다.

아래 글은 2015년 수업시간에 제출된, 학생의 글이다.

2장 자소서 몸 풀기

구분: 휴학기간
기간: 2012~2014년

호주로 워킹홀리데이를 갔을 때 쉐어하우스 라는 곳에서 머물렀습니다. 여러 하숙생들이 공용 냉장고를 사용하다보니 음식이 자꾸 사라진다는 불평, 불만이 있었고 이제 막 머무르던 제가 의심까지 받는 상황이 왔기에 이를 좋게 해결해야 했습니다. ➜➜ 상황

저는 저녁에 모든 하숙생을 소집해, 먼저 정중하게 사과를 하고 '제가 처음이라 착각했습니다' 라고 대신 뒤집어쓰고, 그들에게 조촐하지만 직접 만든 저녁식사를 대접했습니다. ➜➜ 액션

그 결과 오히려 사이가 돈독해지고 이후 한 번도 음식이 사라지는 일이 없었습니다. 때로는 대를 위해서 소가 희생해야하는 것이 단체생활에 좋은 영향을 끼친다는 것을 알게 되었습니다. ➜➜ 교훈

이러한 조직친화형 인물을 좋아하지 않는 회사는 없을 것이다. 다음 글은 그러한 조직친화적 특성이 잘 살아있는 글이다. 이 글은 금호타이어 합격자소서의 일부이다. 이 스토리도 자신보다 조직을 위해 희생적으로 노력한 경우이다.

개인적인 어려움과 희생을 각오하고 윤리적, 도덕적으로 행동했던 경험 [100자 이상 600자 이내]

〈서로를 생각하는 마음〉

군대 훈련소 시절 제 옆 훈련생은 남들보다 행동이 느리고 미숙하여 적응하기 힘들어하였습니다. 어느 날 대청소를 끝마치고 검사를 받는데 침상 밑바닥에서 걸레가 발견되었습니다. 이 일로 조교는 모두에게 얼차려를 주며 범인을 찾았습니다. 걸레로 청소한 사람이 제 옆 동기라는 것을 알고 있었고 두려움에 말하지 못하고 있다는 것을 눈치 챌 수 있었습니다. ➜➜ 상황

저는 자진해서 제가 실수 한 것이라고 나섰고, 벌점과 개인적으로 얼차려를 받게 되었습니다. 얼차려 후 자리로 돌아온 저에게 제 옆 동기는 자기의 실수였다고 말하고 저에게 미안한 마음을 표현하였습니다. 저는 동기가 주눅이 들지 않게 앞으로 더 잘하자며 장난을 쳤습니다. 저의 전우애가 모두에게 전달되었는지 저희 생활관 훈련생들은 누구보다 서로를 잘 생각하면서 열심히 훈련에 임했고 이 시너지 효과로 퇴소 때 조교들에게 인정받는 소대로 중대장님께 칭찬을 받게 되었습니다. ➜➜ 액션

이 일로 저에게 단체생활에서 서로를 생각하고 배려하는 것이 얼마나 중요한 것이고 이는 긍정적 피드백이 된다는 것을 알게 되었습니다. 금호타이어에서도 나 자신만이 아니라 주변인을 생각하고 배려하는 일원이 되겠다 다짐합니다. ➜➜ 교훈

(2015년 금호타이어에 합격한 제자의 자소서 중)

유비무환 퍼펙트 자소서

　　이처럼 자신의 스토리를 모아 기업이 좋아할만한 인재상과 결부시키면 그것이 바로 훌륭한 자소서가 되는 것이다. 아래 글은 2015년 수업시간에 제출된 글이다. 이 글에는 실제 작업 현장에서 자신의 노력으로 어려움을 극복하는 과정이 잘 나타나있다.

　기간: 2008년 7월
　　때는 더운 여름이었다. 당시 나는 공장에서 생산직으로 근무를 하고 있었는데 근무 환경이 매우 더운 곳이었고 거기다가 생산라인이 3개인데 당시 작업자가 몇 명이 나오질 안아서 라인이 2개 밖에 돌지 않았고 그래서 생산량도 안 나와서 다들 예민한 상태였다. 당시 나는 곧 군대를 갈 상황이어서 단순한 페인트칠을 하는 업무를 맡고 있었는데 과장님께서 급히 날 찾아오시더니 아무래도 라인 투입을 해야 할 것 같다고 하셨다. ➡➡ **상황**

　　당시 나는 근무 한지 약 1년 정도 되었고 웬만한 라인 작업은 할 줄 알았다. 그렇게 나는 3번째 라인에 투입이 되었다. 상황은 생각보다 많이 안 좋았고 잘하면 점심시간에도 근무를 하게 되는 상황이었다. 나는 재빨리 내가 맡고 있는 라인의 제품을 생산하기 전에 우선 많이 힘들어하는 라인의 제품을 생산 먼저하고 그동안 쌓여있던 우리라인의 제품을 뽑기 시작했다. 그렇게 점점 뒤에 밀려있던 제품들은 줄어들어갔고 현장 분위기 또한 점점 안정을 찾아갔다. ➡➡ **액션**

　　반장님의 얼굴엔 미소가 떠오르고 주변 형들은 나에게 "xx 군대 가면 어쩌나" 라고 아쉬움을 나타내는 말도 오갔다. 그 말을 들으니 어깨가 으쓱해지고 내가 하는 일에 자부심도 느끼게 되었다. 그로 인해 나는 앞으로도 어떤 일을 할 때 장인정신으로 내가 아니면 안 된다는 생각으로 일을 해야겠다고 다짐했다. 그렇게 현장은 다시 평온을 찾았고 주변 동료들과 같이 즐거운 점심식사를 할 수 있게 되었다. ➡➡ **교훈**

　　다음 글은 2015년 수업시간에 제출된 글로서, 봉사활동과 관련된 에피소드이다. 많은 회사들이 봉사활동 경험을 좋아한다. 봉사적인 인간형은 기업이라는 조직에서 필요한 유형이기도 하고, 회사가 대외적으로 표방하는 기업의 사회적 의무를 강조하는 기업 홍보적 이미지에 도움을 주기도 한다. 특히 포스코나 LG그룹은 대외적으로 사회에 봉사하고 기업의 이윤을 사회에 환원하는 대표적인 기업이기 때문에 이러한 기업의 자소서에는 이러한 봉사활동을 활용한 스토리텔링이 유효하다고 할 수 있다.

　　대학시절 한 학기 동안 보건복지부 금연홍보대사로 활동한 적이 있습니다. 금연은 흡연자들에게는 민감함 부분일 수 있기 때문에 어떻게 홍보 활동을 해야 할지 걱정이었습니다. ➡➡ **상황**

　　저와 팀원들은 50명 금연 성공시키기라는 목표를 세웠습니다. 그리고 금연 의지가 있는 사람들을 위한

> 이동식 금연클리닉을 열었습니다. 금연 사업을 하고 있는 북구보건소에 찾아가 보건소 측과 연계하여 더 큰 시너지 효과를 발휘할 수 있었습니다. 그리고 금연서약을 한 사람들과 지속적인 소통을 하기 위해 3개월간 문자로 금연 채킹도 해주었습니다. ➔➔ 액션
>
> 우리의 열정을 전달하는 일은 쉽지 않았지만, 활동을 마치고 나서야 누군가를 설득하기 위해서는 일방적인 권유가 아닌 쌍방향의 소통과 관심이 필요하다는 것을 배웠습니다. ➔➔ 교훈

그와 유사한 봉사활동 체험을 하나 더 들어본다. 이 글은 2015년 수업시간에 제출된 글로서, 여기에서도 상황에서는 어려운 난관이 자신의 노력(액션)을 통해 극복되고 봉사활동의 중요성을 깨닫게 되는 교훈으로 끝난다.

> 대학생활 중 가장 기억에 남는 것이 SKT 봉사단에서 주말마다 저소득 가정에 도시락 배달을 했던 일입니다. 그러나 사회적 약자라는 생각에 경계심 많았던 가족들을 만나면서 어려움이 많았고, 주어진 3~4시간 동안 200여개의 도시락을 배달하는 일은 만만치 않았습니다. ➔➔ 상황
>
> 저는 주민들 한 분 한 분에게 ○○어머니라고 부르며 가까워지도록 노력했습니다. 뿐만 아니라 우리를 기다리시는 분들과 약속을 지키기 위해, 팀원들과 이동경로와 시간을 분배했고 항상 제 시간에 배달을 마쳐 신뢰를 얻었습니다. ➔➔ 액션
>
> 처음에는 문조차 열어주기 꺼려했지만, 매 번 봉사가 끝날 때면 빵 하나라도 쥐어주고 싶어 하시는 어머니들을 보면서 우리 사회의 인간미도 느낄 수 있었습니다. 나보다 힘든 처지에 있는 가족과 아이들을 만나면서 오히려 힘이 되었고, 제가 그 분들로부터 용기를 얻었던 값진 경험이었습니다. ➔➔ 교훈

그리고 다음 글은 2015년도 수업시간에 제출된 글로서 위기대처능력과 관련된 스토리이다. 외부에서 작업하는 환경이나 위험이 도사리고 있는 작업장에 근무하는 업무를 해야 하는 직종에서는 이러한 능력을 필요로 하는 것이 많다. 따라서 자신의 작업환경이나 직종과 관련해서 중요한 덕목이나 경쟁력과 관련된 스토리를 모으는 것이 중요하다.

> 군 전역 후 매일 매일 똑같은 일상을 보내며 지내던 중, 아는 지인의 소개로 인하여 xx지역 제 3공단에 위치해 있는 한 공장에 입사를 하였다. 나의 주 업무는 CO_2 용접을 하며 대형 차량 적재함을 만드는 것이었다. 어느 날 평소와 다름없이 일을 하다 남자 비명소리가 들렸다. 깜짝 놀라 그 곳으로 달려가 보니 다른 라인에서 일을 하던 형이 고속절단기를 사용하다가 손가락을 다친 것이었다. 다행이 2겹의 장갑으로 인해 절단은 되지 않고 깊이 파였지만 출혈이 심한 상태였다. ➔➔ 상황

> 　당시 공장에는 마땅히 치료를 해 줄 사람도 없었을 뿐 더러 병원으로 가기 전 지혈도 못하고 있는 상황이었다. 그 순간 재빨리 사무실로 올라가 깨끗한 손수건을 챙겨 다시 현장으로 왔다. 군 시절 배웠던 지혈법이 생각났다. 상처부위에 깨끗한 손수건을 감고 작업복 상의에 있던 볼펜을 하나 꺼내 고정을 시키고 지혈을 시킨 후 병원으로 이송했다. 그 형은 치료를 받고 다시 돌아왔고 나에게 진심 어린 고마움과 함께 시원한 콜라를 건넸다. ➡➡ 액션
>
> 　현장 직원들과 사무실 직원들은 나에게 놀람과 동시에 칭찬을 해주었다. 만약 내가 그 상황에서 지혈을 할 줄 몰랐다면 어찌 되었을까? 참으로 아찔한 상황에서 침착하게 대처할 수 있었던 것은 지혈을 할 줄 알았기 때문이었고, 그로 인해 내가 속한 직장에서 나름 역할을 했다는 생각에 기뻤다. 그리고 그 후 작업장에서 사고나 안전에 대비할 수 있도록 좀 더 전문적인 준비를 하기 시작했다. ➡➡ 교훈

　다음의 경우는 2015년 수업시간에 제출된 글로서, 문제해결능력이 좋은 사례로 활용될 수 있는 에피소드이다. 모든 것이 완비된 현장이란 존재하지 않으며, 모든 인적 물적 자원은 항상 제한적이기 때문에 어려운 환경 속에서 현장에 대응해가는 능력은 기업이 좋아할만한 성향이므로 이런 종류의 스토리를 많이 모으면 자소서에서의 활용도가 높아진다.

> 　군 생활 중, 필리핀 파병을 갔었을 때의 일이다. 여느 때와 같이 현지 복구 현장에 나가서 지붕 철골 구조 용접을 하고 있던 나는 다른 팀원들이 미장을 하는데 미장 칼이 부족하다는 얘기를 듣게 되었다. ➡➡ 상황
>
> 　당시 용접병으로 파병을 갔던 나는 팀장님이 미장 칼을 만들어 달라는 말을 듣고 쓰고 남은 규격이 큰 C형강을 가져다가 미장 칼 모양으로 용접절단을 하고 고속절단기의 옆면을 이용하여 다듬기를 하였고, 철근을 잘라서 손잡이를 만들었다. 미장 칼 3개를 만들어서 다른 팀원들이 미장을 하는데 사용하였고, 그 미장칼로 인해 우리가 해야 할 복구사업을 원활히 수행할 수 있었다. ➡➡ 액션
>
> 　팀장님은 나에게 '이가 없으면 잇몸으로 살아가는 방법을 잘 알아서 두루두루 쓸모가 있는 놈' 이라는 칭찬을 해주었다. 준비되지 않은 환경에서도 주어진 자원을 활용하여 문제해결을 하기 위해서는 적극성과 창의성이 필요함을 깨닫게 되었다. ➡➡ 교훈

(4) 자기 주도적 스토리

　아무리 좋은 스토리라 하드래도 진술하는 사람 자신이 그 스토리의 주인공이 아니라면 그 스토리는 의미가 없어진다. 물론 그렇다고 해서 철저히 자신의 의도대로 성취된 경험을 얘기하는 것이 아니라, 자신이 스토리 전개의 중심에 있어야 한다는 것이다. 만일 스토리에서 자기 주도성이 빠진다면, 그것은 자기 소개서가 아니라 다른 사람의 자소서가 되기 때문이다.

3장

자소서
쓰기

03장 자소서 쓰기

목차

1. 성장과정
2. 성격의 장·단점
3. 지원동기
4. 입사 후 포부
5. 지원동기 및 입사 후 포부
6. 경험을 요구하는 유형들
7. 1분 자기 PR

01 성장과정

일반적으로 학생들에게 〈성장과정〉을 쓰라고 하면, 두 가지 타입이 제일 많다.

첫째, 자신의 삶에서 중요한 전기적인 사실을 늘어놓는 경우다. 마치 자서전을 쓰듯이 시시콜콜한 이야기까지 쓴다. 이런 타입이 가장 잘 쓰는 방식은 다음과 같은 방식이다.

> 아버지인 ***와 어머니인 *** 사이에서 차남으로 출생했다. 아버지는 엄격한 원칙과 습관을 형성해주는 교육을 강조하셨고, 어머니는 인자하고 따뜻한 분이셨다.

그리고 또 하나의 타입은 마치 이력서를 쓰듯이, 어디 초등학교를 나와, 중학교, 고등학교, 대학교의 무슨 학과까지 나열하는 경우도 있다. 지원서에 첨부한 이력서와 대동소이하다. 이런 글을 읽고 좋은 점수를 줄 평가자는 없을 것이다. 산더미처럼 쌓인 자소서를 평가자들은 쭉 읽어가다가 이런 투의 글이 나오면, 짜증을 내던지, 졸던지 둘 중 하나의 반응을 보일 것이다.

그리고 또 하나 자주 범하는 오류가 있다. 그것은 〈성장과정〉에서 부모의 영향을 강조하려다가 부모에 대한 얘기가 너무 많이 나오는 경우다. 이런 경우 잘못하면 자신의 자소서가 아니라 아버지나 어머니의 자소서가 될 가능성이 있다. 이런 글의 대부분은 부모에 대한 존경심에서 비롯되는 경우가 많다. 특히 부모의 이혼으로 경제적으로 궁핍해진 상황에서 부모의 헌신적인 노력으로 지금까지 상당한 성취를 이뤘다고 생각하는 경우, 그러한 부모에 대한 감사와 죄스러움이 동기가 되어 글의 대부분을 부모 이야기만 하다가 끝나는 경우도 있다. 하지만 그런 내용은 간략히 줄이고 그런 영향으로 변모해서 긍정적으로 발전되었거나 주변으로부터 인정받은 경험을 더 많이 쓰는 게 좋다. 그래야 부모가 아닌 자신의 자소서가 되기 때문이다.

그렇다면 〈성장과정〉에는 무엇을 써야할까? 〈성장과정〉을 통해 기업이 알고자 하는 내용은 이 사람이 우리 회사에 맞는 사람인가? 우리 조직 속에 들어와 잘 적응할 사람인가의 여부이다. 또는 그 〈성장과정〉을 통해 그가 가장 소중하게 생각하는 인생관이나 가치가 무엇인지 알고자 할 것이다. 그래서 그것이 자기네 회사의 인재상과 부합하는지를 알고 싶어 할 것이다. 그런 까닭에 〈성장과정〉을 쓰기 전에 먼저 해당 회사의 인재상을 살피고 자신이 주장하는 가치와 회사의 인재상이 서로 잘 어울린다는 점을 자연스럽게 설득해야한다.

다음의 자소서를 읽어보면서, 〈성장과정〉에서 지원자 자신의 가치관과 그것을 입증하기 위해 어떤 내용을 채워야 하는지 생각해보자.

"똥 눌 때도 온 힘을 다해라" 아버지께서 어린 시절 제게 무슨 일을 시킬 때 저의 귀가 닳도록 자주 하시던 말씀이었습니다. 또한 아버지의 삶은 매사에 최선을 다하는 것이 얼마나 큰 경쟁력인지를 몸소 보여주시는, 제 삶의 자세에 대한 롤모델 이셨습니다.

아버지의 이런 언행을 자연스럽게 따르면서 그러한 가르침은 어느 덧 저의 생활습관으로 자리 잡기 시작했습니다. 그래서 어떤 일을 새로 시작할 때 저는 매사를 철저히 준비하고 시뮬레이션해서 문제점을 파악했고, 그러한 문제점을 신속히 해결한 뒤 일에 뛰어드는 책임감을 몸에 익히게 되었습니다.

편의점 아르바이트를 처음으로 결심할 때였습니다. 저는 아버지 말씀이 떠올랐고, 그래서 그 일을 아르바이트가 아니라 제 자신의 일로 받아들였습니다. 하지만 편의점 근무는 처음이어서 '과연 내가 잘 할 수 있을까' 하는 걱정이 앞섰습니다. 그래서 오래전부터 편의점 아르바이트를 하고 있는 친구가 근무하는 곳으로 가서 POS(Point of Sales) 사용법과, 재고관리 방법, 고객접대 방법 및 고객 만족적 서비스 등에 대해 상세

유비무환 퍼펙트 자소서

히 배웠습니다. 그렇게 1주일을 보낸 뒤, 저는 제가 매장에서 손님이 왔을 때 어떻게 할 것인가를 꾸준히 이미지 트레이닝까지 했습니다. 그러고 나니 이제 그 일을 해도 될 것이란 확신이 와서 일을 시작했습니다. 그리고 실제로 매장에 가서도 며칠이 지난 뒤부터는 헤매지 않고 익숙하게 처리할 수 있게 되었습니다.
　아르바이트를 시작한 뒤 며칠이 지나면서 능숙한 일처리와 최선을 다하는 근무태도로 인하여 사장님으로부터 신임이 날로 두터워져만 갔습니다. 그런데 새 학기 시작이 되어서도 사장님은 계속해서 근무해주기를 원했으나, 학업과 병행할 수 없어서 후임 아르바이트생을 받아놓고 그가 편의점 일을 완전히 숙달하기까지 교육을 시킨 다음, 그 일을 그만두게 되었습니다. 모든 일에 최선을 다하는 저의 이러한 노력은 입사 후에 더욱 배가될 것입니다. 회사는 아르바이트보다 더욱 중요한 저의 인생 자체이기 때문입니다.
　(인터넷 글을 필자가 변형시켰음. 위 글의 원 저자를 찾을 수 없어 허락받지 못한 점, 양해바랍니다.)

　위 글의 원본은 필자가 아주 오래 전에 인터넷에서 보았는데, 글이 너무 좋아서 받아놓고, 글을 완전히 변형시켜서 수업시간에 활용하고 있는 글이다. 학생들에게 이렇게만 쓰면 최고의 〈성장과정〉이 될 것이라고 강조하곤 한다. 이 글은 첫마디가 "똥 눌 때도 온 힘을 다해라"로 시작한다. 수많은 자소서를 읽다가 이런 표현을 대하면, 지친 평가자의 눈이 번쩍 뜨이고 그는 빙그레 웃을 것이다. 그러면서 거의 비슷한 글들만 지겹게 읽다가 이런 글을 대하면 마치 고된 작업에 대한 보상처럼 느껴지기도 할 것이다.
　이 글의 구조는 두 개의 층으로 이뤄져있다. 먼저 자신이 가장 중요시 하는 가치관을 얘기한다. 그런 다음, 아버지 얘기를 길게 하지 않고, 바로 자신의 에피소드를 통해 자신이 자신보다 자신이 일하는 일터에 얼마나 최선을 다하는 사람인지 상술하고 있다. 그가 아르바이트를 하면서도 그 아르바이트를 성공적으로 수행하기 위해 얼마나 노력해서 성과를 이끌어내는지 잘 나타나있다. 처음에는 웃음을 자아내게 했다가 뒷 부분 쯤 가면 진지하고 진정성 있는 노력을 칭찬하고 싶어진다. 그리고 '이 친구를 한번 만나보고 싶다'는 생각까지 갖게 된다.

　다음 글은 2013년 수업시간에 제출된 학생의 글로서, 또 다른 방식의 〈성장과정〉 기술이다.

〈공장에서의 3정 5S = 하루방청소20분〉[17]
　집이 깨끗하지가 않은데 어떻게 밖에서 일이 잘 풀리겠느냐? 어머니께서 아침에 저의 방을 들어오시면서 항상 하시는 말씀이셨습니다. 학원에 늦게 가도 좋고 숙제를 하지 않아도 좋다. 하지만 청소는 매일 빼먹지 말거라. 자기관리에 철저하신 아버지의 말씀이셨습니다. 부모님을 제외하고 학교선생님이나 학원선생님들께선 수학과 영어를 강조하셨던 터라 우리 부모님이 유별나다고 생각하였습니다. 하지만 삼일에 한번은

> 청소를 하기 바라셨던 어머니의 쓴 잔소리가 지금의 저에게 성실로 자리매김 되었습니다. 저에게 청소라는 성실을 가르쳐주시고 싶으셨던 것을 뒤늦게 알았습니다.
>   그 어떠한 일을 하기 전에 저는 주변 정리 및 청소를 하기에 남들보다 먼저 행동하고 일찍 일어납니다. 하루 방청소 20분. 저는 남들보다 하루를 20분 더 일찍 시작하는 *** 입니다. 이제 먼저 시작하는 20분을 귀사에 쓰고 싶습니다.

〈성장과정〉이라 해서 꼭 자신의 전기적 사실에 집착할 필요는 없다. 오히려 좀 더 적극적으로 자신이 그 회사에 도움이 되는 사람이라는 점을, 그러니까 자신의 습관이 입사 후 근무하는데 회사에 도움이 되는 식으로 형성되었다는 점을 강조하는 것이다. 생산직의 경우, 어떤 작업장이든 3정5S는 중요한 요소이다. 작업장이 잘 정돈되어 있으면 업무의 효율성에 도움이 될 뿐만 아니라, 안전사고도 예방할 수 있고, 재고가 발생하지 않는 환경이 되어 원가를 낮추는데도 도움이 된다.

〈성장과정〉은 가급적 긍정적인 사건과 해석을 쓰는 게 좋다. 하지만 불행했던 과거에 대한 기술이 자소서 평가자의 마음을 움직이는 경우도 있을 수 있다.

아래 글은 미국 42대 대통령 빌 클린턴(Bill Clinton | William Jefferson Blythe IV, 1946~, 미국)의 성장과정과 관련된 글이다. 클린턴은 불우한 유년기를 보냈다. 1946년 8월 19일 유복자로 태어난 클린턴은 숱한 위기와 고비를 겪어온 자신의 성장기를 다음과 같이 해석함으로써 남다른 의미부여에 성공했다.

> "나는 아버지에 대한 기억 때문에 보통 아이들보다 어린 나이에 나 자신의 죽음에 대해 생각할 수 있었다. 나 역시 젊어서 죽을 수도 있다. 그런 생각을 하다보면 삶의 매 순간을 최대한 활용하고 다음의 더 큰 도전을 향해 앞으로 나아가야 한다는 결심이 단단해지곤 했다. 그래서인지 나는 설사 어디로 가야 할지 잘 모르는 경우에도, 늘 어딘가를 향해 서둘러 가고 있었다."

이처럼 자신의 불우한 시절에 대한 얘기를 〈성장과정〉으로 활용할 수도 있다. 그러한 불우한 시간들이 있었음에도 그것을 극복하기 위해 열심히 노력했고, 나중에 큰 성공을 거두거나

---

17) 3정(정위치, 정품, 정량) 5s(정리, 정돈, 청소, 청결, 습관화)

유비무환 퍼펙트 자소서

사람들의 인정을 받게 되는 이야기는 평범한 사람들의 이야기보다 훨씬 감동을 준다. 이를테면 이러한 경우도 생각해볼 수 있다.

> "저는 어렸을 때 부모의 이혼을 경험했습니다. 이혼하기까지 부모님들의 불화는 어린 저에게 큰 상처와 각성을 동시에 안겨주었습니다. 그래서 저는 그 이후, '나는 커서 행복한 가정을 꾸려야겠다'는 꿈을 갖게 되었고, 그러한 꿈을 이루기 위해 남보다 훨씬 노력했고, 책임감 강한 사람으로 성장할 수 있었습니다."
> (필자가 만든 글임)

힘들고 불우했던 어린 시절의 불행을 극복하기 위해 부단한 노력을 기울였다는 점만으로도 글을 읽는 사람의 마음에 잔잔한 감동을 줄 수 있을 것이다. 인간은 환경의 지배를 받기도 하지만, 그 환경을 극복하는 경우 또한 적지 않다. 옛날에 어떤 술주정뱅이에게 쌍둥이 아들이 있었는데, 한 아이는 그 아버지와 마찬가지로 평생을 술주정뱅이로 살았고, 다른 한 아이는 어려운 가정환경을 극복하고 완전히 성공한 인생을 살았다고 한다. 이 아이는 자신의 불행을 아버지 탓만 하지 않았고, 또한 아버지처럼 되지 않기 위해 피나는 노력을 기울였다고 한다. 그 둘은 쌍둥이인데도 부정적 환경을 전혀 다른 방식으로 받아들인 것이다. 부정적 환경은 인간의 삶에 부정적 영향을 끼치기 쉽지만, 그렇기 때문에 자신의 성장과정이 순탄치 않았다고 하더라도 그러한 환경을 극복하기 위해 부단히 노력해서 성과를 거둔 삶을 살았다면, 그러한 인생의 기록은 평범하게 살아온 사람보다 훨씬 더 자소서 평가자의 마음을 움직일 수 있을 것이다.

이런 방식으로 써진 학생의 글을 소개한다. 이 글은 2013년도 필자의 작문수업시간에 제출된 글이다.

> 누구나 어려운 상황이 닥치게 되면 막막해지고 포기하고 싶은 생각이 들게 될 것입니다. 이처럼 저도 중학교 때 아버지의 사업실패로 인하여 집안사정이 힘들어지게 되었습니다. 그러다보니 친구들이 입고 싶은 옷을 사서 입을 때 저는 입고 싶은 옷조차도 입기 어려울 정도로 힘들게 살아왔었고, 설상가상으로 어머니께서 과로로 쓰러지시게 되셨습니다. 그 때 당시에 저는 방황을 하다가 어머니의 소식을 듣게 되었고, 병원으로 달려가 어머니께서 누워계신 모습을 보게 되었습니다. 저는 그 모습을 보고 어머니께서 이렇게 되신 것이 제 잘못인 것 같아서 제 자신이 너무나도 밉고, '왜 이렇게 살았을까'라는 후회를 하게 되었습니다. 그래서 저는 이때부터 '더 이상 이렇게는 살지 말자'라는 다짐을 하고, 제 자신을 리폼하기 시작하였습니다. 처음에 작게는 거친 말투나 급한 행동을 수정하기 위하여 1주일 동안 정신력 개선 프로그램에 참가하였

> 으며, 크게는 전기기능사 자격증을 취득하기 위하여 낮에는 필기를 공부하고 밤에는 혼자 남아서 실기를 연습하는 등 제 자신을 리폼하려고 노력하였습니다. 이처럼 비온 뒤에 땅이 굳는 것처럼 저도 예전의 ***보다 더욱 발전된 ***이 되었다고 생각합니다.

이 학생은 어려운 어린 시절, 어머니의 헌신적 노력과 희생의 모습을 보며 동기유발이 되어서 자신의 삶의 방향을 바꾼 뒤, 어려움을 극복하기 위해 노력해온 자신의 노력을 상술하고 있다. 변화의 순간을 포착하고, 그 이후 새로운 각오로 새롭게 삶을 개척한 이야기는 누구에게나 감동을 줄 것이다.

또 하나 추천하고 싶은 〈성장과정〉 쓰기 방식은 조직에 맞는 인간형으로 성장하게 되었음을 진술하는 것이다. 물론 이런 인간형을 회사의 인재상과 맞추면 금상첨화일 것이다. 2014년 수업시간에 제출된 아래의 예문을 보자. 이 학생은 〈성장과정〉을 자신의 시골에서의 노동 과정에서 배운 두레와 품앗이에 대해 설명하고 있다. 말하자면 농경시대의 협동노동인 품앗이 체험을 통해 협업을 배우게 되었다는 얘기다.

> 〈1 + 1 = 3〉
> 친구들과 어울리고 놀기 좋아하는 어린 시절, 어머니께선 매일같이 밭으로 데리고 나가셨습니다. '우리 집 일도 아닌데 왜 도와줘야하지?' 하며 입이 쑥 튀어나와 마지못해 일을 했던 게 기억납니다. 그러던 어느 날 아침 일찍 어머니와 콩을 메러 나갔는데 단 둘이 하기엔 밭이 너무 넓었습니다. 답답해하던 그 때, 우리가 도움을 줬던 마을 분들께서 자기 일처럼 열심히 도와 주셨고 밭일은 반나절도 채 지나지 않고 끝날 수 있었습니다. 평균연령이 70대에 이르는 농촌사회가 이러한 협동으로 유지될 수 있었음을 두레와 품앗이라는 말을 들어보기도 전, 어린 나이에 이미 경험으로써 몸에 익힐 수 있었습니다. 협동의 중요성과 협동으로 인한 능률의 증대효과, 함께하면 1+1=3이 된다는 공식을 가슴에 새기게 된 소중한 체험이었습니다. 이러한 경험과 성장 환경은 현대위아가 추구하는 핵심가치에서 '소통', '협력'과도 맞닿아 있다고 생각합니다. 당시의 깨우침을 바탕으로 서로 간의 원활한 커뮤니케이션을 통해 협력하고 작업의 능률을 최상으로 만들 수 있는 '위아'인이 되겠습니다.

디지털시대는 기술의 진화속도가 거의 광속으로 가기 때문에 기업이 경쟁력을 갖기 위해서는 빠른 의사결정이 필요하고, 그러기 위해서는 여러 부서간의 협업이 필수적이다. 이러한 경향에 맞춰서 자신이 협업능력이 우수한 사람이라는 것을 강조하는 것은 당락에 중요한 요소가 된다. 이 학생의 〈성장과정〉은 바로 그러한 성향에 잘 어울리며, 자신이 취업하고자 하는 회사에 자신이 잘 맞는 사람이라는 점을 잘 설득하고 있다.

유비무환 퍼펙트 자소서

사실, 〈성장과정〉에서 가장 좋은 방식을 필자는 자신이 해당 조직에 맞는 사람임을 보여주는 것이라 생각한다. 그런 예를 하나 더 들어보고자 한다. 다음 글은 2017년 작문 수업시간에 제출된 글이다.

〈나의 가치를 높이자〉

주변 사람들에게 인정을 받고 싶다면 너의 가치를 높여라! 제가 어느 정도 성장하면서부터 아버지께서 자주 말씀 하셨습니다. 자주 말씀 하시던 아버지의 영향을 받아 "나는 무슨 일이든 최선을 다해 주변사람들에게 인정을 받겠다."라는 다짐을 새기게 되었습니다.

스물 다섯살, 아버지께서 다니시는 회사에 단기 아르바이트를 할 때였습니다. 병을 공급해주는 오퍼레이터 보조 역할을 맡은 저는 갑작스러운 직원분의 휴가로 한 달간 오퍼레이터의 업무를 보게 되었습니다. 혼자 업무를 맡게 된 저는 출근시간을 앞당겨 당일 해야 하는 업무준비를 하였고, 상황 발생 시 대처방안을 생각하였습니다. 이를 바탕으로 라인 가동 중 잔 고장에 효율적으로 대처하며 생산에 차질이 없게 하였습니다. 한 달 뒤 생산에 차질 없이 업무를 맡은 결과 계장님으로부터 "잘했다"라며 인정을 받을 수 있었습니다. 저는 저의 가치를 높이기 위하여 최선을 다했던 이때의 경험을 떠올리며 초심을 잃지 않는 사원이 되겠습니다.

이 글은 〈성장과정〉의 전형적인 방식이라고 할 수 있다. 자신이 지향하는 가치가 '최선을 다해 인정받는 사람이 되자'는 것이란 점을 먼저 밝히고 있고, 그것을 입증할 수 있는 구체적 에피소드를 통해 스토리텔링하고 있다. 그러면서 입사 후에도 이런 노력을 기울이겠다는 점을 강조하며 글을 맺고 있다.

2016년도 수업시간에 제출된 다음 글 또한 〈성장과정〉에 자신이 관련되었던 조직을 위해 자신에게 가해지는 어려움을 인내로 극복한 체험을 쓰고 있다. 자신을 알아주지 않고 오히려 적대시하는 사람들에게 인정받기 위해 노력하여 어려움을 극복한 체험을 통해 어떤 조직의 일원이 된다 해도 인내와 최선을 다하는 자세를 통해 인정받고 동화되어갈 수 있는 사람이라는 점을 강조하고 있다.

성장과정

〈매사 최선을 다하고 절대 포기하지말자〉

어렸을 적부터 저희 가족은 제게 무슨 일이 있어도 참고 견디라, 당장은 아무도 알아주지 않지만 참고 버티며 저의 일을 묵묵히 해나간다면 반드시 누군가는 알아준다고 하셨습니다. 이러한 가르침은 저의 인내심을 키워주는데 큰 도움을 받았습니다. 첫 아르바이트를 하던 시절 홈플러스에 들어갔지만 모르는 것도 많았고 그 곳에서 일하는데 있어서 텃새를 심하게 받았습니다. 참고 참아내며 저는 일을 수월하게 처리해서 누군가에게 반드시 인정받고 싶었습니다. 그래서 항상 30분 일찍 출근하는 버릇을 들여 아침마다 업무를 수월하게 할 수 있게 준비해뒀고 직장상사님들이 다음 업무를 준비하는데 큰 도움을 주었습니다. 또한, 아르바이트생이 하지 않는 부분까지 배우면서 점장님의 눈에 띄게 되었고 생각지도 못한 중요한 직책을 맡게 되었습니다. 점장님께서는 "내가 위쪽으로 발령받아도 온다고 하면 데려가고 싶다." 라고 하시며 신뢰하셨고 어느새 매장 내 직원들에게 인정받는 직원이 되었습니다. 이 일을 시작으로 저는 인내심을 가지고 포기하지 않고 내 할 일을 묵묵히 해나간다면 주변사람들이 반드시 인정하고 알아준다는 것을 깨닫게 되었습니다. 제가 가진 무기는 바로 인정받기 위해 매사에 최선을 다해 노력하고 참고 견디는 인내력입니다.

다음의 자소서는 2017년도 3월에 한솔케미칼에 합격한 학생의 자소서이다. 이 학생은 〈성장과정〉을 리더십을 배우게 된 경험으로 대신하고 있다. 자신이 군 생활 중에 리더로서 성장하는 과정을 대단히 구체적으로 그리고 진정성 있게 표현하고 있다. 그래서 이런 〈성장과정〉을 통해 자신이 따뜻한 협업적 리더십을 갖게 되는 계기가 되었음을 차분하게 설득하고 있다.

성장과정

〈처음 하는 리더〉

저의 학창시절은 리더십과는 거리가 멀었습니다. 그저 남들 하는 대로 따라가기에 급급한, 리더십이라고는 눈 씻고 찾아볼 수 없었습니다. 그런 제가 군에 입대하여 작업을 도맡아 하는 분대에 배치되었습니다. 그동안 지내왔던 대로 막내 생활을 하다가 시간이 지나면서 계급이 점점 높아지고 선임들의 교육을 받아 가면서 점점 변화하는 저를 느꼈습니다. 예초 작업을 하기 전, 필요한 공구들을 찾아서 모아놓고 휘발유와 엔진오일을 섞어놓는 등 작업에 필요 것들을 준비하는 능동적인 분대원이 되었습니다. 저는 분명 저와 같은 어려움을 겪는 이들이 있으리라 생각했습니다. 이에 저의 경험을 토대로 적응하는 데 도움을 주고, 그들의 고민을 털어놓을 수 있는, 소통을 목표로 하는 분대장이 되고자 하였습니다. 하지만 아무리 변화했다고 하더라도 처음 맡는 리더라는 자리였기에 작업을 분배하고 지시하는 것 등에 어려움을 겪었습니다. 그러나 하나 둘 분대원들을 알아가고 잘하는 것이 무엇인지 어떤 점이 부족한지를 파악해가며 적절하게 작업을 지시 할 수 있었습니다. 또한, 분대원들에게 저의 이야기를 먼저 해주며 친근하게 다가가서 고민거리를 들어주고 해답을 찾아 주지는 못하였지만, 마음의 짐을 덜 수 있도록 노력하였습니다. 그렇게 작업 외에는 형 같은 분대장, 일과 시간에는 나름의 철저한 분대장의 모습을 해가며 분대를 이끌어가니 분대원들도 잘 따라주었고, 제가 분대장을 맡고 전역할 때까지 이렇다 할 큰 사고 없이 차기 분대장에게 자리를 내어줄 수 있었습니다. 잘 할 수 있을까 하는 의구심이 앞섰지만, 과거 저의 경험과 대화를 통해 분대장이라는 임무를 수행할 수 있었습니다. 경험과 대화 이 두 가지를 바탕으로 상호성장을 추구 하는 한솔인이 되겠습니다.

(2017년 3월 한솔케미칼에 합격한 제자의 자소서 중)

이처럼 〈성장과정〉은 어떤 기업에서 근무하기 적절한 인성과 원만한 인간관계 등을 갖고 있음을 강조하는 것이 좋다. 특히 그 회사가 그 업무에서 요구하는 특성에 맞는 인간이라는 점을 부각시킬 필요가 있다. 그래서 자신의 희망직무에서 요구되는 근무 자세나 인간적 성향 등을 먼저 생각해본 다음, 거기에 맞는 가치와 에피소드를 활용하여 작성하는 것이 좋다.

02 성격의 장·단점

〈성격의 장·단점〉 또한 〈성장과정〉과 유사하게 지원자의 인성을 파악하고자 하는 항목이다. 그래서 이 부분 또한 자신이 입사하기 원하는 기업의 인재상과 괴리되면 안 된다. 하지만 성격에 대해서 쓰라고 해서 마땅히 생각이 떠오르지 않거나 너무 평범하게 쓰질 것 같으면 직무와 관련된 자신의 장점과 단점을 써도 괜찮다. 요즘 자소서는 오히려 이런 부분을 더 강조하는 경향이 있다. 직무관련 장점들로는 협상력, 설득력, 친화력, 커뮤니케이션 능력, 경청, 분석력, 기획력, 수리적 마인드 등이고 이것들 중, 하나 선택해서 강조하고 그것을 직무적 경쟁력과 연결시켜서 진술하면 된다.

(1) 성격의 장·단점 쓰는 방식

〈성격의 장·단점〉을 쓰는 방식은 대단히 간단하다.
① 먼저 자신의 장점과 단점을 하나씩 선택한다.
② 그 다음, 장점을 쓰는데, 장점에 대한 부연설명을 한 뒤, 그 장점으로 인해 인정받았던 사건, 또는 어떤 사건을 통해 자신의 가장 중요한 가치관이 되어 그러한 성향이 자신의 주변에 도움을 주었던 사건을 쓴 뒤,
③ 그러한 장점이 입사해서 어떻게 기여할 수 있을 것인지를 쓴다.
④ 그런 다음, 단점을 쓰고, 그 단점이 주는 문제점을 살핀 뒤,
⑤ 그 단점을 고치기 위해 구체적이고 지속적으로 노력한 사례를 쓰고,
⑥ 이러한 노력이 계속될 것이라는 점을 강조하던지, 그 단점이 문제를 일으키지 않을 정도로 입사 후에도 꾸준히 관리할 것이라는 점을 진술하며 끝맺는다.

(2) <성격의 장·단점>을 쓸 때 주의할 점들.

1) 장점과 단점을 단락으로 구분해 쓰고, 각각 키워드를 소제목으로 제시한다.

장점이 경쟁력을 갖기 위해서는 조직에서 어떤 방식으로 활용될 것인가 하는 점을 보여줘야 한다. 그래서 장점과 함께 제시되는 에피소드 또한 어떤 조직 안에서의 경험을 쓰도록 한다. 만일 <성격의 장·단점>을 합해서 500자 이내로 쓰라고 한다면, 다음과 같이 쓰면 된다. 장점만 길게 쓰고 단점은 현저히 적게 쓰지 마라. 정확히 절반으로 나눠서 쓴다. 그러니까 500자 내로 쓰라고 한다면, 장점 250자, 단점 250자로 구분해서 쓴다.

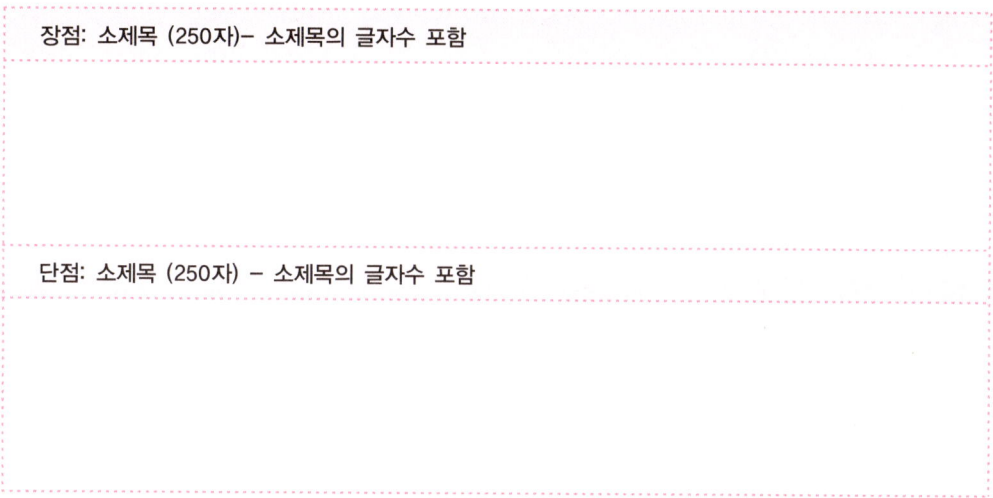

장점: 소제목 (250자)- 소제목의 글자수 포함

단점: 소제목 (250자) - 소제목의 글자수 포함

다음 글은 2013년도 작문 수업시간에 제출된 글이다. 이 글을 통해 성격의 장·단점 쓰는 기본적인 것들을 생각해보자.

성격의 장·단점(띄어쓰기 포함 739자임)

저의 장점은 맡은 일에 끝까지 책임지는 책임감으로 이 장점으로 인해 저는 많은 경험을 할 수 있는 계기가 되었습니다. 예를 들면 저는 고등학교 때 저희 학교기업인 DOIT에서 현장실습을 경험한 적이 있습니다. 여기서 하는 일은 광점퍼 코드를 생산하는 것으로 제가 처음으로 맡은 일은 부품 조립하는 공정이었습니다. 처음에는 쉽다고 느꼈으나, 점점 어려워져서 다른 친구들 같은 경우는 포기하는 것을 보기도 하였습니다. 하지만 저는 포기하지 않고, 끝까지 될 때 까지 노력하였습니다. 그 결과 다른 친구들 보다 맡은 일을 더 빨리 처리 하였으며, 또한 다른 파트의 실습도 할 수 있는 시간이 생기게 되어서 남들보다 더 많은 실습을 할 수가 있었습니다.

유비무환 퍼펙트 자소서

> 저의 단점은 생각보다 말이 먼저 나가는 것입니다. 그러다보니 상대방과 다툼이 생기기도 합니다. 그래서 저는 이 단점을 극복하기 위하여 분석을 해보았습니다. 일단 말이라는 것은 상대방의 말을 듣고 말을 하는 것이기 때문에 생각보다 말이 먼저 나가는 것은 상대방 말을 잘 경청하지 않기 때문이라고 생각합니다. 그래서 저는 단점을 극복하기 위하여 경청하는 자세를 기르기 위하여 상대방이 말을 할 때 상대방의 눈을 바라보면서 상대방의 말에 집중하려고 하였으며, 그리고 이것을 조금 더 체계적으로 보완하기 위하여 스피치 학원에 다니며 극복하려고 노력하였습니다. 그 결과 지금은 오히려 생각이 깊어져서 어떠한 일을 진행할 때도 신중하게 선택할 수 있는 장점으로 바뀐 것 같습니다.

위 글의 분량은 띄어쓰기 포함해서 739자이다. 보통 500~800자 정도가 가장 일반적이니 글의 분량을 각자 한번 가늠해보아라. 위 학생은 장점과 단점을 거의 비슷한 분량으로 쓰고 있다. 그리고 장점을 책임감이라 쓰고 그 책임감을 입증할 수 있는 에피소드를 쓰고 있다. 그리고 단점은 상대의 말에 대해 행동이 먼저 나오는 것이었고 그것을 고치기 위해 상대에게 집중하고 경청하는 자세를 기르려는 노력을 기울였음을 강조하고 있다. 〈성격의 장·단점〉을 쓰는 모범적 글이라고 할 수 있다. 하지만 장점을 쓰고 소제목을 달고, 단점을 쓰고 소제목을 달았더라면 더 좋았을 것이다. 그래야 가독성이 더 좋아지기 때문이다.

2) 솔직한 단점을 언급하되 개선 노력을 구체적으로 제시해야 한다.

자소서에 쓴 단점은 자소서 통과 시에만 한정되지 않는다. 1차에 합격해서 면접을 볼 때, 특히 최종 면접에서 면접관은 자소서에 나타난 단점을 언급하고, 그것을 고치기 위해 어떤 노력을 기울였는지를 다시 물어보게 될 가능성이 크다. 세상에 살고 있는 모든 인간은 단점이 있다. 그리스 신화를 보면, 신들도 무수한 단점을 갖고 있다. 그러니 인간으로서 단점을 갖는 것은 당연한 일이다. 문제는 단점을 대하는 태도이다. 자신의 진짜 단점을 자신이 솔직히 인정하고 그것을 고치려는 노력이 대단하다면, 그런 사람은 개선의 여지가 큰 사람이다. 하지만 자신의 단점을 알지 못하고, 또한 인정하지 못할 때, 그런 사람은 계속해서 문제를 일으킬 수 있는 인간이 된다.

2013년 수업시간에 제출된 다음 글은 자신의 단점을 비사교성이라 파악하고 그것의 원인이 두려움 때문이라는 것을 설명하고 그러한 단점을 고치기 위해 얼마나 노력했는지 잘 드러난다. 그래서 책도 읽고, 이미지트레이닝도 하는 과정에서 자신의 단점을 고치려는, 심리학에서 말하는 이른바 '강화' 노력을 기울였고, 그런 피나는 노력의 결과 자신감을 갖게 되고, 유머감각까지 생겼음을 보여주고 있다. 이처럼 단점을 고치기 위한 구체적이고도 지속적인 노력을 보여주는 것이 필수적이다.

> 〈내 안의 겁쟁이와 안녕〉
>
> 어렸을 적부터 내성적인 탓인지, 남들 앞에 서고 말하는 것이 너무 두려웠습니다. 다른 사람에게 먼저 말을 걸기가 너무 무서웠습니다. 그래서 친한 친구가 별로 없었고, 재미있게 이야기하는 친구들을 보면서 늘 부러운 눈초리였습니다. 초등학교 4학년 때 학교 방송실에서 글 읽을 기회가 있었는데, 짧은 글을 읽는데 긴장한 탓인지 버벅대며 읽었습니다. 친구들이 그걸 보고 놀랐습니다. 저는 그때 사람들 앞에 서는 것이 얼마나 어려운 걸 느꼈고, 이 문제를 정확히 이해하고 고치려고 노력했습니다. 책을 자주 읽고, 남들 앞에서 자신있게 이야기하는 이미지트레이닝도 생각이 날 때마다 자주 했습니다. 그렇게 해서 중학교, 고등학교를 지나 성인이 되면서 저는 남들 앞에서도 이야기 할 수 있는 사람이 되었습니다. 사람들과 이야기 하는 것이 재미있었고, 자신감이 생기니까 여유가 생겨 저도 모르게 유머러스해지기 시작했습니다. 주위에서 친구들이 점점 생기기 시작했었고, 남들 앞에서는 것이 단점이었던 저는 남들과 즐거운 이야기를 하고 친해지는 것이 저는 장점이 된 것 같습니다.

위 학생은 필자가 2013년도 2학기에 수업을 할 때 과대표로서 대단히 적극적인 활동을 하며 학과 분위기를 긍정적으로 주도하는 것을 보았는데, 이처럼 자신의 단점을 고치기 위해서 일관된 노력을 한 결과인 것은 이 학생의 글을 통해서 알게 되었다.

위 글의 소제목 또한 단점을 어떻게 고치려 했는지가 잘 표현되어있다. 〈성격의 장·단점〉 소제목을 쓸 때, 장점은 자신의 능력을 그대로 쓰면 된다. 이를테면 〈뛰어난 소통능력〉, 〈원만한 인간관계로 협업형 인간〉, 〈써번트 리더십〉 등등, 그런데 단점을 표기할 때는 단점을 쓰고 그 단점을 고치는 방법까지 함께 쓰면 가독성이 좋아져서 읽는 이가 지원자의 뜻을 더 빨리 간파할 수 있게 된다. 위 학생의 경우는 〈내 안의 겁쟁이와 안녕〉이란 소제목이 자신의 내성적 성격을 암시하며, 그것을 고치려는 노력을 동시에 암시하고 있다. 하지만 그 보다 더 분명하게 〈지나친 완벽주의로 인한 스트레스를 스포츠를 통해 해소〉, 〈교양 부족을 매달 10권 독서로 해결〉, 〈불통 성격교정을 위한 매주 치맥 만남〉 등등으로 쓰면 단점과 동시에 그것을 고치려는 구체적 방식까지 제시되어 더 좋을 것이다.

단점을 고치기 위해 노력한 사례를 하나 더 소개한다. 2017년 수업시간에 제출된 아래 글은 조심성이 없는 성격을 고치기 위해 노력해서 업무수행 능력의 향상을 이룬 경험을 잘 설명하고

유비무환 퍼펙트 자소서

있다. 성격을 입사 후 업무와 관련해서 마감하는 것이 더 바람직하다.

> 2016년 여름 LG물류 센터에 들어가게 되었다. 배송차에 기사1명 부 기사 1명이 타서 전라북도 내 가정을 방문하여 가전기기 설치와 수리를 서비스 하는 것이다. 나의 역할은 부기사였다. 어느 정도 힘든 일을 많이 해봤기 때문에 별 것 없다고 생각했다. 하지만 가전 제품설치는 대부분 무거운 제품을 들어야 했고, 제품의 가격대도 높아 신경이 많이 쓰였다. 나는 원래 조심성이 없었다. 그래서 이번 기회를 조심성을 길러보는 기간으로 설정했다. 하루하루 이 무거운 제품을 들면서 초고도의 집중력을 길러갔다. 그리고 수습기간인 3개월이 지난 후 나는 가전제품 손상이나, 고객으로부터의 불만족 통보가 온 적이 한 건도 없었다. 기사 형님이 부기사 3개월 동안 실수 안한 사람은 몇 안 되는데 그중에 네가 포함된다고 말씀 해주셨다. 목표한 바를 성취해서 너무 기뻤다. 그 경험 이후 조심성이 대단히 많이 길러졌고 어느 정도 습관으로 자리 잡았다고 생각한다.

장점과 단점을 입사 후 업무수행능력과 연결한 예를 하나 더 들어보겠다. 결국 성격도 업무수행능력과 연결되기 때문이다. 2014년도 수업시간에 제출된 아래 글은 자신의 장점을 완결무결이라고 쓰고, 이러한 자세를 업무수행에 도움이 되도록 노력하겠다고 쓰고 있으며, 단점을 쓰고 그것을 고치기 위한 구체적 노력을 소제목으로 써서("자신감 부족을 새로운 도전으로 극복") 글 전체의 가독성을 높이고 있다. 그리고 제한 글자가 500자인데 497자로 제한 글자를 최대한 잘 활용하고 있다. 일반적인 자소서의 경우, 자소서 제한 글자수가 500자인 경우가 가장 많으니 〈성격의 장·단점〉을 쓸 때 글자수를 어느 정도 배분할 것인지를 아래의 예를 통해 가늠해보는 것이 좋겠다.

> **장점: 학습능력 좋은 완전무결주의자**
> 고등학교 때 중위권이던 성적을 상위로 올려놓을 수 있었던 것은 저의 학습능력이 바탕이 되고 있습니다. 그리고 휴대전화 대리점 근무 시 2년 동안 단 한 차례의 소비자 불만이나 계약해지가 없었던 것은 제게 맡겨진 일에 최선을 다해 완벽히 마무리 짓는 무결정신이 바탕이 되고 있습니다. 기아차 생산라인에서 저는 공부하는 자세로 임할 것이며, 업무파악이 끝나면 제가 맡은 분야에서 품질무결을 이룩하고 싶습니다.
>
> **단점: 자신감 부족을 새로운 도전으로 극복**
> 저의 단점은 자신감이 부족해 해결 할 수 있는 일도 미리 겁을 내어 걱정하는 것입니다. 대학교 3학년 중퇴 후 자신감을 많이 잃었고 이런 점을 고치기 위해 휴대폰 대리점에서 근무하기 시작했습니다. 영업을 통해 내성적이던 성격이 외향적으로 바뀌게 되었고, SK 텔레콤 "고객과의 진정한 소통"을 주제로 하는 포트폴리오 경연대회에 참여해 대상을 받을 수 있었습니다. 노력하면 단점도 극복이 가능하다는 교훈과 함께 자신감도 얻을 수 있었습니다.

〈성격의 장·단점〉기술에 있어서 모델이 될 만한 글을 하나 더 소개하겠다. 다음 글은 2015년 금호타이어에 합격한 학생의 글이다. 이 글은 강점과 약점이 잘 배분되어있고, 강점의 소제목도 적절하며, 강점을 드러내는 에피소드 또한 사실성을 의심받지 않게끔 묘사되어있다. 그리고 약점 또한 소제목으로 잘 표현되어 있고, 약점을 고치기 위한 방법을 함께 제시함으로써 가독성을 높이고 있다. 그리고 궁극적으로 약점이 회사 생활에 문제가 없도록 개선하려는 노력을 기울이겠다는 점을 강조하고 있다.

성격의 장·단점 및 생활신조 [100자 이상 600자 이내]

〈강점: 끈기 있게 성과를 창출해내는 능력〉

누구보다 자신 있는 포기하지 않는 끈기는 저의 큰 장점입니다. 횟수초과로 더는 국가장학금의 혜택을 받지 못하여 학과 성적 1등에게만 주어지는 성적장학금을 받기 위해 작은 요약 쪽지를 만들어 남는 시간마다 꾸준히 보면서 공부하였습니다. 비록 안타깝게 2등을 하여 성적장학금을 받지 못하였지만, 14등에서 2등으로 끌어올릴 수 있었던 것은 저의 포기하지 않는 끈기 때문이라 생각합니다. 입사하게 된다면 끈기 있는 근무태도를 갖춰 최선의 결과만을 만들어 낼 수 있는 금호타이어가 될 수 있도록 힘이 되는 존재가 되겠습니다.

〈약점: 남의 부탁을 거절 못 함, 업무 효율성 관점에서 판단해서 극복하겠습니다.〉

저의 약점은 남의 부탁을 쉽게 거절하지 못하는 것입니다. 수업시간 때 제출해야 할 3D모델링 작품을 다 완성하지 못한 상황에서 남들의 도움 요청과 전공 관련 질문을 거절하지 못하고 도와주는 상황이 많아 저의 시간이 자주 부족했습니다. 하지만 입사 시, 타인의 부탁을 업무 비업무로 구분하여, 업무와 관련된 부탁을 해오면 업무 효율성 관점에서 부탁 수용 여부를 결정하여 업무에 차질이 없도록 만전을 기할 것입니다.

(2015년에 금호타이어에 합격한 제자의 자소서 중)

---

3) 단점을 언급하지 않고 장점만 제시하거나, 단점을 장점화하는 것은 가급적 피하자.

이를테면 침착하다는 것을 장점으로 들고, 침착해서 좋은 점들을 나열한 다음, 침착하게 행동해서 위기를 넘긴 에피소드까지 넣어서 얘기하다가, 그러한 침착함이 오히려 단점이 될 수도 있는데, 그것은 지나치게 침착해서 순발력이 떨어지거나 기동성이 떨어지기 때문에 문제라는 식이다. 그리고 명랑·쾌활한 것을 장점으로 들면서 그것이 왜 좋은지 한참 설명하고, 그런 다음, 명랑·쾌활을 소통을 잘하는 특성으로 연결시키고 그런 다음 그것과 관련된 에피소드를

유비무환 퍼펙트 자소서

쓴 다음, 그 장점을 다시 단점과 연결시킨다. 때로는 이러한 명랑 쾌활한 성격이 너무 가볍다는 말을 듣게 되는 경우도 있는데, 특히 소통을 잘하는 것 같지만 상대의 진짜 마음을 잘 살피지 못해 지나치게 자기 위주이며 이기적이란 평도 듣게 되었고, 그래서 그것을 고치기 위해 진중해지는 방법으로 독서를 택했고, 그 결과 무게가 있어졌다… 등등. 이런 식으로 쓰는 경우가 비일비재하다.

물론 어떤 특성이 긍정적인 면을 발휘할 때는 긍정적 결과를 가져오지만, 그것이 지나칠 때는 오히려 독이 되는 경우가 많기 때문에 장점이 단점도 될 수 있다는 것은 말은 틀린 말은 아니다. 하지만 그것의 문제는 그렇게 함으로써 자신의 다양한 성향 중 장점이나 단점을 지나치게 제한하게 되고, 그것은 결국 자기 자신을 확실히 파악하지 못했음을 뜻하게 된다. 따라서 그것은 자신에 대한 이해가 부족한 것으로 간주되고, 그럴 경우 그가 자신을 향상시킬 수 있는 기회는 상실되고 타인과의 관계가 잘못될 때 문제점을 파악하지 못하는 경우가 생길 수도 있는 것이다. 따라서 이처럼 장점과 단점을 혼용하면 자신을 잘 모르는 사람으로 간주될 수 있기 때문에 피해야 한다.

아래의 글은 단점을 먼저 쓴 다음, 그것이 오히려 장점이 되기도 한다고 쓰고 있다. 그리고 논리적으로 그렇게 크게 어긋나지도 않아 보인다. 하지만 아래의 글을 자세히 살펴보면 자신의 단점을 오히려 합리화하려고 애쓰는 점이 드러난다. 만일 이런 식으로 생각한다면, 세상에 단점이 있는 사람은 하나도 없을 것이다. 하지만 문제는 저런 방식의 사람과 생활한다면 모든 단점이나 잘못을 자신보다는 외적 요인에서 찾기 때문에 다른 사람과 관계가 원만해질 수 없을 것이다. 하지만 문제는 이런 식으로 쓰는 사람들이 참 많다는 것이다. 이렇게 쓰는 가장 큰 이유는 자신의 단점을 감추고 싶은 심리에서 비롯된다고 할 수 있다. 하지만 누구에게나 단점은 있는 것이고, 문제는 그 단점을 고치려고 얼마나 노력하느냐가 한 인간을 평가할 때 가장 중요한 척도가 된다는 점이다. 따라서 자신의 단점을 정확히 지적하고 그것을 고치려고 노력해야 하며, 자신의 성격에 대해 스스로가 평가하지 말고 자신을 잘 아는 주변 사람들의 객관적인 평가에 귀 기울여서 평가한 다음, 장점은 살리고 단점을 약화 내지는 관리해나가는 것이 일상생활을 원만히 하는데 도움이 될 것이다.

> 저는 게으른 편에 속합니다. 무엇을 하더라도 항상 미루는 경향이 있고, 만사가 귀찮을 때가 많아서 누군가 나에게 무엇을 요구하고 부탁할 경우, 바로 들어주는 것이 거의 없습니다. 그래서 어떤 일을 하든 항상 남보다 뒤처지고 실행력이 뒤떨어진다는 평가를 받습니다. 그래서 무언가를 시작할 때 '쇠뿔도 단김에 빼는' 식으로 과단성 있게 처리하는 사람을 보면 내 자신이 한심하게 느껴진 적도 많습니다. 그래서 지나온 삶을 후회하며 고치려는 노력도 했습니다. 하지만 이제는 그러한 시도도 잘 하지 않을 만큼 게으름이 습관이 되었습니다.
>
> 그런데 다른 시각으로 보면 이러한 게으름이 여유가 될 수 있다는 생각도 듭니다. 지나치게 바쁘게 돌아가는 세상에서 나와 같은 사람도 한 사람쯤 있어서 나쁠 것이 없고, 어찌 보면 인간적이기도 한 성격이라는 생각도 듭니다. 그래서 요즘은 이러한 게으르다는 저의 단점을 긍정적으로 수용하기로 했습니다. 게으른 것은 신중하다는 뜻도 되기 때문입니다. 신중한 사람은 결정이 느리지만 완벽한 상태에서 결정을 내리기 때문에 졸속의 위험이나 서둘러서 초래하는 큰 사고를 미연에 방지할 수 있는 경우도 많기 때문입니다. 그래서 게으르다는 것은 제게 단점인 동시에 장점이기도 합니다.
>
> (필자가 만든 글임)

4) 단점을 먼저 제시하고 강점을 나중에 언급하는 것도 생각해볼만 하다.

인간은 가장 최근의 것을 기억하기 쉬우므로 단점을 먼저 언급하면 장점이 뇌리에 더 오래 남아있을 가능성이 있기 때문이다.

5) 누가 봐도 단점이 될 수 없는 애매한 사례는 쓰지 않는 게 좋다.

이렇게 쓰게 되면, 단점을 쓰지 않으려는 꼼수로 보일 가능성이 크기 때문이다. 단점 쓰는 것을 두려워할 필요가 전혀 없다.

6) 가급적 피해야 할 단점은?

〈성격의 장·단점〉을 쓰라고 할 때 단점으로 내성적이란 점을 강조할 필요는 없다. 내성적인 것은 비사교적이란 뜻이고, 이것은 다른 사람들과의 관계 형성에 부정적 요인으로 작용하고 이런 사람들과의 소통이나 협업은 힘들어지기 때문이다. 또한 독불장군이나 외골수라는 말도 가급적 피해야 한다. 이것은 내성적인 것보다 훨씬 구체적으로 타인과의 협력을 거부하는 의지를 가졌거나 습관으로 굳어진 경우이기 때문이다. 그래서 내성적이라는 것을 얘기하고 싶거든 그보다 조금 약한 '과묵한 편이다'는 식으로 기술하는 게 좋고, 외골수적 특성이 있다면, '자신의 주장이 강한 편이다'는 식으로 조금 완화된 표현을 쓰는 것이 좋겠다는 것이다.

03 지원 동기

〈성장과정〉과 〈성격의 장·단점〉이 주로 인성이나 회사 인재상과의 상응 여부를 보려고 했다면, 〈지원동기〉는 현재의 직무적합성을, 〈입사 후 포부〉는 입사 후 미래 계획(미래 비전)을 심사하는 영역이다.

그런데 기업들마다 〈지원동기〉를 요구하는 자소서 양식이 대단히 다양하다. 따라서 자신이 지원하는 회사의 〈지원동기〉를 쓸 때 가장 중요한 것은 먼저 지원동기의 개념을 명확히 이해하고, 여러 지원동기 유형 중, 해당 회사 지원동기 쓰는 방식을 정확히 알아낸 뒤 〈지원동기〉를 쓰는 것이다.

그래서 아래 (1)번은 지원동기의 개념을, (2)번~(4)번까지는 요구 유형별 지원동기 쓰는 방법을 기술하고, (5)번은 〈지원동기〉를 쓸 때 범하기 쉬운 오류들을 살피고 있다.

지원동기에 대해 이렇게 섬세하게 접근하는 이유는 자소서 전체에서 가장 중요한 부분이 바로 지원동기이기 때문이다. 지원동기에서 제시해야할 것이 지원자 자신이 어떤 직무를 맡는 데 전문성이 있고 인성에도 문제가 없음을 밝히는 현재 직무 적합성을 입증해야 하는 부분이기 때문이다.

(1) 〈지원동기〉의 개념: 〈지원동기〉는 회사지원동기와 직무지원동기를 말한다.

〈지원동기〉를 쓰라고 했을 때 쓸 수 있는, 가능한 방법은 2가지로 대별할 수 있다. 그것은 Ⓐ회사지원동기와 Ⓑ직무지원동기이다. 그러니까 지원동기란 해당 기업을 지원한 이유를 말하기도 하고, 그 회사에서의 직무에 지원하게 된 동기에 대한 질문이기도 하다는 것이다.

그리고 회사지원동기와 직무지원동기는 다음과 같이 4가지로 대별할 수 있다.

먼저 Ⓐ회사지원동기에는 ①그 회사를 좋아하게 된 계기를 쓰는 방식이 있고, ②그 회사에 들어가서 이루고 싶은 목표나 그 회사에서 이루고 싶은 비전을 쓰는 방식이 가능하다.

그리고 Ⓑ직무지원동기 또한 ③그 직무에서 이루고 싶은 목표나 비전을 쓰는 방식과 ④그 직무를 잘 수행할 준비가 되어있다는 현재 직무적합성을 강조하는 방식으로 나눌 수 있다.

(2) <지원동기> 뒤에 <입사 후 포부>가 이어지는 <지원동기>를 쓸 때

대부분의 자소서들이 지원동기만 있는 게 아니라 <입사 후 포부>를 함께 요구하는 경우가 제일 많다. 그런데 <입사 후 포부>란 '그 회사에서 이루고 싶은 비전과 그 비전을 이루기 위한 시간계획을 쓰는 것'을 말한다. 그래서 <입사 후 포부>가 뒤에 나오는 자소서에서 <지원동기>를 쓸 때 지원동기의 4가지 형식을 모두 쓰게 되면, 위 지원동기 중 ②번(회사지원동기 중 비전 제시하는 것)과 ③번(직무에서 이루고 싶은 목표나 비전을 쓰는 방식)이 <입사 후 포부>와 중복되게 된다.

따라서 지원동기 뒤에 <입사 후 포부>가 나오는 양식에서의 지원동기에는 ①번과 ④번을 함께 쓰는 방식이 가장 좋다고 할 수 있다. 즉, 회사를 좋아하게 된 계기(①번)와 직무적합성(④번)을 써주면 된다. 그러니까 지원자 본인은 어떤 분야에 관심이 많았는데, 이 회사가 그 분야의 성장을 주도하는 기업이기 때문에 지원하게 되었으며, 이 회사에서 어떤 직무를 수행하기 위해 잘 준비되어있다는 것을 설득하는 게 좋다는 것이다. 물론 그 회사의 특정 분야에 대한 관심이 있어서 그러한 관심이 자신의 전공 선택에도 영향을 주었고, 그 뒤 그 분야에서 전문성과 경험을 획득한 뒤 지원하게 되었다는 식의 회사지원동기가 가장 바람직한 방식이라고 할 수 있다.

1) (2)번의 지원동기 쓰는 순서 (①+④)

먼저 ①번을 쓰고 그 다음에 ④번을 쓰면 된다. 그러니까 xxx회사를 지원하게 된 동기는 ~~~이고(①번 회사지원동기), 이 회사에 들어가서 업무를 잘 수행할 만큼 충분히 준비가 되었

유비무환 퍼펙트 자소서

기에 지원하게 되었습니다. 제가 준비한 사항은 다음과 같습니다(④번 직무지원동기)

2) 회사지원동기인 ①번 쓰는 방법

회사지원동기 중 ①번 방식인, 회사를 좋아하게 된 계기는 쓰기가 어렵지 않다. 인터넷의 도움을 받으면 기업에 대한 자료가 풍부하기 때문에 그 회사에 호감을 갖게 된 계기와 자신의 전문적인 분야를 매치시키는 식으로 쓰면 되기 때문이다. 그와 함께 〈지원동기〉를 쓸 때 무난하게 쓸 수 있는 방식의 하나가 그 회사의 인재상이나 그 회사가 지향하는 목표를 쓰고 자신이 소중하게 생각하는 가치와 일치하기 때문에 지원하게 되었다는 식이 무난하다. 예를 들면 '회사가 도전적인 인재를 선호하는데 자신은 도전적인 사람이기 때문에 지원하게 되었다' 고 하는 식으로 쓰는 방식이다. 그리고 그 다음에 그 회사에 들어오기 위해 준비한 사항들, 그러니까 직무지원동기를 써주면 된다.

3) 직무지원동기인 ④번의 의의

하지만 ④번의 직무지원동기를 쓰는 일이 만만치 않다. 대부분의 기업은 직무에 바로 투입할 수 있는 사람을 뽑으려 하기 때문에 지원자는 자신이 해당 직무를 잘 수행할 수 있는 사람이라는 것을 보여줘야 한다. 그러니까 지원동기에서 기업이 가장 알고 싶어 하는 부분은 직무지원동기인 것이다. 하지만 직무지원동기를 쓰는 것이 가장 어렵다. 위의 분류에 따르면 ③번과 ④번이 직무지원동기인데 특히 ④번이 가장 어렵다. 직무에서 이루고 싶은 목표나 비전을 쓰는 것인 ③번은 〈입사 후 포부〉와 중복되기 때문에 〈입사 후 포부〉라는 항목이 있을 때는 쓸 필요가 없다. 결론적으로 일반적인 자소서에서 반드시 써야하는 직무지원동기는 지원자 자신이 그 직무를 수행하는데 가장 적합한 사람이라는 것을 입증해야 하는 것이다.

4) 지원동기의 핵심인 직무지원동기(④번) 잘 쓰는 방법

〈지원동기〉를 쓰라고 하면 직무지원동기라고 생각하면 된다. 그리고 이 부분이 자소서에서 가장 중요한 부분이니 대단히 치밀하게 써야한다. 직무지원동기는 자신의 직무적합성을 입증하는 것이기 때문에 해당 직무를 수행할 수 있는 전문적 능력과 경험을 갖췄음을 입증해야 한다. 이러한 직무적합성을 입증하기 위해 지식의 전문성, 기술적 전문성의 보증, 해당 직무경험 등 직무적합성 3요소를 입증해야 한다.

① 먼저, 직무희망분야에 대한 지식의 전문성을 갖추고 있음을 보여준다.

　이론과 실제는 상호 관련되어있고 상호 발전을 돕는 관계이기 때문에 이론적 토대가 튼튼하다는 점은 희망직무 수행 능력의 가능성을 보여주기 때문에 중요하다. 이론적 전문성에서 뛰어나다는 점을 강조하기 위해서는 직무와 관련된 학교에서의 과목을 설명하고 그 과목에 대해 자신이 관심이 있었고 성적도 우수했다는 점을 밝히고 그 과목의 공부를 통해서 어떤 능력을 얻게 되었는지를 밝히면 된다.

② 둘째, 해당 분야 관련해서 자신이 취득한 자격증을 설명하고, 그것이 어떤 기여를 할지 보여준다.

　자격증은 국가가 인정한 업무수행능력의 인증이라고 볼 수 있다. 물론 자격증을 취득한 지 얼마 되지 않았기에 아직 경험은 부족하지만, 업무에서 중요한 전문적인 기본을 닦았다는 점에서 중요하다. 만일 자격증이 없다면 자신에게 필요한 자격증을 설명하고, 입사 후 취득하기 위해 노력해서 일정 기간 안에 반드시 취득할 것이라는 점을 명시할 필요가 있다. 또는 공모전에서의 입상 경력도 전문성을 입증하는 중요한 수단이 될 수 있다.

③ 셋째, 희망직무 수행과 관련한 직무 경험을 보여준다.

　해당업체에서 인턴이라도 했다면 가장 좋겠지만, 그렇지 못하면 해당 직무를 수행하는 업체와 유사한 업체에서 경험한 직무수행 체험과 거기에서 습득하게 된 자신의 기술적 전문성을 기술하면 된다. 이것은 두 가지 의미가 있다. 먼저, 바로 투입될 수 있거나, 조금만 훈련시키면 투입될 수 있다는 생각을 해당기업에 갖게 하기 위함이다. 그리고 또 하나, 조직에서의 경험을 해봤다는 점이다. 처음으로 직장생활을 하는 사람과 이미 조직에서 적응해본 경험이 있는 사람과의 직장에서의 화합이나 적응은 큰 차이가 난다. 따라서 유사업체에서의 직무경험이 없다면, 다른 직종에서의 경험을 쓰고, 그것도 없다면 알바 경험이라도 써야한다. 이럴 때는 자신이 얼마나 조직친화형 인물인가를 강조해야 한다.

4) 실제로 직무지원동기(④번) 쓰는 순서

　직무지원동기에서 직무 수행을 위한 전문성을 갖추고 있음을 입증하는 위 3가지를 포함하여 현재 직무적합성을 입증할 때 다음과 같은 순서대로 쓰면 된다.

> 유비무환 퍼펙트 자소서

① 먼저 자신의 희망직무는 무엇인데, 그 직무를 수행할 수 있는 준비가 되었기에 지원한다고 쓴다.

② 그런 다음, 해당 직무에서 필요한 능력을 정의하고 자신이 그런 능력을 갖췄음을 입증한다. 즉, 위에서 얘기한 3가지 분야에 있어서 전문성을 말이다.

③ 먼저, 직무희망 분야 지식의 전문성을 입증한다. 또는 희망직무에 대한 자신의 일관된 전문적 관심을 적는다.

④ 그 다음, 관련 자격증을 취득했다거나 관련 분야 입상 경력 등을 쓰고, 그것의 활용가치를 설명한다. 없다면 입사 후 전문성을 확장시키기 위해 그런 자격증 등을 취득할 것이라고 쓴다.

⑤ 그 다음, 유사업체에서의 직무경험을 쓴다. 그것이 없으면 다른 조직에서의 경험이라도 쓴다.

⑥ 더 여지가 있으면, 희망직무 수행에 필요한 인성적 능력을 정의하고 자신이 그것을 갖췄음을 입증한다. 그러니까 책임감, 소통능력, 임기대응능력, 창의성 등등을 쓰고 그것과 관련된 에피소드나 간단한 경험을 쓴다.

2016년도 수업시간에 제출된 다음 글은 바로 회사지원동기와 직무지원동기를 기술한 경우이다. 이 글은 위의 ①번 회사지원동기를 쓰고 있으며 그것을 자신의 전문 분야와 매치시킨 경우이다. 그런 다음, 자신의 직무적합성(④번)을 쓴다. 아래 글을 기준으로 얘기해보면, 포스코 견학을 가서 현장에 아무도 없는 것을 보고 자동화에 관심을 갖게 되었고(여기까지가 회사지원동기), 그 분야에서 근무하고 싶어서 직무적 전문성을 갖추려고 자동화과에 들어가서 자동화관련 공부를 했고, 자격증을 땄다는 얘기를 하고 있다.

1. 포스코에 지원하게 된 동기를 기술하여 주십시오.

〈연어의 귀소본능〉

제가 여수에서 살다 보니 광양 제철소에 견학을 간 적이 있습니다. 그때 견학을 간 공장 중에 열연공장이 있었는데, 현장에 사람이 한 명도 없는 것을 보고 버스투어 안내원에게 물어보니, 공장은 다 자동화로 되어있다고 들었습니다. 그때부터 자동화 쪽에 대한 관심을 갖게 되었고, 그 꿈을 실현하기 위해 고등학교를 로봇응용과로 진학하여, 모바일 로봇틱스기능장 활동을 하며, C언어에 대한 자질을 쌓았습니다. 그리고 선생님의 추천으로 순천대학교에 열리는 라인트레이서 대회에 참가하여 동상을 입상하였고, 학업 최우수상 및 지게차 자격증을 취득하였습니다. 또한 더 전문화된 기술을 배우기 위해 폴리텍에 진학하여 PLC 제어, 공유압, C# 등 산업현장에 쓰이는 실무능력을 갖추게 되었습니다. 그리고 기계정비산업기사를 합격하였고, 생산자동화 산업기사를 준비하고 있습니다. 입사하게 된다면 필요한 기사자격증을 1년 안에 취득하고자 합니다.

아래 글은 삼성전자에 지원한 동기가 〈세상에서 하나뿐인 핸드폰을 만들고자〉로 정확히 드러난다. 하지만 이럴 때도 그 꿈을 실현하기 위한 직무적 전문성을 갖추기 위해 노력했다는 점을 함께 써줘야 한다. 직무를 위한 전문성을 갖추고 있어야 지원동기가 강하다는 말이 설득력을 얻는다. 이 학생의 〈지원동기〉는 소제목으로 〈세상에서 하나뿐인 핸드폰을 만들고자〉라고 정리하고 있다. 하지만 삼성전자 자소서에는 〈입사 후 포부〉라는 항목이 없기 때문에 소제목을 미래 비전으로 대체할 수 있다. 만일 자소서에 〈입사 후 포부〉라는 항목이 바로 뒤에 이어진다면 그러한 미래비전 관련 내용은 〈입사 후 포부〉에 써야 맞다.

삼성전자 지원동기 [500자]

〈세상에서 하나뿐인 핸드폰을 만들고자〉
삼성전자의 직원으로써 최초의 주문형 생산시스템으로 스마트폰의 제 2의 부흥기를 이뤄내고 싶습니다. 스마트폰 시장의 차별화를 내세워 중국의 5000만명의 부자를 공략하는 전략으로, 최초의 주문형 생산시스템으로 소비자가 원하는 모양을 주문하면 곧 바로 생산현장에서는 바로 설계하여 소비자에게 3d 프린터로 가공 후 소비에게 파는 형식입니다. 더 이상 소품종대량생산이 아닌 소품종 소량생산의 시대를 열어 소비자는 세상에서 하나밖에 없는 휴대폰을 얻을 수 있게 되어 좋고 삼성전자는 큰 이익을 얻을 수 있게 될 것입니다. 저는 하루하루 열심히 공부했습니다. autoCAD, NX 프로그램으로 열심히 그리는 연습을 했고, 이에 전산기계제도기능사, 사출금형산업기사를 취득하기 하였습니다. 내가 직접 생각한 모양의 휴대폰을 NX으로 설계하여 제품을 뽑는 연습도 했습니다.(면접시 모델링한 사진을 첨부할 예정입니다. 삼성전자에 입사하여 제가 갈고닦은 능력으로 멋진 새 제품을 설계하여서 꼭 삼성전자를 넘버원 스마트폰으로 만들고 싶습니다.

(3) <입사 후 포부>가 없이 <지원동기>만 있을 경우

이 때, 학생들이 가장 선호하는 방식은 그 회사를 좋아하게 된 계기(회사지원동기)를 길게 쓰고, 앞으로 회사에 들어가면 열심히 하겠다는 식으로 쓰는 경우가 가장 많다. 하지만 이런 방식을 선호하는 것은 이런 방식이 특별한 준비 없이도 쓰기 가장 쉬운 방식이기 때문이다.

유비무환 퍼펙트 자소서

그러니까 인터넷으로 그 회사 관련 뉴스나 정보를 찾고 그것을 중심으로 쓰는 것이다. 그래서 '귀사는 ~~한 분야의 글로벌 탑 3에 들어가고, 새롭게 시작하는 4차산업혁명의 리딩 기업이기 때문에 지원을 했다는' 식의 그 회사에 대한 아부성 정보 과시를 보여주기 위해 쓰는 경우가 가장 많다. 하지만 이런 방식이 가장 나쁜 방식이다. 이런 자소서는 읽고 나면 아무 것도 남는 게 없기 때문이고, 이렇게 써진 자소서의 내용은 그 회사 사람들이 대부분 가장 많이 알고 있는 내용이기 때문이다. 자소서는 지원자와 관련된 내용을 알기 위한 절차이지, 기업이 자기 회사에 대한 정보를 알기 위한 방법이 아니기 때문에 그런 방식으로 쓰면 가장 환영받지 못하는 지원동기가 되고 만다.

그러면 아무런 지시없이 〈지원동기〉를 쓰라고 할 때 가장 좋은 방식은 무엇일까? 필자가 보기에 이럴 때 가장 좋은 방식은 회사에 들어가서 이루고 싶은 목표나 비전을 제시하고, 자신이 해당 업무에 가장 잘 준비된 사람임을 보여주는 것이다. 위의 분류로 ②번과 ④번을 쓰면 가장 좋다는 것이다.

다음은 2016년도에 GS칼텍스에 합격한 학생의 자소서이다. 그런데 GS칼텍스 자소서에는 〈입사 후 포부〉라는 항목이 없기 때문에 지원동기에 미래비전도 함께 적는 게 좋다. 그래서 이 학생은 GS칼텍스 〈지원동기〉를 '여수 제2공장의 운전원으로 최적의 운전 상태를 마련하기 위함'이라는 미래 비전을 제시하고 있는 것이다. 하지만 지원동기 하나만 있고, 〈입사 후 포부〉가 없는 자소서는 거의 없다고 보면 된다. 그래서 아래 GS칼텍스 같은 경우는 아주 예외적인 경우이다.

---

1. GS칼텍스에 지원한 이유? (500byte)

저는 GS칼텍스의 심장인 여수 제2공장의 운전원으로서 비전을 펼쳐 보이고 싶습니다. 화학과 가스 공부를 하며 에너지를 다시 한 번 재생하여 쓴다는 것은 에너지 사업에 있어 앞으로 없어서는 안 될 가장 중요한 요소라는 것을 알게 되었습니다. 그래서 저는 수입의 원천이자 지상유전이라 불리는 제2공장을 선택하게 되었고, 재생에너지의 시작인 제2공장에서 제가 습득한 지식을 바탕으로 책임감 있는 담당구역 기기 점검과 정밀한 누출여부점검, 상황에 맞는 적절한 조치 등을 통해 최적의 운전상태를 만들어 보이고 싶습니다.

(2016년도 GS칼텍스에 합격한 제자의 자소서 중)

(4) 자소서에 <지원동기> 쓰는 방식이 구체적으로 제시될 때:

해당 자소서가 무언가 구체적인 요구를 할 때에는 다른 것 신경 쓸 것 없이 바로 그러한 요구에 성실히 따라야 한다. 그래서 지원동기 또한 해당 자소서가 요구하는 방식으로 <지원동기>를 써야한다. 다음 글은 2014년 작문수업시간에 현대제철 자소서 양식에 따라 써서 제출된 글이다. 이 자소서는 해당 직무 지원동기와 그 직무 수행을 위한 준비상태에 대한 답변을 요구하고 있다. 그래서 그런 요구에 그대로 따르고 있다. <지원동기>나 <입사 후 포부>에 대해 그 회사의 자소서가 요구하면 그 요구에 맞게 그대로 답변해야 한다.

> **본인이 해당직무를 지원하게 된 이유는 무엇이며 직무를 잘 수행하기 위해 어떻게 준비해왔는지 경험 전공 등을 연계하여 서술하여 주십시오. (400자) 현대제철 자소서**
>
> 제가 연구 직무를 지원하게 된 동기는 크게 두 가지가 있습니다.
> 첫 번째는 Mg-Al 합금의 해수에 대한 내식성의 향상과, 두 번째로는 아라미드 섬유의 생산공정의 개량을 통한 생산성 향상을 연구하고 싶어서 입니다. 이 직무를 수행하기 위하여 저는 인문계 고등학교를 나왔지만 공업 대학인 한국 폴리텍 대학 신소재응용과를 입학해서 철에 대한 전반적인 지식과 소재, 조직에 대한 많은 내용을 공부하였습니다. 제강, 압연 기능사 자격증을 취득함으로써 여러 종류의 합금강과 압연공정을 이해하여 각 소재의 생산 공정을 배웠고, 전공과목으로 열처리와 금속재료, 재료조직학, 비철재료 등을 배웠으며, 금속재료, 재료조직평가 산업기사를 취득함으로써 조직을 활용하여 새로운 합금이나 소재를 개량, 개발할 수 있도록 기초 지식을 쌓았습니다. (400자)

이렇게 <지원동기>를 구체적으로 요구하는 방식 중 가장 일반적인 방식이 회사를 좋아하게 된 계기와 직무수행 능력을 요구하는 경우이다. 그러니까 상당수 기업들이 '우리 회사를 좋아하게 된 계기를 쓰고 회사에 들어오기 위해 준비된 사항을 쓰라'고 하는 방식을 선호한다. 이것은 회사지원동기①(회사를 좋아하게 된 계기)과 현재 직무적합성④(직무를 수행할 수 있도록 준비된 전문성)을 입증하면 된다.

자소서들의 구체적인 요구 중 가장 빈번히 등장하는 항목이 직무적합성을 구체적으로 입증하라는 것이다. 이것은 직무에 바로 투입가능한 직무적 전문성에 대한 구체적 요구이다. <지원동기>라는 항목을 자소서에 넣었을 때, 회사는 일반적으로 직무적합성을 묻는 것이 일반화되고 있는 추세이다. 이렇게 구체적으로 묻게 되는 것은 일반적으로 기업들이 <지원동기>를 통해

유비무환 퍼펙트 자소서

사실은 지원자의 직무능력을 알고 싶어 하는데, 〈지원동기〉를 물으면 직무지원동기가 아니라 대부분 회사지원동기를 말하고, 그것도 아주 장황하게 설명하기 때문에 그러한 답변을 막기 위해 직무적합성을 구체적으로 묻게 되는 것이다.

아래 예문을 보면 SKC라는 회사는 지원분야에서의 전문성을 대단히 구체적으로 묻고 있다. 하지만 두루뭉술하게 묻는 것보다 이렇게 정확하게 묻는 것이 쓰는 사람의 입장에서 훨씬 쓰기 용이할 수도 있다. 질문이 구체적이 아니면, 자신이 진술하면서도 이것이 맞는 것인지 확신할 수 없고 불안하기 때문이다.

2017년도 수업시간에 SKC의 자소서 양식으로 작성되어 제출된 아래 글은 이러한 구체적 질문에 대해 대단히 구체적으로 잘 답변하고 있다. 먼저 문항 자체가 대단히 구체적인 점이 눈에 띈다. 이런 경향은 NCS양식과 대단히 유사한 방식이다. 이제 NCS 양식이 사기업에도 확산되고 있는 예라고 할 수 있다. 이렇게 일반적인 자소서 유형을 벗어나 구체적 질문이 많아지는 것은 회사의 질문에 대해 구체적인 답변을 쓰지 않는 자소서가 너무 많기 때문이다. 이렇게 요구된 〈지원동기〉는 기업의 자소서 문항이 요구하는 순서에 따라 답변해야한다. 이러한 요구에 구체적으로 답변하고 있는 학생의 자소서를 잘 살펴보기 바란다.

〈지원 분야와 관련하여 특정 영역의 전문성을 키우기 위해 꾸준히 노력한 경험에 대해 서술해 주십시오.〉
- 전문성의 구체적 영역(예. 통계분석)/ 전문성을 높이기 위한 학습과정/ 전문성 획득을 위해 투입한 시간 및 방법/ 습득한 지식 및 기술을 실전적으로 적용해 본 사례/ 전문성을 객관적으로 확인한 경험/ 전문성향상을 위해 교류하고 있는 네트워크/ 경험의 진실성을 증명할 수 있는 근거가 잘 드러나도록 기술 (1000자 10단락 이내)

최소 20가지 이상의 부품들로 구성되는 금형은 제품의 정도와 균일한 형상, 원활한 작업속도 등의 다양한 요소를 고려해 설계하고, 그렇게 설계된 각 부품들은 수백, 수천 번의 왕복운동에 의한 마모를 최소화하고 제품의 정밀한 치수를 형성하기 위해 아주 정밀한 치수로 가공해야 하기에 높은 수준의 제작 기술을 필요로 합니다.

그렇게 금형이라는 분야에 대해 깊게 파고들수록 결코 만만히 생각할게 아니란 걸 깨달았습니다. 때문에 금형 분야에 대한 전문성을 키우기 전에, 일단 설계와 제작에 있어 기본적인 능력이 갖추어야겠다고 생각했습니다. 제일 먼저 기계가공 산업기사를 취득하며 밀링, 선반, 드릴, 연삭기 등의 조작법을 익히고 어떻게 해야 제품의 도면과의 공차를 줄이고 각 부품을 조립했을 때 정확히 맞아 들어가는지에 대해 익혔습니다. 두 번째로 금형을 설계하기 위해 UG NX 프로그램을 이용한 3D 모델링과 모델링을 토대로 2차원 캐드 도면에 완전히 도면을 작성하기 까지 약 두 달 동안 꾸준히 연습해 사출금형산업기사를 취득 할 수 있었습니다.

> 마지막으로 범용 선반이나 밀링으로 직접 복잡한 제품의 형상이나 정확한 치수를 맞추기 어렵기 때문에 CAM작업과 머시닝센터의 조작법에 대해 충분히 익혀야 했습니다. 꾸준히 연습 해온 모델링과 CAM 작업에 있어서는 자신이 있었기에 머시닝센터의 조작에 집중했습니다. 코드를 잘못 입력해 공구를 깨먹기도 하고, 도면과 전혀 다른 모양의 제품이 나오기도 했지만 그럴 때마다 원인을 찾고 고쳐나가며 조작법을 차근차근 익혀 나갔기에 컴퓨터응용가공 산업기사를 취득 할 수 있었습니다.
>
> 작년 한 학기 동안 기초적인 지식과 기술을 습득하고, 이런 제 노력을 잘 알아 봐 주신 교수님께서 올해 졸업 작품 제작을 권유 하셨습니다. 실제 금형을 제작 할 수 있는 소중한 기회를 주신 교수님께 감사를 드리며 앞으로 제 분야에 있어 전문성을 확보하기 위해 금형 분야에 있어 전문가이신 학과 교수님들의 지원과 조언을 받으며 금형 제작에 최선을 다하고 있습니다.

아래는 한전 KPS의 자소서 항목의 일부이다. 회사지원동기와 준비상태를 함께 묻고 있다. 이 자소서 항목 또한 직무적 전문성이나 직무적 적합성을 대단히 구체적으로 요구하고 있다.

> (우리 회사에 지원한 동기(관심을 가지게 된 계기, 시기 등)와 지원자를 뽑아야하는 이유에 대해 기술해 주시기 바랍니다.
> - 언제부터 우리 회사에 관심을 가지게 되었으며, 그 계기는 무엇인지 구체적으로 기술해 주시기 바랍니다.
> - 지원자 본인이 우리 회사에 기여할 수 있는 적합한 인재라는 것을 가장 잘 보여주는 사례를 구체적으로 작성해 주시기 바랍니다.)

여기서 첫 번째 질문은 회사지원동기를 간단히 쓰고, '이 회사에 들어가서 ~~~한 꿈을 이루고 싶었다. 그래서 지원하게 되었다' 고 쓴 다음, 두 번째 질문에 대해서는 입사하기 위해 준비한 자신의 전문성을 강조하면 된다.

2016년 수업시간에 제출된 아래 글은 이 학생이 이 회사에 호감을 갖게 된 연유를 전기 영역이 전기차로 넓어져서 시장이 확대될 것이라는 전망을 갖고 있는 상태에서 발전설비에서 으뜸인 한전 KPS에 관심을 갖게 되었고, 유지보전관리 분야에서 자신의 미래 비전을 펼치기 위해 지식의 전문성을 쌓고 기능사 자격증을 준비하는 등 전문성 강화를 위해 노력했다는 점을 강조하고 있다. 이 글은 수업시간에 쓰여진 글이기 때문에 아직 이 학생이 직무수행을 위해 전문성을 입증하기에 약간 미비하지만, 그런 과정에서 자신이 채워야할 부분을 깨닫게 되는 계기가 된 자소서였을 것이라고 생각한다.

> 기계분야가 전공인 저이지만 기계를 배우는 학생으로서 전기분야도 필수적으로 알아야 한다고 생각하고 공부했습니다. 앞으로 전기로 인해 전기차와 더불어 많은 산업들이 발전될 것입니다. 그 발전중심에서 광주에서 사는 저는 전남 나주혁신도시와 함께 한전kps는 발전설비와 전력설비를 통해 으뜸기업이라는 것을 알게 되었습니다. 폴리텍 자동화시스템과에서 공부하는 동안, 한전 KPS에서 유지보전관리 분야에서 기여하고자 미래 비전을 정하고 그에 대한 준비를 하기 시작했습니다. 그래서 학교 실습 수업과정에서 단순히 유압이나 공압 시퀀스 전기 회로 작동만 시키는 게 아니라 동작이 되지 않을 시 어떤 접점에 문제가 있는지 어느 부분에 문제가 있는지 철저히 원인 분석하는 연습을 했습니다. 전기기능사 자격증을 준비하는 과정에서도 회로만 보고 작동하는 것이 아니고 왜 회로가 이렇게 되었고 무엇을 추구하기 위해 회로가 만들어졌는지 철저히 분석 후 동작시키는 연습을 하였습니다. 이로 인해 실수도 줄고 동작 되지 않을시 오작동 원인 파악도 빨라서 좀 더 능률적으로 설비 보전 일에 임무를 수행 할 수 있을 것입니다. 이런 세밀함과 밟아온 과정들이 한전kps에서 유지보전관리 분야 발전에 기여할 수 있으리라는 생각에 지원하게 되었습니다.

(5) <지원동기>를 쓸 때 범하기 쉬운 오류들

<지원동기>를 쓰라고 할 때, 가장 많이 범하는 오류들을 최종적으로 정리해 본다.

① 회사지원동기만 구구절절 쓰는 경우.

직무지원동기와 회사지원동기를 구분하지 못하고 회사지원동기만 쓰는 경우다. 그러니까 자신이 알고 있는 그 회사에 대한 온갖 명성과 세상의 좋은 평판을 아주 상세히 쓴다. 다시 말해 그 회사가 어떤 분야에서 국내는 물론 국제적으로도 유명한 회사이고, 그 회사 발전이 무궁무진해서 지원하게 되었다는 식이다. 학생들에게 시켜보면 가장 많이 쓰는 방식이 바로 이 방식이다. 하지만 이렇게 쓰는 사람들이 많기 때문에 자소서에서 가장 중요한 차별성은 발생하지 않는다. 지원동기는 회사 칭찬 콘테스트가 아니라 지원자 자신들의 능력과 경험의 장점을 드러내는 장소로 활용되어야 한다.

② 개인적인 행복이나 자아실현을 위해 지원한다고 쓰는 식.

자신은 지금까지 이 회사에 들어가서 결혼도 하고 성공도 하고 싶다는 식이다. 하지만 회사는 지원자 개인의 행복이나 야망에 대한 관심보다 먼저 지원자가 자기 회사에 얼마나 도움이 되는 존재인가를 알고 싶은 것이다.

③ 회사의 복지정책이나 급여가 좋아서 지원한다고 쓰는 식.

그런 요소는 미리 알아보고 자신만 알고 있으면 그만이지만, 그것을 자소서에 표현하는 순간, 회사는 그를 능력이나 비전있는 사람이 아니라, 개인적인 욕심만 있는 인간으로 보기 십상이다. 복지정책이나 급여는 회사에 입사해서 따질 문제이다.

④ 더욱 치명적인 지원동기.

자신의 꿈은 ***인데, 그 회사에서 기술을 익혀 독립해서 다른 곳에 이직하거나, 자신만의 회사를 키워보기 위해서 지원하게 되었다는 방식이다. 물론 그렇게 쓰는 사람은 없겠지만, 기업에서는 그 회사에서 오래 근무해줄 사람을 원한다. 만일 조기 퇴사한다면, 회사가 그 사원의 업무능력 향상을 위해 투자한 시간과 돈과 경험을 낭비하는 셈이 될 뿐만 아니라 회사의 기밀이 경쟁업체에 빠져나가는 피해까지 감수해야 한다. 따라서 자소서 뿐만 아니라 면접 시에도 자신이 지원하는 회사에서 끝까지 뼈를 묻겠다는 각오로 지원하게 되었다고 말해야한다.

04 입사 후 포부

〈입사 후 포부〉는 한 마디로 말해서, 입사한 뒤 상당 기간, 보통 10년 동안을 어떻게 보낼지 연차별 계획을 세워보라는 것이다. 한 회사에서 10년이면 직장인으로서 승부가 나는 시간이다. 10년 안에 그 회사에서 인정받지 못하면 구조조정에 시달리다가 직장생활을 불명예스럽게 마감해야 하기 때문이다. 공무원 정년을 60세로 정하고 기업도 그에 따라줄 것을 정부에서는 요구하고 있지만, 실제로 사기업에서 60세를 채우고 명예롭게 퇴진하는 직장인은 대단히 적다. 그래서 입사 후 10년은 자신이 그 직장에서 승부를 걸어서 그 직장의 핵심세력으로 살아남기 위해 어떤 분야에서 전문가가 되어야하는 시간이다.

그래서 〈입사 후 포부〉는 단순히 자소서를 쓰기 위한 의례적이고 형식적인 작업이 아니라, 그 회사에 입사 후, 자신의 인생을 걸고 그 회사에서 전문가로 거듭나야할 조건과 노력들을 진지하게 구체적으로 숙고해보는 시간으로 활용되어야 한다. 그리고 이러한 노력은 서류 합격 후 면접 시에도 빛을 발하게 될 것이다. 기술직은 사무직에 비해 비교적(?) 정년을 채우고 퇴직

유비무환 퍼펙트 자소서

할까? 천만의 말씀이다. 기술직도 극소수의 기업을 제외하고는 대부분 희망퇴직으로 정년을 채우지 못하고 끝나는 경우가 태반이다. 기술의 진화속도가 너무 빠르기 때문에 자신의 전문성을 계속해서 업그레이드 하지 않으면 기업에 대한 기여도는 낮아지는 반면, 급여는 높아지기 때문에 그런 사람은 기업에 부담이 될 수밖에 없다. 그래서 100세 시대를 맞아 이러한 조기퇴직에 대한 압박은 더욱 큰 재앙으로 다가온다.

"금년 6월 현재 우리나라 100세 이상 인구는 1만7천여 명이다. 5년 전만해도 1만 2천여 명에 불과했음을 볼 때 100세노인 인구가 가파르게 증가하고 있음을 알 수 있다. 1970년대만 해도 우리나라 평균수명이 60세 정도에 불과했지만 이제 100년을 사는 시대로 성큼 다가서고 있다.[18]"

게다가 1년에 평균 수명이 1살씩 높아진다고 하니, 지금 취업하는 학생들은 재수 없으면 상당수가 100세 가까이 살 가능성이 커졌다. 100세 시대를 맞아 개인적인 차원에서 볼 때 60세 정년을 한다 해도 40년 이상을 더 살아야한다. 하지만 실제 사기업체 정년은 50세 정도라고 한다. 정년하는 그 날까지 대접받고 직장생활을 하려면 직장에서 꼭 필요한 사람이 되어야만 한다. 그래서 〈입사 후 포부〉는 자신이 그 직장에서 전문가로 성장하기 위한 10년 계획을 세우는 기회이다. 그리고 그렇게 하기 위해서 연차별로 어떤 노력을 기울일 것인지 시간계획표를 써내야 한다. 그래서 보통 3년까지는 어떻게 보내고, 5년까지, 그리고 10년까지는 어떻게 보낼 것인가를 구체적으로 보여줘야 한다.

〈입사 후 포부〉를 쓰는 구체적 방식은 3가지 정도로 제시할 수 있다.

(1) 어떤 분야의 전문가로 성장하기 위한 목표와 연차별 실행계획 제시

만일 자신이 어떤 기업에 들어가기 위해 모든 면에서 잘 준비가 되어있다면 이 방식을 써서 〈입사 후 포부〉를 제시하는 게 좋다.

---
18) Diet news 24, 2017년 8월 8일자 기사

① 그 회사에서 어떤 전문가로 성장할 것인가를 정한다. 그럴려면 그 회사의 발전 방향이나 비전이 무엇인지 알아야만 한다. 이런 필요성 때문에 최근 합격자 컨택의 중요성이 커지며, 자신이 목표로 하는 기업에 대한 연구가 중요하다. 현재 그 기업체에 근무하는 사람은 그 기업이 어떤 비전을 갖고 어떤 노력을 기울이고 있는지 잘 알고 있기 때문이다.
② 그러한 전문가로 성장하기 위한 10년 시간 계획을 쓴다.

　　3년까지는　~~~
　　5년까지는　~~~
　　10년까지는 ~~~

어떤 일에 중점을 두고 회사생활을 하겠다는 구체적인 계획을 써내야 하는 것이다. 이렇게 어려운 것을 어떻게 해결해야 하나?

하지만 너무 절망할 필요는 없다. 어느 정도의 가이드라인은 제시할 수 있으니 말이다. 대개 다음과 같이 직급의 변화에 따라 어떤 태도로 어떤 계획을 갖고 생활해야 하는지를 써내면 되는 것이다.

- 3년까지는 신입사원으로서의 자세와 목표
- 5년까지는 팀 리더로서의 자세와 목표
- 10년까지는 해당 분야의 전문가로서의 목표와 타 부서와의 협조를 위한 공부

하지만 자신의 직무와 관련해서 제대로 된 〈입사 후 포부〉를 쓰기 위해서는 그 회사에서는 대체적으로 10년까지 어떻게 보내는지를 알아볼 필요가 있다. 그래서 그 기업의 자신이 일하고자 하는 분야의 현직에서 근무 중인 사람과의 컨택이 중요해진다. 물론 기술직의 경우는 10년까지 어떤 전문가로 성장할 것인가를 위주로 작성하면 되고, 사무직의 경우는 회사를 성장시키기 위한 자신만의 비전을 제시해야 한다. 그래서 회사가 어떤 방향으로 발전해 가는데 일조하겠다는 식으로 작성하면 되는 것이다.

연차별 계획을 쓰는 또 하나의 팁은 3년까지 신입사원일 때, 특히 회사 업무에 빠른 적용을 위해 OJT기간을 어떻게 보낼 것인가를 써보고, 또한 업무를 익히기 전까지의 과정을 꼼꼼히 메모해서 사안별로 매뉴얼화해서 팀리더가 될 때 신입사원들이 회사 업무에 빨리 적응할 수

> 유비무환 퍼펙트 자소서

있도록 전파하겠다는 식으로 쓰는 것은 어느 직종이나 통할 수 있다고 본다. 회사업무에 필요한 여러 지식이 있는데, 그 중 업무수행을 위해 겉으로 드러난 지식이 있는 반면, 겉으로 드러나지 않는 지식도 있다. 전자를 형식지라고 부르고, 후자를 암묵지라고 부르는데, 이른바 짬밥은 후자인 암묵지를 말하는 경우가 많다. 이러한 암묵지를 형식지화하는 작업은 회사의 지식의 양을 늘리는데 중요한 부분의 하나가 된다. 그리고 이러한 암묵지를 형식지화해서 데이터베이스화하고 공유할 수 있도록 해 놓은 것을 이른바 지식경영[19]이라 부른다. 큰 회사는 지식경영을 위한 지식경영시스템이 마련된 곳이 많다. 그래서 자신의 연차별 계획에서 5년 정도까지 회사의 공유지식을 증가시키는데 전념하겠다는 식의 언급은 대부분의 회사에 환영받을만한 언급이다. 여기서 한 걸음 더 나아가 회사업무와 관련해서 끊임없이 특허를 출원하여 회사의 지식자산을 넓혀나가겠다는 식의 언급은 더욱 바람직한 입사 후 계획 작성에 도움이 되는 요소라고 본다. 그리고 10년 안에 회사에서 어떤 분야에서 전문가로 성장한다는 점과 더불어, 타 분야와의 협업을 위해 관련 업무에 대한 공부와 자격증 취득 등도 써먹을만한 아이템이라고 볼 수 있다.

다음은 2015년 작문 수업시간에 제출된 포스코 생산직 자소서의 일부이다. 〈입사 후 포부〉가 정성적이고 두루뭉술하게 스케치하듯 쓰는 것이 아니라, 10년 계획을 구체적으로 제시해야 한다는 것을 이 자소서는 잘 보여주고 있으며, 어떤 기업의 자소서이건 〈입사 후 포부〉를 기술하라고 하면 비전을 제시하고 그것을 구체화할 수 있는 10년 계획을 쓰는 것이라 생각하고 작성하면 크게 무리가 없을 것이다. 생산팀의 자소서로서는 이 정도면 무난한 편이다.

입사 후 포부를 1년 후, 5년 후, 10년 후로 나누어서 구체적으로 서술하여 주십시오.(1500byte 이내)

〈미래로 가는 첫 걸음〉
 포스코 생산팀에서 주기적인 정비 및 생산으로 업무효율을 극대화 시키는데 기여하고 싶습니다. 장비가 고장 나기 전에 예방 정비를 하여 생산에 차질이 생기지 않도록 하는 게 중요합니다.
 ① 포스코에 입사 후 1년간 업무 파악 및 주요 고장 장비를 선별 할 것입니다. 생산에 있어 장비가 비정상적으로 작동을 하게 되면 불량품이 나오게 되며 고객이 신뢰 할 수 없는 기업이 될 것입니다.
 ② 5년 후 업무파악에 잘 적응한 상태에서, 주, 월, 분기, 연간 마스터플랜을 수립하여 신제품 철강 및

---

19) 노나카 이쿠지로: Knowledge Management(지식경영)(2010), 현대경제연구원 옮김, 21세기북스 참조

신기술을 개발할 것입니다. 또한 조직에서는 창의적인 방식과 도전정신만이 미래를 볼 수 있다고 생각합니다. 기존의 기술은 미래를 보기 어려우며 끊임없는 도전만이 창의적인 인재를 육성하며 철강산업을 이끌어 갈수 있습니다.
③ 10년 후 고객의 소리를 경청하여 친환경 기술 개발에 기여하며, 고객이 불편함에 느끼지 않도록 에너지를 가장 효율적으로 공급하는 기업으로 만들 것입니다. 오늘보다 내일을 내일보단 미래를 바라보는 인재가 되도록 노력 하겠습니다.

아래 자소서는 2013년도에 포스코에 합격해서 지금 포스코에서 근무하고 있는 학생의 자소서이다. 이 학생의 〈입사 후 포부〉는 평이해 보이지만, 대단히 현실적이고 구체적이어서 설득력을 얻고 있다.

입사 후 포부를 1년 후, 5년 후, 10년 후로 나누어서 서술하여 주십시오.

〈입사는 성공이 아니라 성공으로 가는 과정이다.〉
저에게는 꿈이 있습니다. 우리나라를 넘어 세계에서도 최고라고 평가받는 철강기업에서 일하고 싶다는 꿈입니다. 그 꿈을 이루기 위해서는 전 직원이 각자 그 분야에 있어서 최고의 전문가가 되어야 한다고 생각합니다. 그렇게 되기 위해서 저는 기술, 경험, 자기관리가 가장 중요하다고 판단하고 그에 맞도록 계획을 세웠습니다.

우선 입사 후 1년째에는 자신의 업무에 관련된 산업기사 자격증 2개 정도를 더 취득하고 싶습니다. 취업이 되었다고 자만하여, 이제는 자격증을 취득할 필요가 없다는 사람이 많겠지만 저는 좀 더 빠른 시간 안에 자신의 일에 익숙해지고 기술을 배워서 제가 배정된 부서에 도움이 되고 싶다는 생각을 가지고 있습니다. 또한 같은 부서의 사람들로부터 인정을 받아서 친해지고 싶다는 생각도 가지고 있기 때문에 저는 자만하지 않고 이제부터가 시작이라는 마음으로 부서에서 가장 우수한 기술력을 가진 직원이 되기 위해서 여가시간에도 자기개발 시간을 가져서 계속 공부할 것입니다. 알고 있는 지식과 기술이 많아질수록 새로운 아이디어를 창출해서 더 좋은 생산라인을 구축할 수도 있고 사고발생 시의 대처방법이나 무결함. 무사고라는 저의 목표에도 크게 도움이 될 것이라 생각하기 때문에 저는 되도록 많은 기술을 익히려고 노력할 것입니다.

입사 후 5년째에는 저의 인생의 활력소가 되어주고 실생활에 도움이 되는 취미를 만들어 건강한 몸과 정신을 유지하고 싶습니다. 수영, 등산, 싸이클, 구기종목 등의 운동을 검토 중이고 이와 관련된 동아리에 가입을 하여 인간 관계도 넓히고 싶습니다. 또한 봉사활동도 꾸준히 하여 지역사회에 공헌을 하고 싶고 영어나 중국어, 일본어 등의 어학을 공부하여 완벽하게 구사할 수 있도록 되고 싶습니다.

입사 후 10년째에는 자신이 근무하고 있는 업무의 관한 기술을 완벽하게 이해하고 숙달되어서 기능장 자격을 획득할 것이고 무결함. 무사고를 목표로 후배들을 철저히 교육시킬 것입니다. 가정에서는 멋진 아버

> 지, 든든한 남편, 부모에게 효도하는 자랑스런 아들로써 직장에서는 성실한 직원, 믿음직한 선배로써 성장하고 싶습니다.
>
> (2013년 포스코에 합격한 제자의 자소서 중)

아래 글은 2016년도에 휴비스에 합격한 학생의 글로서 자신이 그 회사에서 어떤 분야의 전문가로 성장하겠다는 전문가적 비전을 소제목으로 제시하고, 그것을 구체화하기 위한 10년 계획을 기술한 것이다. 〈입사 후 포부〉에서 가장 전형적인 방식이라고 할 수 있고, 기업 측에서 크게 환영받을만한 방식이라고 할 수 있다.

> **자기계발 계획은 무엇이며 이루고자 하는 향후 목표는 무엇입니까?**
>
> 〈최고의 생산관리 감독자〉
> 저의 최종적인 목표는 전기기술사를 취득하여 휴비스에서 인정받는 생산관리감독자가 되는 것입니다. 그렇기 위해서는 먼저 입사 후 1년 이내 '위험물산업기사', '산업안전기사'를 취득하는 것이 첫 번째 계획입니다. 3년 이내에는 부족한 외국어 실력을 보충하기 위하여 외국어를 공부할 것이며, 10년 이내에는 전기의 꽃이라 불리는 전기기술사를 취득할 것 입니다. 지식과 경험을 채워나가며 선배들에게는 인정받는 후배, 후배들에게는 업무는 물론이고 업무 외적으로도 회사생활에 도움을 주는 존경받는 선배가 될 것입니다. 생산이라는 업무에서 능력을 인정받아 최고의 생산관리감독자가 되어 휴비스가 세계 최고의 소재기업으로 거듭나는데 헌신하고 싶습니다.
>
> (2016년도 휴비스에 합격한 제자)

아래 글은 위의 학생이 국도화학에 합격한 자소서의 일부이다. 이 항목의 이름은 〈희망업무 및 비전〉이지만 이런 경우도 사실상 〈입사 후 포부〉와 유사한 항목이다. 그래서 이 학생은 현재의 직무적합성을 미래비전으로 끌어올려서 진술하고 있다. 그러니까 현재의 직무인 전기업무를 현재에도 잘 할 수 있지만, 앞으로 이 분야에서 최고가 되겠다는 것이며, 그러한 전문가가 되기 위한 10년 계획을 말하고 있는 것이다. 따라서 결국 〈입사 후 포부〉와 유사한 성격의 글이 되겠다.

◆ 희망업무 및 비전

〈최고의 전기관리 감독자가 되겠습니다〉

제가 희망하는 업무는 전기업무입니다. 저는 2년 8개월간 위그선을 제작하는 업체에서 전기업무를 담당했으며, 전기 실무능력과 함께 동료와의 소통, 그리고 좋은 대인관계를 유지하는 법을 배웠습니다. 또한, 제게는 국도화학에 입사 후 전문요원으로 거듭나기 위한 10년 계획이 있습니다. 입사 후 전기 팀의 막내로서 궂은 일도 마다하지 않을 것이며, 꼼꼼한 일 처리와 즐거운 팀 분위기를 만들기 위해 노력할 것입니다. 이와 동시에 부족한 화학분야의 지식과 자격을 채워나가며 국도화학에 꼭 필요한 인재가 될 것입니다. 5년 후에는 지금까지 쌓아온 지식과 경험으로 선배님들에게는 인정받는 후배, 후배들에게는 업무는 물론이고 업무 외적으로도 회사생활에 도움을 주는 존경받는 선배가 되겠습니다. 10년 후에는 전기분야에서 업무 능력을 인정받아 최고의 전기 관리감독자가 되어 국도화학이 세계 최고의 화학기업이 되는데 헌신하겠습니다.

(2016년도 국도화학에 합격한 제자의 자소서 중)

(2) 비전을 제시하고 그 비전을 실천할 계획을 제시하는 방식.

이 방식은 (1)번과 유사하지만, 다른 점이라면 (1)번은 주로 기술직에서 어떤 전문가로 성장하는 개인적 차원을 중시하지만, 이 방식은 회사 발전 방향에 대한 비전을 제시하는 방식이란 점에서 차이가 난다. 그래서 이런 방식은 사무직이 쓰기에 적절한 방식이다. 하지만 이 방식은 해당 기업에 대한 깊은 연구가 기반이 되어야 회사 측에서 수긍할 것이다. 또한 (1)번이 미래 계획이라면 (2)번은 회사를 이끌어갈 리더로서 준비가 되어있다는 점을 강조한다. 따라서 회사 경영의 방향에 영향을 줄 수 있다. 이를테면 회사의 발전방향을 얘기하고 자신은 그러한 발전을 이끌어갈 기수가 되고자 한다는 식이다. 좀 더 구체적으로 예를 들어 말하면, 회사에서는 앞으로 아프리카로 진출해야 활로가 생길 것이라 보는데, 자신은 외국어실력과 협상능력이 뛰어나서 회사 미래 발전을 주도하는 사람이 될 것이라는 식이다. 물론 기술직이라해서 이 방식을 활용할 수 없는 것은 아니다. 이를테면 전기차가 대세가 되어 가는데, 아직 전기차 생산 준비가 부족한 상태의 회사를 우수한 전기차 생산을 이끌어내는 주역이 되고자 한다는 식도 가능하다는 것이다.

2016년 수업시간에 제출된 아래 글에서 이 학생은 데이터라는 주제를 통해 자신의 비전을 설명한다. 김성근 감독의 데이터 야구를 도입함으로써 데이터의 중요성에 대한 이해를 돕고 있으며, 자신이 회사의 데이터를 관리하는 전문가로 성장하여 회사 발전과 회사의 안전사고를 막는 역할을 하고 싶다고 쓰고 있다. 이 학생의 자소서에서는 자신만의 방식으로 자신의 생각을 컨셉화하여 차별성을 만들어내고 있다. 그래서 비전을 제시하고 그것을 구체화하는 이 학생의 진술이 더욱 설득력을 얻게 된다.

입사 후 포부 : 입사 후 10년 동안의 회사생활 시나리오와 그것을 추구하는 이유

한화야구팀 김성근 감독님은 지금도 직접 훈련을 시키고, 직접 데이터를 분석합니다. 많은 사람들로부터 '노장 감독인데 아직도 열정이 넘친다', '야구를 진정 사랑하는 사람이다' 라는 말을 많이 듣습니다. 저 또한 많은 사람들에게 오래까지 기억되는 그런 사람이 되고 싶습니다.

저는 입사 후에 귀사에 어떤 도움이 될 수 있는 분야들을 철저하게 분석하고, 그것을 데이터를 만들어서 음료를 만들 때 '가장 중요한 기계들이 잘 작동이 될 수 있게 늘 예방보전을 틈틈이 할 것이고, 돌발고장이 날 경우 원인을 빨리 파악할 수 있게 데이터의 활용도를 높여볼 볼 것입니다.

3년 뒤에는 저만의 데이터를 가지고 귀사에 도움이 될 수 있게 매뉴얼을 만들어서 새로 들어온 신입사원들도 현장에 쉽게 다가올 수 있게 만들 것입니다. 그럼 현장은 기계가 오작동이 없는 불량이 감소하는 현장으로 만들 수 있고 신입사원들도 일을 배운데 어려움을 조금이나마 줄일 수 있을 것 같습니다

10년 뒤에는 안전사고가 없는 만들고 싶습니다. 기계가 오작동을 안 하면 불량이 적어지겠지만 안전사고는 언제 어떻게 생겨날지 모르기 때문에 안전수칙을 현장직원들에게 교육을 시키면서 경각심을 주고 싶습니다. 사람이 가장 큰 자산이기에 다치면 안 되기 때문에 안전관리 공부를 해서 그 분야의 전문가가 돼서 롯데칠성 현장은 안전사고가 전혀 없는 1등 기업이라는 찬사를 받게 하기 위해 데이터의 활용도를 높이는 시스템을 구축해나가고 싶습니다.

아래 글은 LG디스플레이에 2015년도에 합격한 자소서 중 일부이다. 아래 자소서에서 지원 학생은 공장가동률을 높여 생산액 증가에 기여하고 글로벌 인재로 성장할 것을 비전으로 정하고 이것을 실천할 구체적인 연차별 계획을 보여준다.

장래포부를 쓰시오.

〈Go to the Dream〉

가장 최우선 목표는 국내영업장의 생산자동화설비 보수, 개선을 통해 연간 공장가동률을 100%까지 달성하여 경쟁사의 Display사업부보다 생산액증가에 기여하는 것입니다. 더 나아가 해외지사의 기술영역 까지 책임지는 'LGDisplay'의 전문글로벌 인재로 성장할 것이며 이를 실현하기 위해 포부를 세웠습니다.

1. 입사 후에는 학교에서 이론으로만 배웠던 기술들과 실무와의 차이점을 많이 경험해보고 싶습니다. 매일 아이디어 노트를 쓰던 습관으로 선배님들의 경험과 조언을 들으며 매일 생각하고 적을 수 있도록

노력할 것입니다.
2. 3년이라는 시간은 저의 창의력을 어필 할 수 있는 충분한 시간이라고 생각합니다. 향후 3년 이내에 제 아이디어가 기반이 된 프로젝트를 진행하여 장비의 결함으로 인한 공장비가동률과 불량률을 최소화 하고 생산성은 극대화 할 수 있는 특허와 기술을 개발하는 것이 목표입니다. 5년 이내에는 근무 외 시간에 자기계발을 위해 영어실력을 향상시켜 해외 부서에서 근무하는 것이 목표입니다.
3. 10년 이내에는 경험했던 미국 문화를 토대로 북미와 남미에서 기술 영업 부문을 담당하고 싶습니다. 속담에 '나무를 보지 말고 숲을 봐야 한다' 라는 말이 있습니다. 저는 한곳만을 공략하는 성격이 아니라 주위를 둘러보고 주변 사람들을 이끌고 함께 목적지로 가고자 하는 리더 스타일입니다. 향후 20년 이내에 사업전략부분의 팀장이 되어 그동안 쌓아왔던 노하우를 후임들에게 전파함으로서 그들의 역량강화에 힘쓰는 리더가 되고 싶습니다. 또한, 제 꿈의 하나인 사회에 보탬이 될 수 있는 사람이 되기 위하여 봉사단체와 LG Display를 결합할 수 있는 부서에서 활동 하고 싶습니다.

(2015년도 LG디스플레이에 합격한 제자의 자소서 중)

(3) 분명한 계획을 다수 제시하는 방식

자신이 어떤 회사에 들어가서 하고 싶은 구체적 계획이 있을 경우 이 방식을 쓰면 좋다. 목표를 쓰는 것도 중요하지만 어떻게 이룰 것인가를 구체적으로 써야 설득력을 얻게 된다. 이럴 때 가급적 시간계획도 함께 제시하면 더 좋다.

2014년 수업시간에 제출된 아래 글은 이 회사에 지원한 목적을 3개로 구분해서 설명하고 있고, 그것도 시간계획에 따른 실현방법을 제시하고 있다.

입사 후 포부, 관심분야 등(300자 이내)(현대제철 자소서)

저는 압연 산업기사를 포함해 금속 관련 자격증을 8개를 소유하고 있으며 압연 공정을 전부 이해하고 있습니다. 이런 풍부한 지식과 자격증을 바탕으로 당진 제철공장의 냉간압연 부서에 근무를 하고 싶습니다. 입사 후 목표는 첫째. 3년 안에 회사 내의 압연 체계를 완벽히 익히고 성실히 임무를 완수하여 인정받아 팀장이 될 것이며 둘째. 7년간 공장의 시설관리 및 생산성향상에 최선을 다할 것입니다. 그리고 셋째. 3년 뒤 부장이 되어 압연부서 뿐 아니라 제철, 금속부서의 생산성향상에도 최선을 다하여 기업의 이윤극대화에 큰 보탬이 되겠습니다.

〈입사 후 포부〉를 아예 순서대로 나열하는 방식도 이와 유사한 방식으로 설명될 수 있다.

유비무환 퍼펙트 자소서

다음은 2015년도 수업시간에 제출된 글로, 〈입사 후 포부〉에 3가지 목표를 쓰고, 그것을 구체적으로 설명하는 방식이다. 그런데 대단히 치밀하게 써져있다.

입사 후 포부(10년 발전 계획)

① 첫 번째 입사 후 1~3년 동안 일하는 분야인 CNC 가공(머시닝 센터) 분야에서 전문지식과 현장 경험을 쌓는 것입니다. 요즘 기계가공조립 산업기사를 가진 사람들 중 몇몇 사람들이 현장경험이 부족하여 이러한 문제가 생기지 않도록 전문지식은 물론 현장경험까지 가지고 있는 기술자가 되는 것이 첫 번째 목표이고

② 두 번째 목표는 입사 후 3~년 차부터 5년 까지 영어회화를 완벽하게 준비하여 해외 쪽으로 출장이 있을 때 공작기계를 어떻게 세밀하게 만드는지 어떤 식으로 일하는 방법과 설계를 하는지에 대하여 배움으로서 다가가고 싶어서 이며

③ 세 번째 목표는 6년 차부터 8년 차가 되기 전까지 다재다능한 인재가 되는 것입니다. 금형디자인 쪽을 전공하였더라도 현장에 가거나 사회가 변화하면서 금형 분야도 더 세분화 되고 발전하기 마련입니다. 그래서 저는 CNC 가공(머시닝 센터)분야인 공작기계, 금형설계 분야도 연구하여 다재다능한 인재가 되는 것입니다. 그리하여 50년 전통인 화천기공에 입사하면 저를 발전시키며 회사 또한도 꾸준히 성장해 나가도록 힘을 보탤 것입니다.

이런 방식의 글은 좀 더 구체적일수록 설득력을 더 얻는다. 다음 글은 2017년도 현대비앤지스틸에 합격한 자소서의 일부이다. 가장 중요한 포부를 소제목으로 하고, 그 포부를 이루기 위한 구체적 계획을 3개의 항목으로 밝히고 있다. 그리고 앞으로 압연기능장이 되기 위해 필요한 자격증들을 열거하고 그것을 따는 시기도 명시했다. 이런 방식은 서술형보다 일목요연하게 제시되는 장점이 있다.

이처럼 자신이 그 회사에 입사해서 목표로 하는 비전을 소제목으로 명시하고 그 비전을 실천하기 위한 실천사항들을 연차별 계획이나 나열식 설명으로 보여주는 것이 〈입사 후 포부〉를 쓸 때 가장 바람직한 방식이다. 이러한 방식의 〈입사 후 포부〉는 입사 후 직무를 정하고, 추후 자신의 성장방향을 정하는 데에도 영향을 줄 수 있다. 기업 입장에서 보면, 어떤 방면을 키워나가려는 계획이 있다면 그러한 계획을 수행할 인재를 찾기 마련이기 때문에 이러한 자소서는 입사 후 인사에 영향을 줄 수 있는 것이다.

본인의 경력, 자격사항, 입사 후 포부 (800자)

〈압연 기능장이 되겠습니다〉

기능직분야(압연)에서 전문가가 되고 싶습니다. 저의 가치를 증명해 나가기 위해
첫째, 신입사원다운 열정과 패기를 보여드리겠습니다.
  학창시절(고등학교, 대학교) 개근을 하였던 경험을 바탕으로 성실함과 열정을 보여드리겠습니다. 당당함을 증명할 수 있는 목소리크기로 패기를 보여드리겠습니다.
둘째, 현대비앤지스틸에서 저에게 필요로 하는 자격증을 빠른 시일 내에 취득하도록 하겠습니다.
  현재 금속/재료분야 자격증 중 금속재료 산업기사, 압연 기능사, 제강 기능사 자격증은 보유하고 있고 제선 기능사 자격증은 보유하고 있지 않은 상태입니다. 현대비앤지스틸에 신입사원으로 입사하는 기회가 주어진다면 제선 기능사 자격증을 빠른 시일 내에 취득하고 이에 안주하지 않고 기계, 안전분야 자격증 취득과 회사에서 저에게 필요로 하는 자격증을 빠른시일 내에 취득하도록 하겠습니다.
셋째, 장기근속자가 된다면 후배양성에 힘쓰는 선배가 되도록 하겠습니다.
  제가 현대비앤지스틸 장기근속자가 되고 압연분야 전문가가 되면 압연 기능장 자격증에 도전할 것이고 후배양성에 이바지할 수 있는 선배가 되겠습니다. 현실에 안주하지 않고 현대비앤지스틸의 가치향상을 위해 사내 모든 사원들을 전문인으로 만들겠습니다.

(2017년도 현대비앤지스틸 합격한 제자의 자소서 중)

05 지원동기 및 입사 후 포부

〈지원동기〉와 〈입사 후 포부〉, 이 두 가지를 동시에 요구할 때, 〈지원동기〉는 희망직무를 쓰고 그 직무를 잘할 수 있음을 보여주고, 〈입사 후 포부〉는 입사 후 10년 계획을 쓰면 된다. 그리고 이 2가지를 합친 것이 〈지원동기 및 입사 후 포부〉이다. 사실 지원자가 현재 어떤 능력을 갖고 있으며 입사 후 어떤 비전을 갖고 그것을 실천하기 위해 10년 이상 노력할 것인가를 알아보는 데 아주 유용한 질문방식이다. 그래서 최근 자소서에서는 이런 방식으로 물어보는 회사가 상당히 많고 갈수록 늘어나는 추세다.

쓰는 방식:
① 먼저 〈지원동기〉는 자신이 입사해서 맡은 바 직무를 잘 수행할 사람이라는 점을 보여준

다. 그것은 자신의 전문적 장점과 자신의 경쟁력이 될 만한 내용을 쓰면 된다. 가장 좋은 방법은 전문적 장점(전문적 지식, 자격증, 실무경험)과 해당 직무에 맞는 인성을 함께 쓰는 것이다.

② 그 다음, 〈입사 후 포부〉에서는 자신의 비전을 보여준 다음, 그것을 실천할 연차별 계획을 보여주는 것이다. 비전이 마땅히 없다면 자신이 10년 동안 어떤 자세로 근무할 것인가를 보여줘도 된다. 10년 동안 근무 중점을 얘기할 때도 일정한 비전이 있다면 그 기간이 비전을 실천하는 기간이 되겠지만, 10년 동안 자신의 직급이나 회사에서의 직무에 상응한 근무 자세를 쓸 수도 있다.

아래 글은 2016년도에 OB맥주에 합격했던 학생의 자소서이다. 먼저 〈지원동기〉 항목에서 이 학생은 OB맥주에서 근무하는데 중요한 요소를 2가지로 설정하고 자신이 그것을 갖췄음을 설득하고 있다. 이 학생은 OB맥주라는 회사에서 근무하기에 가장 중요한 요소를 청결과 품질로 잡고 거기에 상응하는 자신의 경험을 쓰고 있으며, 자신이 직무분야에서 전문성을 갖추기 위해 공부한 내용을 중심으로 자신이 자동화에 대해 열심히 공부했음을 강조하고 있다.

그런 다음 10년 계획을 진술하고 있다. OB맥주는 일단 3개월간 인턴생활을 시키고 거기서 통과한 사람을 정직원으로 승격시키기 때문에, 합격 후 초기 3개월간은 그야말로 엄청난 경쟁을 해야 한다. 이 학생은 그럴 때 자신이 어떻게 생활할 것인지, 그리고 그 다음 10년까지 어떻게 보낼 것인지를 설득력 있게 제시하고 있다. 이 학생은 10년 동안 자신의 특별한 비전을 보여주지는 않지만 10년 동안 계획이 회사에 도움이 되는 방식이라는 점을 중점적으로 설득하고 있다.

본인이 지원한 직무분야에 입사하기 위해 노력한 점과 입사 후의 포부를 구체적으로 서술하십시오.

〈나의 노력을 어떻게 보여줄 수 있을까〉
제가 노력한 모든 일들은 글로써 혹은 면접에서 말로써 표현하기엔 시간이 턱없이 부족하다고 생각했습니다. 그래서 저는 오비맥주에 입사하기 위해 노력한 일들을 수치화하기로 했습니다. 제가 지원한 품질관리 분야에서 가장 중요한 부분은 청결과 품질이라고 생각했습니다. 저는 학교에서 근로 장학생을 맡아 하고, 교외 봉사활동을 통해 정리정돈, 청소, 청결에 습관을 들였습니다. 또한 그동안 배워온 공유압제어, PLC프로그래밍, 전기전자분야 수업들과 연계하여 졸업 작품 프로젝트를 함으로써 앞으로 제가 나아가야할 설비보전분야, 품질관리분야, 자동화분야에 대한 이해도를 높이고 있고, 결과적으로 현장에 직접 적용할 수 있도록 꾸준히 노력하고 있습니다. 이런 노력들은 현재 최고의 품질을 자랑하는 오비맥주의 품질을 지속적으로 이어가게 해줄 동력이 될 것입니다.

〈출근하고 싶은 회사〉
 입사 후 3개월간의 인턴생활에서 제가 할 일은 회사의 상황 즉 '제가 할 일과 관련된 모든 것을 알고 있을 것'입니다. 그리고 제가 정직원이 되었을 때는 인턴이 아닌 정직원의 무게를 느끼고 제가 맡은 일은 누군가에게 도움을 받지 않아도 처리 할 수 있는 업무능력을 갖출 것입니다. 하지만 1년 사이에 모든 걸 알 수는 없을 것입니다. 그렇기 때문에 선배님들을 따라다니며 알려주시는 모든 것을 메모해서 정량화 할 것입니다. 입사한지 5년이 지난 후 저도 선배소리를 들으며 저를 따라다니는 후배들에게 예전에 선배들에게 보고 들었던 것을 정량화한 자료들을 후배들 주며 빠르게 적응할 수 있도록 도와 줄 것이고 10년 후 사내 동호회를 만들어 후배들과 선배들의 중간 역할을 완벽하게 해내어 사내 분위기 조성에 앞장 설 것입니다.
 누군가에겐 월요일이 고통스러운 날이고 누군가에겐 새로운 시작을 알리는 기분 좋은 날 일 수 있습니다. 입사 후 아마 저의 월요일은 기분 좋은 날의 연속일 거라 자신합니다.
(2016년 OB맥주에 합격한 제자의 자소서 중)

아래 글은 위 학생과 2016년에 OB맥주에 함께 합격한 학생의 글이다. 필자가 〈지원동기〉에서 가장 강조하는 것은 자신의 희망직무를 정하고 그 직무에서 필요로 하는 기술적 역량이나 인성적 역량을 먼저 정의하고 자신이 거기에 맞는 사람이라는 것을 입증하라는 것이었다. 그런 뒤, 3가지 영역, 즉 지식, 자격증, 직무경험을 통해 자신의 역량을 입증하라는 것이었다. 아래 학생은 이러한 지적을 잘 따라주었다. 그래서 그런 방식으로 기술하였다. 그런 과정에서 OB맥주에서 중점적으로 노력할 점을 2가지 밝히고 있다. 공정효율화와 융합적 보수 능력이 그것이다. 그런 다음 자신이 입사 후 주력할 최대 목표를 모든 공정의 관리 감독에 두고 그것을 위해 매진하겠다는 점을 밝히고 있다. 단계별 연차계획이 약간 아쉽긴 하지만, 자신의 현재 역량과 미래역량을 표현하는데 크게 문제가 없어 보인다.

본인이 지원한 직무분야에 입사하기 위해 노력한 점과 입사 후의 포부를 구체적으로 서술하십시오.
 저는 OB맥주 기술 지원 분야에 입사를 원하고 이 직무를 수행하기 위해서는 물류제어능력과 지식들이 필요할 것입니다. 폴리텍대학 자동화시스템과의 과정을 밟아온 저는 PLC와 시퀀스제어, 공유압, PC제어 등 전기전자를 이용해 논리적인 회로설계 실습과 이론들을 배워왔습니다. 단순히 공식적인 회로로만 구성하지 않고 똑같은 동작이더라도 어떻게 하면 더 간단해지고 효율적으로 동작할 수 있는지 한 가지 틀에 박히지 않고 창의적인 여러 생각들을 하면서 해결할 수 있도록 노력해 왔습니다. 전공이 물류제어(메카트로

> 닉스) 다보니 기계, 전기, 전자의 이론들과 실습 등으로 많은 것들을 한 번에 익히는데 시간이 걸리고 어려움이 있었지만 같은 과 학생끼리 물어가면서 어려운 실습과제도 하나하나 이해해가며 해결할 수 있었습니다. 이를 계기로 OB맥주에 입사 시, 스마트 팩토리 트랜드에 맞춰 설비관리와 기술로 공정 효율화를 극대화하기 위해 노력할 것이고 기계, 전기, 전자 등 융합적 유지보수 능력을 갖출 것입니다. 또한 자격이 된다면 기술사 시험을 응시하여 자기계발에도 소홀하지 않을 것입니다. 10여년 후 모든 공정을 관리 감독을 할 수 있는 OB맥주 공장장이 되어 단 1%의 손해 없는 물류공정과 생산라인을 구축해 나갈 것입니다.
>
> (2016년에 OB맥주에 합격한 제자의 자소서 중)

어떤 회사에 합격한 자소서가 물론 또 다른 합격자소서의 절대적 기준이 될 수는 없다. 각 회사의 심사기준이 각기 다르기 때문이다. 하지만 합격자소서들이 공통적으로 보여주는 것은 기업이 요구하는 것이 어느 정도 유사하다는 것이다. 그래서 합격자소서들도 각기 나름의 장점과 단점이 혼재되어 있지만, 많은 합격자소서들을 섭렵하는 과정에서 자신의 자소서 설계에 영감을 주는 경우가 많다. 그래서 취준생들은 여러 합격자소서들을 많이 읽어보는 것이 중요하다. 그럼으로써 자신의 글을 좀 더 객관적으로 평가할 수 있고, 미비점을 파악해서 더 좋은 자소서를 쓸 수 있는 아이디어와 안목을 기를 수 있다.

2017년 작문 수업시간에 LS엠트론 자소서 양식에 따라 써서 제출된 아래 글은 〈지원동기〉가 빠져있고, 〈입사 후 포부〉, 즉 10년 계획만 나와 있다. 물론 이런 경우도 이 학생이 주장하는 네 가지 목표가 〈지원동기〉가 될 수도 있을 것이다. 하지만 〈지원동기〉에서 자신이 그 직무를 수행하는데 잘 준비된 사람이라는 점을 강조하면 회사에서 알고자 하는 내용을 좀 더 충실하게 전달할 수 있을 것이다. 〈지원동기〉가 사실상 빠져있지만, 이 회사에서 이루고 싶은 포부에서 회사 입장에서 도움이 될 만한 사람이라는 점을 잘 설득하고 있다.

> **지원 동기와 입사 후 LS엠트론에서 자신의 미래모습을 기술해 주시기 바랍니다.(최대 한글 1000자)**
>
> 제가 LS엠트론에 입사하여 이루고 싶은 4가지 목표가 있습니다. 첫 번째는 제가 입사 후 1~2년 동안 현장에서 일을 해서 현장 경험을 쌓는 것입니다. 현장 경험을 안 하고 바로 해당 업무에 들어가게 된다면 설계를 하다가 문제가 발생하며 현장 직원들과 마찰이 생기기도 합니다. 그러나 저는 이 문제가 생기지 않도록 현장에서 내가 작업하는 것처럼 생각을 하며 문제가 발생하지 않도록 하는 겁니다. 두 번째 목표는 입사 후 3년차부터 설계 직종에 일을 하면서 현장에 있던 경험을 생각하며 제가 제품을 설계 할 수 있도록 하는 것이 제 목표 입니다. 처음 할 때는 힘이 많이 들겠지만 이것을 계기로 다른 일도 할 수 있을 것이라 생각 합니다. 세 번째 목표는 입사 후 6년차부터 다재다능한 인재가 되는 것입니다. 설계 파트에 있을 지라

> 도 인원이 부족하면 현장에 가서 도울 수 있는 것 입니다. 나중에 어떻게 될지는 모르지만 현장에 사람들이 부족하면 현장에 현장 직원들과 일을 하는 것 입니다. 또한 이제껏 나오지 않았던 신제품을 개발해 특허를 내는 것이 목표 입니다. 요즘 세계 시장에 살아남으려면 독특하거나 특별해야 한다고 생각 합니다. 마지막 목표는 입사 후 9~10년차 일 때 기술사 자격증 취득과 더불어 사출에 필요한 다양한 분야에 대해서도 파고 들겠습니다. 기술사 자격증을 취득을 하게 된다면 회사에서는 한명의 명인을 얻는 것과 다름없습니다. 그리고 누구보다 사출에 대해 잘 알 수 있게 되고 다른 분야를 배울게 된다면 나중에 귀사가 이 분야로 관심이 있어 알아보게 된다면 저를 통해 이 분야에 대해 더 잘 알 수 있고 더 발전할 수 있을 것입니다.

필자가 예문으로 드는 글들의 대략 70% 정도는 필자의 수업을 받은 학생들의 합격자소서이고, 30% 정도는 필자의 6년 동안의 작문수업시간에 작성한 글들을 기준으로 하고 있다. 그래서 완벽하지 않은 자소서도 소개될 수 있다. 하지만 자소서를 쓰는 취준생의 입장에서 보면 꼭 완벽한 자소서만이 도움이 되는 것은 아니다. 완벽으로 가기 위해 어떻게 해야 할지를 배우는 것이 더욱 중요하기 때문이다. 그래서 완벽하지 않은 자소서를 좀 더 완벽하게 만들기 위해서 어떤 점을 보강했으면 좋겠다는 점을 발견해가는 것이 오히려 취준생들에게 더 도움이 될 수도 있다.

4장의 합격자소서 분석에서는 자소서쓰기에서의 쓰기 방법을 기준으로 합격자소서가 분석될 것이다. 합격자소서를 통해 취준생들은 그 회사 합격자소서의 스타일과 동시에 자신이 어떻게 준비하면 될 것인가에 대한 영감을 얻을 수 있을 것이다. 하지만 합격자소서 또한 보편적 기준의 완벽성에 못 미치는 경우도 많다는 것을 염두에 두며 볼 필요가 있다.

아래 자소서는 2017년 수업시간에 제출된 글로서 삼성엔지니어링 플랜트 사업부에서 근무하기를 원하는 학생이 작성한 것이다. 이 학생은 자신의 희망직무를 플랜트 분야라는 점을 먼저 밝히고, 지원하기 위해 준비한 내용과 그 업무의 수행에 도움이 되는 전문성을 확보하고자 취득한 자격증을 언급하고 있다. 즉 〈지원동기〉를 기술하고 있다. 그런 다음, 10년 계획을 기술하고 있다. 그런데 좀 더 정세하게 기술될 필요가 있어 보인다. 하지만 이 학생은 자신이 플랜트 사업에 얼마나 일관되게 노력해왔으며, 그것을 자신의 필생 사업으로 생각한다는 점을 글 전체에 흐르는 키워드처럼 제시함으로써 자신이 플랜트 사업에 적임자임을 잘 설득하고 있다.

유비무환 퍼펙트 자소서

지원 동기 및 입사 후 포부 – (최대 500자 이내로 작성)(495자 작성)

현재 산업의 기초는 플랜트구축에서 시작하므로 플랜트 사업에 속해있다는 것은 곧 모든 산업의 중심에 속해있다고 생각합니다. 이곳에 지원하기 위해 제가 준비한 것은 크게 세 가지로 나눌 수 있습니다. 첫 번째는 군대나 LG 유플레이, 포워딩 회사에서 한 육체적 노력입니다. 이 노력을 통해 전 지게차 운전이나 물류 과정, 회사의 운영구조 등을 배우게 되었습니다. 두 번째는 여러 플랜트 사업관련 산업기사 자격증 공부를 통한 지식적인 노력입니다. 플랜트 사업에 종사하기로 결심한 이후 여러 정보를 통해 플랜트 사업에서는 전문적인 지식이 요구된다는 것을 알게 되었습니다. 그래서 위험물산업기사나 설비보전기능사, 가스산업기사 등 여러 전문적인 지식을 습득하게 되었으며 이를 통해 플랜트 사업과 관련된 전문적인 업무를 수행할 기초적인 준비가 됐다고 믿습니다. 이러한 경험들을 전 삼성 엔지니어링에서 일하는 것을 통해 좀 더 발전시키고 싶습니다. 그래서 궁극적으로는 10년 후에는 좀 더 전문적인 지식을 지닌 플랜트 전문가가 되어 하나의 프로젝트를 기획하고 진행시키는 운영을 해보고 싶습니다. 이를 위해서 전 단순히 입사하여 맡겨진 일에만 충실하는 것을 넘어 관련 자격증을 지속적으로 공부하고 또한 관련 전문가와 지속적으로 교류하여 제 자신의 가치를 높여 나갈 생각입니다.

다음 글은 2016년도 작문수업시간에 기아차 자소서 양식으로 작성하여 제출된 글로서 자신의 희망부서가 조립라인임을 밝히면서 어려서부터 손을 써서 하는 일을 좋아했다고 주장하며 자신이 해당 부서의 전문성을 획득하기 위해 준비한 사항들을 쓰고 입사 후 10년 계획을 쓰고 있다.

* 지원동기 및 입사 후 포부

저는 기아자동차 생산부서에 있는 조립라인에서 일하고 싶습니다. 저는 어릴 적부터 손을 쓰는 것을 좋아하여 레고블럭과 프라모델 조립 그리고 뜨개질같은 것을 좋아 하였습니다. 손으로 무언가를 하는 것은 즉시 결과물을 볼 수 있어서 좋아했습니다. 기아자동차 생산부서에 지원한 것은 제가 이제껏 손으로 해온 것은 자기만족을 위한 것이었다면 다른 사람을 위해 무언가를 만드는 생산적인 일을 하고 싶은 생각 때문입니다. 저는 기아자동차에 들어가기 위해서 자동차와 연관이 되는 기계정비산업기사, 산업안전산업기사, 전기기능사, 공유압기능사를 취득하였고 자동차회사들의 공통적인 비전인 전기자동차와, 자율주행차의 상용화에 대해서도 공부해왔습니다. 그리고 기계적으로 부품을 조립하는 것만 하는 것 보단 제 손으로 효율적인 부품도 구상해보기 위하여 캐드와 인벤터 자격증도 취득하였습니다. 직접적으로 배우지는 않았지만 기본적으로 알아야할 자동차의 기본원리나 구성품등을 틈틈이 인터넷서치를 통해 공부해 왔습니다. 제가 기아자동차에서 일하게 된다면 가장 중점으로 할 것은 안전을 위한 정확함과 세밀함입니다. 선호받는 디자인보다도 우선으로 해야 할 것이 자동차의 안정성 이라고 생각합니다. 저의 손을 거쳐서 나가는 자동차의 내부결함은 없을 것 이라고 장담합니다. 입사 후 3년 까지 제가 맡은 업무의 101퍼센트를 이해하고 숙련되게 할 것입니다. 더불어 자기발전을 위해서도 기사시험을 꾸준히 준비할 것이며 여러 공모전이나 해외연수에도 도전할 것입니다. 입사 후 10년에는 생산부서에서 더 나아가 자동차 하나를 혼자서 만들 수 있는 이해도를 목표로 할 것입니다. 자동차에 관한 전문가의 꿈을 기아자동차에서 한 블럭씩 쌓고 싶습니다.

아래 글은 2016년 수업시간에 제출된 글로서 관리파트에서 품질분야 전문가로 성장하기 위해 자신이 준비한 내용과 입사 후 포부를 쓰고 있다. 필자가 이렇게 계속해서 〈지원동기〉 및 〈입사 후 포부〉와 관련된 예문들을 얘기하는 것은 다른 분야 전문가가 되기 위한 준비와 연차별 계획 실천의 경우를 보면서 자신의 자소서에서 어떻게 해야 하는 지에 대한 팁을 얻을 수 있다고 믿기 때문이다. 그리고 기업의 자소서에서 〈지원동기〉와 〈입사 후 포부〉가 가장 중요한 부분이기 때문이다. 어떤 개인의 현재 직무적합성과 미래 비전을 볼 수 있는 항목이기 때문이다.

> **1. 본인이 LS산전에 적합한 인재라고 생각하는 이유를 기술하여 주십시오.**
>   **(지원동기/관심분야/입사 후 포부 중심) (500자~1000자)**
>
> LS산전 품질관리 분야에서 고객에게 감동을 전하고자 지원하게 되었습니다. 안전하고 높은 품질의 제품은 고객에게 신뢰를 얻고 그 신뢰가 곧 회사의 경쟁력이 됩니다. 고객 감동이라는 목표 실현을 위해 인간의 편의를 동시에 추구하는 품질과 안전, 가격, 서비스를 세계적인 수준으로 확보하고 사전 예방적 환경관리 및 지속적인 환경개선을 실천하며 친환경을 선도하는 LS산전의 비전은 가장 큰 지원 동기가 되었습니다.
> 위험성을 예방해야 하는 품질관리를 담당하기 위해서는 의무감과 책임감을 지니고 있어야 하며, 꾸준히 역량을 개발해야 한다고 생각되어 밑받침될 전문성을 갖기 위해 대학에 진학했습니다. 꾸준히 전공공부를 한 결과 전기에 대한 전반적인 이해력을 가지게 되었고 4.30이라는 높은 성적을 받았습니다. 그리고 업무의 효율성과 이해도를 높이기 위해 준비했던 전기 산업기사, 안전관리 산업기사 자격증을 취득하였습니다.
> 전 직장에서 관리파트에 근무하며 설계 부하 모니터링 및 예측 업무를 담당하였고, 입사 3년 차에 들어서며 지원부서로부터 받은 데이터를 토대로 각 프로젝트에 속해있는 엔지니어에게 받은 증빙을 검토하고 피드백을 요청하는 품질관리 관련 업무를 담당한 경험이 있습니다.
> LS산전에 입사하게 된다면 품질관리 분야의 전문가가 되기 위하여 3년까지는 급변하는 사회와 함께 점점 발전해가는 전기 분야의 실무능력을 향상시키기 위해 회사 내부 교육을 성실히 이수하며 전문지식을 익히고, 현장 경험을 쌓겠습니다.
> 5년 후 연구 및 설계, 생산 전반에 걸친 품질관리를 하며 개개인이 아닌 임직원 모두가 함께 일정을 준수하고, 유관부서 및 협력사와 함께 시너지 효과를 내는 방법을 생각하고 실천할 수 있는 엔지니어가 되겠습니다.
> 1만 시간의 법칙이라는 책을 보면 매일 하루도 빼놓지 않고 3시간씩 10년을 투자하며 쉼 없이 노력하면 그 분야의 전문가가 될 수 있다고 합니다. 앞으로 10년 뒤, 품질검증 분야의 전문가이자 유관부서와 상호협력을 통해 품질을 관리하는 진취적인 리더로 거듭나겠습니다.

아래 글은 2015년도에 금호타이어에 합격한 학생의 글이다. 이 학생은 설비분야에서 전문성을 살리기 위한 지금까지 자신의 노력을 자세히 설명함으로써 자신이 할 수 있는 능력이 무엇인지 대단히 구체적으로 설명하고 있다. 그리고 이러한 지금까지의 노력을 입사 후 더욱 강화해서 설비분야를 이끄는 리더가 되고 싶다고 설명하고 있다. 그런데 〈입사 후 포부〉 부분에서 비전을 제시되었지만, 그것을 실천하는 구체적 방법의 기술은 제시되지 않고 있음을 알 수 있다.

지원동기 및 입사 후 포부 [100자 이상 600자 이내]

〈설비분야의 최고의 기술 인력이 되겠습니다〉

 진로에 대해 고민을 하며 직업박람회, 한국 산업대전, 기업설명회 등을 직접 찾아가 보았습니다. 그중 현장방문으로 보았던 자동화된 시스템과 정비를 하는 현 직원의 모습을 보고 자동화 설비와 유지보수가 생산라인의 핵심 기술이라는 것을 알게 되었고, 이에 반하여 설비보전에 대해 꿈을 갖게 되었습니다.
 이후 타과 자동화과에 방과 후 찾아가 매일 2시간씩 공 유압, 진동수 측정, 전류 측정 등을 배우며 이를 통하여 자동화 시스템의 기초를 배웠고 덤으로 기계정비 자격증을 취득하게 되었습니다.
 학과에서 도면해독 능력과 기어와 베어링 같은 기계요소를 이해하며 작은 의미의 기계를 알게 되었고, 전공 밖인 자동화 시스템의 기초 공부하면서 큰 의미의 기계를 알게 되었습니다. 작은 것 하나에서부터 큰 것까지 놓치지 않는 설비분야 기술인이 되도록 끊임없이 노력하겠습니다.

〈함께 성장하는 인재가 되겠습니다〉

 동아리 활동에서 했던 것처럼 선배들에게 배운 노하우와 OJT 수업내용을 매뉴얼화하여 후임들에게 전파하고 그들의 역량 강화에 힘쓰는 좋은 리더가 되게끔 노력하고 타 라인과 업무협조를 하는 함께 성장하는 인재가 되겠습니다.

(2015년에 금호타이어에 합격한 제자의 자소서 중)

 다음 글은 2017년도 한솔케미컬에 합격한 학생의 자소서이다. 이 학생은 〈지원동기〉를 지원동기, 준비된 사항 이렇게 둘로 나눠 쓴 다음, 장래계획을 쓰고 있다. 첫째로 회사지원동기로서 한솔케미컬에 입사하는 것을 한솔케미컬의 "Creating Growth(성장창출)" 정신에 부합해서 다시 도전한다는 생각으로 지원하게 되었다는 것이라 말하고, 그것을 위해 관련자격증을 딴 것으로 전문성을 갖췄음을 말하고, 그런 다음 입사 후 10년 계획을 쓰고 있다. 글쓰는 태도가 진지하고 빠짐없이 끝까지 최선을 다하는 모습을 볼 수 있다.

지원동기 및 입사 후 포부

〈또 한 번의 도전〉

한솔인의 역량중의 한가지인 Creating Growth 정신에 부합한다고 자부할 수 있습니다. 실패하더라도 다시 도전할 수 있는 마음가짐을 가져왔습니다. 그동안 살아오면서 마음에 들지 않아서, 원하고자 했던 목표치 만큼의 성공을 이루지 못하여 재도전하는 때도 있었습니다. 그럴 때마다 두 번의 실패는 없도록 마음을 다잡고 임하였습니다. 그 결과 실패해도 두려워하지 않는 패기와 다시 도전할 수 있다는 자신감을 갖게 되었습니다. 그 자리에 머물지 않고 할 수 있는 최선과 노력으로 더 나은 결과를 만들어 내려고 하였습니다. 한솔 케미칼 이라는 인생의 커다란 도전에 성공하고 싶습니다.

〈팔방미인〉

대학에서 금형을 전공하여 관련 자격증인 사출금형 산업기사 필기를 취득하였고, 더 넓게 기계가공조립 산업기사 자격증도 최종 합격을 하였습니다. 끊임없는 자기 개발로 목표로 하는 산업안전 산업기사 등 전공에 치우치지 않은 여러 방면의 자격증들을 취득할 것입니다. 이를 통해 보다 넓은 시야로 문제를 바라보며 다양한 해결 방안을 제시할 수 있는 능동적인 한솔케미칼의 사원이 될 것입니다.

장래계획

〈도전하는 사람〉

도전하고 성취하는 사람은 늙지 않는다고 생각합니다. 두 번의 도전에 걸쳐 만족스럽지 못하였던 대학생활을 다시 하였고, 1학년 때 다른 사람보다 먼저 산업기사 자격증을 취득하였습니다. 이렇듯 한 번의 실패에도 좌절하지 않으며 다시 일어날 수 있는 사람이 될 것입니다. 입사 후 1년 동안은 생산 기술 직무 파악하는 데에 최선을 다할 것이며 그렇게 되기 위해서는 선배들을 귀찮게 하는 후배가 될 것입니다. 3년 뒤에는 자신감을 가지고 업무를 수행할 수 있는 인재가 되어, 후배들에게 업무에 대하여 항상 도움을 줄 수 있는 선배로 거듭나고 싶습니다. 그리고 제자리에 머물지 않도록 한양대학교 기계공학과에 편입해서 새로운 직무지식과 여러 가지의 학문을 익히겠습니다. 견문을 넓혀 생산 기술 부문에 전문적인, 언제든지 열려 있는, 항상 발전하는 사원이 되겠습니다.

(2017년도 한솔케미컬 합격한 제자)

아래 글은 2014년도 수업시간에 제출된 글로서 삼성전자 입사를 목표로 쓰여진 자소서의 일부이다. 이 자소서의 항목을 보면, 지원동기 그리고 준비된 역량 그리고 미래 회사 발전에 기여할 부분을 물어보고 있다. 이러한 항목은 바로 〈지원동기 및 입사 후 포부〉를 좀 더 구체적으로 요구하는 것이라고 볼 수 있다. 이러한 요구에 대해 이 학생은 자신의 희망부서를 쓰고 거기에서의 업무전문성을 획득하기 위해 노력한 내용을 대단히 구체적으로 진술하고 있다. 그런 다음, 입사 후 10년 계획을 꼼꼼하게 쓰고 있다.

유비무환 퍼펙트 자소서

지원하신 직무를 선택한 이유, 그 직무에 필요한 역량을 갖추기 위해 지금까지 어떠한 노력을 해왔는지에 대해 구체적으로 서술, 그 경험들이 앞으로 회사와 본인의 발전에 어떻게 기여할 것이라고 생각하는가?(1000자)

〈끝난 뒤 오는 성취감〉

제가 금형정밀센터에 지원을 하게 된 이유는 제가 학교를 다니며 배우고 익힌 기술을 최대한 발휘할 수 있는 곳이고, 더 큰 세상을 보며 제 자신을 발전시킬 수 있고, 금형정밀센터에서 들어가서는 다른 어떠한 기업보다 더 정밀하고, 최고의 품질의 제품을 생산하고 싶습니다.

제 자신의 발전을 위해서 기능사, 산업기사 자격증에 대한 목표를 세우고 하나하나 이루어 나갔고 또한 학교에서 배운 밀링, 선반, CNC머시닝센터, 각종 공구들을 배웠고, CAD, UG NX의 모델링 프로그램도 배우게 되었습니다. 자격증 시험 준비 중 필기시험은 매일 잠을 자기 전 1시간씩 준비하면서 외우기보다는 그게 왜 그런지에 대한 이유에 대해 이해하려고 노력하였고, 실기시험은 강의나 수업시간 교수님이 알려주신 내용을 계속 생각하며 이미지트레이닝을 하였습니다. 처음 접해 알 수 없는 단어들은 바로바로 인터넷에서 찾아 해결하였고, 이렇게 준비하여 한 개의 자격증을 취득하였을 때 그 기분이란 말로 표현 못할 기분이었습니다. 이런 자격증을 취득하는 과정에도 많은 탈락이 있었고, 제 성격상 매일 똑같이 반복되는 일상 새로운 것을 접하지 못했을 때 그것에 대한 지루함과 포기해 버리고 싶다는 생각을 가지게 되는데 탈락의 과정은 수많은 '포기해 버리고 싶다'라는 생각을 가지게 해주었습니다. 이런 '포기해 버리고 싶다'라는 심정이 생길 때면 항상 집 앞 공원에 공 하나 들고가서 땀을 흘리며 모두 다 털어버리고 다시 처음부터라는 심정으로 다시 시작하였습니다. 이런 식으로 저만의 스트레스를 해소하였고 이런 방법이 공부를 하는 동안 제 자신의 역량을 키우는 동안 많은 도움을 주었고, 이렇게 쌓은 제 기술을 삼성정밀센터에서 모든 사람들에게 인정받는 제품, 사랑받는 제품을 만들어 보고 싶습니다.

회사에 입사한 뒤 3년 동안은 회사에서 알려주는 새로운 지식들을 모두 다 알고 싶고 삼성의 제품에서의 완벽함과 정밀함에 대해서 계속 생각하며, 그 과정 속에서도 계속해서 자격증을 공부를 하며 취득할 것입니다.

입사한 뒤 5년의 시간이 흐르면 제가 일을 하면서 알게 된 노하우, 지식들을 알려주고, 모두 다 열린 마음이 될 수 있도록 의사소통과 서로간의 신뢰의 중요성에 대해 강조하며 서로서로 도우며 누구하나라도 소외되지 않도록 하겠습니다. 삼성의 모든 직원에게 인정받기위해 신입사원들에게 인정을 받기위해서 자기 발전을 위해 공부를 소홀히 하지 않을 것이고, 다른 부서와의 의사소통을 주도하여 제품 생산의 차질이 생기지 않고 부서와의 벽도 허물고 품질향상에 기여하겠으며 계속해서 기사, 기술사, 기능장의 목표를 세우며 발전해 나갈 것입니다.

입사 10년 뒤에는 여태까지의 지식들을 최대한으로 이용할 수 있는 책을 만들어 아래 사원들에게 알려주고 싶고, 더욱 뛰어난 인재선발에 노력할 것입니다. 앞으로의 최고의 제품생산에 있어선 서로간의 의사소통과 자기발전, 자기의 일에 대한 열정이 가장 중요하다고 생각을 합니다. 이 3가지의 가치를 중시하며 회사 발전에 기여할 것입니다.

다음 글은 2016년도 수업시간에 OB맥주 입사를 목표로 쓰여진 글이다. 이 학생의 〈지원동기〉는 재미있다. 모두가 좋아하는 술을 만들어보려고 입사하게 되었다는 것이다. 이 학생은

〈지원동기〉를 그 회사에서의 비전의 내용으로 글머리에 쓰고 난 뒤, 자신이 그러한 목표를 달성하기 위한 전문성을 얻기 위해 노력한 사항을 쓰고, 미래, 즉 면 입사 후 포부에서 그러한 비전을 달성하기 위한 10년 계획을 쓰고 있다. 이 학생처럼 〈지원동기〉 및 포부의 시작에 비전을 제시하고, 그 다음 준비한 사항, 그 다음 미래 계획을 쓰는 방식은 가독성을 좋게 하고 글을 대하는 집중력을 유지시킨다는 장점이 있다.

본인이 지원한 직무분야에 입사하기 위해 노력한 점과 입사 후의 포부를 구체적으로 서술하시오. (/ 956)

〈건강한 국민의 술〉

저는 공장 라인의 제어만이 아니라 언젠가는 국민을 위한 모두가 좋아하는 술을 만들어 보려 합니다. 현재 음주에 대한 국민의 인식은 좋다고 할 것은 아닙니다. 몸에 해롭거나 취함으로써 우발 범죄 실행 또는 범죄에 취약해질 수 있어 실제로도 좋다고만은 할 수 없습니다. 하지만 도수를 낮추고 맛을 유지하며 체내에서 알코올을 분해하고 간을 보호하는 재료를 넣어 제조하여 유통한다면 국민의 인식이 바뀌고 소비 또한 증가하여 대단한 이윤을 남길 것이라 생각합니다.

이를 실행하기에 앞서 우선 생산 공정을 알기 위해 자동화 설비의 교육 및 장비를 담당하는 업체에서 설계와 장비 제작 그리고 정비를 도맡아 일을 해왔고, 설비 관련 자격증인 기계정비 산업기사와 생산 자동화 산업기사를 취득하였으며 겉에서 보이는 것만이 아닌 개인적으로 자동화 설비에 대한 대학교수의 논문 및 전문 자료들을 찾아보고 여러 회사에 견학하여 지식을 쌓아왔습니다. 이를 바탕으로 회사 생활 3년 이내에 일에 관한 것들 중 모르는 것은 찾아가고, 물어가며 더욱 배워나가 동료들과의 팀워크를 맞출 수 있도록 하며 개인 시간을 활용하여 회사의 장비 및 설비의 구조와 그에 대한 문제점 그리고 직원들이 불편해하는 점들을 파악하여 5년 이내에 찾아낸 문제점이나 해결방안 등을 상관과 회의를 통해 해결할 수 있도록 하며 10년 이내에 청결하면서도 불필요한 요소들을 제거하여 최대한의 효율을 내는 공정을 만들어 회사 내에 정착시키고 이 모든 것이 끝이 나면 공장 라인뿐만 제조 및 연구 라인과 친분을 쌓아가며 술의 조제와 인체, 그리고 화학에 관한 책이나 수업에 참여하여 위와 같은 술에 들어있는 알코올을 천연 재료를 통하여 자가분해 시키고 인체에도 무해한 술을 만들어 언젠가 술을 먹지 않거나 먹지 못하던 사람들을 포함하여 국민 모두가 좋아하고, 해외에서도 각광받는 술을 만들어 최소 30% 이상의 효율을 내는 술을 만들어낼 것입니다.

지금까지 살펴본 바와 같이 〈지원동기 및 입사 후 포부〉는 지원자의 현재 직무적합성과 미래 비전을 알 수 있는 질문으로 기업이 지원자의 현재 능력과 미래에 대한 구체적 계획을 엿볼 수 있기 때문에 대부분의 회사의 자소서에서 가장 중요한 부분이다. 그리고 요즘은 이 두 가지 능력 요소를 한 데 묶은 〈지원동기 및 입사 후 포부〉를 요구하는 곳이 많아지고 있다.

06 경험을 요구하는 유형들

그 밖에 가장 많이 요구하는 자소서 항목에 경험을 요구하는 유형들이 유난히 많다. 왜 갈수록 경험을 요구하는 자소서들이 많아질까? 그것은 우리의 삶에서 경험이 차지하는 비중이 그만큼 크기 때문이다. 책을 열심히 읽어서 이른바 간접경험을 아무리 많이 쌓아도, 지식을 통해 아무리 많은 능력을 갖고 있다고 생각해도 때로는 한 번의 경험보다 못할 때가 너무나 많다. 경험은 우리에게 자신감과 확신을 주고, 그 경험을 통해 자신이 무한히 확장할 수 있는 토대가 되기 때문이다.

경험들 중에서도 특히, '성공실패경험', '도전적 경험', '열정을 갖고 무언가 몰두한 경험', 자신을 성장시킨 중요한 경험', '직무경험' 등에 대한 질문이 가장 많이 나타난다. 이처럼 경험을 중시하는 것은 어려운 상황에서 그 상황을 타개하기 위해 어떤 노력을 기울였고, 문제를 분석해서 해결책을 찾아내는 분석력과 창의적 문제해결 능력, 성공했을 때 성공요인을 찾아내고, 실패했을 때 실패의 요인을 분석해서 극복하는 과정, 그리고 도전정신과 실행력 등을 알고 싶어 하기 때문이다. 그리고 직무경험은 최근 NCS형 자소서에서 특히 많이 요구하는 경험의 형태다. NCS는 구체적인 직무능력을 파악하기를 원하는 방식의 채용방식이기 때문이다. 이러한 경험들은 특히 기업이 좋아할만한 요소들을 부정적 상황-구체적 액션-조직 친화적 교훈 등의 방식으로 풀어내는 스토리텔링적 요소를 포괄해서 글을 써야 좋은 점수를 받을 수 있다.

(1) 도전정신이나 열정과 관련된 경험을 요구하는 항목

경험을 요구하는 자소서 항목 중 가장 눈에 경험이 열정이나 도전정신과 관련된 경험을 쓰라는 것이다. 이럴 경우, 자신의 체험을 자신의 방식대로 읽히게 하기 위해 먼저 열정이나 도전정신을 재해석하고 글을 시작하는 것이 유리하다. 예를 들면 '제게 있어서 도전정신이란 제 자신의 영역을 확장시키기 위해 필수적인 요소라고 생각하고, 적어도 40세 이전까지는 이러한 도전정신을 통해 제 자신이 가진 가능성을 넓히고자 노력하고자 합니다'. 또는 소제목을 통해 자신의 도전정신 경험이 무엇이고, 그것을 통해 이룬 성과를 드러내는 것도 바람직한 방식이다.

물론 도전경험을 기술하는 방식은 가급적 〈위기적 상황-액션-교훈〉이 드러나는 구조로 기술해야 한다.

1) 도전적인 경험

아래는 2013년 수업시간에 제출된 글로서, 포스코 자소서 양식에 따라 쓴 학생의 글이다. 이 학생은 와해된 축구동아리 회장으로 피선되어 총장배 축구대회 우승이라는 도전적인 목표를 세우고 축구동아리 회원들의 열정을 이끌어내어 축구대회 우승을 이끌어내는 과정을 잘 묘사하고 있다. 무엇보다도 와해된 축구동아리 회장으로 축구동아리를 재건하여 총장배 대회에서 우승하기까지의 과정이 잘 묘사되어있다. 그런데 팀원과 다시 축구동아리 재건을 위해 동기유발되는 과정이 좀 더 기술되었다면 더 좋았을 것이다. 도전적인 경험을 보여줄 때 중요한 요소는 무엇보다 동기유발부분이다. 그래야 도전적인 의지가 드러나고 그 뒤에 이어지는 액션이 자연스럽게 받아들여지기 때문이다.

지금까지 가장 열정(혹은 도전정신)을 갖고 임했던 일과 그 일을 통해서 이룬 것에 대하여 자유롭게 서술하여 주십시오.

〈복학 후 와해된 축구동아리의 회장으로 피선되어 동아리를 재건하여 총장배 축구대회에서 우승을 이끌어냈습니다〉

대학을 진학한 후 축구동아리에 가입했고, 단 한 차례도 빠지지 않고 동아리 활동에 매일 같이 참여하였습니다. 남자라면 군대는 피할 수 없기에, 1학년을 마치고 군대를 갔습니다. 전역 후 동아리를 다시 찾아왔지만, 이전에 가지고 있던 명성과 사람들의 열정은 온데간데없이 사라진 상태였고, 팀마저 해체될 위기에 처한 상태였습니다. 학교 정식동아리가 아닌 학부동아리였으며 자부심을 가지고 열심히 해왔었기에 변해버린 동아리 모습에 실망감이 컸습니다. 그러나 다시 한 번 이전의 명성을 되찾아 보고자 이내 곧 뿔뿔이 흩어져있던 팀원들을 다시 불러들였습니다. 그리고 지금까지 한 번도 우승해보지 못한 총장배 축구대회에 나가 우승을 해보자는 목표를 세웠습니다. 목표를 정하고, 그때부터 연습을 하기 시작하였습니다. 학교 운동장이 공사 중이었던 터라, 학교 운동장을 쓸 수 없었고, 20명이 넘는 사람이 콜밴을 타고 종합운동장에 가서 축구 연습을 했습니다. 그곳에 온 다른 팀과 시합을 해가며 연습, 또 연습에 임했습니다. 저는 동아리 회장으로서 경기가 끝난 후에는 선수 개개인의 문제점을 체크해 가며 부족한 부분을 발전 보완해 나가도록 도움도 주었습니다. 우리의 노력은 결국 빛을 발휘하였고, 단 한차례의 패배도 없이 전승으로 우승을 하였습니다. 아무도 예상치 못한 결과에 우리팀원들 모두 기뻐했고, 해체 위기의 팀을 우승으로 이끈 저는 더욱 기쁘고 감격스러웠습니다. 어느 누구도 예상하지 못했지만 목표를 설정하고, 그 목표에 다다르기 위해 했던 우리의 끊임없는 연습이 열정과 더해져 '우승'이라는 목표에 도달 할 수 있게 하는 원동력이 되었다고 생각합니다.

> 유비무환 퍼펙트 자소서

　2016년도 작문수업시간에 제출된 다음의 글은 도전적인 경험을 통해 진정성 있는 느낌을 전달할 수 있는 글쓰기의 하나의 전형이 될 만하다. 도전은 성공을 예상하고 하는 시도가 아니라, 실패를 두려워하지 않는 태도이기 때문이다. 그래서 별로 길지 않는 글이지만, 우리가 받는 임팩트는 강할 수 있다.

　저는 댐을 짓는 비버입니다. 비버는 제가 가장 좋아하는 동물이기도 한데 이전 다큐멘터리에서 태풍에 오랜 시간 공들인 보금자리가 무너지자 망설임도 없이 다시 재건에 돌입하는 비버를 보며 감명받은 일이 있습니다. 저 또한 그렇게 살아왔습니다. 아파트가 경매에 넘어가 길바닥에서 잠은 적도 있으나 좌절하지 않았습니다. 저는 미래를 바라봤습니다. 학교가 끝나면 전단지를 돌리고 방학이 되면 소소한 일거리부터 막노동이나 농사도 해보았습니다. 저는 제가 하고자 하는 일이 있으면 시간을 내어 하나씩 도전해봤습니다. 장사, 굴삭기운전, 모바일게임 만들기, 웹툰과 글쓰기 투고 등을 해보았는데 물론 시도한다고 다 성공하는 것은 아니었지만 실패한다 해서 실망하지 않습니다. 저는 저의 한계에 부딪혀보고 또 새로운 것에 대한 도전이 즐겁습니다.

　그런데 이러한 도전적인 경험을 쓰라는 요구에 대해 학생들이 가장 많이 쓰는 내용이 바로 공부나 자격증을 따는 것을 쓰는 것을 많이 본다. 동일한 주제로 자소서 쓰기를 시키면 거의 6할 이상이 시험 준비 내용을 쓴다. 이것은 그 만큼 우리 학생들이 책상에 앉아서 공부만 했지 구체적인 경험이 없다는 점을 방증한다. 하지만 그런 글들이 많이 나올 수밖에 없으므로 차별성 면에서 두드러지지 않는다. 다음은 한국전력공사 자소서 양식으로 써진 글이다. 두 명의 학생이 같은 항목에 대해 쓴 글을 모아놓은 것이다. 두 번 째 글은 국토대장정 관련 체험이다. 20박 21일간의 대단히 힘든 체험이다. 그런데 국토대장정 또한 도전적인 체험에 대단히 많이 등장하는 소재이다. 물론 시험 준비 내용보다는 빈도가 적은 편이다. 문제는 그 체험을 얼마나 생생하게 묘사하는가에 달려있다고 본다. 자소서에서 가장 중요한 요소 중 하나가 차별성이기 때문에 남들이 하지 않은 자신만의 체험을 많이 하는 것이 인생에 있어서 뿐만 아니라 자소서 작성에도 더욱 효과적이다. 이러한 도전적 체험이 자신에게 부족하다면 자신의 인생을 위해서, 그리고 차별성 있는 자소서 작성을 위해서도 한번쯤 도전적 체험을 만들어보는 것도 좋을 것이다.

　그런데 이런 열정이나 도전적인 경험을 글로 쓸 때, 가장 좋은 내용은 정말로 남들이 생각지 못했던 대단히 도전적인 경험을 누가 봐도 진정성이 뚝뚝 묻어나오게 쓴다면 가장 좋을 것이다. 하지만 평범한 사람들에게 그런 일이 그렇게 흔히 발생하겠는가? 그러나 그런 경험이 없는데도 자소서는 써져야만 한다. 이럴 때 보다 현실적인 접근방법을 소개한다. 자신의 경험 중에서 그렇게 경천동지할만한 엄청난 체험을 고르려고 애쓰기 보다는 자신이 무언가 열심히 하려고 노력했고, 그런 것을 이루는 과정에서 난관에 봉착했지만 그래도 좋은 결과를 이끌어낸 사건을 골라도 될 것이다. 문제는 그러한 일을 수행하는 과정에서 반드시 나타나는 어려움이나 난관을 보다 분명히 명시하고 그것을 극복하기 위해서 얼마나 노력을 기울였는지, 그 극복과정을 구체적으로 쓴다면, 현실감이 생길 것이고, 읽는 입장에서도 용인할만하게 될 것이다.

실제로 학생들에게 이런 경험을 쓰라고 시켜보면 대부분의 경우 대단한 도전적 경험은 나타나지 않는다. 그래서 자신을 변화시키기 위해서 노력한 사건을 고르고, 그것을 이루기 위해 노력한 과정 자체를 구체적으로 써볼 것을 권한다. 따라서 위에서 얘기한 공부나 자격증 딴 얘기들이나, 국토대장정의 경험들도 그 과정 자체를 상세히 기록하고 그 때의 느낌을 살려내면 용인할만한 글을 만들 수 있을 것이다. 아래의 두 가지 예들은 이러한 노력의 결과들이다. 대단히 임팩트 있는 글이라고 볼 수는 없지만, 그 일을 위해 얼마나 구체적인 노력을 했는지는 잘 나타나고 있다고 말할 수 있다. 아래 글들은 2015년도 작문수업시간에 한국전력 자소서 양식에 따라 작성되어 제출된 두 명 학생의 글이다. 첫 번 째 학생의 글은 취업을 위해 자격증을 따려고 노력한 것을 도전적인 목표로 놓고, 그런 목표를 수행하는 과정들을 쓰고 있다. 그리고 두 번 째 학생의 글은 국토대장정의 체험을 쓰고 있다. 이와 같은 체험이 대단한 체험은 아니지만, 사실상 그 학생들에게는 대단히 도전적인 일이었다. 그런데 문제는 자신이 겪은 경험 자체가 아니라, 그것을 묘사하는 과정에서 난관이 드러나고 그 난관을 돌파하기 위한 진지한 노력이 표현되어야만 한다는 것이다.

귀하가 최근 3년 이내에 가장 도전적인 목표를 세우고 성취해낸 구체적인 경험이 있다면 구체적으로 그 과정과 결과에 대하여 기술하여 주십시오. (띄어쓰기 포함 400자 이내)

제가 취득한 전기 산업기사와 위험물 산업기사를 위해 항상 남들보다 먼저 노력하고 나아갔습니다. 모나미 볼펜과 전공 관련 서적, 동영상 강의를 듣기 위해 헤드셋과 필기를 위한 노트는 언제나 제 손에서 떠나질 않았습니다. 항상 아침 6시에 일어나 자격증에 관련된 요점 정리를 한 노트를 보면서 간단한 아침식사를 했고 저의 핸드폰에는 저의 목표와 시험날짜를 적어 두었고, 밥 먹는 시간도 최소화하기 위하여 오른손에는

유비무환 퍼펙트 자소서

숟가락을 들고 식탁에는 책과 노트를 펼쳐 암기를 하면서 식사를 하였으며 이해가 가지 않는 부분이 있다면 될 때까지 파고들어 이해하도록 노력 했습니다. 저의 컴퓨터에는 항상 강의 동영상이 순서별로 정렬되어 저장이 되어 있었고 강의 하나를 한번에 3번씩 들어 강의 내용을 완벽히 이해하려고 노력했습니다. 이런 노력을 통해 저는 전기 산업기사와 위험물 산업기사를 취득할 수 있었으며 '노력은 꿈을 실천하는 최선의 방법이다.' 라는 것을 깨달았습니다.

〈새로운 도전은 항상 절 열정이 넘치게 만듭니다.〉
저는 국토대장정을 가리라고 목표를 세웠었고 7월 여름에 가게 되었습니다. 많은 사람들과 함께 걷기 시작하였고, 해남에서 파주까지 20박 21일 코스였습니다. 하루 이틀이 지나자 발도 붓고 많이 힘들었는데 서로 도와주면서 갔습니다. 코스의 절반이 지나자 정말 못하겠다. 싶은데도 동료들의 응원과 도움 그리고 힘들어하는 친구들을 보며 같이 도와주고 노력하다보니 코스를 무사히 마치게 되었습니다. 힘든 여행이었지만 혼자였다면 절대 할 수 없었을 것입니다. 같이했기 때문에 동료가 있었기 때문에 이 큰 목표는 가능했다고 봅니다. 일도 아무리 똑똑해도 혼자보다는 같이 협동해서 하는 것 보다는 뒤쳐진다고 생각하기 때문에 회사에서도 협업을 해서 항상 업무를 수행할 수 있도록 할 것입니다.

그렇다면 진짜 도전적인 느낌이 들게 하기 위해 가장 신경 써야 할 부분은 어디일까? 그 도전이 그 자신에게 얼마나 중요한 의미인지를 전달하는 방식에는 그 도전 자체를 재해석하는 방식이 있을 수 있고, 또 하나는 그 도전이 갖는 의미를 구체적으로 느끼게 하는 방법이 있다. 어떤 도전이 개인에게 중요하다는 것을 강조하기 위해서는 그 도전을 하게 된 동기 유발적 의미나 과정을 강조해야 한다는 것이다. 아래 글은 2016년도에 포스코에 합격한 학생의 글이다. 이 글에서 이 학생은 자신이 맡은 분야에서 남에게 도움이 되려면 전문성과 책임감이 필요한데 그러한 의식을 갖게 한 것이 세월호 사건이라는 점을 부각시키고 있다. 다시 말해 세월호 사건이 자신을 변화시킨 동기유발의 계기를 마련해주었다는 것이다. 그리고 그렇게 동기 유발된 상태에서 인명구조요원에 도전하고 있다. 주지하다시피 세월호 사건은 우리 국민 모두에게 큰 아픔과 좌절감을 안겨준 사건이다. 이 학생은 해양경찰로서 현장에서 느낀 세월호 좌절감과 그것을 극복하기 위한 도전적 경험을 적절히 표현함으로써 강력한 공감을 이끌어내고 있다.

전공 분야 외 자신이 열정(혹은 도전정신)을 갖고 임했던 것에 대하여 자유롭게 기술하여 주십시오(1600바이트)

〈한계를 두지 말고 노력하라!〉
맡은 분야에 도움이 되기 위해선 노력과 전문지식이 필요하며 책임감을 갖고 항상 최선을 다해야 된다는 것은 제가 가장 중요하게 여기는 부분 중 하나입니다. 해양경찰 전경 생활 중 세월호 사건을 겪었습니다. 세월호가 물속에 점점 가라앉고, 사고현장에 도착하였을 때 많은 인력의 도움이 필요할 사고 현장이었지만, 저에게 주어진 역할이라곤 고작 배 갑판에 나와 쌍안경을 들고 전탐하는 역할 뿐, 제 힘으로 할 수 있는 것은 아무 것도 없었습니다. 그 때 저는 도움이 되고 싶어도 전문지식과 경험이 뒷 받쳐 주지 않으면 안 된다는 것을 뼈저리게 느꼈습니다. 그 이후 어떠한 사고가 발생하여도 바로 현장에 투입되어 도움이 될 수 있도록 2014년 여름 인명구조요원에 도전하였습니다. 수영의 기본자세도 되어있지 않은 저로서는 같이 훈련에 동참하던 분들도 제가 합격할 수 없을 것이라 생각하고 있었습니다. 하지만 저는 제 자신에 한계를 두지 않고 목표만을 생각했습니다. 수영을 다른 사람보다 못하는 제 자신을 알기에 저는 휴식시간과 교육이 끝나는 시간 이후에도 올바르지 못한 수영 자세를 교정했고 자기 전에도 항상 이미지 트레이닝을 해가며 인명구조 자격증 취득을 위해 제가 그날 목표로 했던 성과를 달성하기 위해 끊임없이 노력하였습니다. 끝내 인명구조 자격증을 취득하였고 성취감에 크게 취해있지 않고 주어진 역할에 대한 책임감을 명시하며, 인명구조 요원으로 배치되어서도 항상 경계를 늦추지 않고 언제 일어날지 모를 사고를 머릿속으로 항상 예측하여 실제 익수자가 발생했을 때도 침착함을 잃지 않고 안전사고 없이 구해내는 성과를 보였습니다.

(2016년도 포스코에 합격한 제자의 자소서 중)

이처럼 도전적인 경험을 쓰라고 했을 때, 읽는 사람에게 그 도전을 인상적으로 보이게 하기 위해서는 도전 자체가 엄청나다는 것을 강조하지 말고, 먼저, 동기유발적 측면에 공을 들이고, 도전을 행하는 과정에서 겪게 되는 어려움과 그것을 극복하기 위해 노력한 점을 차분하게 구체적으로, 그리고 과정 중심적으로 써내려가는 것이 중요하다.

2) 어려움이나 좌절을 극복한 경험

꼭 도전적인 경험이 아니고, 단순히 어려움이나 좌절을 극복한 경험을 물어보는 경우도 있다. 이럴 때는 좌절을 주는 상황과 그 상황에 어떻게 대처했는지를 액션중심으로 쓰는 게 좋다. 다음은 2016년도 기아차에 합격한 학생의 자소서이다.

* 본인의 인생에서 어려움이나 좌절을 극복한 경험(과정)을 자세히 기술하시오. (최대 300자 이내로 작성)

〈우렁찬 소리〉
작년 12월 해외봉사에 지원하여 베트남 기술학교에 전기 공사를 지원하는 기술봉사를 다녀왔습니다. 말도 통하지 않는 낯선 타국의 기술학교 내에 방송시스템 장비 설치를 하는 작업을 했는데, 작업 지시와 물품 구입 모두 베트남 사람들과 대화를 통해 할 수 있어 많은 어려움이 따랐습니다. 하지만 짧은 영어를 최대한 동원해서 의사 전달을 위해 노력했고 현지의 기술자분들과 협력을 하여 계획한 일정 내에 무사히 방송 시

> 템 설치를 완수하였습니다. 첫 시험방송을 했을 때의 그 소리는 지금도 잊을 수 없는 최고의 소리였습니다.
> (2016년 기아차에 합격한 제자의 자소서 중)

그런데 위의 자소서는 300자 이내로 쓰라고 했다. 그래서 자세한 이야기를 쓸 수가 없다. 그럴 때는 극복하려고 노력한 액션 위주로 써야한다. 위 글에서 그런 부분을 더 자세하게 진술 했다면 더욱 인상적인 글이 되었을 것이다.

3) 무언가에 몰두해서 성과를 낸 경험

이와 유사한 형태의 질문이 살면서 무언가에 몰두해서 나름 성과를 낸 경험이다. 이것은 실제로 기업에서 많이 물어보는 질문의 형태의 하나이다. 이러한 경험이 그 사람의 삶을 결정 짓는 주요 요소이기 때문이다. 다음 글은 2017년도 포스코에 합격한 학생의 글이다. 이 학생은 방송반 활동을 하면서 팀원들과 열심히 아이디어를 짜내어 교내 구성원들에게 즐거운 충격을 준 경험을 쓰고 있다. 하지만 이 글 또한 경험 자체보다는 그 경험을 대하는 지원자의 자세가 좀 더 상세히 설명되고 있다.

> 본인의 삶 중에서 가장 기억에 남는 순간과 그 의미는 무엇입니까?
>
> 〈열정적으로 팀원들과 함께〉
> 제게 가장 떠오르는 순간은 작은 그룹의 규모를 대폭 넓힌 경험이 가장 인상에 남습니다. 고등학교 시절 5명의 인원으로 방송부 동아리를 개설하였습니다. 신생부서이기 때문에 학교 사람들에게 빛을 발하지 못하였습니다. 그러나 방송부 부장의 직책을 수행하는 제 임무에 책임감을 가지고 인지도가 적은 방송부 동아리를 알리는 데 필요한 방안을 모색하기 위해 팀원들과 회의를 시작하였습니다. 회의의 주제는 특별하고 색다른 아이디어 제시였으며 최종목표는 방송을 활용한 새로운 콘텐츠를 구성하여 타부서와의 경쟁력을 향상해 사람들에게 관심을 얻는 것이었습니다. 회의를 통해 독특한 아이디어를 담은 라디오 방송용 콘텐츠를 결정했고, 그 후 각 팀원에게 임무를 주고, 곧바로 시행에 옮겼습니다. 방송사고 등 여러 시행착오를 겪게 되었지만 결국 라디오방송은 대박 중의 대박이었습니다. 교내 교직원분들과 학우들은 방송부 동아리에 관심을 끌게 되었고, 방송부원들의 인원도 늘어나게 되는 좋은 성과를 얻게 되었습니다. 저는 이러한 성과는 방송부원 모두의 힘을 통하여 이루어진 좋은 결과라고 생각합니다. 또한, 책임감과 열정을 가지면 꼭 좋은 성과를 이루게 된다는 기억 만들어주었습니다.
> (2017년도 포스코에 합격한 제자의 자소서 중)

(2) 경험의 구체적인 방식을 지정해서 물어보는 경우

이 자소서는 2014년도 수업시간에 제출된 삼성전자 자소서 양식으로 쓴 학생의 글이다. 그런데 도전적인 체험이지만 요구사항이 보다 구체적이다. 그래서 자소서가 요구하는 대로 그대로 쓰면 된다. 그 요구 내용 자체가 바로 상황-액션-교훈과 유사한 형태로 묻고 있기 때문이다. 아래 글은 중학교 때 농구대회를 준비하는 과정에서 훈련이 난조에 빠졌을 때 서로에 대한 신뢰에 열정을 갖고 어려움을 극복하는 과정을 통해 배운, 조직에서의 상호 소통과 상호 협력 방법을 입사 후에도 잘 활용해보겠다는 내용을 쓰고 있다. 이 글은 어려운 상황이 닥쳐도 그것을 극복하려는 구체적인 노력이 잘 나타나 있다. 그런데 조금 아쉬운 점은 경험 자체는 나쁘지 않지만 그 경험이 중학교 때 경험이라는 점이다. 그래서 체험 내용을 쓸 때는 가급적 최근의 경험을 쓰는 것이 현재의 자신의 모습과 가깝기 때문에 읽는 사람에게 신뢰를 줄 수 있다. 만일 과거의 경험을 쓸 경우라면, 그 경험 이후로 그와 같은 노력이 최근까지 일관되게 이어져서 자신의 중요한 가치관이 되었다는 식으로 써야할 것이다.

> 도전적인 목표를 정하고 목표를 당성하기 위해 체계적인 계획을 세우고 실천했던 경험, 목표계획의 세부적인 내용과 그 과정에서 어려움을 극복한 방법, 결과적으로 본인이 얻은 성취는 무엇인가?(1000자)
>
> 〈열정과 의사소통의 중요성〉
> 저의 처음의 가장 큰 도전은 취미로만 하던 운동을 팀 주장으로 대회에 참가한 것입니다. 주장이라는 자리는 리더십과 서로의 의사소통을 중요시 하는 자리이니 만큼 많은 중압감을 이겨내는 좋은 경험이었습니다.
> 중학교 때 농구에 빠져있던 저는 친구들과 농구대회에 나가게 된 적이 있었습니다. 저희들의 목표는 예선 전통과였고, 팀워크도 확인하고 현재 실력도 확인했습니다. 하지만 점점 대회가 다가올수록 저희 팀의 불안감은 커져만 가고 그 팀의 주장으로서 저의 부담감도 점점 커져만 갔습니다. 그리하여 팀원들이 모여 부족한 점과 훈련 방법을 상의하며 경기 전까지 시간계획과 상대팀의 정보를 확인하고 스케줄을 정하고 훈련계획까지 수립했습니다. 하지만 훈련은 계획처럼 되지 않았고 시행착오가 너무 많아 힘들었습니다. 그래서 결국 계획한 훈련 양 중 절반도 소화하지 못했습니다. 그래서 마지막 대안으로 실전경기를 많이 갖기로 하고 인터넷에서 같이 경기할 팀을 모아 매일같이 시합을 했습니다. 그런데 실전을 통해 감각을 키우니 훈련 때보다 훈련효과가 더욱 컸던 것 같습니다. 다른 팀의 전략들을 봐가면서 더욱 많은 생생한 정보를 얻을 수가 있었고, 또한 경기 중 서로간의 의사소통의 중요성을 느끼게 되었습니다. 그렇게 실전감각과 경기능력을 키우고 드디어 대회 당일이 되었습니다. 그 대회당일 저희는 여태까지 훈련하고 키운 전략과 서로간의 의사소통을 통해 그 대회에서 준우승을 할 수가 있었습니다. 준우승을 달성한 뒤 시상식에서 트로피를 받았을 때

유비무환 퍼펙트 자소서

> 말로 표현할 수 없는 기쁨이 솟아올랐습니다. 여태까지의 훈련과 힘들었고 서로 잘 맞지 않아 싸우고 화해했던 일들도 생각나고 남들에게 자랑스럽게 말할 수 있는 일이 생겼다는 것에 대한 기쁨 이었습니다.
> 이런 처음 예상했던 목표치를 초과달성할 수 있었던 데에는 팀 구성원들의 열정과 시합 중 상호 의사소통 방법을 훈련했고, 그리고 실전을 통해 더욱 더 성장할 수가 있었던 것이지요. 이번 대회로 인해 자신감을 많이 얻었고 그 뒤로도 많은 대회에 참가해서 경험을 쌓았고, 아직까지도 열정을 갖고 같이 운동을 하고 있습니다. 그 과정에서 우리는 서로간의 의사소통, 열정, 계획, 나의 부족한 점을 인정하고 다른 사람에게 배우는 그런 마음가짐 등이 얼마나 중요한지 체감할 수 있었습니다. 이런 경험을 토대로 회사에서의 프로젝트나, 금형설계에 있어선 의사소통, 열정, 배움의 자세 등을 갖고 회사생활을 하겠습니다.

(3) 인생의 터닝포인트가 되었던 중요한 경험을 물어보는 경우

그리고 또 많이 요구되는 경험의 형태는 바로 자신의 인생에서 자신을 바꿔놓은 중요한 경험이다. 그 경험을 통해 삶의 방향성이 바뀌는 그런 경험이다. 그러한 경험을 쓸 때 그 경험이 잘 드러나고 그 경험이 강조되기 위해서는 이 사건 이전의 성향을 기술하고 그 사건 이후의 변화된 성향을 기술하는 것이 필요하다. 그래서 이러한 대비효과가 잘 드러나도록 이전의 자신의 모습을 묘사하고, 그 사건을 묘사한 뒤, 그 사건 이후 변화된 자신의 모습, 삶에 대한 태도, 그리고 그 후 만들어지는 성과 등을 쓰면 된다. 그리고 이후에 변화된 성향은 그 회사의 인재상과 유사해야 한다.

다음 글은 2016년도 OB맥주에 합격한 학생의 자소서 중 일부이다. 여기에서는 자신의 삶의 터닝포인트가 된 사건을 쓰라는 것이다. 물론 쓰는 방식은 상황-액션-교훈 3단계 방식이다. 이 학생의 경험은 정말 진정성이 잘 드러나는 그런 경험이다. 우리가 일반적으로 생각하듯이, 화려한 공격수 대신, 드러나지 않아도 묵묵히 자신을 지키며 성실히 자신의 역할을 하는 수비수의 중요성을 깨달았다는 것이다. 이것은 단순한 일화가 아니라, 삶의 자세의 변화를 의미하고, 일상적인 우리의 상식을 깨는 발상이 들어있기에 감동을 불러온다. 이 학생의 다른 글에서 이 학생은 자신을 항상 '범재'로 지칭하며, 시간이 좀 걸려도 묵묵히 자신의 역할을 하는 성실한 자세의 중요성을 강조하고 있다.

3장 자소서 쓰기

> 지금까지 살아오면서 자신이 이루어 낸 가장 큰 변화에 대해 당시 상황, 자신의 행동, 결과 등을 바탕으로 구체적으로 서술하십시오.

고등학교 때 친구들과 함께 "FC팔마"라는 축구팀을 만들어서 매주 친구들과 축구를 하러 다녔습니다. 주 포지션은 공격수였고, 늘 내가 골을 넣어야 이길 수 있었습니다. 그렇지만 우리 팀은 항상 수비가 불안해서 골을 자주 실점하곤 했습니다. 경기를 할 때마다 실점을 하고 불안해서 어느 날은 내가 수비수를 직접 자청을 하고 수비를 했는데 이게 생각 한 것 보단 너무 힘들었습니다. 내가 왜 수비수들의 고충을 한 번도 생각 안 해보고 수비가 불안할까 이런 생각을 한 게 너무 미안했습니다. 뒤에서 묵묵하게 팀의 실점을 지켜주는 포지션이고 골을 넣는 것보다 더 중요한 역할을 하고 있었구나 하고 괜시리 미안해졌습니다. 그 후로 저는 줄곧 수비를 하면서 팀의 승리를 지키는 역할을 하게 되었습니다. 골을 넣고 남들에게 이목이 집중되는 모습보단 자기의 역할을 충분히 이행하면서 뒤에서 파이팅을 넣어주면서 팀을 하나로 뭉쳐 주는 수비수가 정말 중요한지 깨달았습니다.

(2016년도 OB맥주에 합격한 제자의 자소서 중)

(4) 문제 해결적 경험을 물어보는 경우

그리고 직무와 관련한 경험들은 직무 수행에 있어서 어떤 요소를 갖추었는가를 알아보기 위한 요구가 많다. 모든 업무는 항상 문제와 어려움을 수반한다. 아무리 시설이나 환경이 좋은 기업이라 해도 모든 자원이 무한대로 있는 것은 아니다. 그래서 불비한 환경을 헤쳐 나가는 데는 난관을 돌파하는 의지, 분석력, 실행력, 그리고 인내심 등이 필요하다. 그래서 그러한 경험을 알고 싶어 하는 회사들이 많다.

다음 글들은 지원자들의 이러한 경험을 알고 싶어 하는 기업의 요구에 대한 답변이다. 이 글들은 2016년도 한전 KPS에 합격한 두 학생의 자소서 중 가장 어려웠던 상황에서 문제를 효과적으로 해결했던 경험에 대한 진술을 옮겨놓은 것이다. 똑 같은 3번 문항에 대해 두 학생이 어떻게 대응하는지를 비교해보기 위해서 두 글을 동시에 옮겨놓았다. 이 두 학생들은 난관에 부닥쳤을 때 일반 사람들과는 다른 강력한 책임감과 극복하기 위한 열정을 통해 그러한 난관을 헤쳐 나가는 모습을 보여주고 있다. 그래서 대단히 감동적으로 느껴지고 읽는 사람에게 신뢰를 안겨준다. 이 두 학생들은 각자의 난관이 요구하는 문제해결의 키를 쥐고 그것을 적절히 활용해서 문제를 해결한 것 같다. 그리고 그 키는 어려운 상황을 대하는 마음자세에 있다는 것을 두 학생은 잘 보여준다.

유비무환 퍼펙트 자소서

최근 3년 내 겪었던 가장 어려웠던 상황에서 문제를 효과적으로 해결했던 경험에 대해 구체적으로 기술해 주시기 바랍니다.
- 당시 문제 상황에 대해 구체적으로 기술하여 주시기 바랍니다.
- 그 문제를 해결하기 위해 어떤 점들을 고려하였으며 그 근거는 무엇입니까?
- 그 일을 계기로 본인에게 생긴 변화 또는 느낀 점은 무엇입니까?

〈위그선 성공적으로 날다〉

발전설비를 함에 있어서 필요한 요소는 맡을 일에 책임과 열정을 다하는 것이라 생각합니다. 이는 실무를 통해 확실히 체득하고 있습니다. 전 직장에서 위그선 제작에 성공하여 시험비행을 하기 전 날 계측 및 전기장치에 대해 점검을 하고 있었습니다. 그런데 같이 일하던 동료가 밤늦게까지 점검이 지속되자 "늦었다. 이만하고 가자"라며 퇴근을 재촉하였습니다. 하지만 위그선의 특성상 사소한 문제라도 발생하면 사람의 생명과 직결되는 것이기 때문에 끝까지 남아 점검하였습니다. 그 결과 선체 밑에 공기를 주입해주던 에어호스에서 구멍이나 바람이 새는 것을 발견하였고, 팀장님께 보고하여 교체하였습니다. 다음 날 위그선은 바다에서 성공적으로 비행하였고, 전 직원은 환호성을 질렀습니다. 그리고 회식 때 팀장님께서 "시험비행에 실패할 수 있었던 요인을 발견해줘서 고맙다"라는 한마디가 아직도 잊혀 지지 않습니다. 이처럼 소속된 집단에서 자신의 맡은 바 임무에 열정과 책임 있게 실천한다는 것이 큰 보람과 짜릿함을 준다는 사실을 알게 되었습니다. 한전KPS에 입사하게 된다면 위와 같은 경험을 통해 발전설비 업무뿐만 아니라 다른 업무에서도 최선을 다할 것입니다.

(2016년도 한전KPS에 합격한 제자1)

〈결점의 수정은 99%자신이 하기 나름이다〉

저에게는 한 가지 결점이 있었습니다. 그것은 바로 무대공포증 입니다. 발표를 할 때 나타내고자 하는 분량의 약 50%정도 밖에 나타내지 못했습니다. 이런 점을 고치기 위해 '한국폴리텍대학 김제캠퍼스'의 '전교 부회장' 직책에 지원하게 되었습니다. 회장보다 부회장을 선호했던 이유는 상관을 서포트하는 법과 무대공포증 제거를 동시에 배울 수 있기 때문입니다. 저는 적극적인 마음으로 홍보활동을 한 끝에 부회장이 되었습니다. 부회장이 된 후 한 일은 대부분의 학생들이 기숙사 생활을 하는데 있어서 불편사항을 듣고 그에 맞는 해결책을 만들어 냈습니다. 대표적으로 학교매점에 카드단말기 설치를 요청하여 전교생이 편리하게 하였습니다. 이러한 일 들을 반복하자 어느 순간 제가 전하고 싶은 말을 80%이상 나타낼 수 있었습니다. 그리고 학생회 교수님과 학생회장을 서포트하여 상관을 모시는 기술 또한 향상시켰습니다. 저 자신을 고치기 위해 남들에게 피해가 가지 않는 선에서 수단과 방법을 가리지 않는다면 어떠한 결점도 고칠 수 있다는 점을 스스로 터득하였습니다. 만약 저에게 다른 결점이 보인다면 이러한 마음가짐으로 고쳐나갈 것입니다.

(2016년도 한전KPS에 합격한 제자2)

문제 해결적 경험을 쓰라고 할 때, 어필할 수 있는 또 다른 방식은 문제해결을 위해 문제를 분석해서 해결책을 구하는 과정을 상세히 보여주는 것이 중요하다는 것이다. 아래 글은 2013년

도 포스코 합격 학생의 글인데, 부모님이 운영하시는 가게의 매출이 저조하자, 가게를 둘러싼 환경의 시장조사를 한 끝에 좋은 결론을 이끌어낸 경험을 쓰고 있다. 그런데 문제 해결적 결론을 이끌어내는 과정이 대단히 합리적이고 창의적이어서 설득력을 높이고 있다.

> 남들이 생각하지 못한 문제를 발견하고 해결해낸 경험에 대하여 서술하여 주십시오.
>
> 〈자신만이 아니라 주위도 둘러보자〉
> 제가 군 생활을 마치고 대학을 가기까지의 공백 기간에는 주로 부모님을 돕는 일을 했습니다. 그 시기에 여수에서 광양으로 이사를 오느라 부모님은 매우 바쁘셨고 광양에 새로 마련한 가게를 계속 닫아놓을 수는 없었기에 제가 대신 혼자서 가게를 운영하였습니다. 광영시장이라는 곳 앞에 위치한 그릇 및 신발가게를 운영하였는데 처음에는 이런 일을 해본 적이 없던 저의 미숙한 점도 있어서 매출이 매우 좋지 않았습니다. 하지만 군대도 전역하여 부모님께 달라진 모습을 보이고 싶었고 부모님의 도움이 되고 싶었던 저는 어떻게 해서든 가게를 성공시키고 싶었습니다. 이대로는 안 된다고 생각하여 저녁 때 가게를 종료하고 새로운 아이디어를 생각해 보기 위해 광영시장과 그 주변을 둘러보게 되었고 그러면서 저는 이 일대가 온통 먹거리 시장이라는 것을 알게 되었습니다. 광영시장이라는 곳 안에는 대부분 식당들만 즐비했고 시장 주변에도 과일가게나 방앗간, 정육점 및 채소가게들이 많았습니다. 그것을 알게 된 후 저는 바로 부모님께 상담하여 일반적으로 많이 쓰이는 사기나 유리종류의 그릇이 아닌 식당에서 많이 쓰이는 식당용 플라스틱 그릇이나 스테인리스 그릇 종류를 많이 배치하였고 냄비나 후라이팬도 일반적인 사이즈가 아닌 대형과 특대형을 일부 납품받아서 판매를 하였습니다. 신발 또한 주방에서 많이 쓰이는 장화나 방수 슬리퍼의 종류 및 물량을 늘렸고 식당이라는 직업의 특성상 아주머니들이 많아서 여성화를 많이 갖추게 되었습니다. 그렇게 새로이 물품들을 배치하자 다음 날부터 매출액이 3배가량으로 크게 올랐고 부모님은 자신들도 생각하지 못한 걸 생각해 냈다고 크게 기뻐하고 대견스러워 하셨습니다. 역시 정해진 것만 하는 사람보다는 창의적인 생각을 가진 사람이 성공하는 법이라는 것을 깨달을 수 있었습니다.
>
> (2013년도 포스코에 합격한 제자의 자소서 중)

(5) 협업 능력과 관련된 경험을 묻는 경우

그리고 아래의 글은 협업 경험을 묻는 자소서 문항에 대한 답글이다. 이 글 또한 위 글과 같이 한전KPS에 합격한 두 학생의 자소서 중 일부인데, 4번 문항에 대한 답글들이다. 두 학생은 협업 능력이 요구되는 상황 속에서 앞의 A학생은 솔선수범적 자기희생을 통해 조직의 효율성을 높였고, B학생의 경우는 솔선수범적 리더십을 통해 구성원의 협력을 이끌어내고 있다. 협업 능력이 있음을 보여주기 위해서는 조직에 도움이 되는 조직친화적 관점에서 자신의 경험을 해석해야 한다는 것이다.

> 4. 스터디 그룹, 학과, 동아리, 회사부서와 같은 조직 내에서 팀원과 공동의 목표를 달성하기 위해 협력했던 경험에 대해 기술해 주시기 바랍니다.
> - 본인이 수행한 업무가 무엇이며 왜 그러한 업무를 맡게 되었습니까?
> - 사람들과 함께 일을 처리해나가면서 그 사람들과의 긍정적 관계 구축을 위해 추가적으로 기울인 노력과 그 결과에 대해 기술해 주시기 바랍니다.

〈사생장의 책임감〉

폴리텍대학 김제캠퍼스 전기과에 진학 후 기숙사에 입사하였습니다. 때마침 인원이 많은 전기과와 기계과에서 사생장을 뽑는다는 방송이 울렸고, 바로 사생장이 나온 기계과와는 달리 전기과의 특성상 자격증 취득이 어려워 매일 자신의 시간을 기숙사 업무 및 인원파악에 할애하여야 한다는 점에서 누구 하나 선뜻 사생장을 하겠다고 나오지 않았습니다. 그래서 전기산업기사를 이미 취득한 제가 사생장을 하겠다고 나섰습니다. 2명의 사생장이 매일 7층 186개의 방을 파악하다 보니 1시간을 넘기기 일 수 였고, 주말에 사생장이 없어 인원파악에 어려움이 있었습니다. 이러한 비효율성을 해소하기 위해 기계과 사생장과 대책을 논의하였고 사감님께 전달하였습니다. 그 결과 사생장을 4명으로 늘렸으며 분쟁이 일어나지 않도록 공평이 업무를 분담하게 하였고, 1시간이 걸리던 인원파악 시간을 2개의 층씩 맡게 하여 20분으로 단축시켰습니다. 또한 주말마다 사생장이 없어 기숙사 업무와 인원파악을 할 수 없었던 요인을 4명의 사생장이 돌아가며 맡게 하여 해결하였습니다. 이러한 경험을 바탕으로 어려운 업무, 꺼리는 업무를 맡더라도 포기하려보다는 스스로 하려는 자세를 가지려 노력합니다.

(2016년도 한전KPS에 합격한 제자 A 학생의 자소서 중)

〈팀장으로써의 임무〉

저는 학과에서 졸업작품을 만드는 프로젝트 실습 시간에 팀장을 맡게 되었습니다. 그 이유는 각 분야별 자격증을 취득하고 배우려는 의지가 강하고 전교 부회장으로써의 통솔력이 있었기 때문입니다. 저희 팀 졸업작품명은 '풍력발전기를 이용한 냉장고' 입니다. 팀원들에게 각자 임무분담을 하였고 저는 회로담당임무를 맡았습니다. 하지만 문제점이 있었습니다. 팀원들의 참여도가 없었고 본인들의 임무를 미루려고 하였습니다. 그런 행동으로 인하여 팀원들에 대한 리더십이 부족하다고 판단한 저는 풍력발전기와 냉장고의 회로작성을 끝낸 후 팀원들과 함께 그들의 임무인 풍력발전기와 냉장고의 배치도 그리기 및 재료가격 검색을 함께 하였습니다. 그렇게 행동하자 팀원들도 각자의 임무가 끝나면 저를 포함한 다른 팀원들의 임무를 돕기 시작하였고 그 결과 졸업작품을 단기간 안에 정확히 동작을 시켰습니다. 또한 단결력을 위해 저를 포함한 팀 전원이 평일 야간에 '스터디 그룹'을 만들었고 어려운 문제가 있으면 서로 의논하여 풀어냈습니다. 저의 '솔선수범' 하나로 저희 팀 전원이 분위기를 바꿀수 있어 보람을 느꼈습니다. 앞으로도 '솔선수범'을 잊지 않고 행동할 것입니다.

(2016년도 한전KPS에 합격한 제자 B학생의 자소서 중)

그리고 애매한 질문 형식으로 자신의 장점을 쓰라고 요구할 때도 협업 능력의 우수성에 대해서 쓰는 것이 유리하다. 아래 기아차 자소서의 문항처럼 형식적인 스펙을 제외하고 자신의 장점을 보여주라는 요구를 할 때에도 자신이 가진 협업 능력이나 도전정신, 인내심 등 조직 생활에 도움이 되는 경험들을 쓰는 것이 유리할 것이다. 2015년도 작문시간에 제출된 아래 글에서 이 학생은 소통능력, 인내심, 리더십과 관련된 자신의 경험적 에피소드를 동원하여 자신이 그 조직에 꼭 필요한 사람임을 설득해 보이고 있다.

1. 소위 "스펙"(학교, 학점, 전공, 어학점수 등)을 제외하고 기아차가 당신을 채용하기 위해 반드시 알아야 할 것이 있다면 무엇이며, 그 이유는 무엇입니까? (최대 2,500자 이내로 작성)

첫 번째로 다양한 아르바이트를 통해 고객과 소통하고 동료와 협력하는 팀워크를 배우게 되었습니다. 중·고등학교를 다니며 부모님에게 용돈을 받아 쓸 수도 있었지만 집안 형편을 일찍 알게 되었기에 다양한 사람들을 만나고 사회생활을 미리 경험해 보자는 생각으로 웨딩홀 뷔페, 패밀리 레스토랑, 교과서 배달 등 다양한 아르바이트를 했습니다. 접시와 박스를 나르고 서빙을 하며 하루 종일 서있어야 하는 일들이기 때문에 다소 힘든 일일 수도 있습니다. 그러나 이런 경험을 하면서 남들이 보기에는 쉽거나 하찮아 보일 수 있는 일에도 내부에는 고유의 체계가 있다는 것을 깨닫게 되었고 밖으로는 고객들과 소통하는 서비스정신을, 안으로는 상사와 동료와의 소통하는 팀워크를 배우게 되었습니다. 또한 몸이 고된 일을 할수록 마음은 긍정적으로 변해가는 것을 느꼈습니다.

두 번째로 자전거 일주를 통하여 끈기와 참을성을 배웠습니다. 20대의 청춘을 기억에 남는 무언가를 남기고 싶었습니다. 그렇게 고민을 한 뒤 내린 생각은 자전거 일주를 해보자라는 결론이었습니다. 혼자 하기에는 다소 무모하고 위험할 수도 있는 일이기에 가장 친한 친구를 설득하여 서로의 부모님께 코스 및 일정 시계계획 보고서등을 설명 드린 후 허락을 받아 자전거 일주를 시작하였습니다. 처음 시작하는 자전거 일주이기에 다소 무모하고 위험할 수도 있는 일이였지만 젊은 날의 패기, 추억을 만들자는 생각과 친구와 함께 한다는 위안을 삼으며 시작한 일정은 그리 순탄치만은 않았습니다. 목적지까지 도달하기 위해서는 위험한 국도도 이용해야했고, 뜨거운 태양 아래 아스팔트 위를 달리는 일도 힘들었지만 가장 힘들었던 것은 친구와의 의견차이로 인한 다툼이었습니다. 갖고 있던 비상금을 사용하여 술 한 잔 하며 오해를 풀 것을 권유하였고 한 순간의 감정에 치우쳐서 여행을 망칠 수 있었지만 지금은 둘도 없는 가장 친한 친구가 되었습니다. 자전거 일주를 통해서 우정을 되새겼으며 여러 가지 상황에서 스스로 판단해 볼 수 있었던 값진 경험이었습니다.

세 번째로는 개인의 이익만을 추구하는 사람이 아닌 단체의 이익을 위한 조력자형 리더십이 강합니다. 대학교 시절 폴리텍이라는 학교의 특성상 나이가 많은 학우들이 많이 있었습니다. 하지만 과대표는 나이가 어렸기에 반을 이끌어가는 힘이 부족하였습니다. 당시 저는 과에서 나이가 가장 많은 학생이었고 옆에서 지켜보며 과대표인 동생을 불러 조언 및 격려 비판을 해주었고 옆에서 서포터 역할을 해주었습니다. 결국

> 과대표 동생은 점점 변화되는 모습을 보이기 시작하였고 그 결과 과대표 동생은 훌륭한 리더로서의 모습을 보이기 시작하였습니다. 저는 이 밖에도 다양한 경험을 하였고 항상 우리 팀이나 조직이 좋은 방향으로 갈 수 있도록 밀어줄 수 있는 역량을 키웠다고 생각합니다.

(6) 사회활동 경험을 물어보는 경우

또 하나 자주 물어보는 경험의 방식은 사회활동에 대한 질문이다. 그런데 이 때 마치 이력서 쓰듯이 자신의 모든 경험을 나열하는 것은 썩 바람직하지 못하다. 개인적인 이력을 알리려면 이력서를 보면 된다. 하지만 자소서는 이력서가 보여주지 못하는 부분을 보여줘야 한다. 그래서 사회활동 경험을 묻는 방식에 적절한 답변은 자신이 어떤 조직에 속해 있었을 때 자신이 그 조직을 위해 적극적으로 또는 창의적으로 노력해서 그 조직을 위해 어떤 성과를 이뤄낸 경험을 쓰는 것이 좋다. 사회활동 자체를 쓰는 것은 이력서 방식이지만, 그 사회활동 속에서 어떤 태도와 보이고 노력을 경주했는가는 자소서에서만 가능한 방식이기 때문이다.

아래 글은 2013년도 기아차에 합격한 자소서의 일부이다. 기아차의 경우 오랫동안 자소서에서 이 항목(사회활동 및 기타사항)을 넣었다가 최근에는 빠지게 되었다. 하지만 이런 점을 볼 때 기아차도 조직친화적 인물에 대한 선호도가 높다는 점을 알 수 있다. 아래 글에서 이 지원자는 자신이 어떤 조직에 속해 있었을 때 그 조직의 발전을 위해서 그 조직의 소비자가 원하는 것을 고민하여 소비자 만족을 위해 노력한 점을 부각시키고 있다. 또한 자신이 미국에서 세탁배달업을 할 때에는 대단히 적극적인 자세로 고객의 신뢰를 얻기 위해 노력하는 자세를 보여주고 있다. 이처럼 사회활동에 대한 경험을 물어볼 때에는 그 조직을 위해 노력하는 모습을 보여줌으로써 해당 기업에 취업한다면 조직에 헌신하는 사람이 될 것이라는 믿음을 갖게 해야 한다.

사회활동 및 기타사항(경력, 수상 등)

〈경험이 곧 재산이다〉

저는 처음 고등학교 방학 때 아버지의 회사에서 영업이라는 걸 배우게 되었습니다. 소비자가 필요로 하는 것들을 정확하고 간당 명료하게 설명과 그것을 보여줌으로써 소비자가 자기에게 필요하다는 것을 느끼게 해줌으로써 제품을 구매 욕구를 만드는 것이라 생각합니다. 그로 인해 사람을 대하는 방법을 배웠고 다비치 안경원에 취직 했을 때에는 안경 조제 가공을 통해 안경렌즈를 가공하는 과정에서 섬세함을 길렀습니다.

> 미국에 있을 때에는 용돈을 받아서 썼는데 나 스스로 해결하기 위해 같이 지내던 룸메이트와 같이 들리버리 클리너라는 세탁 배달업을 창업했습니다. 이일이 서비스업인 만큼 일을 시작할 때 고객과의 약속을 지키자고 스스로 마음먹었습니다. 처음은 힘들고 어렵고 포기하고 싶었지만 한명 두 명 고객들에게 신뢰를 얻어 고객들이 다른 주위사람들에게 소개에 소개를 해줘 차츰 차츰 성장해 나가면서 일하는 재미도 생기고 사람과의 관계유지와 신뢰를 얻는 방법을 배웠습니다. 이것들을 귀사에 입사하게 되서도 어떠한 것도 겁먹지 않고 도전할 것이고 안 되면 될 때까지 그래도 안 되면 목숨 걸고 노력하여 이 회사에 꼭 필요한 인재가 되겠습니다.
>
> (2013년도 기아차에 합격한 제자의 자소서 중)

07 1분 자기 PR

〈1분 자기 PR〉은 1차 서류 합격 후 면접 때 대부분의 기업에서 요구된다. 엄격히 말하면 일반적 의미의 서면으로 제출되는 자소서는 아니지만, 대부분의 회사에서 〈1분 PR〉이나 〈1분 스피치〉라는 형식으로 면접 때 요구하는 경우가 많기 때문에 다루고자 한다. 물론 〈1분 자기 PR〉이 면접 합격에 얼마나 큰 비중을 차지하는지 속단할 수는 없다. 필자의 개인적인 견해로는 〈1분 자기 PR〉을 잘하면 인상적으로 받아들일 것이고, 지나치게 못하지만 않으면 당락에 결정적 요인으로 작용하지는 않으리라 본다. 별로 인상적이지 않은 〈1분 자기PR〉을 써서 말했는데도 최종 합격한 학생들도 상당히 보았기 때문이다. 물론 〈1분 자기PR〉은 글 내용만으로 평가되지는 않고 말하는 태도나 자신감도 대단히 중요한 역할을 한다. 요즘 들어 1차에 합격한 학생들의 〈1분 자기PR〉 피드백에 대한 요구가 많아지기에 다뤄보고자 한다. 그런데 〈1분 자기 PR〉에 대한 예문 자체가 너무 적어서 일반화시키기에 어려운 점이 있으니 그 점 양해하기 바란다.

1분 안에 자신을 소개한다는 것은 쉬운 일이 아니다. 그것은 물론 회사에서 요구하는 내용이 담겨야 한다. 여러분이 자신을 소개할 때 어떤 방식으로 소개하는 것이 가장 자신을 인상깊게 소개할 수 있겠는가? 먼저 스스로에게 자문해보아라! 필자는 어떤 기업에 최종 합격한 학생들에게 면접 시 질문에 대해 묻곤 한다. 많은 학생들이 말해준 질문들을 추려보면,

- 입사 후 전문적인 능력에서 밀리면 어떻게 하겠는가?
- 조직 문화에 적응하지 못하고 왕따가 된다면 어떻게 하겠는가?

유비무환 퍼펙트 자소서

- 입사 전 들었던 연봉이나 복지가 기대치와 다르면 어떻게 하겠는가?
- 상사가 부당한 지시를 한다면 어떻게 하겠는가?

등에 대해 많이 묻는다고 한다. 그런 요소들을 유형화시켜보면, 직무전문성, 대인관계를 비롯한 조직 문화와의 괴리, 연봉이나 복지문제 등으로 요약할 수 있겠다.

하지만 회사에서 사람을 뽑는 것도 중요하지만, 그 보다 더 중요한 것은 이직률을 낮추는 문제라고 생각한다. 이직이 심화되면 기업은 인적·물적·시간적 손실이 엄청나기 때문이다. 따라서 기업은 사원을 뽑을 때 이직 가능성이 있는 사람을 뽑지 않도록 노력해야 할 것이다. 그런데 안타깝게도 실제 기업 이직률은 상상 이상으로 높다. 2017년도 10월 2일 한국노동연구원의 '그토록 원하던 첫 직장을 스스로 빠르게 나가는 이유는?'이라는 보고서에 따르면[20], 첫 직장에서 1년 이내 이직하는 청년은 전체의 36.2%로 집계됐다. 10명 중 3~4명은 1년 내에 회사를 옮기는 셈이다. 그래서 면접 시에 이러한 이직률 있는 성향의 지원자들을 추려내는 것도 중요할 것이다. 그런데 이직률을 성별로 보면 남성 이직률은 40.2%, 여성은 32.9%로, 남성이 더 높았다. 또한 이 보고서는 청년들이 이직을 결심하는 배경으로 남성은 임금수준과 인간관계, 여성은 임금수준과 직장 내 안정적 지위, 즉 정규직 여부가 큰 영향을 미친다고 분석했다. 따라서 면접 시에도 남성에게는 주로 임금수준과 인간관계에서 문제가 발생할 때 어떻게 할 것인가에 대한 질문을, 여성에게는 임금수준과 정규직 관련 질문을 많이 함으로써 이직 성향이 농후한 사람들을 추려내는 것이 회사 이익을 위해 좋을 것이다. 따라서 앞으로 회사들도 이러한 데이터를 분석해서 면접 시 질문 문제 선정이나 선발기준에도 이런 데이터가 반영되리라 본다. 그리고 지원자들도 무조건 입사부터 하자는 식의 접근보다는 목표 기업을 신중히 고르고 그 기업에 입사하려는 대비를 철저히 하는 것이 양측 모두의 자원을 낭비하지 않게 하는 방법이 될 수 있을 것이다.

그리고 다시 위 이야기를 이어서 말해보면, 그런데 최종 합격한 학생들이 면접 시 대부분의 기업에서 빼놓지 않고 공통적으로 물어보는 질문은 '왜 우리가 당신을 뽑아야 하는가?'라는

---

[20] 세계일보 2017. 10. 02일자 "그토록 원하던 첫 직장을 떠나는 청년들… 왜?"라는 보도 참조. 이 연구는 2007년 기준 만 15~29세 청년 표본으로 선정된 1만206명을 대상으로 학교생활, 사회·경제활동, 가계배경 등을 매년 추적조사한 청년패널 자료를 토대로 분석한 것이다.

것이었다. 이것은 다시 말하면 '우리가 당신을 뽑으면 당신에게 1년에 수천만원의 연봉을 주어야 하는데, 당신이 그럴만한 사람인가를 입증해보라'는 것이다. 다시 말해 '당신이 우리 회사에서 밥값을 할 수 있는 사람인지', '당신의 가장 핵심적인 장점을 통해 우릴 설득해보라'는 것이다. 그 말을 필자는 직무수행능력을 입증하라는 요구로 이해했다. 하지만 지원자의 핵심적인 경쟁력에 대한 평가는, 특히 1차 서류심사를 통해 걸러진 상황에서 꼭 직무수행 능력만을 주장하게 하는 것은 오류를 범할 수 있다고 생각한다. 그래서 필자는 자신의 경쟁력을 자신이 잘 알기 때문에 먼저, 학생들 자신이 자신의 핵심적인 경쟁력을 간추려서 1분 PR에 담는 것이 좋다는 생각을 했다.

그렇다면 '한 개인의 경쟁력을 강조하는 방법에는 뭐가 있을까'를 고민하다가, 필자는 학생들이 1분 스피치에 대한 도움을 요구하면 크게 2가지 방법으로 나눠서 자신에게 맞는 방법을 택해 1분 스피치를 작성하라고 했다. 그리고 작성 시에도 다수의 버전을 만들어서 가져오면 그 중 1개를 택해 글을 다듬어주는 식으로 대응했다. 그 두 가지 방법은 바로 캐릭터형과 직무능력제시형이라고 말할 수 있다. 캐릭터형은 자신의 인성적 장점을 강조하는 방법이고, 후자인 직무능력제시형은 자신의 직무적합성을 강조하는 방법이다. 그러면 두 가지를 다 강조하면 어떨까? 그러한 유형을 필자는 '비전제시형'이라 부른다. 이제 하나씩 살펴보자.

(1) 캐릭터형

이러한 유형은 정말로 누가 보아도 자신의 인성적 장점이 돋보이는 경우에 한해야 하고 그럴만한 에피소드가 뒷받침되어야만 한다고 생각한다. 잘못하면 정말 평범하거나, 지나치게 오버하는 식의 진부하고 식상한 천편일률형 자기 소개서로 그치기 십상이다. 자기 캐릭터의 컨셉을 정하고 그야말로 촌철살인, 짧은 시간 안에 그러한 캐릭터가 그 회사의 발전에 도움이 될 만하다고 느끼도록 작성해야만 한다. 그런데 지원 학생들은 이 방법을 훨씬 더 선호하는 것 같았다. 학생들이 보내준 〈1분 자기PR〉은 대부분 캐릭터형이었기 때문이다. 그런데 그 마저도 샘플이 많지 않아 일반화된 결론을 내리기는 쉽지 않았다.

아래는 2017년도에 S-Oil에 합격한 학생이 1분 PR을 만드는데 도와달라고 해서, 필자가 그러

유비무환 퍼펙트 자소서

면 5개의 버전을 보내라고 했고, 이러한 요구에 부응해서 그 학생이 5개를 작성해서 보냈다. 그래서 필자가 그 중 1개를 골라서 수정해준 것이다.

위 학생의 1분 자기PR 5개 버전

1. 아이언민 (별명을 사용해 인상을 주자)

안녕하십니까. 철이 영어로 iron입니다.
저는 아이언민이라는 별명을 가진 지원자 xx민입니다.
제가 아이언민으로 불리게 된 것은 두 가지 이유가 있습니다.
첫째, 철은 다른 금속과 합금이 잘 되는 특성을 갖고 있습니다. 어느 집단에서든 빠르게 적응하고 녹아들어 최고의 상태, 최상의 팀플레이를 만들 수 있습니다.
둘째, 마블캐릭터 중 아이언맨은 가장 인기가 많은 캐릭터입니다. 저의 강점인 친화력으로 조직 구성원들에게 다가갔고 저는 인기를 얻을 수 있었습니다.
저 IRON민은 저의 강점을 살려 굿 오일의 굿 오퍼레이터가 되겠습니다. 이상 소개를 마치겠습니다.

2. 강점 두 가지 어필

안녕하십니까! S-OIL 생산직 지원자 ×××입니다. 저는 저의 강점을 두 가지 말해보겠습니다. 저의 첫 번째 강점은 친화력입니다. S-OIL에 대해 알고 싶어 광주에 있는 S-OIL의 주유소 세군데에 방문했습니다. 음료수 캔 한 개와 저의 강점인 친화력을 살려 사장님께 다가갔고 S-OIL의 장·단점, 다른 정유사와의 차이, 불편사항 등 궁금증을 해결할 수 있었습니다. 저의 두 번째 강점은 조직을 위한 의리와 책임감입니다. 용돈을 벌기 위해, 그리고 조직을 이해하기 위한 노력으로 상하차 아르바이트를 6개월째 하고 있습니다. 일요일을 뺀 나머지 6일동안 아침 6시까지 출근하기 위해 5시 반에 일어나 학교 공부와 병행하며, 늦게까지 술자리를 하더라도 단 한 번도 지각 및 결근을 해 본적이 없습니다.
저의 강점을 살려 굿 오일의 굿 오퍼레이터가 되겠습니다. 이상 소개를 마치겠습니다.

3. 할머니

안녕하십니까! S-OIL 생산직 지원자 ××× 입니다. 저는 저의 강점을 두 가지 말해보겠습니다. 저의 첫 번째 강점은 친화력입니다. 저를 싫어하는 사람도 며칠 안에 좋아할 수 있게 노력합니다. 저의 여자친구 할머님께서는 처음에 저를 탐탁하게 생각하지 않으셨습니다. 저는 당연히 할머님의 마음을 얻어야 했기에 적극적으로 다가갔습니다. 스마트폰 사용법을 모르시는 할머님께 찾아가 알려드리며 카카오톡 선물하기 및 이모티콘을 선물해 드렸습니다. 지금 저는 너무 큰 사랑을 받고 있으며 면접 잘 다녀오라며 20만원을 손에 쥐어주셨습니다. 저의 두 번째 강점은 직을 위한 의리와 책임감입니다. 용돈을 벌기 위해, 그리고 조직을 이해하기 위한 노력으로 상하차 아르바이트를 6개월째 하고 있습니다. 일요일을 뺀 나머지 6일 동안 아침 6시까지 출근하기 위해 5시 반에 일어나 학교 공부와 병행하며, 늦게까지 술자리를 하더라도 단 한 번도 지각 및 결근을 해 본적이 없습니다.
저의 강점을 살려 굿 오일의 굿 오퍼레이터가 되겠습니다. 이상 소개를 마치겠습니다.

4. 수비수 (너무 김)

안녕하십니까! S-OIL의 수비수가 되고 싶은 ×××입니다.
제가 어떤 수비수가 되고 싶은지 두 가지만 말해보겠습니다.
첫째, 저는 조직을 위해 희생할 수 있는 사람입니다.

저는 축구 동호회팀에서 공격을 맡고 있었습니다. 골을 넣는 것은 정말 행복하고 흥분되는 일입니다. 작년 국회의장배 전국 대학동아리대회에 참가했습니다. 저희 약점인 수비 탓으로 패배위기에 처해 저는 후반전에 수비를 자청했습니다.

수비수의 고충을 생각하지 않고 공격만 생각했던 저의 큰 실수였습니다. 뒤에서 묵묵하게 팀의 실점을 지켜주던 수비수들에게 정말 미안한 마음이 들었습니다. 그 후로 저는 매 경기 수비에 나섰고 팀의 승리를 지키는 역할을 하게 되었습니다. 그 결과 최저 실점을 기록할 수 있었고 더욱 강한 팀으로 거듭날 수 있었습니다.

둘째, 웃으면서 일할 수 있는 분위기를 만들 수 있습니다.

S-OIL 생산팀의 수비수가 되어 팀원들의 뒤에서 파이팅을 넣어주며 힘들어도 웃으면서 일할 수 있는 굿 오일의 굿 팀을 만들고 싶습니다. 이상 소개를 마치겠습니다.

5. 구도일(인형을 갖고 온 것이 웃음을 유발할 수 있을 듯. 여자친구 회사 질문으로 이어질 수 있으니 대비)

안녕하십니까! 구도일 인형과 같은 굿 오퍼레이터가 되고 싶은 지원자 조 철 민입니다.
제가 갖고 온 구도일 인형은 여자친구에게 선물로 받았습니다. 제가 S-OIL입사를 꿈꾸기 시작할 때, 여자친구가 회사에 특별히 부탁해 힘내라며 저에게 주었습니다.
제가 구도일 인형의 어떤 모습이 되고 싶은지 두 가지만 말해보겠습니다.
첫째, 당장이라도 달려 나갈 것 같은 구도일 인형처럼 진취적인 사원이 되겠습니다. 항상 배우려는 자세와 적극성으로 회사생활에 임하겠습니다.
둘째, 항상 긍정 에너지와 밝은 미소를 띠어 최고의 팀플레이를 만들겠습니다. 팀원의 뒤에서 파이팅을 넣어주며 굿 오일의 굿 팀을 만들겠습니다. 이상 소개를 마치겠습니다.

그리고 아래는 필자가 위 학생이 보내온 4번째 버전을 조금 다듬어서 보내준 내용이다. 1분 동안 말하려면 보통 7-8줄 정도가 적합하다. 아래 내용은 10줄로 약간 긴 편이다.

안녕하십니까! S-OIL의 수비수가 되고 싶은 × × × 입니다.
저는 축구광이며 축구 동호회 팀에서 10여년 동안 공격수로 활약하고 있었습니다. 공격수, 참 흥분되고 폼나는 포지션이기에, 누구나 하고 싶어 하지요. 그런데 작년 국회의장배 전국 대학동아리대회에 저의 팀이 패배위기에 몰렸을 때 저는 큰 깨달음을 얻었습니다. 저의 팀은 수비가 약했고, 상대편 공격수의 허점을 간파했기에 저는 후반전에 수비를 자청했고, 열심히 노력한 결과, 팀의 실점을 막아 승리를 견인할 수 있었습니다.

유비무환 퍼펙트 자소서

> 그 이후로 저의 직장관에도 변화가 왔습니다. 화려하게 드러나지는 않지만, 뒤에서 묵묵하게 헌신하는 수비수가 조직의 성패를 좌우하는 진정한 일꾼이라고 확신합니다.
>
> 그래서 저는 S-OIL 생산팀의 수비수가 되어 팀원들의 뒤에서 궂은 일을 감수하고, 팀 전체에 파이팅을 넣어주며 힘들어도 웃으면서 일할 수 있는 굿 오일의 굿 팀을 만들고 싶습니다.

위 내용은 실제 있었던 경험을 반전이 있는 스토리텔링적 요소를 넣어 컨셉화한 캐릭터형으로서, 이 학생의 캐릭터를 '전면에 화려하게 드러나지는 않지만 회사 발전을 위해 묵묵히 일하는 사람'으로 컨셉화해서 강조하고 있다. 나름 임팩트있는 〈1분 자기PR〉이었다고 생각한다. 그래서 그런지 다행스럽게도 최종 합격해서 지금 잘 다니고 있다.

그 밖에 캐릭터 형으로 작성되어 합격한 1분 자기소개서를 몇 개 더 소개한다.
'항상 노력하는 범재'가 이 학생의 기본 컨셉이다. 그리고 이러한 노력의 중요성을 부모님 농사일을 도와드리며 느끼게 되었고, 고향땅에 씨 뿌리듯 회사에 씨를 뿌려 수확을 거두겠다고 말한다. 성실을 강조하는 캐릭터이고 그것에 에피소드를 넣어 스토리텔링의 효과를 살려내고 있다.

> 안녕 하십니까. 흘린 땀방울의 가치를 알고 항상 노력하는 범재 *** 입니다. 제가 흘린 땀방울의 가치를 말한 이유는 고향에 계신 아버지 농사를 도와드리며 배운 저의 끈기와 인내 보람을 안다는 것을 말하고 싶었습니다. 일을 하는데 있어 끈기와 인내 보람 이 세 가지는 아주 중요하다고 생각합니다. 따라서 저는 이세 가지를 가지고 귀사를 제 고향땅이라 생각을 하고 봄에 씨를 뿌려 가을에 풍성한 수확을 얻을 수 있도록 항상 노력 하는 인재가 되겠습니다.
> (2016년도 현대중공업에 합격한 제자의 1분 자기PR)

이 학생은 마치 딸깍발이 선비처럼 신뢰를 지키는 사람이며, 열심히 하겠다는 점을 강조하고 있다. 이 학생은 자소서를 대단히 잘 써서 한전KPS에 합격했는데, 그에 비하면 〈1분 자기PR〉은 덜 인상적이라는 생각이 들었다.

> 안녕하십니까. 기계분야 OOO 번 지원자입니다.
> 한전KPS는 산업발전의 가장 큰 요소인 안정적인 전력공급을 목표로 믿을 수 있는 고품질 책임정비를 통해 국가경제를 이끄는 견인차 역할을 하고 있다고 생각합니다. 전 국민에게 신뢰받는 한전KPS처럼 저도 KPS의 신뢰받는 직원이 되고 싶습니다. 사실 저는 친구들 사이에서 이름보다 별명으로 더 많이 불립니다. 바로 선비라는 별명입니다. 저는 선비처럼 신뢰를 가장 중요하게 여깁니다. 제 이름을 떠올린다면 어떤 일이든 믿고 맡길 수 있겠다는 강한 믿음을 드리겠습니다. 오늘 이 면접장에 서기까지 많은 노력을 했지만 아직도 배울 점이 많습니다. 선배님들을 귀찮을 정도로 쫓아다니며 배우고, 아무리 힘든 일이라도 먼저 두 팔 걷어붙이며 나서는 믿음직한 모습을 보여드리겠습니다. 감사합니다.
> (2017년도 한전KPS에 합격한 제자의 1분 자기PR)

아래 학생은 협업을 잘하는 사람이라는 캐릭터를 강조하고 있고, 그러한 예로서 총학에서의 에피소드를 간단히 전달하고 있다. 무난한 〈1분 자기 PR〉이라고 생각한다.

> 안녕하십니까. 개인의 능력보다 상호간의 협력을 통해 업무를 수행하는 지원자 *** 입니다.
> 개인의 능력은 자기계발을 통해 언제나 성장시킬 수 있지만 협력을 통해 업무의 능률을 높이기 위해선 팀워크에 대한 경험이 있어야 합니다. 저는 이러한 역량을 과거 중소기업에서 경험하여 팀워크의 대한 이해도를 갖고 있습니다. 더불어 학교 총학생회 총무부장으로 활동하여 다양한 사람들과의 교류를 통해 양보와 배려의 가치를 이해하였습니다. 이와 같은 경험과 자기계발을 위한 노력으로 협력을 통해 업무처리를 효과적으로 수행하겠습니다.
> (2017년도 LG디스플레이에 합격한 제자의 1분 자기PR)

아래 학생은 앰코테크놀로지의 인재상을 많이 연구해서 자신이 그 인재상과 딱 맞아 떨어지는 사람이라는 점을 강조하고 있다. 이런 방식이 1분 피알로서 리스크가 가장 적은 방식이라고 할 수 있다.

> 앰코테크놀로지코리아에 앞장 서서 대박을 터트릴 지원자 xxx 라고 합니다.
> 안녕하십니까. 제가 왜 대박을 터트릴 수 있는지 이유를 말씀 드리자면, 일단 첫째로는 앰코코리아가 원하는 인재상과 같습니다. 학교를 통해 실무에 필요한 지식뿐만 아니라 다양한 분야를 공부를 함으로써 "든 사람"을 위해 노력하고 있으며, 학교를 다니기 전, 사람들과 소통이나 대인관계를 원활하게 유지할 수 능력을 서비스업, 판매직을 통해 배워서 "된 사람이"가 되었고, 마지막으로 "든사람. 된사람"이 됨으로서 자신감과 열정이 생겨 "깬 사람"이 되기 위해 노력 하고 있습니다. 마지막으로 둘째, 그 누구보다도 자신감과 열정이 있다고 생각합니다. 처음에는 물론 실패를 하면서 딛고 일어나겠지만, 자신감과 열정을 뒷받침

> 해줄 수 있는 능력이 생긴다면 저는 앰코테크놀로지코리아에서 선두주자가 되어 대박을 터트릴 수 있도록 보여드리겠습니다.
>
> (2017년도 앰코테크놀로지코리아에 합격한 제자의 1분 자기PR)

아래 학생은 책임감과 신뢰를 강조하는 유형으로 그것을 입증할 에피소드까지 곁들이고 있다. 무난하다는 느낌이 드는 〈1분 자기PR〉이라 생각한다.

> 안녕하십니까? 항상 내가 대표라는 생각을 가지고 행동하는 지원자 *** 입니다. 저는 항상 남의 일도 내 일처럼 책임감을 가지고 일하자는 생각을 가지고 행동합니다. 그러다보니 주변에서도 저를 믿고 일을 맡기시는 경우가 많습니다. 대표적으로 저는 입대 전 전기학원에서 아르바이트를 한 경험이 있습니다. 처음에는 청소나 정리정돈만 하다가 나중에는 학생들을 가르치는 보조강사로서의 업무도 잘 수행하다보니 원장님이나 학원 선생님들로부터 책임감이 강하다고 인정받기도 하였습니다.
>
> 또한 주변 친구들의 사소한 일도 꼼꼼하게 처리하다보니 친구들도 저를 믿고 도움을 청하고, 제가 도움이 필요할 때는 기꺼이 나서서 도와주는 친구들 간의 좋은 관계도 유지하고 있습니다.
>
> 이처럼 저는 입사 후, 조직의 일도 내 일처럼, 일의 시작과 끝을 책임감을 가지고 완수하는 모습을 보여드릴 것이며, 이는 팀과 조직의 성과로 연결될 것입니다. 이를 현장에서 증명하도록 하겠습니다. 감사합니다.
>
> (2017년도 한국전력에 합격한 제자의 1분 자기PR)

(2) 직무능력 제시형

직무능력제시형이라 함은 짧은 1분 동안에 자신이 맡은 직무를 얼마나 잘 수행할 준비가 되어있는지를 보여주는 것이다. 자신이 그야말로 '밥값을 할 만한 사람'이라는 점을 확실히 부각시켜줘야 한다. 그럴려면 직무를 이야기하고 그 직무수행에 필요한 능력을 정의한 뒤, 3가지를 중점적으로 말해야 한다. 먼저, 직무관련 지식의 예를 하나만 들어서 대학 때 어떤 전공과목에서 열심히 해서 어떤 능력을 갖게 되었다고 얘기하고, 전문성을 입증할 수 있는 관련자격증이나 수상경력 등을 얘기하며, 마지막으로 직무경험을 얘기해서 바로 투입되어도 전혀 문제없는 사람임을 입증하는 방법이다. 그리고 남은 여력이 있으면 이러한 능력을 통해 회사가 ~~분야에서 발전하는데 큰 역할을 하고 싶다고 맺는 게 좋을 것이다.

아래 학생은 필자에게 1분 자소서 도움을 요청한 뒤, 필자의 요구에 따라 필자에게 보내온 2가지 버전의 사전 자소서이다.

> 안녕하십니까. 선 조치 후 보고 ××× 입니다.
> 저는 폴리텍대학 광주캠퍼스 전기과 입학하기 전 금형회사에서 근무한 경험이 있습니다.
> 현장에서 업무를 하다보면 조립 제품의 불량, 프레스 타발 후 결과에 대한 이상 등 빈번히 긴급한 상황이 일어나게 됩니다. 급한 상황에 고민하거나 대처가 늦는다면 회사에 크고 작은 경제적 손해를 끼칠 수 있습니다. 이러한 상황에서 저는 불량을 처리할 수 있는 한도 내 수정하고 조립하여 시간을 줄였으며 후 보고로 문제점을 고쳐 문제가 재발하지 않게 노력하였습니다. 이러한 경험을 바탕으로 앰코테크놀로지코리아 에서도 주어진 업무에서 이상이 발생한다면 선 조치로 정상상태로 운전하게하고, 이상 발생과 원인에 대한 보고를 통해 장비의 효율을 높이고 똑같은 문제가 발생되지 않도록 최선을 다하도록 하겠습니다.
> 앰코코리아의 소속의 자부심과 책임감을 가지고 언제나 회사의 도움이 되도록 하겠습니다.

> 안녕하십니까. 선 조치 후보고 ××× 입니다.
> 금형회사에서 근무한경험이 있습니다.
> 업무를 하다보면 조립 제품의 불량, 프레스 타발 후 결과에 대한 이상 등 빈번히 긴급한 상황이 일어나게 됩니다. 급한 상황에 고민하거나 대처가 늦는다면 회사에 크고 작은 경제적 손해를 끼칠 수 있습니다. 불량을 처리할 수 있는 한도 내 수정하고 조립하여 시간을 줄였으며 후 보고로 문제점을 고쳐 문제가 재발하지 않게 노력하였습니다. 이러한 경험을 바탕으로 앰코테크놀로지코리아에서도 제가 처리 할 수 있는 범위 안에서 선 조치 와 후 보고를 통해 장비의 효율을 높이고 문제점이 발견된다면 재발하지 않게 보고하며 개선해 나가겠습니다.
> 주어진 일에 책임감을 가지고 앰코코리아 발전의 동력이 될 인재로 성장하고 싶습니다.

그리고 아래는 필자가 조언한 내용이다.

> 2개 모두 비슷한데 중요한 것은 네가 그 회사 ~~직을 잘 수행할 수 있는 준비가 된 사람임을 보여주는 것이다.
> 저는 앰코에서 ~~직에 지원한 *** 입니다. 그 직을 수행하기 위해서는 직무경험과 전문성이 가장 중요하다고 생각합니다.
> 금형회사 근무 경험을 통해 긴급 상황에서 상황대처능력을 길렀습니다. 위의 예를 요약
> 또한 직무수행에 필요한 자격증인 ~~~을 땄습니다. 이것을 통해 ~~한 능력을 갖췄습니다.
> 입사하게 된다면 직무에 바로 투입되어도 안심하고 맡길 수 있는 준비가 되어있습니다.

그리고 필자의 조언을 참고해서 이 학생이 면접 당일 날 사용한 최종 1분 소개서이다. 결국 직무수행능력을 강조하는 〈지원동기〉 형식과 유사하게 자신의 직무적합성을 잘 표현하고 있다.

유비무환 퍼펙트 자소서

> 안녕하십니까. 제조 장비직에 지원한 열정과 패기를 가진 ***입니다.
> 제조장비직을 수행하기 위해서는 직무경험과 전문성이 가장 중요하다고 생각합니다.
> 저는 금형회사 근무경험을 통해 긴급 상황 대처 능력을 길렀습니다.
> 긴급 상황 발생 시 대처가 늦는다면 회사에 경제적 손실로 이어질 수 있기 때문에 저는 선 조치 후 보고로 문제를 해결하였습니다.
> 앰코테크놀로지 코리아에 근무 중 이상이 발생한다면 이러한 경험을 바탕으로 선 조치하여 장비를 원활하게 작동시키고, 이후 이상 발생과 원인에 대한 보고를 통해 똑같은 문제가 재발하지 않도록 하겠습니다.
> 앰코테크놀로지 코리아 소속의 자부심과 책임감을 가지고 회사발전을 위해 노력하겠습니다. 감사합니다.
> (2017년 앰코테크놀로지코리아에 합격한 제자의 1분 자기PR)

아래 학생은 자신을 네비게이션으로 컨셉화해서 자신의 실무적 능력을 강조하고 있다.

> 안녕하십니까? 네비게이션의 기능을 가진 생산부문 지원자 ×××입니다.
> 네비게이션은 한번 목적지를 결정하게 되면 그 목적지에 도달하기 까지 가장 효율적이고 빠르게 도착할 수 있도록 도와주는 역할을 합니다.
> 저는 최근 2개의 자격증 취득하는 목적지를 정하였습니다. 평소의 꼼꼼한 성격과 계획성 있는 성격을 바탕으로 자격증을 취득할 수 있는 구체적인 계획을 세웠고 한번 시작하면 잘 포기하지 않는 근성으로 제가 원하는 목적지까지 도착 할 수 있었습니다.
> 저의 다음 목적지는 현대파워텍 테크니션의 1인자가 되는 것 입니다.
> 현대파워텍에 없어서는 안 될 네비게이션이 되어 정확하고 효율적인 길안내를 하겠습니다.
> (2017년도 현대파워텍 연구직에 합격한 제자의 1분 PR)

(3) 비전 제시형

위에서 설명한 두 가지 유형 외에도 '비전 제시형'을 들 수 있는데, 필자가 보기에 이것이 가장 바람직한 유형이라 생각한다. '비전제시형'이란 자신이 그 회사에 들어가서 회사 발전의 방향성을 바꾸고 그 방향을 이끌어가는 리더가 되겠다고 밝히는 것이다. 그리고 그런 비전을 이끌어 갈만한 리더로서의 장점을 설명하는 방식이다. 자신이 그러한 깜이 되는 인물이라는 점을 보여주기 위해서 자신이 리더로서 특출난 점을 설명한 다음, 압축된 에피소드를 넣고, 그 다음 직무능력이 뛰어남을 내세우고 그것을 입증할 압축된 경력을 제시하는 것이다. 결국 이러한 유형은 캐릭터적 장점과 직무능력적인 유능성이 하나의 비전을 통해 응집되어 제시되는 방식이다. 하지만 안타깝게도 필자에게 이러한 유형을 보여줄 만한 〈1분 자기PR〉이 없다. 어떤 회사든 새로운 분야에서 주도력을 확보하기 위한 노력을 경주하기 마련이다. 그러기 위해서는 그런 분야를 제시하고 그 분야를 이끌어 갈만한 리더가 반드시 필요하다. 그래서 '비전제시형'은 대단히 각광받을 수 있다. 하지만 그러기 위해서는 회사 사정에 밝아야 하고, 해당 분야에 대한 나름의 식견이 있어야 할 것이다. 따라서 이런 비전 제시형은 신입으로 입사할 지원자보다는 경력직 사원에게 보다 적합한 〈1분 자기PR〉 방식이라고 할 수 있겠다.

지금까지 살펴본 바와 같이 〈1분 자기 PR〉을 잘하기 위해서는 먼저 자신의 〈1분 자기PR〉을 어떤 식으로 설계할 것인가를 고민해야 할 것이다. 그리고 이러한 고민의 1순위는 〈1분 자기 PR〉의 유형을 캐릭터형, 직무능력제시형, 비전제시형 중 어떤 것으로 할 것인가를 대한 고민이어야 한다. 그리고 그러한 결정을 할 때 가장 큰 선택의 기준은 '이 3가지 유형 중 자신의 장점을 가장 효과적으로 드러낼 수 있는 방식이 무엇인가' 하는 점이다. 이 때 캐릭터형은 자신의 장점을 컨셉화하고 그러한 컨셉을 잘 제시할 수 있는 임팩트있는 에피소드를 활용해서 그러한 컨셉을 입증해야 한다. 그리고 직무능력제시형은 필요한 직무능력을 제시하고 자신이 그러한 능력을 갖췄음을 입증하면 된다. 그리고 마지막으로 비전제시형은 해당 기업과 해당분야에 대한 구체적인 지식과 전문성이 바탕이 되어야 한다. 이렇게 기본 방향을 정한 뒤, 그 〈1분 자기PR〉이 다른 지원자들과의 차별성을 부각시킬 수 있도록 모든 노력을 쏟아야 할 것이다.

4장

합격자소서
분석하기

04장 합격자소서 분석하기

목차

1. NCS형 자소서와 일반형 자소서의 차이
2. NCS형 자소서로 작성된 합격자소서 분석
   (1) 한국전력공사(KEPCO)
   (2) 한국전력공사KPS(KPS)
   (3) 한국가스공사(KOGAS)
   (4) 대한송유관공사(DOPCO)
   (5) 한국전기안전공사(KESCO)
   (6) 국도화학
   (7) 한국가스기술공사(Kogas-Tech)
   (8) 한국수자원공사(K-Water)
3. 일반형 자소서로 작성된 합격자소서 분석
   (1) 포스코(POSCO)
   (2) OB맥주
   (3) LG디스플레이
   (4) SK이노베이션
   (5) 현대제철
   (6) 엠코테크놀로지코리아
4. 기타 기업 합격자소서 분석
   (1) 삼성전자
   (2) GS칼텍스
   (3) S-Oil
   (4) 현대중공업
   (5) 현대오일뱅크
   (6) 동우화인캠
5. 다수 기업 동시 합격 자소서의 비밀
   (1) A학생(8개 기업 합격)
   (2) B학생(5개 기업 합격)
   (3) C학생(4개 기업 합격)
* 글을 마치며

합격자소서를 분석하는 이유는 '자소서에서 통과하기 위한 좀 더 확실한 방법을 탐색해보기 위해서'이다. 이런 목적을 위해서 필자는 특정 기업에 합격한 자소서들 속에서 어떤 공통점을 찾아보고자 한다. 분석의 대상이 되는 기업은 합격한 학생의 자소서가 가급적 2개 이상 있는 회사가 될 것이다.[1] 그리고 분석의 기준은 필자가 이 책의 1장과 2장을 통해 설명한 방법으로,

---

[1] 필자가 보유하고 있는 합격자소서 중 사기업 합격자소서는 비교적 많아서 분석대상 합격자소서를 2개 이상으로 정했

그 기준은 크게 2 가지이다. 하나는 인성적 측면, 그리고 다른 하나는 직무 적합적 측면이 그것이다. 하지만 독자가 실제로 합격자소서를 많이 읽어보고 스스로 느끼는 것이 중요하기 때문에 합격자소서를 가급적 원안 그대로 많이 노출하도록 할 것이다. 그러니까 독자는 이 4장을 통해 필자의 분석뿐만 아니라 자신이 관심있는 회사의 합격자소서를 직접 읽어볼 수 있게 될 것이다. 만일 자신이 관심을 갖고 있는 회사가 나오지 않는다 해도 합격자소서 분석을 통해 합격할 수 있는 자소서 쓰는 방법에 대한 통찰을 얻을 수 있을 터이니, 자신이 관심가진 회사만 살펴보는 우를 범하지 않기 바란다.

분석의 방법은
먼저 해당 회사의 홈페이지에서 인재상을 찾아 그 회사의 인재상과 자소서 항목과의 관련성을 따진다.
그 다음에 합격자소서들의 특정 항목을 인성적 내용과 직무적합성이란 기준에서 비교하여 공통점을 추출해내는 방식이다.

01 NCS형 자소서와 일반형 자소서의 차이

NCS는 국가능력표준(National Competency Standards)의 이니셜 모음이다. NCS는 국가가 산업현장에서 직무 수행에 필요한 지식·기술·태도 등을 분석하고 정리한 국가직무능력표준이다. 그러니까 NCS에 따른 인재채용은 국가가 인정하는 기술 표준을 정해놓고, 그 표준에 따라 사람을 뽑겠다는 것이다. 이런 방식의 채용은 2015년부터 본격화되었는데, 정부가 스펙보다 현장에서의 직무수행능력이 우선되는 채용 시스템을 확산시키다는 의지를 보여주는 것이다. 한국은 10여년에 걸쳐 국가직무능력표준(NCS) 797종 개발을 완료했다. NCS를 통해 능력중심 사회로 옮겨 가기 위한 준비를 마친 것이다. 그리고 이 기준에 의해 2015년도에만 130개 공공기관이 선도적으로 국가직무능력표준(NCS)을 전면 적용해 3000여명을 채용했다. 이러한 기술표준은 이제 대학 교육에도 적용되어서 주로 자연계 대학에서 이러한 기술표준에 따라 전공과목 수업이 이뤄지고 있

으나, 공기업 합격자소서가 많지 않아 1개의 합격자소서로 분석한 곳도 몇 군데 된다.

다. 학연과 지연을 탈피해서 철저히 능력위주로 인재를 양성하고 채용하겠다는 것이다. 그리고 2017년 현재 332개 모든 공공기관이 국가직무능력표준(NCS) 기반 채용을 해야 한다. 공공기관이 NCS 중심의 채용을 하는 만큼 이에 맞춰 준비하는 것이 합격 당락의 핵심 요소가 될 전망이다. 모든 공공기관은 서류전형, 필기시험, 면접 등의 채용 전 과정에서 NCS를 활용한다.[2]

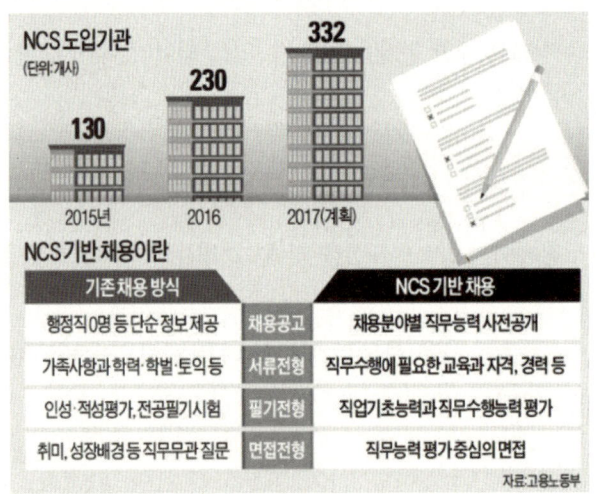

2015년도에 130개 기관이던 것이 2016년에는 230개, 그리고 2017년에는 332개 모든 공공기관이 NCS 기반 채용으로 바뀐다는 것이다. 그렇다면 NCS 기반이라고 할 때 구체적으로 어떤 능력을 기준으로 뽑는다는 것일까?

정부에서 정한 직업기초능력 10가지를 보면 아래 그림과 같다. 즉, 의사소통능력, 수리능력, 문제해결능력, 자기개발능력, 자원관리능력, 대인관계능력, 정보능력, 기술능력, 조직이해능력, 직업윤리 등을 말한다.

---

[2] 한국경제신문 2017. 03. 16 일자 참조

4장 합격자소서 분석하기

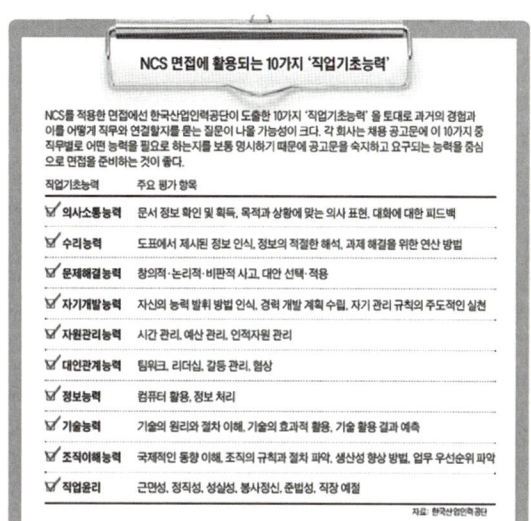

이러한 직업기초능력은 NCS 형 서류전형과 필기시험과 면접에도 그대로 반영된다. 이것을 정리하면 아래와 같다.

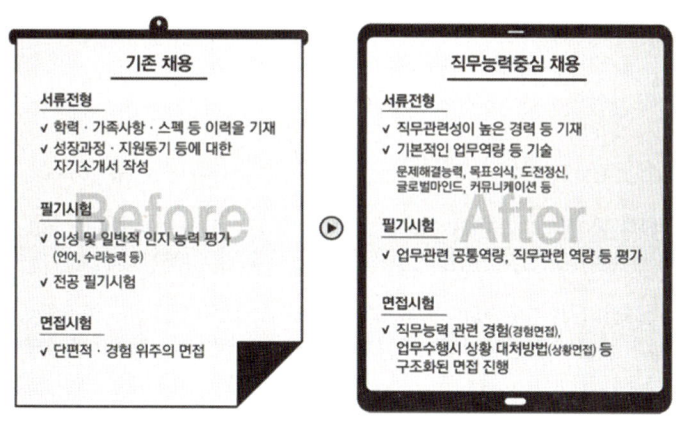

자료: www.ncs.go.kr(국가능력표준 홈페이지)

그런데 이 책의 중심은 자소서에 있으니, 이제부터 NCS형 자소서의 항목이 어떤지 살펴보자.

> 유비무환 퍼펙트 자소서

    NCS형 자소서의 대표적인 곳이라 할 수 있는 한국산업인력공단 자소서의 항목들은 아래와 같다. 먼저 항목들을 쓰고, 그것들을 어떤 식으로 써야할 지에 대해서 써보겠다.

    먼저 한국산업인력공단이 하는 일을 파악하고, 그 조직의 공적 공헌도를 높이기 위해 공단직원으로서 어떻게 봉사해야 하는지에 대해 살핀다. 주지하다시피, 한국산업인력공단은 고용을 위한 능력개발과 능력평가를 주된 업무로 하는 공적기관이다. 그래서 무엇보다도 공공성에 대한 이해와 봉사정신이 중요하기 때문에 고용과 관련된 여러 고객들을(청년, 기업, 근로자, 교육훈련) 이해하고 어떻게 봉사해야 하는지에 대한 이해를 한 상태에서 자소서를 작성해야 한다.
    아래는 한국산업인력공단 자소서 전문인데, 필자가 각 자소서 항목을 쓰는 방식을 필자 나름대로 정리해서 항목 바로 아래에 이탤릭체로 설명해 놓았다.

한국산업인력공단 자소서

조직이해능력(1)
    우리 공단에 입사 지원한 동기 및 입사 후 실천하고자 하는 목표를 다른 사람과 차별화된 본인의 역량과 결부시켜 작성해 주십시오. [200자 이상 300자 이내]

이것은 기존 자소서에서의 지원 동기와 입사 후 목표를 쓰라는 요소와 유사하다. 그러니까 자신의 희망직무를 쓰고 그 직무를 잘 수행할 수 있도록 준비된 사항을 쓰고, 입사 후 10년 계획을 쓰면 된다. 본인의 역량과 결부시키라고 했으니, 그 직무를 수행하는데 자신만의 경쟁력을 보여주면 된다.

조직이해능력(2)
    지금까지 학교생활 및 여러 조직에서 생활해 오면서 조직의 중요성 및 경험을 설명하여 주시고, 또한 우리 공단 조직의 역할이 무엇인지 설명하십시오. [300자 이상 400자 이내]

자소서 스토리 모으기 단원에서 설명한 바와 같이 자신이 지금까지 몸담았던 조직이나 알바 생활 중 조직을 위해 일한 경험을 설명하며, 공단의 역할을 정의하고 그 역할을 수행하기 위해 노력할 바를 적으면 된다.

문제해결능력
    만약 당신의 업무가 회계 담당자 일 때, 계산착오로 비용처리에 문제가 발생하였다면 어떻게 문제를 해결할 것인지 그 방법과 이유를 설명하십시오. [400자 이상 500자 이내]

구체적인 문제를 제시함으로써 문제해결능력을 테스트하고 있다. 이런 문제의 해결을 위해서는 조직의

문제해결 방식과 매뉴얼 등 시스템을 활용하고 그 시스템의 개선의 기회로 삼아야 한다는 점을 강조한다.

구체적인 해결의 예)
　회계담당자로서 문제해결 발생 시 해결의 기본 원칙(철저한 책임의식 하에 조직과 공공의 이익을 조화시키는 원칙)에 따른 문제해결을 위해 분야별 매뉴얼을 작성하고, 문제 발생 시 보고절차, 문제해결을 위해 접촉해야할 관련 담당자들의 영역을 검토한 뒤, 관련담당자 회의를 소집하여 상호 협의적 해결책을 모색해야 한다. 또한 문제해결 시, 해결과정을 정리하여 지식시스템에 등재하고, 해결과정에서 발견된 문제점을 반영하여 매뉴얼을 수정한다. 그 이유는 문제 해결을 위해서는 문제를 공론화해야 더 큰 문제 확산을 막을 수 있고, 관련당사자들의 견해를 종합해야 가장 합리적인 해결책이 나오기 때문이며, 매뉴얼을 수정하는 이유는 추후 문제발생 시 더 빠르고 합리적인 해결책을 마련할 수 있기 때문이다. 또한 문제해결사안별 Best Practice에 등재하는 이유는 담당자가 바뀌어도 문제해결의 실마리를 빨리 마련할 팁을 주기 위함이다.

의사소통능력
　"K라는 직원이 업무관련으로 고객과 대화를 나누고 있다. 그런데 고객은 이해가 되지 않는다고 반문을 했다." 대화 중 무엇이 문제이고 어떻게 하면 해결 할 수 있는지 설명하십시오.[400자 이상 500자 이내]
　먼저 의사소통의 진정한 의미는 상대의 진짜 의도를 알아차리는 것이 중요하다고 생각한다. 상대가 이해가 되지 않는다고 반문을 했다면, 그가 진짜로 이해되지 않는 점이 무엇인지를 파악해야 한다. 상대의 진짜 의도를 알아차리려면 친밀감과 신뢰회복이 전제되어야만 한다. 그렇게 해서 상대가 진짜 의도를 편하게 말하도록 하고 상대의 말을 진지하게 경청한 뒤, 상대의 진짜 의도를 파악한 다음, 상대가 이해할 수 있는 요소들을 꼼꼼히 파악한 다음, 이해하기 쉽도록 쉬운 단계부터 순차적으로 접근하여 이해시킨다.

직업윤리
　직장인으로서의 직업윤리가 왜 중요한지 본인의 가치관을 중심으로 설명하십시오. [300자 이상 400자 이내]
　기업의 직업윤리는 그 직업이 공공의 이익에 부합하는 방식으로 정해져야 한다. 직업자체를 개인이나 조직의 이익에만 국한시키면 그 직업 자체가 가지는 사회적 정당성을 상실하기 때문이다. 이런 점은 특히 공기업의 경우에 더욱 중요하다. 공기업은 기업자체의 이익보다 국민의 이익을 더욱 중시해야 하기 때문이다. 따라서 전문적인 직업인으로서 조직 존재이유인 공적 윤리를 공공성의 측면에서 설명하고, 그것과 조직 자체 윤리가 충돌하지 않고 조화시킬 수 있는 방법을 모색해야한다.

　NCS형 자소서의 하나의 전형인 위 자소서에서 보이는 자소서 항목의 특징을 살펴보면, 모든 항목이 능력을 묻는다는 점이고, 경험을 중시하며, 임기응변적 질문이 5개의 항목 중 2개로 적지 않다는 것이다. 하지만 NCS형 자소서 유형에서 이제 거의 보편화된 경험기술서가 위 한국인력공단의 자소서에는 나타나지 않는다는 점이 아쉽다.

유비무환 퍼펙트 자소서

먼저 일반형 자소서에 비해 가장 눈에 띄는 점은 위 자소서 항목 중 〈문제해결능력〉과 〈의사소통능력〉에서 보여지는 임기응변적 질문3)이다. NCS가 보편화되기 시작한 원년이라 할 수 있는 2015년도에는 이런 방식의 NCS 자소서가 많은 편이었으나 요즘은 그런 질문은 주로 면접 시에 나타나고 자소서에서는 별로 선호되지 않는 방식이 되었다.

NCS형 자소서가 사용되기 시작한 초기에 그러한 임기응변적 질문이 선호된 이유는 그렇게 하면 상황대처능력을 알아볼 수 있을 것이라는 점 때문이었다. 하지만 그런 방식의 자소서에는 큰 허점이 있었다. 만일 자소서가 아니라 면접이었다면 그러한 질문을 통해 응시자의 임기응변 능력이라도 시험해볼 수 있는 기회가 되었을 것이다. 하지만 자소서는 면접처럼 질문에 대해 바로 대답해야 하는 게 아니라 시간을 두고 작성되는 서면 답변인 것이다. 따라서 그런 질문을 통해 정작 알아야만 하는 응시자의 직무수행능력이나 준비상태는 도외시 되었고, 지원자보다 자소서를 더 많이 써본 자소서 기술자들에 의해 대신 써질 수 있는 여지가 컸다. 이렇게 되면 그 사람이 갖고 있는 실제 능력이나 경험에 대한 구체적인 질문보다는 다른 사람에 의해 써지는 자소서 작성 기술만 테스트하는 결과를 가져오게 된다. 자소서는 면접이 실시되기 이전에 어떤 지원자가 가진 가치관이나, 경험에서 나오는 역량을 알 수 있는 방식인데, 그렇게 될 경우, 마치 오픈테스트 하듯 대답 잘하는 기술자들의 잔치가 될 가능성이 많아지기 때문이었다.

그래서 이제 그런 방식은 거의 사라지고, 기존의 일반적 자소서 양식에 경험기술서를 부가한 방식이 현재 가장 많이 사용되는 NCS형 자소서의 보편적 양식이 되어가고 있다. 물론 지원자가 가진 조금 더 구체적인 역량을 알아보기 위해 NCS형 자소서의 질문 방식은 기존의 그것보다 계속해서 보다 구체적으로 되어가는 과정에 있다. 그리고 경험기술서는 때로는 어떤 경험이 있는지만 묻고 대답하는 형식으로, 그리고 어떤 때는 에피소드까지 쓸 수 있도록 긴 형식으로 자소서 주요 부분 말미에 부가되는 경우가 많아졌다.

이제 다음 장에서 최근 대부분의 공기업 자소서에서 보편화된 NCS형 자소서와 그에 대한 답변 방법을 기업별로 하나하나 알아본다.

---

3) 위 자소서의 의사소통능력과 같은 방식의 자소서 항목을 여기서 필자는 임기응변적 질문이라고 정의하고 있다. 이런 질문은 면접 시 질문으로 선호되는 방식이었는데 임기응변능력도 직업기초능력이라 보고 초기 NCS형 자소서에서 많이 등장했었다.

02 NCS형 자소서로 작성된 합격자소서 분석

(1) 한국전력공사(KEPCO)

먼저, 한국전력공사(이후 한전으로 통일)의 홈페이지를 통해 한전의 인재상을 알아본다.

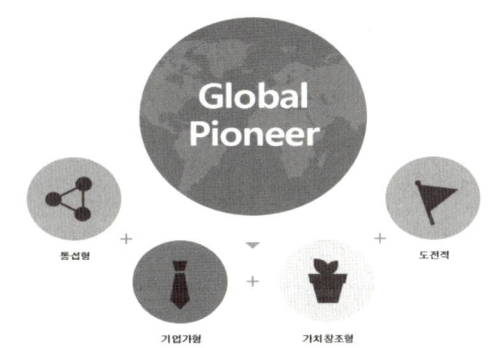

한전은 비즈니스 마인드와 창조정신, 도전정신, 그리고 통섭적 성향을 가진 인재를 선호한다. 그리고 이러한 속성을 가진 인재를 통해 한전을 글로벌한 개척자로 성장시키고자 한다. 하지만 이러한 특성을 모두 가진 사람은 드물 것이다. 그래서 이런 속성들 중 자신에게 맞는 특성을 1~2개 골라서 자소서에서 중점적으로 반영해야 할 것이다. 하지만 한전 자소서의 특정 항목이 이러한 속성을 입증하라고 요구하지는 않는다. 그렇기 때문에 각 항목별로 요구된 특성들에 대해 자신이 가진 경험과 능력을 구체적으로 반영하면 될 것이다.

이제 한전의 자소서로 들어가 보자. 이 글은 2017년도에 합격한 학생의 합격자소서 전문이다. 자소서 항목을 보면 전문성, 성취지향(성), 관계형성, 고객지향 이렇게 4가지를 묻고 있다. 한전의 경우 자소서가 여러 번 바뀌었지만 자소서 항목들은 대동소이하다.

먼저 전문성을 보자. NCS형 자소서가 대부분 그렇듯이 한전자소서에서도 일반 자소서와 가장 다른 특징은 질문이 구체적이라는 것이다. 전문성을 잘 살펴보면, 직무를 명시하고 그 직무

유비무환 퍼펙트 자소서

를 잘 할 수 있는 사람인가를 묻고 있다. 일반 자소서에서의 지원동기와 대단히 흡사하다. 하지만 지원동기를 물어보면 많은 지원자들이 제 각각의 방식으로 질문에 답하기 때문에 이렇게 질문을 분명히 해서 자신이 희망하는 직무에서의 적합성을 구체적으로 묻고 있다.

아래 학생은 이러한 의도를 알아차리고 현명하게 대응하고 있다. 이 학생은 먼저 배전담당 업무를 잘 수행하기 위해서 필요한 전문성이나 인성적 특성을 '고객들에게 불편함 없이 전력공급을 하는 것'이라고 정의하고 있다. 그리고 자신이 거기에 합당한 사람임을 밝히고 있다. 이 학생은 전문적인 지식과 기술을 배우기 위해 전기공사기사 공부를 했다고 얘기한다. 그리고 공사업체에서 실무경험도 쌓았음을 강조하고 있다. 하지만 실무경험이 부족해서 그것을 메우기 위해 노력한 점을 부가적으로 설명하고 있고, 마지막으로 자신의 지식과 기술을 갖고 고객들에게 안정적인 전기 공급에 힘쓰겠다고 강조하며 끝맺는다. 전문적 지식을 갖추었다는 점을 학교 전공공부를 통해 강조했더라면 좀 더 나았을 것이란 생각은 들지만, 전반적으로 주어진 질문을 충족시키며 자신이 가진 콘텐츠를 적절히 활용하여 빈칸을 채워 나가고 있다.

그 다음 성취지향은 자신이 어떤 경험을 갖고 있는지를 묻는다. 이것은 직무적 전문성이 아니라 인성적 특성을 묻는 질문이다. 우리가 위에서 살펴보았던 경험을 묻는 질문과 거의 유사한 방식이다.

그 다음에는 관계형성을 묻고 있는데, 이것 또한 인성적 특성을 묻는 것이며, 조직친화적인 특성을 강조하면 되고 거기에 합당한 에피소드로 마감하면 된다. 이 학생은 이런 점도 거의 FM에 가깝게 답변하고 있다.

그 다음, 마지막으로 고객지향을 묻고 있다. 최근 5-6년간 한전의 자소서가 변화되어왔지만, 이 고객지향이란 항목은 빠진 적이 없다. 고객지향이야 말로 한전이 지속적으로 지향하는 중요한 가치임을 알 수 있다. 지금까지의 한전의 자소서는 고객지향적 서비스를 위한 아이디어를 요구했었다. 그런데 최근에는 그런 방식보다 자신이 얼마나 고객지향적인 사람인지 입증하기를 요구하고 있다. 이 학생은 자신의 고객지향적인 경험을 통해 성과를 올렸던 경험을 얘기하고 있고, 이런 방식으로 입사해서도 고객지향적인 사람으로 한전에서 근무하겠다는 말로 마감하고 있다. 한전이 요구하는 방식에 딱 들어맞는 방식으로 대응했다고 본다.

지금까지 한전의 자소서를 살펴보았다. 이 한전자소서는 이른바 NCS형 자소서이다. 하지만 일반자소서와 무엇이 다른가? 요구하는 바는 사실상 거의 대동소이하다. 다른 점이 있다면 그것은 질문이 보다 구체적이라는 점이다. 그래서 이런 식의 자소서는 오히려 쓰기가 쉽다. 질문에 대한 출제 기업의 의도를 살필 필요가 없기 때문이다. 일반적으로 기업에서 요구하는 자소서들은 아무리 열심히 써도 기업의 의도가 무엇인지를 살펴야만 하기 때문에 더욱 어렵다. 물론 그래서 필자는 일반적으로 기업이 원하는 방식의 자소서에서 필수적인 것들을 앞에서 많이 얘기했다. 하지만 NCS형 자소서는 기업의 해당 자소서 항목이 요구한 것을 명확하게 답하고 거기에 맞는 스토리텔링적 에피소드를 부가해주면 된다. 이제 필자가 위에서 얘기한 것들을 상기하면서 아래 한전자소서를 살펴보기 바란다.

한국전력공사 직무능력기반 지원서 (2017년도 합격자소서 전문)

채용권역		수험번호		성명	

□ **전문성** : 배전담당(갑)의 수행업무와 관련하여 귀하가 받은 학교교육 또는 직업교육 내용을 기술하고 현업에서의 활용방안에 대한 생각을 기술하여 주십시오.

제가 배전담당(갑)의 수행업무에 있어 전문성을 기르기 위해 노력한 것은 전기공사기사 취득과 가공배전 전공 자격증 취득을 말할 수 있습니다. 제가 생각하는 배전담당(갑)의 핵심 책무는 고객들에게 불편함 없이 전력 공급을 하는 것이 가장 중요하다고 생각합니다. 그렇기 때문에 고장이 발생하더라도 신속하게 복구할 수 있는 전문적인 지식과 기술이 필요하다고 생각되어 전문지식을 키우기 위해 전기공사기사 공부를 시작하였습니다. 주간에는 공사업체에서 근무를 하고, 저녁에는 학원에서 강의를 듣거나, 자습을 하는 등 주경야독을 하면서 시험을 준비하였습니다. 그 결과 작년 12월에 전기공사기사를 취득하는 좋은 결과를 내놓았으며, 다음으로 기술적인 부분을 키우기 위해서 가공배전전공 자격증 교육을 받았습니다. 처음에는 제가 실무분야에 경험이 부족하다 보니 남들보다 조금은 뒤처진 부분들이 많았습니다. 그래서 저는 부족한 부분들을 채워나가기 위해서 다른 사람들이 쉴 때 과제하나 더 해보려고 하였으며, 주말에도 시간을 내서 부족한 부분들을 채워나가려고 노력하였습니다. 그 결과 평상시 시간 초과가 되던 과제도 제시간보다 빠르게 해결하였으며, 나아가 가공배전전공 자격증을 취득하게 되었습니다.

이처럼 전기공사기사의 전문적인 지식과 가공배전 전공의 기술을 가지고 고장 개소를 신속하게 수리하여 고객들에게 안정된 전력 공급을 하는데 있어 제 역량을 활용하려고 합니다.

□ **성취지향** : 현재까지 살아오면서 난관을 극복하여 가장 큰 성과를 이루어 낸 경험과 난관을 극복하기 위한 본인의 노력, 그 과정을 겪으며 느낀 바를 기술하여 주십시오.

제가 살아오면서 가장 크게 이루어낸 성과는 자전거 국토종주 완주를 말할 수 있습니다. 16년 7월 7일 저는 친구 2명과 함께 인천 아라서해갑문에서부터 부산 낙동강 하굿둑까지 자전거 국토종주를 시작하였습니다. 첫날과 이튿날은 계획한 코스까지 순조롭게 진행을 하였습니다. 그런데 사흘날부터 예측하지 못한 일들이 벌어지기 시작했습니다. 사흘날 친구 중 한 명이 체력에 한계를 느꼈는지 포기하겠다고 선언을 하고, 엎친 데 덮친 격으로 그 친구의 바퀴가 펑크가 나서 더 이상 못하겠다고 말을 하자 다른 친구도 동요하며 포기하려고 하였습니다. 하지만 저는 목표를 설정하면 그 목표를 이룰 수 있도록 최선을 다하는 성격이어서 친구의 자전거를 고치면서 친구들을 설득하였습니다. 그 결과 저와 친구들은 계획하였던 닷새 만에 633km 자전거 국토종주를 완주하고 인증메달을 받게 되었습니다.

이처럼 제가 국토종주를 하면서 비바람도 맞고, 자전거도 고장 나고, 계획한 곳에 숙소가 없어서 야간 주행을 하는 등 많은 일들을 겪으면서 느낀 것은 앞으로 제가 살아가면서 아무리 힘든 일이 있더라도 포기하지 않고, 인내하면 다 이뤄낼 수 있다는 자신감과 성취감을 느꼈습니다.

☐ **관계형성 : 본인이 경험한 가장 힘들었던 인간관계에 대해 설명하고, 관계를 극복하기 위한 과정과 그 인간관계의 현재 상황을 기술하여 주십시오.**

제가 생각하기에 가장 힘들었던 인간관계로는 군대에서 생활반장(분대장)을 할 때라고 말할 수가 있습니다. 저는 군 생활을 해군에서 하였습니다. 해군은 배에서 생활을 하기 때문에 장교, 부사관, 병이 다 같이 생활을 합니다. 그러다 보니 각 부서의 장들이 존재하며, 그중에서도 제가 병들의 대표인 생활반장 즉, 육군에서의 분대장을 한 경험이 있습니다. 처음에는 생활반장이 돼서 많은 혜택을 받아서 대단히 기분이 좋았습니다. 하지만 이 혜택을 받은 만큼 책임감이 강한 자리라는 것을 느꼈습니다. 제가 생활반장을 하면서 병들의 휴가나 불만사항을 병들의 대표로서 부장님께 건의를 하는 일들이 자주 있었습니다. 처음 생활반장이 돼서 병들의 불만을 많이 건의를 하였고, 이를 수정하려고 부장님께 일방적으로 병들의 주장만 내세우다 보니 제가 부장님의 눈살을 많이 찌푸리게 하였고, 이로 인해 병들은 휴가나 외출 제한을 받았으며, 또한 저와 부장님 사이에도 많은 거리가 생기기도 하였습니다. 그때 저는 생각하였습니다. 무엇이 문제였는지 생각해본 결과 병들의 대표로서만 생각하고 전체적인 배 운영상황을 생각하지 못하였습니다. 그래서 저는 그 일이 있은 이후 병들의 주장을 내세우기도 하였지만, 부장님께 생각을 묻고, 전보다 많은 의사소통을 통해서 의견 조율을 하였습니다. 그 결과 부장님께서도 제가 진행하려는 일들에 대해 긍정적으로 받아주셔서 병들의 복지 개선은 물론, 부장님 덕분에 군 생활 동안 100일 이상의 휴가를 받았으며, 제대하고도 한번씩 연락을 하면서 지내고 있습니다.

☐ **고객지향 : 귀하가 앞으로 입사하여 접하게 될 한전 고객과의 관계에서 배전담당(갑) 직원으로서 가져야 할 가장 중요한 자세는 무엇인지와 그렇게 생각하는 이유에 대해 본인의 경험이나 가치관을 중심으로 기술하여 주십시오.**

제가 생각하는 배전담당(갑)이 가져야 할 중요한 자세는 어떠한 문제가 발생하더라도 해결할 수 있도록 자신을 개발하고, 더 나은 방법을 탐구하는 자세가 배전담당(갑)이 가져야 할 중요한 자세라고 생각합니다. 그 이유는 저는 군대 입대 전에 광주 한국전기학원에서 전기기능사 실기 보조강사로 학생들을 가르쳐본 경험이 있습니다. 저는 첫 수업시간에 보조라는 생각으로 수업 준비를 소홀히 한 상태로 수업을 들어갔습니다. 그렇게 준비하고 들어간 날 어떠한 학생이 저에게 질문을 하였고, 저는 그 질문에 두루뭉술한 답을 주고 말았습니다. 이때 저는 정확한 답을 주지 못한 제가 너무나 부끄럽고 창피한 생각이 들었습니다. 그래서 저는 그날 이후 학생들에게 더 많은 것을 가르쳐주기 위해서 하루하루 꾸준히 공부를 하였고, 어떻게 하면 더 쉽게 설명을 할 수 있을까라는 고민을 많이 하였습니다. 그 결과 30명의 학생들 중 29명이 합격하는 좋은 결과를 내보였습니다.

　이처럼 자신을 개발해 나아가야지만 고객들에게 어떠한 문제가 생기더라도 해결할 수 있다고 저는 생각합니다. 또한 일신우일신이라고 '날이 갈수록 새로워 짐'이라는 뜻처럼 하루하루 자신을 개발하고, 더 나은 방법을 고민하며 탐구하는 자세가 배전담당(갑)이 가져야 할 가장 중요한 자세라고 생각합니다.
(2017년도 한국전력에 합격한 제자의 자소서 전문임)

　한전의 자소서의 외양은 NCS유형의 전형적인 형태를 가진 것처럼 보이지만, 기존의 전통적인 자소서 양식과 큰 차이를 보이지 않는다. 기존 양식과 조금 다른 점이 있다면 질문 방법이 좀 더 구체적이라는 점, 정도이다. 이런 점에서 볼 때, 한전지원자가 한전자소서를 작성하는데 큰 어려움은 없는 것 같다.

(2) 한국전력공사KPS(KPS)

한전 KPS의 인재상

변화와 혁신
도전과 성장
신뢰와 화합

지속적인 혁신으로 세계무대에서도 뒤지지 않고 앞서 나가는 경쟁력을 확보한다.
고객의 관점에서 미리 생각하고 고객의 니즈를 충족시킨다.
끊임없는 학습과 기술연마로 플랜트서비스 분야 최고의 전문성을 확보한다.

NCS 기반 입사지원서 작성
　- 인적사항 : 직무와 무관한 인적사항은 최소화
　- 자격사항 : 직무수행에 관련된 자격사항을 평가
　- 교육사항 : 직무와 연관된 교육사항 기재

직무과제

정비계획 수립 및 시행에 관한 치밀성
타 관련부서와의 협조적 자세

유비무환 퍼펙트 자소서

선진 신기술 벤치마킹 및 설비개선 노력
발전설비 엔지니어로서의 책임감
안전수칙 준수

정비 품질 확보를 위한 노력
안전수칙 준수
인적오류를 예방하려는 노력
타 부서와 협력하려는 노력
선진기술 벤치마킹 및 설비개선 노력

개방적이고 적극적인 의사소통능력
유연함과 도전적인 태도
해외사업장에 대한 높은 적응력
해외시장의 정확한 분석 및 판단력

한국전력공사KPS(이후 '한전KPS')의 인재상은 변화와 혁신, 도전과 성장, 신뢰와 화합이고 거기에 고객가치를 강조하고 있다. 하지만 자소서 항목에 구체적으로 이러한 인재상을 반영한 흔적은 별로 보이지 않는다. 다만 자소서를 쓸 때, 이러한 인재상을 참조하여 자신이 그러한 인재상에 잘 맞는 사람이라는 것을 강조해주면 된다.

이제 한전의 자회사인 한전KPS의 NCS형 자소서를 살펴보자. 필자가 소지한 제자들의 한전KPS에 합격자소서는 총 5개인데, 2016년도 자소서가 2개, 그리고 2017년도 자소서가 3개이다. 그런데 2017년도에 자소서 양식에 변화가 있으므로 2017년도 합격자소서를 중심으로 살펴볼 것이다. 먼저 2017년도 한전KPS 자소서 전문을 살펴보려고 한다. 그런 다음 분석 기준에 따라 개별적 요소들을 다시 살펴볼 것이다. 먼저 2017년도 합격자소서를 통해 한전 KPS의 자소서 전체 항목을 살펴보자.

1번 항목은 난관 속에서도 일관되게 업무를 수행한 경험을 묻고 있다. 2번은 협업 경험을 묻고 있다. 3번은 신뢰형성 경험을 묻고 있다. 1~3번까지 공통적으로 조직 친화적인 지원자 인성의 특성을 묻고 있는 것이다. 이렇게 인성적 경험에만 치우친 것 같으니 다음에는 직무에 세이라고 해서 직무적 전문성이나 적합성을 묻고 있다. 이런 방식은 최근 NCS에서 가장 일반적인 하나의 패턴이라고 볼 수 있다.

1번 항목을 보면, 어려움을 있음에도 끝까지 포기하지 않고 업무를 수행한 경험을 묻고 있다. 이런 경우, 만일 한전KPS에서의 업무와 유사한 경험을 수행한 적이 있다면 가장 좋겠지만 이것은 업무적 전문성이 아니라 인성을 묻는 질문이기 때문에 현장체험이라면 무엇이든 좋고, 그것이 없다면 아르바이트 체험이라도 상관없다. 중요한 것은 난관을 이기고 일을 끝까지 마무리하는 사람인지를 보여주는 것이다. 물론 스토리텔링적 에피소드의 기본 3단계인 난관적 상황-적극적 대처 과정(아주 구체적으로) – 교훈(조직 친화적으로)이 잘 드러나는 방식으로 엮어 가면 될 것이다. 이 학생은 에어컨 설치를 하러 가서 코어드릴을 이용하여 벽을 뚫으려고 하자 과열로 인해 고장이 난 상황에서 어려움을 무릅쓰고 코어드릴을 분해해서 작업을 성공리에 마쳤다는 스토리를 아주 구체적이면서 이해하기 쉽게 설명하고, 그 경험을 통해 어려운 때일수록 도전이 중요하다는 교훈을 강조하고 있다. 이처럼 자신의 에피소드를 항목에 맞게 스토리텔링적으로 적절히 활용하면 누구나 좋은 자소서를 쓸 수 있음을 우리는 확인할 수 있다. 또한 아래 자소서에는 제한 글자수가 나오는데 이 학생은 자신이 쓴 자소서의 글자수를 표시하고 있으니 참고하기 바란다. 물론 그런 표시를 제출된 자소서에 표시해서는 안 된다. 그것도 글자수에 포함되기 때문이다.

한전 KPS 자소서

1. 어떤 어려운 상황에서도 주어진 업무에 대해 끝까지 수행한 경험에 대해 구체적으로 기술해주시기 바랍니다. (600 자)
   - 본인이 수행한 업무가 무엇이며 왜 그러한 업무를 맡게 되었습니까?
   - 포기하지 않고 업무를 수행한 이유와 그 결과에 대해 기술해 주시기 바랍니다.

〈자신감이라는 新동력으로 나를 회전시키다〉

　삼성 설치 업자 보조로 에어컨 설치 및 수리를 3개월간 한 적이 있습니다. 필요한 공구를 준비하거나 에어컨 제품을 나르는 것부터 벽을 뚫고 배관을 하는 작업까지 하였습니다. 날씨가 더워질수록 설치해야하는 물량이 증가하여 두 명이서 작업하였던 것을 각각 따로 작업해야하는 상황이 있었습니다. 그동안 열심히 배워서 충분히 혼자 할 수 있을 것만 같았지만 마지막으로 설치하는 곳에서 어려움을 겪었습니다. 벽을 뚫기 위해서 코어 드릴을 사용하였는데 많은 작업량 때문에 과열이 되어 고장이 났습니다. 날은 점점 어두워져가고 야외작업이었기에 빨리 끝내야만 했습니다. 그때부터 흐르는 땀을 닦으며 무작정 드릴을 분해하여 보았습니다. 기한이 없는 일이었기에 괴롭고 포기하고 싶었지만 처음 혼자서 맡은 일이었던 만큼 꼭 완료하고 싶었고 무엇보다도 저의 자신감을 믿었습니다. 다행히 모터 연결부에 전선이 단선이 된 것을 확인하였고 임시방편으로 전선을 테이핑 하여 작업을 재개할 수 있었습니다. 이 경험을 계기로 어려움에 처했을

때 먼저 스스로 도전해 보아야 한다는 것을 배웠습니다. [565자]

2. 스터디 그룹, 학과, 동아리, 회사부서와 같은 조직 내에서 팀원과 공동의 목표를 달성하기 위해 협력했던 경험에 대해 기술해 주시기 바랍니다. (600자)
   - 본인이 수행한 업무가 무엇이며 왜 그러한 업무를 맡게 되었습니까?
   - 사람들과 함께 일을 처리해나가면서 그 사람들과의 긍정적 관계 구축을 위해 추가적으로 기울인 노력과 결과에 대해 기술해 주시기 바랍니다.

〈유연한 태도로 팀원들의 자발적인 협력을 이끌어내다〉
메트로폴리스 밴드동아리에서 드럼파트와 팀장을 맡아 학교 축제 공연에 나간 적이 있습니다. 처음에는 각자의 성향이 달라서 합주곡이 제대로 정해지지도 않고 학기 초라서 그런지 팀원들이 각자의 일정 때문에 연습시간에 빠지거나 회의에 안 나오기 일쑤였습니다. 공연에 나가기 위해서는 한곡을 학기 내내 연습하여야 하는데 이대로는 과연 공연에 나갈 수 있을지 의문이 들었습니다. 그래서 직접 팀원들을 만나서 하고 싶은 곡은 무엇인지, 또 학교 시간표와 언제 연습이 가능한지를 알아보고 투표로 곡을 정하여 연습 일정표를 작성하였습니다. 그리고 연습 유무표도 만들어 동아리실 게시판에 부착하여 출석체크를 하고 연주 영상을 팀원들에게 전송하여 인증하는 형식으로 참여하도록 하였습니다. 서로가 잘하는 영상을 보여주기 위해 게을리 하는 팀원이 없었고, 그 결과 곡의 완성도를 높일 수 있었습니다. 아쉽게도 입상은 하지 못하였지만 오합지졸이었던 우리 팀이 공연까지 이루었다는 것에 소통의 중요성을 알 수 있는 계기가 되었습니다. 이러한 경험을 발판으로 저는 한전KPS에서 끊임없이 소통을 하며 일원들과의 조화를 이루겠습니다. [593자]

3. 약속과 원칙을 지켜 신뢰를 형성하거나 지킨 경험에 대해 구체적으로 기술해 주시기 바랍니다.
   - 당시 상황에 대해 구체적으로 기술하여 주시기 바랍니다. 600자
   - 약속과 원칙을 지키기 위해 어떤 노력을 하였으며 그 이유는 무엇입니까?
   - 그 일을 계기로 본인에게 생긴 변화 또는 느낀 점은 무엇입니까?

〈내가 만든 피자 30판의 가치〉
20살 때 미스터피자에서 일하는 시간동안 고객에 대한 정성이 결코 손해가 아니라 저의 발전에 기여하는 것임을 배웠습니다. 많은 배달주문 때문에 눈 코 뜰 새 없이 바쁜 시간에 갑작스런 단체손님으로 인해 단시간에 피자30판을 만들어야 했던 적이 있습니다. 그럼에도 불구하고 많은 주문의 어느 것 하나 대충 만들지 않고 재료를 하나하나 확인하며 정성을 들여 만들었고 테이블에 나가기 전까지 확인하였었습니다. 이전에 저는 단순히 아르바이트 시간을 때우기 위해 피자를 대충 만들어 여러 번의 COMPLAIN을 받았었습니다. 하지만 그 후에 제가 고객의 입장이라면 어떤 서비스를 받고 싶은지, 또 만족스럽지 못 했을 때 어떻게 행동할지에 대해서 생각하며 깊이 반성하였습니다. 그리하여 엄선한 재료만으로 만들어 최고의 맛을 고객에게 드린다는 약속이라 생각하며 피자30판을 만들었습니다. 저의 노력은 더 이상의 COMPLAIN을 받지 않게 해주었고 사장님께서는 시급인상을 해주셨습니다. 저의 첫 아르바이트 임에도 불구하고 올바른 직업관을 갖게 해준 인상 깊은 아르바이트이었습니다. [560자]

직무에세이

1. 한전KPS에 지원한 동기(관심을 가지게 된 계기, 시기 등)와 본인이 가지고 있는 직무관련 역량 또는 경험을 상세하게 기술해주시기 바랍니다. (500자)

〈한전KPS에서 IOT기반 인공지능 기계를 도입하다〉

학부 1학년 때 한전KPS에 대한 기업조사를 하여 발표한 적이 있습니다. 프레젠테이션 활용능력을 키우고 학우들의 다양한 진로 방향을 위해 질 높은 정보를 제공하는 것이 목표였습니다. 제가 조사하는 기업의 기준은 꾸준한 실적개선과 해외 성장성이 부각 되어 4차 산업에도 뒤처지지 않는 기업이었습니다. 한전 KPS는 발전소 정비 및 성능개선, 송배전망 투자 확대 등으로 조건에 부합하는 우리나라 굴지의 공기업입니다. 그곳에 어떻게 하면 조금이라도 실무에 관련된 지식을 습득할 수 있을지 고민하다가 기계정비산업기사 실기를 준비하면서 소음측정과 진동분석을 통해 Unblance와 Misalignment에 대해서 배우게 되었습니다. 직접 장비를 사용하여 문제를 해결할 때 이 분야에서 최고가 되고 싶다는 욕구를 가지게 되었습니다. 항상 배우는 자세로 맡은 직무에 적극적으로 임하여 플랜트 설비의 최고라는 영예를 한전KPS에서 누리고 싶습니다. [495자]

2. 1번의 사항을 바탕으로 한전KPS에서 수행하고 싶은 직무에 대하여 기술해주시기 바랍니다(500자).

〈발효되지 않은 막걸리는 쌀뜨물에 불과하다〉

보일러, 터빈, 펌프, 밸브 등 어느 것 하나 중요 않은 설비가 없지만 발전기를 정비하는 직무를 맡고 싶습니다. 매 년 증가하는 필요전기량으로 인해 비상전력설비의 수가 많아지고 있습니다. 또한 발전기는 전기의 필요량과 환경에 의해 외형과 기술이 달라지기 때문에 체계적인 지식과 경험이 없다면 정비결함이 발생할 수 있습니다. 이러한 결함은 전문성을 위해 배우려는 마음가짐으로 예방 될 수 있을 것 입니다. 저는 학부 수업인 공유압 시간에 저만의 노하우로 30분 동안 학우들 앞에서 강의한 적이 있습니다. 공유압을 처음 배울 때에는 제가 더딘 것처럼 보였지만 하나하나 제대로 알고 넘어감으로써 온전히 저의 것으로 만들 수 있었습니다. 이러한 저의 지식 습득력을 기반으로 저는 설비에 대한 이해도와 정비능력을 키워 고장이 없는 설비를 이루는데 공헌하여 고객에게 최고의 만족을 안겨드릴 수 있습니다. [470자]

3. 한전KPS의 중장기 전략경영계획(비전2025)를 참고하여 본인의 향후 역량개발계획을 상세하게 기술해주시기 바랍니다.
(참고주소: http://www.kps.co.kr/about/about_02.do)(1000자)

〈세계 최고에 속하기 위해 최상의 노력을 하라〉

현재 전 세계적으로 4차 산업혁명의 바람이 불고 있습니다. 이미 독일에서는 IOT를 기반으로 하는 장치부터 스마트 팩토리 까지 조금씩 상용화 되고 있습니다. 한전KPS는 전력의 안정적인 공급을 하기 위해 발전설비의 성능 향상과 가동률 제고를 위한 많은 특허 및 기술력을 확보하고 있습니다. 하지만 발전하지 않는 엔지니어와의 설비는 낙오될 수밖에 없습니다.

혁신을 위한 저의 목표는 제가 맡은 직무에서 사용하는 모든 기술을 입사 3년 내로 완벽하게 습득하는 것입니다. 자신의 직무에서 사용하는 기술을 익히는 것은 엔지니어의 첫 걸음 입니다.

　단지 기술의 사용으로만 만족한다면 최고의 엔지니어가 되기는 어려울 것입니다. 입사 5년 내로는 반드시 한 개의 정비기술의 특허를 받는 것에 공헌하겠습니다. 새로운 기술을 만드는 것도 엔지니어의 자세입니다. 연구직이 아니더라도 직접 현장에서 온몸으로 느끼는 엔지니어가 그 주체일 수도 있다고 생각합니다. 업무에 대한 지속적인 피드백과 세미나 참석 등으로 연구개발 프로세스에 동참하는 인재가 되겠습니다.

　아시아가 소비전력 1위 인 만큼 한전KPS는 UAE를 비롯하여 여러 나라와 MOU를 체결하여 관계를 이끌어 가고 있습니다. 이 후로도 타 국가와의 협력은 계속 늘어날 것이기 때문에 입사 10년 내로 세계적인 무대에서 활약하고 해외파견을 대비하기 위해 향후 10년 동안 중국어, 일본어, 인도어를 관련된 직무에 지장이 없도록 역량을 끌어 올리겠습니다.

　마지막으로 항상 변화하는 환경에서 능력을 발휘하기 위해서는 하나의 직무에서만 머무르면 안 될 것입니다. 입사20년 내에는 맡은 직무의 능숙한 엔지니어보다는 모든 부서와 유기적으로 소통하여 다른 직무에도 능숙하여 하나의 공동체로 인식하는 최고의 엔지니어가 되는 꿈을 한전KPS에서 이루겠습니다. [917자]

　2번도 자소서가 요구한 순서에 따라 거기에 맞는 자신의 스토리를 스토리텔링적 3단계 기술 방식으로 진술하면 된다. 업무가 무엇이며 그것을 맡은 이유, 일을 처리해가면서 여러 사람의 협력을 이끌어내어 협업한 경험을 쓰라는 것이다. 이처럼 대단히 구체적으로 쓰는 순서까지 지정되어있기 때문에 그 순서를 어기지 않고 자신의 경험을 기술하면 되는 것이다. 이 학생은 학교 축제 때 밴드동아리에서 드럼파트와 팀장을 맡아 그 업무 수행을 위해 단원들의 협력을 이끌어내기 위한 방법을 정하고 그것을 이행하는 과정에서 팀원들이 자신의 노력에 부응하는 과정을 상세히 묘사함으로써 항목이 요구하는 협업 경험을 효과적으로 진술하고 있다. 그 결과, 팀원들이 비협조적이었던 난관을 이겨내고 축제 때 완성도 높은 공연을 이끌어낸 것을 이해하기 쉽도록 진술하고 있다.

　3번은 원칙을 지켜 고객의 신뢰를 얻은 사건을 묘사하고 있다. 그런데 소제목이 대단히 인상적이며 기술된 내용을 적절하게 표현하고 있다. 〈내가 만든 피자 30판의 가치〉, 이 소제목만 보아도 글을 읽고 싶은 생각이 들게 만들고, 읽고 나면 피자30판을 잘 만들어서 고객만족을 시켰다는 점을 잘 이해하게 된다.

　그 다음에는 인성적 특성을 보충하기 위한 직무적 전문성을 입증해야 하는 직무에세이다. 첫 번째 질문은 한전KPS에 지원한 동기(관심을 가지게 된 계기, 시기 등)와 본인이 가지고 있는 직무관련 역량 또는 경험을 요구하고 있다. 이것은 첫째로 회사지원동기(직무지원동기가 아니다)를 구체적으로 진술할 것을 요구하고 있다. 이것은 단순히 회사의 자랑만 하는 감성적 접근이 아니라, 대단히 구체적으로 한전KPS라는 회사를 지원하게 된 구체적 모티베이션과정을 설명하라는 것이다. 그런 다음, 직무관련 역량이나 경험을 요구하고 있다. 하지만 그 아래에 바로 직무수행능력을 다시 요구하고 있으므로 1번에서는 직무관련 경험 위주로 진술하고, 2번에서 자신이 그 직무를 수행하기에 자신이 잘 준비된 사람이라는 점을 입증해야 한다. 여기에는 물론 직무에서의 전문성을 입증할 3박자(지식, 자격증, 직무경험)를 잘 갖춰서 쓰면 가장 좋을 것이다.

직무에세이 3번에서는 한전KPS의 중장기 전략경영계획(비전2025)을 참고하여 본인의 향후 역량개발계획을 제시하라는 것이다. 이것은 회사발전 방향을 미리 얘기해주었으니, 지원자는 이러한 발전방향을 위해 어떤 기여를 할 것인지를 연차별 계획을 통해 밝히라는 것이다. 이것은 지원동기 및 포부와 유사한 항목이라고 할 수 있다. 이 학생은 회사의 발전을 위해 끊임없는 자기혁신을 통해 회사발전의 힘으로 작용하기 위한 20년 계획을 아주 구체적으로 상술하고 있다.

지금까지 한전과 한전 KPS 자소서를 살펴본 결과 NCS형 자소서는 질문이 보다 구체적이고 직무능력을 입증하는데 주력하고 있음을 알 수 있다. 하지만 일반자소서와 큰 차이가 없다는 것을 동시에 알 수 있다.

이제 한전KPS의 합격자소서들을 인성과 직무적합성이란 측면에서 보다 구체적으로 살펴보기로 한다. 2017년도부터 자소서 양식에 변화가 있었기 때문에 2017년도에 합격한 3명의 합격자소서 중 해당 부분을 올리니 그 점을 중심으로 살펴보기 바란다.

직무적합성과 관련해서 가장 중요한 항목은 직무에세이 2번이다. 그것은 '한전KPS에서 수행하고 싶은 직무에 대하여 기술하라'는 내용이다. 1번 글은 공유압에 대한 자신의 차별성을 강조하고 있고, 2번 글은 비파괴검사에서의 전문성을 강조하고 있으며, 3번 글은 설비보전에서의 전문성과 비전을 강조하고 있다. 1차 서류검사에서의 자소서 심사는 주로 직무적합성을 보기 때문에 자신이 특정분야에서 가진 전문성을 강조하는 것이 기업 입장에서는 눈여겨볼만한 대목인 것이다.

(1번 글)

〈발효되지 않은 막걸리는 쌀뜨물에 불과하다〉

보일러, 터빈, 펌프, 밸브 등 어느 것 하나 중요 않은 설비가 없지만 발전기를 정비하는 직무를 맡고 싶습니다. 매 년 증가하는 필요전기량으로 인해 비상전력설비의 수가 많아지고 있습니다. 또한 발전기는 전기의 필요량과 환경에 의해 외형과 기술이 달라지기 때문에 체계적인 지식과 경험이 없다면 정비결함이 발생할 수 있습니다. 이러한 결함은 전문성을 위해 배우려는 마음가짐으로 예방 될 수 있을 것 입니다. 저는 학부 수업인 공유압 시간에 저만의 노하우로 30분 동안 학우들 앞에서 강의한 적이 있습니다. 공유압을 처음 배울 때에는 제가 더딘 것처럼 보였지만 하나하나 제대로 알고 넘어감으로써 온전히 저의 것으로 만들 수 있었습니다. 이러한 저의 지식 습득력을 기반으로 저는 설비에 대한 이해도와 정비능력을 키워 고장이 없는 설비를 이루는데 공헌하여 고객에게 최고의 만족을 안겨드릴 수 있습니다.

(2017년도 한전KPS에 합격한 제자 1)

(2번 글)

저희 대학교는 용접이 끝난 후 항상 비파괴 검사를 했는데, 저는 교수님에게 비파괴 검사와 굽힘 검사를 개인적으로 배우고 싶어 조수를 자원했습니다. 그리하여 실습이 끝난 후, 다른 학생들의 실습 작품을 제가 비파괴 검사를 했던 경험이 있습니다. 이 실습이 용접 산업기사 취득에도 도움이 되었고, 비파괴 검사 자격증을 준비하는데 큰 계기가 되었습니다. 또한, KPS에는 외부업체에 비파괴 검사를 맡기는 걸로 알고 있습니다. 그러나 저의 경험과 자격증을 통해 자체적인 검사가 가능하고, 낭비되는 비용을 절감할 수 있는 장점이 있습니다. 또한 한국 산업인력공단에서 주최하는 용접 산업기사 조교에 지원하여 용접을 할 시 필요한 안전 지식과 주의사항에 박식하여 직무 분야에 안전성과 신뢰성을 높일 수 있습니다. 추가적으로 이미 취득한 설비보전 기능사와 추후 취득하고자 하는 기계정비 산업기사를 통해 예방보전을 실시하여 고장 로스를 줄이고 이미 실행된 기계 고장에는 사후보전을 통해 해결할 능력이 있습니다.

(2017년도 한전KPS에 합격한 제자 2)

(3번 글)

〈한 걸음씩 밟아온 설비보전 전문가의 길〉

저는 한전KPS의 기계분야 설비보전 전문가가 되는 꿈을 이루고 싶어서 지원하게 되었습니다. 발전설비의 이상발생은 모든 산업의 핵심요소인 전력의 원활하지 못한 공급으로 이어져 국가경제의 심각한 타격을 준다고 생각합니다. 그렇기 때문에 최적의 설비상태를 유지해야 하고 철저한 점검관리 능력과 이에 따른 기계, 전기, 전자 분야의 종합적이고 전문적인 기술이 요구되고 있습니다. 그래서 저는 광주폴리텍대학에서 관련 기술을 공부하였고, 많은 실습으로 실무에 적극적인 대비를 하였습니다. 그리고 공유압기능사, 기계정비산업기사 등의 자격증을 취득하여 직무능력을 키우기 위해 많은 노력을 기울였습니다. 제가 한전KPS에 입사하게 된다면 한전KPS의 미래를 짊어질 인재가 되어 철저한 설비점검과 진단으로 설비 가동시간을 극대화하고, 계획적인 저비용고효율의 설비관리 뿐만 아니라, 설비상태를 최적화하여 발전설비의 안정적 가동에 기여하여 고품질 책임정비를 수행하겠습니다.

(2017년도 한전KPS에 합격한 제자 3)

다음으로는 2017년도 합격자소서 중 인성관련 부분을 한데 모아서 어떤 공통점이 있는지 살펴보기로 한다. 인성관련 부분 중 1번은 어려운 상황에서의 대처능력을 묻고 있다. 1번 글은 위에서도 언급했듯이 어려운 상황에서도 과감한 방법을 사용해서 위기를 돌파하는 뚝심을 보여주고 있다. 2번 글은 대학에서 주최하는 리더십캠프의 의미를 살리기 위해 용기를 내어 자신의 생각을 얘기함으로써 생산적인 캠프로 이끌었다는 얘기다. 이것은 조직의 생산성이나 효율성이 문제가 생겼을 때 용기가 필요함을 강조한 사례다. 그런데 여기서 용기를 내게 된 동기가 어려운 상황이었음을 좀 더 부각시켰다면 이 학생의 용기가 더 큰 의미로 부각되었을 것이다. 3번 글은 팀프로젝트를 수행하는 과정에서 위기를 잘 설명하고 있다. 그러면서 그 위기를 극복한 과정이 상세히 설명되어있다. 그리고 소제목 자체가 자신이 주장하는 내용을 잘 표현하고 있다.

1. 어떤 어려운 상황에서도 주어진 업무에 대해 끝까지 수행한 경험에 대해 구체적으로 기술해주시기 바랍니다.
   - 본인이 수행한 업무가 무엇이며 왜 그러한 업무를 맡게 되었습니까?
   - 포기하지 않고 업무를 수행한 이유와 그 결과에 대해 기술해 주시기 바랍니다.

(1번 글)

〈자신감이라는 新동력으로 나를 회전시키다〉

삼성 설치 업자 보조로 에어컨 설치 및 수리를 3개월간 한 적이 있습니다. 필요한 공구를 준비하거나 에어컨 제품을 나르는 것부터 벽을 뚫고 배관을 하는 작업까지 하였습니다. 날씨가 더워질수록 설치해야하는 물량이 증가하여 두 명이서 작업하였던 것을 각각 따로 작업해야하는 상황이 있었습니다. 그동안 열심히 배워서 충분히 혼자 할 수 있을 것만 같았지만 마지막으로 설치하는 곳에서 어려움을 겪었습니다. 벽을 뚫기 위해서 코어 드릴을 사용하였는데 많은 작업량 때문에 과열이 되어 고장이 났습니다. 날은 점점 어두워져가고 야외작업이었기에 빨리 끝내야만 했습니다. 그때부터 흐르는 땀을 닦으며 무작정 드릴을 분해하여 보았습니다. 기한이 없는 일이었기에 괴롭고 포기하고 싶었지만 처음 혼자서 맡은 일이었던 만큼 꼭 완료하고 싶었고 무엇보다도 저의 자신감을 믿었습니다. 다행히 모터 연결부에 전선이 단선이 된 것을 확인하였고 임시방편으로 전선을 테이핑 하여 작업을 재개할 수 있었습니다. 이 경험을 계기로 어려움에 처했을 때 먼저 스스로 도전해 보아야 한다는 것을 배웠습니다. [565자]

(2017년도 한전KPS에 합격한 제자 1)

(2번 글)

대학교 1학년, 대학에서 주최하는 리더십 교육 캠프에 참가했습니다.
캠프 첫날, 자신의 고민과 장단점, 목표를 소개하는 시간이 있었습니다. 저는 이 캠프에 자신을 돌아보고 서로에게 상호 보완적인 관계를 형성하는데 도움을 주는 활동이라 생각 했습니다. 그리하여 저는 동생들의 자발적 참여와 함께 의미 있는 시간을 같이 보내고 싶었습니다. 하지만 대학에 환상이 있고 놀고 싶은 마음이 많은 나이 어린 동생들은 철없이 시간을 낭비하여 첫째 날은 별 성과도 없이 그저 그런 날이 됐습니다. 저는 너무 저조한 참여율 때문에 약간의 고민을 하고 있었습니다. 둘째 날, 어둠속에서 자신의 상처를 소개하는 시간이 되었습니다. 이 역시 동생들은 오글거린다는 이유로 하는 사람이 없었으나, 저는 손을 들고 속마음을 먼저 꺼냈습니다. 처음에는 약간의 웅성거림이 느껴졌으나 점차 분위기가 진지해지고 서로 깊은 생각을 나누다보니 발표를 꺼리던 형, 동생들도 참여했습니다. 노는 분위기였던 리더십 캠프가 한층 뜻 깊은 시간이 되었습니다. 초반엔 불만이 많은 학생이 많았지만 저의 작은 참여로 캠프 교수님들과 학생들이 서로에게 감사 하며 마지막 수업까지 기억에 남는 돈독한 시간이 되었습니다.

(2017년도 한전KPS에 합격한 제자 2)

(3번 글)

〈위기는 위대한 기회의 줄임말〉

저희 학과는 2년 동안 작품을 만드는 "팀 프로젝트"라는 과정이 있습니다. 저는 프로젝트 팀의 팀장이었습니다. 저희 팀원 중 기능대회 수상자가 있었기 때문에, 저희 팀은 능력 있는 팀원을 중심으로 프로젝트를 추진했습니다. 하지만 그 팀원의 군 입대로 결원이 발생하였고, 또 다른 팀원은 사고로 입원을 하게 되었습니다. 결국 손이 모자라 팀원들은 많은 부담을 느끼고 뭘 해야 할지 모르는 혼란스러운 상황이 되었습니다. 저는 팀장으로써 위기를 극복해야 했습니다. 먼저 추진계획서를 만들어 구체적으로 계획을 세우고, 각 팀원별로 가장 잘할 수 있는 분야를 파악하고 분업하여 업무가 원활하게 수행하도록 하였습니다. 그리고 다른 팀보다 늦은 진행도를 극복하기 위해 수업 이후에도 학교에 남아 작품을 제작하였습니다. 노력하는 저의 모습을 보고 결국 팀원들 모두 열심히 참여하게 되었습니다. 위기상황에도 프로젝트를 끝까지 추진한 결과 기간 내에 완성도 높은 작품을 만들 수 있었고, 중간평가 때 좋은 평가를 얻게 되었습니다. 이 계기를 통해 저는 위기의 시간을 근성의 힘으로 이겨냈기 때문에 할 수 있다는 긍정적 정신과 포기하지 않는 근성이 생겼습니다.

(2017년도 한전KPS에 합격한 제자 3)

그리고 2번은 협업마인드와 능력을 묻고 있다. 세 학생의 글 중 두 명이 소제목을 달고 있는데, 이 소제목 자체가 자신의 협업 경험을 잘 설명해주고 있다. 1번 글의 경우 위기적 상황이 잘 설명되어있고 그에 대응하여 협력을 이끌어내는 과정 또한 잘 설명되어있다. 2번 글의 경우 프로젝트 수행 중 당한 어려움이 잘 설명되어있고, 이러한 위기를 극복하기 위해 적극적인 노력을 경주해서 팀프로젝트를 성공적으로 이끌어낸 상황이 잘 설명되어있다. 3번 글의 경우 위기가 잘 설명되어 있고, 그런 위기를 리더십을 통해 극복하는 과정 또한 잘 설명되어있다. 그런데 여기서 좀 더 욕심을 부리자면, 팀원의 협력을 이끌어내기 위해 노력한 사항이 좀 더 상술되었으면 협업능력이 좀 더 부각되었을 것이다.

2. 스터디 그룹, 학과, 동아리, 회사부서와 같은 조직 내에서 팀원과 공동의 목표를 달성하기 위해 력했던 경험에 대해 기술해 주시기 바랍니다.
- 본인이 수행한 업무가 무엇이며 왜 그러한 업무를 맡게 되었습니까?
- 사람들과 함께 일을 처리해나가면서 그 사람들과의 긍정적 관계 구축을 위해 추가적으로 기울인 노력과 결과에 대해 기술해 주시기 바랍니다.

(1번 글)

〈유연한 태도로 팀원들의 자발적인 협력을 이끌어내다〉

메트로폴리스 밴드동아리에서 드럼파트와 팀장을 맡아 학교 축제 공연에 나간 적이 있습니다. 처음에는 각자의 성향이 달라서 합주곡이 제대로 정해지지도 않고 학기 초라서 그런지 팀원들이 각자의 일정 때문에 연습시간에 빠지거나 회의에 안 나오기 일쑤였습니다. 공연에 나가기 위해서는 한곡을 학기 내내 연습하여야 하는데 이대로는 과연 공연에 나갈 수 있을지 의문이 들었습니다. 그래서 직접 팀원들을 만나서 하고 싶은 곡은 무엇인지, 또 학교 시간표와 언제 연습이 가능한지를 알아보고 투표로 곡을 정하여 연습 일정표를 작성하였습니다. 그리고 연습 유무 표도 만들어 동아리실 게시판에 부착하여 출석체크를 하고 연주 영상을 팀원들에게 전송하여 인증하는 형식으로 참여하도록 하였습니다. 서로가 잘하는 영상을 보여주기 위해 게을리 하는 팀원이 없었고, 그 결과 곡의 완성도를 높일 수 있었습니다. 아쉽게도 입상은 하지 못하였지만 오합지졸이었던 우리 팀이 공연까지 이루었다는 것에 소통의 중요성을 알 수 있는 계기가 되었습니다. 이러한 경험을 발판으로 저는 한전KPS에서 끊임없이 소통을 하며 일원들과의 조화를 이루겠습니다. [593자]

(2017년도 한전KPS에 합격한 제자 1)

(2번 글)

대학교 1학년, 학교에서 주최하는 프로젝트 실습에 참가했습니다. 프로젝트 준비기간 동안목표를 풍차로 잡고 작업을 분배했습니다. 저에게는 풍차의 날개 부분이 할당 됐는데, 저는 용접 산업기사를 취득한 직후라 용접에 자신감이 있었습니다. 그래서 자세한 정보를 알아보지도 않고 일단 몸으로 부딪혔습니다. 풍차 도면을 받아 작업을 시작했는데, 모양도 부자연스럽고 완성시킨 작품도 작은 충격에 부서졌습니다. 심각성을 느낀 저는 용접에 일가견이 있는 동기들과 교수님에게 자문을 구하기 시작했습니다. 저는 지나친 자신감에 저의 기술만 믿고 귀를 닫은 것이 문제임을 깨달았습니다. 조원들에게 의견을 묻고 수용하니, 풍차의 모습은 한결 자연스러워졌고 벽에 부딪혀도 튼튼할 정도로 견고함을 자랑했습니다. 또한 저와 같은 부분을 만드는 조원이 있었는데, 똑같은 문제로 어려움을 겪고 있었습니다. 저는 조원에게 제가 얻은 정보와 함께 교수님께 물었던 내용을 알려줬습니다. 그 결과 풍차의 고급스러워지고 저희 과 실습장에 작품성을 인정받고 전시되어 있습니다. 주변 사람들과 의견을 나누고 각자의 생각을 모으니 결과물은 더 좋아지고 서로를 상호 보완하는 관계가 될 수 있다는 것을 느꼈습니다.

(2017년도 한전KPS에 합격한 제자 2)

(3번 글)

〈같이의 가치〉

협력과 소통은 좋은 결과뿐만 아니라 좋은 과정도 만들어준다고 생각합니다. 학과 과정 중 "CAD 실습"

유비무환 퍼펙트 자소서

> 이라는 과목이 있었습니다. 그 과목은 처음 배우는 사람에게는 다소 어려운 과목이었기 때문에 많이 뒤떨어져 버리거나 포기해버리는 경우가 많았습니다. 그래서 교수님께서는 포기하는 사람이 생기지 않도록 서로 선생님이 되어 가르치고, 책임감을 느껴 쉽게 포기하지 않도록 매시간 조별평가를 하셨습니다. 하지만 조별평가를 하는 과목이라 팀원들이 같은 팀원에게 피해를 끼칠까 염려하여 많은 부담을 느꼈고, 그 두려움에 심리적으로 위축되어 평소에 잘 하던 것도 실수로 이어져 평가를 망치게 되었습니다. 그래서 저는 리더가 되어 조별평가 전, 미리 많은 연습을 통해 노하우를 만들었습니다. 그리고 먼저 빠르게 평가과제를 끝낸 후 팀원들에게 노하우를 가르쳐주었고, 틀린 부분을 체크해주었습니다. 그리고 조금 부족한 팀원도 다그치지 않고 알아듣기 쉽게 알려주어 부담 없이 마음 편하게 웃으며 실습 할 수 있는 좋은 분위기를 만들었습니다. 저희 조 모두가 열심히 참여하여 노력한 결과 목표로 했던 좋은 성적을 거둘 수 있었습니다.
>
> (2017년도 한전KPS에 합격한 제자 3)

그리고 직무에세이 3번은 한전KPS에서의 입사 후 포부에 해당하는 질문인데, 이에 대한 답변 방향을 분명히 제시하고 있다. 그것은 한전KPS의 중장기 비전을 참고해서 그러한 한전KPS의 미래 발전을 위해 한전KPS 직원으로서 어떤 기여를 할 것인지를 보여달라는 것이다. 이에 대한 3명의 답변을 통해 이 질문을 충족시키기 위한 공통분모를 추출해보기로 하자.

이러한 문제에 좋은 답을 하기 위해서는 먼저 회사의 중장기 전략계획을 나름대로 잘 파악하는 것이 중요하다. 이 계획을 살펴보면 한전KPS의 Vision 25가 정한 3대 목표와 3가지 실천방안을 담고 있다. 3대 목표로는 매출액 3조원, 1인당 생산성 4.5억원, 신성장 매출비중 38% 이상 이렇게 정해놓고 있다.

1번 글은 한전KPS의 미래발전에 초점을 잡고, 개인적 혁신을 자신의 목표로 정하고 20년 계획을 제시하고 있다. '특허출원', '외국어능력 향상', '소통하는 사람'을 입사 후 20년 동안의 연차별 목표로 제시하고 있다. 2번 글은 자신의 주요 직무인 용접 분야에서 기술적 고도화를 위한 장기계획을 내놓고 있다. 이런 식으로 자신이 맡은 업무에서 전문성을 신장·확대시켜 가겠다는 방식이 더욱 큰 설득력을 얻는다. 3번 글은 한전KP가 한전과 함께 이룬 해외에서의 성과를 전하며, 그에 대한 자긍심을 표현하고 해외진출 쪽에 포커스를 맞추고 발전설비분야의 전문가로 성장하기 위한 포부를 밝히고 있다. 조금 더 욕심을 부리자면, 한전KPS의 성과에 대한 기술이 너무 많다는 점이다. 그것을 조금 줄여서 그에 상응한 자신의 미래 포부를 좀 더 설명했더라면 더 좋은 글이 되었을 것이다. 아래 예문들을 통해서 위에서 설명된 내용을 자세히 살펴보기 바란다.

3. 한전KPS의 중장기 전략경영계획(비전2025)를 참고하여 본인의 향후 역량개발계획을 상세하게 기술해주시기 바랍니다.
   (참고주소 : http://www.kps.co.kr/about/about_02.do)

(1번 글)

〈세계 최고에 속하기 위해 최상의 노력을 하라〉

현재 전 세계적으로 4차 산업혁명의 바람이 불고 있습니다. 이미 독일에서는 IOT를 기반으로 하는 장치부터 스마트 팩토리 까지 조금씩 상용화 되고 있습니다. 한전KPS는 전력의 안정적인 공급을 하기 위해 발전설비의 성능 향상과 가동률 제고를 위한 많은 특허 및 기술력을 확보하고 있습니다. 하지만 발전하지 않는 엔지니어와의 설비는 낙오될 수밖에 없습니다.

혁신을 위한 저의 목표는 제가 맡은 직무에서 사용하는 모든 기술을 입사 3년 내로 완벽하게 습득하는 것입니다. 자신의 직무에서 사용하는 기술을 익히는 것은 엔지니어의 첫 걸음 입니다.

단지 기술의 사용으로만 만족한다면 최고의 엔지니어가 되기는 어려울 것입니다. 입사 5년 내로는 반드시 한 개의 정비기술의 특허를 받는 것에 공헌하겠습니다. 새로운 기술을 만드는 것도 엔지니어의 자세입니다. 연구직이 아니더라도 직접 현장에서 온몸으로 느끼는 엔지니어가 그 주체일 수도 있다고 생각합니다. 업무에 대한 지속적인 피드백과 세미나 참석 등으로 연구개발 프로세스에 동참하는 인재가 되겠습니다.

아시아가 소비전력 1위 인 만큼 한전KPS는 UAE를 비롯하여 여러 나라와 MOU를 체결하여 관계를 이끌어 가고 있습니다. 이 후로도 타 국가와의 협력은 계속 늘어날 것이기 때문에 입사 10년 내로 세계적인 무대에서 활약하고 해외파견을 대비하기 위해 향후 10년 동안 중국어, 일본어, 인도어를 관련된 직무에 지장이 없도록 역량을 끌어 올리겠습니다.

마지막으로 항상 변화하는 환경에서 능력을 발휘하기 위해서는 하나의 직무에서만 머무르면 안 될 것입니다. 입사20년 내에는 맡은 직무의 능숙한 엔지니어보다는 모든 부서와 유기적으로 소통하여 다른 직무에도 능숙하여 하나의 공동체로 인식하는 최고의 엔지니어가 되는 꿈을 한전KPS에서 이루겠습니다. [917자]
(2017년도 한전KPS에 합격한 제자 1)

(2번 글)

저의 지원 분야는 용접 부서입니다. 취직 후 3년 동안은 회사의 업무 능률 향상을 위해 용접과 관련된 비파괴 검사 자격증과 추가적인 부수적인 근무를 위해 기계정비 산업기사 취득을 목표로 하고 있습니다. 그리고 주기적인 봉사활동과 헌혈을 통해 금장을 취득하고 모범이 되는 신입사원이 되겠습니다. 또한 용접 능률 향상을 위해 선배들과의 관계 형성과 좋은 이미지를 만드는데 투자할 것입니다. 추가적으로 비전 2025에 목표를 이루고자 글로벌 기업을 위한 발판인 제2 외국어 영어를 준비하겠습니다.

5년의 경력이 쌓였을 때, 용접 부서의 능률 향상을 위해 용접 기사를 취득할 것이고, 전략경영계획에 도움이 되고자 제3 외국어인 중국어를 준비하겠습니다. 또한 KPS 내에 자원봉사활동과 타 지역의 KPS에 방문하여 회사에 지역별 교류를 활성화를 위해 경영 컨설팅과 용접 관련 회계업무를 수행할 수 있는 인재가 되겠습니다.

10년의 목표로, 용접 기사에 만족하지 않고 최고 자격증인 기능장을 준비하여 회사의 성장을 위해서 빠르게 변화하는 현대사회에 발맞춰 변화가 가능한 전문가가 될 것입니다. 또한 미리 준비해 뒀던 영어와 중국어로 어느 나라든 큰 어려움 없이 직무를 수행할 정도로 해외 출장 업무에도 뛰어난 능률을 보일 것입니다.

> 저는 회사의 이미지 개선에 중점을 둘 것입니다. 개인적으로 한전 KPS는 이미 좋은 환경과 긍정적 이미지를 갖고 있다고 생각하지만, 홍보성이 부족하다고 생각합니다. 모든 사회에서는 이미지가 중요합니다. 이것 역시 기업들에게도 적용이 되며 대기업들이 수많은 돈을 들여가며 선행을 베풀고 이미지를 관리하는 것도 회사의 간판 이미지에는 돈으로 값을 매길 수 없는 가치가 존재한다고 생각하기 때문입니다. 추가적으로 저는 안전과 관련된 자격증을 추가로 취득할 것입니다. 저는 제가 취득할 안전과 관련된 자격증을 통하여 회사의 작업환경을 보다 발전시켜 안전하고 사원들에게 섬세한 이미지의 회사를 만들어 전략경영계획에 긍정적인 요인을 만드는 것이 목표입니다.
>
> (2017년도 한전KPS에 합격한 제자 2)

(3번 글)

> 〈원료는 수입이지만, 기술은 국산입니다〉
>
> 얼마 전 인터넷 기사를 읽던 중, 한국전력이 60년간 운영되는 54조 규모의 아랍에미리트(UAE) 원자력발전소의 운영권을 따냈고, 한전KPS가 공동으로 해외진출에 참여한다는 기사를 접한 적이 있습니다. 게다가 한전KPS는 향후 10년간 아랍에미리트에 수많은 정비인력을 파견한다는 내용이었습니다. 대학에서의 설비보전 관련 수업 중, 교수님께서는 불과 몇 십년 전만 하더라도 발전소의 발전설비에 고장이 발생하면 정비할 수 있는 기술이 없어서 설비를 수입한 국가의 기업에서 직접 정비를 하였고, 그에 따른 엄청난 비용과 많은 시간이 소요되었다는 말씀을 해 주신 적이 있습니다. 저는 그 기사를 읽고, 기술을 수입하던 나라에서 기술을 수출하는 나라가 되었다는 생각에 한전KPS의 높은 기술력이 자랑스러웠고, 감탄하게 되었습니다. 이러한 한전KPS에 입사하여 발전에 기여하게 된다면 첫 번째, 해외진출에 포커스를 맞추고 역량개발에 힘쓰겠습니다. 한전KPS의 해외 진출과 국가위상의 격상을 위해서는 '수출할 수 있는 기술자'가 되어야 한다고 생각합니다. 저는 향후 5년 이내 발전설비정비에 관한 지식과 기술들을 종합적으로 공부하여 관련 자격증을 다수 취득하고 내세울 수 있는 발전설비정비분야의 기술자로 거듭나겠습니다. 그리고 해외진출 전략에는 반드시 필요한 능력이 외국어 능력이라고 생각합니다. 저는 언제나 글로벌 시장에 바로 뛰어 들어갈 수 있는 외국어 능력을 갖추기 위해 토익, 회화 등을 공부하고 해외진출에 대비할 것입니다. 두 번째는 실무에 대한 노하우를 만들어 앞에서 이끄는 견인차 역할을 하겠습니다. 그리고 더욱 진보하고 안정적인 기술을 적용하여 한전KPS의 정비기술의 발전을 위해 노력하겠습니다. 이처럼 저는 한전KPS의 해외진출과 기업발전에 기여하는데 앞장설 것입니다.
>
> (2017년도 한전KPS에 합격한 제자 3)

지금까지 살펴 본 한전KPS의 3개의 합격자소서가 보여주는 공통점은 자신만의 특화된 분야에서의 능력과 미래 포부를 대단히 구체적으로 보여준다는 것이고, 한전KPS가 인재상에서 글로벌 능력을 강조하기 때문에 외국어능력 향상에 대한 의지를 3명의 학생이 모두 강조하고 있다는 점을 들 수 있다.

한전KPS에 합격한 5명의 합격자소서를 살펴본 결과, 필자가 내린 결론은 인성 관련부분에서는 그 사람의 진정성이 잘 표현되는 에피소드의 힘이 크다는 점이고, 직무적합성 관련 부분에서는 실무경험이 중시되나 더 중요한 것은 자신만의 특화된 능력을 구체적으로 설득한 자소서들이 합격을 했다는 점이다. 이러한 점들은 사실 대부분 기업의 합격자소서에서도 마찬가지라고 생각한다.

그리고 한전KPS의 자소서 항목에 대해 평가 하자면, 앞부분(메인)의 3가지 질문은 모두 경험을 묻고 있으며, 아랫부분인 직무에세이에서는 주로 직무를 수행하는데 필요한 구체적인 능력과 미래 포부를 묻고 있다는 점이다. 그러니까 직무에세이에서는 일반형 자소서에서의 지원동기 및 입사 후 포부와 유사한데, 마지막 3번은 한전KPS의 장기발전계획에 사원으로서 어떤 기여를 할 수 있을지 미래 계획을 써보라고 요구하고 있다. 한전KPS 자소서 양식은 지원자의 능력과 경험을 알아내는데 효과적인 양식이라고 할 수 있다. 그것은 한전KPS자소서 양식이 지원자의 인성적인 측면들과 경험, 그리고 실질적 능력을 살피기에 적합한 항목들을 품고 있기 때문이다. 그것은 일반적인 자소서 양식과 NCS형 자소서 양식의 장점을 적절히 취합한 자소서 양식이라고 할 수 있다. 이 한전KPS의 자소서 양식을 보면서 자소서 양식이 지원자의 능력을 샅샅이 살필 수 있도록 진화하는 과정에 있다는 점을 잘 살필 수 있었다.

(3) 한국가스공사(KOGAS)

한국가스공사가 추구하는 핵심가치는 변화, 도전, 책임, 신뢰이다. 한국가스공사의 자소서를 쓰려면 먼저 이러한 핵심가치를 염두에 두고 자신과의 관련성을 생각해보아야 한다. 하지만 한국가스공사의 핵심가치가 자소서 항목에 직접적으로 반영되었다고 보이지는 않는다.

다음은 한국가스공사의 NCS형 자소서이고 2015년도 합격한 학생의 글이다. 한국가스공사의 자소서 항목은 1번은 지원동기 및 입사 후 포부와 같은 질문이고, 2번째 항목은 협업적 리더십과 관련된 내용이며, 3번은 한국가스공사에 들어오기 위해 어떤 노력을 했는가를 물어보고 있다. 업무적 적합성을 입증하라는 요구이다. 그리고 4번은 인재상과 관련해서 인성적 적합성을 물어보고 있다. 4번에서 업무적 적합성을 물어보고 있으므로 1번에서는 한국가스공사의 지원동기를 한국가스공사에서 실천하고 싶은 비전을 보여주고 연차별 업무계획을 보여주면 된다.

이 학생의 한국가스공사에서의 비전은 '해외자원개발과 국내 전 지역의 가스공급 인프라 구축

유비무환 퍼펙트 자소서

에 힘쓰겠다는 것이고, 그 이유와 목표를 각각 제시하고 있다. 이런 점은 한국가스공사의 핵심가치와 관련시켜 작성한 것처럼 보인다. 그리고 연차별계획에서 1년차에는 자기 분야에서 경쟁력을 높일 것이고, 5년차에는 LNG 보급율을 10% 향상시키겠다는 구체적 목표를 제시하고 있고, 10년차에는 무공해가스 개발에 역점을 두어 한국가스공사를 그린에너지 업체로 만들고 싶다는 계획을 피력하고 있다. 한국가스공사에 대해 나름 연구를 많이 하고 쓴 자소서라는 것을 알 수 있다.

그리고 두 번째 협업적 리더십을 보여주는 항목에서는 브레인스토밍이라는 회의진행방식의 사회자라는 점을 강조하고 프로젝트 이행 시, 자신이 보여준 협업적 리더십의 사례를 들고 있다. 브레인스토밍이란 창의적 아이디어를 끌어내기 위해 모든 참가자의 의견을 기탄없이 토로하게끔 하되, 절대로 평가를 하지 않고 의견을 수렴한 뒤, 적절한 아이디어를 추려내는 회의방식이다. 따라서 브레인스토밍의 사회자에게는 참가자의 아이디어를 끌어내는데 적합한 협업적 리더십이 필수적이라고 할 수 있다. 이처럼 적절한 소제목을 붙임으로써 두 번째 항목에 대한 답변이 가시적인 힘을 얻게 된다.

한국가스공사(Kogas)자소서

1. 지원동기 및 분야에 지원하게 된 이유와 입사 후 목표

〈한국가스공사 혁신의 견인차가 되겠습니다.〉

KOGAS의 이직률 0.2% 사람에 대한 신뢰를 우선으로 하는 기업인 KOGAS에 입사하여 다음과 같은 두 가지 목표를 달성하고자 지원했습니다. 첫째공동기술투자를 통한 해외자원개발입니다. 우리나라는 자원이 매장된 지역이 아니기에 해외에서 LNG나 가스를 수입하는데 의존하고 있습니다. 많은 자본을 들여 수입하기 보다는 가스나 자원이 매장된 나라와 공동기술개발을 통해 에너지를 확보하여 조금 더 저렴하고 질 좋은 가스를 공급하게 할 것입니다. 두 번째는 전 지역의 가스공급 인프라 구축입니다. KOGAS는 LNG 배관 공사를 통해 공급 망을 늘려 현재 78.3%의 보급률을 보이고 있는데 더욱더 거미줄처럼 유기적인 배관 시공을 통해 100%의 보급률을 달성할 것입니다. 세부적으로 입사 1년차에는 Jop training을 바탕으로 남들보다 빠른 업무 습득력을 통해 기계분야에 가장 경쟁력 있는 사원이 되겠습니다. 입사 5년차에는 능동적인 사고를 통하여 유기적인 가스배관 설계를 통해 LNG의 보급률을 10%향상 시키겠습니다. 입사 10년차에는 다양한 현장업무 경험과 지식을 바탕으로 해외공동기술투자와 무공해가스 기술개발을 통해 글로벌한 그린에너지 KOGAS를 만들겠습니다.

*2. 과제 및 업무 수행 상황에서 구성원들 간의 갈등을 중재하거나 효율적으로 과제 및 업무가 진행될 수 있도록 의사 발언을 한 경험이 있습니까? 상황을 설명해 주시고 본인이 생각하는 업무 효율성 또는 업무 성과를 높이기 위한 효과적인 의사소통 방법을 기술해 주십시오.

〈브레인스토밍의 사회자와 같은 리더십의 소유자〉

효과적인 의사소통을 위해 가장 중요한 요소가 경청하고 공감해주는 것이라는 생각입니다. 공감의 바탕 위에서 상호 피드백을 통해 업무 진행이 탄력을 받게 됩니다. 대학시절 프로젝트 작품과제로 보일러와 냉동기 두 개 중 하나를 선택해 시간 내에 만드는 과제를 받았습니다. 그런데 의견이 엇갈렸습니다. 서로 잘하는 작품을 만들기를 원했습니다. 이에 저는 두 파트 팀원들의 의견을 들으며 비판하지 않고 의견의 이점을 수용하고자 했습니다. 시간적으로 보일러가 유리하고 비용적인 면으로 봤을 때 냉동기가 유리하니 한 쪽을 택하는 것보다 두 의견 모두를 긍정적으로 고민한 결과 뛰어난 사람과 부족한 사람을 적절하게 보일러, 냉동기 파트로 나누어 비용을 상황에 맞게 조율 하자는 의견을 팀원들이 받아들여 과제를 해결 할 수 있었습니다. 이처럼 한 쪽에 치우치지 않고 서로의 피드백을 통해 효율적으로 업무를 수행 한다면 업무의 성과는 자연히 따라 올 것입니다. 의사결정 과정에서의 리더십은 브레인스토밍에서 사회를 진행하듯 모든 의견을 비판 없이 경청한 다음 합리적 결론을 이끌어내는 능력이라고 생각합니다.

*3. 과거의 교육과정이나 경력들을 통해 습득한 전공 지식 및 기술 경험들이 KOGAS 지원 분야 내의 업무들과 어떠한 관련성을 맺고 있다고 생각합니까? 또 그러한 지식과 경험이 실제 업무 수행에 어떠한 방식으로 도움을 줄 수 있는지 구체적으로 기술하여 주십시오.

〈퍼즐의 마지막 한 조각〉

> 유비무환 퍼펙트 자소서

KOGAS 기계파트 업무 수행에 전문성을 갖기 위해 배관과 가스에 대한 지식이 필수라 생각 했습니다 그래서 저는 KOGAS라는 퍼즐의 마지막 한 조각이 되기 위해 4년제 대학시절 화학을 전공하면서 유기화학 무기화학을 배우면서 LNG, LPG의 성질과 기본구조 등에 대해 기초를 쌓았으며 KOGAS라는 퍼즐을 완성시키기 위해 기사자격증과 위험물을 공부하면서 안전하게 가스를 취급하고 관리하는 방법과 위험시에 대처하고 처리하는 방법을 배우며 KOGAS에 맞추어 준비해왔습니다.

KOGAS는 평택, 통영, 삼척에 LNG 인수기지를 두고 LNG를 배관을 통해 지역의 도시가스회사로 공급하는 일을 한다고 알고 있습니다. KOGAS 업무 수행에 기본이 되는 배관실습, 에너지관리, 열 유체역학 등의 학습을 통해 배관의 유체흐름과 배관의 안전성 판단 시공분야에도 응용할 수 있어 현 시점의 KOGAS실무에도 많은 도움을 줄 수 있습니다. 또한 CAD 과목 공부를 통해 가스배관과 관련한 도면을 이해하고 판단하여 설계분야에도 활용할 수 있습니다. 이론만이 아닌 현장실무중심의 교육을 바탕으로 앞에서 목표한 100% LNG 공급률을 이룰 것입니다

*4. 학업 과제 수행이나 업무 수행 중에 예상치 못한 문제를 해결해본 경험이 있습니까? 그 문제를 해결하기 위해 어떠한 과정(문제 원인 도출, 해결방안 탐색, 해결 방안 적응 등)을 거쳤으며 어떠한 점에서 그 해결책이 효과적이었는지를 기술하여 주십시오.

〈점이 모여 선이 된다〉

대학시절 화학 전공을 하던 때 학교에서 학생들에게 실험을 보여 주는 행사가 있었습니다. 조별로 나누어 실험을 하게 되면서 저희조가 하게 된 실험은 "글씨가 사라지는 펜 만들기"로 간단한 실험이었습니다. 그런데 문제가 생겼습니다. 이 실험은 산과 염기가 반응하는 중화반응 시 물과 염이 나오는 원리를 이용해 하는 실험이었습니다. 문제는 중화반응 하는데 시간이 너무 오래 걸려 행사시간 내에 실험을 끝내지 못 할 문제가 생겼습니다. 조원들과 머리를 맞대고 지금까지 했던 실험들과 비교해보며 근본적인 문제를 따져보았습니다. 그런데 아주 간단한 사실을 놓치고 있는 것을 발견했습니다. 양이 많으면 반응시간이 길어지고 반응을 빠르게 하기 위한 촉매를 사용하지 않았던 것이었습니다. 그리하여 펜에 들어갈 적정량을 재서 촉매인 알코올을 넣어주니 시간을 단축할 수 있었습니다. 저희 조는 실험을 마치고 학생들에게 흥미로운 실험에 투표를 받는 평가에서 1등을 하는 성과를 냈습니다. 학생들이 지루하지 않고 대부분의 학생들이 한번 씩 해볼 수 있는 적정 시간을 알코올 촉매로 맞춘 것이 효과적인 해결책이었습니다.

*5. KOGAS에서 중요하게 생각하는 인재상은 다음과 같습니다.(1000 Bytes 이내)
   미래에 도전하고 변화를 선도하는 사람
   믿고 협력하여 공동의 성공을 실현하는 사람
   자기분야의 최고를 추구하는 사람
세 가지 인재상 중 자신과 가장 부합된다고 생각하는 인재상을 하나 선택하여, 구체적인 사례를 포함하여 그렇게 생각하는 이유를 기술하여 주십시오.

〈미래에 도전하고 변화를 선도하는 사람〉

기업은 무한경쟁 이며 생존하기 위해 혁신을 이뤄야 하며 혁신은 도전정신에서 비롯되기 때문에 저는 도전하여 KOGAS의 변화를 선도하고 싶습니다. 우유 유통파트에서 근무를 했었습니다. 제 업무는 물량을

> 받아 분류하고 마트에 유통하는 업무였습니다. 물량을 받을 때 5톤 차의 적재함 높이가 높아 어려움이 있었습니다. 그래서 철로 된 긴 파렛트를 이용해 물량을 받았습니다. 그런데 문제는 비가 오면 미끄러워 오르기 힘들고 매우 위험했습니다. 그래서 고민을 하다 미끄럼방지 매트를 크기에 맞게 제단 하여 덮어씌워 미끄러지지 않고 안전하게 작업을 할 수 있었습니다. 그 결과 빠른 업무로 인해 판매 실적이 분기대비 6% 상승하는 결과를 가져왔습니다. 이처럼 작은 변화가 성과를 이루어 내는 것입니다. 또한 도전은 성공하는 도전이 되어야 한다고 생각하고 성공을 위해 불굴의 의지와 철저한 준비가 필요하다는 생각입니다. 제게 KOGAS는 도전입니다. 그래서 공부를 다시 시작했습니다. 성공하는 도전이 되기 위해 산업기사를 비롯해 지금껏 12번의 시험을 한 번도 떨어지지 않고 합격했습니다. 이러한 저의 도전정신은 KOGAS에 입사해 더욱 빛을 발할 것입니다.
>
> (2015년 한국가스공사에 합격한 제자의 자소서 전문)

　3번째 항목은 직무수행을 위한 전문성을 갖췄는가를 입증하는 항목이다. 여기서 이 학생은 자신이 배관과 가스에 대한 지식을 갖추고 있으며, 실습과 현장중심 교육을 통해 가스배관에 대한 도면 이해도를 높였기 때문에 직무수행에 문제가 없음을 설득하고 있다.

　4번째 항목은 문제가 발생했을 때 적절한 해결능력을 보여준 경험적 사례를 요구하고 있다. 이에 대해 이 학생은 조별 과제를 수행할 당시, 문제가 발생했을 때, 그것을 해결하는 과정을 상세히 적음으로써 적절히 대응하고 있다.

　5번째 항목에서는 한국가스공사의 3가지 인재상 중, 택일 하여 자신이 어떤 인재인지를 입증하라는 항목에 대해, 이 학생은 도전정신을 내세우며 도전정신의 의미가 혁신에 있음을 정의하고 자신이 유통업무에 종사하는 동안 이뤄냈던 도전적 혁신 사례를 통해 자신이 도전적 인간임을 보여주고 있다.

　한국가스공사의 자소서 또한 일반적 자소서에 비해 조금 더 구체적으로 어떤 능력이 있는지를 입증하기를 원하고 있으며, 대부분의 항목에 대해 스토리텔링적 에피소드가 필수적임을 알 수 있다. 하지만 일반적 자소서와 크게 다르지 않음을 보여주고 있다. 이런 자소서는 자소서 항목이 요구하는 대로 대답을 하고 구체적 경험을 통해 입증하면 어렵지 않게 접근할 수 있다고 본다.

(4) 대한송유관공사(DOPCO)

대한송유관공사의 인재상

도전과 열정
더 높은 수준의 목표를 설정하고 꼼꼼함, 집요함, 열정을 가지고 일의 완성을 주도하는 사람

소통능력
긍정과 신뢰를 기반으로 상호 존중하는 사람
다름과 다양함을 배려하고 적극적으로 수용할 줄 아는 사람

합리적인 사고
관행을 답습하지 않고 제도와 규범을 준수하며 회사발전을 위해 더 나은 방안을 지속적으로 찾는 사람

윤리의식
다양한 이해관계자에 대한 가치를 창출하고 상생을 추구하며, 공과 사를 명확히 구분, 공정하고 투명하게 업무를 수행하는 사람

자기계발
회사의 발전과 개인의 성장을 동일시하며, 스스로 성장하고자 끊임없이 자기계발을 위해 노력하는 사람

대한송유관공사의 인재상을 먼저 살펴본 다음에, 자신과의 관련성을 생각해보고, 관련 에피소드를 정리한 다음, 자소서쓰기에 임해야 할 것이다.

다음은 대한 송유관공사의 자소서이고, 그 아래는 2016년도에 합격한 학생의 글이다. 자소서 항목을 살펴보면 다음과 같다.

1. 강·약점과 지원동기
2. 지원분야를 위해 준비된 역량
3. 협업사례 중 성공/실패 사례
4. 도전적인 프로젝트의 성공 요소를 자신의 경험을 통해 제시
5. 회사가 성장하고 발전하기 위해 어떤 가치를 추구해야 하는가

1번 항목에는 대답해야 할 내용이 2가지이다. 먼저 성격의 강·약점이고, 다음이 지원동기이다. 첫 번째로 이 학생은 강점을 소제목으로 하고 단점을 간략히 처리하고 있다. 장점과 단점이 크게 부각되는 것은 아니고, 그저 무난하게 기술하고 있다. 사실, 더욱 중요한 부분은 지원동기

인데, 지원동기만 나온다면, 자신이 직무수행을 위해 준비된 상황을 기술하겠지만, 다음 2번째 항목 또한 준비상태를 묻고 있기 때문에, 이 지원동기부분에서는 자신의 비전을 보여주는 것이 더욱 바람직했을 것이다. 그리고 그러한 비전을 실현하기 위해 지원하게 되었다는 식으로 진술하는 것이 좋았을 것이다. 그래서 지원동기 첫 부분에서는 자신이 에너지 분야에 관심을 갖게 되어 에너지 생산의 전문가가 되는 것이 꿈이었기 때문에 지원하게 되었다고 쓰고, 그러한 비전을 이루기 위해 입사 후 어떤 노력을 기울여서 그 꿈을 이루겠다는 식으로 썼다면 더욱 좋았을 것이다. 그런데 이 학생은 자신이 에너지 분야에 꿈을 갖게 된 후 그 꿈을 이루기 위해 준비해온 것들을 얘기하고 있다. 그래서 다음 2번째 물음에 대한 항목과 중복될 수밖에 없게 되었다.

그런 다음, 두 번째 항목에서는 직무수행을 위해 준비한 경험과 지식들을 설명하고 있다.

그리고 세 번째 항목에서는 문제가 발생했을 때 그 해결을 조직친화적으로 해결했다는 식으로 진술하고 있다. 이 점에서는 질문에 대한 적절한 답이 되었으리라 생각한다.

대한송유관공사 자소서

1. 본인의 강·약점과 당시 지원동기에 대해 기술해주시기 바랍니다.(800자 이내)

〈포기하지 않는 남자〉

저는 제 강점은 끈기라고 생각합니다. 저는 부대에서 위험물산업기사를 준비했던 경험이 있습니다. 당시 일과 시간에 공부할 수 없어 개인정비시간과 밤 10시부터 12시까지 하는 연등시간을 이용해 자격증 공부를 했습니다. 처음엔 주위에서는 두꺼운 책을 보며 과연 할 수 있을까라는 의구심을 가졌지만 저는 이에 굴하지 않고 끝까지 포기하지 않고 공부했으며 결국 휴가 나가서 합격을 한 후 부대에서 포상 외박증을 받을 수 있었습니다. 저는 체력이 약한 것이 단점이지만 방학 때마다 수영을 다니며 현재는 배영까지 헤엄칠 정도로 실력이 늘었으며 틈틈이 헬스에 다니며 런닝머신으로 유산소운동을 하였습니다.

저는 군대에서 위험물산업기사를 준비하며 에너지분야에 관심을 갖게 되었습니다. 그리고 그 관심은 제 진로에 대한 확고한 신념이 되었고 에너지생산의 전문가가 되는 것이 저의 목표가 되었습니다. 이러한 목표를 이루기 위해 자격증공부를 하며 업체에서 요구하는 설비능력을 키웠으며 폴리텍대학에서 가스설비, 공조설비, 설비 CAD등을 익혀 현장실무능력을 갖췄습니다. 대한송유관공사는 최고의 경쟁력을 갖춘 에너지 전문물류기업입니다. 하지만 그 자리에 안주하지 않고 더욱 더 성장할 수 있는 기업이며 앞으로 국내에서 해외로 시선을 돌려 세계적인 에너지분야의 기업이 되어야 한다고 생각합니다. 그러기 위해 저는 제 지식과 경험을 통해 핵심기술의 대한 연구/개발과 관리능력을 갖추어서 대한송유관공사가 세계일류의 송유관전문 기업으로 나아갈 수 있는 최고의 파트너가 되겠습니다.

2. 지원분야와 관련하여 역량을 쌓고자 어떠한 노력을 했는지 사례를 중심으로 기술해주시기 바랍니다.

〈부족한 것이 있으면 채우면 된다〉

제가 지원하는 기계분야에서는 정비능력에 대한 숙련도와 안전관리에 대한 능력이 필수적으로 갖추어야 한다고 생각합니다. 저는 현재 위험물산업기사, 가스기능사를 취득하였으며 아직 결과는 나오지 않았지만 용접산업기사, 가스산업기사를 추가적으로 합격하며 기계분야의 필요한 자격증을 취득할 수 있었습니다. 저는 군대에서 화포수리병이라는 직종을 맡으며 정비병으로 근무했습니다. 처음엔 정비일을 배우며 남들보다 실력이 부족했지만 점차 정비일에 익숙해져 간부들에게 인정을 받아 2박3일로 GOP지역을 돌아다니며 정비하는 상주이동정비에 꼭 필요한 병사로 전역 2개월 전까지 꼬박꼬박 나가서 정비를 했습니다. 이렇게 21개월 동안 정비일을 배우며 다소 부족한 정비 실력을 채울 수 있었습니다. 전역 후 학교에 복학하기 전까지 나이스조명이라는 인터넷쇼핑몰에 들어가서 물류관리쪽 일을 했습니다. 처음에는 간단한 심부름만 하다가 일을 함에 있어 점차 사장님에게 인정을 받았습니다. 그 후 저는 납땜 일을 도맡아 하고 전반적으로 회사에 물류가 들어오면 전반적으로 관리 및 보관을 제가 하게 되었습니다. 이러한 경험들을 쌓으며 기계정비능력을 키울 수 있었으며 가스, 위험물을 공부하며 보다 안전관리에 대해 자세히 이해할 수 있게 되었습니다. 이렇게 쌓아온 제 경력은 송유관공사에 들어가 큰 도움이 될 것이라 생각하며 만약 부족함이 있더라도 지금까지 해왔던 것처럼 극복할 수 있다면 송유관공사에 꼭 필요한 인재가 될 수 있을 것이라고 생각합니다.

3. 성격이나 과제 수행 스타일이 다른 사람들과 협업으로 프로젝트(과제)를 추진한 사례 중에서 갈등 및 어려움을 극복하기 위한 의견 조율의 성공/ 실패 경험 및 그 원인이 무엇이었는지에 대해 기술해주시기 바랍니다.

〈개인보단 공동체를 생각하자〉

저는 올 해 김제폴리텍대학 2학년 재학 중 조원들과 프로젝트 기간에 의견 차이와 개인문제로 인해 갈등을 맺은 경험이 있습니다. 당시 저희 조는 프로젝트실습시간에 태양열 온수기를 만들기로 하고 그에 맞게 계획을 짜 프로젝트에 순조롭게 진행을 하고 있었습니다. 처음엔 서로 의욕이 넘쳐 여러 의견이 나오는 등 다들 프로젝트실습에 열심히 참여했습니다. 그러던 중 2회 산업기사 실기 준비 중인 조원들이 생겨 차츰 프로젝트에 빠지는 사람이 생겼고 그로 인해 프로젝트실습을 정상적으로 진행을 못하는 경우가 늘었습니다. 이로 인해 조원들과의 갈등이 생겼고 어떤 날은 심하게 다툰 날도 있을 정도로 분위기가 좋지 않았습니다. 그래서 더 이상은 이대로 가면 프로젝트에 차질이 생길 것 같아 다 같이 모인 시간에 제가 조원들에게 이러한 상황에 대해 같이 의논해 보자고 얘기를 꺼냈습니다. 그 결과 조원들이 서로 의견을 맞춰 개인에게 맞는 역할분담을 하기로 의견 조율을 했습니다. 당시 저는 용접 산업기사실기를 준비 중이라 티그 용접 등 각종 용접을 담당하였고 또 다른 에너지관리산업기사를 준비 중인 인원은 배관작업, 그 외 나머지 일행은 캐드 및 재료 담당을 맡아 각자 역할을 담당해 다시 프로젝트실습을 진행할 수 있었습니다. 저는 이러한 경험을 겪으며 서로 자기 자신의 일만 생각하지 말고 공동의 일에 대해 책임질 줄 알아야 하며 그에 맞게 역할을 분담하고 서로 간의 의견조율을 할 수 있다면 프로젝트실습(과제)에 더 나은 결과를 가질 수 있다는 것을 깨달았습니다.

4. 도전적인 프로젝트(과제)의 성공적인 수행을 위해 중요하다고 생각되는 것들은 무엇인지 자신의 경험을 기술해 주시기 바랍니다.

〈동료를 존중하고 신뢰한다면 어떤 일이든 할 수 있다〉

저는 군대에서 28사단 정비대대 화포수리병으로 복무하였습니다. 제가 일병시절 부대에서 체육대회를 개최하게 되었습니다. 그 때 체육대회는 병사들의 사기와 휴가증이라는 막대한 보상이 걸려있었고 그에 맞게 저희 총포소대에서도 여러 계획을 짜고 준비하고 있었습니다. 당시 저는 총포소대에서 체육대회 중간에 개최되는 장기자랑에 부대원과 같이 참가하기로 결정했습니다. 저희는 장기자랑을 위해 개인정비시간과 간부들의 도움으로 일과 시간에 종종 모여 의논을 했습니다. 그 결과 저희는 차력쇼로 결정이 되었고 그에 맞게 각종 이야기를 나왔지만 고참들만 서로 의견을 냈고 밑의 후임들은 소극적으로 나가 점점 차력쇼 준비에 차질을 맺었습니다. 이러한 어려운 상황에서 소대장님이 나서게 되었고 소대장님을 중심으로 병사들이 다 같이 의견을 모아 차력쇼를 준비할 수 있었습니다. 그리고 차력쇼에 필요한 각종 효과음과 톱칠한 각목 등 소품을 챙기고 최종점검을 통해 정비대대장기자랑에 대한 모든 준비를 마치게 되었습니다. 처음엔 대대장님과 운영과장님등 여러 간부와 대대 모든 병사앞에 서는 거라 긴장이 되었지만 서로를 믿고 무사히 차력쇼를 진행할 수 있었고 그 결과 차력쇼에 참여했던 모든 병사들은 모두 휴가증을 받을 수 있었습니다. 저는 무언가 도전적인 프로젝트의 성공적인 수행을 하려면 먼저 리더십이 있는 리더와 그의 맞게 소수의 인원보다는 다수의 인원이 적극적으로 참여를 해야 프로젝트를 진행할 수 있고 서로의 대한 신뢰를 가진다면 어떠한 프로젝트를 하더라도 성공적으로 수행할 수 있다고 생각했습니다.

5. 회사가 영구성장/발전하기 위해 갖추어야 할 추구 가치는 무엇이라 생각하는지 평소 생각하고 있는 회사관에 대해 기술해주시기 바랍니다.

〈신뢰, 도전정신, 자기분야의 전문가〉

저는 회사가 영구성장/발전하기 위해서는 정직과 윤리의식을 바탕으로 서로 존중하고 약속한 바를 성실히 이행하여 상호간의 신뢰를 형성하고 끊임없이 더 높은 수준의 목표를 위해 매진하고, 이를 끝까지 완수해 낼 수 있는 도전정신을 갖추어야 하며 자기분야의 전문가가 되는 되는 것이 가장 중요하다고 생각합니다. 신뢰가 업무추진에 있어서 효율성에 큰 도움이 될것이기 때문이고, 그러기에 상호신뢰를 통해 조직이 하나같이 견고해질 수 있기 때문입니다.

그리고 제가 존경하는 인물 중 한분인 정주영회장님은 배를 건조한 경험도 없고 제대로 된 조선소시설도 갖춰지지 않은 상태에서 선박건조를 수주하였습니다. 결국 이러한 도전정신을 통해 현대중공업이라는 회사가 탄생했고 저도 이러한 도전정신을 발휘해서 송유관공사의 발전의 견인차가 되고 싶습니다.

그리고 무엇보다 중요한 점은 자기분야의 전문가가 되는 것입니다. 자기가 하는 일에 그저 시키는 일만 하지 않고 자기 스스로 연구하고 발전할 줄 알아야 자기 분야의 전문가가 될 수 있다고 생각합니다. 그러한 전문가가 되어야 회사 성과를 주도하고 스스로 자긍심을 가질 수 있으며 자신이 맡고 있는 위치에서 항상

> 회사를 대표하는 마음을 가질 수 있을 것이며 모든 일에 적극적으로 나설 수 있을 것입니다. 이러한 신뢰, 도전정신을 가지고 자기분야의 전문가가 될 수 있다면 그 회사는 영구적으로 성장 및 발전할 수 있다고 생각합니다.
>   대한송유관공사라면 제 꿈을 이룰 수 있고 정유공장으로부터 전국 주요도시와 공항, 비축기지를 연결하는 전국송유관망을 구축하고 운영하는 기업이며 안정적 수익기반을 바탕으로 사업의 본업적 경쟁력을 갖춘 세계 일류 수준의 회사로 성장, 발전하기 위해 노력하는 대한송유관공사의 행보는 고인 물은 썩기 마련이라는 신념으로 성장을 추구하는 저의 가치관과 부합하다고 생각하여 지원하게 되었습니다.
> (2016년도 대한송유관공사에 합격한 제자의 자소서 전문)

  네 번째 항목은 도전적 과제에서 중요한 것이 무엇인가를 제시하라는 요구에 대해 자신이 군대생활 중 차력쇼를 하는 과정에서 준비에 차질을 빚자, 소대장이 나서서 리더십을 발휘하고 다수의 참여자들이 적극적으로 호응해서 문제가 해결되는 것을 보고 리더십과 상호 협력이 중요하다는 점을 객관적인 입장에서 관찰적으로 기술하고 있다. 아쉬운 점은 스토리에서 자기 주도성이 다소 약하다는 점이다.

  다섯 번째 회사의 무궁한 발전을 위해 개인이 가져야할 회사관은 어떠야 하는가를 묻고 있다. 이 학생은 신뢰와 도전정신이 중심적 회사관이 되어야 하고, 개인 각자가 자기분야의 전문가일 때 회사가 지속적으로 발전할 것이라고 쓰고 있다.

  대한송유관공사의 자소서 양식도 일반형 자소서와 NCS형 자소서의 혼합이라고 할 수 있다. 그리고 질문이 대단히 구체적이고 경험을 강조하는 특징이 눈에 띈다. 이런 점은 NCS형 자소서의 특징을 더 많이 수용했다고 할 수 있다. 따라서 질문에 맞게 대답하고 그것을 입증할 수 있는 스토리텔링적 에피소드를 써주면 될 것이라 생각한다.

(5) 한국전기안전공사(KESCO)

  한국전기안전공사의 핵심가치는 '신명나는 일터를 가꾸고 고객을 행복하게 하여 전기안전선도기관이 되는 것'이다. 이러한 핵심가치를 생각하면서 자소서쓰기 준비를 해야 한다.

  다음 글은 전기안전공사에 2016년도 합격한 학생의 글이다. 전기안전공사의 자소서는 모든 항목이 2개 중 하나를 택하여 진술하게 하는 방식이다. 그런데 A항과 B항이 큰 차이가 없고, 다만, A항에 비해 B항이 좀 더 구체적이고 사례중심적인 항목으로 구성되어있는 듯 보인다.

4장 합격자소서 분석하기

　첫 번 째 항목에서 지원자에게서 알고 싶어 하는 능력은 '솔선수범'이고, 그것을 입증할 구체적인 경험을 요구하고 있다. 이 학생은 당시 전기과의 과대표를 맡고 있던 학생으로 기숙사에서도 여러 학생들의 편익을 위해 사생장으로 활동하여, 기숙사 운영의 효율성을 기했던 체험을 기술하고 있다. 필자의 생각으로는 솔선수범이라는 덕목이 있다면 본격적인 진술 전에 솔선수범의 의의를 나름대로 정의한 다음, 자신이 거기에 맞는 사람이라는 점을 보여주는 것이 읽는 사람이 이해하기에 좀 더 편했으리라는 생각을 했다.

　두 번 째 항목은 자기개발 관련 경험을 요구하고 있다. 이 학생은 어려운 상황에서도 자기개발을 꾸준히 한, 자신의 경력적 경험을 기술하고 있다. 누구나 자기개발을 원하지만 상황이 조금만 좋지 않으면 대부분 포기해버리기 일쑤다. 그런데 이 학생은 급여가 지급되지 않은 회사를 다니는 극단적 상황에서도 그 회사의 생존을 위해 노력했으며 그 와중에서도 자신의 기술적 전문성을 신장시키기 위해 노력하여 자격증을 땄고, 이후 대학에 진학해서도 어느 정도 자기 희생이 요구되는 과대표를 충실히 수행하면서도 경이적인 성적을 거두었다. 자기개발이 문제가 아니라 어려운 상황에서 그것을 이겨내고 큰 성과를 거두었다는 점이 부각된다.

세 번 째 항목은 자기통제력을 묻고 있다. 자기통제력이란 어려운 상황에서 그 상황에 휘둘리지 않고 자신의 일을 일관되게 수행하는 능력을 말한다. 이 학생은 그런 점에서 자기 통제력의 진수를 보여주고 있다. 잘 읽어보고 판단해보기 바란다.

네 번 째 항목은 안전/위험관리 능력을 묻고 있다. 안전에 대한 매뉴얼이나 기준을 대부분의 회사가 갖고 있다. 하지만 더 중요한 것은 안전에 대한 마인드와 책임감 그리고 꼼꼼하게 대처하는 실행력이다. 이 학생은 일반적인 상식에 의해 행동하는 다른 직원들보다 안전에 대한 의식과 실천력이 돋보이는 경험을 쓰고 있다. 그래서 문제점을 발견했고, 결국 조직을 위기에서 성공으로 이끄는 순간을 맞게 된다. 안전에 대해 모델이 될 만한 글이다.

다음은 경력기술서이다. 입사지원서에 쓴 경력에 대해 좀 더 자세히 얘기해 달라는 것이다. 입사지원서에 맞는 경력을 나열하고 그것에 대해 자신의 장점과 차별성을 드러낼 수 있는 에피소드를 넣어서 작성하면 된다. 이 학생은 자신이 현장에서 겪은 실무경력을 십분 활용해서 대단히 구체적으로 자신의 차별성을 드러내는데 성공하고 있다.

마지막으로 경험기술서이다. 지원자의 직무능력을 보다 잘 알 수 있는 경력이나 그 경력과 관련된 경험을 써서 지원자가 그 직무를 얼마나 잘 수행할 수 있는 사람인지 설득해보라는 것이다. 이런 문제는 성과보다 과정이 더 중요하다. 어려운 상황에서 그 상황을 타개하기 위해 어떤 마인드를 갖고 주위 인적·물적 자원들을 얼마나 효율적으로 활용하려 노력했느냐에 초점이 있는 것이다. 이 학생은 그러한 점을 잘 설득하고 있다.

한국전기안전공사(KESCO) 자소서

솔선수범
관리, 감독 없이도 스스로 업무를 처리하며 남들이 꺼리는 업무나 궂은 일도 주도적으로 나서서 해결한다
(A,B 중 택 1)
  A. 자신이 공동 목표 달성을 하는 과정에서 솔선수범하는 사람임을 입증할 수 있는 사례(경험)와 그 근거를 구체적으로 작성해주시가 바랍니다.
  B. 소속 조직을 위해 주도적으로 나서서 문제를 해결하기 위해 노력했던 경험에 대해 구체적으로 작성해주시기 바랍니다.

〈기숙사 생활반장의 비효율성을 해소하다〉

폴리텍대학 스마트 전기과에 진학 후 기숙사에 입사하였습니다. 때마침 인원이 많은 전기과와 기계과에서 사생장을 뽑는다는 방송이 울렸습니다. 바로 사생장이 나온 기계과와는 달리 전기과의 특성상 자격증 따기가 어려워 매일같이 자신의 시간을 자격증 공부가 아닌 인원 파악에 할애하여야 한다는 점에서 누구 하나 선뜻 사생장을 하겠다고 나오지 않았습니다. 그래서 전기산업기사를 이미 취득한 제가 나서서 사생장을 하겠다고 하였습니다. 사생장을 맡은 후 2명의 인원으로 매일 오후 9시 마다 6층의 기숙사 186개의 방에 대해 인원 파악을 하였습니다. 그러다 보니 1시간을 넘기기 일쑤였고, 주말마다 사생장이 없어 인원 파악에 어려운 상황이 발생하였습니다. 이러한 비효율성을 해소하기 위하여 기계과 사생장과 만나 회의를 통해 대책을 마련하였고, 사감님께 건의사항을 전달하였습니다. 그 결과 사생장을 2명에서 4명으로 늘렸으며, 기숙사 1층을 제외한 나머지 6개층을 3명의 사생장이 각각 2개의 층씩 맡게 하여 인원파악 시간을 1시간에서 20분으로 효율적으로 단축시켰습니다. 또한, 주말마다 사생장이 없어 인원 파악이 어려웠던 점을 4명의 사생장이 돌아가며 남아 해결하였습니다. 이러한 경험을 바탕으로 어려운 업무, 꺼리는 업무를 맡다 하더라도 포기하려 하기 보다는 스스로 할 수 있는 무언가를 찾고 더 나아가려는 자세를 가지려 노력합니다.

자기개발
현재 뿐만 아니라 향후에 필요한 지식, 경험, 기술 등을 적극적으로 습득하여 미래를 준비하여 꾸준히 발전한다. (A,B 중 택 1)
  A. 자신이 자기개발을 꾸준히 하는 사람임을 입증할 수 있는 사례(경험)와 그 근거를 구체적으로 작성해 주시기 바랍니다.
  B. 자신이 지원한 분야에서 뛰어난 전문가가 되기 위해 기울이고 있는 노력에 대해 구체적으로 작성해주시기 바랍니다.

〈배움에 대한 열정〉

해병대를 전역 후 군장대학교에 복학하여 위그선 제작업체인 윙쉽중공업에 취업하였습니다. 회사의 비전과 성장성을 보고 열심히 일을 했지만 급여가 1년여 간 지급되지 않았습니다. 이러한 상황에서 100여 명의 직원들은 다 떠나고 저를 포함하여 단 8명만이 회사를 이끌어 나갔습니다. 단순히 돈만 보고 들어왔다면 급여가 1~2개월 지급되지 않았을 때 다른 직장을 구하여 퇴직할 수 있었지만, 앞으로 주어진 시간이 많이 남아있고, 아직은 경험해야 할 것들과 기술적으로 부족한 것들을 채워나가야 한다고 생각하여 남는 것을 택했습니다. 또한, 부족한 이론적인 지식을 보충하기 위해 전기산업기사 자격증을 공부하여 취득하기도 하였습니다. 회사가 어려워져 더는 다닐 수 없어 어쩔 수 없이 회사를 퇴직하였지만 더 많은 것을 배우고 싶다는 생각에 폴리텍대학 김제캠퍼스 스마트 전기과에 입학하였습니다. 대학을 다니면서 반대표를 맡아 리더십을 배웠고, 적극적으로 수업에 참여하여 4.44라는 우수한 성적으로 성적장학금도 받아봤으며, 그토록 소망하던 '전기기사'와 '전기공사기사'를 취득하였습니다. 또한, 여기서 머무르지 않고 소방설비기사(전기)를 공부하여 최종합격하였습니다. 이러한 도전정신과 끈기 그리고 배우려는 자세로 한국전기안전공사에 입사하게 된다면 누구에게나 인정받는 최고의 전문가가 되겠습니다.

자기통제력
대인관계, 과도한 업무 양, 고난과 외압 등의 스트레스가 주어져도 자기감정을 조절하며 업무를 수행하고

중심을 유지한다.(A,B 중 택 1)
  A. 자신이 스트레스 상황에서도 자신의 감정을 잘 다스리는 사람임을 이증할 수 있는 사례(경험)와 그 근거를 구체적으로 작성해주시기 바랍니다.
  B. 최근 3년 이내 스트레스 상황에 효과적으로 대처했던 경험에 대해 구체적으로 작성해주시기 바랍니다.

〈한 단계 더 성장하는 계기〉

경제적으로 힘들다면 힘들다고 말할 수 있는 가정환경에서 자랐습니다. 일정한 수입을 주는 직장을 가지지 못한 아버지께서는 새벽마다 공사장 일용직을 나가셨고, 어머니께서는 제가 초등학교 시절부터 군대에 전역할 때까지 10년 이상 붕어빵을 구우셨습니다. 이처럼 어려운 환경이 주는 스트레스가 심했지만, 저는 이러한 어려움을 오히려 발전의 계기로 삼으려고 제가 할 수 있는 최선의 방책을 찾았습니다. 그건 바로 빠른 취업이었습니다. 군장대학교 2학년 1학기 때 윙쉽중공업에 취업하였고 대학교는 야간으로 변경하여 다녔습니다. 직장에서 일이 5시 이후에 끝나면 씻지도 못하고 강의를 들으러 학교에 가야만 했고, 장남으로서 집안을 일으켜야 한다는 마음가짐으로 인해 자처하여 야근과 당직을 밥 먹듯이 하였습니다. 그러다 보니 학교에 가지 못하는 날이 많았고 결과는 최악의 학점 2.88을 받았습니다. 1학년 때 평균 4.37을 받아온 저로서는 너무 큰 충격을 받았고, 직장과 학업을 병행하기 위해 다시 한 번 마음가짐을 잡았습니다. 직장에서 야근하지 않기 위해 쉬는 시간에도 일하면서 최대한 시간을 단축하였고, 당직근무도 평일 대신 주말에 근무하면서 학교도 빠짐없이 가 강의를 듣고 공부하였습니다. 그 결과 직장에서도 성실하다며 인정받을 수 있었고, 2학년 1학기 때 받았던 학점 2.88을 2학기에는 3.84로 끌어올렸습니다. 직장과 학업을 병행하며 신체적으로 정신적으로도 힘들었지만, 저 자신 스스로가 한 단계 더 성장한 계기였습니다. 이처럼 힘든 상황에서도 굴복하기보다는 저 자신을 믿고 주어진 상황을 헤쳐 나가려 노력합니다. 한국전기안전공사에 입사하게 된다면 이러한 경험에서 온 자신감으로 저 자신을 계속해서 발전시켜 나가겠습니다.

안전/위험관리
위험이나 사고에 영향을 주는 상황들을 인식하고 사전에 이를 예방하기 위한 조치를 취한다 (A,B 중 택 1)
  A. 자신이 규정이나 기준을 잘 지키는 사람임을 입증할 수 있는 사례(경험)와 그 근거를 구체적으로 작성해주시기 바랍니다.
  B. 최근 3년 이내 규정이나 기준을 지키기 어려운 상황임에도 불구하고, 그것을 지키기 위해 많은 노력을 기울였던 경험에 대해 구체적으로 작성해주시기 바랍니다.

〈위그선 바다에서 성공적으로 날다〉

윙쉽중공업의 전장 팀에서 근무를 할 때, 위그선 제작에 성공하여 시험비행을 하는 날이 있었습니다. 시험비행을 하기 전날 최종 점검시 워터펌프가 정상적으로 작동하는지, 각종 계측 기구에 전원은 정상적으로 공급되는지 등을 확인하기 위하여 2시간 정도 점검을 하고 있었습니다. 그런데 같이 일하던 의장 팀의 동료가 "설마 무슨 일 있겠어? 집에 갈 시간이니 그만하고 가자"라며 점검을 끝내자 재촉하였습니다. 하지만 아직 확인하지 못한 점검 사항도 남았고, 위그선의 특성상 자칫 문제가 발생하면 사람의 생명과 직결되는 것이기 때문에 끝까지 남아 점검하였습니다. 그 결과 선체 밑에 공기를 주입해주던 에어 호스에서 구멍이 나 바람이 새는 걸 확인하였고, 팀장님께 보고하여 교체하였습니다. 다음 날 위그선은 바다에서 성공적으로 날아 시험비행에 성공하였고, 전 직원은 환호성을 질렀습니다. 그리고 회식 때 팀장님께서 "시험비행에 실패할 수 있었던 사항을 발견해줘서 고맙다"는 말 한마디가 아직도 잊혀지지가 않습니다. 이러한 경험을 바탕으로 소속된 집단에서 자신의 맡은 바 임무를 성실하게 실천하는 것이 큰 보람과 짜릿함을 안겨준다는 사실을 알게 되었습니다. 그리하여 매 순간순간을 최선을 다해 맡은 바 책임을 다하고 있습니다.

경력기술서
입사지원서에 기술한 경력 사항에 대해 상세히 기술해 주시기 바랍니다.
구체적으로 직무영역, 활동/경험/수행 내용, 본인의 역할 및 구체적 행동, 주요 성과에 대해 작성해주시기 바랍니다.

[2012.02.12~2014.09.19]
윙쉽중공업(주)은 중대형 위그선을 제작하는 위그선 제작 회사입니다.
저는 전장팀에서 사원으로 근무하였으며 다음과 같은 업무를 하였습니다.

첫째, 위그선의 전기설비 및 계측기기에 대한 점검 업무를 하였습니다. 시험비행을 하기 전 안전을 위하여 위그선의 모든 전기설비와 계측기기에 대해 점검이 이루어졌습니다. 위그선의 특성상 사소한 문제라도 발생하면 사람의 생명과 직결되는 것이기 때문에 원칙을 준수하고 꼼꼼히 점검하였고, 위그선 시험비행에 실패할 수 있었던 요인을 발견하여 교체하였습니다. 그 결과 50인승의 위그선이 국내최초로 바다에서 성공적으로 비행하는 것에 기여하였습니다.

둘째, 위그선의 전기 및 계측기기에 대한 설치와 유지보수를 하였습니다. Battery, CT, Inverter, Converter, Fuse 등을 설치하고 점검하였고, 바다에서 정박하는 위그선의 특성상 바닷물에 맞닿는 기기에 대한 고장이 빈번하였습니다. 그래서 Weter Pump, Float Switch, Solenoid Valve 등에 Connector를 조합하여 점검 및 고장 시 교체를 편리하게 하는 데 기여하였습니다.

셋째, 위그선에 장착할 Cable Harness를 제작하였습니다. 수많은 전기, 전자기기에 신호를 주어야 하고 점검이나 교체 시 편리하게 하기 위하여 Cable Harness의 선택은 필수 사항이었습니다. 벤처기업의 특성상 자본이 부족하여 주문제작은할 수 없었고 직접 제작해야만 하는 상황이었습니다. 하지만 도면이나 재료구성에 대한 자료가 부족하였습니다. 그래서 Connector 제작업체인 연합정밀, 동광전자 등에 대리급 사원과 함께 출장을 가서 조언을 구하였습니다. 비록 정석방법이 아닌 변칙방법을 사용하였지만 Cable Harness를 성공적으로 제작하는데 기여하였습니다.

경험기술서
입사지원서에 기술한 직무관련 기타 활동에 대해 상세히 기술해 주시기 바랍니다.
구체적으로 본이이 수행한 활동 내용, 소속 조직이나 활동에서의 역할, 활동 경과에 대해 작성해주시기 바랍니다.

〈소방설비 자동화재시스템 우선경보방식을 설계해보다〉
폴리텍대학 김제캠퍼스 스마트전기과에 입학하여 프로젝트라는 교육과정을 수강하고 있습니다. 팀 프로젝트로 소방설비 자동화재시스템 우선경보방식을 구성해보는 팀 과제를 맡았습니다. 당시에 소방설비기사

(전기) 실기를 준비하고 있었고, 이론적으로만 암기하였던 자동화재시스템 우선경보방식을 직접 설계해봄으로써 확실히 이해할 수 있는 좋은 기회였기에 적극적으로 임하였습니다. 저는 4명으로 구성된 팀의 팀장을 맡았고 팀원들에게 이론적으로 암기하였던 자동화재시스템 우선경보방식에 대하여 설명을 하여 이해시켰습니다. 또한, 자동화재시스템 우선경보방식을 설계하는데 필요한 수신기, 발신기, 경종, 표시등과 같은 재료를 조사하였습니다. 20만원의 예산이 지원되었지만 30만원의 예산이 필요하였습니다. 그 이유는 수신기가 차지하는 비용이 너무나 컸기 때문입니다. 예산에 맞게 과제를 수행하기 위하여 팀원들과 함께 폴리텍 대학의 자재창고를 살펴보았고 다행히도 선배들이 사용하던 수신기를 발견하였습니다. 하지만 우선경보방식을 지원하지 않는 일제경보방식의 수신기였습니다. 문제를 해결하기 위하여 팀원들과 회의를 통해 시퀀스 회로를 이용하여 우선경보방식을 구성하였고, 일제경보방식 수신기와 시퀀스회로를 조합하여 사용하였습니다. 그 결과 20만원의 예산보다 적은 15만원의 예산으로 자동화재시스템 일제경보방식을 설계할 수 있었고, 남은 5만원으로 예산이 부족한 팀을 도울 수 있었습니다. 무엇보다 전기과 반을 대표하는 졸업작품으로 선정되는 큰 성과를 얻었습니다. 이와 같은 경험으로 한국전기안전공사에 입사 후 무슨 일이든 항상 최선을 다하며 노력하는 사원이 되겠습니다.

(2016년도 전기안전공사에 합격한 제자의 자소서 전문)

한국 전기안전공사의 자소서를 보면 NCS형 자소서의 전형을 볼 수 있다. 기존의 일반적 유형의 자소서 항목들은 거의 배제되어있고, 실질적인 업무수행능력과 마인드를 대단히 구체적으로 묻고 있기 때문이다. 이런 자소서는 경험이 많고 열심히 살아온 지원자에게는 대단히 유리하지만, 그렇지 못하고 자신만의 콘텐츠가 별로 없는 지원자들에게는 대단히 불리하다. 만일 자신이 그런 능력과 경험을 갖고 있다면 이 자소서를 쓴 학생이 답변한 예문을 보면서 많은 도움을 받을 수 있을 것이다.

(6) 국도화학

국도화학의 인재상은 다음과 같다. 자소서를 쓰기 전에 반드시 알아야 할 요소이기에 먼저 소개한다.

국도화학은 공기업이 아니라 사기업이다. 그런데도 여기에 국도화학 합격자소서를 실은 것은 위 전기안전공사에 합격한 학생이 국도화학에도 합격했는데, 공기업에서 내세우는 NCS형 자소서와 사기업 자소서와 어떤 차이점이 있는지를 살펴보려는 의도에서다.

4장 합격자소서 분석하기

 아래는 위 전기안전공사에 합격한 학생이 국도화학이란 회사에 같은 해인 2016년도에 지원해서 합격한 자소서이다. 그런데 이 회사는 NCS형 자소서를 표방하지 않는 사기업이다. 그럼에도 불구하고 이 회사의 자소서 양식은 NCS형 자소서와 대단히 흡사하다. 아니 어찌 보면 NCS보다 더욱 까다롭게 지원자에게 여러 가지 다양하고 구체적인 답변을 요구하고 있다. 이것은 대단히 합리적인 방식이라고 생각한다. 그것은 지금까지의 일반적 유형의 자소서 형식을 통해서는 기업이 알고자 하는 구체적 사항을 이끌어내기 힘들어서 기업이 알고 싶은 바를 좀 더 구체적으로 알고자 하기 때문이다.

 공기업에서와 마찬가지로 앞 부분에서는 일반자소서 양식에 가깝게 질문하다가 뒷부분에서는 추가 사항으로 세부 경력사항 등까지 요구하고 있다. 그래서 써야 할 자소서의 분량이 대단히 많고, 상세해서 이러한 자소서를 보면 지원자의 많은 점들을 알 수 있게 된다. 앞으로 '자소서는 이런 방향으로 나아가지 않을까' 조심스럽게 전망해본다. 왜냐하면 이처럼 구체적이고도 다양한 방식의 질문을 함으로써 회사가 특별한 비용을 들이지 않고도 지원자의 여러 가지 측면을 대단히 구체적으로 많이 알 수 있기 때문이다.

225

유비무환 퍼펙트 자소서

필자가 같은 학생의 공기업 합격자소서에 이어 사기업 자소서를 함께 보여주는 것은 이제 일반적인 자소서 방식과 NCS형 자소서 방식을 구분하는 것이 별로 의미가 없어졌다는 것을 밝히기 위함이다. 중요한 것은 NCS형 자소서는 지원자의 구체적인 사항들을 여러 가지 방식으로 대단히 구체적으로 알고자 하는 경향으로 가고 있고, 이제는 일반적인 자소서 유형과 NCS 자소서 유형이 함께 사용되어 지원자로부터 더 많은 내용을 알고자 하는 회사가 많아지고 있다는 사실이다.

국도화학의 자소서 항목들

◆ 성장과정 및 장·단점　　◆ 지향 가치관 및 차별화된 보유 역량(3가지)
◆ 국도화학 지원동기　　　◆ 희망업무 및 비전
◆ 자신의 리더십 소개 및 구체적인 리더십 발휘 사례
◆ 추가 사항 (세부 경력사항 등)

위 공기업의 자소서는 NCS형 자소서였고, 사기업인 국도화학의 자소서는 일반형 자소서였다. 하지만 두 자소서가 그렇게 큰 차이가 없어 보인다. 한번 꼼꼼히 확인해 보자.

먼저 성장과정 및 장·단점을, 그리고 지향가치관 및 차별화된 보유 역량, 지원동기, 희망업무 및 비전, 리더십과 발휘 사례, 세부경력사항 등이다. 일반적인 자소서에 비해 요구사항이 많다. 그리고 인성적 측면에서 리더십 사례와 구체적인 경력이나 경험까지 요구하고 있다. NCS형 자소서와 거의 차이가 없다는 것을 알 수 있다. 이제 각 자소서 항목에 대해 이 학생이 어떻게 대응하고 있는지 살펴보자. 먼저 〈성장과정과 장·단점〉을 쓰라는 것이다. 일반형 자소서의 전형적 질문이다. 일반형 자소서에서 설명한 바와 같이, 성장과정은 자신이 가장 소중하게 생각하는 가치와 그것과 관련된 에피소드를 적으면 되고, 장점과 단점을 쓴다. 이 학생에 대한 사항들은 위에서 많이 언급했으니 각 항목에 맞게 어떻게 진술하고 있는지 살펴보면 된다.

다음 〈지향 가치관 및 차별화된 보유 역량(3가지)〉에서 지향가치관은 성장과정과 중복될 수 있다. 하지만 여기서는 직무수행과 관련되어 자신이 중요하게 생각하는 가치관을 적으면 된다.

이 학생은 '정직 성실 그리고 꼼꼼함'을 쓰고 이 가치관이 직무에서 얼마나 중요한지를 자신의 에피소드를 통해 입증하고 있다.

다음은 〈지원동기〉다. 일반적으로 지원동기는 회사지원동기와 직무지원동기를 쓰면 된다. 그런데 이 학생은 자신의 인성적 장점을 국도화학의 3개의 인재상인, 〈목표의식이 뚜렷하고 도전의식이 강한 사람〉, 〈올바른 가치관을 지닌 사람〉, 〈예절의식이 뚜렷한 사람〉을 통해 설명하고 있다. 이렇게 쓴 이유 중 하나는 바로 밑의 항목이 희망업무 및 비전이기 때문이다. 여기서 희망업무 및 비전은 현재의 업무적합성과 미래비전을 뜻하므로, 일반형 자소서로 보자면 지원동기 및 입사 후 포부에 해당한다. 하지만 필자가 보기에 이런 경우, 지원동기에는 현재의 업무적합성을 쓰고 희망업무 및 비전에서는 희망업무를 쓴 다음, 그 업무에서의 전문성을 위한 10년 계획을 쓰는 게 더 나았으리라 본다. 이 학생이 쓴 지원동기를 보면 회사의 인재상에 맞는 사람이라는 점을 강조하기 위해 각 인재상을 쓰고 거기에 대한 답을 쓰고 있는데 인재상과 답변이 매치되지 않는 점이 있다. 첫 번 째와 두 번 째는 무난한 편이지만, 3번째 인재상인 〈예절의식이 뚜렷한 사람〉에 대한 답변이 서로 맞지 않고 있기 때문이다.

〈희망업무 및 비전〉에서 이 학생은 자신의 장점을 크게 부각시키지 못하고 있다. 위의 지원동기에서 자신의 직무적합성을 보여주지 못했기 때문에 이 항목에서 직무적합성과 비전을 함께 보여주려고 하니 기술할 공간이 너무 협소해서 결국 직무적합성을 잘 보여주지 못한 결과를 초래하게 된다.

〈자신의 리더십 소개 및 구체적인 리더십 발휘 사례〉항목에서는 리더십과 그것을 입증할 에피소드를 적어주면 된다. 이 학생은 자신의 경험을 살려 적절한 답변을 하고 있다.

마지막으로 〈추가 사항 (세부 경력사항 등)〉은 경력사항과 관련해서 좀 더 자세한 이야기를 해서 지원자가 직무를 수행하는데 적합한지를 설득해보라는 것이다. 이 학생은 자신의 경력을 쓰고 그런 과정에서 자신이 보인 장점과 성과를 잘 제시하고 있다. 이제 아래 자소서를 통해 지금까지 설명한 내용을 잘 살펴보기 바란다.

2016년도 국도화학 합격자 자소서(위 전기안전공사 합격자와 동일인임)

◈ 성장과정 및 장·단점

〈아버지의 노력〉

사랑이 많으신 부모님 슬하에 2남 1녀 중 첫째로 태어났습니다. 생활이 넉넉하지는 못해도 물질적인 것보다는 정신적인 삶의 가치를 두고 추구해 오셨던 부모님의 신념은 우리 3남매에 많은 영향을 미쳤고, 저 역시 정직과 성실을 최우선이라 여기며 생활하고 있습니다. 일정한 시기에 수입을 주는 직장을 가지지 못하셨던 아버지께서는 공사장 일용직으로 몇 년간 일하시다 좋은 인연으로 건설회사에 들어갔습니다. 늦은 나이에도 방수자격증을 따시고 회사 내 방수분야에서 누구나 알아주는 존재가 되셨습니다. 전라북도에서 유일하게 하실 수 있는 방수방식이라고 자랑하시면서 밝게 웃으시며 직장생활을 하시는 아버지를 보면서 노력을 인정받는 것은 큰 보람과 짜릿함을 안겨준다는 사실을 저에게 상기시켰습니다. 이러한 영향으로 저는 무슨 일이든 책임감을 가지면서 최선을 다합니다.

〈끈기와 열정〉

해병대를 전역 후 대학에 복학하여 2학년 1학기에 위그선 제작업체인 윙쉽중공업에 취업하였습니다. 회사의 비전과 성장성을 보고 열심히 일을 하였지만 급여가 1년간 지급되지 않았습니다. 이러한 상황에서 100여명의 직원들은 다 떠나고 저를 포함하여 단 5명이서 회사를 이끌어 나갔습니다. 단순히 돈만 보고 들어왔다면 남들처럼 1~2개월 급여가 지급되지 않았을 때 퇴직할 수 있었지만 아직 젊고 경험과 기술을 배우기 위해 회사에 끝까지 남는 선택을 하였습니다. 또한 부족한 이론적인 지식을 보충하기 위하여 전기산업기사를 공부하여 취득하였습니다.

〈지나친 열정으로 인한 조심성 부족〉

'일단 뭐든 해보자'라는 생각을 가지고 있기 때문에 조심성이 부족합니다. 콘크리트 바닥에서 10M 높이의 위그선 꼬리날개 부분에서 커넥터를 설치하였던 적이 있었습니다. 사정이 있어 빠른 시간 안에 해야 했던 작업이였지만 안전장비가 지급되지 않아 시간이 지연되었습니다. 하지만 저는 안전장비를 착용하지 않고 혼자 올라가 작업을 하여 제 시간 안에 끝낼 수 있었습니다. 뿌듯함에 작업을 마치고 내려왔지만 오히려 팀장님께 "지금 직면한 문제는 해결 할 수 있었지만, 안전장비를 착용하지 않아 사고가 일어났다면 더 큰 문제가 발생할 수 있었다" 라며 꾸중을 들었습니다. 이러한 경험을 바탕으로 저는 매 사에 한 박자 느리게 생각하며 조심성을 가지려고 노력하고 있습니다.

◈ 지향 가치관 및 차별화된 보유 역량(3가지)

〈정직과 성실 그리고 꼼꼼함〉

윙쉽중공업의 전장팀에서 근무를 할 때, 위그선 제작에 성공하여 시험비행을 하는 날에 있었습니다. 시험비행을 하기 전 날 최종 점검시 워터펌프가 정상적으로 작동하는지, 각종 계측 기구에 전원은 정상적으로 공급되는지 등을 확인하기 위하여 점검을 하고 있었습니다. 시간이 길어지고 퇴근시간을 넘기자 같이 일하던 의장 팀의 동료가 "설마 무슨 일 있겠어? 집에 갈 시간이니 그만하고 가자"라며 점검을 끝내자 재촉하였습니다. 하지만 아직 확인하지 못한 점검 사항도 남았고, 위그선의 특성상 자칫 사소한 문제라도 발생하면 사람의 생명과 직결되는 문제이기 때문에 끝까지 남아 점검하였습니다. 그 결과 선체 밑에 공기를 주입해주던 에어호스에서 구멍이나 바람이 새는 걸 확인하였고, 팀장님께 보고하여 교체하였습니다. 다음 날 위그선은 바다에서 성공적으로 날아 시험비행에 성공하였고, 전 직원은 환호성을 질렀습니다. 그리고 회식 때 팀장님께서 "시험비행에 실패할 수 있었던 요인을 발견해줘서 고맙다"는 말 한마디가 아직도 잊혀 지지가 않습니다. 이러한 경험을 바탕으로 소속된 집단에서 자신의 맡은 바 임무를 성실하고, 정직하게, 꼼꼼하게 하는 것이 큰 보람과 짜릿함을 안겨 준다는 사실을 알게 되었습니다. 그리하여 매 순간순간을 최선을 다해 맡은 바 책임을 다하고 있습니다.

◆ 국도화학 지원동기

2015년 11월 폴리텍대학 김제캠퍼스 스마트전기과에 재학 당시 국도화학 관계자분께서 채용설명을 하러 오신 적이 있었습니다. 무엇보다도 국도화학의 지속적인 성장가능성과 인재를 중요시 한다는 말씀에 매료되었고, 국도화학의 인재상인 '목표의식이 뚜렷하고 도전의식이 강한 사람', '올바른 가치관을 가진 사람', '예절의식이 뚜렷한 사람'에 부합한 인재라 생각하여 지원하게 되었습니다.

〈목표의식이 뚜렷하고 도전의식이 강한 사람〉

윙쉽중공업에 재직 당시 전기업무를 함에 있어서 제 자신이 이론적으로 부족하다는 느낌을 받았습니다. 그래서 전기업무를 함에 있어서 필수 역량인 '전기기사'와 '전기공사기사'를 취득하기로 목표를 잡았고, 한국폴리텍 대학 김제캠퍼스 스마트전기과에 입학하였습니다. 반대표를 맡으면서 학과 업무와 자격증 취득 두 가지중 어느 하나를 잠시 내려놓고 가내는 것은 상당한 스트레스로 다가왔습니다. 하지만 저는 뚜렷한 목표의식과 도전의식으로 두 가지 모두를 잡기 위하여 잠자는 시간을 줄이면서 까지 매일 새벽2~3시까지 자격증 공부와 학과 공부를 하였습니다. 그 결과 4.39라는 우수한 성적을 받을 수 있었고, 그토록 소망하던 '전기기사'와 '전기공사기사'를 취득할 수 있었습니다. 또한 지속적으로 노력한 결과 '소방설비기사(전기)' 분야까지 취득하는 쾌거를 이뤘습니다.

〈올바른 가치관을 지닌 사람〉

전 직장인 윙쉽중공업에 재직 당시 회사 사정이 어려워져 급여를 1년 여간 지급받지 못하였습니다. 100여명이었던 직원들은 1~3달 급여기 지급되지 않았을 때 다 퇴직하였고, 저를 포함하여 단 8명만이 남아 회사를 이끌어 나갔습니다. 또한, 당직근무를 서야 하는 상황에서도 자처하여 제 사비를 이용해 당직근무를 하였습니다. 비록 회사는 어쩔수 없이 폐업했지만 이러한 경험이 저 개인보다는 회사를 먼저 생각하고 참고 견디며, 끊임없이 노력하는 사고를 보여주는 사례라고 생각합니다 국도화학에 입사하여서도 저 자신보다는 회사를 먼저 생각하는 건전한 사고를 가진 인재가 될 것을 장담합니다.

〈예절의식이 뚜렷한 사람〉

정직을 바탕으로 주어진 업무에 책임을 지고 완수하여 회사의 발전을 물론 국도의 이미지를 드높일 수 있는 사람입니다. 전 직장인 윙쉽중공업에 재직 당시 저에게 주어진 점검업무를 책임을 지고 정직하고 꼼꼼하게 점검한 결과 시험비행에 실패할 수 있었던 요인을 발견하여 교체하였고, 그 결과 위그선이 성공적으로 바다에서 비행하는데 기여하였습니다.

이처럼 저는 국도화학의 인재상에 부합하는 인재라 생각합니다. 국도화학에 입사할 기회를 주신다면 그 누구보다도 끊임없이 노력하며 도전할 것이며, 저 개인보다는 회사를 먼저 생각하는 올바른 사고를 가질 것이고, 맡은 바 임무에 책임을 다하는 인재가 될 것을 약속드리겠습니다.

◈ 희망업무 및 비전

〈최고의 전기관리 감독자가 되겠습니다〉

제가 희망하는 업무는 전기업무입니다. 저는 2년 8개월간 위그선을 제작하는 업체에서 전기업무를 담당했으며, 전기 실무능력과 함께 동료와의 소통, 그리고 좋은 대인관계를 유지하는 법을 배웠습니다. 또한, 제게는 국도화학에 입사 후 전문요원으로 거듭나기 위한 10년 계획이 있습니다. 입사 후 전기 팀의 막내로서 궂은 일도 마다하지 않을 것이며, 꼼꼼한 일 처리와 즐거운 팀 분위기를 만들기 위해 노력할 것입니다. 이와 동시에 부족한 화학분야의 지식과 자격을 채워나가며 국도화학에 꼭 필요한 인재가 될 것입니다. 5년 후에는 지금까지 쌓아온 지식과 경험으로 선배님들에게는 인정받는 후배, 후배들에게는 업무는 물론이고 업무 외적으로도 회사생활에 도움을 주는 존경받는 선배가 되겠습니다. 10년 후에는 전기 분야에서 업무능력을 인정받아 최고의 전기 관리감독자가 되어 국도화학이 세계 최고의 화학기업이 되는데 헌신하겠습니다.

◈ 자신의 리더십 소개 및 구체적인 리더십 발휘 사례

〈소방설비 자동화재시스템 우선경보방식을 설계해보다〉

폴리텍 대학 김제캠퍼스 스마트전기과에 입학하여 프로젝트라는 교육과정을 수강하였습니다. 팀프로젝트로 소방설비 자동화재시스템 우선경보방식을 구성해보는 팀 과제를 맡았습니다. 당시에 소방설비기사(전기) 실기를 준비하고 있었고, 이론적으로만 암기하였던 자동화재시스템 우선경보방식을 직접 설계해봄으로써 확실히 이해할 수 있는 좋은 기회였기에 적극적으로 임하였습니다. 저는 4명으로 구성된 팀의 팀장을 맡았고 팀원들에게 이론적으로 암기하였던 자동화재시스템 우선경보방식에 대하여 설명을 하여 하나하나 이해시켰습니다. 또한, 다른 팀과는 달리 AutoCAD를 이용하여 도면을 구성하여 차별성을 두었고, 자동화재시스템 우선경보방식을 설계하는데 필요한 수신기, 발신기, 경종, 표시등과 같은 재료를 조사하였습니다. 20만원의 예산이 지원되었지만 30만원의 예산이 필요하였습니다. 그 이유는 수신기가 차지하는 비용이 너무 컸기 때문입니다. 예산에 맞게 과제를 수행하기 위하여 팀원들을 이끌고 폴리텍대학의 자재창고를 살펴보았고, 다행이 선배들이 사용하던 수신기를 발견하였습니다. 하지만 우선경보방식을 지원하지 않는 일제경보방식의 수신기였습니다. 문제를 해결하기 위하여 팀원들과 회의를 통하여 시퀀스 회로를 구성하였고, 일제경보방식 수신기와 시퀀스회로를 조합하여 사용하였습니다. 그 결과 20만원의 예산보다 적은 15만원의 예산으로 자동화재시스템 일제경보방식을 설계할 수 있었고, 남은 5만원으로 예산이 부족한 다른 팀은 도울 수 있었습니다. 무엇보다도 전기과 반을 대표하는 졸업작품으로 선정되는 큰 성과를 얻었습니다. 이와 같은 경험으로 국도화학에 입사 하여서도 무슨 일이든 항상 최선을 다하며 노력하는 사원이 되겠습니다.

4장 합격자소서 분석하기

◆ 추가 사항 (세부 경력사항 등)

[2012. 02. 12~ 2014. 09. 19]

윙쉽중공업(주)는 중대형 위그선을 제작하는 위그선 제작 회사입니다.
저는 전장팀에서 사원으로 근무하였으며 다음과 같은 업무를 하였습니다.

첫째, 위그선의 전기설비 및 계측기기에 대한 점검 업무를 하였습니다. 시험비행을 하기 전 안전을 위하여 위그선의 모든 전기설비와 계측기기에 대해 점검이 이루어졌습니다. 위그선의 특성상 사소한 문제라도 발생하면 사람의 생명과 직결되는 것이기 때문에 원칙을 준수하고 꼼꼼히 점검하였고, 위그선 시험비행에 실패할 수 있었던 요인을 발견하여 교체하였습니다. 그 결과 50인승의 위그선이 국내 최초로 바다에서 성공적으로 비행하는 것에 기여하였습니다.

둘째, 위그선의 전기 및 계측기기에 대한 설치와 유지보수를 하였습니다. Bettey, CT, Inverter, Converter, Fuse 등을 설치하고 점검하였고, 바다에서 정박하는 위그선의 특성상 바닷물에 맞닿는 기기에 대한 고장이 빈번하였습니다. 그래서 Water Pump, Float Switch, Solenoid Valve 등에 Connector를 조합하여 점검 및 고장시 교체를 편리하게 하는데 기여하였습니다.

셋째, 위그선에 장착할 Cable Harness를 제작하였습니다. 수많은 전기, 전자기기에 신호를 주어야 하고 점검이나 교체 시 편리하게 하기 위해 Cable Harness의 선택은 필수 사항이었습니다. 벤처기업의 특성상 자본이 부족하여 주문제작은 할 수 없었고 직접 제작해야만 하는 상황이었습니다. 하지만 도면이나 재료구성에 대한 자료가 부족하였습니다. 그래서 Connector 제작업체인 연합정밀, 동광전자 등에 대리급 사원과 함께 출장을 가서 조언을 구하였습니다. 비록 정석방법이 아닌 변칙방법을 사용하였지만 Cable Harness를 성공적으로 제작하는데 기여하였습니다.

(2016년도 국도화학에 합격한 제자의 자소서 전문)

국도화학의 자소서를 보면 일반형 자소서 양식과 NCS형 자소서가 혼합되었음을 알 수 있다. 〈성장과정 및 장·단점〉, 〈국도화학 지원동기〉, 〈희망업무 및 비전(지원동기 및 포부와 같음)〉은 일반형 자소서와 똑 같고, 〈지향 가치관 및 차별화된 보유 역량(3가지)〉, 〈자신의 리더십 소개 및 구체적인 리더십 발휘 사례〉와 〈추가 사항 (세부 경력사항 등)〉은 NCS형 자소서와 거의 유사하기 때문이다. 바로 위에 소개된 전기안전공사의 자소서는 NCS형 자소서의 전형적 형태라고 할 수 있는데, 바로 이 국도화학의 자소서는 두 가지 유형의 혼합이다. 그런데 NCS형 자소서에서 썼던 내용으로 국도화학의 자소서도 똑 같이 채울 수 있다. 이런 점을 볼 때 NCS형 자소서와 일반형 자소서의 차이가 크지 않다는 것을 알 수 있다.

(7) 한국가스기술공사(Kogas-Tech)

한국가스기술공사의 인재상은 '도전과 열정과 고객문제해결에 유능한 사람'이다. 이러한 인재상을 생각하면서 자소서 작성을 준비하고 자소서를 작성해야 할 것이다. 하지만 자소서 양식 자체가 인재상과 직접적으로 관련되는 요소는 크게 눈에 띄지 않는다.

2016년도 한국가스기술공사에 합격한 학생의 자소서를 통해서 한국가스기술공사의 자소서에 대응할 수 있는 방법을 찾아 보자. 먼저 자소서 항목들을 살펴본다.

한국가스기술공사의 자소서 항목들

1. 귀하의 교육/훈련 경험이 지원하는 업무와 어떤 관련성이 있는지 기술해 주십시오(300자)
2-1. 지원한 직무와 관련한 경력이나 경험의 활동 내용을 기술해 주십시오(200자)
   ※ 경력 기재한 경우에 한하여 입력
3. 최근 5년 이내 자신의 부족한 점을 보완하기 위해 6개월 이상의 지속적인 노력을 기울였던 경험에 대해 작성하여 주십시오(1000자)

경험기술서

1. 한정된 자원을 활용하여 최상의 결과를 얻었던 경험을 다음의 세부 항목에 따라 작성해 주십시오.
2. 꼼꼼하게 자료를 정리하여 실수 없이 일을 처리하였던 경험을 다음의 세부 항목에 따라 작성해 주십시오.

자소서 항목들의 전반적인 특징을 살펴보면, 한국가스기술공사 자소서는 업무를 원활하게

처리하기 위한 과거의 구체적인 경험을 중시한다는 것을 알 수 있다. 직무수행능력이 어느 정도를 이끌어내기 위한 NCS형 자소서의 또 다른 전형이라 할 수 있다. 경험기술서에서 특이한 점은 모두 100자를 요구하고 있다. 그래서 아주 구체적인 사실을 쓸 수밖에 없다. 그리고 대부분의 자소서 글자제한수가 3번을 제외하고는 300자를 넘지 않는다. 이런 경우에는 자신이 쓰고 싶은 내용을 일단 모두 쓴 다음, 글자수에 맞게 줄여나가는 방식이 좋다. 필요한 내용은 가급적 모두 기술해야하기 때문이다. 그런데 2번의 경우 경력을 기재한 경우에 한하여 입력하라고 했는데, 이 학생은 경력을 기재하지 않아, 2번은 기재하지 않았다.

그리고 다음에 이어지는 경험기술서에서는 해당 직무 수행과 관련된 구체적 질문을 하고 있으며, 이에 대해 간략히 답변하면 된다. 이러한 질문은 직무수행능력을 직접적으로 보여줄 수 있는 요구이기 때문에 구체적이고 상세하게 기술하면 된다.

이제 이 학생의 대응을 살펴보자. 1번 항목에 대해 이 학생은 업무와 관련된 경험을 대학 수업시간을 통해 배우게 된 능력위주로 쓰고 있다. 직무적합성을 주장하기 위한 3가지 방법들인 학교수업, 자격증, 실무경력 중 하나를 활용하고 있다. 3가지 요소 중 다른 요소가 더 있다면 나머지 것도 요약해서 함께 넣어야한다. 2번 항목에 대해서 이 학생은 경력을 기재하지 않아 빈칸으로 남겨두고 있다. 만일 경력을 기재한 경우라면 200자 내외니까 아주 핵심적인 내용만 간추려서 쓰면 된다. 3번 항목은 자신의 부족한 점을 위해 집중적으로 노력한 경험을 쓰라는 것인데, 이 학생은 영어실력을 향상시키기 위해 필리핀에서 영어연수를 한 경험과 그러한 공부를 더 심화시키고 그 교육에서의 문제점을 보완하기 위해 한국에 와서도 EBS강의를 듣는 등 지속적인 노력을 기울인 것을 쓰고 있다. 무언가 지속적인 노력을 기울였다는 점이 상대에게 좀 더 설득력을 얻기 위해서는 어떤 경험을 시작하는 과정에서의 모티베이션 과정을 좀 더 상세히 써야 그 다음 기술되는 내용이 좀 더 설득력있게 들린다.

그 다음에 이어지는 경험기술서들을 살펴보면, 어떤 경험을 수행하는 과정에서 발생되는 문제들을 해결하기 위해 얼마나 구체적인 경험을 했는지를 정말 취조하듯이 상세히 묻고 있다. 이런 정도로 하나의 경험에 대해 상세하게 물어야 그 경험을 수행하는 지원자의 자세나 대응노력에서의 의지와 효율성, 그리고 일관된 노력 등에 대해 알 수 있다. 이러한 식의 질문은 구체적인 경험이 없다면 쓸 수가 없다. 사원을 뽑을 때 직무적합성을 중요시하는 경향이 지속된다면 앞으로 NCS형의 자소서는 이런 방식이 주류가 될 것으로 생각한다. 이런 요구에 대해 이 학생은 적절히 대응하고 있다. 아래 자소서 전문을 통해 이런 점을 직접 확인해 보기 바란다.

한국가스기술공사(Kogas-Tech) 자소서

1. 귀하의 교육/훈련 경험이 지원하는 업무와 어떤 관련성이 있는지 기술해 주십시오(300자)

학교 교육과정이었던 설비보전실습 및 설비진단의 이론수업을 통해 제가 지원한 정비 분야에서의 산업설비의 이론적 지식과 유지보수능력을 갖추게 되었습니다. 실습과정에서 감속기 분해조립을 하면서 정비하는데 필요한 실무경험을 쌓아갔고 분해한 각 기계별 요소들을 손으로 직접 그려봄으로써 기계도면을 이해하는 과정을 밟았습니다. 또한 공유압 장비를 전기회로를 통해 작동시켰고 동작원리 및 오동작원인을 찾아내는 능력을 갖춰갔습니다. 제가 밟아왔던 경험들은 귀사의 직무능력인 설비능력에 필수적인 요소들이라고 확신합니다.

2-1. 지원한 직무와 관련한 경력이나 경험의 활동 내용을 기술해 주십시오(200자)
  ※ 경력 기재한 경우에 한하여 입력

2-2. 해당 조직이나 활동에서 본인이 맡았던 역할을 기술해 주십시오(200자)
  ※ 경력 기재한 경우에 한하여 입력

2-3. 해당 경험이 한국가스기술공사 입사 후 업무수행에 어떠한 도움을 줄 수 있을지 기술해 주십시오(200자)
  ※ 경력 기재한 경우에 한하여 입력

3. 최근 5년 이내 자신의 부족한 점을 보완하기 위해 6개월 이상의 지속적인 노력을 기울였던 경험에 대해 작성하여 주십시오(1000자)

3년 전, 군 제대 후 글로벌 사회를 살아가는데 필수적인 영어실력이 부족한 제 자신을 직감한 후 필리핀 어학연수를 3개월간 다녀오게 되었습니다. 언어능력은 꾸준히 학습해야 좋은 결과를 얻을 수 있지만 작은 기간에 큰 효과를 내고 싶은 마음에 고지대에 위치한 바기오지역에 스케줄이 빡빡하게 잡힌 HELP어학원을 선택했습니다. 한국 사람들이 많아서 영어만 쓰기에는 환경이 좋지는 않았지만 학원 규칙에 따르면 학원 내에는 꼭 영어를 써야한다는 점을 고려해서 한국 사람끼리 힘들더라도 영어로 소통하였습니다. 평일에는 학원 수업시간이 저녁까지 잡혀있고 영어로만 소통해야 된다는 답답한 부분이 있었지만 할 수 있다는 마음으로 성실하게 결석 없이 학원수업을 들었습니다. 주말에는 자유시간이 주어졌습니다. 이 시간도 필리핀에 있는 동안에는 무의미하게 보낼 수 없다는 생각을 하게 되었습니다. 주말도 수업에 연장이라는 마음가짐으로 필리핀 학원 현지교사와 밖을 돌아다니면서 외국인과의 친분을 쌓아가는 것과 동시에 영어실력을 향상시키는데 꾸준한 노력을 했습니다. 이렇게 지내다보니 3개월이 훌쩍 지나가버렸고 한국으로 돌아오는 과정에서 기내 안에 두 명의 금발외국인이 영어로 말을 건넸습니다. 하지만 대부분의 말을 알아들을 수 없었고 확실히 서양영어 발음이 동양영어와 틀리다는 것을 느끼게 되었습니다. 3개월만의 영어 배움의 노력이 한순간 물거품이 된 것 같은 느낌이었지만 한국에서도 꾸준히 영어를 공부하고 싶어진 계기가 되었습니다. 귀국 후 영어를 직접 말하는 기회는 주어지지 않았지만 ebs라디오방송에서 무료로 제공되는 '귀가 트이는 영어'를 청취를 했습니다. 또한 외국영화를 자막 없이 보기도 하면서 영어듣기능력을 위해 노력했습니다. 언어는 꾸준하게 노력해만이 실력이 늘 수 있기 때문에 영어공부는 꾸준하게 학습할 것이고 포기하지 않을 것입니다.

경험기술서

1. 한정된 자원을 활용하여 최상의 결과를 얻었던 경험을 다음의 세부 항목에 따라 작성해 주십시오.

A. 언제, 어디에서 겪은 경험이었습니까?(100자 이내)

올해 폴리텍 대학 2학년 재학 중 그룹별로 프로젝트 실습을 하는 시간에 선배님들의 작년 졸업 작품의 재료들과 지원금을 통해 졸업 작품을 만드는 과제를 수행하였습니다.

B. 자원은 얼마나 부족하였으며 그 이유는 무엇이었습니까?(100자 이내)

학교에서는 10만원 범위 내에 재료를 사라고 했지만 원하는 공정을 조립하기 위해서는 10만원이 넘는 재료비가 필요했습니다.

C. 한정된 자원을 어떻게 활용하였고, 이 때 가장 중요하게 고려하였던 점은 무엇이었습니까? (200자 이내)

단순 직선운동만하는 전 후진 실린더와 주어진 부품의 조립으로도 물품을 옮기는 공정을 만들 수 있었습니다. 특수 실린더 보다는 제어를 더 추가해야하는 것과 단순해 보이는 공정이라는 단점이 있었지만 주어진 상황에서 경제적인 부분을 가장 중요하게 생각하면서 조립해나갔습니다.

D. 어떤 결과를 얻었으며, 이 경험에서 얻은 교훈은 무엇이었습니까?(100자 이내)

단순한 공정이었지만 완벽한 조립 후 동작되었습니다. 이 경험으로 정비하는데 있어서도 단순정교하게 주어진 공구를 이용하여 작업을 수행해 나갈 것입니다.

2. 꼼꼼하게 자료를 정리하여 실수 없이 일을 처리하였던 경험을 다음의 세부 항목에 따라 작성해 주십시오.

A. 언제, 어디에서 겪은 경험이었습니까?(100자 이내)

3년 전 군 복무 중에서 국방부 근무지원단 부대에서 상병으로 분대장을 달았고 이 시기에 저는 당직병으로 근무를 서게 되었습니다.

B. 그 일은 구체적으로 어떤 내용이었으며 귀하는 어떻게 그 일을 하게 되었습니까?(100자 이내)

분대장으로써 당직근무를 서게 되었고 공병 부대였기 때문에 근무시간동안 꼼꼼하게 국방부 시설 상황일지들을 정리해야했고 그를 토대로 직속상관님께 보고해야했습니다.

C. 자료를 꼼꼼하게 정리하기 위해 본인은 어떤 노력을 하였습니까?(200자 이내)

당직 근무하기 전, 소방분대에 상황을 직접 분대장에게 보고받은 후 상황일지에 자세히 기록하였습니다. 근무 중에도 사소한 전화가 올지라도 발신자 이름과 상황을 자세히 기록하였고 당직사관님에게 보고하였습니다. 또한 각 팀마다 야간에 수행하는 업무를 정확히 분석했고 ppt를 작성요령법도 배워나갔습니다.

D. 일의 결과는 어떠하였으며 이 경험에서 귀하는 어떤 교훈을 얻었습니까?(100자 이내)

오류와 오차 없이 직속상관님에게 보고드릴 수 있었습니다. 이 경험으로 기술자에게도 필요한 꼼꼼한 자세로 오차 없이 제가 한 일들을 상사에게 보고드릴 것입니다.

3. 다양한 정보를 활용하여 일을 진행했던 경험을 다음의 세부 항목에 따라 작성해 주십시오.

A. 언제, 어디에서 겪은 경험이었습니까?(100자 이내)

이번 년도 폴리텍대학 수업 중 센서 기계를 조사 후 발표하는 과제가 있었습니다.

B. 구체적으로 어떤 일을 진행하고 있었습니까?(100자 이내)

ppt자료를 만들어서 제가 맡게 된 전기 센서를 조사 후 학생들에게 발표하는 과제였습니다.

C. 어떤 정보를 활용하였고 그 정보는 어떻게 얻었습니까?(200자 이내)

인터넷에 전기 센서를 검색해보니 자료가 많이 나오지 않았습니다. 그래서 전기를 전공하고 있는 친구에게 물어보았고 전기 센서를 용도별로 구분하는 명칭은 전류센서 라는 것을 알게 된 후 대안으로 전류센서를 인터넷에 조사하게 되었고 충분한 자료들이 나왔습니다.

D. 그 일의 결과는 어떠하였고, 이 경험에서 어떤 교훈을 얻었습니까?(100자 이내)

친구 덕분에 발표과제를 잘 마무리 할 수 있었습니다. 이 경험으로 단순한 인터넷 검색은 정보를 얻는데 있어서 한계가 있다는 것을 알게 되었습니다.

(2016년도 한국가스기술공사에 합격한 제자의 자소서 전문)

위 자소서를 읽어보면서 질문이 얼마나 구체적이고 질문 자체가 실질적인 능력을 묻는데 집중되어있는지 확인했을 것이다. 결국 한국가스기술공사의 자소서 또한 NCS유형 자소서의 전형이라 할 수 있다. 하지만 자신의 능력과 경험이란 콘텐츠가 어느 정도 갖춰져 있다면 이런 식의 NCS형 자소서가 작성하기 훨씬 쉽다. 자소서에서 기업의 의도를 신경쓰지 않고 있는 그대로 기술하면 되기 때문이다. 하지만 자신이 그러한 능력과 경험을 갖추지 못했다면 그것을 보충하는데 충분한 시간과 노력을 투자해야 할 것이다.

(8) 한국수자원공사(K-Water)

한국수자원공사의 인재상은 열정인, 순수인, 창조인이다. 이러한 인재상 중 자신에게 가장 맞는 항목을 골라 그것과 관련된 에피소드를 모은 다음, 자소서를 작성하도록 하자.

다음은 한국수자원공사에 2015년도에 합격한 학생의 자소서이다. 먼저 자소서 항목을 살펴보면, 가치관 및 성장과정, 성격의 장·단점, 응시직무와 준비정도, 지원동기 및 입사 후 포부, 그 다음 경험기술서로 인재상과의 부합 여부, 자신의 삶에 영향을 끼친 경험, 열정을 쏟은 경험 등을 진술하라는 것이다. 그야말로 기존 자소서의 모든 것을 망라했고, 거기에다 자신의 경험을 두 가지로 요구하고 있다. NCS형 자소서의 전형이라 할 수 있다.

한국수자원공사(K-Water)의 자소서 항목들

가치관 및 성장과정

유비무환 퍼펙트 자소서

장·단점 및 성격적 특성

응시과목 관련 주요 관심분야 및 전문지식 습득 노력

K-water 지원동기 및 입사포부

경험 기술서(항목별 700자 이내 / 20줄 이내 작성)

1. 인재상(순수, 열정, 창조) 중 자신과 가장 잘 부합하는 것을 선택한 후 팀(조직) 경험과 함께 기술해 주시오

2. 자신의 삶에 영향을 미친 가장 중요한 사건이나 경험을 설명하고, 그것이 어떠한 영향을 주었는지 기술해 주시오.

3. 학업 이외에 본인이 관심과 열정을 가지고 했던 다양한 활동 중 가장 자기 주도적으로 계획을 수립하고, 추진했던 경험을 기술해 주시오.

첫 번째 가치관 및 성장과정은 성장과정이 가치관과 관련되는 것이라는 사실을 웅변하고 있다. 이 학생은 자신의 캐릭터를 강조하는 게 아니라, 업무와 관련해서 자신이 전기엔지니어의 꿈을 가지게 된 계기를 쓰고, 엔지니어로서 최선을 다하는 직업적 가치관을 갖고 있다는 점을 강조하고 있다. 이런 식으로 성장과정을 업무와 관련짓는 방식 또한 권장할만하다.

다음, 성격의 장·단점을 쓰라는 요구에 이 학생은 장점만 쓰고 있으며 무난한 정도로 쓰고 있다. 그런데 단점을 쓰지 않고 있다. 이 학생의 경우 장점 에피소드가 너무 길다. 이것을 간단

히 줄이고, 단점과 그것을 고치기 위한 노력을 써 넣었어야 한다고 본다.

다음, 자신의 희망직무와 관련해서 이 학생은 관련 직무와 관련된 노력이 고등학교 때부터였다는 점을 강조하여 일관된 노력을 강조하고 있다. 일찍부터 자신의 미래 직업을 선택하고 공부했기에 관련 내용을 재밌게 공부하였다는 점과 구체적으로 어떤 점을 중점적으로 공부했고, 어떤 자격증을 땄는지도 상술하고 있다. 그런 다음, 마지막으로 더욱 노력하겠다고 강조하며 끝맺고 있다. 이렇게 지속적인 관심과 노력을 기울여서 오랜 기간 준비했다는 점을 강조하는 방식은 신뢰를 얻을 수 있는 좋은 방법이라고 생각한다. 자신의 지나온 학력과 경력에서 공통점을 찾아내서 그런 점을 파고드는 방법은 자신의 관심과 노력의 일관성을 입증할 수 있는 좋은 접근방법이라고 생각한다.

다음, 지원동기 및 입사 후 포부인데, 이 학생은 "안정적으로 생산된 전기로 공익을 위해 일하는 사람이 되는 것이 저의 엔지니어로서의 목표"라는 비전적 직업관을 보여주고 있고, 1만 시간의 법칙을 얘기하면서 노력의 중요성을 강조하고 있다. 하지만 이 부분은 지나치게 일반적이고 자신의 특성을 제대로 드러냈다고 보기는 힘들다. 자신의 지원동기가 엔지니어로서의 직업관이라고 한다면, 입사 후 포부는 그것을 실천할 수 있는 구체적 방법을 연차별로 제시했어야 한다고 본다. 만일 그렇게 썼다면 더 좋은 자소서가 되었을 것이다.

다음, 경험기술성에서 인재상 중 창조를 골라서 자신이 거기에 맞는 인재임을 설명하고 있는데 자격증을 따는 과정에서 더 높은 효율을 위해 지원자가 몇몇 친구들을 집중적으로 가르치기 시작했다고 주장하고 있다. 그래서 결과가 좋았고, 이런 결과를 통해 방법을 바꿔보면 좋은 결과가 나올 수도 있으니 다양한 방법을 모색하는 것이 그 뒤의 공부에서도 효율을 위해 좋았다고 주장한다. 그런데 '친구들에게 무엇을 집중적으로 가르쳤는지', 그러니까 '이 학생이 창조적이라고 주장한 행위가 어떤 것이었는지'를 구체적으로 명시했더라면 더 좋은 자소서가 되었을 것이다.

다음, 경험기술서 중 삶에 영향을 끼친 중요한 사건에 대해 쓰라는 것이다. 이런 방식의 자소서 항목은 상당히 많다. 이것은 자신의 삶을 송두리째 바꿔서 삶의 방향이 전혀 다른 식으로 발전한, 터닝포인트가 되었던 사건을 쓰라는 것이다. 여기서 중요한 것은 그 사건

이전의 상황과 그 때의 자신의 가치관을 언급한 뒤, 그 사건 이후로 이러한 가치관이 변했고, 그 뒤 더욱 열심히 노력해서 대단히 긍정적이고 발전적으로 변화되었음을 강조해야 한다. 이 학생의 경우는 전기를 선택한 것이 자신에게 가장 중요한 결정이었음을 강조하고 있고, 그 뒤로 그것을 위해 적극적으로 노력해서 나타나는 성과를 집중 조명하고 있다. 적절한 접근이었다고 본다.

다음, 열정을 다한 체험을 쓰라는 요구에 대해 이 학생은 동아리 진로탐색 체험을 쓰고 있다. 그런데 조를 이뤄서 과제를 수행하는데 참여도가 떨어질 때쯤 서로 협력하지 못해서 그런 결과가 나왔음을 깨닫게 되었고 그래서 역할분담을 통해 과제를 수행함으로써 좋은 결과를 가져왔다는 식으로 마무리하고 있다. 이 학생은 무언가 문제가 발생했을 때 해결방식으로서, 문제를 분석하고 협업을 통해 문제를 해결하는 것의 중요성을 잘 파악하고 있다. 하지만 이런 과정이 설득력을 얻으려면 구체적인 내용과 과정이 명시되어야 한다. 그런데 구체성이 다소 떨어진다. 그리고 이러한 진술은 문제해결방식에 대한 설명으로는 적합하지만 열정을 갖고 무언가를 위해 노력했다는 점을 설명하라는 요구사항과는 조금 다른 범주의 이야기를 하고 있다. 이른바 범주실패(Category Mistake)라고 할 수 있다. 요구사항을 정확히 파악하고 거기에 적절한 대답을 하는 것이 자소서에서 가장 중요한 요소이다. 그런데 이 한국수자원공사 자소서는 이 학생이 필자와 만나기 전인 고등학교 3년 때 쓴 자소서이다. 그런데도 이 정도 썼으면 대단한 것이라 생각한다.

한국수자원공사(K-Water) 자소서

가치관 및 성장과정

어릴 때 이마가 넓고 머리가 크다는 이유로 대두라는 별명을 가지고 있었습니다. 하지만 그로 인해 똑똑이라는 별명 또한 생기게 되었습니다. 이러한 별명 때문에 많은 스트레스가 있었지만, 똑똑하다는 별명을 들었을 때에는 이 별명에 맞게 남들보다 열심히 해서 똑똑해져야겠다고 생각했습니다. 그리하여 우등생 못지않게 열심히 공부하여 지금의 과 2등이라는 성적을 가질 수 있었습니다. 전기 엔지니어라는 꿈이 생긴 것은 중학교 3학년 진로를 결정하는 시기였습니다. 그때 남들과 비슷하게 어떤 꿈을 키워야 할지 많은 고민을 했었습니다. 그러던 도중 학교에서 시행하는 자신의 진로를 알아볼 수 있는 설문조사와 직업 체험 활동 등을 통해 엔지니어라는 꿈에 조금씩 다가갈 수 있었습니다. 또한, 학교 건물 설비를 점검하거나 가끔 집에 오시는 전기 기사 분들을 볼 때마다 아주 복잡한 전기 회로들의 문제점들을 단숨에 찾아내시는 것을 보고 이 꿈을 더욱더 키울 수 있었습니다. 저의 엔지니어로서의 가치관은 "말보다는 실천", "최고보다는 최선"을 다하는 사람으로 살아가는 것입니다. 항상 최선의 노력을 다하는 사람, 가슴이 따뜻한 사람으로 평가받고 싶습니다.

장·단점 및 성격적 특성

제 성격적 특성으로 말하자면 성실함과 더불어 포기하지 않는다는 것입니다. 고등학교3학년 초 저는 전기기능사 자격증을 이미 취득한 같은 과 친구들과 유·공압이라는 새로운 자격증을 도전해 보기로 했습니다. 생전 처음 보는 종목이었기 때문에 배우는 데 많은 어려움이 있었습니다. 결국, 저와 함께한 몇 친구들이 포기하고 저를 포함한 2명의 친구만 함께 계속 공부를 하게 되었습니다. 친구들도 모두 가버리니 중간에 포기해버릴까 하는 생각도 들었습니다. 하지만 한번 시작한 일은 '최선의 노력을 다 한다'는 좌우명으로 살아온 저였기 때문에 포기하지 말자는 생각이 들었습니다. 결국, 시험 날이 다가오고 늘 연습한 데로 무난히 과제를 마칠 수 있었고 합격하는 결과가 있게 되었습니다. 이 경험으로 저는 언제나 진전이 없고 답답한 일과 마주하게 되더라도 꾸준히 일을 하다 보면 언젠가 끝이 보인다는 것을 알게 되었습니다. 그리하여 어떤 힘든 일이 다가오더라도 확실한 도전정신을 가지고 열정적으로 성실하게 해낼 수 있습니다.

응시과목 관련 주요 관심분야 및 전문지식 습득 노력

저는 회사업무에 효율적인 업무 수행을 위해 필요한 전문성을 계발할 목적으로 제 적성에 맞는 특성화 공업 고등학교에 진학하였습니다. 전기 관련 공부를 하면서 다양한 검사와 철저한 검색을 통해 전기기술자라는 꿈을 확신하게 되었습니다. 제가 할 일을 정하고 제가 하고 싶은 공부인지라 전공 이론을 정말 재미있게 공부할 수 있었습니다. 전기기기라는 과목을 배워 발전이론뿐만 아니라 변압기나 전동기의 이론에 대해서도 공부하였으며, 전력설비를 배우면서 전력계통에 대해 공부하여 송배전의 지식도 갖추고 있습니다. 저는 자격증공부를 통해 이와 같은 지식을 더 깊게 얻을 수 있었습니다. 규칙적인 생활 습관을 통해 공부하였으며 전기와 관련된 동영상 강의를 듣고 전공 수업 시간이면 그 어느 시간보다 집중하여 수업을 들었습니다. 또한 전기기능사 자격증 취득 후에도 전문적인 인재가 되기 위해 전기와 관련된 여러 자격증을 취득하는 노력을 했었습니다. 그리하여 전기와 관련된 세세한 부분들 까지 자세하게 배울 수 있었습니다.

제가 알아야할 점들은 아직 많고 배워야할 것도 많습니다. 그러나 제가 알고 있는 이러한 전기 지식으로 좀 더 빠르게 이해하고 행동할 수 있는 인재가 될 수 있도록 노력하겠습니다.

K-water 지원동기 및 입사포부

현재 저의 목표는 훌륭한 기술자로서 한국수자원공사에 입사하는 것입니다. 귀사에 입사해서 발명가이자 전기공학자인 니콜라 테슬라가 돈벌이가 아닌 전 세계 사람들의 공익을 위해 교류 전기를 발명한 것처럼, 저 역시 그분의 본을 받아 환경을 생각하며 안정적으로 생산된 전기로 공익을 위해 일하는 사람이 되는 것이 저의 엔지니어로서의 목표입니다. 0000년에 한국수자원공사에 당당히 입사 후 장기적인 목표로 장인으로서의 최고의 엔지니어라는 꿈을 2030년까지 이루게 될 것입니다. 저는 저의 일이 가치 있는 일을 하고 있다는 믿음을 가지고 1만 시간의 연습으로 노력할 것입니다. 사람이 어떤 일이든지 한가지일을 10년 이상하면 그 분야의 최고가 된다는 말이 있습니다. 저는 그에 더해 5년을 열정적인 전문인으로서 더 열심히 일하여 전기 엔지니어의 꿈에 다가갈 수 있도록 항상 배우며 겸손한 자세로서 미래를 만들어 가겠습니다.

경험 기술서(항목별 700자 이내 / 20줄 이내 작성)

1. 인재상(순수, 열정, 창조) 중 자신과 가장 잘 부합하는 것을 선택한 후 팀(조직) 경험과 함께 기술해 주시오

저의 인재상은 창조입니다. 예전에 자격증 시험을 위해 학교에 오랫동안 남았던 적이 있습니다. 저를 포함해 실습을 어느 정도 할 수 있는 아이들도 꽤 있는 편이었지만 그렇지 못한 친구들이 대부분 이었습니다. 항상 작품이 실패하다 보니 아이들은 의욕이 떨어지고 실습실에 와서도 몰래 휴대전화기만 바라보며 게임만 하는 정도까지 이르게 되었습니다. 저도 그러한 점을 알고 돌아다니며 많은 친구를 가르쳐 주려고 했지만, 그 역시 한계가 있었습니다. 그래서 좀 더 높은 효율을 위해 저는 몇몇 친구들을 집중적으로 가르치기 시작했습니다. 물론 가르치는 것은 힘들었지만 그렇게 함으로써 그 친구들이 또 다른 아이들을 도와줄 수 있도록 했습니다. 그 결과 많은 친구의 실습 성공률이 상승했고 최근 본 의무검정에도 많은 아이가 합격하는 결과가 있게 되었습니다. 조금만 방법을 달리해도 일의 성과가 많이 달라짐을 알게 되었습니다. 이 경험은 일의 처리에만 적용되는 것이 아니라 공부 방법에도 적용하니 좋은 효과를 보았습니다. 핵심을 먼저 이해하고 점점 그 내용과 폭을 넓혀가니 훨씬 좋은 성적을 거두었습니다. 앞으로도 일을 하기에 앞서 다양한 방법을 고민하고 그 중에서 가장 창의적인 방법을 선택할 것입니다. 그것이 미래의 변화를 주도할 것입니다.

2. 자신의 삶에 영향을 미친 가장 중요한 사건이나 경험을 설명하고, 그것이 어떠한 영향을 주었는지 기술해 주시오.

저는 특성화 고등학교에 입학하여 전기를 배우기로 결정했던 것이 가장 중요한 사건입니다. 학교에서 자격증의 중요성을 인식해, 같은 과 친구들과 함께 스터디 동아리를 만들었고, 전공 자격증인 전기기능사 자격증을 취득하기 위해서 방과 후 매일 서너 시간 이상씩 공부했었습니다. 그 노력의 결과 2학년 때 전기기능사 자격증을 취득할 수 있었으며, 그 후에는 지게차 기능사, 전산응용기계제도기능사에 합격할 수 있었습니다. 또한 저는 여기에 만족하지 않고 멀티플레이어가 되기 위해 마지막 5회 기능사검정을 통해 공·유압 기능사 자격증을 취득할 수 있었습니다. 현재 저에게는 총 6개의 자격증이 있습니다. 이렇게 자격증을 하나하나 취득할 때 마다 나도 할 수 있다는 자신감을 통해 그동안의 시간을 열성적으로 보낼 수 있었던 것 같습니다. 또한 그 어떤 어려운 일에도 도전할 수 있는 도전 정신으로 한국수자원공사에 입사하여 두려움 없이 자신감 있게 실행할 자신이 있습니다.

3. 학업 이외에 본인이 관심과 열정을 가지고 했던 다양한 활동 중 가장 자기 주도적으로 계획을 수립하고, 추진했던 경험을 기술해 주시오.

얼마 전 동아리 친구들과 진로 탐색 캠프를 간 적이 있었습니다. 그곳에서 학습과제가 주어졌는데 그 과제는 각 4명씩 조를 만들어서 과제를 주면 협력하여 빠르게 결과를 수행해야하는 것이었습니다. 처음에는 기운차게 시작했지만 가면 갈수록 조원들의 참여도는 떨어져 갔습니다. 결국 몇몇 아이들은 포기하는 단계에 이르게 되었습니다. 과제에 더 이상의 진전이 없자 왜 이렇게 된 것인지 조원들과 문제를 파악해 보았습니다. 문제는 각자 자신의 할 일을 명확히 알지 못하고 협력하지 못했다는 것을 알게 되었습니다. 그리하여 역할 분담과 자신의 일을 명확히 만들고 소통하면서 과제를 수행할 수 있도록 했더니, 결국 과제를 무사히 마치어 매우 좋은 성적을 얻는 결과를 가지게 되었습니다.

(2015년 한국수자원공사에 합격한 제자의 자소서 전문)

한국수자원공사 자소서 항목의 앞부분들은 일반형 자소서와 거의 유사하고 뒷 부분인 경험기술서는 NCS유형과 같이 구체적인 능력이나 경험을 묻고 있다. 이런 점에서 볼 때 NCS형으로만 사원을 뽑는 공기업의 자소서 또한 일반형 자소서 양식과 NCS형 자소서 양식이 혼합되어 있다고 할 수 있다.

이제 NCS형 자소서에 대한 결론을 내려야 할 것 같다. 지금까지 NCS형 자소서를 요구하는 여러 회사를 살펴보았듯이 NCS형 자소서라고 해서 일반적 유형의 자소서 항목들(이른바 성장과정, 성격의 장·단점, 지원동기 및 입사 후 포부, 삶에서 중요한 경험 등)이 빠지는 것은 아니다. 그러한 항목들이 대부분 포함되는데, 그 항목들을 조금 더 구체적으로 변형시켜서 질문하고 있고, 거기에다 각 기업이 알고 싶은, 주로 직무관련 경험을 요구하는 경험기술서라는 형식을 추가해서 좀 더 구체적으로, 다양하게 물어본다는 점이 공통적이다. 그래서 NCS형 자소서를 요구하는 기업들은 자소서를 단순히 서류심사에서 의례적으로 들어가는 형식적 질문 절차로 보지 않고, 자사의 경제적 부담을 들이지 않으면서 지원자가 가진 구체적 능력이나 경험들을 보다 자세히 묻기 위한 방법으로 활용하고 있다고 할 수 있다. 그리고 이러한 NCS유형의 자소서는 공기업뿐만 아니라 사기업에서도 많이 받아들이고 있는 추세이고, 앞으로는 더욱 다양한 방식으로 지원자가 가진 능력과 경험을 끄집어내기 위한 시도가 이어질 것이라 본다. 하지만 그렇다고 해서 일반 유형의 자소서 형식이 사라지지는 않을 것이다. 그런 유형은 기업이 지원자에게 알고자 하는 가장 일반적이면서도 중요한 점을 포괄하고 있기 때문이다. 따라서 일반 유형의 자소서 형식이 나쁜 것이 아니라 덜 구체적이라고 말할 수 있으며, 여러 가지 방식으로 해석될 위험이 있기 때문에 각 기업에서는 보다 구체적인 질문을 하게 될 것이고, 그러한 과정에서 NCS형 자소서가 그러한 요구를 만족시키는 하나의 전형을 만들어가고 있다고 결론내릴 수 있다.

03 일반형 자소서로 작성된 합격자소서 분석

(1) 포스코(POSCO)

포스코 인재상

세계인

세계인은 세계 무대에서 활약할 수 있는 글로벌 역량과 다양성을 존중하는 열린 사고를 가진 인재를 말합니다.
- 글로벌 역량: 글로벌 시대를 이끌어 나갈 수 있는 국제 감각, 비즈니스 매너, 어학 및 IT 등 커뮤니케이션 능력
- 개방성 : 열린 사고와 행동으로 다양성과 차이를 존중하고 배려함으로써 신뢰관계를 형성하는 자질

창조인

창조인은 최고 수준의 목표를 달성하기 위해 불굴의 의지와 열정으로 끊임없이 도전하고, 독특한 시각과 접근으로 새로운 가치를 창출하는 인재를 말합니다.
- 도전정신 : 최고가 되기 위해 스스로 높은 수준의 목표를 추구하고 어떠한 난관에도 굴하지 않는 의지와 열정
- 창의력 : 현상과 문제를 새로운 관점에서 바라보고 분석하고 통합하여 독창적인 대안과 해결책을 제시하는 능력

실행인

실행인은 자기 분야에 대한 전문적인 기술 및 식견과 건전한 직업의식을 가지고 맡겨진 임무를 끝까지 완수하는 인재를 말합니다.
- 전문역량 : 자기 분야에 대한 전문적인 기술 및 노하우, 폭넓은 안목과 식견
- 직업의식 : 건전한 사고와 윤리의식을 갖추고 기본과 원칙에 충실하며, 자신의 일에 긍지와 자부심을 가지고 주어진 과업을 끝까지 책임짐

합격자소서 분석에서 포스코를 가장 먼저 소개하는 이유는 연봉에 있어서나 직업의 안정성에 있어서나 포스코는 필자의 제자들뿐만 아니라 전국의 많은 취준생들이 가장 선호하는 기업의 하나이기 때문이다. 포스코는 사기업이지만 공기업과 마찬가지로 정년이 보장되는 몇 안 되는 회사일 뿐만 아니라, 초봉이 9급공무원의 거의 2배인 4천만원이 넘고 시간이 지날수록 연봉이 많아지기 때문이다. 그래서 사실상 취준생들에게는 대한민국 최고 재벌그룹들보다 훨

씬 높게 평가되는 회사가 바로 포스코이다.

　포스코는 자기 헌신적이고 사회에 봉사정신이 강하며 조직 화합적인 인재를 많이 선호하는 회사이다. 포스코처럼 뚜렷한 인재상을 제시하고 그에 맞는 인재를 뽑는 회사도 흔치 않다. 그래서 포스코 자소서를 쓸 때 인재상과 관련되는 부분의 자소서에는 그런 포스코적 인재상이 반영되도록 작성해야 한다.
　필자가 소지한 제자들의 포스코 합격 자소서는 8개 이다. 다음은 그 중 하나인, 2013년도에 포스코에 합격한 학생의 자소서이다. 그 뒤로 얼마 전가지도 포스코 자소서에는 집단이나 조직을 위해 희생이나 봉사한 체험을 쓰라는 항목이 빠지지 않았고, 이러한 문화는 지금도 이어지고 있다.

자신이 속한 집단을 위해 양보하고 희생한 경험과 사회에 봉사/기부(재능포함)한 사례를 각각 구체적으로 서술하여 주십시오.

〈내가 먼저 시작하자〉
　제가 아르바이트를 하던 때의 일입니다. 저는 고등학교를 졸업 후 용돈벌이를 위해 대형마트에서 처음으로 아르바이트를 시작하였습니다. 새벽에 화물차를 통해서 대량으로 들어오는 물건들을 종류에 맞게 분류하고 그것을 취급하는 각 층에다가 전달하는 검품이라는 파트에서 아르바이트를 시작하였는데, 어느 날 야간 근무 조에 속해있는 1명의 아르바이트생이 일이 힘들다며 무단으로 일을 그만둬 버렸고 하필이면 추석이 얼마 남지 않아서 일이 무척이나 바쁜 시기였기 때문에 검품 파트에서 일하던 전 직원이 크게 당황하고 곤란해 하고 있었습니다. 주간 근무 조에 속해 있던 저는 퇴근을 준비하다가 검품파트 담당자로부터 그 소식을 듣게 되었고 저는 '오늘은 제가 추가 근무를 들어 갈테니 내일부터의 대책을 마련해 달라'고 전하며 야간 근무에 들어갔습니다. 야간 근무 조에 속해있던 직원들이 모두 기뻐하였고 검품파트 담당자도 무척이나 고마워했습니다. 새벽부터 밤늦게까지 일하느라 무척이나 피곤하고 힘들었지만 기뻐하고 고마워하는 직원들을 보니 크게 보람을 느꼈고 성취감과 자신감을 가질 수 있었습니다.
　　　　　　　　　　　　　　　　　　　　　(2013년 포스코에 합격한 제자의 자소서 중)

　이제 포스코 합격자소서를 항목별로 살펴보기로 하자. 포스코는 연도별로 자소서 양식에 약간 변화가 있지만 크게 3가지 요소로 나눌 수 있다. 하나는 인성과 가치관적 측면(2,3번), 둘째 직무적합적 측면(1번), 셋째, 포스코라는 회사에 최적화된 측면, 이렇게 3가지 측면(4번)에서 포스코 합격자소서들을 분석해보기로 하자.

유비무환 퍼펙트 자소서

포스코 자소서 항목들(2017년도 기준)

1. 포스코에 지원하게 된 동기는 무엇입니까?

2. 본인에 대하여 서술하여 주십시오.(성장과정, 성격 장/단점, 재능/특기, 존경하는 인물 등을 포함)

3. 본인의 삶 중에서 가장 기억에 남는 순간과 그 의미는 무엇입니까?

4. 귀하께서 포스코에 가장 기여할 수 있다고 생각하는 것은 무엇이며, 그 이유와 근거를 자유롭게 서술하여 주십시오.

1) 인성 및 가치관적 측면

　포스코 자소서 항목 중 인성과 관련된 부분은 2번 항목(본인에 대하여 서술하여 주십시오(성장과정, 성격 장·단점, 재능/특기, 가족소개, 존경하는 인물 등을 포함)과 3번 항목(본인의 삶 중에서 가장 기억에 남는 순간과 그 의미는 무엇입니까?)이다. 그런데 3번보다 2번이 인성적 측면을 더욱 많이 요구하고 있기 때문에 2번 항목을 중심으로 살펴본다. 그래서 6명 합격자의 자소서 중 2번 항목을 한 곳에 모아놓고 인성적 측면에서 가장 많은 경향을 가진 특징을 찾아보고자 한다.

　1번 글의 핵심은 어려운 어린 시절을 겪었지만 긍정적인 가풍을 몸에 익혔고, 자신보다 자신이 속한 조직에 정직하게 행동해야 조직이 발전한다는 생각을 부각시키고 있으며,

　2번 글은 봉사활동 단장을 맡으며 봉사와 조직을 위해 노력한 내용을 부각시키고 있으며, 어떠한 어려운 일이 있어도 약속을 잘 지키는 사람이어서 포스코 발전에 도움이 되는 사람임을 강조하고 있다.

　3번 글은 친구들 사이에서 항상 궂은 일을 도맡아 하는 특성을 부각시키며 소통능력과 책임

감을 통해 조직에 도움이 되는 사람이라는 점을 강조하고 있고,

4번 글은 일반적인 자소서와는 스타일 면에서 상당히 다른 독특한 특징이 있다. 자소서는 대부분 자신의 장점만을 부각시키려고 노력하는 것이 일반적인 경향이다. 이 학생은 자신이 오래 전부터 포스코를 준비해왔고, 자신의 리더십도 강조하며 자신의 장점을 부각시키지만, 반면 자신의 목표에 대한 주위의 평가가 부정적이었다는 점도 드러내면서 그러면서도 이에 개의치 않고 자신이 정한 포스코의 꿈을 이루기 위해 준비해왔다는 점을 차분히 설명하고 있다. 그럼으로써 진정성이 더욱 부각된다.

5번 글은 어려운 가정 형편 속에서 아버지의 부재 속에서 어머니와 함께 온갖 궂은 일과 각종 아르바이트를 하면서 어머니와 함께 가정의 행복을 지켜간 성실함을 강조하면서 자기희생적인 특성을 부각시키고 있으며,

6번 글은 협동을 강조하고, 어려서부터 품앗이에 익숙한 농경문화를 체득하고 있다는 점을 강조하고, 대학에서는 과대표로서 소통을 통해 갈등을 해소하는 리더십을 체득하고 있음을 부각시키고 있다.

7번 글은 베품의 가치와 사회봉사하는 포스코의 기업문화를 잘 이해하고 있는데, 그 이유는 자신의 가족이 화재로 인해 삶의 터전을 잃었을 때 가족 모두의 헌신적 노력과 지역군민들의 모금을 통해 다시 식당을 운영하게 된 체험때문이라는 점을 들고 있으며, 그 뒤로 지금까지 이러한 사회봉사활동과 베품을 생활 속에서 실천하고 있는 사례를 구체적으로 들고 있다.

마지막 8번 글은 아버지로부터 받은 영향을 쓰고 있다. 요즘 젊은이들은 일반적으로 힘든 일을 하시는 아버지를 높게 평가하지 않는다. 그런데 이 학생의 경우는 택배하시는 아버지에게서 삶의 모든 것을 배웠다고 얘기하고 있다. 받아들이는 기업 측에서는 요즘 젊은이답지 않게 참으로 진중하고 전통적 덕성을 갖춘 사려깊은 젊은이로 읽힐 수 있는 대목이다. 아버지로부터 가족에 헌신하는 것을 보며 자라고 그런 아버지를 삶의 롤모델로 삼고 있는 사람은 그 자신도 조직에 헌신할 가능성이 높은 사람으로 받아들여질 가능성이 높다. 그런 점에서 이 학생의 장점은 포스코라는 기업의 문화와 잘 어울리는 경향이라고 볼 수 있다. 아래 글들을 통해 이런 점들을 확인해보기 바란다.

유비무환 퍼펙트 자소서

2. 성장과정, 성격 장·단점, 재능/특기, 가족관계 등 자신에 대하여 자유롭게 서술하여 주십시오.

(1번 글)

〈세밀함과 정직함으로 더 나은 제품을!〉

저는 어렸을 적부터 어려운 가정형편의 사정으로 인해 자주 이사를 다녔습니다. 때문에 저는 자주 학교를 옮기게 되었고 그때마다 많은 친구들과 원치 않은 이별을 겪게 되었습니다. 처음엔 학교를 옮기게 될 때마다 저는 새로운 환경과 낯선 인물을 처음 접하게 되어 많이 어색하고 소극적이었지만 점차 그것에 익숙해지면서 많은 사람들과 대화하는 방법을 익혔고 쉽게 친해지는 습관을 익히게 되었으며 새로운 환경에 더욱 잘 적응하게 되었습니다. 어려운 가정형편에서도 저와 저의 동생을 어디 하나 부족한 점 없이 키우려고 열심히 일하시고 항상 웃으려고 노력하신 부모님의 덕택에 저의 집안은 화목한 가정을 이룰 수 있었고 저는 밝고 긍정적인 모습으로 성장할 수 있었습니다.

저의 장점으로는 어릴 적부터 지니고 있던 세밀한 성격을 꼽을 수 있습니다. 이 성격 덕분에 저는 고등학교 전기 실습 때도 작동율만 보면 매우 우수하였고 대학에서의 실습에서도 열처리 온도, 경도 측정, 시편의 연마 및 조직 관찰 등에서 꼼꼼히 따져서 실수를 하지 않아 좋은 결과를 얻을 수 있었습니다. 또 다른 장점으로는 정직하다는 점인데 이것은 예전 아르바이트를 하면서 저의 실수로 우유팩 5개가 터졌을 때 그것을 숨기려다가 들키고 혼나면서 들은 '너의 실수로 인해 잃은 우유팩 5개와 그것을 손님이 모르고 사버렸을 경우 떨어진 회사신용은 동등한 것이 아니다'라는 말을 듣고 생겼습니다. 그 말을 듣고 저는 많이 반성하고 깨닫게 되었고, 그 후 저는 언제나 저 자신보다는 단체에 대해 생각하여 잘못을 숨기지 않으며 정직하게 행동하였고 시간이 지나면서 저는 보다 정직한 사람이 될 수 있었습니다. 반면, 단점으로는 고집스러운 성격을 가졌다는 것입니다. 이 고집스러운 성격으로 인해 일이 잘 풀린 적도 많았지만 그 때문에 지인들과의 마찰을 겪은 적도 있어 저는 이 성격을 고쳐야겠다고 생각하고 이를 위해서 대학 프로젝트 실습에서 조장을 맡아 조원들의 의견을 경청하여 합리적으로 반영하도록 노력하였습니다.

(2013년도 포스코에 합격한 제자)

(2번 글)

〈나의 노력이 조직의 성과로〉

저는 제가 노력함으로써 남을 도울 수 있을 때 가장 큰 기쁨을 느끼며 그 결과 제가 속한 조직의 성과로 이어질 때 가장 큰 보람을 느낍니다. 특히 대학 재학 시절에는 교내에서 가장 큰 봉사활동 동아리 단장을 맡으며 주도적으로 일하면서 다양한 어려운 사람들을 만나면서 다양한 인간관계를 경험하였습니다. 발달장애인 복지관에 봉사활동을 가서 스케이트 체험활동 중에 평소에 웃지 않던 친구가 스케이트를 타면서 활짝 웃는 모습을 보였을 때, 그 사진을 찍어 그의 어머니께 보내드렸더니 "감사합니다"라는 메시지를 연발하셨습니다. 이뿐만 아니라 지체장애인협회 관련 봉사활동과 요양원 말벗 봉사활동, 헌혈 등을 함으로써 국제라이온스협회에서 '참사랑 실천상'과 적십자사에서 '헌혈 은장'을 받았고, 저뿐만 아니라 동아리 원인 다른 두 명도 지체장애인 협회에서 감사장을 받았습니다.

〈나 자신과의 약속을 포스코의 약속으로〉

248

저는 어렸을 때부터 남들과의 사소한 약속이라도 지켜야 한다는 일념으로 살아왔습니다. 자신과의 약속을 지키지 못하는 사람은 그 어떤 약속을 지킬 수 없다고 생각하기 때문입니다. 고3때는 매일 아침 남보다 일찍 등교하였기 때문에 졸업식 때 담임선생님께서 '넌 성실함 때문에 성공할 것'이라고 격려해 주셨으며, 대학에서는 전공영어 교재 150페이지 이상을 번역하는 과제를 3일 동안 잠을 설쳐가며 저 혼자만이 끝냈습니다. 달성하기 어려운 과제였지만 노력의 대가가 저와 교수님과의 약속을 지킨 결과라는 사실에 뿌듯했습니다. 금연 또한 마찬가지입니다. 이처럼 약속을 지키는 것은 자신이 세운 엄격한 기준과 상대방과의 상호 믿음에서 출발하여 이룰 수 있는 목표이기에 더욱 소중하다고 생각합니다.

(2016년도 포스코에 합격한 제자1)

(3번 글)

〈가족을 사랑하고 책임질 의무감〉

저는 늦둥이 아들로 태어나 노부모를 부양해야 할 책임감이 있습니다. 그러다보니 또래 친구들보다 성숙하고 매사에 신중하게 되었고, 책임감은 제 성격의 일부분이 되었습니다. 친구들 사이에서도 지원하고 뒷바라지하는 역할은 항상 제가 도맡아 왔습니다. 그래서, 친구들 사이에서 저는 황 총무라고 불립니다. 꼼꼼하게 섬세함을 챙기는 성격과 함께, 어떤 일을 계획하고 추진할 때 항상 중심이 되어 이끌곤 합니다. 자칫 독선적으로 보일 우려가 있기에 항상 많은 친구와 대화하며, 열린 마음으로 조언을 듣고 있습니다. 이를 통해 생각의 깊이도 깊어지고, 또 사람을 상대하는 법을 자연스레 터득하게 되었습니다. 사람들은 신뢰도 높은 사람에게 더 큰 기대를 걸곤 합니다. 저는 책임감을 느끼고 그 기대치를 충족시키기 위해 언제나 노력했습니다. 그리고 저는 무엇인가를 결정할 상황에 부닥치면 저 혼자 힘으로 해결하기 위해 결정하는 데 시간이 오래 걸린다는 것입니다. 따라서 이러한 단점을 보완하기 위해 동료들이나 주위 사람들과의 많은 의사소통을 통하여 결정하는 부분에 있어서 많은 얘기를 나누며 시간을 최소화하고 실수 없는, 누구나 만족할만한 결정을 하고 있습니다.

(2016년도 포스코에 합격한 제자2)

(4번 글)

〈철강인이 되기 위해 빚어온 노력들〉

학창시절 활발한 성격 탓에 교우관계는 물론이고 운동을 좋아하며 제 곁엔 항상 많이 친구들이 있었습니다. 뿐만 아니라 건축물을 납품하시면서 기계를 다루시던 아버지의 영향으로 남들보다 능한 손재주를 닮아 공작물도 곧잘 만들었습니다. 기계를 체계적으로 공부하고 싶어 순천공고 기계과에 진학하였고, 줄 곧 학습임원을 도맡았으며 기계 관련자격증 3개를 취득하였습니다. 이와 같은 리더십을 통한 학우들 간의 협업능력은 주어진 역할에 있어 팀원 간 협력의 중요성을 일깨워주었고 남다른 손재주와 전공공부를 바탕으로 과에서 대표로 받은 기술상이라는 값진 훈장으로 돌아왔습니다.

〈단단함과 무거움〉

문제가 발생했을 때 먼저 이성적으로 받아들여서 해결책을 모색하고 그 감정에 휩쓸리지 않으려는 태도는 제 성격의 사장 좋은 점입니다. 졸업을 앞둔 고등학교시절 선생님께서는 출결이 안 좋았던 저에게 '목표로 하는 포스코 취업은 힘들 것'이라는 남들이 들었을 땐 충격적일 수도 있는 말씀을 해주셨습니다. 하지만

유비무환 퍼펙트 자소서

저는 그런 말에 개의치 않고 더욱 더 단단해지려 노력했습니다. 자격증시험, 봉사활동 등 보완해 나아갈 수 있는 무언가를 찾으려 노력했고 그 때부터 이런 태도를 내면화하여 좋지 않은 일에 좌절하지 않는 것뿐만 아니라 성공에도 크게 취해있지 않고 경각심을 잃지 않으려고 합니다. 이러한 성격으로 인해 생긴 부작용은 무거워졌다는 것입니다. 하나하나 신중히 선택하다 보니 결정에 시간이 조금 걸립니다. 빠른 결정이 필요할 때는 과감하게 제 생각을 따르거나 경험자들의 조언을 참가하여 결정시간을 단축하는 연습을 하고 있습니다.

〈2016년도 포스코에 합격한 제자3〉

(5번글)

〈성실함의 원동력〉

제가 어렸을 적부터 어머니께서는 '기회는 준비된 사람에게만 찾아온다.'라고 말씀하셨습니다. 그래서 항상 성실함을 강조하셨고, 그런 저에게 모범적인 모습을 보여주셨습니다. 초등학교 이후로 아버지는 중국으로 건너가 돌아오지 않으셨고 경제적인 지원 또한 받을 수 없었습니다. 그렇지만 어머니는 홀로 저희 두 형제를 키우며 성실함을 잃지 않으셨습니다. 악착같이 식당일, 만두 공장, 안 해본 일 없이 일 하시면서 집안 경제를 지탱해 오셨고, 저희 형제가 둘 다 고등학교에 진학하면서부터는 오전에는 간병인 일을 하고 밤에는 주방보조 2가지 일을 하시며 어려움 속에서도 긍정적인 생각을 잃지 않으셨습니다. 그런 성실함을 보고 자라온 저 또한 고등학교 1학년부터 방학, 주말마다 식당 서빙, 주유소, 독서실, 아이스크림 공장 등 여러 가지 일을 하며 경제적 부담을 덜어드렸습니다. 이를 통해 어머니의 성실한 삶의 자세를 본받아 기회가 찾아오게 준비를 하며, 기회를 잡기 위한 노력의 방법으로 성실함을 원동력으로 생각해 힘든 일이 찾아오더라도 포기하지 않는 태도를 갖게 되었습니다.

〈2017년도 포스코에 합격한 제자1〉

(6번 글)

〈저는 철강전문 기능인의 자질을 갖춘 인재가 될 것입니다〉

철강전문 기능인은 사람들과 문제없이 '협동'하며 맡은 바 일을 수행해 하고 주어진 일을 꾸준히 해결하기 위해 '성실'해야 하며, 주어진 과업을 불화 없이 일을 마치는 '소통'을 갖추어야 한다고 생각합니다. 그런 저는 '협동', '성실', '소통'을 갖춘 인재라고 생각합니다.

저는 3형제 중 막내로 작은 시골에서 태어나 가족과 함께 농사를 도우며 자랐습니다. 저의 마을은 이웃 간 품앗이를 통해 서로의 농사를 도와줍니다. 그래서 저는 자연스레 '협동'을 배웠습니다. 그리고 한 번의 수확을 위해 긴 기간을 성실히 농사를 짓는 부모님의 모습을 통해 '성실'을 배울 수 있었습니다. 또한, 우리 대학은 고등학교를 갓 졸업한 20살부터 군 전역한 편입생까지 큰 나이 편차 때문에 생기는 세대차이로 두 그룹에서 파열음이 자주 났지만, 과대표로서 갈등을 풀기 위해 두 그룹의 가교역할을 했습니다. 두 그룹과 모여 자주 대화를 나눴고, 족구를 통해 하나의 팀으로 융화되어 두 그룹 간의 신뢰 얻도록 노력했습니다. 시간이 지나자 파열음이 심한 톱니바퀴가 소통이라는 기름칠로 잘 돌아갈 수 있었습니다. 이를 통해 저는 리더로써 '소통'을 배울 수 있었습니다.

〈2017년도 포스코에 합격한 제자2〉

(7번 글)

〈장기려 박사처럼〉

　이웃들에게 받았던 베품을 바탕으로 입사 후 사회봉사활동에 적극적으로 참여하여 포스코의 기업문화로 자리매김하도록 노력하겠습니다. 2007년 12월 24일 크리스마스 이브날 집에서 운영하던 식당에서 화재가 일어났고 하루아침에 생업의 터전을 잃게 되었습니다. 하지만 부모님은 저와 남동생을 부족함 없이 키우기 위해 어머니는 밤늦게까지 다른 식당 주방에서 일하셨고, 아버지는 철거현장에서 일하시게 되었습니다. 그러던 중 같은 지역 군민들의 자체적인 모금으로 경제적인 지원을 받게 되었고 그 덕분에 다시 식당을 운영하게 되었습니다. 이 일을 계기로 나눔과 베품의 의미를 배웠고 이를 실천하고자 독거노인분들 도시락 포장하기, 장애우 동생들의 문화교육, 어르신들 말벗해드리기, 농촌 일손 돕기 등 작지만 이웃들에게 큰 도움이 되는 일에 참여하였습니다. 최근에는 봉사동아리 총무를 맡아 학과 내 봉사문화 정착에 적극적으로 기여하고 있습니다. 이러한 봉사활동은 저를 변화시켰습니다. 낯을 많이 가렸지만, 타인에게 먼저 손 내밀 수 있는 적극적이고 친화적인 대인관계를 형성할 수 있었습니다. 이런 친화적인 성격으로 협업 중심의 생산기술에 도움이 될 수 있다고 생각합니다.

(2017년도 포스코에 합격한 제자3)

(8번 글)

〈인생에서 배워야 할 것을 아버지에게 배웠습니다.〉

　택배사업을 하고 계시는 아버지를 도와드리며 책임감의 가치를 배웠습니다. 어느 날 주말에 주무시고 계신 아버지의 손을 본 적이 있습니다. 손등은 부르터 갈라지시고, 손바닥은 딱딱하게 굳어있는 손을 본 후 가족을 위해 얼마나 열심히 살아오셨는지 가슴 절절히 느낄 수 있었습니다. 그런 아버지의 모습을 보게 된 후 점점 아버지의 일을 도와드리는 것에 대해 제 보람을 느꼈고 또한 가족을 위한 헌신 그리고 자신이 맡은 일에 대한 가장이 꼭 지녀야 할 책임감을 배울 수 있었으며, 아버지에게 '효도'하는 모습도 보여 주변사람들에게 '효자 중 효자' 라며 줄곧 칭찬을 받기도 하였습니다. 저는 일을 시작하기에 앞서 충분히 고민하고 신중하게 준비하는 습관을 지니고 있습니다. 이는 기존보다 더 나은 업무를 개선하고 발전시키는 것에 도움을 주었습니다. 그러나 지나친 신중함은 다른 업무에 집중하지 못할 수 있습니다. 하지만 제 단점을 극복하기 위하여 업무에 대한 우선순위를 정해 이를 보완하고자 하였고, 또한 이 습관을 긍정적으로 활용하기 위하여 고등학교 재학 중 작품 설계 공모전 대회에서 신중한 결정을 통해 좋은 성과를 이루게 된 경험이 있습니다.

(2017년도 포스코에 합격한 제자4)

　자, 이렇게 볼 때 인성관련 포스코 합격자소서의 8개 글이 어떤 공통점을 갖고 있는지 드러나지 않는가! 자신보다 자신이 속한 가족이나 조직을 위해 헌신하고, 조직의 발전을 위해 소통하여 갈등을 해소시키는 역할을 마다하지 않으며, 끊임없이 사회봉사활동에 매진하는 것이 바로 포스코가 요구하는 인재상이요, 문화라는 점을 우리는 위 항목을 쓴 자소서들을 통해 쉽게 알 수 있다.

유비무환 퍼펙트 자소서

다음은 2017년도에 새로 추가된 3번 항목을 살펴보자. 이 항목은 최근 자소서에서 가장 빈번히 등장하는 경험과 그 의미를 묻고 있다. 경험의 중요성은 이 책에서 여러 번 강조하였기에 줄이고, 지원자들이 어떤 경험과 그 경험으로부터 얻은 의미를 어떻게 정리하였는가를 살펴보기로 한다.

1번 글은 외국 여행 중 낯선 사람의 호의를 경계한 일은 자책하고 있다. 그래서 자신이 좀 더 개방적으로 자신을 열고 외국인을 대하겠다고 정리하고 있다. 아마도 외국에 나갔을 때 이런 일을 당하면 누구나 그런 태도를 취했을지도 모른다. 하지만 이 학생은 자신이 타인에 대해 좀 더 개방적으로 자신을 열겠다는 메시지를 던지고 있다. 2번 글은 군대 제대 후 조선소에 다니다가 용기를 내서 그 일을 그만두고 폴리텍대학에 입학해서 쉽지 않은 공부를 다시 시작할 때의 어려움과 그러한 난관을 극복하고 좋은 성적을 거두는 과정을 꼼꼼히 묘사하고 있다. 자신의 진로를 바꾼 것과 그 뒤의 노력들을 통해 자신의 도전적 특징을 강조하고 있는 것이다. 3번 글은 아르바이트로 군고구마 장사를 하는데 장사가 되지 않아 매출을 올리기 위해서 여러 사람들의 의견을 취합해서 노력한 결과, 매출이 2배로 오르는 상황을 대단히 실감나게 묘사하고 있다. 이 학생은 이러한 내용을 〈소통을 통한 성공적인 군 고구마장사〉라는 소제목을 통해 잘 표현하고 있다. 또한 소제목이 궁금증을 일으키게 하는데 도움을 주고 있다. 글의 내용이나 난관을 돌파하는 과정이 스토리텔링적 요소를 잘 반영하고 있다. 4번 글은 방송부 동아리를 개설하였는데 생긴지 얼마 되지 않아 주목을 받지 못하자, 방송부 동아리를 활성화시키기 위해 여러 방안을 모색한 끝에 성과를 얻게 되는 체험을 그려내고 있다. 그런데 구체적인 내용을 좀 더 상세히 기술했다면 위기-액션-교훈 이라는 스토리텔링적 요소가 더 빛을 발했을 것이란 생각이 든다.

4개의 합격자소서들이 보여주는 공통점을 찾는다면 이 항목이 제기한 요구에 충실하게 답변했다는 점이다. 이 항목은 기억에 남는 순간과 그 의미를 묻고 있다. 이 항목 자체에 스토리텔링적 요소가 숨어있다. 그러니까 경험을 쓰고 그 의미를 쓰라는 것인데, 경험은 위기적 상황 속에서 어떤 액션을 취해서 어떤 교훈(그 의미)을 얻었는가를 쓰라는 것이다. 하지만 자신의 경험 내용과 그 의미에 있어서의 공통점은 발견되지 않는다. 따라서 자신이 겪은 경험을 쓰고 그 경험이 주는 의미를 스토리텔링적 방법으로 풀어 가면 될 것이라 생각한다.

3. 본인의 삶 중에서 가장 기억에 남는 순간과 그 의미는 무엇입니까?

(1번 글)

휴학 중 유럽여행을 갔을 때, 늦은 밤 기차표를 예매하기 위해 기차역 내 무인 발권기 조작 중 이였습니다. 조작법을 잘 몰라 헤매고 있을 때, 허름한 차림의 아저씨 한분이 다가왔습니다. 그는 짤막한 영어를 써가며 말을 걸어 왔습니다. 어디로 가려고 하는지 물어보았고, 자신이 알려주겠다며 가지고 있던 맥주 한 병을 건네주며 같이 먹자고 하였습니다. 저는 경계심을 가지지 않을 수가 없었습니다. 허름한 차림의 그를 믿어야 하나 고민했지만, 마음을 열어보기로 마음을 먹고 맥주를 받아 마셨습니다. 제가 우려한 일은 일어나지 않았고, 그는 제게 발권방법을 알려주고 밝은 미소를 지어주며 떠났습니다.

그분이 떠나고 나니 저는 스스로 색안경을 쓰고 다른 사람을 대하지는 않는지 되돌아보게 되었습니다. 허름한 차림이여서 경계를 하였고, 대가없는 호의를 의심하였습니다. 이런 생각을 갖게 된 제 자신을 반성하게 되었고, 그 뒤부턴 새로운 사람들을 만나도 허물없이 대화하며 믿음을 얻고 신뢰를 쌓아가려는 자세를 갖게 되었습니다. 한국에 돌아와서도 길을 찾는 외국인을 만나면 먼저 다가가 말을 걸며 서로 언어가 잘 통하지 않더라도 도움을 주기위해 노력하고 소통하는 사람이 되었습니다.

(2017년도 포스코에 합격한 제자1)

(2번 글)

〈다시 시작한 공부가 저의 인생의 시작입니다〉

제가 가장 기억에 남는 순간은 오랫동안 중단했던 학업을 새롭게 시작하기로 용기 내 도전했던 순간이었습니다.

20살 군대를 입대하여 22살 제대 후 표면처리인 쇼트 블라스트공으로 조선소에 입사하였습니다. 일은 시간이 지날수록 적응해갔지만, 마음 구석에는 다시 공부하고 싶었습니다. 하지만 연필을 놓은 지 4년이라는 시간이 흘러 마음이 불안했습니다. 하지만 일을 할수록 철강관련 지식을 배우고 싶어 결국, 한국폴리텍 신소재응용과에 입학하게 되었습니다. 학교에 들어가니 특성화 고를 다녔던 학우들과 달리, 저는 처음 보는 단어와 개념 때문에 수업을 따라가기 힘들었지만, 교수님과 학우들의 도움과 저의 피나는 노력으로 1학년 성적을 4.22로 마무리 할 수 있었습니다.

새로 학업을 시작하기 전까지 저는 새로운 것에 도전하기보다는 현실에 안주하고 안전한 것을 추구하는 사람이었습니다. 하지만 이번 도전을 통해, 현실을 안주하는 것은 자기를 보다 나은 사람이 될 기회를 놓치는 것이라는 큰 교훈을 얻게 되었습니다. 이를통해 저는 포스코에 입사하게 되면 현실을 안주하는 것이 아닌 보다 나은 사람이 되기 위해서 자기계발의 힘쓰도록 할 것입니다.

(2017년도 포스코에 합격한 제자2)

(3번 글)

〈소통을 통한 성공적인 군 고구마장사〉

20살이 얼마 남지 않는 12월 겨울, 대학등록금에 보탬이 되고자 하였던 군고구마 장사를 소통을 통해 성공적으로 이끌었던 경험이 기억에 남는 순간입니다. 처음 하는 군고구마 장사는 쉽지 않았고, 열심히 고구마를 구워도 손님들의 지갑을 열기는 쉽지 않았습니다. 저는 친구와 주변 지인들에게 군고구마 장사에 대한 많은 대화를 나누고, 어른들에게 자문하기도 하며 상호 간 의사소통을 통해 매출 향상에 도움이 되는 아이디어를 얻어 냈습니다. 군고구마 통에 고구마를 잘라 붙여서 군고구마 냄새를 풍기게 하였고, 음악을 잘하는 친구를 섭외하여 담양 시내에 기타를 치며 노래를 하게 하였습니다. 소통을 통해 아이디어를 얻어 고구마를 구운 결과, 평소에 한 상자도 팔기 어려워 저조하였던 매출을 2배 이상으로 향상 시킬 수 있었습니다. 이 경험을 통해 혼자만의 생각으로 일을 해결하려고 하기보다는 다수의 사람과 소통하여 생각을 모아 실천한다면 더 좋은 결과를 얻어낼 수 있다는 것을 배웠습니다. 앞으로 입사 후에 어떤 어려운 일이 닥치더라도 사람들의 의견을 충분히 들어보고 소통하여 창의적이고 효율적으로 일을 해결하여 좋은 결과로 만들어 내겠다고 약속드리겠습니다.

(2017년도 포스코에 합격한 제자3)

(4번 글)

〈열정적으로 팀원들과 함께〉

제게 가장 떠오르는 순간은 작은 그룹의 규모를 대폭 넓힌 경험이 가장 인상에 남습니다. 고등학교 시절 5명의 인원으로 방송부 동아리를 개설하였습니다. 신생부서이기 때문에 학교 사람들에게 빛을 발하지 못하였습니다. 그러나 방송부 부장의 직책을 수행하는 제 임무에 책임감을 가지고 인지도가 적은 방송부 동아리를 알리는 데 필요한 방안을 모색하기 위해 팀원들과 회의를 시작하였습니다. 회의의 주제는 특별하고 색다른 아이디어 제시였으며 최종 목표는 방송을 활용한 새로운 콘텐츠를 구성하여 타부서와의 경쟁력을 향상해 사람들에게 관심을 얻는 것이었습니다. 회의를 통해 결정된 내용은 콘텐츠는 라디오방송이었으며 그 후 각 팀원에게 임무를 주고, 곧바로 시행에 옮겼습니다. 방송사고 등 여러 시행착오를 겪게 되었지만 결국 라디오방송은 대박 중의 대박이었습니다. 교내 교직원분들과 학우들은 방송부 동아리에 관심을 끌게 되었고, 방송부원들의 인원도 늘어나게 되는 좋은 성과를 얻게 되었습니다. 저는 이러한 성과는 방송부원 모두의 힘을 통하여 이루어진 좋은 결과라고 생각합니다. 또한, 책임감과 열정을 가지면 꼭 좋은 성과를 이루게 된다는 기억 만들어주었습니다.

(2017년도 포스코에 합격한 제자4)

포스코 합격 자소서들에서 인성과 관련된 부분들을 비교해보았는데, 2번 항목을 통해서는 포스코에 맞는 인재상과 합일시키려는 노력이 잘 드러났으나, 3번 항목은 각자 자신에게 중요했던 경험이 다르기 때문에 각자의 방식대로 자신의 경험과 그 의미를 기술하였다. 하지만 포스코 자소서를 쓸 때 인성적 측면에서 중요한 것이 조직친화적인 인간형을 원하고 있다는 사실을 기억하고 글을 써야한다. 회사 자체의 인재상이 분명하고 그런 인재를 중시한다는 점에서 포스코는 하나의 전형이라고 할 수 있을 것이다.

2) 직무 적합적 측면

직무 적합적 측면이란 지원자가 포스코에서 지원한 희망직무를 원만히 수행하기위해 얼마나 준비된 사람인가를 보여주는 것이다. 2016년도와 2017년도 자소서 양식이 약간 다른데, 2017년도 기준으로 지원동기를 중심으로 살펴볼 것이고, 2016년도 항목으로는 준비된 역량을 중심으로 살펴볼 것이다. 합격자소서 글의 발췌 순서는 바로 위에서 진술한 학생들의 순서에 따르고 있다.

여기에서 제시되는 부분은 지원동기와 직무수행을 위한 준비상태, 즉 직무 적합성을 묻는 질문이다. 지원동기는 회사지원동기가 있고, 직무지원동기가 있는데, 여기서 포스코 지원동기는 직무중점적으로 진술해야지 그렇지 않고 회사 자체에 대한 지식을 장황하게 늘어놓으면 공허한 립 서비스로 간주될 것이다.

1번 글은 회사지원동기가 많은 편이다. 그래서 자신의 직무수행을 위해 준비한 상황을 자세히 쓰지 못한 감이 있다.

2번 글은 선강공정의 자동화와 설비관리 관련 업무 수행이라는 비전을 지원동기로 삼고 있다. 그러면서 그러한 비전을 이룰 수 있는 자신의 준비상태와 전문성을 상세히 설명하고 있다. 먼저 관련 자격증을 얘기하고 있고, 이어서 다른 공장에서의 인턴 체험을 통해 표준작업의 중요성을 깨닫게 되었다고 말하고, 이어서 제철현장의 설비 운전 관리 등에 대한 능력을 갖고 있음을 설명하면서 자신의 전문성을 설득하고 있다. 상당히 신뢰가 갈만한 내용을 담고 있다.

3번 글은 포스코 지원동기를 새로운 도전이라는 일반적인 진술을 하고 있지만, 좀 더 읽어가면 자신의 관심분야가 물품분류 공정이라는 점을 강조하고 있다. 하지만 좀 더 구체적인 진술이 더 이상 이어지지 않고 있다.

4번 글은 먼저 회사지원동기를 쓰고 있다. 주요 요지는 포스코는 좋은 회사이기에 자신이 대단히 들어가고 싶다는 점을 강조하고 있다. 그런 다음, 고교 졸업 후 지금까지 철저히 준비했음을 밝힌다. 3가지 요소로 요약하고 있는데, 첫 번째는 자신의 직무와 관련된 금속공학적 소양에 대해 얘기한다. 하지만 구체성은 떨어진다. 그리고 둘째로는 역사인식과 국가관을 위해 한국사에 열중한 점을 쓰고 있다. 포스코에서 통할만한 주제다. 셋째로는 자신이 포스코를 위해 지금까지 땄던 자격증을 망라하고 있다. 이 학생의 이야기는 3번째 이야기를 빼면 사실상 크게 두드러지는 게 없다. 하지만 꼭 필요한 요소들을 일목요연하게 언급했고 올바른 정신자세와 전문성을 갖췄다는 점을 부각시키는데 성공하고 있다. 그래서 차별성이 있어 보인다.

5번 글은 도전적인 점을 강조하다가 기술직이 생산성을 높이기 위해서 사명감 있는 자주보전이 중요하다고 얘기하면서 자신은 그것을 위해 준비되어있음을 강조하고 있다. 그리고 포

유비무환 퍼펙트 자소서

스코에서의 10년 계획을 평이하게 밝히고 있다.

6번 글은 조선소에서 일하면서 철판에 대한 지적 호기심이 생겼고 그런 점을 해결하고자 대학에 진학했음을 밝히고 있으며, 학교에서 철강과 관련된 보다 전문적인 지식을 쌓았고, 관련 자격증도 다양하게 획득했고 입사 후에도 발전을 위해 관련 자격증을 더 취득하겠다는 계획을 밝히고 있다. 자신의 지속적인 관심사의 심화를 통해 포스코에서 필요한 사람으로 변모해갔음을 강조하는 방식이다. 나름 스토리를 적절히 활용한 방식이라고 볼 수 있다.

7번 글은 진술 내용을 크게 2개로 구분하여, 첫 번째 부분에서는 직무적합성을 보여주기 위해 자신이 얼마나 잘 준비된 사람인지 차분하게 설득하고 있고, 10년 계획 중 신뢰성 있는 압연제품 생산이라는 비전을 제시하며, 지속적으로 안전과 정비관련 자격증을 취득하여 다양한 기능을 가진 인재로 성장하겠다는 포부를 밝히고 있다.

마지막으로 8번 글은 지원동기에 자신이 생산관리 전문가로 성장하겠다는 포부를 밝히고 있고, 그러한 전문가가 되기 위해 포스코에서 배우고자 하는 바를 구체적으로 기술하고 있다. 이는 포스코에 대한 연구없이 불가능할 것이다. 또한 그런 전문가로 성장할 수 있게끔 준비된 사람이라는 점을 구체적으로 들고 있다.

여덟 개의 글들을 통해 합격자들이 공통적으로 보여주고자 하는 점은 자신이 직무능력이 있으며 동시에 미래비전이나 포부도 있음을 보여주는 것이다. 그래서 직무수행에 문제가 없고 회사발전에 도움이 되는 존재라는 점을 부각시키고자 한다는 점이다. 이처럼 자소서에서 중요한 점은 아름다운 명문이 아니라, 내실있는 콘텐츠를 보여주어야 하며, 주장이 아니라 설득이 중요하다는 것을 이 8개의 글을 통해서도 느낄 수 있다. 아래 글들을 통해 이런 점들을 직접 확인해 보기 바란다.

1. 포스코 지원동기와 포스코 근무에 필요한 업무관련 전문지식, 능력을 습득하기 위해 무엇을 준비하였는지 서술하여 주십시오.

(1번 글)

〈기회는 노력하는 자의 것〉

포스코를 동경하기 시작하게 된 동기는 두 가지입니다. 첫 번째는 단순한 세계적인 대기업이라는 높은 위치에 대한 선망이었습니다. TV 방송을 통해서 상당히 많은 곳에 포스코가 협찬을 하고 있는 것을 알고 있었고 현재 우리나라의 핵심 철강업계인 포스코는 그 이름만으로도 전국의 많은 취업 예정자들을 설레이게 하는 힘이 있습니다. 이런 포스코의 일인이 될 수 있다면 어떤 힘든 일이라도 참고 이겨 낼 수 있다고 저는 자부하고 있습니다. 두 번째 동기는 포스코에 대해 알아 가면서 생겼습니다. 처음에는 가까운 곳에 있으면서 손에 꼽히는 대기업이라는 단지 선망적인 이유로 입사하고 싶다고 생각하고 있었지만 포스코에 입사하기 위해 광주 폴리텍 대학 신소재응용과에 입학하여 금속과 철강에 대해 공부하고 알아가면서 역사적으로 철을 지배하는 나라가 세계를 지배한다는 것을 깨닫게 되어 철을 생산하는 제철소에서 일하고 싶다는 마음이 들었고 우리나라가 세계에서도 인정받는 철강 강국이 될 수 있었던 데에는 포스코의 노력이 절대적이었다고 생각하여 간절한 마음으로 포스코에 입사하고 싶다는 강한 소망이 생겼습니다. 그렇기 때문에 저는 동경하는 기업인 포스코에 입사하기 위해서 제선, 제강, 압연, 열처리, 금속재료산업기사 등의 업무에 관련된 자격증을 취득하였고 조금이라도 더 도움이 되는 인재가 되기 위해서 비파괴시험 기능사도 2종류를 취득하였습니다. 학점도 높은 점수를 얻기 위해 많은 노력을 해왔으며 그로인해 한 학기 전액 성적 우수 장학금도 받았습니다. 현재도 계속 공부하여 기계정비 산업기사와 재료조직 평가 산업기사 시험을 준비하고 있습니다.

(2013년도 합격한 제자)

(2번 글)

저는 제철소의 선강공정이 자동차용, 가전용 등 쇳물에 용도를 결정지어 혼을 불어 넣는 핵심공정이라 생각하여 선강공정의 자동화와 설비관리 관련 업무를 수행하고 싶습니다. 어린 시절 제철소를 견학하였을 때 자동화된 조업 프로세스를 보고, 자동화의 핵심은 전기라고 생각하여 전기를 전공하였고, 이론과 실습을 통해 전기기능사 자격을 취득하였습니다. 그리고 선강조업과 관련된 제선기능사, 제강기능사 자격을 취득하였습니다. 기능사 자격취득과정에서 쇳물의 화학반응 공부를 위해 저에게는 생소한 원소 주기율표를 외우는 등 선강 조업프로세스에 대해 학습하였고, 기계정비산업기사 실기도 준비 중입니다.

주말에는 기아자동차에서 주말 인턴을 하였습니다. 라인에서 부품을 조립하는 공정이었는데 자동차에 대해 문외한이었던 저는 큰 공장에서 일하는 것이 처음이었기 때문에 장소도 찾기 어렵고 조립하는 작업 역시 쉽지 않았습니다. 전동드릴 사용이 미숙해 공정에 차질을 주기도 하였지만, 반복작업을 통해 차량마다 달린 시리얼 넘버를 통해 구별하고 사례별로 나눠 조립하는 방법에 익숙해져 정상적인 작업을 할 수 있었습니다. 이러한 경험을 통해 현장의 안전과 표준작업의 중요성을 인식하게 되었습니다.

저는 전기와 기계, 제철소 선강 관련된 조업공정 등 종합적인 학습을 통해 제철현장의 설비들을 운전하고 관리할 수 있는 다기능 역량을 준비하였습니다. 제가 지금까지 준비한 자격이나 인턴 체험은 포스코에서 필요로 하는 전기 분야의 최고의 설비전문 인력이 되기 위해 끊임없이 고민하고, 체계적으로 준비하고 노력했습니다. 이러한 과정과 경험이 포스코의 일원이 되는 꿈을 이루기 위한 도전에 자신감을 가질 수 있게 하였습니다.

(2016년도에 합격한 제자1)

(3번 글)

〈목표를 세우고 끊임없이 도전〉

포스코를 지원하게 된 가장 큰 이유는 저의 새로운 도전이라고 생각하기 때문입니다. 저의 좌우명은 '목표를 세우고 끊임없이 도전하라'입니다. 따라서 제 목표는 최고의 기술력을 보유한 포스코 일원이 되는 것

유비무환 퍼펙트 자소서

입니다. 제철은 그야말로 대중의 삶을 유지하고, 산업 각 방면의 생산 활동에 있어 필수불가결한 요소라고 느끼게 되었고, 이어 한국폴리텍V대학에 진학하여 물품분류 공정이라는 실질적인 프로그램을 배우면서 기계 및 소프트웨어(제어기기 PLC, 마이컴)분야에 한 걸음 더 접근하게 되는 계기가 되었으며, 보다 심도 있는 역량을 키우고자 이번 포스코 지원을 결심하게 되었습니다.

지금까지 쌓아왔던 자질과 앞으로 쌓이게 될 역량을 토대로 포스코의 구성원이 되어 기업에서 생산되는 다양한 제철 관련 제품들이 대중의 삶에 유용하게 활용될 수 있도록 도움이 되는 인재가 되고자 합니다. 포스코란 기업은 저의 목표를 이루기 위해 끊임없이 도전하기에 전혀 부족 하지 않았고 또 생산 수단으로서 다양하고 엄청난 규모의 생산 설비를 갖추고 있기에 다양한 경험을 할 수 있고 더 배울 수 있다고 생각하기에 포스코를 지원하게 되었습니다.

(2016년도에 합격한 제자2)

(4번 글)

〈꿈을 향해 나아가기 위한 노력〉

포스코는 이름만 들어도 설렐 정도로 저에게 있어서 꿈의 기업입니다. 제철 플랜트를 시행하는 업체이며 세계 1위의 철강회사이기 때문입니다. 그래서 미래의 꿈을 키우며 금속공학을 전공하는 공학도인 저에게 매력적으로 다가 왔습니다. 각종 언론매체에서도 좋은 소식을 많이 들었을 뿐만 아니라, 제가 졸업했던 순천공고를 졸업한 뒤 포스코에 입사한 선배들의 이야기를 들을 때마다 설렜습니다.

저는 포스코의 제철 플렌트 제강파트를 담당하는 엔지니어가 되고 싶습니다. 그래서 지금까지 3가지를 준비했습니다.

첫째, 금속공학적 소양을 갖췄습니다. 학교 성적을 위해 공부를 하기 보다는 내가 직접 현장에서 작업할 때의 갖추어야할 지식을 쌓는다는 생각으로 금속분야 공부를 이어나가는 중입니다.

둘째, 올바른 역사 인식과 국가관을 갖춘 인재가 되기 위하여 꾸준히 한국사 공부에 시간을 투자하고 있습니다. 우리나라 역사를 잘 알고 있어야 글로벌 비즈니스를 주도할 수 있다는 생각에 한국사능력검정시험 1급을 취득하였고, 취득 후에도 틈틈이 강의를 들으며 공부하고 있습니다.

셋째, 자격증을 취득하였습니다. 현장에 직접 투입될 대 기본적 또는 전문적 지식은 필수라 생각하였기에 이를 증명할 수 있는 제강기능사, 압연기능사, 특수용접사, 열처리기능사, 위험물기능사, 지게차 운전기능사 등의 자격증을 취득하였습니다.

이러한 준비를 하면서 항상 제강파트에서 일하는 제 모습을 상상했습니다. 철강이란 단어를 생각할 대 항상 포스코란 이름이 인식되도록 안전하고 견고한 철을 만들고 싶습니다.

(2016년도 합격한 제자3)

(5번 글)

저는 새로운 것에 대한 도전의식이 강합니다. 이러한 저의 성향과 끊임없이 기술개척에 도전하고 대한민국 철강을 이끌며 세계적 기업으로 발돋음 하는 포스코와 새로운 미래를 함께 열어가고 싶어 지원하게 되었습니다. 또한, 생산 기술직으로서 역량을 갖추기 위해 기계/전공에 대한 지식을 폭넓게 공부하였습니다. 기술직이 생산성을 높이기 위한 방법은 사명감 있는 자주 보전이라 생각합니다. 그러한 역량을 키우기 위해 기계정비 산업기사를 취득하였고, 설비관리, 전기전자 등의 과목을 이수하며 설비보전 , 공유압 기능사, 산업안전 산업기사 필기를 취득하여 실기를 준비하고 있습니다.

입사하게 된다면 3년간 항상 생각하는 생산 기술직이 되겠습니다. 부족한 부분은 선배님들에게 물어보며 업무역량을 쌓아가고, 늘 개선할 사항은 없는지 생각하는 사람이 되겠습니다.

10년 뒤에는 맡은 분야의 전문가를 넘어 후배들에게 버팀목이 되어 줄 수 있는 멘토가 될 것입니다. 힘들고 지친 후배들에게 따뜻한 위로와 용기를 북돋아 주며 나아갈 방향에 대해 충고해주고 쌓아왔던 노하우와 업무지식을 활용해 후배들을 이끌어 주며 팀 소속감을 높여 긴장과 실수로 인한 안전사고를 방지하는 사원이 될 것입니다.

(2017년도 합격한 제자1)

(6번 글)

〈열정적인 철강전문 기능인이 되고 싶습니다〉

저는 군산 조선소에서 1년여 간 금속 관련 실무적인 기술을 익히고 일하면서 가진 궁금증인 철판에 따라 스케일, 부식 등의 이물질 제거 차이가 왜 있는지에 대한 궁금증의 계기로 한국폴리텍대학에 진학하였습니다. 학교에서는 조선소에서 배운 한정된 기술뿐 아니라 철강제조 및 재료 응용 기술에 입각한 특성분석 위한 재료 시험, 표면처리와 열처리 기술 등과 철강기업에서 필요로 하는 경화능 시험 프로젝트 실습을 통해 질량효과, 강의 종류별 조미니 시험법으로 철강 재료에 대한 지식을 쌓아 가고 있습니다. 더 나아가 제선제강, 압연공정 실습 과목을 통해 제선의 기본원리와 소결 공정 방법, 압연실습을 통하여 포스코 제조공정을 이해하며 준비를 하였습니다. 학교에서 배운 내용을 바탕으로 산업현장의 빠른 적응을 위해 필요한 자격증 취득에 몰두하여 자격증 4종(금속재료산업기사, 제선, 제강, 열처리 기능사)을 취득하였습니다. 입사 후에도 산업안전산업기사, 압연 기능사 등을 취득하여 포스코 내의 종합적인 공정의 이해하고 실무에 적용해 좋은 결과를 도출해내겠습니다. 무한한 발전과 성장을 통해 국민의 신뢰를 얻는 포스코를 만들기 위하여 땀 흘리고 싶습니다.

(2017년도 합격한 제자2)

(7번 글)

〈최고의 역량을 발휘할 수 있는 곳〉

압연부에서 생산직 일원으로 역량을 발휘할 준비가 되어 지원하게 되었습니다. 첫째, 광주 폴리텍대학 신소재응용과에 입학하여 제선, 제강, 압연 등을 공부하였고 이에 관련된 프로젝트를 진행하였습니다. SCM440 조미니시험, 열처리 된 SM45C인장시험, 냉간압연실험 등을 실시하였습니다. 특히 플레이트 압연기를 이용하여 알루미늄, 구리를 실제 압연해보고 고찰하여 압연에 대하여 깊이 있게 공부하였습니다. 둘째, 빠른 현장적응과 업무 이해를 위해 금속재료 산업기사, 제선, 제강, 압연, 열처리기능사 등 7종의 자격증을 취득하였습니다. 마지막으로 포스코 견학, 국제뿌리 산업 전시회에 참가하여 관련기술의 현장적용사례를 관찰할 수 있었습니다. 이를 바탕으로 빠른 시일 내에 압연부 생산 업무이해와 현장적응에 노력하여 생산 업무에 큰 도움이 되고자 합니다.

입사 후 10년 내, 업무지식과 경험을 쌓고, 압연 공정의 치수, 온도 및 생산 기술에 대해 연구하여 품질 편차 없고 신뢰성 있는 압연제품 생산에 최고의 역량을 발휘하겠습니다. 또한, 만족하지 않고 산업안전, 기계정비 산업기사를 취득하여 기계진단 및 수리에도 힘쓰겠습니다. POSCO란 글자에 자부심을 느끼며 꼭 일하고 싶습니다!

(2017년도 합격한 제자3)

유비무환 퍼펙트 자소서

> **(8번 글)**
>
> 〈미래를 만드는 생산관리 전문가가 되겠습니다.〉
>
> 포스코에 지원하게 된 동기는 두 가지입니다. 첫째는 최고의 품질을 생산하기 위해 끊임없이 발전하는 포스코의 행보에 매료되었기 때문이었고, 두 번째는 산업현장에서의 무사고를 위하여 온갖 힘을 기울이고 있는 모습에 오늘보다 내일이 더욱 기대되었기 때문입니다. 저는 포스코의 차별화된 공정방식인 Quick SixSigma 및 빅 데이터 기법 등에 대해 배우고 제조공정, 시험 및 평가방법을 습득하여, 넓은 시야를 바탕으로 뛰어난 제품 생산에 도전하고 싶습니다. 또한, 현장에서의 여러 재해를 막기 위해 산업현장에서 '안전'을 최우선으로 하는 분위기를 조성하여 한 건의 안전사고 없이 현장을 마무리 짓도록 할 것입니다. 그러나 이러한 목표를 달성하려면 현장에서의 생산기술에 대한 분야와 안전에 대한 분야의 전문가가 되어야 한다고 판단이 되어 현장에서의 실습을 통하여 필요한 전문기술을 얻을 수 있었고 학교에서의 교육을 통하여 저의 지식능력을 향상시킬 수 있었습니다. 이러한 경험들과 제 역량을 밑거름으로 삼아서 저의 능력을 더욱 갈고 다듬어서 고객에게 꾸준한 신뢰를 받기 위해 뛰어난 품질 생산과 안전한 산업현장 분위기를 만들기 위해 노력할 것입니다.
>
> (2017년도 합격한 제자4)

3) 포스코라는 기업에 최적화된 측면

그 다음 항목은 포스코라는 기업에 대해서 연구하고 자신이 이 기업에 무엇을 기여할 수 있을까에 대한 고민을 해야만 쓸 수 있는 내용이다. 이 항목은 2017년 자소서부터 신설된 항목이기 때문에 2017년도 합격자소서 4개만을 대상으로 하여 분석해본다. 이 항목은 자신이 가장 잘 하는 것, 또는 앞으로 가장 자신이 있는 분야, 또는 업무적합성, 또는 인성적 특징 등 다양한 요소를 동원해서 자신의 차별성을 부각시켜야 할 것이다.

아래 네 개의 글들 보면 1번 글 자신의 집중력과 생산기술직으로서의 구체적 목표를 3가지 제시하고 어학능력까지 동원하여 자신의 차별성을 강조하고 있으며, 2번 글은 현장의 열악한 상황에서 견뎌내기 위해서는 어렸을 때 농사일을 통해 단련된 인내력이 중요함을 강조하고 있고, 3번 글은 압연생산을 위한 자신의 특화된 관심과 능력을 강조하며 그것을 입증할 에피소드를 동원하고 있고, 4번 글은 설비능력과 현장에서의 문제해결을 위한 전문지식을 강조하며 그것을 입증할 에피소드를 동원하고 있다. 그런데 어떤 차별성이 가장 눈에 띌까? 중요한 것은 의욕만 앞선 정성적 언어의 유희보다 수치화되고 구체화할 수 있는 자신만의 특화된 기술이나 관심을 포스코를 위한 미래비전으로 연결시켰을 때 설득력이 있을 것이란 것이다. 여러분이 아래 4개의 사례를 보고 어떤 학생의 호소가 더 인상적이면서도 오래 남는가를 평가

해보라.

> **4. 귀하께서 포스코에 가장 기여할 수 있다고 생각하는 것은 무엇이며, 그 이유와 근거를 자유롭게 서술하여 주십시오.**
>
> **(1번 글)**
>
>   저의 "집중력"을 통해 안전사고 감소에 기여하겠습니다. 가공업체에서 일을 할 때, 금형 프레스 작업을 하니 안전사고에 대한 위험이 존재 하였기에 안전에 집중을 하였고, 사고없이 불량률 7%에서 2%로 감소하였습니다. 이러한 집중력으로 자만하지 않고 항상 안전에 대한 집중력을 발휘하겠습니다.
>
>   또한, 끊임없이 올라가는 눈높이를 통해 저의 수준을 높여 포스코를 대표하는 생산기술직이 되겠습니다. 이러한 꿈을 이루기 위해 3가지 목표를 통해 이뤄 나가겠습니다.
>
>   첫 번째, 지속 발전하는 철강 산업에 뒤쳐지지 않기 위해 끊임없이 전문지식을 학습하겠습니다. 새로운 기술습득 할 기회라면 놓치지 않고 참여해 저의 가치를 발전시켜 나가겠습니다.
>
>   두 번째, 한 가지 분야의 전문가가 아닌, 다방면의 전문기술력을 높이기 위해 전기, 전자, 기계, 금속 등 다양한 분야들의 지식을 내 것으로 만들어 다 기능인으로 거듭나겠습니다.
>
>   마지막으로 어학능력을 향상하겠습니다. 여러 해외생산법인을 두고 있는 포스코에 걸맞은 어학 능력발전을 위해 노력하겠습니다. 영어와 더불어 중국의 산업화 가속으로 끊임없이 소비량이 증가하는 중국시장과 소통하기 위한 중국어 실력도 꾸준히 향상하여 글로벌 포스코인으로 성장하겠습니다.
>
> (2017년도 합격한 제자1)
>
> **(2번 글)**
>
> 〈힘든 환경 속에서도 맡은 일을 끝까지 해결합니다〉
>
>   사원들이 피하는 힘든 일에서도 묵묵히 일 할 수 있는 자신감이 있으며, 포스코 현장에서 필요한 지식과 비결을 정확히 익혀 후임자들에게 도움을 주어 일의 능률을 향상하는데 이바지하도록 하겠습니다.
>
>   저의 집은 가장 뜨거운 여름날 고추를 수확하는 농가입니다. 이슬을 맞으면 상품성이 떨어져 고추를 밤이나 아침이 아닌 낮에 수확합니다. 그래서 항상 고생하시는 부모님의 짐을 덜어 드리기 위해 30도가 훌쩍 넘는 뙤약볕 아래에서 일했습니다. 이와 같은 경험으로 열악한 환경이었던 조선소에서도 묵묵히 일할 수 있었습니다. 여름에는 30도가 넘는 배 안 열기 속과, 눈 내린 추운 겨울배 위에서 일했습니다. 일했던 회사는 노고를 알아줘 급여를 올려주었으며, 추가적 핵심기술을 익히도록 환경까지 제공해주었습니다. 회사의 필요한 기술을 익힐 수 있었으며, 배운 기술을 후임자들에게 전수하여 회사 일의 능률을 향상해 신속히 일을 끝마쳤습니다. 이 경험을 통해서 사원들이 피하는 분야에 묵묵히 일 할 수 있으며, 현장에서 필요한 비결을 익혀 후임자들에게 전수하여 현장업무에 이바지하도록 하겠습니다.
>
> (2017년도 합격한 제자2)
>
> **(3번 글)**
>
> 〈계획적으로 목표를 달성〉
>
>   꼼꼼하고 계획적인 성격을 통해 세밀한 치수, 온도 등 까다로운 압연생산 조업의 조건을 충족시켜 생산성

> 향상과 신뢰성 높은 압연제품 생산에 기여할 수 있다고 생각합니다. 최근에는 6개월간의 자격증 취득 목표와 계획을 세우고 금속재료산업기사, 제선, 제강, 압연, 열처리기능사와 지게차 운전기능사를 취득하여 계획 하였던 목표를 달성할 수 있었습니다. 이런 성격은 군 전역 후 하게 되었던 세차장 아르바이트에서도 좋은 결과를 만들어 냈습니다. 처음 하는 일에 두려움이 있었지만, 사장님께서 알려주신 업무순서, 세차요령 등을 메모하여 업무를 해나가다 보니 점점 자신감을 갖게 되었습니다. 더 나아가 고객 정보를 기록하여 세차장 고객응대에도 이용해보고자 하였습니다. 사무실 컴퓨터에 고객 차량번호와 고객이 원하는 세차스타일, 주기 등을 기록하였고 이를 기반으로 고객에게 맞는 세차 서비스를 제공하였습니다. 이 결과 1.5배 이상의 매출 상승이 있었고, 사장님께 좋은 대우를 받을 수 있었습니다. 허베이강철 등 중국 철강회사의 저렴한 철강제품이 넘쳐나는 세계 철강 시장 속에서 POSCO의 고청정강 제품을 앞세운 시장 경쟁력으로 부동의 1위가 될 수 있도록 온 힘을 다하겠습니다.
>
> (2017년도 합격한 제자3)

〈4번 글〉

> 〈현장에 관심 크게 두재〉
>
> 생산설비를 보전하고 관리하는 생산기술 직무를 효과적으로 수행하기 위해서는, 설비에 대한 이해와 지식이 갖추어져야 합니다. 저는 고등학교 때부터 기계정비 산업기사 및 컴퓨터응용기계선반기능사를 취득하며 전문성을 확립하였고, 또한, 산업현장에 뛰어들려면 산업기술에 대한 학문과 경험도 필요하다고 생각이 되어 고교 시절 현장실습을 통하여 회사에 도움이 될 수 있는 사원이 되기 위해 부지런히 일하였습니다. 점점 제게 주어진 업무가 익숙해졌고, 공장에 설치된 설비들의 구조들을 이해함은 물론, 전문지식뿐만 아니라, 현장실습을 통하여 꼼꼼함과 문제분석능력을 배양했습니다. 어느 날 근무를 하던 중 중량물이 걸려있던 와이어 파손으로 인하여 중량물이 추락하는 사고를 접한 적이 있습니다. 다행히 인사사고는 없었지만, 추락한 중량물을 옮기는 방법이 문제였습니다. 이른 시일 안에 옮기지 못한다면 생산이 이루어져야 할 공장에서 목표치를 달성하지 못하여 경제적 손실을 일으키기 때문입니다. 그러나 제 역량 중 한 가지인 신중한 생각을 활용하여 곧바로 팀원들에게 아이디어를 제시하였고 결국 늦지 않게 중량물을 옮기게 되어 좋은 결과를 얻게 되었습니다.
>
> (2017년도 합격한 제자4)

포스코의 합격자소서를 통해 알 수 있는 공통점은 인성적 측면에서는 자기희생적이고 조직친화적 유형이 선호되고 있고, 직무적합성 측면에서는 자기만의 특화된 영역에서의 전문적 능력을 구체적으로 보여주었다는 점이다. 이러한 점은 대부분의 기업에서 합격한 자소서들의 공통된 특징이라고 말할 수 있다. 하지만 인성적 측면에서 조직친화적 인물에 대한 포스코의 선호는 오래전부터 지속되어온 전통이라고 말할 수 있다. 따라서 포스코의 경우 자소서를 쓸 때 지원자 자신이 포스코의 인재상과 맞는 사람이라는 점을 강조할 필요가 있다.

(2) OB맥주

10대 원칙

Dream(꿈)

1. 우리 모두는 하나의 꿈을 공유하며 하나의 목표를 향해 나아갑니다: 모두가 하나 되는 더 나은 세상을 만듭니다.

People(사람)

2. 우리의 최대 강점은 사람입니다. 훌륭한 인재들이 각자의 속도에 발맞추어 성장하고 그에 따라 보상을 받습니다.
3. 우리는 우리보다 더 나은 인재를 채용하고 육성하고 유지합니다. 우리 구성원의 수준이 우리에 대한 평가를 좌우할 것입니다.

Culture(문화)

4. 우리는 현재의 성과에 만족하지 않으며, 이러한 노력이 바로 우리 회사의 동력입니다. 우리의 집중력과 절대 안주하지 않는 태도가 지속적인 경쟁 우위의 기반입니다.
5. 고객은 왕입니다. 우리는 고객의 삶에서 의미있는 브랜드 경험을 선사하고, 이를 언제나 건전한 음주 문화를 통해 전달하고자 노력합니다.
6. 우리는 주인의식을 가진 사람들로 구성된 회사입니다. 우리는 자신의 성과에 책임을 집니다.
7. 우리는 상식의 힘을 믿습니다. 단순함은 불필요한 정교함이나 복잡함보다 우수한 가이드라인입니다.
8. 우리는 지속가능하고 수익성 있는 매출성장을 위한 자원의 확보를 위하여 엄격하게 비용을 관리합니다.
9. 솔선수범을 통한 리더십이 우리 문화의 핵심입니다. 우리는 말한 것을 반드시 행동으로 옮깁니다.
10. 우리는 절대 지름길로 가지 않습니다. 정직, 근면, 품질, 책임의식이 우리 회사를 견고히 하는 핵심요소입니다.

2016년도 1학기 강의가 중간쯤 지나가던 어느 날, 강의를 하러 어떤 반에 들어갔더니 24명의 수강 학생 중, 절반 정도가 나오지 않았다. 그런데 나머지 학생들도 왠지 들떠 있는 듯 보였다. 출석을 부르면서 학생들 하나하나의 결석 이유를 물었더니 모두가 취업했기 때문이란다. 무려 절반 이상이 취업에 성공해서 학교에 나오지 않게 된 것이었다. 그런데 그 중 8명의 학생들이 OB맥주에 합격을 했었다. 한 회사에, 그것도 같은 반의 학생들이 이렇게 대거 합격한 경우는 그렇게 많지 않을 것이다. 물론 정직원은 아니었고, 요즘 대부분의 회사가 그렇듯이 몇 달간 인턴생활을 해야 하는 상태였지만 그런 일은 지금까지 강의를 하면서 한 번도 없었던 일이라 어안이 벙벙했었다.

유비무환 퍼펙트 자소서

　벌써 1년도 훨씬 전의 일이지만, 왜 OB맥주에 그렇게 많은 학생들이 합격했는지 필자도 알 수 없는 일이었다. 그 학기 반쯤 남은 기간 동안 강의를 진행하기가 참 어려웠다. 대부분의 급우들이 취업해 나가버리니 나머지 학생들도 마음이 들떠서 수업하기가 참으로 힘들었다. 이제 OB맥주에 왜 그렇게 많은 학생들이 합격을 했는지 한번 따져봐야겠다.

　필자에게 OB맥주합격자소서가 9개가 있다. 그래서 이 OB맥주 합격 자소서도 이전 포스코 분석 때 그랬듯이, 자소서 항목 중 인성이나 가치관 관련 부분과 업무적합성 관련 부분으로 나눠서 분석해보기로 한다. 그런데 3개의 자소서는 전체 중 일부가 빠져있어서 6개의 합격 자소서를 분석대상으로 한다.

　OB맥주의 홈페이지(www.obbeer.co.kr)에 있는 〈10대원칙〉을 중심으로 합격자소서를 평가해야 하나 OB맥주의 인재상이나 문화를 한 마디로 요약하기는 쉽지 않은 것 같다. 먼저 〈꿈〉은 비전의 공유를 강조하고 있고, 〈사람〉에서는 인재를 중시한다는 점을 강조하고 있으며, 〈문화〉를 속성으로 단순화 시켜보면, '안주하지 않는 진취성', '고객중심주의', '책임감', '단순함이 가이드라인', '엄격한 비용관리', '솔선수범적 리더십', '책임의식' 등을 강조하고 있다. 의욕이 너무 많다보니 여러 요소들을 많이 제시해서 일정한 방향성을 잡기가 쉽지 않다. 그 중, 조직원들에게 요구하는 인성적 특성을 간추려보면, '진취성', '책임감', '솔선수범적 리더십' 등을 들 수 있을 것 같다. 하지만 합격자소서들을 보면 회사에서 표명하고 있는 이러한 가치들에 치중해서 그것을 특별히 강조해서 합격했다는 느낌이 들지 않는다. 그래서 OB맥주의 자소서에서 인성적 특징을 잡아내는 데 특별한 가이드라인을 갖는 것이 큰 의미가 없을 것 같다. 따라서 기업에서 일반적으로 요구되는 조직친화적 인성을 기준으로 삼는 것이 가장 무난할 것 같다. 독자 중에 OB맥주를 목표로 하는 지원자가 있다면 OB맥주 합격자소서를 보고 특별한 인성적 가치에 얽매이지 말고 자신의 경험들 중 조직친화적 에피소드를 적절히 활용하기 바란다.

　OB맥주의 2017년도 자소서 양식은 다음과 같다. 인성적 측면에서 대표적인 항목은 1번이고, 직무적합성 측면에서 가장 전형적인 항목은 4번이다.

4장 합격자소서 분석하기

OB맥주 자소서 양식

1. 자신을 대표하는 슬로건과 함께 본인에 대해 서술하십시오.
2. 타인과 차별화 될 수 있는 자신만의 장점 및 역량은 무엇인지 서술하십시오.
3. 지금까지 살아오면서 자신이 이루어낸 가장 큰 변화에 대해 당시 상황, 자신의 행동, 결과 등을 바탕으로 구체적으로 서술하십시오.
4. 본인이 지원한 직무분야에 입사하기 위해 노력한 점과 입사 후의 포부를 구체적으로 서술하십시오.

인성 및 가치관 관련해서 가장 대표적인 항목은 1번 항목에 대한 6개의 합격자소서들을 함께 묶어내어서 그 어떤 공통점을 찾아보고자 하였다.

먼저 1번 글은 책임감의 중요성을 강조하고, 그러한 책임감을 갖게 된 고교시절 경험을 상술하고 있다. 그 뒤로 이러한 책임감을 갖고 일한 경과 작업의 효율을 높이게 되었다는 것을 말하고 있으며, 마지막으로 이러한 책임감을 통해 현장에서의 로스를 줄이겠다는 각오로 맺고 있다. 이러한 책임감 에피소드는 OB맥주의 10대 원칙에서 두 번이나 강조하는 요소이기 때문에 더욱 잘 어필하게 된 것 같다.

2번 글은 자신이 중요시 하는 가치를 시간을 철저히 지키는 것으로 설명하고, 자신이 생활 속에서 시간개념이 얼마나 정확한지 그 예들을 끌어내고 있다. 이러한 시간개념 또한 조직 친화적 속성의 하나라고 볼 수 있다.

3번 글은 소통의 중요성을 설명하고, 자신이 소통을 잘한다는 것을 두 개의 체험을 통해서 잘 보여주고 있다. 첫 번 째는 과 프로젝트에서 조장을 맡아 소통을 통해 좋은 성과를 이끌어낸 경험을, 그리고 두 번 째는 봉사활동에서 곁을 주지 않던 아이들에게 적극적으로 다가가서 고민을 상담해주는 역할까지 하게 된 일화를 소개하면서, 그러한 소통능력을 생산효율성과 연결하겠다는 각오로 끝맺고 있다. 이 경우는 자신의 경험을 구체적으로 기술함으로써 자신의 진술의 신뢰성을 높이고 있다.

4번 글은 적극적이고 초지일관하는 리더십을 통해 군대에서 분대장직을 원활히 수행해서 부대훈련을 성공리에 마친 경험을 쓰고 있다. 이러한 솔선수범적 리더십은 OB맥주의 10대 원칙에도 해당되므로 적절한 선택이라고 말할 수 있다.

> 유비무환 퍼펙트 자소서

　5번 글은 적을 만들지 않는 것이 중요하다고 전제하고 상대에게 좋은 인상을 주기 위해 청결에 신경을 쓰는 것의 중요성을 말하고 있다. 이러한 습관이 OB맥주에서도 이어져서 품질향상에도 도움이 줄 것이라 주장하고 있다.

　마지막으로 6번 글은 2017년도에 OB맥주에 합격한 학생의 글로, 어려움이 발생했을 때, 그 일에 몰두하게 되면 어떤 어려움도 극복할 수 있다는 주장을 하면서, 자신이 팀프로젝트를 하면서 어려운 상황을 이겨낸 것이 독하게 무언가 몰두할 수 있는 집중력이 있기 때문이라고 말하고 있다. 이러한 속성은 어떤 기업에도 통할 수 있는 좋은 인성이라고 본다.

　이처럼 OB맥주 자소서 중 인성이나 가치관과 관련된 내용은 이 기업만의 특별한 가치를 부여하는 인성적 특성없이 다양한 방법으로 조직친화적인 특성을 주장하고 거기에 맞는 에피소드를 활용해서 좋은 결과를 가져온 경우라고 말할 수 있겠다. 이제 아래 합격자소서를 통해 이러한 점들을 각자 확인해보기 바란다.

1. 자신을 대표하는 슬로건과 함께 본인에 대해 서술하십시오.

(1번 글)

〈나에게 주어진 첫 책임감의 끈을 잡다〉
　고교 시절 학생회 간부 활동을 하며 저는 책임감이란 단어를 다시 한 번 가슴에 새길 수 있었습니다. 환경미화부 부장이었던 저는 매일 수요일 금요일 청소시간이면 급식실과 매점에서 나오는 상자들을 거두어 학교 앞에 내어놓는 일을 맡아 했었습니다. 처음에는 너무 많은 상자 양에 놀라서 뒤로 넘어질 뻔했습니다. 하지만 제가 아니면 이 일을 할 사람은 없다 생각하고 참고 일을 해왔습니다. 그러나 힘은 점점 빠져만 갔고 수요일 금요일 청소시간이 올 때면 "정말 지옥 같다." 라는 생각마저 했습니다. 그러던 어느 날 혼자 일하고 있는 저에 담임선생님께서 오셔서 제 기분을 이해하신다는 표정으로 "어떤 일을 하더라도 내 일에 대한 자부심과 책임의식이 강해야 한다."라고 말씀을 해주셨습니다. 순간 제 기분을 들킨 거 같아 부끄러웠지만, 선생님에 그 말씀은 제 가슴에 책임감이란 단어의 불꽃을 일렁이게 해주었습니다. 그 이후 저는 책임감을 지니고 일을 하게 되었고 그런 마음가짐을 가지니 "좀 더 효과적으로 이 일을 할 수는 없을까?" 라는 생각을 하게 되었습니다. 생각 후 저는 친구들에게 상황을 얘기하고 친구들의 도움을 받게 되었습니다. 그 결과 작업시간을 대폭 줄이고 힘도 덜 들이며 지옥 같던 수요일과 금요일 청소시간을 친구들과 함께 즐거운 청소시간으로 바꾸어 놓을 수 있었습니다. 제가 귀사에 입사하게 된다면 항상 일에 대한 책임의식을 지니고 한층 더 체계적이며 효과적인 작업방법을 고안해 생산현장의 각종 로스를 최대한으로 줄여나갈 수 있는 사원이 될 것입니다.

(2016년도 합격한 학생2)

(2번 글)

⟨저는 '시간은 금'이라고 생각합니다⟩

저는 학창시절 등교시간과 동아리 등 저에게 주어진 시간을 최대한 활용하기 위해 지각 결석을 하지 않았습니다. 대학생 때 성실근면하고 일찍 등교하는 저의 모습을 보신 교수님께서 공구당번이라는 직책을 주시며 타인에게 신뢰감을 갖게 하는 계기가 되었고 그 직책에 대한 책임감을 갖게 되어 보람찬 대학생활을 할 수 있었습니다. 여름방학기간동안마트에서 아르바이트를 할 당시에도 출근시간 10분전에 도착하며 근면성실한 모습을 보였습니다. 마트 사장님께서 그 모습을 보시고 "상화는 어떤 일을 하든지 잘 할 거야" 라는 말을 던져주셨습니다. 마트직원들도 좋게 봐주셨고 그에 힘입어 열정적으로 CASS맥주를 옮기며 일할 수 있었습니다. 이를 바탕으로 만약 회사에 OB맥주인턴 사원으로 뽑히게 된다면 저의 성실성과 주어진 시간에 항상 최선을 다하고 CASS 맥주처럼 젊음과 열정적인 마음으로 회사의 발전에 크게 이바지할 수 있을 것입니다.

(2016년도 합격한 학생3)

(3번 글)

⟨소통은 서로에게 큰 힘⟩

서로 다른 역량을 가진 사람들과 같은 길을 가기 위해서 필요한 것은 소통이라고 생각합니다. 대학 시절, 학과 내 프로젝트 작품을 출품하는데 조장으로써 각자의 역할 조율하며 대화를 통해 아이디어를 구상하는 데 도움을 주는 역할을 수행하였습니다. 프로젝트 아이디어 구상 중 조원들 간의 의견 충돌이 생길 시, 중간자의 위치에서 각자의 의견을 들어주고 최대한의 역량을 발휘할 수 있도록 노력하였습니다. 그 결과 저희 조의 프로젝트 작품이 과 1등으로 뽑히게 되었고 이를 통해 서로 소통하며 화합한다면 더 큰 시너지를 발휘하는 결과를 보게 되었습니다.

또한 광주종합복지관에서 방과 후 학습과 놀이를 지도하는 봉사활동을 한 적이 있는데, 처음에는 아이들이 붙여주지 않아서 애를 먹었는데 적극적으로 다가가서 아이들의 눈높이에 맞춰주고 대화를 걸어주면서 아이들이 마음을 열어주기를 천천히 기다렸습니다. 같이 땀 흘리면서 축구도 하고, 아이들의 고민들도 들어주고 대화도 많이 하다 보니 처음에는 어두운 표정과 인사조차 받아주지 않았던 아이가 먼저 저에게 인사해 주고 장난도 걸어왔습니다. 이로써 대화의 힘은 대단하다 느꼈고 지금은 아이들의 힘들어하는 일이나 사소한 고민들을 들어주는 고민상담가의 역할을 하고 있습니다.

유능한 생산관리자가 되기 위해서는 여러 부서와의 원만한 관계를 맺고 있어야 하며, 상대방의 협조를 끌어낼 수 있어야 합니다. 저는 소통의 힘으로 타부서와의 화합과 협력을 끌어내 오비맥주 생산 공정에 효율성을 높이는데 기여하겠습니다.

(2016년도 합격한 학생4)

(4번 글)

⟨끝날 때까지 끝난 것이 아니다⟩

남자에게 군대생활은 새로운 경험이며 리더십을 사용할 첫 장소라고 생각합니다. 저는 선임과의 격차가 얼마 나지 않아서 부분대장을 오래차고 분대장을 짧게 달아야만 하였습니다. 말년 휴가를 얼마 안 남겨 두고 연대 전술 훈련의 일종으로 부대 훈련이 시작되었고 저는 부대원을 모아두고 내가 마지막으로 치루는 훈련인데 정석으로 나와 같이 열심히 훈련에 임해줘서 너희에게 포상이 돌아가도록 해주고 싶다고 전하였고 부대원들과 같이 훈련에 참여하였습니다. 전술 훈련의 주간 봉쇄 작전 중 거수자를 발견하였고 부대원들에게 포상을 선물해 주기 위해서 젖 먹던 힘까지 사용하여 거수자를 체포하고 결국에는 받게 되었습니다. 남들은 쉽게 보내버린 군대 생활은 헛되게 쓰지 않기 위해선 포기하지 않았고 하이트 진로라는 회사에 입사한다고 하여서 언제나 초심을 잃지 않고 초심 그대로 열심히 일하겠습니다.

(2016년도 합격한 학생5)

(5번 글)

〈적을 만들지 말자〉

저의 슬로건은 '적을 만들지 말자'입니다. 사람은 살면서 수 없이 많은 사람들을 만나고 관계를 쌓아 갑니다. 하루에도 직·간접적으로 만나는 사람만 수백 명 혹은 수천 명 이상이 될 수도 있습니다. 특히 남자는 사회생활을 하면서 많은 사람과 부딪혀야 합니다. 언제 어떻게 나에게 도움이 될지 모르기 때문에 항상 사람을 만나면 좋은 인상을 심어주기 위해 노력합니다. 좋은 인상을 심어주기 위해서는 저는 저 자신부터 달라져야 한다고 생각했습니다. 사람이 아무리 착하고 성실해도 청결하지 않으면 그 사람에게 다가가기 꺼려진다는 생각을 했습니다. 그래서 항상 제 주변 정리 및 제 방 정리는 제가 해왔습니다. 저는 이런 사소한 것들에 어렸을 때부터 신경을 많이 써왔고 지금은 학교생활을 하며 기숙사, 실습장 및 동아리실 이용 시, 내 것처럼 정리하고 청소하고 있습니다. 저의 이런 습관들은 5S(정리, 정돈, 청소, 청결, 습관화)와 정확히 일치하며 국내 최대 맥주기업인 오비맥주의 공장 내 청결, 결국은 품질 향상에까지 도움이 될 거라고 자신합니다.

(2016년도 합격한 학생6)

(6번 글)

〈미치는 것을 두려워 말라〉

친구들은 저에게 '독한 놈' 이라는 말을 가끔 하곤 합니다. 제가 하고자 하는 일이라면 그 일에 미쳐 결국 반드시 해내고 말기 때문입니다. 이처럼 저는 "미치는 것을 두려워하지 말라" 라는 슬로건으로 저를 표현하고 싶습니다. 대학 과목 중 '팀 프로젝트' 라는 과목이 있었습니다. 자동화 설비를 직접 설계하고 제작하는 과목이었습니다. 저는 팀장을 맡아 팀 프로젝트를 추진하였습니다. 그러나 가장 능력 있던 팀원의 군 입대, 또 다른 팀원의 교통사고 등으로 많은 결원이 발생하였고, 손이 모자라 팀원들이 의욕을 잃어 프로젝트는 거의 중단되는 상황에 이르렀습니다. 저는 팀장으로서 프로젝트를 끝까지 추진해야 했습니다. 저는 '독한 놈'이 되어 프로젝트에 미치기로 마음먹었습니다. 수업 후, 매일 새벽까지 프로젝트 작품을 제작하였고, 학교에서 밤을 지새우기도 하였습니다. 저의 노력에 남은 팀원들도 하나둘 참여하기 시작하였습니다. 결국 프로젝트 팀 중에 가장 안 좋았던 상황에도 불구하고 가장먼저 완성도 높은 작품을 완성하게 되었고, 아주 좋은 평가를 얻게 되어 다른 팀들도 저에게 박수를 쳐주며 저를 인정해주었습니다. 저는 그동안의 노력이 헛되지 않았음을 깨닫고 더욱 더 제가 하고자 하는 일에 미치는 것을 두려워하지 않게 되었습니다. 이러한 저의 성격으로 저에게 주어진 일이라면 '독한 놈'이 되어 책임감을 갖고 반드시 해내겠습니다.

(2017년도 합격한 학생)

다음으로, OB맥주의 직무적합적 특성 또한 회사에서 특별히 방향성을 제시하지 않고 있기 때문에 '다른 기업과 마찬가지로 직무에 바로 투입 가능할 만큼 전문성이 갖춰졌는가'를 기준으로 합격자소서를 평가하고자 한다. 직무적합성과 관련된 항목은 4번이다. 그래서 7개의 합격자소서 중에서 4번 항목을 공통적으로 발췌해서 그 어떤 특성을 추출해보고자 한다.

먼저, 1번 글은 자신이 자동화업무 수행에 잘 준비되어있음을 밝히고, 10년 계획을 대단히 상세하고 구체적으로 쓰고 있다. 그래서 OB맥주가 탄탄대로를 달릴 수 있도록 준비된 사람이라는 점을 강조하고 있다.

2번 글은 현재 직무수행을 위해 준비되었음에 초점을 두고, 먼저 자신의 희망직무 수행에 필요한 업무 능력을 물류제어능력과 관련 지식이라고 정의한 뒤, 자신이 이러한 능력이 있음을 입증하고 있다. 즉 그 능력과 관련된 학과 공부와 실습들을 통해 그 능력을 갖추게 되었음을 설득하고 있고, 입사 후에도 자신이 가진 능력을 공정효율화를 위해 활용할 것이고, 10년 뒤에는 OB 전체의 물류공정과 생산라인 구축의 전문가로 성장할 것이라고 주장하고 있다. 이 항목에 대단히 잘 준비된 답변이라는 것을 알 수 있다.

3번 글은 현재의 직무적합성과 입사 후 10년 계획이라는 2개 부분으로 나눠서 상론하고 있다. 먼저 현재의 전문성을 강조하기 위해 자신의 직무에 필요한 능력을 현장 경험과 기계지식이라고 정의한 뒤, 자신이 실제로 1년 동안 현장의 생산라인에서 근무한 현장 경험을 설명하고 있고, 2년 동안 폴리텍대학에서 관련 공부를 해서 전문적 지식을 넓힌 것을 상론하고 있다. 그런 다음, 입사 후 포부에서는 10년 계획을 일반적이고 두루뭉술하게 기술하는 게 아니라 대단히 구체적으로 기술함으로써 신뢰도를 높이고 있다.

4번 글은 설비고장의 중요성부터 설명한 뒤, 설비고장에 대비하려면 기술자들이 전기적인 지식과 기계적인 지식이 모두 필요하다고 정의하고, 자신은 이러한 두 가지 지식을 모두 갖추고 있음을 설명하고 있다. 그리고 이러한 두 가지 지식과 경험을 갖추고 있는 자신이 잘 준비되어있는 사람임을 강조하고 있다.

5번 글은 위의 글을 직무를 위한 자신의 준비 상황과 미래 포부로 나누어 진술하고 있다. 준비상황을 청결과 학교에서 배운 관련 지식을 중심으로 설명하고 있다. 그리고 입사 후 포부에 더 공을 들이고 있다. 그래서 10년 계획을 상세히 설명하고 있다.

6번 글은 자신의 비전을 먼저 설비보전 전문가의 길이라고 선포한 뒤, 그 꿈을 이루기 위해 준비해 온 것들을 학교에서의 공부, 실습 등으로 설명한 뒤, 관련자격증을 취득한 사실을 통해

유비무환 퍼펙트 자소서

전문적 능력이 있음을 강조하고 있다. 그리고 입사 후 포부를 10년 계획으로 설명하는 게 아니라, 2가지 목표를 통해 제시하고 있다. 첫째는 설비가동시간 극대화, 그리고 둘째는 설비상태 최적화라고 제시하고 있다.

OB맥주 합격자들의 4번 항목 기술의 특징을 보면 현재 직무적합성과 입사 후 포부라는 2가지 요소(현재 준비상태, 미래 계획)를 빠뜨리지 말고 잘 기술하는 것이 중요하며, 그 다음, 이 두 가지 내용 배분의 균형도 이뤄져야 한다는 것이다. 현재 직무적합성에서는 전문적 지식, 자격증, 그리고 실무경험을 빠뜨리지 않고 쓰는 게 바람직하지만, 실무경험이 부족하다면 실무능력이 있음을 입증하려고 노력하는 것이 중요하다. 이를테면 실습이나 프로젝트를 통해 실무경험에 상응하는 구체적 능력을 얻게 되었음을 설명하는 것이다. 그리고 입사 후 포부에서는 구체적 목표를 2-3가지 쓰는 것도 괜찮고 10년 계획을 연차별로 쓰는 것도 무방하나, 문제는 그러한 목표나 연차별 계획이 그저 임시방편적이고 일반적인 립 서비스가 아니라 좀 더 구체적이고 실현가능하며, 그 기업의 입장에서 기업발전에 도움이 되는 사람이라고 느끼도록 써야 한다는 것이다.

OB맥주의 직무적합성 관련 글들은, 6명의 합격자들이 모두 거의 비슷하게 써야 맞는 말일지 모르겠다. 이 5명의 학생들은 모두 같은 학과인 자동화시스템과에서 함께 공부하던 학생들이었고 나머지 한 명은 1년 후배이기 때문이다. 그런데 아래 학생들이 자신의 현재 직무적합성과 입사 후 포부를 주장한 방식은 제 각각 다르다. 이것은 자소서에서 가장 중요한 점이 차별성이고 그 차별성은 자신만의 특성을 구체적으로 설명할 때 발생한다는 점을 잘 보여준다.

4. 본인이 지원한 직무분야에 입사하기 위해 노력한 점과 입사 후의 포부를 구체적으로 서술하십시오.

(1번 글)

〈앞으로 나아가는 길 위에 우레탄 매트를 깔아줄 사원〉

저는 귀사에 입사하기 위해 자동화 시스템학과를 선택했습니다. PLC 프로그램에 따른 장비의 동작에 대한 이해와 프로그램 코딩 그리고 설비진단에 대한 지식을 쌓고 자격을 취득했습니다. 그에 따른 제 열정은 앞으로도 뜨거울 예정이며 언제든 불타오를 준비가 되어 있습니다. 만약 제가 입사를 하게 된다면 향후 1년간 확실히 업무를 습득하고, 소중한 인연의 시작인 바르게 인사하는 것을 1차 목표로 늘 먼저 다가가 인사를 할 것이며, 업무에서는 항상 메모하고 공부해서 "예의 바른 똑똑이"라는 별명을 받고 싶습니다. 5년 뒤에는 동료 사원들과 함께 더 나은 설비의 개선과 생산을 위해 장비를 분석하여 변화에 즉각 대응할 수 있는 실력과 자료를 갖추겠습니다. 10년 뒤에는 앞에 모은 자료들을 바탕으로 자료집을 만들어 신입사원들 에게 주고 싶습니다. 그 후 원칙에 따라 바르고 공정하게 후배들을 양성할 것입니다. 또한, 동료 사원들과 함께 힘을 모아 제 기량을 맘껏 발휘하며 기업의 발전목표에 있어 헌신의 힘을 다하겠습니다. 그리하여 하루하루 발전하며 앞으로 나아가고 있는 존경하는 귀사의 앞길에 푹신하고 편안한 우레탄 매트를 깔아줄 수 있는 사원이 되겠습니다.

(2016년도 합격한 학생2)

(2번 글)

저는 OB맥주 기술 지원 분야에 입사를 원하고 이 직무를 수행하기 위해서는 물류제어능력과 관련 지식들이 필요할 것입니다. 폴리텍대학 자동화시스템과의 과정을 밟아온 저는 PLC와 시퀀스제어, 공유압, PC제어 등 전기전자를 이용해 논리적인 회로설계 실습과 이론들을 배워왔습니다. 단순히 공식적인 회로로만 구성하지 않고 똑같은 동작이더라도 어떻게 하면 더 간단해지고 효율적으로 동작할 수 있는지 한 가지 틀에 박히지 않고 창의적인 여러 생각들을 하면서 해결할 수 있도록 노력해 왔습니다. 전공이 물류제어(메카트로닉스) 다보니 기계, 전기, 전자의 이론들과 실습 등으로 많은 것들을 한 번에 익히는데 시간이 걸리고 어려움이 있었지만 같은 과 학생끼리 물어가면서 어려운 실습과제도 하나하나 이해해가며 해결할 수 있었습니다. 이를 계기로 OB맥주에 입사 시 스마트 팩토리 트랜드에 맞춰 설비관리와 기술로 공정 효율화를 극대화 하기 위해 노력할 것이고 기계, 전기, 전자 등 융합적 유지보수 능력을 갖출 것입니다. 또한 자격이 된다면 기술사 시험을 응시하여 자기계발에도 소홀하지 않을 것입니다. 10여년 후 모든 공정을 관리 감독을 할 수 있는 OB맥주 공장장이 되어 단 1%의 손해 없는 물류공정과 생산라인을 구축해 나갈 것입니다.

(2016년도 합격한 학생3)

(3번 글)

〈기술은 경험과 지식의 합〉

생산기술 분야는 기계장치를 이용하여 최적의 생산시스템을 구축해야 합니다. 때문에 현장경험과 전반적 기계지식이 필요하다고 생각합니다.

1년간 생산라인에서 근무하며 현장경험을 키웠습니다. 제품을 생산하면서 불량률을 줄이려는 노력을 많이 하였고 고장로스를 해결하기 위해 자주보전을 끊임없이 하였습니다. 사소한 것 하나를 점검함으로써 설비가 중간에 멈추는 일이 적어져 생산율을 높이는데 큰 기여를 하였습니다.

2년 동안 폴리텍대학에서 자동화시스템을 전공하며 기계정비와 관련된 지식들을 쌓았습니다. 모터, 제어기, 동력전달장치 등 하드웨어적인 것부터 C언어, PLC프로그램을 이용하여 자동화설비를 제어하는 소프트웨어의 지식을 쌓았습니다. 이 결과 프로젝트 작품을 출품하여 저희 조가 과 1등으로 뽑힌 성과를 이뤘습니다.

〈입사 후의 포부〉

오비맥주 기술팀에서 주기적인 정비와 기술지원으로 생산업무 효율을 극대화 시키는데 기여하고 싶습니다. 1년, 5년, 10년 동안의 각각 목표를 설정하고 이루어 낼 것을 약속합니다.

1년 동안 기술지원 분야의 업무파악과 적극적인 자세로 임하겠습니다. 이를 바탕으로 선배들에게 먼저 다가가고, 먼저 물어보는 적극적인 행동으로 기술력을 키우겠습니다.

5년 후, 실질적인 엔지니어로서 생산성을 극대화 시키겠습니다. 공정 진행 중 발생할 수 있는 불량을 최소화하고, 선행관리를 통해 사고를 예방하겠습니다. 이를 위해 현장에 있는 직원들에게 매일 안전교육과 주인의식을 강조 하겠습니다.
　　10년 후, 현재에 만족하지 않고 계속해서 발전하는 생산기술 관리자가 되겠습니다. 설비보전기사, 산업안전기사를 취득하여 보다 전문적인 생산기술력을 키워나가 후배들의 롤모델이 되겠습니다.

(2016년도 합격한 학생4)

(4번 글)

〈전기적, 기계적인 능력 소지〉

　　설비는 생각보다 까다로우며 미세한 차이가 설비 고장이 초래합니다. 갑작스러운 고장으로 시설이 멈춰 버린다면 커다란 손실을 불러올 수 있습니다. 그래서 돌발 고장 상황에서 기술자들은 작은 설비의 결함을 찾아내고 설비를 정상화 시킬 필요가 있습니다. 이때의 결함은 전기적 또는 공압과 유압의 부품 결함일수도 있으며 시설 외적인 결함일 가능성도 있습니다. 이때의 기술자들은 전기적인 지식, 기계적인 지식을 모두 사용하여 고장을 능동적으로 대처 할 필요가 있습니다. 저는 학과의 특성상 공압과 유압 기계적인 시스템에 대한 경험이 있으며 최근에는 감속기 분해 조립, nps 장비 분해 등 기계 지식을 습득하고 있습니다. 또한 전기적인 지식도 중요하다 생각하여 학교 정규 수업이 끝나면 전기 공부를 하여 전기 기능사를 취득하기 위해서 노력한 경험이 있습니다. 전기적인 회로 시스템과 공압과 유압의 기계 장치를 모두 알고 있는 기술자가 된다면 회사에 커다란 이점이 될 것이라 생각합니다. 또한 기계와 전기 지식만큼이나 경험도 중요하다고 생각합니다. 직장 내 훈련인 ojt 기간에 준비된 지식을 사용할 수 있는 능력을 배양하기 위해서 혼신의 힘을 다하겠습니다.

(2016년도 합격한 학생5)

(5번 글)

〈나의 노력을 어떻게 보여줄 수 있을까〉

　　제가 노력한 모든 일들은 글로써 혹은 면접에서 말로써 표현하기엔 시간이 턱없이 부족하다고 생각했습니다. 그래서 저는 오비맥주에 입사하기 위해 노력한 일들을 수치화하기로 했습니다. 제가 지원한 품질관리 분야에서 가장 중요한 부분은 청결과 품질이라고 생각했습니다. 저는 학교에서 근로 장학생을 맡아 하고, 교외 봉사활동을 통해 정리정돈, 청소, 청결에 습관을 들였습니다. 또한 그동안 배워온 공유압제어, PLC프로그래밍, 전기전자분야 수업들과 연계하여 졸업 작품 프로젝트를 함으로써 앞으로 제가 나아가야할 설비보전분야, 품질관리분야, 자동화분야에 대한 이해도를 높이고 있고, 결과적으로 현장에 직접 적용할 수 있도록 꾸준히 노력하고 있습니다. 이런 노력들은 현재 최고의 품질을 자랑하는 오비맥주의 품질을 지속적으로 이어가게 해줄 동력이 될 것입니다.

"출근하고 싶은 회사"

　　입사 후 3개월간의 인턴생활에서 제가 할 일은 회사의 상황 즉 '제가 할 일과 관련된 모든 것을 알고 있을 것'입니다. 그리고 제가 정직원이 되었을 때는 인턴이 아닌 정직원의 무게를 느끼고 제가 맡은 일은 누군가에게 도움을 받지 않아도 처리 할 수 있는 업무능력을 갖출 것입니다. 하지만 1년 사이에 모든 걸 알 수는 없을 것입니다. 그렇기 때문에 선배님들을 따라다니며 알려주시는 모든 것을 메모해서 정량화 할 것입니다. 입사한지 5년이 지난 후 저도 선배소리를 들으며 저를 따라다니는 후배들에게 예전에 선배들에게 보고 들었던 것을 정량화한 자료들을 후배들 주며 빠르게 적응할 수 있도록 도와 줄 것이고 10년 후 사내 동호회를 만들어 후배들과 선배들의 중간 역할을 완벽하게 해내어 사내 분위기 조성에 앞장 설 것입니다.

누군가에겐 월요일이 고통스러운 날이고 누군가에겐 새로운 시작을 알리는 기분 좋은 날 일 수 있습니다. 입사 후 아마 저의 월요일은 기분 좋은 날의 연속일 거라 자신합니다.

(2016년도 합격한 학생6)

(6번 글)

〈한 걸음씩 밟아온 설비보전 전문가의 길〉

저는 오비맥주의 '설비유지보수 전문가'가 되는 꿈을 이루고 싶어서 지원하게 되었습니다. 최적의 설비상태를 유지하기 위해 철저한 점검관리 능력과 이에 따른 기계, 전기, 전자 분야의 종합적이고 전문적인 기술이 요구된다고 생각합니다. 그래서 저는 한국 폴리텍대학 광주캠퍼스에서 설비의 진단, 효율적 관리와 미쓰비시의 멜섹, LS산전의 글로파 등 PLC 자동제어 기술을 공부하였고, 많은 실습으로 실무에 적극적인 대비를 하였습니다. 그리고 공유압기능사, 기계정비산업기사 등의 자격증을 취득하여 설비보전, 제어부분의 직무능력을 키우기 위해 많은 노력을 기울였습니다. 제가 오비맥주에 입사하게 된다면 오비맥주의 미래를 짊어질 인재가 되어 최상의 설비상태를 유지하기 위해 두 가지 목표를 세워 노력하겠습니다. 첫 번째, 꼼꼼하고 철저한 설비점검과 진단으로 설비 가동시간을 극대화하겠습니다. 두 번째, 계획적인 저비용고효율의 설비관리 뿐만 아니라, 설비상태를 최적화하여 설비의 안정적 가동에 기여하고 고품질 책임정비를 수행하겠습니다.

(2017년도 합격한 학생)

OB맥주 합격자소서들 6개를 함께 살펴본 결과, 인성적 측면이나 직무적합적 측면이나 OB맥주합격자소서만의 특징은 존재하지 않고 필자가 숱하게 강조해왔던 바와 같이 인성적 측면에서는 조직친화형 특성을, 그리고 직무적합성 측면에서는 자신만의 경쟁력을 구체적으로 보여주고, 미래 비전 또한 자신만의 특화된 영역을 보여줘야 한다는 점을 확인할 수 있었다.

(3) LG디스플레이

> 유비무환 퍼펙트 자소서

　LG디스플레이의 인재상은 '강한 열정을 바탕으로 전문성과 팀워크를 발휘하여 1등을 추구하는 것'이다. 3가지 요소 중 2가지, 즉 열정과 팀워크는 인성적 능력이고, 전문성은 직무적합적 특성이다. 열정을 좀 더 자세히 보면, 도전정신, 주도적인 리더십을, 팀워크는 배려와 상호존중으로 최적화이고, 전문성은 고객지향성과 창의적 문제해결능력이라고 정의하고 있다. LG디스플레이 자소서의 경우 이러한 특성을 잘 살려내야 할 것이다.

　필자 제자들의 LG디스플레이 합격자소서는 4개가 있다. 그런데 2017년부터 자소서 양식이 변해서 2017년도 자소서를 기준으로 해야 하기 때문에 3개의 합격자소서를 중심으로 LG디스플레이가 요구하는 인성적 특성과 직무 적합적 특성을 추출해 보고자 한다. 그런데 2015년도 LG디스플레이 자소서 양식은 일반적 유형이었다. 즉 성장과정, 학교생활, 지원동기, 장래포부 이렇게 4가지 항목이었는데, 2017년도 자소서는 아래과 같이 변했다. 그런데 변화된 2017년도 양식은 일반적인 자소서 양식과 대단히 많이 다르다. 먼저 4개 모두 인성적 특성이나 경험을 쓰라고 요구한다. 그러니까 직무적합성에 대한 질문이 없다. 2번이 비교적 직무능력 요구에 가까우나 자세히 살펴보면 직무수행능력이나 준비된 상태를 물어보는 것이 아니라, 지식이나 역량, 또는 새로운 기술을 개발하기 위해 노력한 사례를 적으라는 것이다. 2번은 계기와 결과를 중점적으로 기술하라는 것이다. 물론 2번은 두 가지 방식이 가능하다. 직무와 연결해서 쓰는 방식과 역량을 높이기 위해 노력한 과정 자체를 중점적으로 쓰는 방식이 그것이다. 일반적으로 자소서들이 직무적합성을 좀 더 잘 알기 위한 양식을 선택하는 것이 일반적 추세인데, 이 회사는 그런 흐름과 전혀 달리 지원자가 가진 삶에 대한 열정이나 삶의 자세 그리고 경험을 중시하는 쪽으로 바뀐 것이 눈에 띈다.

LG디스플레이 자소서 양식

1. 도전적인 목표를 정하고 열정적으로 일을 추진했던 경험을 구체적으로 기술해 주십시오. 특히 일을 추진해 나가는데 있어서 어려웠던 점과 그 결과에 대해서 중점적으로 기술해 주시기 바랍니다.(200자~1000자)

2. 부족한 지식이나 역량, 또는 새로운 기술을 개발하기 위해 노력을 기울였던 사례를 기술해 주십시오. 그러한 노력을 기울이게 된 계기와 그 결과에 대해서 중점적으로 기술해 주시기 바랍니다.(200자~1000자)

> 3. (학창 생활, 사회 경험 등을 통해)상대의 어려움을 지나치지 않고 도와주었던 경험을 기술해 주십시오. 당시의 상황 및 그 결과에 대해서 중점적으로 기술해 주시기 바랍니다.(200자 ~1000자)
>
> 4. 상황을 보는 시각과 견해의 차이가 많았으나 상대방의 의견을 존중하면서 원만한 결론을 도출하였던 경험을 기술해 주십시오. 당시 의견 차이가 발생한 원인은 어떤 사항이었고 어떠한 방법으로 결론을 도출하였는지 중점적으로 기술해 주시기 바랍니다.(200자 ~1000자)

　2017년도 LG디스플레이 합격자소서가 3개 밖에 없으므로 3명의 자소서 내용을 모두 올려서 LG디스플레이 자소서의 4가지 항목에 대한 작성 방법을 알아보고자 한다. 그런데 4가지 항목을 한꺼번에 분석하면 길이가 너무 길어지므로, 1개씩 잘라서 3개의 합격자소서를 통해 LG디스플레이 자소서 합격의 수렴점을 찾아보고자 한다.

　LG디스플레이의 자소서 항목을 살펴보면, 지원자의 학력이나 경력 또는 자격증 등 외적으로 나타나는 특징보다, 그 사람이 얼마나 열정을 갖고 노력을 해왔으며, 주변 사람들에 대한 배려와 도움을 줄 수 있는 공감능력과 협업능력 등을 중시한다는 것을 알 수 있다. 이런 관점에서 합격자소서들을 살펴보기로 한다.

　먼저 1번 질문은 도전적인 목표를 열정적으로 추진했던 경험을 쓰라는 것이다. 도전적인 목표를 설정하는 것은 누구나 할 수 있는 일이다. 하지만 그런 일을 잘 마무리하는 사람은 그리 많지 않다. 그래서 이런 방식의 글쓰기를 할 때에는 대단히 임팩트있는 도전적인 일을 찾고 그 일 자체에 대해 지나치게 의미를 부여하거나 오버하는 식의 글보다는 그 일을 하는 과정에서의 어려움을 쓰고 그 어려움을 타개하기 위해 얼마나 노력을 기울였는지 과정 중심적으로 구체적으로 쓰는 것이 현실적이라고 말할 수 있다. 아래의 3명의 학생의 글들 또한 대단히 인상적인 도전적 경험이라기보다는 자신에게 중요했던 일을 마무리하기 위해 얼마나 구체적인 노력을 기울였는가에 더 초점을 맞추고 있다고 말할 수 있다.

　이런 관점으로 1번 항목에 대한 답변들을 살펴보면,
　먼저, 1번 글은 총학의 총무부장으로 축제를 준비하면서 자신에게 맡은 바 책임을 완수하여 원만한 체육대회를 치루기 위해 이 학생이 얼마나 노심초사하며 끝까지 책임감 있게 노력했는지가 구체적으로 잘 묘사되고 있다. 그러니까 자신에게 부담스런 임무에 대한 책임감을 완수하

유비무환 퍼펙트 자소서

기 위해 구체적으로 노력한 모습이 잘 나타나고 있다.

2번 글은 총학 부회장을 맡아 학우들이 관심을 가진 현실적 문제들을 해결하기 위해 노력한 사례들을 설명하면서 특히 금연문제에 신경을 많이 써서 학우들이 금연할 수 있도록 지원자가 노력한 사항이 구체적으로 잘 묘사되어있다.

3번 글은 베트남 하노이에 봉사활동을 가서 전기공사와 펜스작업을 맡아서 동료들의 협력을 이끌어내고 힘을 합쳐서 맡은 바 책임을 완수하는 과정을 상세히 묘사함으로써 이 학생의 노력이 구체적으로 명시되고 있다. 나머지 2개의 글보다 일 자체의 도전적인 특성이 잘 드러난다.

1번 항목에 대한 답변들에 나타난 특징을 보면, 아이템 자체가 그렇게 도전적인 것이라기보다는 그 일을 수행하는 마음가짐과 수행하는 과정 자체가 상세히 묘사되어있다. 욕심을 내서 말해보면, 어떤 일을 수행하는 과정에서의 난관을 좀 더 구체적으로 부각시키고, 그러한 난관을 돌파하기 위해 주변 동료들의 자발성이나 협력을 이끌어내는 과정을 좀 더 부각시켰으면 좋겠다는 것이다. 이러한 사실을 아래 글과 견주어서 확인해보기 바란다.

> 1. 도전적인 목표를 정하고 열정적으로 일을 추진했던 경험을 구체적으로 기술해 주십시오. 특히 일을 추진해 나가는데 있어서 어려웠던 점과 그 결과에 대해서 중점적으로 기술해 주시기 바랍니다.(200자~1000자)
>
> **(1번 글)**
> 자신이 맡은 일에는 막중한 책임감이 따른다고 생각합니다. 학교 총학생회 총무부장으로 활동하면서 체육대회와 축제를 준비를 한 적이 있습니다. 저희 학교는 체육대회와 축제를 하루에 모두 끝내야하기 때문에 한꺼번에 준비해야 한다는 부담감이 있었습니다. 총무 부장으로써 총무 차장과 함께 체육대회와 축제에 필요한 예산을 집행하였고, 각종 영수증을 모으며 구매 목록서를 작성했습니다. 학교에서 가장 큰 축제만큼 영수증의 양도 엄청났으며 막중한 책임감이 따랐고 어려움 또한 많았습니다. 특히 체육대회와 축제를 준비하는 기간이 시험기간과 겹쳐다 보니, 공부 보다는 학생회 일에 전념 할 수밖에 없었으며 영수증과 물건과의 확인 작업이 어려웠습니다. 저는 아버지께서는 항상 맡은 일이 있으면 끝까지 책임지는 사람이 되며, 모든 일에 있어서 타인의 귀감이 되는 사람이 되라고 하신 말처럼 저는 저녁 늦게까지 학생회실에서 확인 작업을 하였고 끝까지 작업을 하여 영수증을 학생회장한테 보고 하여 학생처로 보내 행사에 필요한 예산을 받을 수 있었습니다. 차장과 저는 영수증을 모두 통합하여 확인을 했기 때문에 실수 없이 잘 처리 할 수 있었고, 구매 목록서 또한 꼼꼼히 정리 하였습니다. 총학생회라는 소속감과 총무부장이라는 책임감 때문에

일에 몰두하여 빠르게 처리할 수 있었습니다. 저는 책임감 이 세 글자가 사람의 마음을 흔들리지 않게 단단한 못처럼 고정시켜준다고 생각합니다. 또한 책임감을 강조한 부모님의 교육관과 총학생회 활동을 통한 경험들을 바탕으로 맡은 일에 성실히 임하며 최선을 다하는 사람이 되고자 합니다.

(2017년도 LG디스플레이에 합격한 제자1)

(2번 글)

〈일상을 도전으로〉

　전역 후 학교를 다니면서 제 스스로 세웠던 목표가 있습니다. 한 달을 주기로 스스로 목표를 만들어 실천해 나아가는 것입니다. 최근 3달을 보자면 4월은 학생회 주관 캠페인을 만들어 실천하고 학교의 복지시설 다듬기, 5월은 담배 끊기, 6월 현재 목표는 전기기능사 필기 취득과, LG디스플레이에 모든 역량을 쏟는 것입니다.

　학교에서 총학생회의 부회장이라는 직책을 맡아 활동을 하던 중 '학생회는 뭐 하는 거지?'라는 학우들의 불만을 듣게 되었습니다. 해결책을 생각하다가 소리 없는 활동보다 구체적이고 눈에 띄는 활동을 해야 한다고 생각했습니다. 이어 학교에 부족한 것과, 문제점을 찾고 4월에 인사 캠페인과, 흡연 장소 의자 설치 등 활동을 했습니다. 아침에 한 시간 일찍 와서 인사 캠페인을 시작하였고 처음에는 인사를 해도 받아주지 않았고 효과는 미미했지만 시간이 지나자 서로 인사하는 모습과 교수님들이 직접 찾아와 요즘 학생들이 인사를 잘한다는 말까지 나왔습니다. 또한 생각하지 못했던 문제점이 있을 경우를 대비하여 소리함이라는 시스템도 설치하여 보다 옆에서 학우들의 불만을 해결해 나가기 시작했습니다.

　5월 1일부터 담배를 끊기 시작하였을 때에 금단현상과 옆에서 유혹하는 목소리들이 많아 정말 힘들었지만, 나 자신과 스스로 한 약속이기 때문에 현재까지 금연을 하고 있습니다. 또한 6월 10일에 시험인 기능사 필기를 취득하는 데에도 아르바이트와 공부를 겸하다 보니 지치고 힘들었지만 당당하게 합격을 하여 현재까지 우직하게 목표로 설정한 것을 꾸준하게 이뤄나가고 있습니다.

　이렇게 목표를 세워 성취하기 위해 항상 노력하는 자세와 노력을 바탕으로 꾸준하게 발전하는 모습을 보이며, LG디스플레이에 입사하여 주어진 직무를 성실하고 책임감 있게 수행하는 인재가 되겠습니다.

(2017년도 LG디스플레이에 합격한 제자2)

(3번 글)

〈우렁찬 소리〉

　2015년 광주광역시 지체장애인 협회에서 봉사활동을 하던 중 국내봉사 뿐만 아니라 해외 봉사에 참가해 보아야겠다는 목표를 세우게 되었습니다. 15년 12월 베트남 하노이 기술학교 전기공사와 주변 펜스 작업을 지원하는 기술봉사에 참가할 수 있는 기회가 생겨 지원하게 되었습니다. 수도에서 떨어져있는 작은 마을이었기 때문에 치안이 좋지 못해 현지 경찰들의 도움을 받아 봉사활동을 진행했습니다. 저와 6명의 조원은 치안 유지를 위해 4층짜리 학교 건물에 CCTV설치와 교내 방송시스템을 설치하는 작업을 맡아 했었는데, 현지 사정상 작업을 할 때 전동 드릴과 재료, 사다리가 부족했습니다. 작업에 필요한 재료가 생겨도 학교 주변의 치안이 좋지 못해 바로 사러갈 수 없어 작업 시간이 많이 지연되었습니다. 주어진 시간 내에 작업을 끝마치기 위해서 직무를 다시 분담해야 했습니다. 시멘트벽을 뚫어 칼블럭을 이용해 PVC덕트를 고정하고 전선을 인입해야 하는 작업에 드릴이 부족했기 때문에 2명은 구멍을 뚫고 2명은 덕트를 고정하게 인원을

유비무환 퍼펙트 자소서

> 분담하였고 나머지 인원은 학교주변 펜스 작업을 먼저 끝내기 위해 지원을 하였습니다. 펜스 작업을 지원해 먼저 작업을 마친 후 현지 기숙사의 2층 침대를 사다리 대용으로 사용해 펜스팀과 함께 설치된 덕트에 전선을 인입하고 CCTV와 스피커를 부착하여 주어진 10박 11일안에 모든 봉사활동을 끝마쳤습니다. 사전작업과 마무리 작업을 나누고 인원을 배치하니 작업의 속도가 빨라졌고 더욱 효율적인 시간분배를 할 수 있었습니다. 동료들과의 협동과 효율적인 계획이 얼마나 중요한 것인지 알 수 있는 좋은 시간이었고, 일을 추진하기 전에 계획을 먼저 세워야 한다는 생각을 가지게 해주는 경험이었습니다. 떠나기 전날의 마지막 시험 방송의 소리는 아직도 잊을 수 없는 우렁찬 소리였습니다.
>
> (2017년도 LG디스플레이에 합격한 제자3)

2번 항목은 자신의 지식이나 역량, 또는 새로운 기술을 개발하기 위한 사례를 적으라는 것인데, 이럴 경우 모티베이션 과정과 난관을 헤쳐 가는 과정을 구체적으로 묘사하는 것이 관건이라고 생각한다.

1번 글은 중국교환학생으로 가서 자신의 언어 능력이 떨어진다는 것을 자각하고, 그 뒤 언어 능력을 키우기 위해 학원에도 다니고 중국 SNS를 활용하여 중국어 실력을 높이기 위해 노력한 나머지 이제는 상당 수준까지 오르는 성과를 보여주고 있다. 모티베이션이 확실하고 또한 지금 LG디스플레이는 세계적인 기업이므로 중국어의 필요성 또한 크기 때문에 해당 기업에 어필할 수 있는 내용이라고 생각한다.

2번 글의 경우, 졸업작품을 조별 과제를 통해 해결하는 과정에서 PLC시퀀스 제어 능력을 갖추지 못한 일부 팀원 때문에 조원 상호간에 불신이 생기고 조별 활동이 난관에 빠졌는데, 이러한 난관을 헤쳐 나가기 위해 실력이 부족한 학생을 자신이 가르치기 위해 자신도 더욱 공부에 매진하게 되어 졸업 작품을 성공리에 마치게 된 협업의 체험을 쓰고 있다. 여기서 난관을 모티베이션으로 연결시켜 스토리 전개에 정당성을 부여했고, 협업을 위해 스스로 솔선수범하는 자세를 보이는 것이 어필할 수 있는 부분이라고 생각한다.

3번 글은 자신이 새로운 공부나 목표를 세웠을 때 어떤 태도를 취하는가를 보여주는데 주력하고 있다. 이 학생이 소제목으로 내세운 등고자비는 모든 것을 기초부터 튼튼히 해야 높이 오를 수 있다는 뜻이다. 이 학생은 자신의 전문성을 높이는 자세가 바로 등고자비의 자세라는 점을 강조하고 싶은 것이다. 그래서 자격증을 따는 과정을 통해 자신이 무언가를 준비할 때 기초부터 차근차근 준비해서 자신의 전문성을 높여나간다는 점을 강조하고 싶은 것 같다.

이 세 합격 학생의 경우를 통해 2번 항목은 앞의 두 명의 학생처럼 스토리텔링의 기본 형식을 잘 살려서 글 전개를 함으로써 글의 흡인력을 높이는 경우도 있고, 3번 학생의 경우처럼 사례중심이 아니라 자신의 전문성을 높이기 위한 자신의 자세를 설명하는 것도 한 방법이란 점을 알 수 있다. 어떤 방식이든 중요한 것은 자신의 주장을 입증하기 위한 스토리 자체가 아주 구체적이어야 한다는 것이다. 이러한 사실을 아래 글을 통해 확인해보기 바란다.

> **2. 부족한 지식이나 역량, 또는 새로운 기술을 개발하기 위해 노력을 기울였던 사례를 기술해 주십시오. 그러한 노력을 기울이게 된 계기와 그 결과에 대해서 중점적으로 기술해 주시기 바랍니다.(200자 ~1000자)**
>
> (1번 글)
> 작년 중국 상해로 11박 12일 교환학생프로그램을 참가한 적이 있습니다. 중국은 많이 가봤지만 교환학생으로 대학교 안에서 생활을 하며 수업을 듣는 것은 처음이라서 많이 떨리고 설렜습니다. 그러나 저의 떨림과 설렘도 잠시 중국의 수업 진행 방식은 모두 영어로 진행되었습니다. 주입식 영어교육을 받은 저는 수업 방식 모두 영어로 진행되었기 때문에 수업을 따라가기에는 저의 실력은 턱 없이 부족했습니다. 수업이 끝나고 교환 학생들과의 교제 시간이 있었는데, 여기서 만난 쫑시연과 후황카이 친구가 저의 가장 친한 친구가 되었습니다. 이 친구들과 밥을 먹으며 생활을 할 때에도 모두 영어를 사용하여 대화를 하였습니다. 단어 하나하나를 짜 맞추며 대화를 간신히 이어가고 대화가 통하지 않으면 손과 발로 정말 어렵게 대화를 나눴습니다. 사람은 겪어보면 느낀다는 말처럼 언어의 장벽은 저의 생각보다 높다는 것을 느끼게 되었습니다. 교환 학생 프로그램이 끝나 한국으로 돌아와 저는 이 친구들과 그들의 나라 언어로 대화를 하고 싶어졌습니다. 또한 그들과 편하게 교재를 나누고 싶어서 중국어 학원에 등록하였습니다. 그 후 지금 까지 중국어 학원을 다니고 있습니다. 또한 매일 중국어 단어를 외우기 위해 학교에서 중국인이라고 불릴 정도로 매일 아침 단어를 외우고 있습니다. 아직까지 친구들과 위챗이라는 중국 카카오톡을 이용하여 매일 연락을 주고 받으면서 지금은 중국어와 영어를 섞어가며 대화를 풀어나가고 있습니다. 친구들과 함께라서 중국어를 배우는 것이 어렵지 않고 남들보다 훨씬 빠르게 배울 수 있게 되었습니다. 지금은 HSK4급 자격증을 목표로 공부를 하고 있으며 많이 부족한 실력이지만 한번 시작했으면 끝을 봐야 된다는 저희 집 가문훈처럼 계속해서 중국어를 공부해서 이 친구들과 실제로 만나 중국어로 대화하는 날을 만들 것입니다. 더불어 LG디스플레이 회사에서도 중국어에 능통해서 회사에 도움이 되는 사람이 되고 싶습니다.
> (2017년도 LG디스플레이에 합격한 제자)
>
> (2번 글)
> 〈마지막까지 함께〉
> 졸업하기 전까지 8명이 한 조가 되어 졸업작품을 만들어야 되는 일이 있었습니다. 각 조별로 전공에 맞는

주제를 정해서 작품을 만들어 초기에는 도안, 계획 등을 제출하고 구체적으로 작품을 점점 완성 시켜야 하는 과정입니다. 우리 조는 plc를 이용한 공압 실린더 제어를 주제로 설정하고 작품을 구상하는 단계에서 plc와 시퀀스제어를 할 줄 아는 사람과 못하는 사람으로 자연스레 나뉘게 되어 못하는 사람은 소외되고 할 줄 아는 사람이 일을 도맡아 하게 되었습니다.

그래서 서로 불만과 오해가 생기기 시작할 때 저는 해결책을 찾았습니다. 제가 남을 알려 줄 만큼은 안 되지만 졸업 전까지의 시간이 있기 때문에 못하는 사람에게는 기초부터 차근차근 알려주면서 하면 되겠다고 생각했습니다. 그러기 위해서는 저의 부족한 역량을 좀 더 갈고 닦을 필요가 있다고 생각되어 학교가 끝나면 한 시간 정도 남아서 공구로 시퀀스 공사도 해보고 컴퓨터로 plc 연습을 해보는 등 노력을 하면서 못하는 사람에게 기초부터 알려주어 이제 어느 정도 이해를 하고 아이디어도 내게 되었습니다.

처음에는 소수가 일을 도맡아 하는 것에 대해 불만이어서 알려주기 시작한 것이었지만, 나 자신도 공부하면서 평소에 알고 있는 내용이라고 생각했던 것도 다시 보면서 응용력도 늘었고 작업의 속도 등, 능률도 올랐습니다. 아직도 졸업작품은 진행 중이지만, 처음과 달리 이제 8명이 함께 만들어 더욱 의미 있는 작품이 되어가고 있고 무엇보다 함께 이루는 일이 얼마나 가치가 있는지 깨닫게 되었습니다.

LG디스플레이에 입사하여 소수가 아닌 다 같이 함께 높은 곳을 향하자는 팀워크와 서로 감싸주며 배우는 전문성 또한 항상 노력하는 열정의 '중심'이 되고 싶습니다.

(2017년도 LG디스플레이에 합격한 제자2)

(3번 글)

〈등고자비〉

2015년 3월 폴리텍 대학 기능사과정에 처음 입학하여서 전기에 대해 모르는 부분이 많았습니다. 하지만 기초를 쌓고 기술을 배워 실무에 적용하기 위해 가장 먼저 세운 목표가 '1년 내에 자격증을 3개 취득하자'였습니다. 처음 접해보는 이론부터 실기까지 모든 것을 다 신경써야했지만 계획을 세우고 차근차근 실행해 나가기로 결심했습니다. 처음 도전한 자격증은 승강기기능사 자격증 이었는데 승강기를 타본 적은 있어도 그에 대해서 깊게 생각해 본적이 없었기 때문에 처음에는 어려워 보였습니다. 하지만 책을 처음부터 차근차근 읽어보니 점점 흥미가 생겼고 엘리베이터를 탈 때도 작동 방법에 대해 더욱 관심 있게 보게 되었습니다. 결국은 필기시험을 합격했고 실기시험 또한 학교에서 실습을 통해 배웠기 때문에 합격하였습니다. 다음은 공유압기능사를 준비했는데 처음시험을 한 번에 합격해서 그런지 자신감이 있었습니다. 처음에 결심했던 것처럼 차근차근 해나가면 꼭 합격할 것이라는 것을 믿고 꾸준히 필기준비를 하였습니다. 시험당일 기분 좋게 합격을 하고 실기 준비를 하는데 실기 기계가 각 학교마다 다르기 때문에 더욱 자세히 공부를 할 수 밖에 없었습니다. 또한 새로운 기계를 접해보기 위해 교수님께 부탁드려 실기시험 장소인 산업인력공단에 직접 찾아가 1주일간 기계로 실습할 수 있는 기회를 얻었고 노력 끝에 공유압기능사도 취득하게 되었고 마지막으로 전기기능사에 도전을 했습니다. 전기기능사는 전기를 배우고 있었기 때문에 수업과 병행해 가면서 실기시험은 학교에서 시퀀스 실습과 공사실습을 통해서 배우고 수업이 끝나고 남아서 더 연습을 해서 합격을 했습니다. 처음에는 전기에 대해 잘 몰랐지만 계획을 세우고 실행하다보니 전기관련 과목에서도 좋은 성적을 얻을 수 있었고 처음 목표했던 자격증 3개 취득하기를 성공했습니다. 새로운 것을 접하는 것은 생소하지만 입사 후 위와 같은 경험을 살려 두려워하지 않고 계획을 세워 차근차근 배우겠습니다.

(2017년도 LG디스플레이에 합격한 제자3)

3번 항목은 LG그룹 특유의 인화적(人和的) 인간상에 대한 강조가 들어있는 것 같다. LG그룹이 그룹적 차원에서 오랜 기간 동안 견지해오고 있는 중요한 문화의 하나가 바로 인화적 기업문화이다. 이러한 인화적 문화는 자본주의의 살벌한 경쟁적 문화와는 대단히 대비되는 문화이다. 경쟁적 문화가 인센티브를 강조하며 개인을 차별화시키는 동안, 상호 협력의 기본 정조인 공감(Sympathy)은 사라지고 차가운 경쟁만 남게 된다. 이러한 공감능력의 기본은 남이 어려울 때 같이 아파해주고 어려움을 함께 이겨내는 정신이다. 이러한 공감능력이 서로를 배려하는 문화로 자리잡을 때, 기업의 성과는 저절로 따라오는 법이다. 이런 항목에 대한 글쓰기는 상대의 어려움을 목도하고(상황) 그에 대한 공감이 생겨서 상대를 도와줘서(액션) 모두 함께 잘 해나가는 결과(교훈)으로 끝나는 방식으로 전개되어야 할 것이다.

1번 글은 군대에서 휴가를 나왔을 때 신호등 앞 도로에서 버스에 치인 아주머니를 응급처치한 뒤, 구급차가 올 때까지 보살핀 경험을 통해 공감을 행동으로 옮겨서 어려움에 당한 사람을 적극적으로 돕는 착한 심성을 느끼게 해주었다.

2번 글은 해군에 복무 중, 심리적 공황상태에 빠진 후임병을 위로하고 그를 돕기 위해 전문상담기법까지 배운 다음, 적극적으로 돕는 전우지킴이 역할을 수행한 경험을 쓰고 있다. 이 경험 또한 공감능력과 어려움에 처한 사람을 발 벗고 도움으로써 팀워크를 다지는 행동이라 할 수 있다. 그리고 이러한 소통의 중요성을 다시 언급함으로써 마지막을 깔끔하게 정리(교훈)하고 있다.

3번 글은 〈혼자? 같이!〉라는 소제목을 통해 '혼자가 아니라 같이의 중요성'을 재치있게 표현하고 있다. 이 학생은 대학에서 봉사동아리 회장을 맡아서 동아리원 20명을 모집하여 대외적인 봉사활동을 한 내용을 소개하고 있다. 그런 과정에서 서로 배우게 되는 팀웍 정신을 강조했고 봉사를 통해 어려움에 빠진 사람들의 삶에 활력을 불어넣고 작은 힘들이 큰 힘을 만들어낸 체험을 다양하게 소개하고 있다.

3번 항목에 대한 먼저 2개의 글은 개인적인 돕기 체험을 통해 어려움에 처한 사람을 적극적으로 도운 경험을 소개하고 있고, 3번 학생은 봉사동아리 활동을 통해 좀 더 조직적으로 어려움에 처한 사람을 도운 봉사리더십을 선보이고 있다. 어떤 방식이든 자신의 공감능력과 그것을

> 유비무환 퍼펙트 자소서

실천함으로써 어려움에 처한 사람에게 큰 힘이 된 체험은 회사생활에서 팀웍을 다지는데도 중요한 역할을 할 것이라는 점을 강조하는 것도 좋을 것이다. 이러한 사실을 아래 글과 견주어서 확인해보기 바란다.

---

3. (학창 생활, 사회 경험 등을 통해)상대의 어려움을 지나치지 않고 도와주었던 경험을 기술해 주십시오. 당시의 상황 및 그 결과에 대해서 중점적으로 기술해 주시기 바랍니다.(200자 ~1000자)

(1번 글)

21살 때 군대 휴가를 나와 여자 친구와 버스를 타고 시내를 가는 중이었습니다. 버스는 그날따라 빠르게 속력을 내며 도로를 달렸습니다. 그때 신호등 앞 도로에서 신호가 초록 불에서 주황 불 그리고 빨강 불로 바뀌기 전 버스는 급정지를 하였고 빠른 속도로 달리고 있던 버스는 급정지를 한 탓에 안에 서있던 50대 아주머니 그리고 다른 승객들도 속력을 이기지 못하고 넘어 졌습니다. 특히 50대로 보이는 아주머니께서는 버스를 탈 때 현금을 내는 요금함에 머리를 심하게 부딪치고 입구 계단 쪽으로 굴러 떨어지셨습니다. 아주머니께서는 머리에 약간의 피를 흘리시고 그대로 쓰러져 계셨습니다. 하지만 버스 안에 있던 승객들 아무도 아주머니께 향하지 않고 그냥 구경꾼들처럼 보고만 있었습니다. 군대에서 마침 구급법을 배웠기 때문에 당연히 가서 도와드려야 된다고 생각했던 저는 주저 없이 다가가 119를 부르고 숨을 쉬고 계시는지 확인을 했습니다. 다행히 숨을 쉬고 계신 것을 확인 후 곧바로 머리의 상처에서 피를 흘리시는 것을 손수건으로 닦아드리고 구급대가 올 때까지 아주머니의 상태를 여자 친구와 함께 계속 확인을 했습니다. 그 짧은 몇 분 동안 아주머니께서 겁내시지 않게 계속 말을 걸어드리며 안정을 찾도록 노력했습니다. 그 후 몇 분이 지나고 구급대가 도착하여 아주머니를 모시고 바로 병원으로 갔습니다. 그 후 아주머니께서는 약간의 뇌진탕만 있으시고 병원에서 몇 일 입원하시고 퇴원하셨습니다. 아주머니께서는 저에게 고맙다며 말을 아끼시지 않으셨습니다. 비록 큰 사고로 이어지진 않았지만 공공장소에서 누군가 다치고 쓰러진다면 내가 다치지 않고 내가 아프지 않더라도 방관자처럼 지켜보는 것이 아니라, 어느 누구라도 지체 없이 환자에게로 달려가 상태를 확인하고 환자의 미니 의사가 되 주는 것이 중요하다고 생각합니다. 이처럼 저는 어떠한 위급상황이 생기더라도 지체 없이 달려가 사람의 생명을 살리는 미니 의사가 되고 싶습니다.

(2017년도 LG디스플레이에 합격한 제자1)

(2번 글)

〈소통을 배우다〉

해군에 입대하여 특성상 배 안에서 지내기 때문에 한번 바다에 나가면 보통 30일 정도 출항을 나갑니다. 30일간 전화도 안 되고 육지와 차단된 배 생활은 대부분의 전우들이 힘들어하고 심지어 우울증에 목숨까지 끊는 사례까지 있습니다. 항해 중이던 배 안을 새벽에 순찰하던 중, 후임 한 명이 구석에 앉아 울고 있었습니다. 당시 당황스럽기도 하였고 이유도 궁금했지만 조금만 더 고생하자고 토닥여 주었습니다. 후임의 말을 들어보니 선 후임들과의 갈등, 고민거리 등 생각은 많지만, 이야기할 상대도 없고, 약한 소리를 하기에도 어렵다고 하였습니다. 저 또한 많이 힘들었지만 앞에서 끌어주는 선임이 있었기에 잘 버텨내었고, 이제 그런 역할을 제가 해야겠다고 다짐했습니다. 방법을 찾다가 전문상담관에게 찾아가서 대화기법을 배우고 바탕으로 고민을 해결해주고 이야기를 들어주는 '상승 전우 지킴이'에 지원하였고, 교육을 이수한 뒤 자격과 배지를 수여받아 전우들의 고민과 이야기를 들어주며 해결책을 제시해나갔습니다.

이 활동을 통해 군대에서의 전우들과도 전역 후에도 꾸준히 연락을 하며 많이 도움이 되었다는 말에 만족을 느끼며 꾸준히 소통의 기법을 익히고 있으며 학교에서도 총학생회의 부회장을 맡으면서 학우들과 많이 소통을 하고 있습니다.

소통은 가장 중요한 팀워크의 원동력이라고 생각합니다. 팀이 어려운 일에 처할 때 언제든지 앞장서서 나설 수 있는 팀의 '카운셀러'가 되겠습니다.

(2017년도 LG디스플레이에 합격한 제자2)

(3번 글)

〈혼자? 같이!〉

저는 한국 폴리텍 대학 광주캠퍼스 봉사동아리 Volunteer를 개설하고 회장을 맡았었습니다. 15년도부터 봉사활동을 해온 광주광역시 지체장애인 협회에서 장애인 기능경기대회, 바다체험 행사 등 규모가 큰 행사를 진행할 예정인데 자원봉사자 인원이 부족해서 어려움이 있을 것 같다고 하셔서 교수님의 동의를 받아 같은 과 친구들과 함께 동아리원 20명을 모집하여 봉사동아리 Volunteer를 만들었습니다. 개설 전에는 봉사활동에 혼자 참여하거나 3~4명 정도 적은 인원으로 참여했기 때문에 큰 힘이 될 수 없었습니다. 하지만 동아리를 개설한 후 구시포, 홀통 해수욕장 바다체험행사, 장애인 기능경기대회 등등 참여하여 천막 설치부터 배식, 장기자랑 등 참여하였더니 많은 분들이 고맙다고 말씀해주시고 동아리원들도 막상 해보니 기분 좋다고 했습니다. 혼자서 했다면 힘들어서 포기할 수도 있는 활동을 서로서로 협력하여 내가 부족한 부분은 동료가 채워주었고 동료가 힘들어하면 제가 도와주며 기분 좋게 봉사를 진행했습니다. 16년 12월 7일에는 연말행사에 참여하여 휠체어를 밀어드리고 주차를 해드리는 등 봉사활동도 하였습니다. 또한 협회에서 봉사활동에 100시간 참여해준 것에 감사하다는 의미로 감사패를 주시기도 했습니다. 동아리 활동을 하면서 우리의 작은 도움이 몸이 불편하거나 어려운 사람들에게는 절실한 도움이라는 것을 알게 되었고 여러 사람들의 작은 능력이 시너지를 발생하여 큰 힘이 된다는 것을 알게 되었습니다. 입사 후 함께 일하는 작업 환경에서도 동료들과 협동심을 발휘하여 정비함에 있어 결함이 없게 하겠습니다.

(2017년도 LG디스플레이에 합격한 제자3)

4번 항목은 다른 사람과의 협업에 성공하기 위해서는 서로 다름을 존중하면서 서로의 견해를 좁혀가는 소통능력이 중요한데 이런 경험이 있는지 써보라는 것이다. 이런 식의 글은 먼저, 서로 충돌하는 견해차를 명백히 보여주고, 그것을 조정해 나가는 과정에서 서로의 다름을 상호 어떤 식으로 조율하고 상호 수용해나가는가를 보여주는 것이 중요하다.

1번 글은 프로젝트 아이템을 선정하는 과정에서 충돌이 발생했을 때 불화를 막기 위해 자신의 의견을 양보하고 의견일치를 본 다음에 프로젝트의 성공을 위해 노력해서 좋은 결과로 이끌어간 경험을 쓰고 있다.

> 유비무환 퍼펙트 자소서

　2번 글은 학교축제 일정을 짜는 과정에서 일정이 원래와 다르게 진행되자 일정을 조정하는 과정에서 충돌하게 된 양자의 다른 의견을 분명히 제시하고, 그것을 조정하는 과정에서 각자 합리적인 측면이 있어서 다수결로 하기로 결정하고, 다시 일정에 변화가 생기자 거기에 유연하게 대처하게 되었다는 과정 자체를 상세히 설명함으로써 서로 충돌하지 않고 합리적으로 서로가 수긍할 수 있는 방안을 만들어가는 과정을 잘 묘사하고 있다.

　3번 글은 졸업작품을 만들 때 주제를 선정하는 과정에서 팀장인 자신의 의견과 팀원들과 견해차가 있었는데 그것을 서로 원만히 조정하여 상호 동의할 수 있는 주제를 정했기 때문에 끝까지 협력해서 성공적으로 작품을 만들 수 있었다는 협업체험을 쓰고 있다.

　3개의 글이 보여주듯이, 4번 항목은 견해차를 조정하는 것이 중요 포인트이기 때문에 견해차가 무엇이었는지를 명확히 드러내고 조정하는 과정에서의 합리적 주장, 그리고 그것을 수용하는 과정에서의 유연성 등을 보여주는 것이 중요하다. 아래의 글을 통해 이러한 점들을 직접 확인해보기 바란다.

---

4. 상황을 보는 시각과 견해의 차이가 많았으나 상대방의 의견을 존중하면서 원만한 결론을 도출하였던 경험을 기술해 주십시오. 당시 의견 차이가 발생한 원인은 어떤 사항이었고 어떠한 방법으로 결론을 도출하였는지 중점적으로 기술해 주시기 바랍니다.(200자 ~1000자)

(1번 글)

　어렸을 때부터 무언가를 조립하고 만들기를 좋아 했던 저는 폴리텍 대학 프로젝트 수업에 많은 관심을 가졌습니다. 친한 친구들과 팀을 이루어 분리수거 기계라는 프로젝트를 만들었습니다. 하지만 몇몇 친구들의 의견 반대로 분리수거 기계를 만들고 싶어 하는 저의 팀과 칵테일 제조기를 만들고 싶어 하는 친구들과의 대립이 생겨 프로젝트를 진행할 수 없었습니다. 저는 서로간의 의견일치와 협력만이 프로젝트를 다시 시작 할 수 있다고 생각했습니다. 방과 후 친구들을 불러 의견을 들어보며 실질적으로 만들 수 있는 프로젝트를 위해 소통하며 해결책을 찾았습니다. 2학년 선배들이 사용했던 프로젝트를 분해해서 사용해야 했기 때문에 공간상의 어려움이 많았습니다. 또한 분리수거 기계는 다른 조에서 이미 만들고 있었기 때문에 똑같이 만들면 더 큰 불화가 생길 것으로 판단했습니다. 그 후 친구들의 의견을 존중하며 서로간의 갈등을 풀고자 저의 의견을 양보하였습니다. 그 결과 늦게 시작했지만 친구들과의 의견일치가 팀의 불화를 사라지게 하고 항상 자기 맡은 일에 최선을 다하며 순조롭게 프로젝트가 진행되고 있습니다. 또한 수업시간뿐만 아니라 주말까지 학교에 나와 프로젝트를 완성하기 위해 노력하고 있습니다. 처음에는 서로간의 의견 대립으로 프로젝트를 시작 할 수 없었지만 나만 생각하지 않고 조금만 의견을 양보하고 서로 협력한다면 더 큰 성공을 얻을 수 있다고 생각합니다.

(2017년도 LG디스플레이에 합격한 제자1)

4장 합격자소서 분석하기

(2번 글)

총학생회의 주관으로 시행되는 학교의 축제가 얼마 안 남았습니다. 일정을 짜고 서류로 제출하여 승인까지 받아놓은 일중에 갑작스러운 댄스팀의 부재와 뒤늦게 장기자랑을 못 하겠다는 학우들의 연락으로 인해 축제 일정의 시간부터 틀어지기 시작하여 대처 방법을 생각하던 중, 학생회장과의 많은 의견의 차이가 있었습니다. 학생회장은 대처 방법으로 축제를 조금 더 늦게 시작하고 자유시간을 더 늘리자는 의견이었으며 저의 의견은 일정대로 대처 인원을 구해서 기존 일정과 시간을 맞추자는 의견이었습니다.

두 의견 모두 일리 있는 말이라서 쉽게 정해지지 않았고 학생회 임원들의 다수결로 의견을 뽑고 대처하자는 말이 나왔습니다. 이미 일정을 공지가 되었기 때문에 그 일정에 최대한 맞추는 게 좋다고 생각되어 제 의견이 다수결로 뽑혔습니다. 학생회장이 축제 전까지 '새로운 댄스팀, 장기자랑 팀이 안 구해지면 어떻게 할 것이냐'라는 말에 저는 해보지도 않고 포기하기보다는 아직 기간이 조금 남아있고 할 수 있는 일은 시도를 해보자 제안하였고, 정 안될 때 회장님의 의견대로 하는 게 좋을 것 같다고 의견의 차를 좁혔습니다. 처음에는 여러 군데에 알아보고 장기자랑의 상금을 올리는 등 방법을 시도했지만, 쉽지 않았습니다.

하지만 3일째에 일정이 취소된 댄스팀이 생겨서 계약을 하고 장기자랑의 종목을 단체 게임으로 바꾸어서 기존 일정과 차질 없이 축제를 진행할 수 있게 되었고, 축제날 우리 학생들과 교수님, 외부 사람들이 우리 학생회가 주관한 축제에서 웃고, 즐거워하는 모습을 보며 보람차고 성공적으로 축제를 마칠 수 있게 되었습니다. 이렇듯 짧은 기간이지만 끝까지 포기하지 않고 노력한다면 할 수 있다는 생각을 하였습니다.

(2017년도 LG디스플레이에 합격한 제자2)

(3번 글)

〈한귀로 듣지 말고 두 귀로 듣자〉

2015년 10월 폴리텍 기능사 과정에 재학 중 졸업 작품을 만들기 위해 팀장을 맡았습니다. 작품을 만들기 위해서는 먼저 주제를 정해야 했습니다. 저는 졸업 작품인 만큼 지금까지 배운 것을 이용하여 도로교통을 더욱 원활하게 해줄 수 있도록 센서를 이용한 지능형 신호체계를 만들고 싶어 제안을 했습니다. 하지만 팀원의 의견은 조금 달랐습니다. 프로젝트 작품을 만들어 발표하는 것도 중요하지만 일회용으로 사용하고 버리기엔 아깝기 때문에 이왕 만드는 김에 미래에 입학할 신입생들을 위한 전동기 동작을 보여줄 수 있는 교보재를 만들어보자고 하였습니다. 새로운 것을 만들어보는 일에 욕심이 있었지만 내가 만든 작품이 신입생들의 기초를 쌓는데 도움을 줄 수 있다는 면이 프로젝트 작품으로서 가치가 있다고 생각했습니다. 우리는 그렇게 주제를 정하게 되었고 어떤 방법으로 작품을 만들지 구상도 마쳤습니다. 우리는 전동기의 기본적인 동작들을 시퀀스와 결합하여 버튼으로 조작하고 경보회로와 비상정지를 갖춘 교보재를 만들어나갔습니다. 처음에 의견을 잘 조율한 덕에 작품을 만드는데 분업도 잘되었고 서로서로 더욱 열심히 하게 되었습니다. 팀원들이 잘 협동해준 결과 프로젝트 작품 완성일보다 5일 더 일찍 완성하게 되었고 그로인해 작품의 오류를 점검할 수 있는 시간도 넉넉하게 가질 수 있었습니다. 현재에는 전기과 중앙 홀에 전시하여 전기과 신입생과 방문객들의 전동기의 동작사항을 보여줄 수 있는 교보재로 사용되고 있습니다. 팀장으로서 팀원의 의견을 무시하고 하고 싶은 주제를 선택하였다면 단합이 되지 않아 작품을 완성하기 힘들거나 조잡한 작품으로 폐기가 될 수 있었지만 서로 소통하고 의견을 존중해 좋은 결론을 얻게 되었습니다. 직장생활을 하게 된다면 여러 명이 모여 팀을 이뤄 일을 하게 되는데 소통과 협동이 중요하다고 생각합니다. 위와 같은 경험이 팀원과 함께 생활하는데 있어 긍정적인 영향을 줄 것이라고 생각합니다.

(2017년도 LG디스플레이에 합격한 제자3)

LG디스플레이의 자소서는 우리가 살펴본 바와 같이, 일을 얼마나 잘할 수 있는가를 보여주는데 초점이 있지 않고, 앞으로 조직이 발전하기 위해서 상호 어떻게 협력하고 협업해서 좋은 회사문화를 만들어갈 수 있는 사람인가를 선발 기준으로 삼고 있다. 따라서 자신의 체험을 그러한 가이드라인에 맞추고, 지나치게 오버하지 말고, 자신의 경험을 보다 구체적이며 과정 중심적으로 자신이 인화적이고 조직 화합형 인간이라는 점을 하나하나 차분히 설득해나가는 것이 중요하다고 본다. 특히 LG 그룹에 속한 회사들은 인화와 화합 등을 강조하는 점이 공통적이고 이러한 것이 LG 그룹 회사들의 특별한 문화이니 자신이 그러한 문화와 맞는 사람이라는 점을 투영해야 유리할 것 같다.

(4) SK이노베이션

기업문화

SK이노베이션이란 회사는 회사 이름 자체에 이노베이션(innovation, 혁신)이 붙어있다. 그래서 기업문화의 핵심은 '혁신'을 추구해서 성공하는 문화를 창출하자는 것이다.

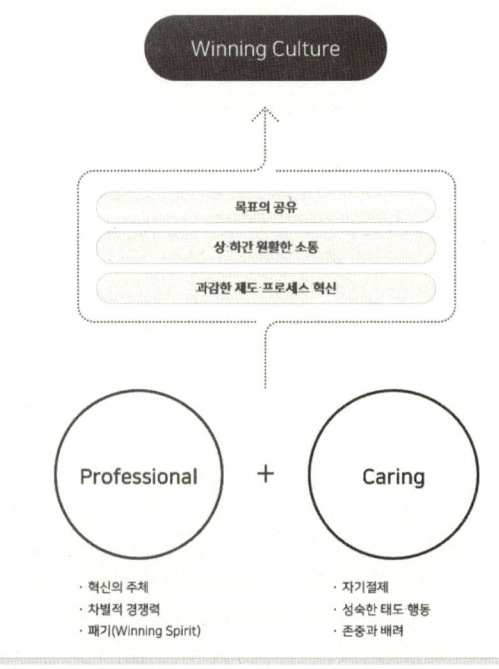

위의 그림을 해석해보면 프로정신 + 상호배려정신 ➤➤➤ 목표를 공유, 소통하여, 과감한 제도와 프로세스 혁신을 이뤄 승리하는 문화 창출이 목표이다.

이 그림에 이미 이노베이션의 방법이 나와 있다.

즉,

① 혁신의 주체가 되어 경쟁력을 가진 사람이 되어 프로가 되고
② 조직이라는 용광로에서 하나가 되어야 하는데, 그럴려면 상호 존중과 배려가 필요하다는 것이다. 그리고 그래야만 승리의 문화를 창출할 수 있다는 것이다.

더 간단히 말하면, '혁신과 상호배려를 통해 승리하자' 라고 요약할 수 있다.

개인이 갖는 속성 위주로 재해석해보면

혁신의 속성은 진취성과 창의성이라고 할 수 있기에 모든 조직원의 진취적인 창의성을 협업이라는 용광로에 녹여내자고 말할 수 있다.

이제 자소서 항목들에서 그러한 요소들이 어떻게 투영되어야 할까?

SK이노베이션의 자소서 항목들은 다음과 같다.

SK이노베이션 자소서 양식

1. 오랜 기간 동안 힘들어도 참으면서 꾸준하게 최선의 노력을 기울였던 경험은 무엇입니까? 그 일을 꾸준하게 하기 어려웠던 이유들은 무엇이었고, 어떻게 극복했는지 최대한 구체적으로 작성해 주십시오.(750자)

2. 자신이 소화하기에 무거운 책임을 맡아 끝까지 완수했던 경험은 무엇입니까? 책임이 무겁다고 느낀 이유는 무엇이며, 그것을 극복하기 위해 기울인 노력을 최대한 구체적으로 작성해 주십시오. (750자)

3. 안 좋은 결과가 예상되는 상황에서도 꿋꿋하고 의연한 자세로 어떻게든 방법을 찾아 나갔던 경험은 무엇입니까? 안 좋은 결과가 예상된 이유는 무엇이었고, 같은 상황에 처한 주위 사람들의 반응과 자신의 솔직한 감정은 어땠는지 최대한 구체적으로 작성해 주십시오. (750자)

4. 누가 시키지 않아도 먼저 발 벗고 나서서 적극적으로 역할을 수행한 경험은 무엇입니까? 비슷한 상황에 있었던 다른 사람들과 비교하여 자신이 얼마나 적극적으로 참여했는지 최대한 구체적으로 작성해 주십시오. (750자)

5. 개인적인 희생을 감수하면서 자신이 속한 단체나 조직의 일에 마음을 다해 참여했던 경험은 무엇입니

유비무환 퍼펙트 자소서

> 까? 거기서 자신이 맡았던 역할과 희생한 부분은 무엇이었고, 열심히 참여하려고 한 사유에 대해 최대한 구체적으로 작성해 주십시오.(750자)
>
> 6. 해당 직무에 지원한 이유와 지원한 분야에서 최고가 되기 위해 어떤 노력을 기울일 것인지 구체적으로 작성하십시오.(750자)

이러한 자소서 항목들은 다음과 같이 재해석이 가능하다. 자소서 항목이 상대적으로 많은데, 1번에서 6번까지 진행하면서 조금씩 구체화되는 경향을 보이고 있다. 필자가 재해석한 자소서에서 중점적으로 부각시켜야 할 측면들은 다음과 같다.

1. 어떤 가치를 구현하기 위해 닥치는 난관을 극복한 경험
2. 소화하기 어려운 책임감(진취성을 요구하는 일)을 완수한 경험
3. 결과를 의식하지 않는 자세(진취성)를 견지할 수 있었던 경험
4. 솔선수범하여 적극적인 역할을 수행한 경험(적극적 리더십 발휘 경험)
5. 개인적인 희생을 감수하면서 조직을 위해 수행한 경험(협업경험)
6. 직무지원동기(현재의 직무적합성), 전문가가 되기 위한 10년 계획

자소서 항목들을 전반적으로 보았을 때, 외적으로 준비된 직무적합성을 중시하기보다는 지원자의 성향이 얼마나 진취적이며, 책임감을 갖고 난관을 돌파하여 성과를 낼 수 있는 사람인지를 파악하기 위한 구체적인 질문들이다. 결국 이 회사의 자소서는 이 회사의 인재상을 충분히 반영하고 있다고 말할 수 있다.

필자가 갖고 있는 SK이노베이션 합격자소서는 3개이다. 이 3명이 자소서 항목들을 어떻게 채우고 있는가를 살펴봄으로써 SK이노베이션 자소서에 합격하기 위해서 자신의 자소서를 어떻게 써야할지 생각해보자.

1번 항목은 자신이 소중하게 생각하는 가치를 위해 난관을 돌파하여 이겨낸 경험을 쓰라는 것이다.

1번 글은 가정의 경제상황이 좋지 않은 상태에서 장남으로서의 강한 책임감을 갖고 자신이 열심히 노력해서 가정을 일으켜야 한다는 생각을 갖고 있다. 이것이 이 학생이 당시 갖고 있었

던 가장 소중한 가치였다. 그래서 그는 취업한 상태에서 대학을 야간으로 변경했고, 이 2가지를 모두 해내기 위해 최선을 다했다. 두 가지를 한꺼번에 하려니까 처음에는 성적이 바닥을 기었으나, 그러한 어려움을 이겨내고 직장과 학업에서 모두 좋은 성과를 거두고 있다. 1번 항목에서 요구했던 내용을 자신이 몸으로 겪은 체험을 통해 토해내고 있기 때문에 읽는 이의 마음을 움직이게 하는 힘이 있다.

2번 글은 산업기능요원으로 복무 당시, 어린 나이에 새로운 환경에 접해서 친절하게 지도해주는 사람도 없는 상황에서 현장에 적응하기 위해 모르는 것은 여러 사람에게 묻는 등 대단히 적극적으로 대처하여 모든 설비의 현장관리 책임까지 맡게 되는 등 자신의 역할을 원만하게 수행하게 되는 과정을 대단히 상세하게 설명하고 있다. 그럼으로써 이 학생이 새로운 난관적 상황에 봉착했을 때 어떤 자세로 임하여 현장에 적응해 가는지 잘 드러난다.

3번 글은 인문계 고교를 나오고 법학을 전공한 학생임에도 자신에게는 전혀 익숙치 않은 기술전문대학에 입학하는 결단을 내렸고, 동료 학생들 보다 나이가 많지만 기술적으로 부족한 상황을 적극적으로 받아들이고 기술적으로는 막내라는 입장에서 새로운 현실을 받아들이고 적극적으로 대처해서 어려운 자격증을 따는 성과를 올린 경험을 쓰고 있다. 그리고 이러한 자세를 바탕으로 대단히 혁신적인 인성과 자세를 요구하는 SK이노베이션에서 지금까지와 같은 적극적인 자세로 새로운 현실에 임하겠다는 각오를 다지고 있다.

3명의 지원자들은 각자 자신에게 불리한 상황임에도 자신이 지키려는 가치를 위해 적극적으로 나서는 특징을 보여주고 있고, 이는 SK이노베이션에서 요구하는 난관에 대처하는 자세에 적절히 잘 대응하고 있다고 할 수 있다. 이러한 사실을 아래 글에서 확인해보기 바란다.

1. 오랜 기간 동안 힘들어도 참으면서 꾸준하게 최선의 노력을 기울였던 경험은 무엇입니까? 그 일을 꾸준하게 하기 어려웠던 이유들은 무엇이었고, 어떻게 극복했는지 최대한 구체적으로 작성해 주십시오.(750자)

(1번 글)

〈한 단계 더 성장한 계기〉
군장대학교 2학년 1학기 때 웅십중공업에 취업하였고 대학교는 야간으로 변경하여 다녔습니다. 직장에서

유비무환 퍼펙트 자소서

일이 5시 이후에 끝나면 씻지도 못하고 강의를 들으러 학교에 가야만 했고, 장남으로서 경제적으로 부족한 집안을 일으켜야 한다는 마음가짐으로 인해 자처하여 야근과 당직을 밥 먹듯이 하였습니다. 그러다 보니 학교에 가지 못하는 날이 많았고 결과는 최악의 학점 2.88을 받았습니다. 1학년 때 평균 4.37을 받아온 저로서는 너무 큰 충격을 받았고, 직장과 학업을 병행하기 위해 다시 한 번 마음가짐을 잡았습니다. 직장에서 야근하지 않기 위해 쉬는 시간에도 일하면서 최대한 시간을 단축하였고, 당직근무도 평일 대신 주말에 근무하면서 학교도 빠짐없이 가 강의를 듣고 공부하였습니다. 그 결과 직장에서도 성실하다며 인정받을 수 있었고, 2학년 1학기 때 받았던 학점 2.88을 2학기에는 3.84로 끌어올렸습니다. 직장과 학업을 병행하며 신체적으로 정신적으로도 힘들었지만, 저 자신 스스로가 한 단계 더 성장한 계기였습니다. 폴리텍에 들어와서도 취업을 위해 촌음을 다퉈 공부해야 할 상황에서도 과대표와 사생장을 맡았기 때문에 스트레스가 심했지만, 나의 노력을 통해 여러 사람들에게 도움을 줄 수 있다는 생각을 키워나갔고 그 결과 조직의 효율성을 높이게 되었습니다. 어려운 상황 속에서도 자신보다 가족과 내가 속한 조직을 위해 노력하여 성과를 일궈내는 기쁨과 보람을 찾는 것이 제 스트레스 해결의 변치 않는 방법입니다.

(2016년도 SK이노베이션에 합격한 제자1)

(2번 글)

〈역경을 내 재산으로〉

처음 보는 CNC 선반 가공과 연마를 작업하게 되었습니다. 처음 보는 기계들과 낯선 근무환경 전에 일하던 곳을 떠나와 다시 처음부터 시작이란 생각에 막막했지만 2년이라는 시간을 더 복무해야 했기에 피할 수 없었고 "한번 부딪혀보자!" 다짐했습니다. 매일 출근 준비를 할 때 가슴팍에 메모장과 펜을 품고 현장에 도착하면 먼저 32개의 설비들을 눈에 익히기 위해 한 바퀴를 쭉 돌았습니다. 그리고 금형을 전공한 친구에게도 현장에서의 실용성 있는 조언들을 구했습니다. 근무하는 곳에는 외국인이 월등히 많았기 때문에 현장 반장님께서는 저를 혹독히 가르치셨고 사정을 알기에 묵묵히 따랐습니다. 설비 하나당 알아야할 명령어가 비슷하지만 각기 다르고 모델의 연식에 따라 다루는 방법이 제각기였기 때문에 익숙해지는 데는 시간이 걸렸습니다. 그렇기에 먼저 들어와 설비를 살피고 마지막에 나가며 점검하는 것이 일상이 되었고, 모르는 것은 부끄러워하지 않고 물어봐가며 습득해갔습니다. 하루하루 지나감에 따라 명령어들과 설비들의 문제가 일어났을 때의 대처법 등 경험을 토대로 저에게 쌓여갔고 귀중한 재산이 되었습니다. 현장 반장님께서 자리를 비우시거나 출근을 못하실 때면 현장관리는 오롯이 저의 몫이었고 처음 현장관리를 맡았을 때 사람들에게 업무분담을 지시하는 게 어린 제가 부담스러웠습니다. 하지만 거기서 제가 머뭇거리면 현장에 혼란을 야기할 수 있기에 맡은바 역할을 했습니다. 이러한 경험을 토대로 모르는 업무도 포기 않는 사람이 될 것입니다.

(2016년도 SK이노베이션에 합격한 제자2)

(3번 글)

〈명확한 현실 인식과 결단력으로 성장하는 청년〉

늦었다고 생각할 때가 가장 빠르다고 생각합니다. 저는 소중하게 생각하는 가치를 지키고 실현하는데 망설이지 않습니다. 인문고교 졸업 후 법학을 전공하며 지식을 얻은 즐거움을 느꼈지만, 관련 직업군에 종사하면서 가지는 삶의 모습은 저와 맞지 않다고 느꼈습니다. 그래서 폴리텍 대학을 선택했습니다. 최선을 다해 공무원 공부를 했고 성과도 나쁘지 않았지만, 직업은 자신의 모습을 결정하는 것인 만큼 가치관과

> 맞아야 한다고 생각했습니다. 잘 마련된 길을 버리고 자신을 찾아나가는 길을 걷는 것은 힘들지만, 올바른 결정이었습니다.
> 폴리텍 대학에서 저는 동료보다 나이가 많았지만, 기술적으로는 한참 부족했습니다. 막내라는 생각으로 학업에 임했고 모르는 것이 있으면 동료에게도 배움을 청했습니다. 그리고 혹독하게 훈련했습니다. 덕분에 위험물과 가스 관련 자격증을 취득하고 산업안전산업기사 필기에 합격했습니다. 그리고 제가 이룬 성취를 동료 및 후배들과 나누고자 과대표와 동아리 회장을 맡아 학업과 관련된 프로그램을 정비했습니다. 제가 가진 작은 경험을 나누고자 노력했고 그 과정에서 조직관리 및 소통능력을 키웠습니다.
> 폴리텍 대학에서의 경험은 제가 할 수 있다는 자신감을 심어 주었습니다. 그리고 제가 기계 분야에서는 어떠한 난관을 접해도 능히 극복할 수 있는 확신을 가지게 되었습니다. SK이노베이션에서도 주어진 난관에 당당하게 맞서고 극복하여 성과를 창출하겠습니다.
> (2017년도 SK이노베이션에 합격한 제자)

2번 항목은 소화하기 어려운 책임감을 완수한 경험을 쓰라는 것이다. 이것은 새로운 상황에 접했을 때 그 무게에 눌리지 않고 얼마나 대범하고 진취적으로 그 책임을 완수하는가를 입증하라는 것이다.

1번 글은 자신의 능력을 좀 더 업그레이드시키기 위해 다니던 직장을 그만두고 다시 기술전문대학에 입학한 학생으로, 빠른 시간 안에 많은 자격증을 따야겠다는 부담감에도 불구하고 과대표를 맡아, 이 두 가지 일을 모두 성공적으로 이뤄낸 경험을 쓰고 있다. 나이도 동료학생들보다 훨씬 많은 상황임에도 자신의 어깨를 누르는 중압감을 잘 이겨내고 어떤 학생들보다 더 좋은 성적과 성과를 이끌어낸 경험을 쓰고 있다.

2번 글은 정직원이 아님에도 불구하고 정직원들에게나 맡기는 일을 맡아 재고조사를 완수하는 과정을 대단히 구체적으로 묘사함으로써 자신에게 맡겨진 일을 얼마나 책임감 있게 완수하고 있는지 느낄 수 있게 한다.

3번 글은 사람이 부족한 현장의 상황 속에서 자신의 일이 아닌데도 다중으로 맡겨진 일을 노심초사해서 무사히 수행하는 집중력과 책임감을 보여준다. 그리고 현장에서의 사고가 작은 문제의 중첩을 통해 발생한다는 통찰을 보여주며, 이러한 인식으로 현장에서의 사고 방지를 위해 만전을 기하겠다는 각오로 맺는다.

자신에게 맡겨진 부담 가는 상황을 맞아 책임을 완수한 경험을 쓰라는 2번 항목질문의 핵심을 지원자들은 제대로 잘 파악하였고, 그에 맞는 상황 속에서 자신의 책임을 완수한 경험들을 적절히 엮어내고 있다. 이러한 사실을 아래 글을 통해 직접 확인해보기 바란다.

유비무환 퍼펙트 자소서

2. 자신이 소화하기에 무거운 책임을 맡아 끝까지 완수했던 경험은 무엇입니까? 책임이 무겁다고 느낀 이유는 무엇이며, 그것을 극복하기 위해 기울인 노력을 최대한 구체적으로 작성해 주십시오. (750자)

(1번 글)

〈두 마리의 토끼를 잡다〉

폴리텍대학 김제캠퍼스 전기과에 진학하여 반대표를 맡았습니다. 전기과를 대표하는 반장으로서 최고가 되진 못해도 항상 최선을 다하였습니다. 학우들에게 더 많은 혜택을 누리게 하기 위하여 발 벗고 나섰으며, 취업과 학업에 관한 자료를 단체채팅방을 만들어 서로 공유하였습니다. 또한, 모범이 되기 위하여 항상 무엇이든 앞장섰으며 학업에 있어서도 스터디 그룹을 구성하는 등 매일 밤 늦게까지 학과 독서실의 불을 밝혔습니다. 학과 공부와 자격증 공부를 병행하며 각종 행사를 도맡아 한다는 것은 상당한 스트레스로 다가 왔습니다. 하나의 일을 하게 되면 다른 일보다는 그 하나의 일이 끝나야 비로소 다른 일이 눈에 보이는 성격으로 다가오는 자격증 시험과 학과 행사 중 어떤 것을 잠시 내려놓고 가느냐 하는 많은 고민을 하였습니다. 고민 끝에 '할 수 있다'는 열정적인 각오로 학생 임원들과 함께 밤늦게까지 학과 행사를 준비하였고 자는 시간을 줄이면서 매일 새벽 2~3시까지 자격증 공부를 하였습니다. 그 결과 학과행사를 성공리에 마칠 수 있었고, 그토록 소망하던 '전기기사'와 '전기공사기사', '소방설비기사(전기분야)'를 취득하는 성과를 이뤄냈습니다. 이러한 경험을 통해 "하면된다!" 라는 열정으로 어떠한 어려움이 와도 포기하지 않고 이겨낼 수 있는 자신감을 얻었습니다.

(2016년도 SK이노베이션에 합격한 제자1)

(2번 글)

〈맡은 200%책임을 갖자〉

여느 때와 같이 월초 재고조사를 하고 있었습니다. 저희 공장은 제2공장으로서 평택에 본사가 있었고 회장님께서 연초라 내려오셔서 쭉 감사를 하신다는 소식을 듣게 되었고 생산동과 가공동의 모든 재고 및 자재들을 사내 앞마당에 꺼내어 현품표와 모델명을 정리하는 작업을 했고 그 시절 저는 산업기능요원으로써 거의 복무가 끝날 때쯤이라 조금은 해이해질 수 있었지만 제품의 현품표 검사 및 수량 재검사 등을 맡는 역할을 대리님께서는 저에게 주셨고 비록 산업기능요원이었지만 정직원으로서 책임감을 맡고 업무에 임했습니다. 처음 경험해보는 엄청난 양의 물량을 전수 검사하게 되어 처음엔 막막했습니다. 그러나 멈춰있지 않고 행동하는 것이 능사이기에 사무실에 올라가 부품코드와 모델명 재고량 기입돼있는 인쇄하여 가장 수량이 많은 것부터 시작했습니다. 금형가공품이기에 한 팔레트에 적게는 800개부터 많게는 4000개까지 있는 팔레트들을 박스 당 수량이 적혀있는 현품표를 일일이 들춰 보고 총수량과 적혀있는 수량이 맞는지 비교해보고 부품코드를 하나하나 검사했습니다. 그렇게 모든 검사를 마치고 혹여나 나의 실수로 인하여 우리 공장이 피해를 입지 않게 될까 두려웠고 퇴근시간이 가까웠지만 마음이 놓일 때 까지 검사에 검사를 반복하여 늦게 퇴근하기는 했고 다음 날 회상님이 동행하신 검사원분들이 제가 정리한 것들을 검사하셨고 단 한 개의 오차도 발견 되지 않았습니다. 원래 꼼꼼한 성격이 아니었지만 이러한 경험을 통해 단련되어 꼼꼼한 일처리 습관을 갖게 되었습니다.

(2016년도 SK이노베이션에 합격한 제자2)

(3번 글)

〈두 번의 실패를 되풀이 하지 않습니다.〉

　실패를 교훈삼지 못하면 앞으로 나아갈 수 없습니다. 저는 제대 후 옹기점토공장에서 일을 할 때, 제품 포장과 출하하는 일을 했습니다. 당시, 작업을 지시하는 분은 관련 장비를 주의 깊게 살피지 않았습니다. 그래서 공기압축기에 오일이 부족한 현상이 발생했고 기계가 타 버리는 사고가 났습니다. 하지만 사고가 발생한 후에도 관리 시스템이 개선되지 않았습니다. 관리자는 나름대로 해야 할 일이 있었기 때문에 현장을 신경 쓰기 어려웠습니다.

　당시 저는 공기압축기를 관리할 책임이 없었습니다. 하지만 인력이 부족하고 현장에서 공기압축기를 자주 접할 수 있는 사람이 저였습니다. 그래서 맡아서 관리하기로 했습니다. 그러면서 현장에서 몇 가지 관찰할 사항을 맡게 되었습니다. 우연찮게 맡게 된 일이었지만 부담이 컸습니다. 문제가 발생하면 작업 전체가 중단될 수 있었기 때문입니다.

　그래서 표면적으로 살펴야 할 것 뿐 아니라 미흡하다고 생각했던 것은 별도로 기록한 후, 관리 방법을 여쭤보았고 해당 부분까지 정확하게 확인했습니다. 작은 특징이 발생하면 임의적으로 판단하지 않고 보고 했습니다. 본연의 일을 하면서 세부적인 부분까지 신경 쓴다는 것은 쉽지 않았습니다. 일을 마치면서 제가 관리하는 동안에는 사고 걱정 없이 편하게 일했다는 칭찬을 들었습니다. 사고는 작은 문제가 중첩되면서 발생합니다. 일의 중요성을 인식하고 행동에 옮겨서 문제를 미연에 방지하겠습니다.

(2017년도 SK이노베이션에 합격한 제자)

　3번 항목은 부정적인 결과가 예상되는 상황 속에서도 도전의식을 갖고 당당하게 자신이 처한 상황을 돌파해나간 경험을 쓰라는 것이다. 결과를 지나치게 의식하는 사람은 도전정신이 있을 수 없기 때문에 도전의식이 얼마나 투철한가는 물어보는 질문이다. 기업이 벤처정신이나 혁신의지가 없으면 그 기업의 생명력은 짧을 수밖에 없다. 미래의 먹거리는 새로운 개척자에 의해 만들어지는데, 현실에 안주하게 되면 그런 기회를 놓칠 수밖에 없기 때문이다. 따라서 이 항목이 SK이노베이션의 문화와 관련된 가장 핵심적인 질문이라고 할 수 있다.

　1번 글은 이러한 질문에 딱 맞는 소제목으로 시작한다. 부정적인 결과가 예상될 때 돌파하는 자세는 〈패기와 열정〉이 있어야 하기 때문이다. 이 학생은 전역 후 취업한 기업의 자금 사정이 어려워 사원들이 하나둘 퇴사하는 상황에서 조금도 흔들리지 않고 이러한 상황을 오히려 자신이 여러 기술적 요소들을 경험할 수 있는 기회로 삼아, 회사의 어려움을 함께하고 그러면서 동시에 이론적인 지식을 보완하기 위해 전기산업기사를 취득하기도 했다. 자신의 미래를 큰 그림으로 보고 작은 난관에 흔들리지 않고 돌파해나가는 젊은이다운 패기가 잘 드러난다. 또한 기업이 어렵다고 포기하지 않고 기업을 지켜내는 조직에 대한 헌신적 충성심까지 보여주기 때문에 기업 측에 크게 어필할 수 있는 내용이라고 할 수 있다.

　2번 글은 고교 때 밴드부 활동을 하면서 활동비가 부족했으나 밴드부의 실력을 신뢰하지 못하는 담당교사를 설득하기 위해 자신들이 교회에서 활동한 영상을 만들어서 담당교사에게 어필하여 밴드부 활동을 지속했던 경험을 쓰고 있다. 난관이 닥쳤을 때 해결의 실마리를 찾기 힘들더라도 최선을 다함으로써 결과를 반전시킨 경험이라 할 수 있다.

　3번 글은 졸업작품 프로젝트를 수행하는 과정에서의 어려움을 극복한 사례를 쓰고 있다. 이 학생이 만들고자 한 것은 칠판지우개 커버였다. 그런데 기술적인 문제를 해결하지 못했을 때, 지금까지 자신들의 방법을 정리하여 문제점을 확실히 발견한 뒤 교수의 조언을 얻어 작품을 성공리에 마무리하는 경험을 쓰고 있다. 그런데 이 경험은 프로젝트를 시작할 때 결과가 부정적이라는 점을 좀 더 부각시켰으면 질문의 취지에 좀 더 맞는 경험임이 가시화되었을 것이다.
　3번 항목에서 중요한 포인트는 결과에 대한 부정적 예측이 드러나는 상황을 부각시켜야 한다는 점이다. 그리고 이런 상황 속에서 난관을 돌파하려는 노력이 구체적으로 가시화되어야 좀 더 나은 평가를 받을 수 있을 것이다. 이러한 사실을 아래 글들을 통해 직접 확인해보기 바란다.

---

3. 안 좋은 결과가 예상되는 상황에서도 꿋꿋하고 의연한 자세로 어떻게든 방법을 찾아 나갔던 경험은 무엇입니까? 안 좋은 결과가 예상된 이유는 무엇이었고, 같은 상황에 처한 주위 사람들의 반응과 자신의 솔직한 감정은 어땠는지 최대한 구체적으로 작성해 주십시오. (750자)

(1번 글)

〈패기와 열정〉
　해병대를 전역하고 군장대학에 복학하여 위그선제작업체인 윙쉽중공업에 취업하였습니다. 총 2년 8개월간의 근무기간 중 마지막 1년 동안은 회사의 사정이 어려워져 급여가 지급되지 않았습니다. 급여가 지급되지 않는다는 말을 들었을 때 저와 같은 상황에 처한 직원들은 모두다 회사가 폐업할거라는 생각에 다 떠났지만 제 생각은 달랐습니다. 저는 회사의 성장성과 비전을 보고 입사하였으며, 단순히 돈이 중요한 게 아니라 아직 젊기에 주어진 시간이 많이 남아있고, 아직은 경험해야 할 것들과 기술적으로 부족한 현장 경험을 쌓기 위해 위기가 아닌 기회로 보고 끝까지 꿋꿋이 버텨야겠다는 생각을 하였습니다. 또한 부족한 이론적인 지식을 채우기 위하여 전기산업기사를 공부하여 취득하였습니다. 비록 남들이 생각한 것처럼 회사가 폐업하여 어쩔 수 없이 퇴직하였지만 남들이 경험해보지 못한 소중한 경험들과 제 스스로 고장난 설비를 고쳐가며 할 수 있다는 자신감을 얻었습니다. 이러한 경험들을 통한 패기와 열정으로 SK이노베이션에 입사하게 된다면 누구에게나 인정받는 최고의 전문가로 거듭나겠습니다.

(2016년도 SK이노베이션에 합격한 제자1)

(2번 글)

〈밴드부의 삼고초려〉

고등학교 때 밴드부에 베이시스트로 활동하였습니다. 학생들인지라 항상 밴드 활동비는 부족했고 학교 내 동아리 수는 많았기 때문에 지원에도 한계가 있었습니다. 하지만 담당선생님께선 문전박대를 하셨고 학교에서 밀어주는 동아리들만 지원금을 받아가기 일쑤였습니다. 하지만 저희는 절실했고 또다시 찾아갔지만 실력이 출중하지 않다는 이유로 거절당했습니다. 저와 동아리 친구들은 방법을 강구하던 중 모두 저와 같은 교회에 다녔고 교회에서 연주를 하는 영상들을 매주 찍어 총 5주 동안의 영상을 만들어 선생님이 안 보신다는 것을 쫓아다니며 보여드렸고 저희의 노력이 갸륵하셨는지 저희가 필요했던 50W용량의 기타 앰프와 여분의 기타 줄을 제공해주셨고 보다 나은 환경에서 저희는 동아리 활동을 할 수 있었습니다. 비록 처음엔 냉소적이셨던 담당 선생님을 변화시켰던 것은 아마 저희의 진심을 신뢰해주셨던 것 같고 영상을 만들어오는 도전정신을 높이 사주신 것 같았습니다. 이와 같이 신뢰와 도전, 혁신을 기반으로 이루어진 SK하이닉스에 입사하게 된다면 아무리 어려운 업무를 할당받고 마주치게 되더라도 선생님의 반응을 바꿨던 것처럼 어려움을 극복으로 바꾸는 직무해결역량을 보여 드리겠습니다.

(2016년도 SK이노베이션에 합격한 제자2)

(3번 글)

〈진솔하고 겸허하게 맡은 일을 수행하겠습니다.〉

저는 과업을 배움의 자세로 수행하려고 노력합니다. 누구나 어려운 일을 접할 수 있지만 해결하는 방법을 제각각 다릅니다. 저는 부족한 점은 솔직하게 드러내고 노력하는 모습을 보이려고 노력합니다. 그래서 적절한 조언과 응원을 얻곤 합니다. 1학년 2학기 때도 교수님의 권유로 2학년 선배들의 졸업 작품 프로젝트에 참여했습니다. 부족한 인원을 채우기 위해서였는데, 1학년이 참여하기에는 어려운 일이었습니다. 하지만 교수님께서는 제가 기본에 충실하고 부족한 점은 물어가면서 수행할 줄 안다고 칭찬하시며 참여를 권했습니다.

당시 저희는 교내에서 유용하게 활용할 수 있는 작품을 만들기로 했고 사출금형으로 칠판지우개 커버를 만들기로 했습니다. 간단한 직사각형모양의 작품이어서 쉽게 만들 수 있다고 생각했지만, 구멍이 나거나 용융수지가 넘치는 문제가 발생했고 실패도 거듭되었습니다. 교수님께 도움을 요청하는 것은 저의 몫이었습니다. 저는 조언을 구하기 전에, 그동안 시도했던 방안을 체계적으로 정리했습니다. 그리고 누구나 이해할 수 있는 자료로 정리한 후 교수님의 조언을 얻었습니다.

덕분에 여유각이나 모서리의 처리 방법 등 정말 사소한 부분에서 오류가 있다는 것을 알게 되었고 작품을 성공적으로 만들 수 있었습니다. 일은 배움의 과정이라고 생각합니다. 부족함 점을 숨기기보다는 드러내고 채우려고 노력하여 맡은 분야의 전문가로 성장하겠습니다.

(2017년도 SK이노베이션에 합격한 제자)

4번 항목은 신념을 갖고 솔선수범하여 적극적인 역할을 수행한 경험을 쓰라는 것이다. 같은 상황에서 다른 사람들에 비해 자신의 적극성을 부각시켜 차별성을 강조하란 얘기다.

1번 글은 이전 직장인 위그선(물 위를 나는 배)기업에서 근무할 때, 다음 날이 시험비행이고 전 날에 최종점검을 할 때, 최근 시장을 넘긴 상태에서 다른 직원들은 모두 퇴근했는데 이 학생만 남아서 각종 계기의 작동여부 등 최종점검을 하여 다음 날 성공적인 비행을 실현시킨 경험을 쓰고 있다. 다른 직원들보다 이 지원자의 훨씬 적극적이고 차별적인 노력이 잘 부각되고 있다.

2번 글은 커피전문점에서 아르바이트를 할 때 전문적인 전기기술 때문에 다른 직원들이 갖고 있지 않은 차별성 있는 전기 기술로 조명 기수의 수명을 늘리고 보수비를 절감한 체험을 쓰고, 입사 후 생산라인의 문제를 발견하여 다른 직원들보다 차별성 있게 해결책을 제시하고 싶다는 입사 후 기여도를 언급하며 마감하고 있다.

3번 글은 자신이 남들보다 더 노력해서 기술을 습득하여 공유하는 습관을 얘기하고 있다. 가령 프로젝트를 진행할 때면 절차와 주의사항을 누구나 이해하기 쉽게 정리하여 공유함으로써 협업의 효과를 최적화시키는 자세를 강조하고 있다.
이런 방식은 차별성을 굳이 강조하지 않아도 다른 사람들보다 차별성이 드러나는 습관이다. 이러한 습관은 스스로 프로가 되어 협업력을 극대화시키고자 하는 SK이노베이션의 권장 문화와 딱 맞아 떨어지는 장점이라고 할 수 있다. 해당기업에서 중요시하는 인재상이나 문화를 분석하고 연구해야할 필요성을 위 3번 학생의 진술이 잘 보여주고 있다. 이러한 사실을 아래 글을 통해 구체적으로 확인해보기 바란다.

> **4. 누가 시키지 않아도 먼저 발 벗고 나서서 적극적으로 역할을 수행한 경험은 무엇입니까? 비슷한 상황에 있었던 다른 사람들과 비교하여 자신이 얼마나 적극적으로 참여했는지 최대한 구체적으로 작성해주십시오. (750자)**
>
> **(1번 글)**
>
> 〈위그선 성공적으로 날다〉
> 웡쉽중공업의 전장팀에서 근무를 할 때, 위그선 제작에 성공하여 시험비행을 하는 날에 있었습니다. 시험

비행을 하기 전 날 최종 점검 시, 워터펌프가 정상적으로 작동하는지, 각종 계측 기구에 전원은 정상적으로 공급되는지 등을 확인하기 위하여 점검을 하고 있었습니다. 시간이 길어지고 퇴근시간을 넘기자 같이 일하던 의장 팀의 동료가 "설마 무슨 일 있겠어? 집에 갈 시간이니 그만하고 가자"라며 점검을 끝내자 재촉하였습니다. 하지만 아직 확인하지 못한 점검 사항도 남았고, 위그선의 특성상 자칫 사소한 문제라도 발생하면 사람의 생명과 직결되는 문제이기 때문에 적극적으로 끝까지 남아 점검하였습니다. 그 결과 선체 밑에 공기를 주입해주던 에어호스에서 구멍이나 바람이 새는 걸 확인하였고, 팀장님께 보고하여 교체하였습니다. 다음 날 위그선은 바다에서 성공적으로 날아 시험비행에 성공하였고, 전 직원은 환호성을 질렀습니다. 그리고 회식 때 팀장님께서 "시험비행에 실패할 수 있었던 요인을 발견해줘서 고맙다"는 말 한마디가 아직도 잊혀지지가 않습니다. 이러한 경험을 바탕으로 소속된 집단에서 자신의 맡은 바 임무에 최선을 다하는 것이 큰 보람과 짜릿함을 안겨 준다는 사실을 알게 되었습니다. 그리하여 매 순간순간을 최선을 다해 맡은 바 책임을 다하고 있습니다.

(2016년도 SK이노베이션에 합격한 제자1)

(2번 글)

〈배운 건 써먹기 마련!〉

아버지께서도 급작스레 돌아가시고 군대를 가기 전에 아르바이트를 하며 자격증을 취득하겠다는 목표를 위해 일단 학비를 벌 수 있는 일자리를 들어가는 게 1순위였습니다. 그렇게 시작하게 된 커피전문점 일이 익숙해질 무렵 점장님은 전등의 플리커 현상을 신경 쓰셨고 전기공사자격증을 준비하면서 배웠던 지식들을 십분 활용하여서 전열의 특성상 저항열 때문에 안정기가 녹아버리고 배출이 원활하지 않아 수명이 줄어들뿐더러 플리커 현상(깜빡거림)을 야기한다는 것을 말씀드리고 다운라이트 조명방식의 문제점을 말씀드렸습니다. 전 조명이 들어가는 곳에 열의 배출을 원활하게 하기 위해서 천장 위에 안정기를 따로 설치하고 안정기와 전구를 따로 분리하여 전구의 수명을 늘리고 보수비용을 절감하는 등 파급효과를 낼 수 있었습니다. 사장님은 웬일로 기술 배운 녀석이 들어와 기특하다면서 칭찬과 독려를 아끼지 않으셨습니다. 사장님의 신뢰를 얻고 나니 저도 맡은 바 책임을 더 하게 되었고 전 그곳에서 아르바이트생 중에선 최고 장기근속인 7개월 동안 일했던 최초였고 저의 첫 사회생활을 성공적으로 한 것 같아 뿌듯했습니다. 이렇듯 문제가 생겼을 때 해결책을 알고 있다면 신속하게 먼저 행동해야겠다는 경험을 얻었고 SK이노베이션 생산 직무에 입사하게 된다면 생산라인의 문제점들을 발견 및 해결책 제시에 있어서 누구보다 신속하게 행동하는 전광석화 같은 SK인이 되겠습니다.

(2016년도 SK이노베이션에 합격한 제자2)

(3번 글)

〈앎은 익히고 나눌 때, 배로 커진다고 믿습니다.〉

규정과 방침을 준수하는 것은 제가 가진 습관입니다. 어릴 때부터 바둑대회에 참가하며, 다양한 수에 대비한 기술을 반복적으로 훈련했기 때문입니다. 기술은 익히기는 힘들지만, 반복해서 숙달하면, 상황에 맞게 쓸 수 있고 변형할 수도 있습니다. 저는 이러한 점을 누구보다도 잘 알기에 대학에서도 동료나 후배가 규정과 방침을 준수하도록 적극적으로 나섰습니다.

저는 교수님의 과업 수행 방법을 꼼꼼하게 메모하고 매뉴얼을 정확하게 숙지했습니다. 그리고 모르는

유비무환 퍼펙트 자소서

> 것이 있으면 넘겨짚기 보다는 스스로 공부해 보고 교수님의 조언을 구했습니다. 그 과정에서 각각의 과정이 왜 중요한지를 정확하게 알 수 있었습니다. 그래서 실습을 할 때면 면 하나를 가공하더라도 공차와 각도 등을 고려하고 절차를 준수했습니다. 덕분에 교수님께서도 기계가공조립과 같은 과목에서 재료 절삭의 일은 저에게 맡기셨습니다.
>
> 그리고 프로젝트를 진행할 때면 절차와 주의사항을 누구나 이해하기 쉽게 정리하고 공유했습니다. 과업을 조율한 후에도 주의사항은 꼭 시범을 보여주고 때로는 잘 하고 있는지 확인하면서 지도해 주었습니다. 이러한 자세를 인정받아 과대표, 동아리 회장에 추천되어 활동할 수 있었습니다. 저는 남들보다 기술을 늦게 배웠습니다. 하지만 주어진 일이 제대로 그리고 효율적으로 진행되도록 바닥부터 배우고 활용하려고 노력했습니다. 이것이 제가 이 분야에서 성숙할 수 있는 이유라고 생각합니다.
>
> (2017년도 SK이노베이션에 합격한 제자)

5번 항목은 개인적인 희생을 감수하면서 조직을 위해 수행한 협업경험을 쓰라는 것이다. 이런 협업경험에 대한 요구는 거의 모든 기업의 자소서에서 거의 필수적이다.

1번 글은 대학 기숙사 생활을 할 때 시간봉사를 많이 해야 하기 때문에 남들이 꺼려하는 생활반장을 맡았고, 임무 수행을 하는 과정에서 생활반장 업무가 너무 많고 토요일에는 생활반장이 없어 업무파악이 힘든 점을 해소하기 위해 타과 생활반장과 협의하고 사감선생님에게 건의하여 생활반장 숫자를 늘림으로써 업무의 효율성을 높였던 경험을 쓰고 있다. 이 에피소드는 희생을 감수하면서 봉사를 하였고, 그 과정에서 업무의 효율성도 높이는 등 적극적으로 업무를 수행했다는 점에서 협업경험을 요구하는 질문의 취지에 잘 맞는 답변이라고 생각한다.

2번 글은 자신이 근무하던 기업에서 신제품을 개발할 때, 매일 밤늦게까지 시간이 많이 걸리는 각종 측정과 기록을 성실히 수행하여 신제품 개발에 도움을 줘서 회사의 신제품 개발이 성공하는데 일조한 경험을 쓰고 있다. 회사일을 하다보면 눈에 띄지 않지만 개개인의 희생적 성실성이 요구되는 경우가 많다. 그런 점에서 이 학생의 접근 방법 또한 적절하다고 생각한다.

3번 글은 요령피우지 않고 음지에서 열심히 일했던 경험을 쓰고 있다. 의무경찰 복무 시 부대 내 유지관리와 보급 업무를 맡았는데 요령만 피우는 사수를 만나 비효율적으로 업무를 하다가 자신이 사수가 되었을 때 힘이 좀 들기는 하지만 업무의 효율성을 위해 노력했던 경험을 쓰고 있다. 그런데 어떤 업무를 어떻게 변화시켰는지가 좀 더 가시화되었다면 좋았을 것이다.

이처럼 5번 항목은 자신이 희생한 부분이 무엇이었고, 그 희생을 받아들이는 모티베이션이 나타나고 그 희생을 통해 어떤 성과를 가져왔는가가 명시적으로 가시화되어야 희생을 통한 협업 경험을 더욱 잘 어필할 수 있을 것이다. 이러한 사실을 아래 글을 통해 확인해보기 바란다.

5. 개인적인 희생을 감수하면서 자신이 속한 단체나 조직의 일에 마음을 다해 참여했던 경험은 무엇입니까? 거기서 자신이 맡았던 역할과 희생한 부분은 무엇이었고, 열심히 참여하려고 한 사유에 대해 최대한 구체적으로 작성해 주십시오.(750자)

(1번 글)

〈기숙사 생활반장의 비효율성을 해소하다〉

폴리텍대학 스마트 전기과에 진학 후 기숙사에 입사하였습니다. 때마침 인원이 많은 전기과와 기계과에서 생활반장을 뽑는다는 방송이 울렸습니다. 바로 생활반장이 나온 기계과와는 달리 전기과의 특성상 자격증 따기가 어려워 매일같이 자신의 시간을 자격증 공부가 아닌 인원 파악에 할애하여야 한다는 점에서 누구 하나 선뜻 생활반장을 하겠다고 나오지 않았습니다. 그래서 전기산업기사를 이미 취득한 제가 나서서 생활반장을 하겠다고 하였습니다. 사생장을 맡은 후 2명의 인원으로 매일 오후 9시 마다 6층의 기숙사 186개의 방에 대해 인원 파악을 하였습니다. 그러다 보니 1시간을 넘기기 일쑤였고, 주말마다 생활반장이 없어 인원 파악에 어려운 상황이 발생하였습니다. 이러한 비효율성을 해소하기 위하여 기계과 생활반장과 만나 회의를 통해 대책을 마련하였고, 사감님께 건의사항을 전달하였습니다. 그 결과 생활반장을 2명에서 4명으로 늘렸으며, 기숙사 1층을 제외한 나머지 6개 층을 3명의 생활반장이 각각 2개의 층씩 맡게 하여 인원파악 시간을 1시간에서 20분으로 효율적으로 단축시켰습니다. 또한, 주말마다 사생장이 없어 인원 파악이 어려웠던 점을 4명의 생활반장이 돌아가며 남아 해결하였습니다. 이처럼 어려운 업무, 꺼리는 업무를 맡더라도 포기하려 하기 보다는 제 자신이 속한 조직을 위해 스스로 할 수 있는 무언가를 찾고 더 나아가려는 자세를 가지려 노력합니다.

(2016년도 SK이노베이션에 합격한 제자1)

(2번 글)

〈나만을 위해서가 아닌 우리를 위해〉

장성에서 복무할 때 신제품을 개발하던 때였습니다. 계속된 불량과 오차 수치로 인해서 며칠간 진전이 없던 상황에 사수 분과 함께 매일 밤늦게까지 작업을 하다가 새벽에 퇴근하는 게 일상이었고 세탁기에 들어가는 정역모터를 용량을 키우고 크기는 소형화 시키는 작업을 해야 했고, 수백수천 개의 시제품들을 계측실에서 마이크로 미터기로 0.001까지 오차를 기록해가고 토크 측정 및 마침내 최상의 품질로 양산할 수 있는 설비 세팅과 부속 부품들의 가공 상태가 완성되었고 신제품의 첫 생산라인을 본격적으로 가동할 때 중간 중간 예상하지 못한 오류와 생산 공정에 문제가 있었지만 약간의 오차였을 뿐이었고 이후에 몇 주간 신제품을 142개 제품이 포장되는 12개의 팔레트의 일일 생산량으로 3주 동안을 생산하여서 회사의 순이익과 거래처의 확장을 얻게 되는 기염을 보여 주었습니다. 첫 흑자 기록을 세우던 날 사무실의 그 떠들썩했던 기분은

> 아직까지도 여운이 남습니다. 자리가 사람을 만든다는 말이 틀린 말만은 아닌 것 같습니다. 비록 한 명의 사원이었지만 신제품의 개발에 참여하는 구성원이 됨으로써 그 역할에 충실해지기 위해 부족했던 노력과 끈기를 얻게 되었고 나 혼자만의 이익이 아닌 회사의 비전을 생각하는 가치관의 변화를 주었습니다.
> (2016년도 SK이노베이션에 합격한 제자2)

(3번 글)

> 〈보여 지는 것보다 내실을 다지고 성과를 높이려고 노력합니다.〉
> 묵묵히 일하는 자세는 제가 가진 경쟁력입니다. 저는 의무경찰로 군 복무를 하며, 부내 내 유지관리와 보급을 맡았습니다. 처음에는 보여 지는 것에 치중하는 사수를 만나 과업이 비효율적으로 이뤄졌습니다. 사고가 발생할 때도 있었습니다. 위에서 지시하는 일만 수행했기에 편하기도 했지만, '더 잘 할 수 있는데!' 하는 생각은 항시 마음에 있었습니다. 그래서 개선할 수 있는 점을 수첩에 기록해 두었고 제가 사수가 되자마자 하나씩 실천했습니다.
> 당시 제가 적극적으로 한다고 후임에게까지 추가적인 일을 지시할 수는 없었습니다. 대부분 매뉴얼에 나와 있는 일이었지만, 옳은 방식이라고 해서 일의 동기가 없는 동료나 후임에게 강요할 수는 없었습니다. 수많은 장비를 정비하고 물품을 정리하다보니 시간이 부족했고 일과 이후나 주말에 일을 하게 되었습니다. 저의 모습을 부대장님께서 얼핏 보셨는지, 부대원 앞에서 칭찬을 해 주시고 경찰서장 포상을 하셨습니다.
> 그리고 후임도 업무 환경이 바뀌자 일이 더 효율적으로 진행된다며 저에게 배우려고 노력하기 시작했습니다. 제가 강요하지 않아도 스스로 행동하기 시작한 것입니다. 시작은 혼자 할지라도 변화는 모두가 느낄 수 있습니다. 이것이 개인적인 희생이 가치 있는 이유라고 생각합니다. SK이노베이션에서도 혁신의 시작은 항시 나 자신으로부터 시작한다는 것을 잊지 않겠습니다.
> (2017년도 SK이노베이션에 합격한 제자)

6번 항목은 6개의 질문 중 유일하게 지원동기와 입사 후 포부, 즉 전문가가 되기 위한 10년 계획을 요구하고 있다.

1번 글은 직무지원동기보다는 회사지원동기에 치중하여 SK이노베이션의 발전을 이끌고 싶다는 소망을 드러내 보이고 있고, 10년 계획에는 자신이 부족한 지식 습득과 전기전공자의 로망 중의 하나인 전기기술사 자격증을 따서 회사 내의 전기 문제 전문가로 성장하고 싶다고 진술하고 있다.

2번 글은 자신이 이 회사를 좋아하고 들어가고 싶어했던 이유를 설명하면서, 10년 계획을 상당히 구체적으로 설명하고 있다.

3번 글은 SK이노베이션의 현 상태를 설명하면서 발전을 위해서는 혁신이 필수적이고 혁신에는 항상 안정화 과정이 필요한데, 자신의 꼼꼼하고 성실한 태도가 혁신에 도움이 될 것이라 생각하기에 지원하게 되었다고 쓰고 있으며, 10년 계획은 다소 추상적으로 쓰고 있다.

6번 항목을 쓰는 가장 바람직한 방식은 회사지원동기를 간단히 설명하고 자신의 현재 경쟁력을 입사지원 동기로 쓰며, 10년 계획은 몇 가지 비전을 제시하여 그 비전을 실천하는 사람이 되겠다는 식으로 쓰던지, 자신이 이 회사에서 어떤 분야의 전문가로 성장하기 위한 보다 구체적인 연차별 계획을 씀으로써 기업 측에서 지원자에게 관심을 갖게 만들도록 쓰는 것이 해당 기업에 더욱 어필할 수 있을 것이다. 특히 SK이노베이션은 혁신을 강조하기 때문에 자신의 혁신적 마인드를 마지막에서 한번 강조하면서 끝내는 게 좋을 것이다. 이러한 사실을 아래 글을 통해 직접 확인해 보기 바란다.

6. 해당 직무에 지원한 이유와 지원한 분야에서 최고가 되기 위해 어떤 노력을 기울일 것인지 구체적으로 작성하십시오.(750자)

(1번 글)

자동차, 난로, 공장 등 우리나라 산업에서 가장 중요한 역할을 한다고 생각합니다. 반드시 필요하고 없어서는 안 될 연료인 화석을 정유하는 회사 중 우리나라에서 업계최고를 달리고 있는 SK이노베이션과 함께 회사발전과 저 본인의 발전을 함께하고 싶습니다. 학창시절부터 친구들과 동생, 형들에게 믿고 맡길 수 있는 김도균! 이라는 이야기를 많이 들어왔습니다. 회사 내에서 그러한 동료가 되겠습니다. 1년의 기본교육과 1년의 현장투입으로 많은 것을 이뤄내진 못하겠지만 항상 최선을 다하고 적극적으로 배운다는 자세로 임하여 좋은 평가를 받을 수 있도록 하겠습니다. 또한 부족한 화학 관련 지식을 습득하기 위하여 자격증공부도 소홀히 하지 않을 것입니다. 전공인 전기공부도 더욱 더 열심히 하여 10년 안에 전기기술사 자격증을 취득하여 회사 내에서 발생할 수 있는 전기관련 문제에 도움을 줄 수 있는 직원이 되도록 하겠습니다.
(2016년도 SK이노베이션에 합격한 제자1)

(2번 글)

〈SK를 가슴에 품다〉

TV를 틀면 광고가 무수히 쏟아져 나왔습니다. 그중에서도 SK의 광고는 유독 제 눈에 많이 띄었습니다. '내가 만약 SK의 이름을 가슴에 달고 일을 하게 된다면 좋겠다' 생각했습니다. 이전에도 SK이노베이션에 지원하고 싶었지만 갑자기 생긴 가족의 문제, 생계문제 때문에 도전을 두려워했습니다. "기회가 없는 능력은 쓸모가 없다" 하지만 이번엔 기회가 주어졌고 잡는 것은 저의 몫이기에 지원하게 되었습니다.

경험은 값으로 매길 수 없는 정말 소중한 가치이자 자산입니다. 고등학교 시절부터 쉬지 않고 성격이 다른 공동체들에 속하여 생활하고 일을 해봄으로써 입사하게 되어서 새로운 환경과 새로이 만나는 동료 및 상사 분들과의 적응은 다른 누구보다도 잘 할 것이라 자신합니다. 앞으로 향후 10년간의 계획을 말씀드리겠습니다. 3년 동안은 신입사원으로서 배움을 게을리 하지 않고 생산라인의 모든 설비구조 및 원리를 이해하기 위해 저만의 매뉴얼을 만들어가겠습니다. 그로부터 3년 뒤에는 설비들을 자유자재로 다룰 수 있는 설비 조종 능력을 습득해둘 것입니다. 신입사원 때 만들어 둔 저만의 매뉴얼을 그때의 저와 같은 후임들에게 전파하여 훨씬 더 빠른 업무 적응을 돕겠습니다. 그로부터 4년 뒤에는 생산라인의 대리로 승진하여서 현장에서의 중요한 선임과 후임 또는 동료들과의 커뮤니케이션을 증진시킬 수 있는 소모임을 만들어 협업함에 있어서 시너지효과를 낼 팀워크를 생성하는 그 자리의 중심이 되어 있겠습니다.

(2016년도 SK이노베이션에 합격한 제자2)

(3번 글)

〈혁신에 필요한 기술적 지원을 제공하고 싶습니다.〉

SK이노베이션은 부가 가치가 높은 화학제품을 생산하고 글로벌 업체와의 파트너링을 통해서 원가 절감을 실현하고 있습니다. 이는 저성장과 탈석유화 등으로 불확실성이 확대되는 상황에서 경쟁력을 갖추기 위한 노력이라고 배웠습니다. 저는 기계를 다룬지 오래 되지는 않았지만, 배움의 자세로 학업을 수행했습니다. 그 과정에서 어려운 기술도 반복하고 숙달하는 요령을 익혔습니다. 그리고 작은 문제도 꼼꼼하게 점검해서 문제가 되지 않도록 만드는 노하우를 배웠습니다. 혁신에는 항상 안정화 과정이 필요하다고 생각합니다. 제가 가진 적응력과 꼼꼼함은 혁신에 유연한 기업에 최적화 되어 있습니다. 입사 후 SK이노베이션이 구조적인 개혁과 사업을 개편하는데 필요한 기술적 지원을 제공하고 싶습니다.

이를 위해서는 현장에 정통하면서 다양한 기술을 적용해 볼 수 있어야 합니다. 입사 후 맡은 일에 충실하는 것은 물론, 다른 사람들이 귀찮아하거나 어렵다고 생각하는 일을 도맡고 싶습니다. 현장에 잘 적응되지 않는 일을 최적화하여 어떠한 기술이 적용되더라도 유연하게 정착될 수 있도록 만들어 나가겠습니다. 더불어, 혁신에 필요한 기술을 사전에 확인하고 함께 하는 분들과 관련 기술을 학습하겠습니다. 기술 변화에 대응하는 것은 근로자의 책임이자 역할이라고 생각합니다. SK이노베이션이 핵심 사업은 물론 새롭게 펼치는 사업에서 빠르게 경쟁력을 갖출 수 있도록 준비하고 행동하겠습니다.

(2017년도 SK이노베이션에 합격한 제자)

위에서도 살펴본 바와 같이 SK이노베이션의 자소서 항목 중 5개는 지원자의 열정적이고 도전적인 성향을 묻는데 할애하고 있고, 마지막 1개 항목만이 직무적합성과 관련되어있다. 따라서 SK이노베이션에 입사하고자 하는 지원자들은 자신의 경험들을 잘 추려내어 적재적소에 활용하는데 많은 노력을 기울여야 할 것 같다.

SK이노베이션의 노·사는 2017년 9월 10일 임금인상률을 물가에 연동하고 생애주기를 고려한 임금체계를 도입하며, 성과에 대한 인센티브를 강화한다는 것 등에 합의했다. 물가연동 임금인상은 국내 대기업으로는 최초로 대단히 획기적인 사례다. 또한 생애주기형 임금체계 도입으로 조기 퇴직에 대한 압력이 약화되고 이러한 고용의 안정성을 바탕으로 사원들이 주인의식을 갖고 일에 매진할 기업문화가 조성될 가능성이 커졌다. 이로서 노·사간 불필요한 낭비없이 회사 발전을 위해 전념할 수 있는 토대가 마련되었다고 본다. 이런 사실에 비추어볼 때, 이 기업은 향후, 대단히 발전이 기대된다고 할 수 있다. 그러니 많은 취준생들이 노려볼만한 회사라고 생각한다.

(5) 현대제철

현대제철의 인재상은 다음과 같다.

도전인, 창조인, 전문인, 친화인 이 네 개가 현대제철의 인재상이다. 그리고 그 뜻은 일반적 의미와 별 차이가 없다. 앞 부분에서도 소개한 바와 같이 현대제철은 자소서 읽기를 타 업체에 맡기지 않고 자기 회사 인사과 직원들을 중심으로 평가한다. 이것은 자신의 직원을 직접 뽑겠다는 얘기이고, 그 만큼 자기 회사만의 포인트가 있다는 것을 의미한다. 필자가 갖고 있는 현대제철의 합격자소서는 3개이다. 이 자소서들을 항목별로 비교해본다.

다음은 현대제철의 자소서 양식이다. 그런데 자소서 양식이 다른 기업의 것과 특별히 차이나는 점이 발견되지 않는다. 그래서 지금까지 살펴본 일반적인 기준에 따라 살펴본다. 그리고

유비무환 퍼펙트 자소서

합격자소서에서 그 어떤 공통분모를 찾아보기로 한다. 그런데 일반적으로 한 항목 당 500자이상이 일반적인데, 2번과 3번은 300자를 요구하고 있다. 300자 정도면 에피소드를 상세히 쓸 수 없다. 그래서 글자수가 500자 이하이고, 글자수가 적을수록 자소서 쓰기는 더 어렵다.

현대제철 자소서 항목들
1. 내가 걸어온 길 (성장과정 / 가정환경 / 학교생활) (500자)
2. 나의 성격 (장점/단점 등) (300자)
3. 지원동기 (입사 후 포부 /관심 분야) (300자)
4. 기타 (자기 PR/ 하고 싶은 말 / 사회경험 / 해외경험) (500자)

1번 항목은 일반적인 자소서에서의 성장과정과 유사하게 쓰면 된다. 그러니까 가치 중심으로 진술하고 그 가치와 관련된 스토리텔링적 에피소드를 넣으면 된다.

1번 글은 두 가지를 강조하고 있다. 하나는 잦은 이사가 오히려 낯선 사람들과의 소통능력을 키워줬다는 것이고, 다른 하나는 경제적으로 쉽지 않은 상황이었지만 부모님들의 노력과 배려로 긍정적 심성을 갖게 되었다는 것이다. 이어지는 에피소드는 첫 아르바이트 경험이 힘들었지만 나중에는 자신을 성장시키는 소중한 경험이 되었다는 것이다. 한 마디로 어려운 경제상황 속에서 그것을 받아들이고 극복하는 과정에서 소통능력과 적응능력을 배우게 되었다는 것이다. 평이하지만 설득력이 있다.

2번 글은 소제목을 통해 현실에 안주하지 않고 진취적인 경향으로 인해 어려움에도 처하지만 그것이 자신을 성장시키는 동력이 되었다는 점을 부각시키고 있으며 대학 때 중고 오토바이를 싸게 사서 분해한 경험을 말하면서, 그것을 분해하는 과정에서 느낀 성취감을 얘기하고 있다. 대단히 도전적인 경험을 갖고 있다. 대부분이 기업들이 좋아할만한 에피소드이다. 현대제철도 도전을 강조하고 있으니까, 아마도 여기에서 점수를 많이 땄으리라 본다. 그런데 소제목이 다소 길고, 한번 읽어서 이해가 쉽도록 했으면 더욱 좋겠다는 생각이다.

3번 글은 아버지의 교육이 눈에 띈다. 어릴 때부터 아이를 인정해주고 아이와 함께 상의하는 아버지를 둔 탓에 문제해결능력이 길러졌다는 것이다. 인상적이다.

4장 합격자소서 분석하기

1번 항목에 대한 답을 쓰는 방법은 이처럼 자신의 강점이 되는 성향이나 능력을 길러준 사례를 쓰고 그러한 경험을 통해 갖게 된 능력을 부각시키는 방식이 좋다. 물론 500자 정도 되니까 스토리텔링적 에피소드가 반드시 들어가야 한다.

1. 내가 걸어온 길 (성장과정/ 가정환경 / 학교생활) 500자

(1번 글)

저는 어렸을 적부터 어려운 가정형편의 사정으로 인해 자주 이사를 다녔습니다. 때문에 저는 자주 학교를 옮기게 되었고 그때마다 많은 친구들과 원치 않은 이별을 겪게 되었습니다. 처음엔 학교를 옮기게 될 때마다 저는 새로운 환경과 낯선 인물을 처음 접하게 되어 많이 어색하고 소극적이었지만 점차 그것에 익숙해지면서 많은 사람들과 대화하는 방법을 익혔고 쉽게 친해지는 습관을 익히게 되었으며 새로운 환경에 보다 잘 적응하게 되었습니다. 어려운 가정형편에서도 저와 저의 동생을 어디하나 부족한 점 없이 키우려고 열심히 일하시고 항상 웃으려고 노력하신 부모님의 덕택에 저의 집안은 화목한 가정을 이룰 수 있었고 저는 밝고 긍정적인 모습으로 성장할 수 있었습니다. 대형마트에서 아르바이트를 하기도 하였는데 힘든 부서로 배정되어 무척 힘들고 괴로웠지만 첫 사회경험이었고 처음에는 힘들고 고되었던 일들도 나중에는 익숙해져서 보람과 성취감을 느끼게 해주었으며 자신감을 심어주어 저에게는 값진 경험이 되었습니다.

(2013년 현대제철에 합격한 제자)

(2번 글)

〈자신의 능력보다 큰 목표를 세우는 것보다 더 위험한 것은 작은 목표를 세우고 그것에 안주하는 것이다.〉

많은 경험과 그것을 바탕으로 얻은 배움이 지금의 제가 있게 성장을 했다면 그 원동력은 위의 말이었습니다. 저의 이러한 신념으로 가끔은 무모한 결정을 하기도 하는데 과정은 고되었지만, 그 결과 많은 느낀 점이 있었던 경험을 말씀드리고자 합니다. 대학 개인 프로젝트의 주제를 선정하기 위해 공단 고물상을 찾아 다니던 중 중고 오토바이가 눈에 띄었습니다. "대학 때 오토바이 한 대를 분해하고 설계를 해보는 것이 남들과 다른 경험이 될 수 있겠다."라는 생각으로 사장님께 사정을 말씀드린 후 고철 가격으로 오토바이를 구했습니다. 처음부터 순탄하지 않았습니다. 분해순서와 공구 사용법을 알기 위해 공업소에 방문을 하였고 도면설계에 난관에 부딪힐 때면 교수님의 조언이 있었습니다. 주변의 도움과 해내야겠다는 생각으로 큰 성취감을 맛보았고 엔진, 동력장치의 기초적인 이해를 쌓는 값진 경험이었습니다.

(2014년에 합격한 제자1)

(3번 글)

〈아버지께 배운, 대화를 통한 문제해결능력〉

어릴 적부터 아버지께 배운 가장 중요한 삶의 지혜는 대화를 통한 문제해결능력이었습니다.
아버지는 동창회 가족모임 계획을 저와 함께 짜기도 했는데, 어린 제게서 특별한 아이디어를 구하려 했다기보다는 상대의 의견을 존중해주는 법을 가르치신 것 같습니다. 그래서 저는 대화가 문제 해결의 가장

305

> 합리적 수단이라는 것을 일찍부터 체득하게 되었습니다.
>   대학 시절 매번 과목의 조장을 맡을 때마다 조원들에게 조력자적인 역할을 해왔습니다. 각자 적절한 역할을 분담시키고 진행해도 서로 의견이 맞지 않아 다투는 경우가 많습니다. 그때마다 인내를 갖고 조원들이 합리적인 지점을 찾을 수 있도록 중간다리 역할을 했습니다. 그러다보면 대부분 서로에게 좋은 방법을 발견할 수 있었습니다.
>   지금도 주변에 분쟁이 생기거나 다툼이 생기면 중간에서 중재하며 해결하는 역할을 많이 맡곤 합니다. 그러다 보니 자연스럽게 친구들이 따르고 포용적인 리더십을 갖게 되었습니다.
>   (2014년에 합격한 제자2)

2번 항목은 성격의 장·단점이다. 300자이기 때문에 에피소드를 간략하게 줄여서 인상적으로 보이도록 써야 할 것이다. 그리고 장점과 단점을 반드시 쓰고 단점은 고치기 위한 구체적 노력 사례를 넣어야 할 것이다. 성격의 장단점은 조직 생활하는데 문제가 있는가 여부를 보는 것이기 때문에 단체생활 하는데 문제가 있다는 느낌이 들지만 않으면 괜찮을 것이다. 아래 예들은 모두 무난하다. 그런데 2번 학생은 하나의 성향을 두고 장·단점을 동시에 얘기하고 있다.

2. 나의 성격 (장점/단점 등) 300자

(1번 글)
> 저의 장점으로는 어릴 적부터 지니고 있던 꼼꼼한 성격을 꼽을 수 있습니다. 이 성격 덕분에 저는 고등학교 전기 실습 때도 작동률만 보면 매우 우수하였고 대학에서의 실습에서도 좋은 결과를 얻을 수 있었습니다. 또한 책임감이 높아 주어진 일은 최우선으로 생각하여 수행을 하였고 다른 사람에게 피해를 주는 것을 싫어하였기에 어떤 일이든 신중하게 살펴 수행을 하여 실수가 적습니다. 반면, 단점으로는 고집스런 성격을 가졌다는 것이지만 이를 고치기 위해 대학 프로젝트 실습에서 조장을 맡아 조원들의 의견을 경청하여 합리적으로 반영하도록 노력하였습니다.
>   (2013년 현대제철에 합격한 제자)

(2번 글)
> 〈저는 거북이입니다〉
>   거북이 하면 떠오르는 이미지는 '느리다.' 그리고 다른 이미지는 '성실과 꾸준함'입니다. 이것이 저의 장단점입니다. 저를 거북이로 표현한 이유는 일상적인 대화에서 남들보다 말이 느리기 때문입니다. 말이 느린 것은 생각이 많아서인데 가끔은 생각이 고민과 걱정으로 바뀌어 쉽게 행동하지 못하는 경우가 있습니다. 하지만 이것은 성실하고 꾸준한 자기계발과 몸으로 부딪혀 얻은 경험을 통해 빠른 결단력과 행동력으로 보여줄 수 있다고 생각합니다. 그리고 '느리다.'라는 단점을 '신중하다.'의 또 다른 장점이 될 것입니다.
>   (2014년에 합격한 제자1)

> **(3번 글)**
>
> 〈적성은 자신이 만드는 것〉
> 　어떤 일이라도 제 적성으로 만들 수 있는 것이 저의 큰 장점입니다.
> 　인문계를 나온 저로서는 공고에서 전기 공부를 하고 온 사람들을 따라갈 수 없어서, '내 적성이 아닌가 보다.'라는 생각도 해보았지만, 손가락이 부러질 정도로 열심히 공부하여 1학기 때 성적우수 장학금을 받은 적이 있습니다.
> 　하지만 아직 실패를 겪어보지 않은, 제 자신감은 단점이 될 수도 있다고 생각합니다.
> 　그래서 자신감은 있지만, 자만심은 없는 저를 만들기 위해 모든 일에 자만하지 않고 성실히 수행하는 노력을 하고 있습니다.
>
> 　　　　　　　　　　　　　　　　　　　　　　　(2014년에 합격한 제자2)

　3번 항목은 지원동기와 입사 후 포부를 쓰라는 것이다. 그런데 300자로 제한되어있다. 그래서 가장 어려운 부분이다. 여기서는 지원동기를 쓰라고 하고 괄호 속에 입사 후 포부를 넣어놓았으니 이 회사에서의 자신의 미래 비전이나 지향점 위주로 써도 무방하리라 본다. 1번 글은 직무지원동기가 아니라 회사 지원동기를 썼고, 입사 후 포부는 아주 평범하게 썼다. 2번 글은 김규한 명장처럼 되겠다는 자신의 미래 지향점을 쓰고 있다. 그래서 입사 후 명장이 되어 후배들에게 자신의 기술을 전수하겠다는 식으로 쓰고 있다. 이렇게 많이 쓸 수 없고, 지원동기나 입사 후 포부를 하나만 써도 되는 식이라면 오히려 이런 방식이 더 인상적이지 않을까 생각해 본다. 3번 글은 현재 직무를 수행할 수 있게끔 준비가 잘 되어있다는 점을 강조하고, 입사 후 전기기술사를 목표로 노력하겠다는 점을 부각시키고 있다.

　이렇게 짧은 글자수로 지원동기와 입사 후 포부를 구체적으로 쓸 수는 없다. 그래서 이런 경우에는 선택을 해야 한다. '어떻게 써야 더 인상적일까'를 생각하면서 말이다. 지원동기나 입사 후 포부를 하나만 쓰는 것을 허용하고 있기 때문이다. 그런데 회사지원동기만 길게 쓰는 것은 바람직하지 않다. 회사지원동기는 대부분 그 회사에 대한 아부성 자랑이기 때문이다. 필자의 생각으로는 이러한 방식의 항목에는 현재 직무적합성과 미래비전을 함께 보여주는 것이 좋다고 생각한다. 물론 미래 비전은 회사 발전 방향일 수도 있고, 자신이 어떤 분야의 전문가로 성장하겠다는 계획이 될 수도 있다. 아래 글을 통해 확인해보기 바란다.

3. 지원동기 (입사 후 포부/ 관심분야) 300자

(1번 글)

저는 철강업계에 취업하기 위해 폴리텍대학 신소재응용과에 들어가 금속에 대해 공부를 시작하게 되었습니다. 처음엔 집 가까이에 제철소가 있기 때문이라는 단순한 이유였지만 금속과 철강에 대해 공부하고 알아가면서 제철소에 입사하고 싶다는 강한소망이 생겼고 고로확장과 특수강 신설투자 등 앞으로의 전망이 좋은 현대제철에서 꼭 일하고 싶다는 마음이 생겨 지원을 하게 되었습니다. 입사 후에도 저는 자만하지 않고 배정된 부서에 일하면서 도움이 될법한 자격증들을 찾아서 공부할 것이며 자격증을 취득한 제선,제강,압연 분야에서 제 열정을 바치고 싶습니다.

(2013년 현대제철에 합격한 제자)

(2번 글)

〈김규한 명장〉

철강산업은 주요 전방산업과 중국경제에 큰 영향을 받습니다. 현장에서 이것을 극복하는 방법은 내부원가 절감이라고 생각합니다. 내부원가 절감을 크게 보면 공정에서 사용하는 용수, 전기, 스팀 등 효율적으로 사용방안도 포함됩니다. 24,612건의 제안을 바탕으로 명장 자리에 오른 저의 롤 모델 김규한 명장과 같이 공정에 대한 이해와 함께 지금까지 해왔던 현장 개선활동을 거름 삼아 끊임없는 제안을 하겠습니다. 또한, 기존 무형의 기술 지식을 문서로 만드는 작업 표준서를 제작하여 훗날 후배들의 기술 교육에 앞서고 싶습니다.

(2014년에 합격한 제자1)

(3번 글)

〈끊임없는 도전과 확고한 목표〉

저는 전기안전분야에서 일할 요량으로 학교생활을 하면서 시퀀스와 PLC를 실습하며 가장 우수한 성적을 받으며 꼼꼼함과 순차적인 일 처리를 익혔습니다.

또한, 전기산업기사를 취득하여 전기 안전에 대한 자격을 갖추었습니다.

제가 지금껏 열심히 준비해 왔기에 당당히 지원업무에 지원하게 되었습니다.

또한, 끊임없이 자기 계발을 하며 현재 기계정비산업기사를 준비 중이고 입사 후에도 저의 2번째 목표인 35세 이전에 전기기술사를 취득하여 저의 가치와 능력을 지속적으로 높이겠습니다.

(2014년에 합격한 제자2)

4번 항목은 자신의 가장 경쟁력 있는 점을 써도 되고, 사회경험이나 해외경험을 통해 자신이 '조직화합적인 인간'이라는 점을 강조하던가, 해외에서의 도전적인 경험을 갖고 있다던가' 등등 어떤 것을 써도 무방하다. 그런데 가급적이면 이 회사에 도움이 되는 사람이라는 점을 에피소드를 통해 강조했으면 한다.

1번 글은 자격증 공부를 하는 과정에서 노력이 얼마나 중요한가를 깨달았고, 입사 후에도 지속적으로 노력해서 기업이 필요로 하는 사람이 되겠다고 말하고 있다. 2번 글은 OB맥주에서 인턴생활을 할 때 공병 세척 과정에서의 문제점을 발견하고 해결책을제시하여 관철시킨 경험을 쓰고 있다. 사회활동을 쓰라고 했을 때 가장 바람직한 유형의 대응이라고 본다. 중요한 것은 자소서는 모두 개인의 이야기이지만 모두 기업에 어떤 도움이 될 만한 사람인가를 기준으로 평가하기 때문에 가급적 조직화합적이고 협업적인 성향이나 역량을 보여주는 사례를 쓰는 것이 자신의 좋은 평가를 위해 유리하리라 본다. 3번 글은 자신이 아르바이트 할 때의 체험을 쓰고 있으며, 금연에 성공한 이야기를 쓰고 있다. 특히 냉면집에서 무더운 여름 동안 아르바이트한 체험은 대단히 임팩트있는 에피소드로서 이 학생이 합격자로 선정되는데 큰 역할을 했으리라 본다. 아래 글을 통해 직접 확인해보기 바란다.

4. 기타 (자기 PR/ 하고 싶은 말/사회경험/해외경험) 500자

(1번 글)

제가 최근 대학 생활과 자격증 취득을 하면서 느꼈던 점이 있습니다. 그것은 노력이라는 과정이 있으므로 인해 사람은 발전할 수 있고 후회하지 않는다는 점입니다. 시험을 대비하면서 열심히 공부하여 노력했을 때 대부분의 시험에서 좋은 성적을 남기며 합격을 했고 최선을 다하지 않았을 때는 불합격을 경험하게 되면서 역시 노력에 따라 결과가 좌우된다는 것을 느꼈습니다. 사람이란 이렇게 성장해 나가는 것이라는 것을 알게 되었고 앞으로도 계속 성장해 나가고 싶다고 생각합니다. 하지만 실패 또한 실패가 전부는 아니고 실패하게 된 이유, 과정 같은 게 중요하며 그로인해 그런 결과가 된 원인 및 발전 할 수 있는 방법을 알 수 있다고 생각합니다. 그렇기 때문에 저 역시 결과적으로 계속 실패한다고 해도 포기하지 않고 원인을 찾아서 고쳐가며 계속해서 도전할 것입니다. 힘든 과정 없이 성공한 기업이나 사람이 없듯이 저 역시 앞으로도 계속 자격증을 따고 기술을 배우며 성장하여 기업에서도 꼭 필요로 하는 중요한 인재가 되겠습니다.

(2013년 현대제철에 합격한 제자)

(2번 글)

〈끊임없는 생각, 새로운 발상의 시작〉

오비맥주 생산기술직 인턴생활을 3개월간 저는 공병세척기에서 근무했습니다. 공병세척기는 신병 또는 구병을 세척기 안으로 보내 내 외부를 세척하고 배병부로 세척한 공병을 내보내는 공정입니다. 제가 근무 투입 당시 배병부에 고질적인 문제가 있었습니다. 그것은 공병세척기에서 내부 탱크 온도를 조절하기 위해 세척실물 일부를 배출시키는 배수배관이 있는데, 여기서 나오는 고온의 물이 병의 쓰러짐을 감지하는 감지센서표면에 습기를 맺게 하여 기계의 일시적으로 중지되는 문제입니다. 한 달 동안 문제 해결을 위해 3차례의 제안을 했었고, 그 중 '배관 끝을 엘보우 배관으로 그 길이를 연장해 배병부 반대 방향으로 물을 흘려보내면 어떨까?'라는 생각을 하게 되었습니다. 그 후 기술지원팀의 도움을 받아 배관작업을 실행했습니다. 작은 발상으로 문제점을 찾고 그 원인이 무엇인지 파악하여 해결하는 경험이 되었고 앞으로 현장업무에 작지만 도움이 될 것으로 생각합니다.

(2014년에 합격한 제자1)

(3번 글)

〈외유내강으로 초지일관〉

저는 제가 세운 원칙은 초지일관 지켜나갑니다. 한 예로 저는 4년간 담배를 심하게 피워왔습니다. 하지만 몇 달 전부터 저의 건강과 제가 원하는 기업에서 열심히 일하기 위해 금연을 단행했습니다. '담배를 끊는 놈하고는 상종도 말라'는 말이 있을 정도로 어려운 결단이었지만, 저는 흔들림 없이 금연의 길을 가고 있습니다.

또한, 군대 전역 직후, 냉면집에서 하루 10시간씩 만두를 가마솥에서 쪄 본 적이 있습니다. 마지막 월급날 사장님이 "여름 3달을 버텨낸 놈은 네가 처음이고 너는 어딜 가도 뭐든 잘할 수 있겠다."라고 하시면서 보너스로 20만원을 더 주셨던 경험이 있습니다.

어떤 일이든 시작은 도전의식을 필요로 하고 마무리는 인내를 필요로 합니다. 저는 제가 목표한대로 14년도 5월에 전기산업기사를 취득했으며. 여러 분야를 더 배우고 싶어 8월 예정인 기계정비산업기사를 목표로 잡아 하루하루 목표를 향해 열심히 살고 있습니다.

(2014년에 합격한 제자2)

지금까지 3명의 합격자소서를 통해 살펴본 바와 같이 현대제철의 자소서는 특별한 성향을 요구 한다기보다는 기본에 충실하게 쓰는 것이 가장 좋은 결과를 가져올 것이라 생각한다. 문제는 짧은 글을 써야하기 때문에 인상적인 에피소드나 비전을 제시하는 것이 좋을 것이라 생각한다.

(6) 앰코테크놀로지코리아

반도체 패키징, 테스트 전문업체, 웨이퍼 가공, 기술솔루션, 반도체 불량 분석하는 업체인 앰코테크놀로지코리아는 1968년에 설립되었고, 1년 매출액이 1조 5천억에 가깝고, 임직원이 5600명 이상되는 중견업체이다.

이 회사의 인재상은 든사람(전문지식을 갖춘 사람), 된사람(조직화합적인 사람), 깬사람(변화적응력이 높고 지속적인 가치를 창출하는 사람)으로 정의하고 있다.

이 회사의 자소서 양식을 보면 다음과 같은데, 자소서에 인재상을 특별하게 반영한 흔적은 없어 보인다. 1번은 협업 경험을 요구하는 항목인데, 경험에서 자신의 역할과 액션을 중점적으

4장 합격자소서 분석하기

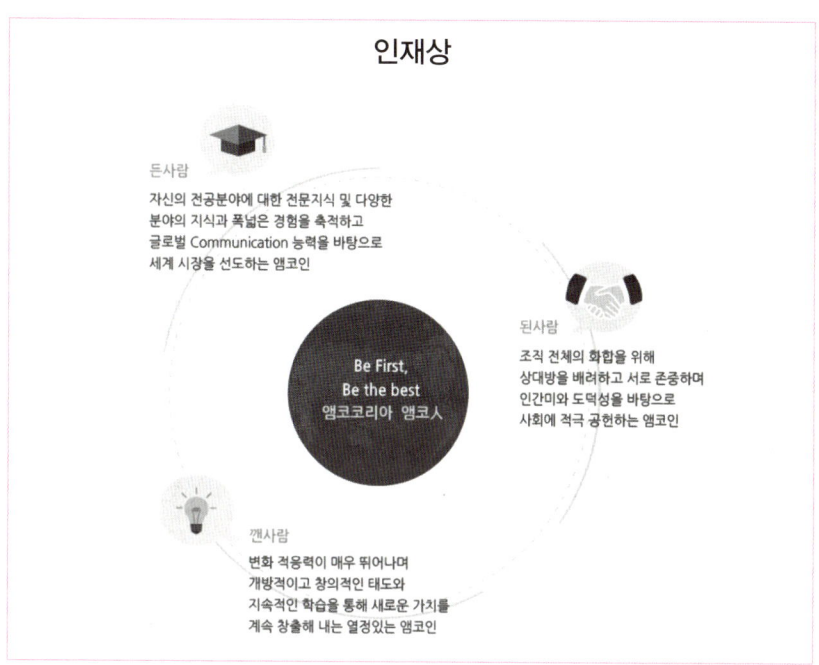

로 기술하면 되고, 2번은 문제해결 경험을 기술하는데, 문제를 분석하고 대안을 마련해서 어떤 결과를 얻었는가를 중심으로 이야기하면 되고, 3번은 단체생활에 있어서 장점과 약점을 쓰면 되고, 4번은 입사 후 목표와 꿈을 연차별 계획으로 기술하면 된다.

엠코테크놀로지코리아의 자소서 항목들

1. 다른 사람들과 함께 협력했던 경험 중에 그 안에서 본인의 역할이 무엇이었으며, 어떠한 것들을 느꼈는지 서술하시오(700자)
2. 본인이 극복했던 문제나 어려움 중 가장 슬기롭게 해결한 것은 어떤 것이었으며, 어떻게 해결을 했는지 당시의 상황과 과정에 대해 서술하시오.(700자)
3. 단체생활을 하는데 있어 본인의 강점과 약점이 무엇인지 서술하시오(700자)
4. 앞으로 본인이 이루고 싶은 목표와 꿈에 대해 서술하시오.(700자)

자소서 항목 1번에 대해 1번 글은 1번 항목의 요구를 적절히 파악하고 협업의 중요성을 소제목에서 분명히 드러내고 있다. 이 소제목은 '재능은 개인적 차원의 승리를, 팀워크는 조직의 우승을 이끈다'는 뜻을 드러낸다. 그는 고교시절 농구대회에서 이러한 체험을 한 사실을 들면서 당시 승리의 관건이 부족한 팀웍을 강화하는 것에 있다고 보고 팀웍을 강화하기 위한 조직력 훈련에 전념한 결과 성과를 올린 에피소드를 소개하면서 입사하면 팀원들의 강점들을 서포트 해서 팀웍을 다지는 데 중점을 둘 것이라는 점을 강조하고 있다. 협업을 위해 팀웍을 어떻게 강화하는지 잘 파악하고 작성한 글임을 느끼게 한다.

2번 글은 소제목에서 〈협업이 최고의 전략〉이라는 점을 내세우고, 실제로 금형을 만들 때 1명이 1공정을 모두 하는 것보다 10명이 1공정씩 하는 방식이 훨씬 효율이 높아짐을 몸소 체험한 사실을 들고 있다. 그 과정이 대단히 과정중심적으로 서술하여 협업의 중요성을 실제로 입증하고 있다.

3번 글은 프로젝트 실습 중, 자신의 조가 물류자동화공정에서 다른 조에 비해 시간이 더 많이 걸린다는 점을 파악하고 그 이유를 파악하기 위해 상호 논의토록 분위기를 조성한 뒤, 합리적 방안을 마련해서 시간을 단축한 경험을 쓰고 있다. 그 경험을 통해 소통을 통한 문제해결의 중요성을 깨닫게 되었다고 한다. 그런데 여기서 그때 파악된 문제점이 무엇이었는지 좀 더 구체적으로 말했다면 읽는 사람을 더 잘 이해시켰을 것이다.

1. 다른 사람들과 함께 협력했던 경험 중에 그 안에서 본인의 역할이 무엇이었으며, 어떠한 것들을 느꼈는지 서술하시오(700자)

(1번 글)

〈재능은 게임에서 이기게 한다. 그러나 팀워크는 우승을 가져 온다〉
고교 시절, 농구대회를 출전 할 당시 인원이 부족해 급하게 결성된 팀으로 대회를 참가한 적이 있습니다. 신생팀이었기 때문에 팀워크가 많이 부족했고, 저희는 최대한 팀워크를 맞추기 위해 노력하였습니다.
저는 먼저 최대한 팀원 각각의 강점을 찾았습니다. 저보다 슛과 공격 수행 능력이 더 뛰어난 팀원들이 많다는 것을 알게 되었고, 저 또한 공격적인 플레이를 즐겼지만 중앙에서 볼 배급을 해주고, 스크린플레이 등, 팀원들의 강점을 서포트 해주는 역할을 중점적으로 수행하였습니다.
대회에 출전하여서 모두 좋은 성적보다는 경험을 쌓아보자는 마음가짐으로 대회에 임하였고, 최고보다는 최선을 다하며 팀원들을 믿고 경기를 해나가니 계속해서 팀워크가 발전하였고 그 결과, 우승까지 차지할 수 있게 되었습니다.
팀 활동에선 제가 잘하는 것을 부각시키기 보다는 팀원의 강점을 서포트 해주는 것이 팀 전체 공동의 목표 달성을 위해 효과적이라는 것을 알게 되었고, 그러한 과정에서 상대방에게 더욱 빠르게 신의를 얻을 수 있다는 것 또한 느끼게 되었습니다.

이러한 경험을 바탕으로 앰코테크놀로지코리아에 입사하여서도 조직이라는 변화에 재빨리 녹아들어 단단한 팀워크를 형성하고, 함께하면 더 큰 성과를 낼 수 있는 신입사원이 되겠습니다.

느꼈던 점
- 내가 잘 하는 것 보다 남이 잘하게 도와주는 게 팀 활동에는 났다.(빠르게 신뢰를 얻음)
- 협동심, 팀워크형성, 서포터의 중요성, 화합, 배려, 적응력,

(2017년도 앰코테크놀로지 코리아에 합격한 제자1)

(2번 글)

〈협력은 최고의 전략〉

저는 금형회사에서 근무를 한 경험이 있습니다. 주로 에어컨과 자동차 금형을 제작하였는데 삼성으로부터 갤럭시s7과 s7엣지의 공정을 주문을 받아 휴대폰 금형을 제작하게 되었습니다. 금형의 12공정 중 1인 1공정 씩 담당해 작업을 시작했습니다. 그러나 많은 물량을 혼자서 감당하다보니 작업능률이 떨어졌고 대책 회의를 하였습니다. 1명이 1공정을 전부 맡아서 하는 것 보다는 함께 작업하는 것이 더 효율적일 것이라는 의견이 나왔고 10명이 1공정을 제작 · 가공 · 운반 파트로 나누어 작업하기로 하였습니다.

저의 역할은 금형을 제작하는 것이었습니다. 도면을 보며 불량 여부를 파악하고 불량이 없으면 조립하는 일입니다. 10명이 1공정을 같이하니 작업속도가 빨라졌고 일의 능률이 눈에 띄게 증가했습니다. 먼저 작업을 마친 팀은 작업이 늦어지는 팀에 투입하여 조력하였고 딜레이타임을 줄일 수 있었습니다. 마지막까지 서로를 격려하고 협력함으로써 금형을 납기일 내 납품하였습니다.

혼자서 1공정 씩 작업을 하였다면 납기일 내에 마치지 못했을 뿐만 아니라 지쳐서 일을 포기했을 것입니다. 하지만 협업함으로써 서로의 단점이 보완되었고 시너지효과를 경험할 수 있었습니다. 또한 협력이란 나 먼저 앞서가는 것이 아니라 서로에게 맞추며 함께 나아가는 것임을 깨달았습니다. 이 경험을 통해 협력을 최고의 전략으로 활용하는 사원이 되겠습니다.

(2017년도 앰코테크놀로지 코리아에 합격한 제자2)

(3번 글)

〈여럿이 아닌 하나〉

저는 최근에 다른 사람들과 협력했던 경험 중에서 가장 많은 것을 느끼고 배웠던 적은 한국 폴리텍 대학교 광주캠퍼스에서 1학년 2학기 때 프로젝트 실습을 하고 있었을 때입니다.

프로젝트 실습에서 저희들이 설계부터 시작하여 인벤터를 이용한 도면작성, 조립, 구동으로 시작하여 plc라는 프로그램의 기초지식을 쌓았으며 공정이 있다는 가정 하에 프로그램코딩 까지 하였습니다. 그때 저의 역할은 plc프로그램 및 인벤터를 담당 하게 되었는데, 저희 프로젝트 조는 맨 처음 인벤터로 저희가 원하는 물류자동화라는 공정을 조립, 도면작성, 구동 까지 하는데 다른 조보다 많은 시간이 걸렸습니다. 저는 '다른 조보다 왜 느렸을까' 라는 의문을 가지게 되었습니다. 문득 생각해 보니 저희 조는 별다른 소통이 없었다는 점과 각자 혼자서 하는 경우가 대부분이었습니다. 저는 이러한 문제점을 해결하기 위해 조 회의로

유비무환 퍼펙트 자소서

> 부터 시작하여 한 사람 한 사람 각자 의견을 낼 수 있도록 저는 그러한 환경을 만들어주었으며, 어떤 의견을 내더라도 항상 귀를 열고 듣는 자세로 임하여 평소보다 더 나은 좋은 의견이 많이 나와 그것을 토대로 실행한 결과 저희조가 만족할 수 있었던 프로젝트가 나왔습니다. 이 프로젝트를 진행 하면서 느꼈던 것은 다른 사람들과의 소통이 필요하다는 것을 느꼈고 그 소통을 통하여 조가 단합이 최상의 시너지가 될 수 있다는 것을 느꼈습니다.
>
> (2017년도 앰코테크놀로지 코리아에 합격한 제자3)

두 번째 항목은 문제가 발생했을 때 극복하는 과정에서 적절한 분석을 해서 합리적으로 해결한 경험을 쓰라는 것이다.

이에 대해 1번 글은 주유소 내 자동세차기를 관리할 때 자동세차기의 에러가 발생했는데, 그 원인을 찾는 과정에서 배선의 피복이 벗겨져 접촉불량이 일어나는 것을 발견하고 조치해서 문제점을 해결한 경험을 예로 들면서 그것을 자신의 업무와 연결시킨다. 즉 그 경험을 통해 장비의 유지보수가 중요하다는 점을 강조한 것이다. 그런데 그런 다음, 이러한 문제해결력을 입사 후 회사 장비의 유지보수에 잘 활용하겠다는 식으로 맺었으면 더 좋았을 것이다. 그러니까 글의 끝은 항상 회사에서 도움이 되는 존재가 되겠다는 식으로 끝나야 한다는 것이다. 이 학생은 문제가 발생했을 때 문제를 찾아내는 분석과정에 대한 묘사가 아주 구체적이어서 좋았다.

2번 글은 관현악단 동아리 부회장으로 활동할 때 단원들이 탈퇴하는 위기상황이 발생했는데, 이때 단원들을 찾아가 단원들의 불만을 요소별로 상대해서 이미 탈퇴한 인원 중 대부분을 다시 합류시켰고, 지역자원을 연계·활용하여 자금난을 해결한 예를 들고 있다. 이 학생은 이런 경험을 통해 문제에는 반드시 해결책이 있고, 그 해결책 마련에는 리더십이 중요함을 깨달았다는 점을 강조하고 불협화음을 화음으로 만들어가는 엔지니어가 되겠다는 다짐으로 맺는다. 대단히 자연스런 흐름을 보여주고 있다.

3번 글은 판매직으로 일할 때 단골고객을 늘리려는 생각을 하던 차에 오히려 신입사원이 일처리를 잘못하여 단골고객을 잃을 처지가 되자, 이 상황을 오히려 기회로 삼기 위해 문제처리 미숙으로 인한 보상을 해주고, 단골고객이 올 때마다 직원할인을 적용하는 등 더 나은 서비스를 제공함으로서 판매왕이 된 경험을 얘기하고 있다. 대단히 적절한 경험을 적절하게 잘 설명한 것 같다.

이 3명의 지원자들은 이 항목에 대해 각자 자신의 입장에서 적절한 경험을 들려줌으로써 2번 항목에 대해 적절히 대처했다고 볼 수 있다. 아래 글을 통해 확인해보자.

> **2. 본인이 극복했던 문제나 어려움 중 가장 슬기롭게 해결한 것은 어떤 것이었으며, 어떻게 해결을 했는지 당시의 상황과 과정에 대해 서술하시오.(700자)**

(1번 글)

〈세차를 하며 느낀 유지보수〉

대학 시절, 주유소 내 자동세차기를 관리하는 업무를 한 적이 있습니다. 일하던 중 자동세차기의 알 수 없는 에러로 인해서 고객들 차량이 밀려 있는 상황이 자주 발생하였습니다.

저의 업무는 단순 차량유도였지만, 고객의 불편사항 해소와 원활한 작업을 위해 문제를 해결해야겠다고 생각하였습니다. 먼저 저는 에러가 발생할 때 디스플레이 되는 에러 코드를 확인한 후, 자동세차기 사용 매뉴얼을 찾아보며 코드에 해당하는 문제와 발생 지점을 확인하였습니다. 간단한 코드들은 쉽게 찾을 수 있었고, 문제가 발생하는 지점에 가보니 차량 위치를 감지하는 광센서가 이상한 패턴을 보이며 점멸하는 것을 확인하였습니다. 점검해보니 배선의 피복이 벗겨져 접촉 불량이 일어났고, 저는 즉시 소장님께 말씀드리고 전원을 OFF 한 뒤 배선을 보수하였습니다. 또한, 제가 찾을 수 없는 사항들은 정기적으로 점검을 오시는 A/S 기사님께 궁금한 점과 조치방법들을 여쭤보았습니다. 그 결과, 디스플레이 되는 에러 코드만 보고도 대처를 할 수 있게 되었고, 좀 더 원활한 작업을 할 수 있게 되었습니다.

이러한 경험을 통해서 장비의 유지보수 관리가 중요하다는 것을 느끼게 되었습니다. 장비에 문제가 생겼을 때 세차를 하지 못하고 돌아가시는 분들이 많았는데 유지보수를 통해 가동률이 향상되니 수익성까지 향상된다는 것 또한 알게 되었습니다.

(2017년도 앰코테크놀로지 코리아에 합격한 제자)

(2번 글)

〈노력으로 이루어내는 화음〉

사교성이 좋고 책임감이 강한 저는 관현악단 동아리 부회장으로서 활동하였습니다. 정기 연주회를 세 달 앞두고 단원들의 이탈현상과 동아리의 경제적인 어려움이 발생하였고 해체위기에 처하게 되었습니다. 이런 모습을 가만히 두고 볼 수 없기에 부지런히 발로 뛰기 시작했습니다.

먼저 동아리를 탈퇴하겠다는 단원들에게 찾아가 사정을 듣고 회유하였습니다. 곡이 어려워서 그만두려는 사람은 그 사람에게 맞는 편곡으로 쉽게 연주할 수 있도록 했고 인내를 저버린 사람에게는 준비했던 시간들을 회상케 해 열정을 되찾도록 했습니다. 그렇게 탈퇴 인원 8명 중 6명이 돌아와 함께 연주를 하게 되었습니다.

두 번째로 동아리 경제적 어려움을 해결하기 위해 지역자원을 연계하여 활용하였습니다. 주변 업체의 후원을 받아 부족한 재정을 채우고 재능기부봉사를 해줄 선생님을 구해 연주회 준비를 이어갔습니다.

노력의 결과, 300명이 넘는 관객 앞에서 멋진 화음의 오케스트라를 선보이는 영광을 맛보았습니다. 이 경험을 통해 저는 어떤 문제가 발생하더라도 최선의 방법을 강구하고 실천하며 문제를 지혜롭게 해결할 수 있는 능력과 리더의 역량을 기르게 되었습니다. 근무상황도 이와 같을 것이라 생각합니다. 사람이 많은 곳일수록 다양한 문제로 불협화음을 이룰 수밖에 없지만 이 문제를 현명하게 헤쳐 나가 조화로운 화음을 이뤄가는 총명한 엔지니어가 되겠습니다.

(2017년도 앰코테크놀로지 코리아에 합격한 제자2)

(3번 글)

〈위기는 곧 기회이다〉

저는 군복무 제대 후 시내에 있는 레스모아에서 판매직으로 일할 때 였습니다. 저희 매장에는 고객님들 중 단골고객님으로 불리는 분이 있습니다. 저는 이러한 단골고객님을 어떻게 하면 저만의 단골고객님으로 만들 수 있을까 라는 궁금증을 가지며 일을 하면서 생각하고 있었습니다. 여느 날과 다름없이 평소와 똑같이 매장에 들어오는 고객님을 상대하고 처음 입사하는 신입직원들을 가르치고 있었을 때 마침, 제가 제품을 가져가던 사이 단골고객님이 그 신입사원에게 제품 세탁에 관한 질문을 하였습니다. 며칠 뒤에 그 고객님이 매장에 들어서서 그 신입사원을 찾아 다짜고짜 화를 내시기에, 저는 그 모습을 보며 문제를 해결하고자 거기에 대한 상황 파악을 하면서 이것을 잘 극복하면 나에게 기회가 생길수도 있겠다는 생각에 먼저 고객님께 사과를 드린 후 고객님의 마음을 돌리기 위해 일단 첫째로는 신입사원이 잘못된 정보, 신입사원을 관심 있고 주의 깊게 보지 않았으므로 이러한 문제가 발생하였기여 제품에 대한 보상을 해주었으며 둘째로는 단골고객님이 오실 때마다 보다 더 나은 서비스업 그리고 직원할인이라는 것들을 통해 보다 저렴하게 제품을 주었습니다. 저는 이러한 행동을 통해 위기를 기회로 바꾸며 저만의 단골고객님을 만들어 그달에 판매왕이 될 수 있었던 계기가 되었습니다.

(2017년도 앰코테크놀로지 코리아에 합격한 제자3)

3번 항목은 단체생활에 있어서 본인의 강·약점을 기술하라는 것이다. 사실상 성격의 장·단점은 엄격히 말하면 단체생활을 할 때 중요하기 때문에 일반적 자소서 항목인 〈성격의 장·단점〉을 보다 적절하게 변경하여 질문한 항목이라고 할 수 있겠다.

이 항목에 대해 3명의 지원자들은 모두 적절하게 대응했다고 말할 수 있다. 장점에 대해서는 그 장점의 중요성을 이야기하면서 동시에 각자 거기에 합당한 에피소드를 예로 들었고, 단점을 말하면서 그 단점을 고치기 위해 노력한 점도 대단히 구체적이었기 때문이다. 이러한 사실을 아래 글을 통해 다시 확인해 보기 바란다.

3. 단체생활을 하는데 있어 본인의 강점과 약점이 무엇인지 서술하시오(700자)

(1번 글)

단체생활을 할 때 저의 강점은 "책임감"입니다. 휴학 중 문구사에서 일할 당시에 점장님이 월요일까지 끝마쳐야 할 제본 업무가 있었습니다. 하지만 급한 일이 생겨서 주말에 쉬게 되셨고, 저는 휴일이었지만 책임감을 느끼고 출근하여서 급한 일들을 모두 마무리하였습니다. 덕분에 기한 내 일을 끝마칠 수 있었으며, 더불어 사장님과 점장님에게 신뢰를 얻는 계기가 되었습니다. 이러한 책임감으로 앰코테크놀로지코리아에 주인의식을 가지고 일을 하는 신입사원이 되겠습니다. 또한, 담당 업무 외에도 조직 전체의 목표달성이라는 책임감을 갖고 업무를 수행하겠습니다.

약점은 "급한 성격"입니다. 학과 프로젝트를 진행하면서도 한 번에 너무 많은 일을 수행하려 하여 오히려 작업속도가 늦춰지고 효율적인 일 처리를 하지 못한 적이 있습니다.

이러한 약점을 보완하기 위해 퍼즐을 맞추는 취미를 갖게 되었습니다. 퍼즐은 급하게 맞춰나가지 않고 상하좌우, 전체적인 그림 흐름을 파악하여야 하므로 깊은 관찰과 넓은 시야를 가지려고 하면서 급한 성격을 개선해 나가기 위해 노력하고 있습니다. 업무를 수행할 때에는 맡은 일에 대한 타임 테이블을 작성하고, 작업 매뉴얼을 꼼꼼히 확인하며 표준작업을 진행하겠습니다.

(2017년도 앰코테크놀로지 코리아에 합격한 제자1)

(2번 글)

〈된 사람, 깬 사람〉

단체생활을 함에 있어서 저의 가장 큰 강점은 긍정에너지의 소유자라는 것입니다. 매사에 긍정적인 모습으로 에너자이저라는 별명을 갖고 있으며 밝은 표정과 배려하는 마음은 타인들에게 신뢰감을 갖게 하였습니다. 또한 팀별 과제를 할 때면 긍정의 힘으로 저조한 분위기를 되살리고 팀 내 화합을 이끌어내는 것이 저의 강점입니다.

친구들은 저의 친화력과 환경에서의 적응력을 보며 너는 어디가도 굶지 않겠다는 말을 자주합니다. 사람들에게 먼저 다가가 쉽게 라포 형성을 하고 어떤 상황에서 변화가 발생했을 때 그 변화를 예측해 그에 맞게 적응하는 것이 저의 두 번째 강점입니다. 이런 저의 모습들이 앰코테크놀로지 코리아에서 찾는 인재상이라고 확신합니다.

사귀는 사람이 많고 활동범위가 넓다는 장점을 가지고 있지만 각각 한 사람의 정보를 깊이 파악하지 못한다는 약점을 가지고 있습니다. 사람의 얼굴과 이름을 잘 기억하지 못하거나 나와 어떤 관련이 있는 사람인지와 같이 섬세한 부분을 놓치는 경우가 많았습니다.

이 약점을 개선하기 위해 휴대폰 주소록에 사진을 함께 저장하고 그 사람의 특징 등 세세한 정보를 입력하는 습관을 길렀습니다. 이름을 기억하고 불러주는 것은 예의이자 관계의 시작이라고 생각합니다. 조직생활을 할 때 동료들이 각각 어떤 사람인지, 어떤 성향을 갖고 있는지 잘 파악하고 기억하여 개개인을 존중하는 사람이 되겠습니다.

(2017년도 앰코테크놀로지 코리아에 합격한 제자2)

(3번 글)

〈원활한 소통능력〉

저의 강점은 소통능력이 뛰어납니다.
　이러한 점은 단시간 내에 주위 사람들과 원만한 관계를 형성하는것에 익숙하며 열린 마음으로 새로운 관계를 맺고자 하는 노력의 결과물입니다. 소통이라는 것은 여러 사람들의 생각이나 의견을 나눌 수 있기 때문에 회사라는 곳의 단체생활에서는 가장 중요한 요소라고 생각합니다. 저는 이 원활한 소통능력이라는 강점을 좀더 살리고자 판매직에 근무하여 수십에서 많게는 수백 명의 고객을 상대함으로써 의사소통에 문제가 없었으며 또한 고객 한분이 모두 만족하는 서비스업을 제공하였습니다. 저의 강점은 단체 생활 하는데에 있어서 중요한 요소라고 생각합니다. 이런 저의 장점은 앞으로 대한민국의 얼굴로 세계를 향해 뻗어 나갈 앰코테크놀로지코리아에 큰 힘이 될 것입니다.

〈초 집중〉
　저의 약점은 한 가지에 일에 빠지면 다른 것은 집중을 잘 하지 못합니다.
　한가지의 일을 한때는 분명 좋은 장점일수 있겠지만, 제가 최근에 경험한 사회생활 중 판매직을 할 때에는 고객한분에게만 판매 하는 것이 아니고 여러 명의 고객들에게 제품 설명 및 제품을 가져다주는 경우도 많았기 때문에 저는 이를 개선하고자 일의 순서나 시간 분배를 하는 방법을 배워나가 하나의 일이 아닌 다양한 업무를 처리하는 멀티태스킹의 능력을 쌓고있는 중입니다.

(2017년도 앰코테크놀로지 코리아에 합격한 제자3)

　4번 항목은 지원 동기 및 포부를 쓰는 항목이다. 주지하다시피 이것은 10년 계획을 연차별로 쓰던지, 또는 몇 가지 목표를 보여주던지 하면 된다.

　1번 글은 앰코의 슬로건을 활용하여, 자신이 앰코의 미래를 책임지겠다는 식으로 미래 꿈을 제시하고 그것을 이루기 위해 3가지 목표를 제시하는데, 그 목표들이 일반적이 아니라 앰코를 많이 연구한 흔적이 보이는 구체적인 목표들이다.
　2번 글은 앰코의 발전을 장기적으로 견인하는 제조장비직의 전문가로 성장하겠다는 포부를 밝히고 그것을 실천하기 위한 구체적인 목표를 3가지 제시하고 있는데, 이 학생 또한 앰코의 상황과 잘 어울리는 포부를 밝히고 있다.

　3번 글은 앰코의 3가지 인재상을 활용하여 최종적으로 깬사람이 되기 위한 10년 계획을 구체적으로 밝히고 있다. 이 학생은 앰코의 인재상을 많이 연구했기 때문에 앰코 입장에서 보면 어필할 수 있는 요소로 작용했으리라 본다.

4. 앞으로 본인이 이루고 싶은 목표와 꿈에 대해 서술하시오.(700자)

(1번 글)

〈We package the future, 앰코는 미래를 패키징합니다.〉

"I package the future of Amkor" 저는 앰코의 미래를 패키징하는, 제조 장비직을 대표하는 사원이 되고 싶은 꿈이 있습니다. 이러한 저의 꿈을 이루기 위해 입사 후, 3 가지 목표를 설정하여 이뤄 나가겠습니다.

첫 번째로는 지속적해서 발전하는 반도체산업 시장에 뒤처지지 않기 위해 끊임없이 전문지식을 학습하겠습니다. 또한, 새로운 기술습득 할 수 있는 기회라면 전부 놓치지 않고 참여하여 저의 가치를 계속해서 발전시켜 나가겠습니다.

두 번째로는 한 가지 분야만의 전문가가 아닌, 저의 수준을 높이고 개선을 이루기 위해 전기, 전자, 기계, 화학 등 다양한 분야들의 지식을 내 것으로 만들어 다 기능인으로 거듭나겠습니다.

마지막으로는 글로벌 Communication 능력을 향상하겠습니다. 한국과 함께 미국, 중국, 필리핀 등 여러 나라에 생산기지를 두고 있는 글로벌 앰코에 걸맞은 외국어 능력 발전을 위해 노력하겠습니다. 기본적인 영어와 더불어 세계 반도체 소비량의 44%를 차지하는 중국시장과 소통하기 위한 중국어 실력도 꾸준히 향상하여 글로벌 앰코인으로 성장하겠습니다.

(2017년도 앰코테크놀로지 코리아에 합격한 제자1)

(2번 글)

〈뿌리를 뻗되 깊고 튼튼하게!〉

앞으로 저의 꿈은 1968년 대한민국 반도체가 최초로 시작된 앰코테크놀로지 코리아에서 제조정비 분야의 알파와 오메가가 되는 것입니다. 제조장비직에 한 번 뿌리를 내렸으면 더 깊고 튼튼하게 뻗어 그 시작과 끝을 봐야한다고 생각합니다.

제조장비직 전문가가 되기 위해 2018~2020년 반도체 장비 유지보수기능사와 기계정비산업기사 자격증 취득을 위해 노력하겠습니다. 이후 조직생활에서 배우는 전문지식과 반도체서적을 통해 제조장비 분야의 정보를 습득할 것입니다.

저의 세부목표는 첫 번째, 반도체 제조장비의 고장을 막는 것입니다. 예방 정비하여 기계의 고장을 미연에 방지하고 제조과정에서 불량률을 감소시키겠습니다. 만약 문제가 발견됐다면 개선점을 찾아 재발을 방지하겠습니다.

두 번째, 정해진 시간 내 생산량(uph)을 높이겠습니다. 반도체 장비 프로그램분석을 통해 딜레이 타임을 확인하고 문제되지 않는 범위 안에서 딜레이타임을 줄여 같은 시간 내 생산량을 증가시킬 것입니다.

마지막으로 혁신적인 반도체 기술을 개발하겠습니다. 팀 내 정기적인 회의와 협력을 통해 창의적인 아이디어를 도출하고 반도체 기술의 새로운 변화를 가져오겠습니다.

어떤 문제 속에서도 포기하지 않는 근성과 열정으로 인정받는 인재가 되겠습니다. 나아가 조직의 활성화와 발전을 위해 끊임없이 연구하고 도전하는 의지의 앰코인 서연우가 되겠습니다.

(2017년도 앰코테크놀로지 코리아에 합격한 제자2)

(3번 글)

전 아남반도체 선대회장 김향수회장님께서는 국내 최초로 반도체 사업을 착수하여 세계 반도체 강국으로 발전하는데 선구자적인 역할을 하였습니다. 저는 이런 도전적인 정신을 받아 앰코테크놀로지코리아에 힘이 되어 세계로 뻗어 나가는 것입니다. 앰코인이 되기 위해서 저는 "든 사람"이 되기 위해 학교에서 다양한 분야의 지식을 쌓았고 "된 사람"이 되기 위해 학교를 다니기 전, ㈜스프리스 회사 인턴으로 들어가 판매직을 통해 소통하는 능력과 서로를 존중 해주는 배웠고 "깬 사람"이 되기 위해 항상 새로운 것들을 시도하고 있습니다. 이러한 노력을 통해 저는 제조장비직 전문가의 꿈을 이루기 위해 다음과 같은 10년을 보내겠습니다. 1~3년에는 스펀지가 물을 빨아들이듯이, 선배님들의 대한 모든 것들을 흡수해가 적응 하겠습니다.

입사5년에는 전공분야 뿐만 아니라 다양한 분야를 더 배워 좀더 저의 능력을 한층 더 업그레이드 하는 계기를 가지겠습니다. 입사 7~8년에는 그동안 제가 배운 지식이나 경험 등을 통한 매뉴얼을 만들도록 하겠습니다. 보통 신입사원이 2달 정도면 한사람의 역할을 한다면 제가 만든 매뉴얼을 통해 2달 아닌 1달 이내에 귀사에 도움이 될 수 있도록 만들어 보겠습니다. 입사 10년 후에는 귀사에 온 신입사원들을 교육 양성 하며, 후임들에게 기댈 수 있고 의지 할 수 있는 그런 한 사람으로 귀사의 발전을 하는데 기여하겠습니다.

(2017년도 앰코테크놀로지 코리아에 합격한 제자3)

이 3명의 앰코 합격자들은 이 자소서를 쓰기 위해 앰코 인재상에 대한 연구를 철저히 했고, 질문이 요구하는 핵심을 정확히 짚어내고 거기에 적합한 주장과 그 주장에 맞는 에피소드를 배치함으로써 앰코에 의해 좋은 평가를 받아서 선택되었다고 생각한다. 자소서쓰기의 기본은 바로 이처럼 자신이 목표로 하는 기업에 대한 철저한 연구와 자소서쓰기에 대한 기본적 지식과 방향을 숙지한 뒤, 그런 요소들을 거기에 맞는 자신의 경험과 잘 매치시켰을 때 좋은 결과를 가져온다는 것을 다시 한번 강조하고 싶다.

04 기타 기업 합격자소서 분석

여기에 소개되는 합격자소서들은 두 가지 종류이다. 먼저 어떤 회사의 합격자가 1명인 경우, 그리고 합격자는 여러 명이지만 합격년도가 달라 자소서 양식에 변화가 발생하여 자소서 1개만 소개할 수밖에 없는 경우이다. 후자의 경우는 가장 최근의 자소서를 중심으로 합격자소서를 분석할 것이다. 여기서는 삼성전자, GS칼텍스, S-Oil, 현대중공업, 현대오일뱅크, 동우화인캠, 기아차 등의 합격자소서를 대상으로 다룰 것이다. 합격자 샘플이 1개씩 밖에 없으므로 그 어떤 공통점을 추출하기는 어려울 것이나, 그래도 인재상과 결부시키고 자소서 쓰는 기본 자세와 함께 매치시키면 어느 정도 해당 기업에 대한 자소서 작성 방향을 감지할 수 있으리라 본다.

4장 합격자소서 분석하기

(1) 삼성전자

삼성이 지금까지 가장 강조해 온 것은 바로 사람이다.

그래서 삼성은 '기업은 사람이다'. '삼성은 다양한 인재와 기술을 바탕으로 세계 최고에 도전합니다.'를 기업의 모토로 삼고 있다. 이는 삼성에서 가장 강조하는 핵심이 바로 '업무능력 면에서 경쟁력 있는 사람'이란 뜻이다.

하지만 삼성의 인재성을 찾아보면 다음과 같이 설명하고 있다.

삼성은 열정, 창의혁신, 인간미 도덕성을 중시한다는 것이다.

그리고 열정은 "끊임없는 열정으로 미래에 도전하는 인재"를

창의혁신은 "창의와 혁신으로 세상을 변화시키는 인재"를

인간미 도덕성은 "정직과 바른 행동으로 역할과 책임을 다하는 인재"라고 표현하고 있다. 적어도 인재상은 안 다음, 자소서를 써야만 한다.

아래는 2017년도 삼성전자 DS 설비 엔지니어 5급에 합격한 학생의 자소서이다.

그런데 자소서 항목이 지극히 평범하고 구체적이지도 않다.

1번 자기소개에서는 자신이 중시하는 가치와 에피소드를 적으면 되고

2번 장점과 보완점은 일반적인 성격의 장·단점이다.

3번 지원동기 및 포부는 현재의 직무적합성 그리고 미래 비전이나 전문가로의 꿈을 쓰면 된다.

이 학생은 경제적으로 대단히 어려웠고, 아버지가 부재한 상황에서 성실하게 꿋꿋이 살아가는 어머니의 삶을 통해 성실함의 가치를 배우게 되었고, 고등학교 때부터 아르바이트를 해야 하는 상황 속에서 자신도 어머니처럼 성실함의 가치를 터득하고 그것을 굳건히 지켜감으로써 어떤 난관도 돌파할 수 있는 힘을 갖게 되었다고 쓰고 있다. 어려움을 통해 단련된 성실함의 가치보다 더 아름다운 게 있을까? 이런 점은 누구에게나 크게 어필할 수 있는 삶의 자세라고 본다. 이런 자세는 조직에서도 큰 힘을 발휘할 수 있기 때문이다.

그 다음 성격의 장·단점에서도 이 학생은 자신의 장점을 잘 표현하고 있다. 단순히 성격을 얘기하는 게 아니라, 업무수행능력을 높여주는 집중력을 얘기하고 있기 때문이다. 또한 자신의 조급한 단점을 고치기 위해 퍼즐맞추기를 했다는 점도 인상적이다. 짧은 글에도 이 학생은 신

> 유비무환 퍼펙트 자소서

뢰를 만들어낼 수 있는 컨텐츠를 갖고 있다. 지원동기 및 포부에서 이 학생은 자신의 전문가로서의 비전을 설비전문가로 설정하고 그 비전을 이루기 위해 노력하겠다는 각오를 다지면서 10년쯤에는 자신의 기술을 회사의 관련자들이 공유케하여 회사발전을 돕겠다는 식으로 진술하고 있다. 그런데 글 첫 부분에서 삼성전자가 반도체산업의 리딩기업이라는 점과 자신의 설비전문가로서의 꿈과의 연결성이 썩 좋지 않다. 그 점을 보완하면 더 좋은 포부가 되었을 것이다.

1. 자기소개(400자)

〈성실함의 원동력〉

항상 어머니는 '기회는 준비된 사람에게만 찾아온다.'라고 말씀하셨습니다. 그래서 성실함을 강조하셨고, 모범적인 모습을 보여주셨습니다. 제가 초등학생 때 아버지는 중국으로 건너가 돌아오지 않으셨고 경제적 지원 또한 받지 못 했습니다.

하지만 어머니는 홀로 형제를 키워오며 성실함을 잃지 않으셨습니다. 오전에는 간병인 일, 밤에는 주방보조 일을 하시며 집안 경제를 지탱해 오셨고, 어려움 속에서도 긍정적인 생각을 잃지 않으셨습니다.

그런 성실함을 보고 자라온 저 또한 고등학교 1학년부터 서빙, 주유소, 공장 등 여러 일을 하며 경제적 부담을 덜어드렸습니다. 이를 통해 어머니의 성실한 삶의 자세를 본받고 성실함을 원동력으로 생각해 힘든 일이 찾아오더라도 포기하지 않는 태도를 갖게 되었습니다.

2. 장점과 보완점(400자)

장점(200자)

저의 장점은 '집중력'입니다. 전역 후 일을 할 당시 공장에서 금형 프레스 작업을 하였습니다. 프레스 작업을 하니 사고에 대한 위험이 항상 존재 하였기에 저는 안전과 더불어 품질에 집중을 하였고, 사고 없이 담당 공정 초기불량률 7%에서 2%로 감소하게 되었습니다. 이러한 집중력으로 설비 유지보수 시에도 핵심 문제를 재빠르게 찾아내는 집중력을 발휘하겠습니다.

보완점(200자)

보완점은 '한 번에 끝내려는 성격'입니다. 학과프로젝트를 진행하면서 한 번에 많은 일을 수행하다 오히려 속도가 늦춰진 적이 있습니다. 이러한 점을 위해 퍼즐맞추기 취미를 갖게 되었습니다. 퍼즐은 전체적인 그림을 파악하여야 하므로 깊은 관찰과 넓은 시야를 갖고 보완점을 개선하기 위해 노력하며, 맡은 일에 대해선 작업매뉴얼을 꼼꼼히 확인하고 표준작업을 진행하겠습니다.

3. 지원동기 및 포부(500자)

4차산업혁명시대가 다가오며 AI, 딥러닝, 스마트 팩토리 등 여러 기술들이 화두가 되고 있지만, 이런 기술을 실현하기 위해선 반드시 반도체가 필요하다 생각하며 삼성전자는 세계최고의 기술력을 통해 고객 지향적으로 세계 반도체산업을 이끌고 있습니다.

　이에 저도 자동화시스템과를 다니며 배운 기계, 전기전자, 설비에 대한 지식을 배우며 설비에 관한 전문성을 높였습니다. 이를 토대로 첨단설비 유지보수에 있어 신뢰할 수 있는 엔지니어가 되도록 노력하겠습니다.

　입사 후에는 3년간 항상 생각하는 설비 엔지니어가 되겠습니다. 부족한 점은 선배님들에게 물어보며 업무역량을 쌓아가고, 늘 개선할 사항은 없는지 생각하는 사원이 되겠습니다.

　10년 뒤에는 맡은 분야의 전문가를 넘어 후배의 버팀목이 되어 줄 수 있는 멘토가 되겠습니다. 힘들고 지친 후배들에게 따뜻한 위로와 용기를 북돋아 주며 노하우와 업무지식을 활용해 후배들을 이끌며 팀 소속감을 높여 긴장과 실수로 인한 안전사고를 방지하는 사원이 되겠습니다.

(2) GS칼텍스

GS칼텍스의 인재상
신뢰: 역할에 대한 이해, 책임감, 원칙준수
선제행동: Reactive의 상대개념, 미래에 대한 대비 적극성
유연: 이견에 대한 존중, 창의적 아이디어 인정, 다양성 활용
상호협력: 공동의 목표, 자원의 전략적 활용, Synergy
도전: 높은 목표설정, 과감한 시도, 위험감수
성과창출: 결과지향, 경영성과 추구, 수익창출
탁월: 최고에 대한 열정, 역량개발 및 발휘, 무결점추구

　다음 글은 2016년도에 GS칼텍스에 합격한 학생의 글이다. 회사지원동기는 해당 회사를 발전시킬 특별한 비전을 제시하는 것이 좋다. 그러니까 '저는 이 회사에 들어가서 어떤 꿈을 이루고 싶어서 지원하게 되었습니다' 이런 식이다. 이 학생은 지원이유를 여수 제2공장의 운전원으로서 담당구역에서의 최적의 운전상태를 만들어보는 것이라 밝히고 있다.

　다음 지원자를 채용해야 할 이유를 쓰라는 것이다. 이것은 바로 현장에 투입해서 해당 직무를 수행할 수 있는, 직무에 적합한 사람이라는 것을 보여주는 것이다. 아래 학생은 자신이 GS칼텍스에서 바로 근무할 수 있도록 위험물 안전 자격증과 산업기사자격증을 취득하여 전문성이 확보되어있고, 또한 프로젝트 팀장을 맡은 경험을 통해 인성적 역량도 갖추고 있음을 부각시키고 있다.

다음, 이 학생은 본인만의 차별화되는 능력을 문제해결책 제시능력이라 들고 있고 실무교육 과정에서 공유압 장치들의 오작동 패턴을 파악하여 제시한 경험을 들고 있다.

GS칼텍스의 자소서의 경우, 이 회사만의 특별한 경향이나 위에서 보여준 인재상과의 특별한 관련성이 있다기 보다는 자소서를 쓰는 기본만 제대로 갖추고, 자신의 경험이나 능력이 있다면 적절한 자소서를 쓸 수 있을 것이라 본다. 이 학생의 자소서는 각 항목이 요구하는 바를 충실히 이행했고, 자신의 경쟁력을 주장하고 그에 맞는 스토리텔링적 에피소드를 적절히 배치하고 있다.

1. GS칼텍스에 지원한 이유? (500byte)

저는 GS칼텍스의 심장인 여수 제2공장의 운전원으로서 비전을 펼쳐 보이고 싶습니다. 화학과 가스 공부를 하며 에너지를 다시 한 번 재생하여 쓴다는 것은 에너지 사업에 있어 앞으로 없어서는 안 될 가장 중요한 요소라는 것을 알게 되었습니다. 그래서 저는 수입의 원천이자 지상유전이라 불리는 제2공장을 선택하게 되었고, 재생에너지의 시작인 제2공장에서 제가 습득한 지식을 바탕으로 책임감 있는 담당구역 기기 점검과 정밀한 누출여부점검, 상황에 맞는 적절한 조치 등을 통해 최적의 운전상태를 만들어 보이고 싶습니다.

2. GS칼텍스가 지원자를 채용해야 하는 이유는 무엇입니까? (500byte)

1. 저는 각종 위험물과 가스의 명칭 및 특성에 대해 알고 있습니다. 공부는 쉽지 않았지만, GS칼텍스 입사를 목표로 노력하였기에 자격증을 취득할 수 있었습니다.
2. 각종 밸브와 기계장치의 부품에 대한 이해 그리고 공장 자동화에 대해 알기 위해서 기계정비 산업기사를 공부하였고, 합격하는 성과를 거두었습니다.
3. 프로젝트 실습 조장을 맡으며 팀원 서로 간의 신뢰성과 책임감의 중요성에 대해 다시 한 번 느낄 수 있었습니다. 이러한 경험을 토대로 저는 팀에 좋은 시너지 효과를 가지고 올 수 있습니다.

3. 남들과 차별화 되는 본인만의 특별함(능력/경험 등)이 있다면? (1000byte)

저 자신의 특별한 능력은 '문제 해결을 위한 열정과 해결책 제시능력'이라고 생각합니다. 기계정비 산업기사 실무를 준비하던 중 한국전력 발전소 영광사업부 사원들의 실무교육에 자진 참여하여 조교활동을 한 경험이 있습니다. 저는 4개의 과목 중 자신 있는 공유압 과목을 맡아 교육하게 되었습니다. 처음엔 기초교육이라 쉬웠으나 시간이 갈수록 밸브의 불량과 전기신호 불량으로 장치가 오작동하는 경우가 발생했습니다. 저는 사원분들에게 오작동에 관해 설명해 드려야 했고, 제힘으로 해결해 내지 못한 문제들에 부딪히며 자신의 부족함을 알게 되었습니다. 그 후 제 실력으로는 좋은 설명을 못 해 드릴 것으로 판단되어 수업이 끝나고 기숙사로 돌아와 매일 밤 2시간씩 공유압 장치들의 오작동 패턴에 대해 공부하고 생각하며 잠자리에 들었습니다. 그 결과 몇 가지 오작동 패턴에 대해 알게 되었고, 사원분들에게 좀 더 자세한 설명을 할 수 있게 되었습니다. 그때부터 사원분들은 저를 "똑똑이"라고 불러주셨습니다. 이 경험을 통해 저는 어떠한 문제에 부딪히더라도 해결하고자 하는 열정이 있다면 해결해낼 수 있다는 것을 느낄 수 있었습니다.

(3) S-Oil

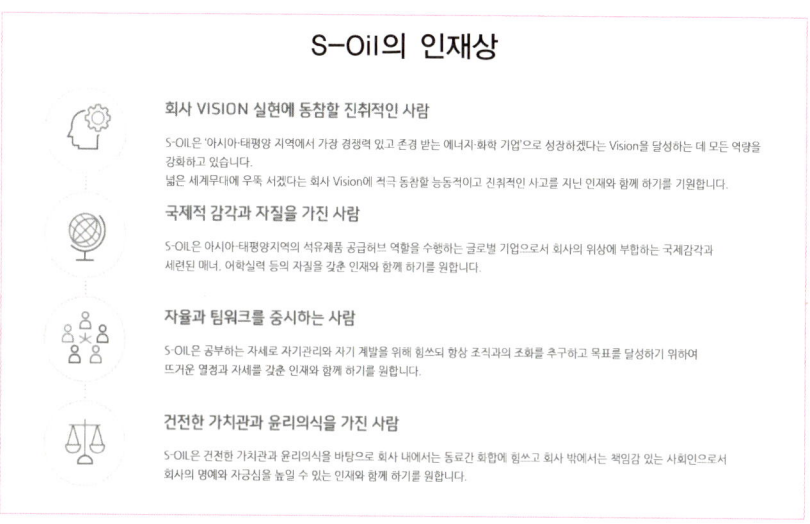

S-Oil의 인재상은 진취적인 사람, 국제 감각을 갖춘 사람, 팀워크를 중시하는 사람, 협업을 잘할 사람 등으로 요약할 수 있다. 그런데 3,4번은 비슷한 내용이어서 진취적이고, 국제적 감각을 갖췄으며 협업능력이 있는 사람으로 요약할 수 있겠다.

이러한 인재상을 기준으로 자소서 항목을 해석해보자면, 모든 항목이 물론 회사의 인재상을 감안하여 작성되어야 할 것이며, 특히 3번 항목에 인재상을 많이 반영해야 할 듯하고, 전체적으로 경험을 쓰라는 내용이 많으니 스토리텔링적 에피소드를 적극 활용하여 작성하면 좋을 듯하다.

아래 학생은 2017년도 최근에 S-Oil에 최종 합격하여 근무하고 있는 학생의 합격자소서이다. 이 학생은 리더십도 좋고 인성도 좋아서 평소 주변의 여러 사람들에게 인정을 받는 자신의 장점을 자소서에 잘 반영하고 있다.

첫번째 항목은 오퍼레이터로서의 자신의 꿈을 에스오일에서 펼쳐보고 싶다는 열정을 회사의 비전과 연결시키고 있다. 1번 지원동기와 입사 후 포부는 일반적으로 자신의 현재 직무적합성과 미래 비전을 보여주는 항목인데, 이 회사의 자소서는 다음 항목에서 그러한 것을 요구하기

유비무환 퍼펙트 자소서

때문에 1번 항목을 직무지원동기가 아니라 회사지원동기로 쓸 수밖에 없다.

두번째 항목은 희망직무를 수행하기 위해 어떤 능력과 경험을 갖고 있는가를 묻고 있다. 이 학생은 자신이 학교 수업을 통해서 갖게 된 지식과 능력을 그리고 자격증을 따기 위한 노력을 적고 있다.

세번째 항목은 다른 사람들이 보는 자신에 대한 평판을 적어보라는 것이다. 다시 말해 객관적으로 인정받을 수 있는 자신의 장점을 적어보라는 것이다. 그리고 이 학생은 창의성을 택했고, 그것을 뒷받침할 에피소드를 적고 있다. 그런데 이 에피소드가 대단히 창의적인 아이템이기 때문에 어필할 수 있었을 것이다. 그리고 단점과 그것을 고치기 위한 노력을 적고 있다.

네번째 항목은 성공과 실패의 경험을 쓰는 것이다. 짧은 글이지만 성공과 실패경험이 구체적으로 잘 드러나도록 썼다.

마지막으로 다섯번째 항목은 리더십, 창의력, 문제해결능력, 친화력, 적극성 몇 점이라 생각하는지와 이유를 500자 이내로 쓰라는 것이다. NCS유형의 자소서와 대단히 비슷한 방식이다. 요즘 민간기업도 이런 식의 유형이 많아지고 있다. 이 학생은 짧게 써야하는 글이지만, 하나하나 구체적 사례 중심으로 쓰고 있어서 설득력을 얻고 있다.

S-Oil 합격자소서를 살펴본 결과, 이 회사는 지원자가 가진 풍부한 경험을 알고 싶어하기 때문에 이 학생은 경험은 구체적이어야 한다는 점을 인식하고 구체적인 사례와 그 의미를 전달하려고 애쓴 흔적이 역력하다. 또한 이 학생의 경험들이 이 학생의 캐릭터를 짐작할 수 있을 정도로 뚜렷한 특징을 지니고 있기 때문에 어필할 수 있었다는 추측이 가능하다.

1. 지원동기 및 입사 후 포부 300자

〈에스오일과 그린 라이트〉
어린 시절 부모님과 여행을 떠날 때 마다 들리던 에스오일은 항상 고객의 옆에 있을 뿐만 아니라 사회에 희망을 주고 있습니다. 그런 종합 에너지 회사의 글로벌 리더인 에스오일과 함께 세상에 초록 빛, 그린라이트를 비추고 싶습니다.

저는 항상 고객의 옆에서 끊임없이 발전하는 굿 오일, 에스오일의 굿 오퍼레이터가 될 것입니다. 구도일 인형처럼 저는 직장 내 동료의 사기를 진작시키고 나아가 사원과 회사의 공동목표인 지속성장을 달성할 수 있게 저 스스로가 동기부여가 되는 것이 저의 꿈입니다.

2. 희망분야와 관련 된 경험 또는 노력 300자

<투박과 민감의 조화>

저는 폴리텍 자동화 시스템과에서 기계, 전기, 전자 등 산업현장 전반을 아우르는 전공지식과 동시에 실무지식도 쌓을 수 있었습니다.

MPS구동 실습 시간에는 자동공정 시스템을 설계, 구축 하며 실제 공장을 경험 할 수 있었습니다. 기계의 투박함과 민감한 센서의 어울림에 매력을 느낀 저는 기계와 전기를 동시에 잘 하는 전문가가 되기 위해 노력했습니다.

학교 최초로 기계정비 산업기사, 전기 산업기사를 동시 취득을 목표로 했으며 이번 해 3월 필기시험에 합격 했고 실기시험을 준비하고 있습니다.

3. 귀하가 속한 조직의 멤버에게 장점과 단점을 물어본다면 어떤 답변이 돌아올지와 그 이유(500자)

저의 동료는 저의 장점에 대해 창의적인 사람이라고 답할 것 같습니다.

작년에 대학 축제의 기획을 맡고 있는 친구에게 체험 부스를 맡아 달라는 부탁을 받았습니다. 저는 프로젝트 실습 시간에 구상했던 '핸들 조작방향과 진행방향이 반대인 자전거'를 직접 만들었고 타는 사람에게 상품을 주는 게임을 주최 했습니다. 원리를 정확하게 알고 있었으며, 저 혼자만 탈 수 있는 자전거를 만든 저는 이틀 동안 100만원 이라는 큰 돈을 벌 수 있었습니다. 우리나라의 문화를 알리는 행사 담당자에게 해외 투어를 함께 하자는 제안을 받기도 했습니다.

동료들은 저의 단점을 고민하지 않고 말할 수 있을 것입니다. 목표로 하는 일이 생기면 지나치게 욕심을 부리고, 집중을 과하게 하는 것이 저의 단점입니다. 해낼 수 있는 능력에 비해 무리한 계획을 세우고 그로인해 다른 일에 소홀할 때가 많았습니다. 그래서 저는 일의 우선순위를 정하고 제가 가진 능력을 정확하게 파악하는 노력을 하고 있습니다.

4. 가장 성공했던 경험과 실패했던 경험 500자

캄보디아 씨엠립으로 국제 기술봉사를 다녀왔습니다. 지역 축제장의 설계, 건축을 봉사단 학생들이 하게 되었습니다.

캄보디아 팀의 조장을 맡은 저는 특별 팀을 꾸려 공구 사용 중 안전사고, 감전사고 등 위험요인 제거조치를 담당 했습니다. 특히, 캄보디아의 연삭기는 방호장치가 없었는데 담당 교수님과 상의해 직접 만들었습니다. 각 작업 조마다 특별 팀을 한명씩 배치해 사고를 예방할 수 있었고 성공적으로 기술봉사를 마칠 수 있었습니다.

작년 국회의장배 전국 대학 축구대회에 참가 했습니다. 3년 동안 일요일마다 호흡을 맞추고 있는 조기축구 팀원들과 6개월 동안 대회 준비, 연습을 했습니다. 현직 프로축구선수를 초청해 개인 기술과 전략을 배웠습니다. 대회 당일, 개인 기량이 뛰어났던 저희 팀은 약체로 평가되던 팀의 조직력에 3전 전패로 예선 탈락을 했고 그동안의 땀은 눈물이 되었습니다. 팀워크의 중요성을 배울 수 있었습니다.

유비무환 퍼펙트 자소서

> **5. 리더십, 창의력, 문제해결능력, 친화력, 적극성 몇 점이라 생각하는지와 이유 500자**
>
> [리더십:8점]
>
> 전교 학생회장 시절, 미래지도자 정치캠프에 참가해 진정한 리더는 뒤에서 밀어주는 것임을 깨달은 후, 구성원의 공감을 중시하고 함께 하는 것이 진정한 리더라 생각합니다.
>
> [창의력:9점]
>
> 아이디어 뱅크라는 별명을 가진 저는 PPT발표, 프로젝트 실습을 할 때면 친구들은 항상 저와 같은 조가 되고 싶어 합니다.
>
> [문제해결능력:8점]
>
> 저는 어떤 일을 계획하고 실행할 때, 최대한 많은 변수를 생각하고 대비하는 습관을 가지고 있습니다. 예상치 못한 일이 생기더라도 주변의 전문가에게 조언을 구해 문제를 해결할 수 있습니다.
>
> [친화력:7점]
>
> "유쾌하다, 재미있다." 라는 말을 듣는 것을 좋아하는 저는 낯선 사람과 대화 하는 것을 즐기고 좋아하지만 분위기를 어색하지 않게 하기 위해 하는 노력이 억지스럽다는 말을 자주 듣습니다.
>
> [적극성:9점]
>
> 학교의 반대표, 봉사동아리의 조장, 축구 동호회의 부회장을 제가 지원해서 하고 있으며 조직에서 어떤 일이 주어지면 항상 앞장 서 진행 하는 것을 좋아 합니다.
>
> (2017년도 S-Oil에 최종 합격한 제자)

(4) 현대중공업

인재상

현대정신

불가능해 보이는 일이라도 인간의 무한한 잠재력을 이용하여 불굴의 투지와 강인한 추진력으로 도전한다면 반드시 이루어 낼 수 있다는 창업자 정주영의 철학으로 현대중공업의 근간이 되는 정신입니다.

CREATIVE WISDOM	POSITIVE THINKING	UNWAVERING DRIVE
창조적 예지	적극의지	강인한 추진력
고객과 사회의 요구에 부응하기 위해 항상 새로움을 추구하는 지혜	투철한 주인의식으로 매사에 능동적으로 도전하는 자세	강인한 정신과 불굴의 의지로 목표를 달성해 내는 힘

현대중공업은 창업자인 정주영씨의 철학을 '현대정신'으로 규정하고 이러한 현대정신을 인재상으로 삼고 있다. 그래서 자소서를 쓸 때도 이러한 현대정신에 맞게 써야한다. 왜냐하면 이것이 자소서 쓸 때 가장 기본적이고 일반적인 접근법이기 때문이다. 하지만 어떤 기업의 인재상보다 더 중요한 요소가 바로 차별성이다. 현대중공업에 지원하는 사람들이 모두 자신이 현대정신에 맞다고 외치는 경우가 있고, 어떤 사람은 그것을 얘기하지 않고 자신만의 특징을 보여줬다고 하자. 그럴 경우 기업에서는 누구를 택할까? 그것은 사실상 현대중공업 인사담당자만이 알고 있을 것이다. 하지만 이러한 상황에서 필자는 차별성이 더 중요하다고 얘기하고 싶다. 왜냐하면 현대중공업에 합격한 필자의 제자가 쓴 자소서는 현대중공업의 인재상과 별로 공통점을 찾아볼 수 없기 때문이다. 아니, 오히려 그것과 배치되는 특성이 더 눈에 띈다고 말할 수 있다. 그런데도 이 학생은 최종 합격해서 지금 현대중공업에서 성실하게 근무하고 있다. 이 학생의 합격자소서를 살펴보면서 필자가 왜 이런 주장을 하는지 눈여겨봐주기 바란다.

필자가 이 학생을 가르친 지 벌써 2년이 흘렀지만 필자는 지금도 이 학생을 기억하고 있다. 그리고 필자가 보기에 이 학생은 자소서에서 자신을 부풀리지도 오버하지도 않았고 자신을 있는 그대로 표현했다고 본다. 그리고 필자가 보는 이 학생에 대한 특징이 이 학생이 현대중공업에 합격한 이유라고 생각한다. 필자는 다수의 기업에 동시에 합격한 학생들의 자소서를 다음 단원에서 다루고자 한다. 그래서 이 학생도 그 대목에서 다루고자 하였다. 그런데 다수 합격이라면 적어도 3개 이상의 기업이어야 한다는 원칙을 정했고 이 학생도 3군데에 합격했으나 1군데 합격자소서를 본인이 잃어버려서 그 단원에서는 다룰 수 없게 되었다. 하지만 필자는 자소서 강의 때 이 학생을 많이 거론한다. 그것은 이 학생의 자소서가 너무나 분명한 자신만의 캐릭터를 보여주고 있고, 그것이 거의 컨셉화되어 자소서에 잘 반영되었기 때문이다. 이렇게 자신의 캐릭터를 컨셉화해서 쓴 자소서는 차별성이 돋보일 수밖에 없다.

이제 하나하나 살펴보자.
먼저, 3개의 항목에 써진 이 학생의 자소서를 주마간산(走馬看山) 식으로 쭉 한번 읽어보아라. 특별히 집중해서 읽지 않아도 이 학생이 무엇을 말하고자 하는지 금방 알 수 있을 것이다. 그것은 자신은 참 능력이 없는 사람임을 강조한다는 점이고,
둘째로는 자신의 부족한 점을 메우기 위해 자신이 할 수 있는 최선을 다해서 성하게 꾸준히

유비무환 퍼펙트 자소서

노력해서 성과를 올린다는 점이다. 그리고 그러한 특성이 우연이 아니라 대단히 치밀하고 일관되게 표현된다는 점이다.

그래서 이 학생의 글을 읽고 나면 기분이 좋다. 참 겸손하면서도 열심히 노력하는 자세와 마음의 진정성이 잘 전달되기 때문이다. 모든 사람들이 공통적으로 좋아하는 인간의 품성은 아마도 겸손일 것이다. 이 학생은 어떤 상황에서도 겸손한 태도를 잃지 않는다. 필자는 이 학생을 알기 때문에 이 학생이 자신을 잘 표현했다고 믿는다. 하지만 자소서를 읽는 기업에서는 이 학생이 누군지 모른다. 그런 상태에서 자신의 주장을 믿게 하려면 일관성을 가져야한다. 지속적으로 주장하게 되면 나중에는 그러한 주장을 당연하게 받아들이게 된다. 그리고 그 일관성의 특징을 컨셉이라 말할 수 있을 것이다. 이 학생의 글을 어떤 컨셉에서 나왔다고 생각하고 그 컨셉을 말해보면, 〈겸손함 그리고 당찬 노력〉이라고 말할 수 있을 것이다.

먼저 첫번째 항목에 대한 답글을 보면, 자신은 천재가 아님은 물론이고 남들보다 수업능력도 뒤진다고 말하면서 그렇기에 남들보다 10배는 더 노력을 하는 사람이고 그래서 대충이 아니라 확실하게 마무리하는 사람이라고 강조한다. 그 한 예로 대학에서 부회장에 당선되어 자신이 리더십보다 팔로우십을 더 발휘하여 남들의 말을 잘 경청해서 올린 성과를 차분히 쓰고 있다.

두번째 항목에서는 다시 한번 자신의 컨셉을 보이고 있다. 컨셉은 그 컨셉을 잘 전달할 수 있는 키워드가 필요한 법이다. 이 학생은 그 키워드로 '자신은 화려한 공격수보다, 눈에 띄지는 않지만 팀의 실수를 막는 수비수가 되겠다'고 한다. '공격수보다 수비수' 이 표현은 이 학생의 컨셉을 잘 전달하는 키워드로 작동하고 있다. 그러면서 그것을 자신의 업무인 설비보전과 연결시킨다. 설비보전이라는 것이 회사의 실적에 기여하지는 않지만, 실적이 나빠지는 것을 막는 역할임을 대단히 적절하게 설명하고 있는 것이다. 그래서 자신이 돌발사태 없는 현장을 위해 꼼꼼하게 현장을 체크하고 데이터를 모아서 매뉴얼을 만듦으로써 현대중공업의 예방보전에 기여함으로써 실적악화를 방지하겠다는 것이다. 대단히 정교한 컨셉으로 짜여진 글이다. 물론 엄격히 따지면 여기에도 허점은 있다. 말을 대단히 멋지고 화려하게 했지만 지원동기는 업무적 합성을 보여줘야 하는데, 그러니까 자신이 그 업무에 투입되어도 문제없이 소화할 수 있는 기술적 전문성을 보여주는데 그 점이 소홀해진 것이다. 하지만 이 학생의 글이 나름의 구조화 컨셉에 따라 워낙 촘촘히 짜진 그물이라 그런 문제를 캐취하기 쉽지 않을 것이다.

세번째 항목은 자신의 성공사례를 쓰라는 것이다. 여기에서도 그의 컨셉이 작동한다. 2번에서 자신이 얼마나 꼼꼼하게 노력하는 사람인지를 주장했는데, 그에 대한 에피소드처럼 느껴지게 만든다. 그러니까 해군 복무 시 주말에 배가 정전된 적이 있었는데 자신만의 매뉴얼로 만들어서 정전이 됐을 때 신속하게 조치를 취해서 정전을 해결했고, 그 매뉴얼을 후임들에게 전수를 해준 결과 신속하게 처리를 하게 되었고, 그 덕에 포상휴가를 받은 경험을 쓰고 있다. 그러면서 자신의 전공에서의 전문성을 강조하고 있다. 사실은 이 부분이 2번에서 써져야 더 좋은 자소서가 되었을 것이다.

이 학생의 글을 통해 여러분들이 자신의 캐릭터를 컨셉화하고 이것을 잘 전달하는 키워드의 중요성을 깨닫기 바란다. 이러한 점들은 다음 단원인 〈3. 여러 곳 동시 합격자소서의 비밀〉에서 더 상세히 다뤄질 것이다. 아래 글을 통해 필자의 주장을 확인해보라.

1. 자신을 자연스럽게 표현 하세요

'천재는 노력하는 사람을 못 이긴다'는 말이 있습니다 저는 안타깝게 천재이고 싶지만 천재가 아닌 범재입니다 학교수업을 들을 때도 남들에게 10번 정도는 들어야 겨우 이해를 합니다. 그래도 저는 부끄럽게 생각하지 않습니다. 모르는 것 보단 알아 가는 게 더 삶에 도움이 때문입니다 저는 남들과는 달리 슬로우 스타터 입니다 하지만 저는 그걸 알고 있기에 남들보다 10배 넘게 노력을 하고 합니다. 남들과 어깨를 똑같이 하고 앞서 가기위해서는 노력만이 살길이라고 생각을 합니다. 일을 하는데 있어서 '대충 이해를 하면서 하면 되겠지' 라는 생각보단 '천천히 이해를 하면서 완벽하게 자기 것으로 만들어 버리는 스펀지 같은 남자'입니다. 저는 일을 하는데 있어서 보람과 긍지 그리고 끈기는 아주 중요 하다고 생각합니다. 저는 고향에 계신 부모님 쌀농사를 도와드리면서 배운 저의 끈기와 자기가 맡은 일을 하면서 보람과 긍지를 느끼면서 일하는 모습을 보여드리고 싶습니다. 저는 사람들을 이끌고 리드를 잘하는 성격은 아니지만 보완하기 위해서 광주 폴리텍대학 총학생회 부회장에 출마를 해서 당선이 되면서 리더십 보단 팔로우십을 펼쳐서 남들 의견에 잘 듣고 같이 실천 방안을 찾아갔습니다. 그 결과 우리학교 특성상 1학년과 2학년이 교류가 전혀 하지 않아서 기업정보도 얻기 힘들고 시험에 대한 정보도 얻기 힘들었습니다. 저는 그 의견이 많이 나와서 수렴을 하고 원활한 교류를 위해서 학 교 측에 부탁을 해서 교류를 갖게 만들어 달라 했습니다. 그 결과 1학년과 2학년들이 교류를 하게 됨으로써 지금 1학년 들은 선배들에게 많은 정보를 얻고 교우관계가 좋아져서 공부 할 맛 나는 학교로 되어가고 있습니다. 이처럼 노력을 하며 단점을 극복을 하면서 신설되는 현대중공업MOS 기계정비팀에 많은 도움이 되고 싶습니다.

2. 지원동기

현대중공업 기계정비팀에 지원을 했고, 그라운드에서 항상 묵묵하게 자기 역할을 하며 팀의 승리를 지키는 수비수가 되고 싶습니다. 수비수는 골을 넣는 공격수보단 스포트라이트를 덜 받지만 한 결 같이 팀의 실점을 막기 위해서 노력을 합니다. 저 또한 현대중공업에 묵묵하게 한 결 같이 자기 역할을 할 것이고 저는 광주폴리텍대학을 다니면서 설비보전이 굉장히 중요한지 깨우쳤습니다. 저는 먼 훗날 박건형식 기계정비 매뉴얼을 만들어서 현대중공업에서 기계분야에 한 획 을 긋고 싶습니다. 정비를 할 때 돌발고장이 전혀 없는 현장을 만들기 위해서 예방보전을 꼼꼼히 해야 됩니다 그럼 자연스레 고장이 감소가 될 것입니다. 만약 장비가 고장이 나면 현장에서 일하는데 차질이 생기면서 아까운 시간이 허비가 됩니다. 그걸 방지하기 위해서는 제가 꼭 필요 합니다 저는 성격이 꼼꼼하고 항상 메모를 하면서 데이터를 잘 수집을 합니다. 그러면 언제 고장이 났고 무슨 이유로 고장이 나고 고장의 빈도를 체크리스트를 만들어서 최대한 짧은 시간에 설비를 수리를 하고 기계정비팀에 수비수가 되어서 선박을 수주하는데 차질이 최대한 없도록 만전을 기하겠습니다.

3. 자신이 경험하면서 성공한 사례

해군 기관병으로 군복무를 하면서 설비와 보전 쪽을 많이 보고 배웠습니다. 함정 생활을 하며 항해 중에도 장비가 갑자기 안 되는 경우도 있었고, 정박 시에는 간부들이 퇴근을 하면 병들이 장비들을 관리 유지를 해서 그런 경험을 살릴 수 있는 기회가 되지 않을까 하고 지원을 했습니다. 주로 배 발전기를 관리했지만 함정에는 기계들이 많기 때문에 많은 기계들을 만지면서 배울 기회가 있었고 기관병들은 인원이 적었기 때문에 배 보수, 함정엔진 이렇게 일을 다뤄왔습니다 한번은 주말에 배가 정전된 적이 있었는데 선임들에게 배운 것을 메모를 한 뒤 에 나만의 매뉴얼로 만들어서 정전이 됐을 때 신속하게 조치를 취했습니다. 그 결과 저는 나만의 매뉴얼을 후임들에게 전수를 해줘서 정전이 될 때면 다들 신속하게 처리를 하게 되었고 그 소식을 알게 된 함장님께 포상휴가를 받은 적이 있었습니다. 또한 2년 동안 폴리텍대학에서 자동화시스템을 전공하며 기계정비와 관련된 지식들을 쌓았습니다. 모터, 제어기, 동력전달장치 등 하드웨어적인 것부터 C언어, PLC프로그램을 이용하여 자동화설비를 제어하는 소프트웨어의 지식을 쌓았습니다. 이 결과 프로젝트 작품을 출품하여 저희 조가 과 1등으로 뽑힌 성과를 이뤘습니다.

(5) 현대오일뱅크

현대오일뱅크의 인재상은 한 마디로 '창조적 실천인'이다. 그리고 속성별로 보면, 열정, 혁신, 신뢰이다. 하지만 자소서 항목이 이러한 인재상의 직접적으로 반영되지는 않는다. 그러니까 위 3가지 속성 중 자신에게 맞는 특성을 중심으로 작성하면 될 것이다.

1번 항목은 자신이 중요하게 생각하는 가치를 적고 그것과 관련된 에피소드를 적으면 될 것이다. 이 학생은 아버지가 부재한, 가정적으로 어려운 상황에서도 어머니를 비롯한 가족 모두가 긍정적인 마인드를 잃지 않고, 난관을 타개하기 위해 성실한 삶을 이어왔음을 부각시키고 있다. 대단히 어려운 경제적 상황 속에서 공부와 일을 하면서 열심히 살아온 삶이 잘 반영되어 있다.

현대오일뱅크 인재상
창조적 실천인

최고에 도전하는 열정적인 인재 / 세상을 바꿔가는 혁신적인 인재 / 정직을 실천하는 신뢰받는 인재

| 최고에 도전하는 열정적인 인재

일에 대한 열정과 최고를 향한 도전으로 자신과 회사의 발전을 이끄는 사람입니다.
담대한 개척자 정신, 고객만족에 대한 열정, 철저한 프로의식과 책임감, 강인한 추진력으로 자신과 회사의 가치를 만들어갑니다.

| 세상을 바꿔가는 혁신적인 인재

즐거운 상상과 창의적 실천으로 긍정적 변화와 더 좋은 내일을 만드는 사람입니다.
폭넓은 경험과 학습, 남보다 앞선 통찰력과 열린 사고, 함께 하는 사람들을 북돋우는 용기로 혁신을 이끌고 더 나은 미래를 준비합니다.

| 정직을 실천하는 신뢰받는 인재

상대에 대한 존중과 배려, 열린 소통, 바르고 정직한 행동으로 든든한 믿음을 주는 사람입니다.
편견 없는 마음으로 다양성을 수용하고 공정하게 행동하며, 정직함과 청렴성을 바탕으로 동료, 이웃, 사회의 탄탄한 신뢰를 쌓아갑니다.

2번은 성격과 생활신조를 적으라는 것이다. 이 학생은 고등학교 때 농구팀을 조직해서 대회에 나간 체험을 쓰고 있는데, 경기력 향상을 위해 자신을 돌보지 않고 새벽까지 강행군하는 가운데 팀웍을 다져갔던 경험을 쓰면서, 자신보다 팀을 위해 노력하는 자신을 부각시키고 있다.

3번 항목은 역경이나 고난을 극복한 경험을 쓰라는 것이다. 이 학생은 소제목을 인생은 끝없는 패달링이라 정하고, 자신이 130Km 자전거 종주를 하면서 어려움을 이겨냈던 체험을 쓰면서 그것을 삶의 자세와 연결시키고 있다. 1번 2번 항목과 더불어 이 학생이 어려운 상황 속에서도 좌절하지 않고 꾸준히 달려온 삶을 일관성있는 컨셉으로 보여주고 있다.

첫 문단에선 회사지원동기를 쓰며 현대오일뱅크와 도전의식을 공유한다는 점을 강조하고 있고, 둘째 문단에서는 직무지원동기로서의 자세와 전문성을 강조하고 있다. 그리고 셋째 문단

유비무환 퍼펙트 자소서

에서는 입사 후 포부를 무난하게 쓰고 있다.

이 학생의 현대오일뱅크 합격자소서는 현대오일뱅크라는 기업에 맞춘 자소서라기 보다는 어떤 환경에서도 실망하거나 좌절하지 않고 자신이 가야할 길을 성실하게 걸어가는 모습이 잘 표현되고 있다. 굳이 회사의 인재상과 결부시켜보자면, 도전적인 삶의 자세를 보여주는 자소서라고 할 수 있다. 아래 글을 통해 확인해보라.

1. 자기소개 (중요사항 중심 기재)(100자 이상 600자 이내)

〈성실함의 원동력〉

제가 어렸을 적부터 어머니께서는 '기회는 준비된 사람에게만 찾아온다.'라고 말씀하셨습니다. 그래서 항상 성실함을 강조하셨고, 그런 저에게 모범적인 모습을 보여주셨습니다. 초등학교 이후로 아버지는 중국으로 건너가 돌아오지 않으셨고 경제적인 지원 또한 받을 수 없었습니다. 그렇지만 어머니는 홀로 저희 두 형제를 키우며 성실함을 잃지 않으셨습니다. 악착같이 식당일, 만두 공장, 안 해본 일 없이 일 하시면서 집안 경제를 지탱해 오셨고, 저희 형제가 둘 다 고등학교에 진학하면서부터는 오전에는 간병인 일을 하고 밤에는 주방보조 2가지 일을 하시며 어려움 속에서도 긍정적인 생각을 잃지 않으셨습니다. 그런 성실함을 보고 자라온 저 또한 고등학교 1학년부터 방학, 주말마다 식당 서빙, 주유소, 독서실, 아이스크림 공장 등 여러 가지 일을 하며 경제적 부담을 덜어드렸습니다. 이를 통해 어머니의 성실한 삶의 자세를 본받아 기회가 찾아오게 준비를 하며, 기회를 잡기 위한 노력의 방법으로 성실함을 원동력으로 생각해 힘든 일이 찾아 오더라도 포기하지 않는 태도를 갖게 되었습니다.

2. 성격 및 생활신조(100자 이상 600자 이내)

〈재능보다 팀워크〉

저의 성격은 개인보다 팀을 더 우선시하는 성격입니다. 고교 시절, 급하게 팀을 결성하여 농구대회에 나간 적이 있습니다. 대회까지는 약 한 달 정도 시간이 있었고, 최대한 호흡을 맞추기 위해 평일에도 틈틈이 만나 연습하고 주말에는 새벽 3~4시까지 농구를 하며, 끝나고 밥을 먹으면서도 수비의 문제점, 공격 패턴의 다양화 등 팀워크를 맞추는 데 주력하였습니다. 저희는 대회에서 좋은 결과를 기대하기보다는 경험을 쌓아보자는 마음가짐으로 대회에 임했습니다. 저희는 개인플레이 보다는 협동플레이에 주력했고, 저는 제 능력보다 다른 팀원의 재능이 더 뛰어난 걸 인지하여 공격권에는 제가 해결하려 하기 보다는 도움이 될 수 있게 플레이하고, 더 도움이 될 수 있고 자신 있는 수비에 더 집중했습니다. 8강전에서 위기가 있었지만, 점차 발전된 팀워크로 이길 수 있었고, 우승까지 차지하였습니다. 대회를 준비하며 새로운 사람들과 단기간 내, 팀워크를 맞추며 협동심을 기를 수가 있었고, 개인의 재능보다 팀워크를 먼저 우선시 하면 더 좋은 결과를 낼 수 있다는 것을 배웠습니다.

3. 역경이나 고난을 극복한 경험과 이를 통해 배운 점(100자 이상 600자 이내)

〈인생은 끝없는 페달링〉

입대 전, 혼자서 130km에 달하는 영산강 자전거길 종주에 도전하였습니다. 자전거 타는 것을 좋아했지만, 장거리 주행은 새로운 도전이었습니다. 먼저 담양부터 목포까지 하루 안에 종주하는 것을 목표로 하였습니다. 긴 여정에 지치고 포기하고 싶었지만 여기서 포기하면 힘든 일이 있을 때마다 포기 할 것이라는 생각으로 끝까지 페달을 밟았습니다.

절반 정도 갔을 때 쯤, 타이어에 펑크가 나고, 타이어 자체가 찢어져 버리는 사고가 있었지만, 출발 전 펑크 패치와 예비타이어를 준비하고 지나가시던 분들의 도움을 받아 사고를 대비 할 수 있었습니다.

이러한 경험 덕분에 새로운 도전을 하기 전 강력한 추진력과 함께 철저한 준비를 동반하여야 한다는 것과 힘들고 지치더라도 마음을 다잡고 고난과 역경에도 끝까지 포기하지 않는 자세를 갖게 되었습니다.

4. 지원동기, 장래포부(100자 이상 600자 이내)

저는 새로운 것에 대한 도전의식이 강합니다. 이러한 저의 성향과 끊임없이 기술개척에 도전하고 내수기업을 넘어 세계적 기업으로 발돋움하는 현대오일뱅크와 새로운 미래를 함께 열어가고 싶어 지원하게 되었습니다.

또한, 생산 운전원으로서 역량을 갖추기 위해 기계/전공에 대한 지식을 폭넓게 공부하였습니다. 운전원이 생산성을 높이기 위한 방법은 사명감 있는 자주보전이라 생각합니다. 그러한 역량을 키우기 위해 기계정비 산업기사를 취득하였고, 설비관리, 전기전자 등의 과목을 이수하며 설비보전, 공유압 기능사, 산업안전 산업기사 필기를 취득하여 실기를 준비하고 있습니다.

입사하게 된다면 3년간 항상 생각하는 생산 운전원이 되겠습니다. 부족한 부분은 선배님들에게 물어보며 업무역량을 쌓아가고, 늘 개선할 사항은 없는지 생각하는 사람이 되겠습니다. 10년 뒤에는 맡은 분야의 전문가를 넘어 후배들에게 버팀목이 되어 줄 수 있는 멘토가 될 것입니다. 힘들고 지친 후배들에게 따뜻한 위로와 용기를 북돋아 주며 나아갈 방향에 대해 충고해주고 쌓아왔던 노하우와 업무지식을 활용해 후배들을 이끌어 주며 팀 소속감을 높여 긴장과 실수로 인한 안전사고를 방지하는 사원이 될 것입니다.

(6) 동우화인켐

동우화인켐은 일본 회사인 스미모토화학의 자회사로서 윤리경영을 강조하고 회사 복지시설도 상당히 잘 되어있는 기업이다. 스미모토화학은 역사가 100년이 넘고 년매출액이 27조가 넘는 일본의 글로벌기업이다. 이 회사를 소개하는 이유는 지금까지 소개된 기업이 모두 대기업뿐이어서, 알찬 중소기업을 선택하는 것도 의미가 있을 것 같기 때문이다.

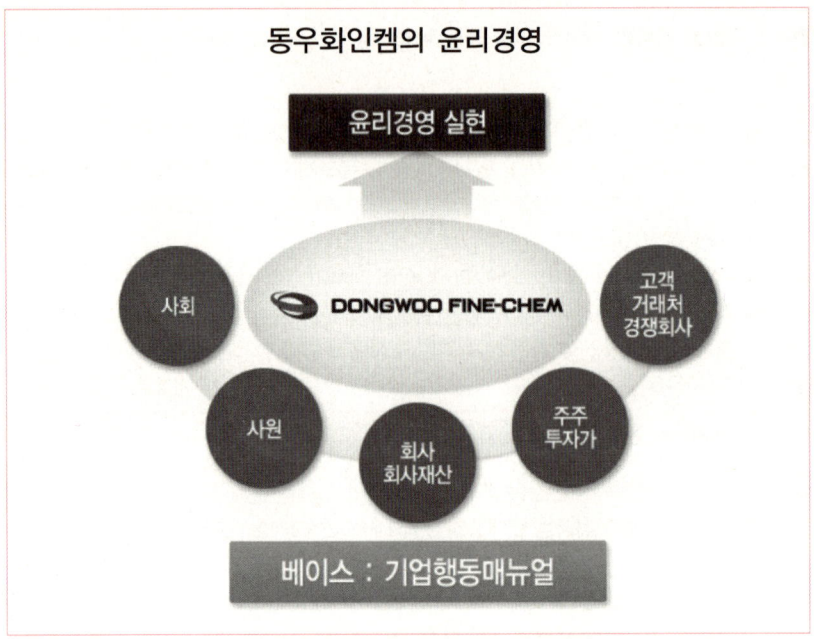

　　동우화인켐의 홈페이지에 들어가면 인재상은 나오지 않고 윤리경영에 대한 설명이 많이 나온다. 윤리경영이란 기업이 사회 때문에 융성할 수 있기 때문에 기업과 관련된 모든 부문에서 기업의 사회적 책임을 다한다는 철학이다. 동우화인켐은 윤리경영을 사회적 책임, 지역적 책임, 법률적 책임, 경제적 책임으로 정의하고 그것의 실천을 위해 노력하는 회사임을 명백히 하고 있다. 그리고 사업영역도 반도체용 케미컬, LCD용 케미컬, 편광필름, 고순도알루미나 등 대단히 특화되어 있으며 연매출도 1조가 넘는 등 중소기업이 아니라 중견기업에 속한다.

　　이 기업의 자소서 항목의 특징은 일반자소서와 유사하다. 합격자소서를 중심으로 대기업이 아닌 기업의 자소서를 쓸 때 유의해야 할 점을 살펴본다. 먼저 1번 항목은 성장과정을 경험중심으로 쓰라는 요구이다. 이 학생은 자신이 좋아하는 취미인 등산에서의 체험을 쓰면서 등산을 통해 자신의 단점을 극복해간 경험과 아버지와의 대화 등, 등산의 장점을 설명하고 있다. 그리고 등산에서 배운 교훈을 '목적을 정한 뒤, 계혹을 세우고 끈기있는 노력하는' 자신의 삶의 자세와 연결시키고 있다. 소박하고 진정성이 잘 표현된 글이라 할 수 있다. 2번은 자신의 장단점을 쓰라는 내용인데, 학교 다닐 때 공부를 하거나 운동에서나 매사에 성실하고 열심히 임했던 경험을 쓰고 있다. 3번은 1년 내에 성취한 경험을 쓰라는 요구다. 이에 대해 이 학생은 무더웠던 7월에 교통안전공사에서 아르바이트를 했던 체험을 쓰고 있다. 도로에서 안전표지에 색을 칠하는 작업이었는데, 차가 달리는 상황이라 위험하고 힘든 일이었는데 일에 임하는 이 학생의 자세가 대단히 진지하고 자신이 하는 일이 대단히 중요한 작업임을 깨달으며 어려운 상황을 이겨나갔던 상황과 그 일을 하고 난 뒤 그 길을 갔을 때 느꼈던 뿌듯한 마음을 그 때의 입장에서 잘 표현해내고 있다. 이 글을 통해 이 학생이 작업에 임하는 자세가 잘 드러난다. 동우화인켐을 좋아하게 된 동기가 이 회사 대표의 장학활동에 감동을 받고 이 회사에 들어가고자 하는 결심을 했고, 이 회사에 들어가기 위해 준비한 자신의 전문성을 강조하고 있다.

이 학생의 합격자소서에는 동우화인켐에 대한 강한 애착과 이 회사에 들어가고 싶은 열망이 잘 표현되어있다. 그리고 일에 대한 긍지와 자신이 맡은 그 어떤 것도 성실하게 수행하는 진지함이 잘 표현되어있다. 또한 어떤 공부든 항상 열심히 해서 좋은 결과를 이끌어낸 경험으로 인해 매사에 의욕과 자신감이 넘쳐있다. 대기업이 그 어떤 정량화된 전문성을 중요시한다고 한다면, 상대적으로 규모가 작은 기업은 일에 대한 열정이나 따뜻한 인간미 등이 더욱 어필할 것이라고 본다. 그래서 자신이 지원하는 기업에 입사하면 누구보다도 오랫동안 그 기업을 위해 충실하게 일할 것이라는 느낌이 들도록 해야 할 것이다.

1. 성장과정 및 주요 경험에 대하여 기술하시오.

〈나를 강하게 만드는 山〉

어려서부터 등산을 좋아하시는 아버지와 함께 매주 등산을 했습니다. 숨이 턱까지 차올라 주저앉고 싶을 때 아버지는 제 손을 잡아 주셨고, 저는 다시 힘을 낼 수 있었습니다. 등산을 하면서 제 단점인 조급한 성격을 고치게 되었습니다. 급한 마음으로 산을 오르면 중간도 채 가지 못하고 탈진했기에 적당한 속도로 끝까지 끈기 있게 정상에 다다르는 법을 배웠습니다. 땀을 비 오듯 흘리며 정상에 도착했을 때의 성취감은 말로 설명할 수 없을 만큼 좋았고 어떤 일이든 '할 수 있다'라는 자신감을 갖게 되었습니다. 산 정상에서 아름다운 정경을 바라보면 힘들었던 것을 잊고 여유를 즐길 수 있었습니다. 술을 마실 수 있는 나이가 되면서 산에서 아버지와 함께 마시는 막걸리는 등산의 또 다른 즐거움이 되었고 아버지와 많은 대화를 할 수 있는 기회가 되었습니다. 목적을 향해 열심히 정상에 오른 것처럼 모든 일을 할 때 계획을 세우고 끈기 있게 노력하는 저를 만들어 준 것은 아버지와 함께한 산이라고 생각합니다.

2. 자신의 강점 및 약점에 대하여 서술하시오.

〈물실호기(勿失好機)〉

중학생시절 국어, 영어, 수학, 국사 등 인문계열 과목에서 뒤에서 항상 일등을 했습니다. 수업이 끝나면 체육관으로 가서 손으로 하는 스포츠 농구를 매일 같이 즐겨했습니다. '인문 쪽은 너의 길이 아니다' 라는 것을 중학교 3학년 담임선생님이었던 장승환 은사님이 삼례공고 기계계열로 가보라고 말씀하셨고 고등학교에 입학한 후, 매일같이 방과 후에 봉사활동 및 미래양성 명장 동아리를 활동하며 기계조립, 용접, 밀링, 선반을 실습하면서 흥미를 갖고 손으로 기계를 다루고 꼼꼼하게 한 결과, 주변으로부터 자주 칭찬을 들으며 일머리가 좋다는 걸 느꼈습니다.

물실호기 좋은 기회가 오면 놓치지 말아야 한다는 아버지의 말씀을 새겨들으며 자격증을 3개 취득하며 느낀 점은 저는 기계 계열 회사로 취직을 해야 한다는 생각을 하게 됐습니다.

3. 최근 1년 내에 성취한 경험에 대하여 기술하시오.

〈집념, 끈기, 성취감〉

지인분의 소개로 교통안전공사에서 하루 10만원의 일당을 받으면서 일을 시작했습니다. 작년 유난히 더웠던 7월에 미끄럼 방지 페인트 및 안전표시를 칠하고 다녔습니다.

"나중에 이 길을 차타고 밟고 지나가면 그 기분은 하늘 날 듯 좋겠지?" 이런 생각도 했습니다. 여수, 순천, 부안, 김제 여러 곳을 도로에 사람들이 위험해 질수 있는 도로에 안내표지를 만들고 실선을 그리며 점선을 그렸습니다. 지상에서 올라오는 복사열을 맞으며 페인트칠을 했을 때 하루 일과가 끝나면 전신이 젖을 정도로 날씨가 위협적이어서 포도당을 하루에 3알씩 먹으며 오전, 오후, 늦저녁 까지 일을 했습니다. 차들이 지나다니는 도로위에서 공사를 하다 보니 한 순간 방심하면 교통사고가 나는 고속도로에서 실수 없이 긴장하며 일을 하고, 그날 사장님은 아르바이트 한지 2주밖에 안됐지만 항상 열심히 하는 모습이 보여 일당 12만원으로 올려주신다고 하셨습니다.

처음에는 잘하는 능력이 없을지 라도 할 수 있다는 믿음을 가지면 결국에는 할 수 있는 능력을 확실히 갖게 된다는 집념을 갖게 됐습니다. 그리고 시간이 지나 올해 봄 여행으로 친구들과 차를 타고 저의 피와 땀이 묻어있는 도로 위의 미끄럼방지를 건널 때는 그것만큼 짜릿했던 순간이 없었던 거 같습니다.

4. 지원동기 및 자신이 잘 할 수 있는 업무와 그 이유를 서술하시오

"익산 동우화인켐, 청소년장학금 8300만원 기탁" 전라일보에서 저의 고향 익산에 동우화인켐 황인우 대표님이 불우한 청소년을 상대로 8300만원 기탁 내용을 봤으며 '교육이 곧 힘'이라는 교훈을 통해 학생들에게 희망과 가능성을 주셨습니다. 동우화인켐 팔봉공장을 지나 갈 때 마다 감사한 마음으로 인사하며 지나갔었습니다.

나중에 동우화인켐에 취업을 나가고 싶다는 생각을 했었으며 한국 폴리텍V대학 김제캠퍼스에서 재료역학, 기계공작법, 공조냉동, 용접, 가스, 공유압 등 이론 및 실기 시험에서 우수한 성적을 받았습니다. 이 기술들을 갈고 닦아 충분한 기술지식 습득 및 자격증 취득에 힘을 썼으며 동우화인켐 채용 공고를 보고 지금 이 기회가 저에게 운명적으로 다가왔습니다. 저 ××× 는 준비된 인재로서 동우화인켐을 발돋움의 계기로 삼아 힘차게 도약하겠습니다!

05 다수 기업 동시 합격 자소서의 비밀

학생들의 자소서를 봐주다가 그 학생들이 취업에 성공했을 때 그 기쁨이란 이루 말 할 수가 없다. 마치 내 아들이 합격한 듯이 함께 기쁨을 나눈다. 6년이란 시간 동안 필자는 매년 적어도 몇 십번 이상을 이런 기쁨을 나누며 살고 있다. 자소서를 몇 번이나 봐주고 그 학생의 소식을 기다리고 있는데, 전화가 오면 가슴이 뛴다. 그럴 때 울먹이며 '교수님 합격했습니다, 감사합니다' 라는 말을 들으면 그 기쁨의 눈물을 함께 나누게 되고, 그 여운도 오래 가게 된다. 이렇게 해서 학생들의 합격자소서가 상당히 모아지게 되었다. 그런데 그 합격자소서를 가만히 보면 재밌는 현상이 발견된다. 어떤 학생들의 경우, 한 회사에 합격하면 다른 회사에도 연거푸 합격하게 되는 경우가 생긴다는 것이다. 어떤 학생은 한 군데도 합격하지 못하는데, 어떤 학생은 10곳 가까이 합격하는 경우도 있다. 그래서 다수 기업에 동시에 합격하는 학생들의 자소서를 보면서, '이런 학생들의 자소서는 어떤 비밀을 갖고 있는 것인가?' 하는 궁금증이 생겼고, 그래서 그 중 4개 이상의 회사에 합격한 학생을 골라서 그 학생들이 쓴 자소서를 뒤적이면서 그 비밀을 캐고 싶은 생각에 이 장을 쓰게 되었다. 만일 이 학생들을 통해 다수 기업 동시 합격 비밀의 편린이라도 이끌어낼 수 있다면, 자소서가 운명을 가르는 취준생들에게 작은 도움이나마 될 수 있을 것이다. 필자는 이들의 합격자소서를 필자가 이 책에 소개하는 자소서 평가 기준에 따라 분석해 볼 것이다. 그리고 가급적이면 이 학생들의 자소서를 많이 노출시켜 볼 것이다. 필자가 보지 못한 합격의 비밀을 독자가 볼 수도 있기 때문이다. 이렇게 하는 또 다른 이유는 자소서를 잘 쓸 수 있는 비결 중 하나가 좋은 자소서를 많이 읽어보고, 자신의 경우에 적용해보는 것이기 때문이기도 하다.

(1) A학생(8개 기업 합격)

첫번째로 소개하는 학생은 8개 기업에 9군데 동시 합격한 경우다. 이 학생이 합격한 기업들을 열거해보면, 전기안전공사 2회(2016년도 상반기, 하반기), 국도화학, CJ제일제당, LG서브원, SK이노베이션, 한전KPS, 수자원기술, 휴비스 등이다. 그리고 이 학생이 합격한 기업들은 대부분 국내 굴지의 기업들이다. 어떤 학생들은 1개의 기업에도 합격하지 못해서 좌절하고 있는데,

유비무환 퍼펙트 자소서

이렇게 동시에 여러 기업에 합격하는 것을 보며, 참 부익부빈익빈이라는 생각을 갖게 된다.

먼저 이 학생의 인성적 특징을 보여주는 자소서 항목과 직무적합적 특성을 보여주는 자소서 항목들을 구분하여 살펴봄으로써 그 다수 기업 합격 요인들을 찾아보기로 한다.

일반자소서에서 인성적 특징과 관련된 대표적 항목으로는 성장과정, 성격의 장·단점이고, 직무적합성관련 항목으로는 지원동기와 입사 후 포부를 들 수 있고, NCS포함해서 경험관련해서 인성적 특징을 보여주는 요소들은, 리더십, 협업능력, 소통능력, 도전정신, 문제해결능력, 책임감 등이 가장 많이 나타난다.

그리고 직무 적합적 특성으로는 직무적 관심의 일관성, 직무 관련 지식의 전문성, 직무 관련 체험, 직무관련해서 준비된 정도, 직무관련 비전, 자기개발능력 등을 들 수 있을 것이다. 그래서 이 지원자의 합격자소서 내용 중 인성적 특징과 관련해서 언급된 위 모든 요소들과 직무 적합적 특성과 관련된 모든 요소들 중, 평범한 것들은 배제하고, 이 학생만의 특징을 보여주는 차별성 있는 항목들을 모아서 이 지원자의 두 가지 요소의 특징들을 각각 추려본다. 먼저, 인성적 특징 관련하여 답변한 항목들 중 인상적인 것들을 모아본다.

이 지원자의 인성적 차별성을 결정짓는 특징은 어떠한 상황에서도 자신이 가고자 하는 길을 간다는 것이고, 그것이 자신보다는 조직을 위한다는 것이다. 그런데 이러한 특징이 그저 평범한 것이 아니라, 대단히 강력한 에피소드를 통해 입증된다는 것이다. 아래 3개 기업의 합격자소서를 통해 이러한 점을 확인해보자.

1번 글은 자신이 취업한 회사가 자금 사정이 안 좋아져서 급여가 1년 이상 지급되지 않았음에도 이 지원자는 그 회사를 떠나지 않고, 오히려 그러한 부정적 상황을 회사와 자기계발을 위해 적극적으로 활용해서 성과를 올렸다는 것이다. 그 어려운 상황 속에서도 이 학생은 그 동안에 전기기사자격증을 땄으며, 그 회사에서 퇴사하는 날까지 자신의 모든 힘을 기울여서 근무함으로써 회사를 위하는 한편, 그 결과 여러 경험을 쌓게 된다. 그리고 생활고로 회사를 그만둔 다음에 폴리텍대학에 입학해서도 반대표를 맡아 여러 학생들에게 봉사하면서도 성적을

4.44라는 거의 올 플러스백을 맞았다. 그리고 쉬지 않고 전기기사와 전기공사기사 자격증을 취득하여 자신의 전문성을 확장시켜나갔다.

1번 글에서도 이러한 특성은 이어진다. 아버지가 오랫동안 직업을 갖지 못했고 어머니가 10년 동안 붕어빵 장사를 해야 할 정도로 극도로 좋지 않은 상황에서 장남으로서 책임감을 지키기 위해 직장과 학교를 병행하면서도 나중에는 거의 만점에 가까운 성적을 받았다는 것은 이 학생이 어려운 상황 속에서도 얼마나 대단한 노력을 해서 성과를 얻어내는지를 입증하고도 남을 정도이다.

3번 글은 앞에서 부분적으로 소개된 윙쉽중공업에서 회사가 망해가는 데도 자신보다 회사를 위해 최선을 다하는 모습이 상세히 그려지고 있다.

이 학생의 인성적 특징을 정리해보면, 어린 시절부터 두 번의 대학시절, 직장생활, 어느 것 하나 어렵지 않은 상황에서 이 학생은 더욱 더 열심히 일을 해서 자신이 속한 직장에서는 최선을 다해서 성과를 일구어내는 등 강력한 책임감을 보여주었고, 직장과 학교생활을 병행하면서도 양쪽에서 모두 남보다 특출난 성과를 올리는 강하고 도전적이며 대단한 성취력을 보여주기 때문에 평범하게 부모 도움으로 학교에 다니는 일반 학생들에 비해 차별성이 부각될 수밖에 없다. 다시 말해 가장 열악한 상황 속에서 최대의 성과를 올린 삶을 살았을 뿐만 아니라, 그러한 삶을 보증하는 임팩트있는 에피소드들이 제시되었다는 점 때문에 어떤 지원자보다도 눈에 띄게 마련이다.

인성적 차별성이 드러나는 답변들

현재 뿐만 아니라 향후에 필요한 지식, 경험, 기술, 등을 적극적으로 습득하여 미래를 준비하며 꾸준히 노력했던 경험(사례)을 구체적으로 작성해 주시기 바랍니다.

(1번 글)

〈배움의 자세〉
해병대를 전역 후 군장대학교에 복학하여 위그선 제작업체인 윙쉽중공업에 취업하였습니다. 회사의 비전

유비무환 퍼펙트 자소서

과 성장성을 보고 열심히 일을 했지만 급여가 1년여 간 지급되지 않았습니다. 이러한 상황에서 100여 명의 직원들은 다 떠나고 저를 포함하여 단 5명만이 회사를 이끌어 나갔습니다. 단순히 돈만 보고 들어왔다면 급여가 1~2개월 지급되지 않았을 때 다른 직장을 구하여 퇴직할 수 있었지만 앞으로 주어진 시간이 많이 남아있고, 아직은 경험해야 할 것들이 많다고 느껴 남는 것을 택했습니다. 또한, 부족한 이론과 지식을 보충하기 위해 전기산업기사 자격증을 공부하여 취득하기도 하였습니다. 생활에 어려움이 생겨 어쩔 수 없이 회사를 퇴직하였지만 더 많은 것을 배우고 싶다는 생각에 폴리텍대학 김제캠퍼스 스마트 전기과에 입학하였습니다. 대학을 다니면서 반대표를 맡아 리더십을 배웠고, 적극적으로 수업에 참여하여 4.44라는 우수한 성적으로 성적장학금도 받아봤으며, 그토록 소망하던 '전기기사'와 '전기공사기사'를 취득하였습니다. 또한, 여기서 머무르지 않고 현재 소방설비기사(전기)를 공부하여 필기 부분에 합격하였으며, 현재 실기 부분을 공부하고 있습니다. 이러한 도전정신과 끈기 그리고 배우려는 자세로 한국전기안전공사에 입사하게 된다면 누구에게나 인정받는 최고의 전문가가 되겠습니다.

아무리 어려운 상황에서도 흔들리지 않고 성과를 이뤄냄

(2016년도 한국전기안전공사에 합격한 자소서)

대인관계, 고난과 외압 등의 스트레스가 주어져도 자기감정을 조절하며 맡은 일을 수행하고 중심을 유지했던 경험(사례)을 구체적으로 작성해 주시기 바랍니다.

(2번 글)

저희 집은 집안 사정이 좋지 못하였습니다. 아버지께서는 마땅한 직업이 없으셔서 새벽마다 공사장 일용직을 나가셨고, 어머니께서는 제가 초등학교 시절부터 군대에 전역할 때까지 10년 이상 붕어빵을 구우셨습니다. 이러한 상황에서 제가 선택할 수 있었던 건 빠른 취업이었습니다. 그리하여 군장대학교 2학년 1학기 때 윙쉽중공업에 취업하였고 대학교는 야간으로 변경하여 다녔습니다. 직장에서 일이 5시 이후에 끝나면 씻지도 못하고 강의를 들으러 학교에 가야만 했고, 장남으로서 집안을 일으켜야 한다는 마음가짐으로 인해 자처하여 야근을 밥 먹듯이 하였습니다. 그러다 보니 학교에 가지 못하는 날이 많았고 결과는 학점 2.88을 받았습니다. 1학년 때 평균 4.37을 받아온 저로서는 너무 큰 충격을 받았고, 직장과 학업을 병행하기 위해 다시 한 번 마음가짐을 잡았습니다. 직장에서 야근하지 않기 위해 쉬는 시간에도 일하면서 최대한 시간을 단축하였고, 학교도 빠짐없이 가서 강의를 듣고 공부하였습니다. 그 결과 직장에서도 성실하다며 인정받았고, 2학년 1학기 때 받았던 학점 2.88을 2학년 2학기에는 3.84로 끌어올렸습니다. 이처럼 일과 직장을 병행하며 신체적, 정신적으로도 힘들었지만, 저 자신이 한 단계 성장 할 수 있었던 계기가 되었습니다. 그리하여 이러한 경험을 바탕으로 한국전기안전공사에 입사하게 된다면 어떠한 일이 다가와도 해결해 나갈 수 있는 자신감으로 저 자신을 발전시켜 나가겠습니다.

(2016년도 전기안전공사에 합격한 자소서)

국도화학 지원동기

(3번 글)

〈올바른 가치관을 지닌 사람〉

이전 직장인 윙쉽중공업에 재직 당시 회사 사정이 어려워져 급여를 1년 여간 지급받지 못하였습니다. 100여명이였던 직원들은 1~3달 급여기 지급되지 않았을 때 다 퇴직하였고, 저를 포함하여 단 8명만이 남아

> 회사를 이끌어 나갔습니다. 또한, 당직근무를 서야 하는 상황에서도 자처하여 제 사비를 이용해 당직근무를 하였습니다. 비록 회사는 어쩔 수 없이 폐업했지만 이러한 경험이 저 개인보다는 회사를 먼저 생각하고 참고 견디며, 끊임없이 노력하는 사고를 보여주는 사례라고 생각합니다. 국도화학에 입사하여서도 저 자신보다는 회사를 먼저 생각하는 건전한 사고를 가진 인재가 될 것을 장담합니다.
>
> (2016년도 국도화학에 합격한 자소서)

그 다음, 직무적합적 특성과 관련해서 답변한 항목들 중, 인상적인 것들을 모아봤는데, 여기서도 앞의 인성적 차별성과 마찬가지로 직무에서의 구체적인 성과와 경쟁력을 보여주고 있다. 아래 4개 항목의 글을 통해 이러한 점을 확인해보자.

1번 글은 이 지원자가 이전 직장에서 다른 동료들에 비해 얼마나 열심히 노력해서 성과를 이뤄냈는지 잘 설명되고 있다. 이 직장은 경제적 사정이 좋지 않은 회사였다. 그런데 이 지원자는 회사의 명운이 달린 위그선이 바다에서 날개하기 위해 노심초사하며 여러 가지 사항들을 점검하느라 퇴근시간을 넘긴 상태에서도 계속해서 점검을 하다가, 결정적인 문제점을 발견해내고 점검을 마친 뒤, 다음 날 위그선의 시험비행을 성공리에 마치는데 결정적인 공헌을 한다. 이 경험 하나만 가지고도 이 학생의 자소서는 어떤 회사에도 통할 수 있을 것이다.

2번 글은 지원동기를 쓴 것인데, 자신의 차별화된 역량을 쓰라는 요구였다. 여기서 이 학생은 위의 에피소드를 언급하면서 자신의 책임감을 강조하고 있다. 그리고 그 회사에 다닐 때 100여 명의 사원들이 대부분 퇴직하고 8명 밖에 남지 않은 상황이 올 때까지 회사에 남아서 최선을 다했다는 점을 쓰고 있으며, 어려운 상황 속에서도 꾸준한 자기개발에 힘써 남들보다 훨씬 전문적인 능력을 키워나간 사례를 들고 있다. 이 지원동기를 보면 이 학생이 얼마나 믿음직스럽고 전문적인 능력을 갖추고 있는지를 알 수 있게 된다.

3번 글은 이 지원자가 회사에서의 어려운 상황을 타개하기 위해 자신의 몸을 던져서 수행함으로써 난관을 타개하는 모습을 보여준다. 자신이 맡은 업무수행을 위해 얼마나 헌신적으로 노력하는지 잘 나타나는 사례다.

4번 글은 이 지원자가 이전 직장에서 근무할 당시, 자신의 전문성을 키우기 위해 노력한 내용

유비무환 퍼펙트 자소서

과 팀원들과의 소통노력을 쓰고 있다. 그럼으로써 같은 조직의 동료들에게 자신이 얼마나 필요한 존재인지를 잘 부각시키고 있다.

이 학생의 인성적 장점을 보여주는 글들에서 우리는 이 학생이 상상하기 힘들 정도로 어려운 상황 속에서 얼마나 최선을 다해 살아왔는지를 구체적이며 임팩트있는 에피소드를 통해 잘 파악할 수 있었다.

그리고 직무에 임해서도 이 학생이 자신의 맡은 바 임무를 수행하기 위해 얼마나 헌신적으로 노력하는지, 그리고 어느 누구보다 더 탁월한 전문성을 획득하기 위한 노력과 성과를 보이는지 잘 드러난다. 또한 이 학생은 2개의 대학과 2개의 이전 직장에서의 풍부한 지식 및 실무를 익힌 경험을 잘 표현해내고 있다.

직무 적합적 차별성이 드러나는 답변들

살아오면서 갈등관계라 할 수 있는 경험은 무엇이었으며, 어떻게 해결했는지 행동중심으로 기술하여 주십시오.(700자)

(1번 글)

〈위그선 바다에서 성공적으로 날다〉

윙쉽중공업의 전장 팀에서 근무를 할 때 위그선 제작에 성공하여 최종 점검 시, 의장팀의 동료와 갈등이 있었습니다. 워터펌프가 정상적으로 작동하는지, 각종 계측 기구에 전원은 정상적으로 공급되는지 등을 확인하기 위하여 점검하던 도중 점검시간이 길어지고 퇴근시간을 넘기자 같이 일하던 의장팀의 동료가 "설마 무슨 일 있겠어? 집에 갈 시간이니 그만하고 가자"라며 점검을 끝내자 재촉하였습니다. 하지만 아직 점검하지 못한 항목도 남아있었고, 위그선의 특성상 자칫 사소한 문제라도 발생하면 사람의 생명과 직결되는 것이기 때문에 끝까지 남아있는 항목을 점검하자고 의장팀 동료를 설득하였습니다. 그 결과 선체 밑에 공기를 주입해주던 에어 호스에서 구멍이나 바람이 새는 걸 확인하였고, 팀장님께 보고하여 교체하였습니다. 다음날 위그선은 성공적으로 날아 시험비행에 성공하였고, 전 직원은 환호성을 질렀습니다. 그리고 회식 때 팀장님께서 "시험비행에 실패할 수 있었던 사항을 발견해줘서 고맙다"는 말 한마디가 잊혀지지가 않습니다. 이러한 경험으로 맡은 바 임무를 성실하게 실천하는 것이 큰 보람과 짜릿함을 안겨준다는 사실을 알게 되었습니다. 그리하여 CJ제일제당에 입사하여서도 매 순간순간을 최선을 다해 맡은 바 책임을 다하겠습니다.

(2016년도 CJ제일제당 합격자소서)

> 해당 직무를 지원한 동기와 그 직무를 수행하기 위한 본인만의 차별화된 역량을 기술해 주시기 바랍니다.(500자~1000자)

(2번 글)

〈LG서브원을 뛰게 할 세 가지 역량〉

제가 LG서브원 FM사업부 전기운영에 지원한 동기는 남들보다 차별화된 역량으로 그 누구보다도 직무를 잘 수행할 수 있기에 지원하였습니다. 제 차별화된 역량은 다음과 같습니다.

첫째, 그 누구보다도 맡은 일에 대해 책임감이 강합니다. 전 직장인 위그선 제작업체에서 국내 최초로 50인승 위그선 제작에 성공하여 시험비행을 하기 전 최종점검을 하였습니다. 점검업무 수행 중 같이 일하던 동료의 퇴근 유혹에도 불구하고 책임감 있게 점검업무를 끝마쳤고 위그선 시험비행에 실패할 수 있었던 결합요소를 발견하여 교체하였습니다 그 결과 위그선이 성공적으로 바다에서 비행할 수 있게 기여하였습니다.

둘째, 끈기와 열정입니다. 해병대를 전역 후 회사의 비전과 성장성을 보고 위그선 제작업체에 취업을 하였지만 2년 8개월의 근무기간 중 마지막 1년 동안은 급여가 지급되지 못하였습니다. 이러한 상황에서 100여명이 넘던 직원들은 다 퇴직하였고 저를 포함하여 단 8명만이 남아 회사를 이끌어 나갔습니다. 단순히 돈만 보고 들어왔다면 남들처럼 1~3달 급여가 지급되지 않았을 때 퇴직할 수 있었지만 아직 젊고 배워야할 기술과 경력을 쌓기 위해 또한, 회사를 위해 남는 것을 택하여 끝까지 함께 하였습니다.

세 번째, 꾸준한 자기계발입니다. 점검 업무를 하면서 이론적으로 부족하다는 것을 많이 느꼈습니다. 그래서 폴리텍대학 김제캠퍼스 스마트전기과에 진학하여 점검업무를 함에 있어서 필수역량이라고 생각되는 전기기사를 취득하기 위해 꾸준히 공부하였습니다. 그 결과 전기기사를 취득할 수 있었고 더욱 자신감이 생겨 전기기사 외에도 전기공사기사, 소방설비기사(전기분야) 까지 취득하는 성과를 이뤄냈습니다. 이러한 역량들을 가지고 LG서브원을 뛰게 할 인재가 될 것을 약속드립니다.

(2016년도 LG서브원 합격자소서)

> 발상의 전환 혹은 창의적인 사고를 통해 문제를 해결하고 성과를 이룬 경험을 구체적으로 기술해 주시기 바랍니다. 글자수 560 / 300자 ~ 700자

(3번 글)

〈인터뷰를 성공시키다〉

바닥에서 10M 정도 되는 위그선 꼬리날개 부분에서 Connector작업을 하였던 적이 있었습니다. 당시 국내 최초로 50인승 위그선 제작에 성공하여 세계적으로 유명한 채널인 National Geo Graphic에서 인터뷰를 하러 오는 상황과 맞물려 빠른 시간 안에 작업을 끝내야 했었습니다. 하지만 안전장비가 지급되지 않아 작업이 지체되는 상황이 발생하였습니다. 저는 그러한 상황에서 크레인에 밧줄을 걸고 그 밧줄을 제 몸에 묶어 혼자 호이스트를 운전하여 올라가 작업을 하였고, 제 시간 안에 작업을 끝낼 수 있었습니다. 그 결과 인터뷰는 성공적으로 진행되었고, 그 모습을 본 팀장님께서는 저에게 "고맙다"라는 말 한마디를 해주셨습니다. 저는 그 "고맙다"라는 말 한마디가 아직도 잊혀지지가 않습니다. 또한 자기가 맡은 일에 대해 최선을 다하는 것이 큰 보람과 짜릿함을 안겨준다는 사실도 알게 되었습니다. LG서브원의 FM사업부 전기운영 업

> 무를 함에 있어서도 이러한 경험을 토대로 어떠한 문제가 와도 발상의 전환 혹은 창의적인 사고를 통해 문제를 해결할 수 있는 인재가 되겠습니다.
>
> (2016년도 LG서브원 합격자소서)

본인이 회사에 기여할 부분은 무엇이라고 생각하십니까?

> (4번 글)
>
> 〈동료들에게 도움이 되는 사원〉
> 저는 3년 4개월 동안 윙쉽중공업에서 위그선 생산업무, 수자원기술주식회사에서 전기설비 유지보수 업무를 담당하며 생산 및 전기실무능력을 익혔습니다. 또한, 저는 직장 생활에 있어서 팀원들 간의 상호 소통을 중요하게 생각합니다. 어려운 문제가 있으면 상사에게 배움을 얻고, 후임의 의견을 수용하며 고된 업무에도 불구하고 좋은 팀워크를 유지하였습니다. 이를 통해 함께 흘린 땀의 가치의 소중함과 좋은 대인관계를 유지하는 법을 배웠습니다. 휴비스에 입사하게 된다면 3년 4개월 동안의 실무능력으로 생산 직무를 수행하는데 있어서 강점을 발휘할 수 있을 뿐만 아니라 생산업무 중 전기적인 문제가 발생 시 스스로 조치를 취할 수 있다고 자신합니다. 또한 좋은 대인관계와 팀워크를 유지하여 모든 동료들이 즐거운 회사생활이 될 수 있도록 기여할 것입니다.
>
> (2016년도 휴비스 합격 자소서)

이 학생이 기울인 노력들은 단순히 열심히 한다는 차원을 넘어서서 자신의 삶의 자세와 경험들의 분명한 캐릭터를 보여주고 이러한 캐릭터는 '어려운 상황일수록 더욱 큰 성과를 만들어내고 전문성을 강화시킨다'는 식으로 컨셉화되어 자신의 차별성을 크게 부각시키는데 성공하고 있다. 인성적인 면에서는 어떤 어려운 상황에서도 자신의 책임을 다하는 모습을 보여주고, 직무 수행측면에서는 자신을 둘러싼 환경이 열악한 상태에서도 자신의 책임을 다하기 위해 헌신하여 남들보다 탁월한 성취와 전문성을 획득하게 됨을 보여주는 것이다. 그리고 이러한 그의 주장이나 노력들은 그것들을 빈틈없이 증명하는 강력한 에피소드를 동반하기 때문에 가능해지는 것이다. 따라서 이 학생은 능력과 경험 면에서 탁월할 뿐만 아니라 그것을 표현하는 데에도 자신이 가진 자원을 효과적으로 컨셉화해서 보여주었기 때문에 9번에 걸친 1차서류심사에서 모두 합격자소서를 만들어낼 수 있었을 것이다.

그런데 필자가 느끼기에는 이 학생이 자신의 스토리를 과장해서 쓰거나 마치 이른바 자소설처럼 심하게 각색해서 만들어냈기에 여러 군데 합격한 것이 아니라, 이 학생의 이야기를 누가 들어도 이 학생을 채용하고 싶은 마음이 들게 하는 성실함과 차별화된 능력을 갖췄기 때문이라고 생각한다. 필자가 이 학생반의 수업을 할 때 과대표였기 때문에 이 학생과 많은 접촉을 했었고, 그런 과정에서 이 학생의 진면목을 어렵지 않게 느낄 수 있었기 때문이다. 필자가 말하는 방식으로 잘 써진 자소서는 결코 거짓이 아니라는 사실을 이 학생을 통해서도 느낄 수 있었다. 그리고 여러 학생들을 지도한 경험이 쌓여가면서 필자는 자소서가 결코 자소설이 아니라는 사실을 굳게 믿게 되었다.

(2) B학생(5개 기업 합격)

이 학생은 5개 회사에 동시 합격한 경우이다. 이 학생이 합격자소서를 이끌어낸 회사들은 포스코, LG하우시스, 삼성전자, 현대오일뱅크, 앰코테크놀로지코리아 등이다. 이 학생의 경우도 위 학생의 경우처럼 인성적 측면과 직무적합적 측면에서 차별성을 드러내는 자소서 내용들을 기준으로 여러 기업에 동시 합격에 성공한 원인을 밝혀보고자 한다.

인성과 관련된 이 학생의 글을 읽어보면 가장 눈에 띄는 요소가 대단히 어려운 상황에서도 그 상황이 주는 부정적 측면보다 그 상황을 극복하려는 과정에서 보여주는 긍정적 해결의지를 보여준다는 것이다. 그리고 그것을 해결하는 과정에서 자신보다 타인을 배려하여 함께 해결하려는 점이 눈에 띈다. 아래 3개 기업의 합격자소서를 통해 그러한 점을 확인해보자.

1번 글은 이 학생이 팀웍을 얼마나 중요시 하는가를 잘 보여준다. 그런데 그렇게 하는 이유는 바로 팀웍이 효율적이기 때문이라는 점을 잘 인식하고 있다. 그리고 그러한 팀웍을 위해 조직원들을 강제로 끌어가는 게 아니라 서포트함으로써 강점이 발휘되도록 하게 한다는 점이 인상적이다.

2번 글은 자신의 삶을 설명하고, 아버지가 부재한 상황에서 어머니와 함께 가정을 이끌어가는 과정에서 배운 성실의 중요성을 얘기하고 있다. 대단히 진정성이 느껴지는 글이다.

3번 글은 이 학생이 마치 지금까지 자신의 어려운 삶을 중간 정리해서 자신이 가지게 된 삶의 자세를 보여주는 듯 하다. 인생은 끊임없는 패달링이라는 소제목이 울림이 있다. 자전거는 패달을 밟지 않으면 넘어진다. 그래서 넘어지지 않으려면 힘이 들지만 끊임없이 패달을 밟아야만 한다. 혼자서 130KM 영산강 자전거 종주를 하면서 이 학생이 깨달은 삶이 울림있게 전해오는 것이다.

자소서를 쓸 때는 자신의 이야기를 쓰지만 상대가 어떤 느낌을 받게 될까를 끊임없이 생각하며 글을 써야한다. 그럴려면 상대에게 자신의 의도가 잘 드러나도록 자신의 이야기의 특성을 나열해보고 거기서 공통점을 찾아 컨셉화하는 것이 중요하다. 이 학생은 그렇게 글을 쓴 것 같다. 아래의 글들을 통해 한번 확인해보자.

인성적 차별성이 드러나는 답변들

다른 사람들과 함께 협력했던 경험 중에 그 안에서 본인의 역할이 무엇이었으며, 어떠한 것들을 느꼈는지 서술하시오.(최소 10자 / 700자 제한)

(1번 글)

〈재능은 게임에서 이기게 한다. 그러나 팀워크는 우승을 가져 온다〉

고교 시절, 농구대회를 출전 할 당시 인원이 부족해 급하게 결성된 팀으로 대회를 참가한 적이 있습니다. 신생팀 이였기 때문에 팀워크가 많이 부족했고, 저희는 최대한 팀워크를 맞추기 위해 노력하였습니다.

저는 먼저 최대한 팀원 각각의 강점을 찾았습니다. 저보다 슛과 공격 수행 능력이 더 뛰어난 팀원들이 많다는 것을 알게 되었고, 저 또한 공격적인 플레이를 즐겼지만 중앙에서 볼 배급을 해주고, 스크린플레이 등, 팀원들의 강점을 서포트 해주는 역할을 중점적으로 수행하였습니다.

대회에 출전하여서 모두 좋은 성적보다는 경험을 쌓아보자는 마음가짐으로 대회에 임하였고, 최고보다는 최선을 다하며 팀원들을 믿고 경기를 해나가니 계속해서 팀워크가 발전하였고 그 결과, 우승까지 차지할 수 있게 되었습니다.

팀 활동에선 제가 잘하는 것을 부각시키기 보다는 팀원의 강점을 서포트 해주는 것이 팀 전체 공동의 목표 달성을 위해 효과적이라는 것을 알게 되었고, 그러한 과정에서 상대방에게 더욱 빠르게 신의를 얻을 수 있다는 것 또한 느끼게 되었습니다.

이러한 경험을 바탕으로 앰코테크놀로지코리아에 입사하여서도 조직이라는 변화에 재빨리 녹아들어 단단한 팀워크를 형성하고, 함께하면 더 큰 성과를 낼 수 있는 신입사원이 되겠습니다.

(2017년 앰코테크놀로지코리아 합격자소서)

자기소개(400자)

(2번 글)

〈성실함의 원동력〉

항상 어머니는 '기회는 준비된 사람에게만 찾아온다.'라고 말씀하셨습니다.

그래서 성실함을 강조하셨고, 모범적인 모습을 보여주셨습니다. 제가 초등학생 때 아버지는 중국으로 건너가 돌아오지 않으셨고 경제적 지원 또한 받지 못 했습니다.

하지만 어머니는 홀로 저희 형제를 키워오며 성실함을 잃지 않으셨습니다. 오전에는 간병인 일, 밤에는 주방보조 일을 하시며 집안 경제를 지탱해 오셨고, 어려움 속에서도 긍정적인 생각을 잃지 않으셨습니다.

그런 성실함을 보고 자라온 저 또한 고등학교 1학년부터 서빙, 주유소, 공장 등 여러 일을 하며 경제적 부담을 덜어드렸습니다. 이를 통해 어머니의 성실한 삶의 자세를 본받고 성실함을 원동력으로 생각해 힘든 일이 찾아오더라도 포기하지 않는 태도를 갖게 되었습니다.

장점(200자)

저의 장점은 '집중력'입니다. 전역 후 일을 할 당시 공장에서 금형 프레스 작업을 하였습니다. 프레스 작업을 하니 사고에 대한 위험이 항상 존재 하였기에 저는 안전과 더불어 품질에 집중을 하였고, 사고 없이 담당 공정 초기불량률 7%에서 2%로 감소하게 되었습니다.

이러한 집중력으로 설비 유지보수 시에도 핵심문제를 재빠르게 찾아내는 집중력을 발휘하겠습니다.

보완점(200자)

보완점은 '한 번에 끝내려는 성격'입니다. 학과프로젝트를 진행하면서 한 번에 많은 일을 수행하다 오히려 속도가 늦춰진 적이 있습니다.

이러한 점을 위해 퍼즐맞추기 취미를 갖게 되었습니다. 퍼즐은 전체적인 그림을 파악하여야 하므로 깊은 관찰과 넓은 시야를 갖고 보완점을 개선하기 위해 노력하며, 맡은 일에 대해선 작업매뉴얼을 꼼꼼히 확인하고 표준작업을 진행하겠습니다.

(2017년도 삼성전자 합격자소서)

역경이나 고난을 극복한 경험과 이를 통해 배운 점

(3번 글)

〈인생은 끝없는 페달링〉

입대 전, 혼자서 130km에 달하는 영산강 자전거길 종주에 도전하였습니다. 자전거 타는 것을 좋아했지만, 장거리 주행은 새로운 도전이었습니다. 먼저 담양부터 목포까지 하루 안에 종주하는 것을 목표로 하였습니다. 긴 여정에 지치고 포기하고 싶었지만 여기서 포기하면 힘든 일이 있을 때마다 포기 할 것이라는 생각으로 끝까지 페달을 밟았습니다. 절반 정도 갔을 때 쯤, 타이어에 펑크가 나고, 타이어 자체가 찢어져 버리는 사고가 있었지만, 출발 전 펑크 패치와 예비타이어를 준비하고 지나가시던 분들의 도움을 받아 사고를 대비 할 수 있었습니다.

이러한 경험 덕분에 새로운 도전을 하기 전 강력한 추진력과 함께 철저한 준비를 동반하여야 한다는 것과 힘들고 지치더라도 마음을 다잡고 고난과 역경에도 끝까지 포기하지 않는 자세를 갖게 되었습니다.

(2017년 현대오일뱅크 합격자소서)

직무적합성과 관련된 이 학생의 글은 자신보다 자신이 속해있는 조직의 입장에서 생각해보

유비무환 퍼펙트 자소서

는데 익숙하다는 인상이 강하게 배어나온다. 게다가 이 학생의 글들은 이러한 자세가 습관화되었다는 생각까지 들게 한다. 이런 점은 어떤 조직에서든 사랑받는 이유가 될 것이다. 아래 4개 기업 합격자소서의 글을 통해 그러한 점을 확인해보도록 하자.

1번 글은 아르바이트로 세차장에서 일하면서 자동세차기의 잦은 에러로 인해 고객이 불편해지는 상황이 발생하자, 문제의 근본 원인을 밝혀내는 과정을 과정 중심적으로 잘 표현하고 있다.

2번 글은 포스코 지원동기인데, 이 글에서 이 학생은 자신의 업무에서 중요한 요소를 자주보전으로 정하고 그러한 업무수행을 위해 얼마나 잘 준비했는지 알 수 있게 쓰고 있다. 그리고 사람들과의 관계를 얼마나 중요시하는지 잘 나타난다.

3번 글에서도 업무의 전문성과 직장에서의 인간적 유대의 중요성을 강조하고 있다.

4번 글에서는 자신이 포스코에서 기여할 수 있는 점을 집중력이라 쓰고 있는데, 이는 현장에서의 집중력을 뜻하기도 하며, 자신을 둘러싼 업무가 서로 잘 맞아서 돌아가야 함을 암시하고 있다. 그래서 자신의 업무에서의 전문성과 동시에 다양한 전문적 지식을 쌓아야겠다는 계획을 밝히고 있다.

이 학생이 직무적합적 측면에서 공통적으로 이야기하고자 하는 점은 자신이 속한 업무에서의 전문성과 함께 인간적 유대를 위해 조직의 다른 사람들의 배려하며 업무를 원활히 하겠다는 점을 강조하고 있다. 아래 합격 글들을 통해 확인해보자.

직무 적합적 차별성이 드러나는 답변들

본인이 극복했던 문제나 어려움 중 가장 슬기롭게 해결한 것은 어떤 것이었으며, 어떻게 해결을 했는지 당시의 상황과 과정에 대해 서술하시오.(최소 10자 / 700자 제한)

(1번 글)

〈세차를 하며 느낀 유지보수〉

대학 시절, 주유소 내 자동세차기를 관리하는 업무를 한 적이 있습니다. 일하던 중 자동세차기의 알 수 없는 에러로 인해서 고객들 차량이 밀려 있는 상황이 자주 발생하였습니다.

저의 업무는 단순 차량유도였지만, 고객의 불편사항 해소와 원활한 작업을 위해 문제를 해결해야겠다고 생각하였습니다.

먼저 저는 에러가 발생할 때 디스플레이 되는 에러 코드를 확인한 후, 자동세차기 사용 매뉴얼을 찾아보며 코드에 해당하는 문제와 발생 지점을 확인하였습니다. 간단한 코드들은 쉽게 찾을 수 있었고, 문제가 발생하는 지점에 가보니 차량 위치를 감지하는 광센서가 이상한 패턴을 보이며 점멸하는 것을 확인하였습니다. 점검해보니 배선의 피복이 벗겨져 접촉 불량이 일어났고, 저는 즉시 소장님께 말씀드리고 전원을 OFF 한 뒤 배선을 보수하였습니다.

또한, 제가 찾을 수 없는 사항들은 정기적으로 점검을 오시는 A/S 기사님께 궁금한 점과 조치방법들을 여쭤보았습니다.

그 결과, 디스플레이 되는 에러 코드만 보고도 대처를 할 수 있게 되었고, 좀 더 원활한 작업을 할 수 있게 되었습니다.

이러한 경험을 통해서 장비의 유지보수 관리가 중요하다는 것을 느끼게 되었습니다. 장비에 문제가 생겼을 때 세차를 하지 못하고 돌아가시는 분들이 많은데 유지보수를 통해 가동률이 향상되니 수익성까지 향상된다는 것 또한 알게 되었습니다.

(2017년 앰코테크놀로지코리아 합격자소서)

포스코에 지원하게 된 동기는 무엇입니까?

(2번 글)

저는 새로운 것에 대한 도전의식이 강합니다. 이러한 저의 성향과 끊임없이 기술개척에 도전하고 대한민국 철강을 이끌며 세계적 기업으로 발돋움 하는 포스코와 새로운 미래를 함께 열어가고 싶어 지원하게 되었습니다.

또한, 생산 기술직으로서 역량을 갖추기 위해 기계/전공에 대한 지식을 폭넓게 공부하였습니다. 기술직이 생산성을 높이기 위한 방법은 사명감 있는 자주보전이라 생각합니다. 그러한 역량을 키우기 위해 기계정비 산업기사를 취득하였고, 설비관리, 전기전자 등의 과목을 이수하며 설비보전, 공유압 기능사, 산업안전 산업기사 필기를 취득하여 실기를 준비하고 있습니다.

입사하게 된다면 3년간 항상 생각하는 생산 기술직이 되겠습니다. 부족한 부분은 선배님들에게 물어보며 업무역량을 쌓아가고, 늘 개선할 사항은 없는지 생각하는 사람이 되겠습니다.

10년 뒤에는 맡은 분야의 전문가를 넘어 후배들에게 버팀목이 되어 줄 수 있는 멘토가 될 것입니다. 힘들고 지친 후배들에게 따뜻한 위로와 용기를 북돋아 주며 나아갈 방향에 대해 충고해주고 쌓아왔던 노하우와 업무지식을 활용해 후배들을 이끌어 주며 팀 소속감을 높여 긴장과 실수로 인한 안전사고를 방지하는 사원이 될 것입니다.

(2017년도 포스코 합격자소서)

지원동기 및 포부(500자)

(3번 글)

4차산업혁명시대가 다가오며 AI, 딥러닝, 스마트팩토리 등 여러 기술들이 화두가 되고 있지만, 이런 기술을 실현하기 위해선 반드시 반도체가 필요하다 생각하며 삼성전자는 세계최고의 기술력을 통해 고객 지향적으로 세계 반도체산업을 이끌고 있습니다.

이에 저도 자동화시스템과를 다니며 배운 기계, 전기전자, 설비에 대한 지식을 배우며 설비에 관한 전문성을 높였습니다. 이를 토대로 첨단설비 유지보수에 있어 신뢰할 수 있는 엔지니어가 되도록 노력하겠습니다.

입사 후에는 3년간 항상 생각하는 설비 엔지니어가 되겠습니다. 부족한 점은 선배님들에게 물어보며 업무역량을 쌓아가고, 늘 개선할 사항은 없는지 생각하는 사원이 되겠습니다.

10년 뒤에는 맡은 분야의 전문가를 넘어 후배의 버팀목이 되어 줄 수 있는 멘토가 되겠습니다. 힘들고 지친 후배들에게 따뜻한 위로와 용기를 북돋아 주며 노하우와 업무지식을 활용해 후배들을 이끌며 팀 소속감을 높여 긴장과 실수로 인한 안전사고를 방지하는 사원이 되겠습니다.

(2017년 삼성전자 합격자소서)

귀하께서 포스코에 가장 기여할 수 있다고 생각하는 것은 무엇이며, 그 이유와 근거를 자유롭게 서술하여 주십시오.

(4번 글)

저의 "집중력"을 통해 안전사고 감소에 기여하겠습니다. 가공업체에서 일을 할 때, 금형 프레스 작업을 하니 안전사고에 대한 위험이 존재하였기에 안전에 집중하였고, 사고없이 불량률은 7%에서 2%로 감소하였습니다. 이러한 집중력으로 자만하지 않고 항상 안전에 대한 집중력을 발휘하겠습니다.

또한, 끊임없이 올라가는 눈높이를 통해 저의 수준을 높여 포스코를 대표하는 생산기술직이 되겠습니다. 이러한 꿈을 이루기 위해 3가지 목표를 통해 이뤄 나가겠습니다.

첫 번째, 지속 발전하는 철강산업에 뒤쳐지지 않기 위해 끊임없이 전문지식을 학습하겠습니다. 새로운 기술습득 할 기회라면 놓치지 않고 참여해 저의 가치를 발전시켜 나가겠습니다.
두 번째, 한 가지 분야의 전문가가 아닌, 다방면의 전문기술력을 높이기 위해 전기, 전자, 기계, 금속 등 다양한 분야들의 지식을 내 것으로 만들어 다 기능인으로 거듭나겠습니다. 마지막으로 어학능력을 향상하겠습니다. 여러 해외 생산법인을 두고 있는 포스코에 걸맞는 어학 능력발전을 위해 노력하겠습니다. 영어와 더불어 중국의 산업화 가속으로 끊임없이 소비량이 증가하는 중국시장과 소통하기 위한 중국어 실력도 꾸준히 향상하여 글로벌 포스코인으로 성장하겠습니다.

(2017년도 포스코 합격 자소서)

이 학생은 인성적 측면이나 업무적 측면에서 자신보다 다른 사람들과의 관계를 위해 주변 사람들을 배려하겠다는 점을 강조하고 있다. 그리고 이러한 장점은 이 학생이 어려운 가정환경에서도 자신보다 가족을 생각하며 함께 사막을 건너본 경험에서 비롯된다고 볼 수 있다. 이 학생의 이러한 컨셉을 가장 잘 전달하는 키워드로는 '생각하는 엔지니어'가 되겠다는 것이다. 이런 키워드를 모든 자소서마다 활용했다면 더 좋은 결과가 있었을 것이다.

(3) C학생(4개 기업 합격)

이 학생은 4개 회사에 동시 합격한 경우이다. 이 학생이 합격자소서를 이끌어낸 회사는 LG화학, 현대제철, 기아차, OB맥주 등이다. 이 학생의 경우도 위 학생의 경우처럼 인성적 측면과 직무 적합적 측면에서 차별성을 드러내는 자소서 내용들을 기준으로 여러 기업에 동시 합격에 성공한 원인을 밝혀보고자 한다.

이 학생의 인성 관련 글들을 읽어보면, 이 학생이 대단히 목표 지향적이고 매사에 관심이 많고 관찰력이 뛰어나다는 것을 알 수 있고, 문제가 발생하면 그 문제를 해결하기 위해 대단히 구체적이고 적극적인 노력을 기울여서 문제를 해결하는 능력이 뛰어나다는 것을 알 수 있다. 다음 3개 항목의 합격자소서를 통해 이러한 점을 확인해보자.

1번 글은 이 학생이 자신의 삶의 시간들을 대단히 목표지향적으로 살아왔다는 것을 느낄 수 있다. 그리고 자신이 겪는 여러 경험을 통해서 무언가를 인식하고 배우려는 자세가 습관화되어있다는 것을 알 수 있다.

2번 글은 자신이 목표를 이루기 위해 어찌 보면 무모하지만, 대단히 진취적인 실행력을 보인다는 점을 알 수 있다. 중고오토바이를 사서 그것을 분해해본 경험을 가진 사람은 아마 거의 없을 것이다. 그 어느 누구도 하지 않는 행동이지만 혁신은 대부분 이런 도전적 행동에서 비롯되는 경우가 많다. 이 학생의 전체 글 중에서 가장 인상적인 부분이다.

3번 글 또한 이 학생이 LG화학에 들어가기 위한 목표를 정하고 그것을 실천하기 위해 얼마나 구체적인 노력을 해왔는가가 잘 드러난다.

이 학생의 인성 관련 글들은 이 학생이 다른 학생과 다른 특성이 분명히 드러나며, 그러한 특성을 하나의 컨셉으로 만들고 있음이 드러난다. 즉 자신을 목표지향적이며 문제해결 능력이 뛰어난 사람으로 규정하고 글을 썼다는 느낌이 강하게 든다. 아래 글들을 통해 확인해보자.

인성적 차별성이 드러나는 답변들

자신의 가정 및 학교생활 등의 성장과정에 대해 기술하여 주시기 바랍니다.

(1번 글)

〈저에게는 배움이 없는 시간이 없었습니다〉

현재 제가 서 있는 자리 그리고 앞으로 나아갈 목표를 보면 저의 과거는 굴곡진 비포장도로였습니다. 고교생활과 재수생활을 통해 뚜렷한 목표가 없을 때 사람이 얼마나 나태해지는지를 배웠으며 롯데슈퍼센터 주류발주관리, 신세계 GAP 의류판매를 통해 고객과 판매자로서의 관계, 점장과 직원의 관계 등 인간관계에 있어 대처해나가는 방법을 알아갔습니다. 그리고 GOP 생활을 통해 남들과 다른 생활 방식에서 1년을 보내왔고 헬스 트레이너를 하면서 건강한 몸을 만들어 왔습니다.

폴리텍대학에 진학하고 기계학과를 전공하면서 장치산업의 기계, 설비, 공무분야 기술자가 돼야겠다는 저의 목표를 세우기까지 많은 시간이 걸렸습니다. 하지만 경험 속에 배움이 없었던 적이 없었으며 이 과정을 통해 기존보다 폭넓은 정보로 더욱더 신중하게 오늘의 목표를 세울 수 있었습니다.

항상 생활 속 작은 시간에도 배움이 있다는 생각을 하는 천상현이 LG화학 여수공장에 꼭 필요한 인재가 되겠습니다.

(2014년 LG화학 합격자소서)

내가 걸어온 길
- 성장과정
- 가정환경
- 학교생활 등 (500자 이내)

(2번 글)

〈자신의 능력보다 큰 목표를 세우는 것보다 더 위험한 것은 작은 목표를 세우고 그것에 안주하는 것이다〉

많은 경험과 그것을 바탕으로 얻은 배움이 지금의 제가 있게 성장을 했다면 그 원동력은 위의 말이었습니다. 저의 이러한 신념으로 가끔은 무모한 결정을 하기도 하는데 과정은 고되었지만, 그 결과 많은 느낀 점이 있었던 경험을 말씀드리고자 합니다. 대학 개인 프로젝트의 주제를 선정하기 위해 공단 고물상을 찾아다니던 중 중고 오토바이가 눈에 띄었습니다. "대학 때 오토바이 한 대를 분해하고 설계를 해보는 것이 남들과 다른 경험이 될 수 있겠다."라는 생각으로 사장님께 사정을 말씀드린 후 고철 가격으로 오토바이를 구했습니다. 처음부터 순탄하지 않았습니다. 분해순서와 공구 사용법을 알기 위해 공업소에 방문을 하였고 도면설계에 난관에 부딪힐 때면 교수님의 조언이 있었습니다. 주변의 도움과 해내야겠다는 생각으로 큰 성취감을 맛보았고 엔진, 동력장치의 기초적인 이해를 쌓는 값진 경험이었습니다.

(2014년 현대제철 합격자소서)

당사 직업훈련생 과정에 지원하신 동기에 대해 설명해 주시기 바랍니다.

(3번 글)

〈LG화학으로 향하는 나의 목표, 계획 그리고 노력〉

어릴 적부터 제가 많이 기대고 따랐던 형이 있습니다. 형이 대학을 졸업하고 2011년도에 LG화학에 입사하게 되면서 LG화학의 소식을 종종 접할 수가 있었습니다. 이것이 LG화학과 저의 인연의 시작이었습니다. 2012년 전역 이후 기계 기술을 배워야겠다고 다짐하면서 형에게 LG화학에 대한 정보를 최대한 물어보았습니다. 그리고 한국폴리텍 대학에서 LG화학 추천서가 배정받는다는 정보를 얻었고 저는 폴리텍 입시를 준비하여 입학하게 되었습니다. 저의 목표는 학기 중 학과 최상위 순위를 유지하면서 성적순으로 배정받는 LG화학 추천서를 받는 것이었습니다.

뚜렷한 목표가 있었기에 입학 초심을 잃지 않고 2년 동안 장학생으로 학업을 마칠 수 있었고 전공 기초를 다졌으며 공무 분야에 도움이 되는 자격증을 취득했고 현재 또한 준비 중입니다. 그리고 업무 역량을 갖추기 위해 2학기 현장실습으로 장치산업 현장에서 많이 부족하지만 3개월 실습을 했습니다.

지금 입학 목표였던 LG화학 추천서를 받았으며 준비했던 지난 노력으로 LG화학 좁은 문의 문고리를 두드려보겠습니다.

(2014년도 LG화학 합격자소서)

직무와 관련된 이 학생의 글들은 이 학생이 자신이 맡은 일을 이루기 위해 얼마나 구체적인 노력을 하는지 잘 드러난다. 아래 4개의 합격자소서의 글을 통해 이러한 점을 확인해보자.

1번 글은 자신의 롤모델인 김규한 명장같은 사람이 되겠다는 목표를 세워놓고 그 비전을 실천하기 위해 세운 10년 계획이 대단히 구체적이다.

2번 글은 이 학생이 OB맥주 인턴 생활 중 공병세척기파트에서 일을 하는 과정에서 문제를 발견하는 관찰력이 얼마나 예리한지, 그리고 그것을 해결하기 위한 노력이 얼마나 집요한지를 잘 보여준다. 이렇게 일을 찾아서 하고 거기서 발생하는 데에는 이 학생이 평소 자신이 하는 일에 얼마나 큰 애착과 책임감을 갖고 임하고 있는지를 잘 드러내준다.

3번 글은 학교에서 프로젝트 팀장을 이끌면서 팀원들로부터 문제점들을 끌어내고 그것들을 해결하기 위해 업무를 분장해주는 리더십을 발휘한 경험을 들려준다.

유비무환 퍼펙트 자소서

    4번 글은 자신이 직무에서의 전문성을 위해 노력한 점을 잘 설명하고 있으며, 입사 후 포부 또한 대단히 구체적으로 업무에 임하는 이 학생의 태도를 잘 보여주고 있다.

    이 학생은 인성적 측면이나 직무 적합적 측면에서 모두 일에 대한 애착과 책임감을 갖고 목표를 수행하는 능력이 대단히 뛰어나다는 것을 느낄 수 있다. 하지만 인성적 측면보다 직무 적합적 측면에서 이 학생은 어떤 일을 맡겨도 잘 할 수 있을 것이라는 점을 확실히 부각시키고 있다. 목표 달성력과 문제해결력이 뛰어나다는 점을 강조하는 것이 이 학생 자소서의 기본 컨셉이라 할 수 있다. 아래 글들을 통해 이러한 점들을 직접 확인해보자.

직무 적합적 차별성이 드러나는 답변들

장래포부 및 인생설계 등의 미래상에 대해 기술하여 주시기 바랍니다.

(1번 글)

〈김규환 명장, 하고자 하면 안 되는 일이 없다〉

    김규환 명장을 학교 강의시간에 짧은 동영상으로 알게 되었습니다. 5분 남짓한 동영상이었지만 그 짧은 시간은 앞으로의 있어 저의 큰 변화를 주었습니다. 저의 포부는 LG화학에 제2의 김규환 명장이 되는 것입니다.

    입사 후 1년 이내에 저의 담당 설비분야에서 기계의 명칭, 역할, 구조에 대해 탄탄한 기초를 쌓을 것입니다. 실천방안으로는 메모의 습관으로 모르는 것이 있으면 항상 물어보는 자세를 갖겠습니다.

    두 번째 목표는 3년 이내에 설비에 있어 노후화를 개선방안 또는 효율적인 업무에 있어 개선 제안을 제시하는 것입니다. LG화학의 기존 설비들이 잘 갖춰있지만, 거기에 안주하지 않고 항상 '왜 이렇게 공정이 이루어질까?', '보다 더 효율적인 방법이 없을까?'라는 생각을 하고 사소한 것, 작은 것부터 시작하여 꾸준한 개선활동을 하겠습니다.

    세 번째, 앞으로의 세계화 시대에 외국어 능력이 있는 현장 기술직은 그 안에서 경쟁력이 있다고 생각합니다. 짧게는 5년 길게 10년을 바라보고 꾸준한 외국어 능력 개발을 통해 원어민과 회화 가능한 어휘구사력을 만들 것입니다.

(2014년도 LG화학 합격자소서)

기타
- 자기PR
- 하고 싶은 말
- 사회경험
- 해외경험 등 (500자 이내)

(2번 글)

〈끊임없는 생각, 새로운 발상의 시작〉

오비맥주 생산기술직 인턴생활을 3개월간 저는 공병세척기 파트에서 근무했었습니다. 공병세척기는 신병 또는 구병을 세척기 안으로 보내 내 외부를 세척하고 배병부에 세척한 공병을 내보내는 공정입니다. 제가 근무 투입 당시 배병부에 고질적인 문제가 있었습니다. 그것은 공병세척기에서 내부 탱크 온도를 조절하기 위해 세척실물 일부를 배출시키는 배수배관이 있는데, 여기서 나오는 고온의 물이 병의 쓰러짐을 감지하는 감지센서 표면에 습기를 맺게 하여 기계의 일시적으로 중지되는 문제입니다. 한 달 동안 문제 해결을 위해 3차례의 제안을 했었고, 그 중 '배관 끝을 엘보우 배관으로 그 길이를 연장해 배병부 반대 방향으로 물을 흘려보내면 어떨까?'라는 생각을 하게 되었습니다. 그 후 기술지원팀의 도움을 받아 배관작업을 실행했습니다. 작은 발상으로 문제점을 찾고 그 원인이 무엇인지 파악하여 해결하는 경험이 되었고 앞으로 현장 업무에 작지만 도움이 될 것으로 생각합니다.

(2014년도 OB맥주 합격 자소서)

지금까지 살아오면서 자신이 이루어낸 가장 큰 변화에 대해 당시 상황, 자신의 행동, 결과 등을 바탕으로 구체적으로 서술하십시오.

(3번 글)

〈보스가 아닌 리더〉

학기 중 '밀링 분할대'를 분해하여 2D, 3D 역설계 하는 프로젝트팀원 6명을 이끄는 팀장을 맡았습니다. 최선을 다해 최고의 성과를 내겠다고 했던 처음 분위기 달리 작업과정에서 팀원들의 개인 능력 차이와 저조한 수동적 참여로 진도가 저조했습니다. 이에 해결책으로 처음부터 과도하게 프로젝트 진도를 나아가기보다는 술자리를 만들어 서로에 대해 친분을 쌓는 자리를 만들었습니다. 술자리로 자연스럽게 팀원들의 불만, 문제점을 접하게 되었고 하나하나 개선해 나가면서 프로젝트에 가속도가 붙기 시작했습니다. 또한, 단순히 과제가 아닌 배움의 자세로 팀원들의 이해를 도우려고 분할대의 조립도면과 개요를 설명하고, 최대한 능력에 맞게 임무를 분담해주었습니다. 그리고 팀장인 저는 팀원들의 임무수행에 필요한 자료를 얻고, 진도가 부진한 팀원을 도와주는 데 주력했습니다. 그 결과 낙오자 없이 모두가 참여하는 분위기를 조성하여 4.5학점 성적으로 프로젝트 발표를 마쳤습니다.

(2014년도 OB맥주 합격 자소서)

본인이 지원한 직무분야에 입사하기 위해 노력한 점과 입사 후의 포부를 구체적으로 서술 하십시오.

(4번 글)

〈목표를 위해 스펙 보다 스텝을 밟아나가는 나〉

저는 진로를 기계설비, 생산관리를 목표로 결정하였습니다. 전공 기계설계로 전반적인 기계의 기초적인 지식을 다졌으나 PLC 자동화 설비의 이해가 부족하다고 생각하여 방과 후 자동화 시스템학과에 찾아가 공 유압의 기초적인 회로, 전기측정 등 전공 외적인 부분을 보충하였습니다. 그렇게 8월 22일 기계정비 산업기사를 취득하였습니다. 또한, 교대근무의 특성이 있는 현장직에 건강도 하나의 경쟁력이라 생각합니

유비무환 퍼펙트 자소서

> 다. 25년 동안 담배를 태우기보다는 열정을 태웠으며 주 3회 헬스장을 다니며 꾸준한 운동을 하고 있습니다. 이렇게 준비된 저의 노력과 방향이 세계최대 맥주 그룹 AB인베브 재인수로 전망이 기대되는 오비맥주에 큰 도움이 될 것이라 확신합니다. 현장직은 기업을 지탱하는 하체라 할 수 있습니다. 강한 실행력을 보이는 튼튼한 하체의 역할을 하기 위해서 첫 번째로는 신입사원으로써 사비를 내더라도 회식이 아닌 사적인 자리로 한 달에 한 번 상사 윗분과 술자리를 같이하겠습니다. 두 번째로 저의 취미인 헬스 동호회가 있으면 가입하고 없으면 만들어 친목활동을 하겠습니다. 마지막으로 저의 희망 사항이자 꿈인 지멘스, 미쓰비시 프로그램을 전문적으로 배워 생산관리뿐만 아닌 하나의 시스템제어를 구성해보고 싶습니다.
>
> (2014년 OB맥주 합격 자소서)

　3명이 쓴 여러 기업 동시 합격자소서를 분석해본 결과, 우리는 이 학생들이 자신의 주요 특성을 끄집어내고 그것을 컨셉화하고 이러한 컨셉이 잘 드러나는 표현들이나 키워드를 사용한다는 점을 알 수 있었다.

　첫번째 학생의 경우 어려운 가정 환경 속에서 장남으로 한 집안을 이끌어야 하는 책임감을 어려서부터 갖게 된 이 학생이 그 어려운 환경 속에서도 자기 개발적 측면에서나 자신이 속한 조직 입장을 모두 만족시키기 위해 남보다 다른 엄청난 노력을 통해 남들보다 더 뛰어난 성취를 이룬 자신의 삶을 자소서에 담기 위해 아무리 어려운 환경에서도 자신보다 조직의 행복과 이익을 위하는 사람이라는 컨셉을 만들고 이러한 자신의 컨셉을 '두 마리 토끼를 다 잡는다는 키워드를 많이 사용하고 있다.

　그리고 두번째 학생의 경우 또한 아버지가 부재한 어려운 환경 속에서 어려서부터 어머니와 함께 가족의 생계를 책임져야 했던 자신의 삶의 이야기들을 어떤 상황에서도 성실함을 잃지 않는 사람으로 컨셉화하고 생각하는 엔지니어라는 키워드를 통해 표현하고 있다.

　그리고 세번째 학생의 경우는 인성적 측면이나 직무적합적 측면에서 모두 목표달성력과 문제해결력이 뛰어난 사람으로 자신의 컨셉을 정하고, 무슨 일을 맡겨도 잘할 수 있는 사람이라는 점을 강조하는 것을 알 수 있다.

　그래서 이 학생들처럼 좋은 자소서를 쓰기 위해서는 먼저 자신의 장점들과 자신의 삶에서 어떤 공통적 요소를 찾아내고 그것을 컨셉화하여 그것과 관련된 스토리나 에피소드, 그리고 키워드를 통해 자신의 주장을 뒷받침하도록 노력해야 한다고 말할 수 있다.

■ 글을 마치며

　책을 기술하는 과정에서 필자의 모든 주장을 그때그때 예문을 통해 뒷받침해서 독자가 자신의 자소서를 쓰는데 보다 가시적인 도움을 주려고 하는 게 이 책의 기본 컨셉이었다. 그런데 그렇게 하려면 다양하고 많은 합격자소서가 필요했다. 그래서 졸업생들에게 연락을 했다. 책에 인용될 글에 대한 동의를 구하면서, 동시에 합격자소서를 좀 더 보내달라는 것이 주요 용건이었다. 그래서 필자가 쓰고픈 책을 쓸 만큼의 합격자소서들이 모아졌다. 그런데 합격자소서를 모으면 모을수록 어떤 결론이 자꾸 분명해지고 있었다. 그것은 필자의 작문강의시간에 좋은 학점을 받은 학생이, 특히 자소서쓰기에서 좋은 평가를 받은 학생들이 대부분 좋은 직장에 다니고 있음을 더욱 분명히 확인하게 되었다는 사실이다. 이런 사실은 강의를 시작한지 얼마지 않아서 대충 알 수 있었다. 필자의 강의를 받고 그리고 자소서 피드백을 열심히 받은 학생들이 연거푸 합격하고 있었기 때문이다.

　하지만 합격자소서가 모아지는 과정에서 합격 표본수가 더 늘어남에 따라 이런 생각은 확신으로 변해갔다. 그러니까 좋은 자소서를 쓰는 학생들이 좋은 회사에 들어간다는 것이다. 그렇다면, 그 이유는 무엇일까? 좋은 회사에 들어가기 위해서는 작문실력이 좋아야한다? 이 말이 그리 틀린 말은 아니지만 포인트를 잘못 짚었다! 필자가 학생들에게 요구한 좋은 자소서란 아름다운 글을 쓰는 데 강조점이 있지 않고, 자소서의 각 항목이 요구하는 콘텐츠들을 풍부하게 담고 있는 자소서를 말하기 때문이다. 다시 말해 합격한 학생들은 그 회사에 들어가기 위해 자신들이 무엇을 준비해야 하는지를 타 학생들에 비해 더 잘 알고 있었고, 그런 방향으로 더욱 철저히 준비했기에 더 좋은 결과를 가져온 것이다.

　그래서 결론은 이렇다. 합격가능성이 큰 자소서를 쓰기 위해서는 계량화될 수 있는 해당 분야에서의 구체적인 능력과 관련 경험을 많이 가져야 한다는 것이다. 그러기 위해서는 일찍부터 자신이 원하는 기업을 선정하고 그 기업에 들어가기 위한 조건들을 정확히 알아낸 다음,

유비무환 퍼펙트 자소서

목표가 분명해진 상태에서 노력하는 것이다. 그리고 목표를 분명하게 정하기 위해서는 미래의 긍정적 변화를 위한 새로운 꿈을 꾸어야 한다는 것이다. 그러한 새로운 꿈이 추동력을 발생하기 위해서는 변화를 갈망하는 현재가 있어야 하고, 이러한 현재의 간절한 시각으로 과거가 반성적으로 성찰되고 재해석되어야 한다는 것이다. 그러한 목적을 위해 지금의 자신을 형성한 과거의 결정적인 사건들을 재해석하는 것이 중요하다. 그래서 이른바 〈징검다리쓰기〉가 필요하다. 이것은 지금까지 살아온 자신의 삶 중 여러분의 삶을 지배한 중요한 사건 10개를 골라 현재의 입장에서 재해석하는 것이다. 그래서 목표가 정해지면 그러한 목표를 이루는 과정에서 해결해야 할 일들과 심리적 갈등들을 미리 시뮬레이션해보고 그것들을 다시 써보는 〈미래미리보기〉를 쓰면 큰 도움이 될 것이다.

이렇게, 목표를 정하는 단계부터 최종적으로 그 기업에 들어가기 위해 자소서를 쓰는 단계까지 여러분들의 시간을 효율적으로 사용하고 관리할 수 있게 해주며, 많은 합격자소서를 통해 여러분 자신의 자소서에 대한 팁과 영감을 주고 싶다는 취지에서 써진 책이 바로 〈유비무환 퍼펙트 자소서〉이다.

이 책을 쓰면서 제자들로부터 많은 격려의 글과 합격자소서를 받았다. 너무 감사한 일이었다. 필자가 도움을 청하면서 제자들에게 보낸 이메일의 마지막 문장을 인용하면서, 성원해준 제자들에게 감사드린다.

"나는 이 책이 내가 여러분들과 함께 이룬 우리 폴리텍V대학의 자산이라고 생각한다. 이 자산이 좀 더 풍성해지도록 많은 참여와 도움과 격려 바란다."

그리고 이 책을 읽는 독자들 또한 나의 제자들이나 다름없다고 생각한다. 그래서 머리말에도 썼지만 이 책의 마지막에 다시 한번 여러분들이 어떤 기업에 자소서를 넣을 때, 내게 이메일로 여러분이 열심히 쓴 자소서를 보내주면 피드백을 해주겠다는 약속을 드린다. 물론 필자의 피드백은 엄밀히 말하면 첨삭은 아니다. 첨삭이 '글 하나하나를 넣고 빼라는 식'의 지도라면, 필자의 피드백은 여러분이 쓰는 '글의 큰 흐름이나 중요한 콘텐츠의 구성요소에 대한 정확한 지도'라고 정의할 수 있다. 이런 피드백이 첨삭보다 훨씬 효과적이다. 글을 쓰는 주체가 자신의 글에 대해

글을 마치며

스스로 디자인 할 수 있는 기회이기 때문이다. 하지만 첨삭은 자기 자소서의 주체가 되기 힘들다. 또한 필자가 하는 방식의 피드백은 나중에 면접을 준비할 때도 도움이 되는 방식이다. 그래서 여러분들이 내게 자소서를 보내오면 그런 피드백을 해줄 것이다. 그렇지만 여러분도 내게 약속을 해줘야 한다. 나의 피드백을 통해 합격하게 되면 그 합격자소서를 내가 다음에 나오는 책에 활용할 수 있도록 허락해달라는 것이다. 물론 증보판을 내게 된다면 그 때 다시 여러분의 동의를 구할 것이다.

필자가 증보판을 얘기하게 되는 이유는 이 책의 합격자소서들이 지니는 한계 때문이다. 이 책에서 인용된 글들과 합격자소서들은 100%, 필자가 6년 동안 강의하고 있는 한국폴리텍V대학에서 필자에게 강의를 받은 제자들이 쓴 글들이다. 그래서 합격자소서들이 다양하지 못하고 편중되었다는 한계가 있다. 특히 인문·사회 쪽 전공자들의 합격자소서가 전무하다는 것이다. 그래서 필자는 다양한 분야의 합격자소서를 갖고 더 좋은 자소서를 쓰는 것이 더 많은 독자들에게 도움이 될 것이라는 생각을 하고 있고, 그래서 증보판을 생각하고 있는 것이다.

아무쪼록 이 책이 여러분들이 원하는 기업에 입사하는데 작은 도움이나마 되었으면 하는 바램이다.

필자 류광열의 이메일 주소: nebut@naver.com(네벗@네이버닷컴)

류광열
유비무환 퍼펙트 자소서

인쇄 2017년 12월 07일
발행 2017년 12월 11일

지은이 류광열
발행인 서정환
펴낸곳 신아출판사
주소 전북 전주시 완산구 공북 1길 16(태평동 251-30)
전화 (063) 275-4000 · 0484 · 6374
팩스 (063) 274-3131
이메일 shina2347@naver.com sina321@hanmail.net
출판등록 제465-1984-000004호
인쇄 · 제본 신아출판사

저작권자 ⓒ 2017, 류광열
이 책의 저작권은 저자에게 있습니다. 서면에 의한 저자의 허락없이 내용의 일부를 인용하거나 발췌하는 것을 금합니다.
COPYRIGHT ⓒ 2017, by Ryu Kwangyeol
All rights reserved including the rights of reproduction in whole or in part in any form.
저자와 협의, 인지는 생략합니다.
잘못된 책은 바꿔 드립니다.

ISBN 979-11-5605-483-2 13320
값 20,000원

이 도서의 국립중앙도서관 출판예정도서목록(CIP)은 서지정보유통지원시스템 홈페이지(http://seoji.nl.go.kr)와 국가자료공동목록시스템(http://www.nl.go.kr/kolisnet)에서 이용하실 수 있습니다.(CIP제어번호:CIP2017033226)

Printed in KOREA